의(義)를 밝혀 주는 역사서

춘추공양전
(春秋公羊傳)

남기현 해역

자유문고

'춘추공양전(春秋公羊傳)'이란 어떤 책인가?

　춘추공양전(春秋公羊傳)은 약칭(略稱)하여 공양전(公羊傳)이라 한다. 또는 공양춘추(公羊春秋)라고도 일컫는다.
　공양전(公羊傳)이란 공자(孔子) 춘추(春秋)의 삼전(三傳) 가운데 하나이다.
　공자(孔子) '춘추'의 삼전(三傳)이란 춘추좌전(春秋左傳)과 춘추공양전(春秋公羊傳)과 춘추곡량전(春秋穀梁傳)을 가리킨다. 이 세 가지 전은 경문(經文)만 같고 해석 방법이 서로 달라 유가(儒家)에서 중요한 경전으로 여기고 있다.
　전해오는 말로는, 공양전(公羊傳)은 전국시대(戰國時代)에 제(齊)나라 사람인 공양고(公羊高)가 편찬한 것으로, 본래는 스승의 입과 귀로 서로 전해 내려오다가 서한(西漢)의 경제(景帝) 때 겨우 필사본(筆寫本)이 이루어져서 책이 되었다고 한다.
　이때부터 좌전(左傳)과 곡량전(穀梁傳)과 같이 한 형태로 갖추어졌다. 공양전이 완전한 형태의 책으로 갖추어진 것은, 한(漢)나라 애제(哀帝) 때 저명한 학자인 유흠(劉歆)이 전문(傳文)을 인용하여 경(經)을 해석하면서, 공자가 산정(刪定)한 노(魯)나라 사서(史書)인 춘추(春秋)를 '경(經)'으로 높이고 '좌씨춘추(左氏春秋)'와 '공양춘추(公羊春秋)'와 '곡량춘추(穀梁春秋)'는 경서(經書)를 해석한 것으로 삼아 '전(傳)'이라고 일컬었다.
　후세 사람들이 전(傳)으로써 경(經)에 붙여서 합하여 한 편(一編)으로 만들어 이때부터 세 가지 본(本)을 '춘추삼전(春秋三傳)'이라고 일컫게 되었다.
　반고(班固)가 찬(撰)한 '한서예문지(漢書藝文志)'에 보면 공양전(公羊傳)은 11권으로 되어 있으며 공양외전(公羊外傳) 50편이 별도로 있었는데 외전은 모두 없어졌다고 했다. 또 반고(班固)의 공양전(公羊傳) 주(注)에는 "공양자(公羊子)는 제나라 사람이다."라고 했다.

또 당(唐)나라 때 안사고(顔師古)는 "공양자(公羊子)의 이름은 고(高)이다."라고 했다. 공양(公羊)에 함축된 뜻은 무엇인가? 이는 사람의 복성(複姓)이라 했다.

당(唐)나라 서언(徐彦)이나 동한(東漢)의 하휴(何休)는 공양고(公羊高)의 몇 대 후손인 공양수(公羊壽)가 제자인 호모생(胡母生: 胡母子都)과 함께 한(漢)나라 경제(景帝) 때 죽백(竹帛)에 필사하여 서적을 만들었다고 했다.

공양전(公羊傳)이 책으로 완성되기 전에는 입과 귀로 서로 전해져 왔다. 이러한 전승(傳承) 과정을, 동한(東漢)의 하휴(何休)가 지은 '춘추공양전' 서문(序文)이나 당(唐)나라 서언(徐彦)이 지은 '대굉서설(戴宏序說)'을 인용해 보면 "자하(子夏)가 공양고(公羊高)에게 전하고 공양고는 그의 아들 공양평(公羊平)에게 전했다. 공양평은 그의 아들 공양지(公羊地)에게 전하고 공양지는 그의 아들 공양감(公羊敢)에게 전했다. 공양감은 그의 아들 공양수(公羊壽)에게 전했는데 이때가 한(漢)나라 경제(景帝) 때이다. 공양수는 그의 제자이며 제(齊)나라 사람인 호모자도(胡母子都)와 함께 죽백(竹帛)에 나타냈다."라고 했다.

이 단계에 대해 세 가지 설이 있다.

첫째는 '공양전(公羊傳)'은 공자(孔子)의 제자인 자하(子夏)로부터 전해졌다는 것이다.

둘째는 '공양전(公羊傳)'이 책으로 이루어지기까지의 시기가, 자하(子夏)를 따라서 한(漢)나라 경제(景帝) 초까지 340여 년이 경과되었다는 것이다.

셋째는 한(漢)나라 경제(景帝) 때 공양전이 겨우 책으로 이루어졌다는 것이다.

이상의 세 가지 설 중에서 공양전이 한나라 경제(景帝) 때 만들어졌다는 설이 가장 신뢰할 만하다 하겠다.
　또 '사고전서(四庫全書) 총목제요(總目提要)'의 '춘추공양전주소(春秋公羊傳注疏)'에는 "지금 공양전 안의 내용 중에서 '자심자왈(子沈子曰)' '자사마자왈(子司馬子曰)' '자여자왈(子女子曰)' '자북궁자왈(子北宮子曰)'이나 또 '고자왈(高子曰)' '노자왈(魯子曰)'은 모두 전수(傳受)한 경사(經師)들인데 공양자(公羊子)에 다 나오지 않는 것들이다."라고 했다. 이 밖에 경전 속의 여러 가지 정황을 보더라도 공양고(公羊高)에게서 다 나왔다고 보기 어렵고 자하(子夏)가 전했다고 보기도 어렵다. 단, 공양전은 여러 사람이 함께 창작한 것이며 최후에는 공양수(公羊壽)와 그의 제자인 호모자도(胡母子都)가 함께 필사(筆寫)하여 책으로 이루어진 것이라고 보는 것이 제일 타당하다 하겠다.
　공자(孔子)의 춘추(春秋)에는 세 가지 전(傳)이 전해지고 있다. 한서예문지에 보면 본래 춘추의 전(傳)은 총 23가(二十三家)의 전(傳)이 있고 모두 948편이나 된다고 했다.
　그 중에서도 오늘날까지 전하는 것은 좌전(左傳) 30권과 공양전(公羊傳) 11권과 곡량전(穀梁傳) 11권 등 3개 전(傳)만 전해오고 있다. 그 나머지는 모두 없어졌다.
　춘추(春秋) 3전(三傳) 중에서 '좌전(左傳)'은 춘추시대(春秋時代)의 사실(史實) 내용이 풍부하고 규모도 최대로 방대하며 역사(歷史)를 위주로 한 저작(著作)으로 역사에 대한 특징들이 기사(記事)에 상세하게 나열되어 있다.
　공양전(公羊傳)이나 곡량전(穀梁傳)은 형태가 비슷하고 역사를 위한 저작(著作)이 아니라 춘추(春秋)의 경문(經文)을 해석하는데 치중했다. 공양전은 곡량전보다 더 경문 해석에 대한 특이점을 가지고 있다 하겠다.
　춘추(春秋)를 연구하는 데에서, 춘추에 쓰인 언사(言辭)와 조구(造句)나 경문(經文) 속에 은미하게 함유된 미언대의(微言大義)나 또는 공자(孔子)가 춘추를 편찬할 당시의 시대적 사상이나 감정을 탐색할 수 있는 전은 공양전(公羊傳)이라 하겠다.

또한 경문(經文)을 해석하는 데에서도 춘추(春秋)에 기재된 각종 사건의 출발이나 그것을 인용하고 열어가는 것이나 경의 뜻을 밝혀 해석하는데 있어서 공양전 만한 게 없다.

좌전(左傳)은 사실(史實)로써 공자의 춘추(春秋)를 주석하여 증명하였다면 공양전(公羊傳)은 오로지 경문(經文)에 대하여 문답 형식으로 설명을 가했다 하겠다. 반면 곡량전(穀梁傳)은 고문학(古文學)에 가까울 뿐이라고 했다.

또 공양전(公羊傳)은 경문(經文)에서 알기 어려운 부분들을 거론함에 있어서 층층이 설명을 가하여, 한 번에 의문이 풀리는 가슴 시원한 느낌을 준다.

이상에서 말한 것처럼 공양전은 사서(史書)라기보다는 문학적 가치가 많은 것으로, 춘추좌전(春秋左傳)에 비해 간편하고 해설이 명료한데도 불구하고 일반인들이 많은 관심을 가지지 않았다.

하지만 중국의 문화지식(文化知識)이나 중국의 경학사(經學史)나 정치사상사(政治思想史)나 학술사(學術史)를 연구하는 사람은 반드시 읽지 않으면 안 되는 것이다.

예를 들면, 공양전에서 은공(隱公) 원년의 기사(記事)에 "거마(車馬)를 봉(賵)이라 이르고 재화(財貨)를 부(賻)라고 이르고 의피(衣被)를 수(襚)라고 이른다."라고 했고, 은공(隱公) 3년의 내용 안에는 "천자(天子)가 죽은 것을 붕(崩)이라 이르고 제후가 죽은 것을 훙(薨)이라 이르고 대부가 죽은 것을 졸(卒)이라 이르고 사(士)가 죽은 것을 불록(不祿)이라 이른다."라고 했다.

환공 4년의 "수렵이란 무엇인가? 사냥이다. 봄의 사냥은 묘(苗)라 이르고 가을의 사냥은 수(蒐)라 이르고 겨울의 사냥은 수(狩)라고 이른다."라는 기사나, 환공 8년의 "증(烝)이란 무엇인가? 겨울 제사이다. 봄은 사(祠)라 이르고 여름은 약(礿)이라 이르고 가을은 상(嘗)이라 이르고 겨울은 증(烝)이라 이른다."라는 기사나, 장공 10년의 "어찌하여 혹은 침(侵)이라고 이르고 혹은 벌(伐)이라 이르는가? 추각(觕角)을 침(侵)이 이르고 정자(精者)

'춘추공양전' 이란 어떤 책인가 7

를 벌(伐)이라고 이른다."라는 기사 등등…. 고대 문화의 언어 해설들을 풀어 놓은 것이 수없이 많아 공양전은 춘추시대의 중국문화지식과 중국문사를 연구하는데 있어 없어서는 안 될 중요한 역사적 문헌(文獻)이라 여겨 오고 있다.

  이 해역서(解譯書)는 한나라 때 하휴(何休)의 '춘추공양전(春秋公羊傳)'을 저본(底本)으로 삼아 춘추좌전(春秋左傳: 자유문고 발행)을 참조하고, 춘추곡량전(春秋穀梁傳:上海古籍出版社 발행)을 참조하였다.
  해역에 완벽을 기하려 했으나 천학비재(淺學菲才)한 사람이라 오류가 많을 것으로 생각한다. 많은 양해 있기를 바란다.

차 례

'춘추공양전' 이란 어떤 책인가?··· / 3

제1편 은공 시대(隱公時代) / 29

1. 은공(隱公) 원년 기미(己未) / 31
   가. 왕(王)의 정월(正月)은 크게 통일시키기 위한 것··· / 31
   나. 은공이 주루의보(邾婁儀父)와 맹세하다··· / 33
   다. 정(鄭)나라 군주가 단(段)과 싸우다··· / 34
   라. 천자(天子)의 재(宰)가 예물을 가져오다··· / 35
   마. 송(宋)나라 사람과 숙(宿)에서 동맹을 맺다··· / 37

2. 은공 2년 경신(庚申) / 38
   가. 은공이 융(戎)과 잠(潛)에서 회합하다··· / 38
   나. 융(戎)과 당(唐)에서 동맹을 맺다··· / 39
   다. 백희(伯姬)가 기(紀)나라로 시집가다··· / 41

3. 은공 3년 신유(辛酉) / 42
   가. 경술(庚戌)일에 천자(天子)가 붕어하다··· / 42
   나. 윤씨(尹氏)가 세상을 뜨다··· / 43
   다. 제나라와 정나라가 석문에서 동맹하다··· / 44

4. 은공 4년 임술(壬戌) / 47
   가. 송나라 군주와 청(淸)에서 만나다··· / 47
   나. 주우(州吁)를 복수(濮水)에서 죽이다··· / 49

5. 은공 5년 계해(癸亥) / 50
   가. 당(棠)에서 물고기를 구경하다… / 50
   나. 처음으로 육우(六羽)를 추다… / 51
   다. 송(宋)나라에서 장갈(長葛)을 포위하다… / 53

6. 은공 6년 갑자(甲子) / 54
   가. 애산(艾山)에서 동맹을 맺다… / 54

7. 은공 7년 을축(乙丑) / 55
   가. 숙희(叔姬)가 기(紀)나라로 시집가다… / 55

8. 은공 8년 병인(丙寅) / 57
   가. 송나라와 위(衛)나라가 수(垂)에서 만나다… / 57

9. 은공 9년 정묘(丁卯) / 60
   가. 남계(南季)가 예물을 가지고 예방하다… / 60

10. 은공 10년 무진(戊辰) / 61
    가. 중구(中丘)에서 제후들과 회합하다… / 61

11. 은공 11년 기사(己巳) / 63
    가. 등(滕)나라와 설(薛)나라 군주가 찾아오다… / 63

제2편 환공 시대(桓公時代) / 65

1. 환공(桓公) 원년 경오(庚午) / 66
   가. 환공(桓公)이 즉위(卽位)하다… / 66

2. 환공 2년 신미(辛未) / 68
   가. 송(宋)나라 독(督)이 군주를 시해하다… / 68
   나. 고(郜)나라의 솥을 송나라에서 취하다… / 70

3. 환공 3년 임신(壬申) / 72
   가. 제나라 군주와 영(嬴)에서 회합하다… / 72

4. 환공 4년 계유(癸酉) / 74
   가. 환공이 낭(郞)에서 사냥하다… / 74

5. 환공 5년 갑술(甲戌) / 75
   가. 진(陳)나라 군주 포(鮑)가 세상을 떠나다… / 75

6. 환공 6년 을해(乙亥) / 77
   가. 정월에 그 사람이 오다… / 77

7. 환공 7년 병자(丙子) / 79
   가. 함구(咸丘)에 불을 지르다… / 79

8. 환공 8년 정축(丁丑) / 80
   가. 기묘(己卯)일에 증제(烝祭)를 지내다… / 80

9. 환공 9년 무인(戊寅) / 82
   가. 계강(季姜)이 경사로 시집가다… / 82

10. 환공 10년 기묘(己卯) / 84
    가. 조(曹)나라 군주인 종생(終生)이 죽다… / 84

11. 환공 11년 경진(庚辰) / 85
    가. 악조(惡曹)에서 동맹을 맺다… / 85

12. 환공 12년 신사(辛巳) / 88
    가. 곡지(曲池)에서 동맹을 맺었다… / 88

13. 환공 13년 임오(壬午) / 90
    가. 환공이 기(紀)나라와 정나라 군주와 회합하다… / 90

14. 환공 14년 계미(癸未) / 91
    가. 정나라 군주를 조(曹)에서 만나다… / 91

15. 환공 15년 갑신(甲申) / 92
    가. 가보(家父)가 수레를 요구하다… / 92

16. 환공 16년 을유(乙酉) / 95
    가. 환공이 조(曹)나라에서 회합을 갖다… / 95

17. 환공 17년 병술(丙戌) / 96
    가. 의보(儀父)와 유(趡)에서 동맹을 맺다… / 96

18. 환공 18년 정해(丁亥) / 97
　가. 환공이 제나라에서 훙거(薨去)하다… / 97

제3편 장공 시대(莊公時代) / 99

　1. 장공(莊公) 원년 무자(戊子) / 101
　　가. 부인(夫人)이 제(齊)나라로 달아나다… / 101
　　나. 왕녀(王女)가 머무를 집을 짓다… / 103

　2. 장공 2년 기축(己丑) / 105
　　가. 공자 경보(慶父)가 어여구(於餘丘)를 정벌하다… / 105

　3. 장공 3년 경인(庚寅) / 106
　　가. 익(溺)이 위(衛)나라를 정벌하다… / 106

　4. 장공 4년 신묘(辛卯) / 107
　　가. 기(紀)나라 군주가 세상을 떠나다… / 107
　　나. 장공이 고(郜)에서 사냥하다… / 110

　5. 장공 5년 임진(壬辰) / 112
　　가. 예(倪)의 여래(黎來)가 찾아오다… / 112

　6. 장공 6년 계사(癸巳) / 113
　　가. 위(衛)나라 삭(朔)이 위나라로 들어가다… / 113

　7. 장공 7년 갑오(甲午) / 115
　　가. 별이 비오듯이 떨어지다… / 115

　8. 장공 8년 을미(乙未) / 116
　　가. 진(陳)나라와 채(蔡)나라 사람을 기다리다… / 116

　9. 장공 9년 병신(丙申) / 118
　　가. 제나라 대부와 기(曁)에서 동맹을 맺다… / 118

　10. 장공 10년 정유(丁酉) / 121
　　가. 제나라 군사를 장작에서 쳐부수다… / 121

11. 장공 11년 무술(戊戌) / 123
    가. 송(宋)나라 군사를 진(鄑)에서 쳐부수다… / 123

12. 장공 12년 기해(己亥) / 124
    가. 송나라 만(萬)이 그 임금을 시해하다… / 124

13. 장공 13년 경자(庚子) / 126
    가. 제나라에서 수(遂)나라를 멸망시키다… / 126

14. 장공 14년 신축(辛丑) / 128
    가. 선(單)나라에서 송나라 정벌에 가담하다… / 128

15. 장공 15년 임인(壬寅) / 129
    가. 주루(邾婁) 사람들이 예(兒)를 정벌하다… / 129

16. 장공 16년 계묘(癸卯) / 130
    가. 유(幽)에서 동맹을 맺다… / 130

17. 장공 17년 갑진(甲辰) / 131
    가. 제나라 사람이 수(遂)에서 몰살하다… / 131

18. 장공 18년 을사(乙巳) / 132
    가. 융족(戎族)을 제수(濟水) 서쪽으로 몰아내다… / 132

19. 장공 19년 병오(丙午) / 133
    가. 부인 강씨(姜氏)가 거(莒)나라로 가다… / 133

20. 장공 20년 정미(丁未) / 134
    가. 제나라에 크게 화재가 생겼다… / 134

21. 장공 21년 무신(戊申) / 135
    가. 부인(夫人) 강씨(姜氏)가 훙거(薨去)하다… / 135

22. 장공 22년 기유(己酉) / 136
    가. 진(陳)나라에서 공자(公子) 어구(禦寇)를 죽이다… / 138

23. 장공 23년 경술(庚戌) / 137
    가. 장공이 제나라에서 이르다… / 137

24. 장공 24년 신해(辛亥) / 139
   가. 조(曹)나라 장공(莊公)을 장사 지내다… / 139

25. 장공 25년 임자(壬子) / 142
   가. 위(衛)나라 군주가 세상을 뜨다… / 142

26. 장공 26년 계축(癸丑) / 143
   가. 조(曹)나라에서 대부(大夫)를 죽이다… / 143

27. 장공 27년 갑인(甲寅) / 144
   가. 유(幽) 땅에서 동맹을 맺다… / 144

28. 장공 28년 을묘(乙卯) / 146
   가. 주루(邾婁)나라 쇄(瑣)가 세상을 떠나다… / 146

29. 장공 29년 병진(丙辰) / 148
   가. 가을에 비충(蜚蟲) 떼가 나타나다… / 148

30. 장공 30년 정사(丁巳) / 149
   가. 기(紀)나라 숙희(叔姬)를 장사 지내다… / 149

31. 장공 31년 무오(戊午) / 151
   가. 설(薛)에 대(臺)를 쌓다… / 151

32. 장공 32년 기미(己未) / 152
   가. 장공(莊公)이 노침(路寢)에서 죽다… / 152

제4편 민공 시대(閔公時代) / 157

1. 민공(閔公) 원년 경신(庚申) / 158
   가. 제나라와 낙고(洛姑)에서 맹세하다… / 158

2. 민공 2년 신유(辛酉) / 160
   가. 장공(莊公)은 길체(吉禘)하다… / 160

제5편 희공 시대(僖公時代) / 165

1. 희공(僖公) 원년 임술(壬戌) / 167
   가. 형(邢)나라가 진의(陳儀)로 옮겨 가다… / 167
   나. 초나라에서 정나라를 정벌하다… / 169

2. 희공 2년 계해(癸亥) / 172
   가. 정월에 초구(楚丘)에 성을 쌓았다… / 172
   나. 진(晉)나라에서 하양(夏陽)을 멸망시키다… / 173

3. 희공 3년 갑자(甲子) / 176
   가. 서(徐)나라가 서(舒)나라를 빼앗다… / 176

4. 희공 4년 을축(乙丑) / 178
   가. 제후들이 채(蔡)나라를 멸망시키다… / 178

5. 희공 5년 병인(丙寅) / 181
   가. 진(晉)나라에서 태자를 죽이다… / 181

6. 희공 6년 정묘(丁卯) / 184
   가. 초(楚)나라에서 허(許)나라를 포위하다… / 184

7. 희공 7년 무진(戊辰) / 185
   가. 소주루(小邾婁)의 자작이 찾아오다… / 185

8. 희공 8년 기사(己巳) / 186
   가. 적인(狄人)이 진(晉)나라를 정벌하다… / 186

9. 희공 9년 경오(庚午) / 188
   가. 규구(葵丘)에서 동맹을 맺다… / 188

10. 희공 10년 신미(辛未) / 190
    가. 적인(狄人)이 온(溫)나라를 멸망시키다… / 190

11. 희공 11년 임신(壬申) / 194
    가. 강씨(姜氏)가 제나라 후작을 만나다… / 194

12. 희공 12년 계유(癸酉) / 195
    가. 초(楚)나라에서 황(黃)나라를 멸망시키다… / 195

13. 희공 13년 갑술(甲戌) / 195
    가. 희공이 제후들과 함(鹹)에서 회합하다… / 195

14. 희공 14년 을해(乙亥) / 196
    가. 적인(狄人)이 정(鄭)나라를 침범했다… / 196

15. 희공 15년 병자(丙子) / 198
    가. 초나라에서 서(徐)나라를 정벌하다… / 198

16. 희공 16년 정축(丁丑) / 201
    가. 운석(隕石) 5개가 송(宋)나라에 떨어지다… / 201

17. 희공 17년 무인(戊寅) / 203
    가. 제나라 후작인 소백(小白)이 죽다… / 203

18. 희공 18년 기묘(己卯) / 204
    가. 노나라에서 제나라를 구원하다… / 204

19. 희공 19년 경진(庚辰) / 205
    가. 증(鄫)나라 군주를 제물로 쓰다… / 205

20. 희공 20년 신사(辛巳) / 207
    가. 고(郜)나라 군주가 찾아오다… / 207

21. 희공 21년 임오(壬午) / 208
    가. 제후들이 녹상(鹿上)에서 동맹을 맺었다… / 208

22. 희공 22년 계미(癸未) / 212
    가. 주루(邾婁)나라와 승형(升陘)에서 싸웠다… / 212

23. 희공 23년 갑신(甲申) / 214
    가. 초나라 사람이 진(陳)나라를 정벌하다… / 214

24. 희공 24년 을유(乙酉) / 215
    가. 천자(天子)가 정나라에서 지내다… / 215

25. 희공 25년 병술(丙戌) / 216
   가. 송나라에서 그의 대부를 죽이다… / 216

26. 희공 26년 정해(丁亥) / 218
   가. 제나라 군사를 휴(巂)까지 추격하다… / 218

27. 희공 27년 무자(戊子) / 220
   가. 기(杞)나라 군주가 찾아오다… / 220

28. 희공 28년 기축(己丑) / 221
   가. 공자 매(公子買)가 위나라를 수비하다… / 221
   나. 위(衛)나라 후작을 잡아 경사(京師)로 보내다… / 225

29. 희공 29년 신묘(辛卯) / 228
   가. 가을에 큰 우박이 내리다… / 228

30. 희공 30년 신묘(辛卯) / 229
   가. 적인(狄人)이 제나라를 침범하다… / 229

31. 희공 31년 임진(壬辰) / 230
   가. 공자 수(公子遂)가 진(晉)나라에 가다… / 230

32. 희공 32년 계사(癸巳) / 233
   가. 위(衛)나라가 적인(狄人)에 침범하다… / 233

33. 희공 33년 갑오(甲午) / 234
   가. 국귀보(國歸父)가 노나라를 예방하다… / 234

제6편 문공 시대(文公時代) / 239

1. 문공(文公) 원년 을미(乙未) / 240
   가. 문공(文公)이 정월에 즉위하다… / 240

2. 문공 2년 병신(丙申) / 242
   가. 희공(僖公)의 신주를 만들었다… / 242

3. 문공 3년 정유(丁酉) / 245
   가. 진(秦)나라가 진(晉)나라를 정벌하다… / 245

4. 문공 4년 무술(戊戌) / 247
    가. 초(楚)나라 사람이 강(江)나라를 멸망시키다… / 247

5. 문공 5년 기해(己亥) / 248
    가. 공손오(公孫敖)가 진(晉)나라에 가다… / 248

6. 문공 6년 경자(庚子) / 249
    가. 진(晉)나라에서 양처보(陽處父)를 죽이다… / 249

7. 문공 7년 신축(辛丑) / 251
    가. 문공이 주루(邾婁)나라를 정벌했다… / 251

8. 문공 8년 임인(壬寅) / 253
    가. 공자 수(遂)가 형옹(衡雍)에서 동맹하다… / 253

9. 문공 9년 계묘(癸卯) / 255
    가. 모(毛)나라 군주가 금(金)을 요구하다… / 255

10. 문공 10년 갑진(甲辰) / 259
    가. 여률(女栗)에서 동맹을 맺다… / 259

11. 문공 11년 을사(乙巳) / 260
    가. 조(曹)나라 군주가 찾아오다… / 260

12. 문공 12년 병오(丙午) / 261
    가. 기(杞)나라 백작이 찾아오다… / 261

13. 문공 13년 정미(丁未) / 264
    가. 태실(太室)의 지붕이 무너지다… / 264

14. 문공 14년 무신(戊申) / 267
    가. 신성(新城)에서 동맹을 맺다… / 267

15. 문공 15년 기유(己酉) / 270
    가. 화손(華孫)이 와서 동맹을 맺다… / 270

16. 문공 16년 경술(庚戌) / 273
    가. 네 번째 고삭례(告朔禮)를 하지 않다… / 273

17. 문공 17년 신해(辛亥) / 275
   가. 제후들이 호(扈)에서 회합하다… / 275

18. 문공 18년 임자(壬子) / 276
   가. 정축(丁丑)일에 문공(文公)이 훙거하다… / 276

제7편 선공 시대(宣公時代) / 279

1. 선공(宣公) 원년 계축(癸丑) / 280
   가. 정월에 선공(宣公)이 즉위하다… / 280
   나. 제나라 군주를 평주(平州)에서 만나다… / 280

2. 선공 2년 갑인(甲寅) / 284
   가. 을해(乙亥)일에 천자(天子)가 붕어하다… / 284

3. 선공 3년 을묘(乙卯) / 285
   가. 광왕(匡王)을 장사 지내다… / 285

4. 선공 4년 병진(丙辰) / 287
   가. 거(莒)나라의 상(向) 땅을 선공이 점령하다… / 287

5. 선공 5년 정사(丁巳) / 288
   가. 봄에 선공이 제나라에 갔다… / 288

6. 선공 6년 무오(戊午) / 289
   가. 조돈(趙盾)과 손면(孫免)이 진(陳)나라를 침공하다… / 289

7. 선공 7년 기미(己未) / 294
   가. 손양부(孫良夫)가 노(魯)나라에 와서 동맹하다… / 294

8. 선공 8년 경신(庚申) / 295
   가. 태묘(太廟)에 제사가 있었다… / 295

9. 선공 9년 신유(辛酉) / 298
   가. 노나라에서 근모(根牟)를 점령하다… / 298

10. 선공 10년 임술(壬戌) / 300
    가. 하징서(夏徵舒)가 그 군주를 시해하다… / 300

11. 선공 11년 계해(癸亥) / 303
　　가. 공손귀보(公孫歸父)가 거(莒)나라를 정벌하다… / 303

12. 선공 12년 갑자(甲子) / 305
　　가. 초(楚)나라가 정나라를 포위하다… / 305

13. 선공 13년 을축(乙丑) / 309
　　가. 초(楚)나라에서 송나라를 정벌하다… / 309

14. 선공 14년 병인(丙寅) / 309
　　가. 공손귀보(公孫歸父)가 곡(穀)에서 회합하다… / 309

15. 선공 15년 정묘(丁卯) / 310
　　가. 공손귀보가 송나라와 회합하다… / 310
　　나. 찰(札)이 소백(召伯)과 모백(毛伯)을 죽이다… / 313

16. 선공 16년 무진(戊辰) / 316
　　가. 유우(留吁)나라를 멸망시키다… / 316

17. 선공 17년 기사(己巳) / 317
　　가. 선공이 단도(斷道)에서 동맹하다… / 317

18. 선공 18년 경오(庚午) / 318
　　가. 주루(邾婁)나라 사람이 증(鄫)나라 군주를 죽이다… / 318

제8편 성공 시대(成公時代) / 321

1. 성공(成公) 원년 신미(辛未) / 322
　　가. 정월에 성공(成公)이 즉위했다… / 322

2. 성공 2년 임신(壬申) / 323
　　가. 제나라 군사가 대패(大敗)하다… / 323
　　나. 문양(汶陽) 땅을 점령하다… / 328

3. 성공 3년 계유(癸酉) / 329
　　가. 신궁(新宮)에서 화재가 나다… / 329

4. 성공 4년 갑술(甲戌) / 331
  가. 기(杞)나라 군주인 백작이 찾아오다… / 331

5. 성공 5년 을해(乙亥) / 332
  가. 순수(荀首)를 곡(穀)에서 만나다… / 332

6. 성공 6년 병자(丙子) / 334
  가. 신사(辛巳)일에 무궁(武宮)을 세우다… / 334

7. 성공 7년 정축(丁丑) / 336
  가. 오(吳)나라가 담(郯)나라를 정벌하다… / 336

8. 성공 8년 무인(戊寅) / 337
  가. 진(晉)나라에서 그의 대부들을 죽이다… / 337

9. 성공 9년 기유(己酉) / 340
  가. 백희(伯姬)가 송나라로 시집가다… / 340

10. 성공 10년 경진(庚辰) / 342
  가. 불길(不吉)하여 교제(郊祭)를 지내지 않다… / 342

11. 성공 11년 신사(辛巳) / 343
  가. 계손행보(季孫行父)가 진(晉)나라에 가다… / 343

12. 성공 12년 임오(壬午) / 344
  가. 성공이 사택(沙澤)에서 회합을 갖다… / 344

13. 성공 13년 계미(癸未) / 345
  가. 극기(郤錡)가 군사를 요청하다… / 345

14. 성공 14년 갑신(甲申) / 346
  가. 숙손교여가 제나라 공녀를 맞이하다… / 346

15. 성공 15년 을유(乙酉) / 347
  가. 척(戚) 땅에서 동맹을 맺다… / 347
  나. 조(曹)나라 군주를 잡아 경사(京師)로 보내다… / 349

16. 성공 16년 병술(丙戌) / 351
  가. 정월에 비가 내려 나무가 얼다… / 351

나. 계손행보(季孫行父)가 초구(茗丘)에 갇히다… / 354
　17. 성공 17년 정해(丁亥) / 356
　　가. 가릉(柯陵)에서 동맹을 맺다… / 356
　18. 성공 18년 무자(戊子) / 359
　　가. 진(晉)나라 사개(士匄)가 찾아오다… / 359

제9편 양공 시대(襄公時代) / 361

　1. 양공(襄公) 원년 기축(己丑) / 363
　　가. 정월에 양공(襄公)이 즉위하다… / 363
　2. 양공 2년 경인(庚寅) / 365
　　가. 부인(夫人) 강씨(姜氏)가 훙거하다… / 365
　3. 양공 3년 신묘(辛卯) / 367
　　가. 양공(襄公)이 진(晉)나라에서 돌아오다… / 367
　4. 양공 4년 임진(壬辰) / 369
　　가. 부인(夫人) 익씨(弋氏)가 훙거했다… / 369
　5. 양공 5년 계사(癸巳) / 369
　　가. 초나라에서 임부(壬夫)를 죽이다… / 369
　6. 양공 6년 갑오(甲午) / 372
　　가. 거(莒)나라에서 증(鄫)나라를 멸망시키다… / 372
　7. 양공 7년 을미(乙未) / 373
　　가. 소주루(小邾婁)의 군주가 찾아오다… / 373
　8. 양공 8년 병신(丙申) / 375
　　가. 양공(襄公)이 진(晉)나라에 가다… / 375
　9. 양공 9년 정유(丁酉) / 377
　　가. 송(宋)나라에 화재(火災)가 발생하다… / 377
　10. 양공 10년 무술(戊戌) / 378
　　가. 오(吳)나라의 사(柤)에서 회합하다… / 378

11. 양공 11년 기해(己亥) / 380
    가. 노나라에서 삼군(三軍)을 편성하다… / 380
12. 양공 12년 경자(庚子) / 382
    가. 거(莒)나라에서 태(台)고을을 포위하다… / 382
13. 양공 13년 신축(辛丑) / 383
    가. 여름에 시(詩)나라를 정벌하다… / 383
14. 양공 14년 임인(壬寅) / 384
    가. 거(莒)나라에서 동쪽 변방을 침략하다… / 384
15. 양공 15년 계묘(癸卯) / 385
    가. 계손숙과 공손표가 외곽 성을 쌓다… / 385
16. 양공 16년 갑진(甲辰) / 387
    가. 각 나라의 대부들이 모여 동맹을 맺다… / 387
17. 양공 17년 을사(乙巳) / 389
    가. 제나라가 조(洮)를 포위하다… / 389
18. 양공 18년 병오(丙午) / 390
    가. 행인(行人) 석매(石買)를 체포하다… / 390
19. 양공 19년 정미(丁未) / 391
    가. 축아(祝阿)에서 동맹을 맺다… / 391
20. 양공 20년 무신(戊申) / 393
    가. 중손속(仲孫遫)이 주루(邾婁)나라를 정벌하다… / 393
21. 양공 21년 기유(己酉) / 395
    가. 난영(欒盈)이 초나라로 달아나다… / 395
22. 양공 22년 경술(庚戌) / 396
    가. 초나라에서 그의 대부를 죽이다… / 396
23. 양공 23년 신해(辛亥) / 397
    가. 초하루에 일식(日蝕)이 일어나다… / 397

24. 양공 24년 임자(壬子) / 399
　　가. 중손갈(仲孫羯)이 제나라를 침공하다… / 399

25. 양공 25년 계축(癸丑) / 401
　　가. 최저(崔杼)가 노나라를 침공하다… / 401

26. 양공 26년 갑인(甲寅) / 403
　　가. 순오(荀吳)가 노나라를 예방오다… / 403

27. 양공 27년 을묘(乙卯) / 405
　　가. 숙손표(叔孫豹)가 제후들과 동맹을 맺다… / 405

28. 양공 28년 병진(丙辰) / 409
　　가. 제나라 경봉(慶封)이 도망해 오다… / 409

29. 양공 29년 정사(丁巳) / 410
　　가. 혼(閽)이 여제(餘祭)를 시해하다… / 410

30. 양공 30년 무오(戊午) / 415
　　가. 채(蔡)나라 세자가 군주를 시해하다… / 415

31. 양공 31년 기미(己未) / 418
　　가. 양공(襄公)이 초궁(楚宮)에서 훙거하다… / 418

제10편 소공 시대(昭公時代) / 419

1. 소공(昭公) 원년 경신(庚申) / 421
　　가. 정월에 소공(昭公)이 즉위(卽位)하다… / 421

2. 소공 2년 신유(辛酉) / 425
　　가. 소공(昭公)이 진(晉)나라에 가다가 돌아오다… / 425

3. 소공 3년 임술(壬戌) / 426
　　가. 숙궁(叔弓)이 등나라에 가다… / 426

4. 소공 4년 계해(癸亥) / 427
　　가. 정월에 큰 우박이 내리다… / 427

5. 소공 5년 갑자(甲子) / 428
   가. 노나라에서 중군(中軍)을 폐지하다… / 428

6. 소공 6년 을축(乙丑) / 430
   가. 계손숙(季孫宿)이 진(晉)나라에 가다… / 430

7. 소공 7년 병인(丙寅) / 431
   가. 소공(昭公)이 초(楚)나라에 가다… / 431

8. 소공 8년 정묘(丁卯) / 432
   가. 행인(行人) 간징사(干徵師)를 죽이다… / 432

9. 소공 9년 무진(戊辰) / 434
   가. 낭(郎)에 짐승을 기르는 유(囿)를 만들다… / 434

10. 소공 10년 기사(己巳) / 435
    가. 난시(欒施)가 우리 노나라로 도망해 오다… / 435

11. 소공 11년 경오(庚午) / 436
    가. 비포(比浦)에서 군사 훈련을 하다… / 436

12. 소공 12년 신미(辛未) / 439
    가. 소공이 황하에 이르렀다 돌아오다… / 439

13. 소공 13년 임신(壬申) / 441
    가. 숙궁(叔宮)이 군사로 비(費) 땅을 포위하다… / 441

14. 소공 14년 계유(癸酉) / 444
    가. 거(莒)나라 군주인 거질(去疾)이 죽다… / 444

15. 소공 15년 갑술(甲戌) / 445
    가. 제사를 지내는데 숙궁(叔弓)이 죽다… / 445

16. 소공 16년 을해(乙亥) / 446
    가. 계손은여(季孫隱如)가 진(晉)나라에 가다… / 446

17. 소공 17년 병자(丙子) / 447
    가. 담(郯)나라 군주가 찾아오다… / 447

18. 소공 18년 정축(丁丑) / 448
　　가. 허(許)나라가 수도를 백우(白羽)로 옮기다… / 448

19. 소공 19년 무인(戊寅) / 449
　　가. 기묘(己卯)일에 지진이 일어났다… / 449

20. 소공 20년 기묘(己卯) / 451
　　가. 도적이 위(衛)나라 군주 첩(輒)을 죽이다… / 451

21. 소공 21년 경진(庚辰) / 453
　　가. 소공(昭公)이 황하에 이르렀다 되돌아오다… / 453

22. 소공 22년 신사(辛巳) / 454
　　가. 주(周)의 경왕(景王)이 붕어하다… / 454

23. 소공 23년 임오(壬午) / 456
　　가. 거(莒)나라 군주가 도망해 오다… / 456

24. 소공 24년 계미(癸未) / 458
　　가. 중손확(仲孫貜)이 세상을 떠나다… / 458

25. 소공 25년 갑신(甲申) / 459
　　가. 관욕(鸛鵒)이라는 새가 둥지를 틀고 살다… / 459

26. 소공 26년 을유(乙酉) / 465
　　가. 소공(昭公)이 운(運) 땅에 거주하다… / 465

27. 소공 27년 병술(丙戌) / 466
　　가. 주루(邾婁)나라 쾌(快)가 도망해 오다… / 466

28. 소공 28년 정해(丁亥) / 468
　　가. 소공이 진(晉)나라 간후(乾侯)에서 머물다… / 468

29. 소공 29년 무자(戊子) / 468
　　가. 운(運) 땅이 공격받아 무너지다 … / 468

30. 소공 30년 기축(己丑) / 469
　　가. 진(晉)나라의 군주 거질(去疾)이 죽다… / 469

31. 소공 31년 경인(庚寅) / 470
　　가. 순역(荀櫟)이 간후의 소공을 위로하다… / 470

32. 소공 32년 신묘(辛卯) / 474
　　가. 오(吳)나라가 월(越)나라를 정벌하다… / 474

제11편 정공 시대(定公時代) / 477

1. 정공(定公) 원년 임진(壬辰) / 478
　　가. 소공(昭公)의 시신을 간후(乾侯)에서 옮기다… / 478

2. 정공 2년 계사(癸巳) / 480
　　가. 치문(雉門)의 양쪽 다락을 높이다… / 480

3. 정공 3년 갑오(甲午) / 481
　　가. 중손하기(仲孫何忌)가 주루(邾婁)나라와 맹약하다… / 481

4. 정공 4년 을미(乙未) / 482
　　가. 공손생(公孫姓)이 심(沈)나라 군주를 죽이다… / 482
　　나. 오(吳)나라와 초(楚)나라가 싸우다… / 484

5. 정공 5년 병신(丙申) / 487
　　가. 월(越)나라가 오(吳)나라로 쳐들어가다… / 487

6. 정공 6년 정유(丁酉) / 488
　　가. 정공이 정(鄭)나라를 침공하다… / 488

7. 정공 7년 무술(戊戌) / 489
　　가. 위(衛)나라 북궁결(北宮結)을 제나라에서 체포하다… / 489

8. 정공 8년 기해(己亥) / 490
　　가. 정공(定公)이 제나라를 두 번이나 침공하다… / 490
　　나. 노나라에서 위(衛)나라를 정벌하다… / 492

9. 정공 9년 경자(庚子) / 495
　　가. 노나라에서 보옥과 큰 활을 다시 찾다… / 495

10. 정공 10년 신축(辛丑) / 496
   가. 정공이 협곡(頰谷)에서 회합을 갖다… / 496

11. 정공 11년 임인(壬寅) / 497
   가. 숙선(叔還)이 정나라에서 맹약에 임석하다… / 497

12. 정공 12년 계묘(癸卯) / 498
   가. 노나라에서 비(費)의 성을 무너뜨리다… / 498

13. 정공 13년 갑진(甲辰) / 500
   가. 사연(蛇淵)에 동산을 축조(築造)하다… / 500

14. 정공 14년 을사(乙巳) / 502
   가. 북궁결(北宮結)이 노나라로 도망해 오다… / 502

15. 정공 15년 병오(丙午) / 504
   가. 정공(定公)이 고침(高寢)에서 훙거했다… / 504

제12편 애공 시대(哀公時代) / 507

1. 애공(哀公) 원년 정미(丁未) / 509
   가. 생쥐가 교제(郊祭)의 소를 물어뜯다… / 509

2. 애공 2년 무신(戊申) / 510
   가. 채(蔡)나라가 주래(州來)로 옮겨 가다… / 510

3. 애공 3년 기유(己酉) / 511
   가. 갑오(甲午)일에 지진이 일어나다… / 511

4. 애공 4년 경술(庚戌) / 514
   가. 신축(辛丑)일에 포사(蒲社)에 화재가 났다… / 514

5. 애공 5년 신해(辛亥) / 516
   가. 윤달에 제나라 경공(景公)을 장사 지내다… / 516

6. 애공 6년 임자(壬子) / 517
   가. 국하(國夏)와 고장(高張)이 도망해 오다… / 517

7. 애공 7년 계축(癸丑) / 520
    가. 오(吳)나라와 증(鄫)에서 회합하다… / 520

8. 애공 8년 갑인(甲寅) / 521
    가. 제나라에서 훤(讙) 땅과 단(僤) 땅을 점령하다… / 521

9. 애공 9년 을묘(乙卯) / 522
    가. 송나라에서 정나라를 정벌하다… / 522

10. 애공 10년 병진(丙辰) / 523
    가. 주루(邾婁)나라 군주가 도망해 오다… / 523

11. 애공 11년 정사(丁巳) / 525
    가. 오(吳)나라와 함께 제나라를 정벌하다… / 525

12. 애공 12년 무오(戊午) / 526
    가. 토지의 세법(稅法)을 실시하다… / 526

13. 애공 13년 기미(己未) / 527
    가. 월(越)나라가 오(吳)나라로 쳐들어가다… / 527

14. 애공 14년 경신(庚申) / 529
    가. 수렵(狩獵)하여 기린(麒麟)을 잡다… / 529

※ 원문자구색인(原文字句索引) / 532

제1편 은공 시대(隱公時代)
(재위 : 1년~11년까지)

시법(諡法)에 '그의 지위를 헛되지 않게 하다'를 '은(隱)'이라 했다.

▨은공 연표(隱公年表)

국명\기원전	周 平王	鄭 莊公	齊 僖公	宋 穆公	晉 翼鄂侯/曲沃莊伯	衛 桓公	蔡 宣公	曹 桓公	滕	陳 桓公	杞 武公	薛 子爵	莒 (附庸國) 儀父	邾 (附庸國) 莊公	許 (附庸國)	小邾	楚 武王	秦 文公	吳	越	魯 隱公
722	49	22	9	8	2	11	13	28	35	후작의 나라	23	11	자작의 나라			전욱의 후예		19	44			1
721	50	23	10	9	3	12	14	29	36		24	12						20	45			2
720	51	24	11	10	4	13	15	30	37		25	13						21	46			3
719	桓王1	25	12	殤公1	5	14	16	31	38		26	14						22	47			4
718	2	26	13	2	6	宣公15	1	32	39		27	15						23	48			5
717	3	27	14	3	哀侯1	16	2	33	40		28	16						24	49			6
716	4	28	15	4	2	17	3	34	41		29	17						25	50			7
715	5	29	16	5	武公3	4	35	42		30	18							26	寧公1			8
714	6	30	17	5	4	2	5	桓公1	43		31	19						27	2			9
713	7	31	18	7	5	3	6	2	44		32	20						28	3			10
712	8	32	19	8	6	4	7	3	45		33	21	설백조회					29	4			11

은공시대(隱公時代)의 나라들

周 희성(姬姓)이다. 후직(后稷)의 후예이다. 문왕(文王)의 뒤를 이은 무왕(武王)이 은(殷)나라의 주(紂)를 무너뜨리고 풍호(豊鎬)에 도읍을 정했다. 그뒤 유왕(幽王)과 여왕(厲王)의 폭정으로 나라가 어지러워지자 뒤를 이은 평왕(平王)이 동쪽인 낙양(洛陽)으로 도읍을 옮기고 풍호를 버렸다. 이때부터 동주(東周)라 했다. 평왕 49년이 노(魯)나라 은공(隱公)의 원년이며, 은공 3년에 평왕이 죽고 환왕(桓王)이 즉위했다.

鄭 희씨(姬氏)이다. 백작(伯爵)의 나라. 정나라 환공(桓公)이 처음으로 작위를 받았다. 주나라 여왕(厲王)의 아들 일왕(壹王)의 아우. 무공(武公) 장공(莊公)으로 이어졌으며 장공 22년에 해당한다.

齊 강씨(姜氏)이다. 후작(侯爵)의 나라이다. 주나라 무왕을 도와 천하를 통일한 강태공, 곧 태공망(太公望)을 봉한 나라이다. 13대를 이어와 제나라 희공(僖公) 9년에 해당한다.

宋　자씨(子氏)이다. 공작(公爵)의 나라이다. 주나라 무왕이 은나라를 정벌하고 은나라 후손(後孫)인 미자계(微子啓)를 송나라에 봉해서 은나라의 선조를 제사 지내게 했다. 14세를 이어왔으며 14대손 목공(穆公) 8년에 해당한다.

晉　희성(姬姓)이다. 후작의 나라이다. 당숙(唐叔)을 처음 봉하여 이때 11세인 소후(昭侯)에 이르렀으며 소후가 문후(文侯)의 동생 성사(成師)를 곡옥(曲沃)에 봉했다. 이 때부터 진나라가 분열되어 익(翼)과 곡옥(曲沃)으로 나뉘어졌다.

翼(익) : 진나라 소후(昭侯)가 효후(孝侯)에게 전하고 효후가 악후(鄂侯)에게 전했으며 악후 2년이 은공 원년이다.

曲沃(곡옥) : 성사(成師) 뒤에 장백(莊伯)에게 전해지고 장백 11년 11월이 노나라 은공 원년이다. 은공 11년에 장백이 죽었고 그의 아들 무공(武公)이 즉위했다.

衛　희성(姬姓)이다. 후작의 나라이다. 강숙(康叔)으로부터 13세손인 환공(桓公)에 이르렀고, 환공 13년이 노나라 은공 원년이다. 은공 4년에 위나라 주우(州吁)가 환공을 살해하고 스스로 즉위했으나 그 해 가을에 주우를 살해하고 선공(宣公)인 진(晉)이 즉위했다.

蔡　희성(姬姓)이다. 후작의 나라이다. 채숙(蔡叔)의 아들 채중(蔡仲)이 덕을 쌓고 행실을 고쳤으므로 성왕(成王)이 다시 채에 봉해 13세손인 선공(宣公) 28년이 노나라 은공 원년이다. 노나라 은공 8년에 선공이 죽고 아들 환후(桓侯)인 봉인(封人)이 즉위했다.

曹　희성(姬姓)이다. 백작(伯爵)의 나라이다. 조숙(曹叔)인 진탁(振鐸)이 처음 봉해졌으며 12대가 전해져 환공(桓公) 35년이 노나라 은공 원년이다.

滕　희성(姬姓)이다. 후작의 나라이다. 노나라 은공 7년에 등후(滕侯)가 죽었다고 했으며 그의 후예가 자작으로 강등되어 당시의 왕에게 축출되었다고 했다.

陳　규성(嬀姓)이다. 후작의 나라이다. 순(舜)임금의 후예이며 호공(胡公)이 처음으로 봉해지고 12대손인 환공(桓公) 23년이 노나라 은공 원년이다.

杞　사성(姒姓)이다. 후작의 나라이다. 하(夏)나라 우(禹)임금의 후예이다. 동루공(東樓公)이 처음 봉해졌으며 5세 후예인 무공(武公) 11년이 노나라 은공 원년이다.

薛　임성(任姓)이다. 후작의 나라이다. 노나라 은공 11년에 조회에 들어왔고 장공(莊公) 31년에 설백(薛伯)이 죽었다고 기록되어 있다. 당시의 왕에게 축출된 것 같다.

莒　사성(巳姓)이다. 자작(子爵)의 나라이다. 노나라 문공(文公) 18년에 서기(庶其)가 보인다.

邾　조성(曹姓)이다. 부용국(附庸國)이다. 의보(儀父)가 춘추에 기록되어 있다. 노나라 장공 16년에 주자(邾子)인 극(克)이 죽었다고 기록되어 있다.

許　강성(姜姓)이다. 대악(大嶽)의 후예이다. 노나라 은공 11년에 허(許)나라 장공(莊公)과 허숙(許叔)을 보다라고 기록되어 있다. 희공 4년에 허남(許男) 신신이 졸하다.

小邾　조성(曹姓)이다. 자작의 나라이다. 전욱(顓頊)의 후예이다. 부용국이었다. 희공 7년에 소주자(小邾子)라고 처음 기록하다.

楚　미성(羋姓)이다. 자작의 나라이다. 웅역(熊繹)이 처음 봉함받아 6대손 웅거(熊渠)가 그의 큰아들을 왕으로 세워 참왕의 시작이다. 무왕(武王) 19년이 노나라 은공 원년이다.

秦　영성(嬴姓)이다. 백작의 나라이며 전욱의 후예이다. 문공(文公) 44년이 노나라 은공 원년이다. 부용국이었으나 평왕의 동천에 공이 있어서 제후가 되었다.

吳　희성(姬姓)이다. 자작의 나라이다. 주나라 태백(太伯)의 5세손을 무왕이 봉했다. 그후 14세손인 수몽(壽夢)에 이르러 왕이라 칭했다. 성공(成公) 7년에 기록되어 있다.

越　선조는 우(禹)의 후예이며 소강(少康)의 서자이다. 회계(會稽) 땅에 봉하여 우임금의 제사를 지내고 20여 세 윤상(允常)에 이르렀다. 소공 5년에 처음으로 윤상이 오나라 합려와 싸웠다고 기록이 보인다. 윤상의 아들이 구천이다.

제1편 은공 시대(隱公時代)

1. 은공(隱公) 원년 기미(己未)

가. 왕(王)의 정월(正月)은 크게 통일시키기 위한 것

원년(元年) 기미(己未)의 봄은 왕력(王曆)으로 정월이다.

원년(元年)이란 무슨 뜻인가? 군주가 처음 맞는 해이다. '춘(春 : 봄)'이란 무슨 뜻인가? 한 해의 시작이다. 왕자(王者)란 누구를 이르는 것인가? 주(周)나라 문왕(文王)을 이르는 것이다. 어찌하여 먼저 '왕(王)'을 말하고 뒤에 '정월(正月)'을 말했는가? 왕인 문왕의 정월이기 때문이다. 어찌하여 '왕정월(王正月)'이라고 말했는가? 하나로 크게 통일시키기 위한 것이었다.

은공(隱公)은 어찌하여 즉위(卽位)를 말하지 않았는가? 은공의 뜻이 이루어진 것이다.

어찌하여 은공의 뜻이 이루어졌다고 하는가? 은공은 장차 노나라가 평안해지면 환공(桓公)에게 돌려주려고 한 것이다.

어찌하여 환공에게 돌려주려 한 것인가? 당시 환공은 어리지만 귀(貴)했고 은공(隱公)은 다 자랐지만 신분이 낮았다. 그렇지만 그 존귀하고 미천한 구별이 미약하여 당시 나라 사람들이 존귀하고 미천한 차이를 알지 못하였다. 은공은 장성하였고 또 어질었기 때문에 여러 대부들이 은공을 이끌어 세웠다. 이 때 은공이 사양하고 즉위하였다면 환공은 장차 반드시 즉위한다는 것을 알지 못했을 것이다. 또 과연 환공이 즉위하였다면 여러 대부들이 어린 군주를 돕지 않을 것을 두려워하였다. 그러므로 은공이 즉위한 것은 환공의 즉위를 위한 것이었다.

  은공은 장성하였고 또 어질었는데 어찌하여 즉위한 일이 마땅하지 않은 것인가? 적자(嫡子)를 세우는 것은 나이로써 하는 것이며 어진 가를 따져서 하지 않는 것이다. 서자(庶子)를 세울 때는 귀함으로써 하는 것이며 장성했는 가를 따져서 하지 않는 것이다. 환공이 어찌하여 귀한가? 어머니가 귀하기 때문이다. 어머니가 귀하면 자식이 어찌하여 귀한 것인가? 자식은 어머니의 귀함으로써 귀해지고 어머니는 자식이 귀해짐으로써 귀하게 되는 것이다.

  元年[1] 春 王正月[2] ○元年者何 君[3]之始年也 春者何 歲之始也 王者孰謂[4] 謂文王[5]也 曷爲先言王而後言正月 王正月也 何言乎王正月 大一統也 公何以不言卽位 成公意也 何成乎公之意 公將平國而反之桓 曷爲反之桓 桓幼而貴 隱長而卑 其爲尊卑也微[6] 國人莫知 隱長又賢 諸大夫扳[7]隱而立之 隱於是焉而辭立 則未知桓之將必得立也 且如[8]桓立 則恐諸大夫之不能相[9]幼君也 故凡隱之立 爲桓立也 隱長又賢 何以不宜立 立適以長[10] 不以賢 立子以貴[11] 不以長 桓何以貴 母貴[12]也 母貴則子何以貴 子以母貴[13] 母以子貴[14]

1) 元年(원년) : 노(魯)나라 은공(隱公) 원년이다.
2) 王正月(왕정월) : 주(周)나라 문왕(文王) 때부터 써오던 역법(曆法)에 의한 정월(正月)이다. 주(周)나라의 정월은 자건(子建)이고 하(夏)나라의 역(曆)은 인건(寅建)으로 11월에 해당한다.
3) 君(군) : 노나라 은공(隱公)을 가리킨다. 은공은 이름은 식고(息姑)이고 혜공(惠公)의 아들이다. 성은 희씨(姬氏)이고 후작(侯爵)이며 주공(周公)으로부터 백금(伯禽)이 봉호를 받은 이후 8대 후손이다. 시호는 '그의 지위를 헛되지 않게 하다'의 은(隱)이라 했다.
4) 孰謂(숙위) : 누가 이르되. 곧 어떤 사람이란 뜻.
5) 文王(문왕) : 곧 주(周)나라 문왕(文王)이며 희성(姬姓)이다. 이름은 창(昌)이며 주무왕(周武王)의 아버지이다. 무왕은 이름이 발(發)이고 군사를 일으켜 은(殷)나라 주(紂)를 토벌하여 은나라를 멸망시키고 주(周)나라의

왕조를 건립하였다. 문왕(文王)은 주(周)의 기반을 다진 군주이다.
6) 其爲尊卑也微(기위존비야미) : 그 존귀하고 낮은 것이 미약하다. 곧 은공의 어머니와 환공의 어머니는 둘 다 잉첩(媵妾)이었는데 환공의 어머니가 우잉(右媵)으로, 은공의 어머니 좌잉(左媵)보다 약간 높은 것을 뜻한다.
7) 扳(반) : 만(挽)이나 인(引)과 같다.
8) 且如(차여) : 여과(如果)의 뜻이다.
9) 相(상) : 보좌하다. 협조하다.
10) 立適以長(입적이장) : 적(適)은 적(嫡)과 같다. 적부인(嫡夫人)의 아들은 존귀하여 대적할 수가 없는 것으로 나이로써 했다.
11) 立子以貴(입자이귀) : 자(子)는 좌우잉(左右媵) 및 질제(姪娣)의 아들. 서자(庶子)를 세울 때에는 어머니의 서열에 따른 순서에 입각하여 정한다는 것.
12) 母貴(모귀) : 은공(隱公)이나 환공(桓公)의 모친(母親)은 모두 잉(媵)이다. 또 두 군주 다 공자(公子)였다. 다만 환공의 모친이 우잉(右媵)이었으니 은공의 어머니보다 약간 높은 것이다.
13) 子以母貴(자이모귀) : 자식은 어머니의 지위에 따라서 서게 된다는 뜻.
14) 母以子貴(모이자귀) : 예(禮)에 '첩의 자식도 임금이 되면 어머니는 부인(夫人)이 된다.'고 했다. 곧 어머니는 자식이 귀해지면 따라서 귀해진다는 뜻.

나. 은공이 주루의보(邾婁儀父)와 맹세하다

3월에 은공(隱公)이 주루(邾婁)나라의 의보(儀父)와 멸(眛)에서 동맹(同盟)을 맺었다.

'급(及)'이란 무슨 뜻인가? 함께 하는 것이다. 회(會)와 급(及)과 기(暨)는 모두 함께 한다는 뜻이다. 어찌하여 혹은 '회(會)'라고 말하고 혹은 '급(及)'이라고 말하고 혹은 '기(暨)'라고 말하는가? 회(會)는 모이다와 같다. 급(及)은 조급히 하는 것과 같다. 기(暨)는 이르려고 하는 것과 같다. 급(及)은 노나라가 하고자 하는 것이다. 기(暨)는 부득이(不得已)한 것이다.

의보(儀父)란 누구인가? 주루(邾婁)의 군주이다. 왜 이름으로 했는가? 자(字)이다. 왜 자(字)를 일컬었는가? 칭찬한 것이다. 왜 칭찬했는가? 은공과 함께 맹세하였기 때문이다. 은공과 더불어 맹세한 자들은 많은데 어찌하여 홀로 이 의보만 칭찬했는가? 가히 칭찬할 것을 따라서 칭찬한 것이다. 이것은 가히 어떠한 것을 칭찬한 것인가? 점점 좋은 곳으로 나아간 것이다. 멸(眛)이란 어떤 곳인가? 맹세를 기약한 땅이다.

三月 公及邾婁[1]儀父[2]盟于眛[3] ◯及者何 與也 會及暨 皆與也 曷爲或言會 或言及 或言暨 會猶最[4]也 及猶汲汲[5]也 暨猶暨暨[6]也 及我[7]欲之 暨 不得已也 儀父者何 邾婁之君也 何以名 字也 曷爲稱字 襃之也 曷爲襃之 爲其與公盟也 與公盟者衆矣 曷爲獨襃乎此 因其可襃而襃之[8] 此其爲可襃奈何 漸進[9]也 眛者何 地期[10]也

1) 邾婁(주루) : 춘추시대 제후국의 이름. 조성(曹姓)이며 자작(子爵)의 나라인데 뒤에 초(楚)나라가 멸망시킴. 좌전과 곡량전 경문에는 주(邾)로 됨.
2) 儀父(의보) : 주루(邾婁)의 군주. 이름은 극(克)이고 자는 의(儀)이다. 보(父)는 곧 부(傅)이며 당시 남자의 미칭(美稱)이라 했다.
3) 眛(멸) : 노나라 땅 이름. 좌전에는 멸(蔑)로 되어 있다.
4) 最(최) : 모이다. 취(聚)의 뜻.
5) 汲汲(급급) : 급박한 모양.
6) 暨暨(기기) : 미치지 못하는 것과 같다.
7) 我(아) : 노나라를 가리킨다.
8) 因其可襃而襃之(인기가포이포지) : 가히 칭찬할 것을 따라서 칭찬한 것이다. 이는 곧 노나라가 처음으로 왕명을 받아 시행한 것을 기록한 것이다.
9) 漸進(점진) : 점점 좋은 곳으로 나아가다의 뜻.
10) 地期(지기) : 맹세를 약속한 땅.

다. 정(鄭)나라 군주가 단(段)과 싸우다

여름인 5월에 정(鄭)나라 군주인 백작이 언(鄢)에서 단(段)과 싸워서 이겼다.

'극(克)'이란 무엇인가? 죽였다는 것이다. 죽였는데 왜 '극

(克)'이라고 일렀는가? 정(鄭)나라 군주인 백작의 악(惡)을 크게 하기 위해서였다.

어찌하여 정나라 군주인 백작의 악(惡)을 크게 한 것인가? 어머니가 즉위(卽位)시키고자 했으나 이미 살해되었으므로 함께 할 수 없는 것과 같았기 때문이다.

단(段)이란 누구인가? 정나라 군주인 백작의 아우이다. 어찌하여 아우라고 칭하지 않았는가? 나라의 일을 맡고 있었기 때문이다. 그 언(鄢) 땅을 말한 것은 무슨 뜻인가? 언(鄢) 땅의 정무를 맡고 있었기 때문이다.

제(齊)나라 사람이 무지(無知)를 죽였는데 왜 그 땅을 기록하지 않았는가? 이는 제나라 국내에 있었기 때문이다. 국내에 있게 되면 비록 국가를 찬탈할 위험이 있더라도 그 땅을 쓰지 않는 것이다. 국가를 찬탈할 위험이 없다면 비록 그 지역이 밖에 있더라도 또한 땅 이름을 쓰지 않는 것이다.

夏 五月 鄭伯[1] 克段[2] 于鄢[3] ○克之者何 殺之也 殺之 則曷爲謂之克 大鄭伯之惡也 曷爲大鄭伯之惡 母欲立之 已殺之 如勿與而已矣 段者何 鄭伯之弟也 何以不稱弟 當國[4]也 其地何 當國也 齊人殺無知 何以不地[5] 在內也 在內 雖當國 不地也 不當國 雖在外 亦不地也

1) 鄭伯(정백) : 정나라 장공(莊公)이다. 춘추시대에는 주(周)나라 천자(天子)의 아래에 5개의 작위가 있었다. 공(公)·후(侯)·백(伯)·자(子)·남(男)인데 정나라는 백작(伯爵)의 나라이며 희성(姬姓)이었다.
2) 段(단) : 정나라 장공(莊公)의 동생인 공숙단(共叔段)이다.
3) 鄢(언) : 땅 이름이다. 지금의 하남성(河南省) 언릉(鄢陵)이라 했다.
4) 當國(당국) : 국가를 맡아서 임금이 되고자 함이라 했다.
5) 不地(부지) : 땅을 쓰지 않다. 곧 지명을 쓰지 않았다는 뜻.

라. 천자(天子)의 재(宰)가 예물을 가져오다

가을인 7월에 천자(天子)가 재(宰)인 훤(咺)으로 하여금 와서 혜공(惠公)과 중자(仲子)의 죽음에 대한 예물을 드리게 했다.
 재(宰)란 무엇인가? 관직(官職)을 말한다. 훤(咺)이란 무엇인가? 사람의 이름이다. 왜 관직과 씨(氏)로 했는가? 재사(宰士 : 총재)이기 때문이다. 혜공(惠公)이란 누구인가? 은공(隱公)의 아버지이다. 중자(仲子)란 누구인가? 환공(桓公)의 어머니이다. 왜 부인(夫人)이라고 일컫지 않았는가? 환공(桓公)이 군주가 되지 않아서였다. 봉(賵)이란 무엇인가? 상사(喪事 : 喪家)에는 봉(賵)이 있는데 봉(賵)이란 대개 말(馬)로 하며 승마(乘馬)나 속백(束帛)으로 한다.
 거마(車馬)를 봉(賵)이라 이르고 화재(貨財)를 부(賻)라고 이르고 의피(衣被)를 수(襚)라고 이른다. 환공(桓公)이 군주가 되지 않았는데 제후들이 왜 와서 봉(賵)을 하였는가? 은공이 환공을 즉위시키고자 한 것으로 환공의 어머니 상(喪)을 제후에게 고한 것이다. 그런데 무엇 때문에 제후들에게 말하였는가? 은공의 뜻을 성취시킨 것이다. '내(來)'라고 말한 것은 무슨 뜻인가? 장례의 일에는 미치지 못한 것이다. 혜공(惠公)과 중자(仲子)를 말한 것은 무슨 뜻인가? 겸하게 한 것이다. 겸하게 하는 것은 예에 합당한 것이 아니다. 어찌하여 '급중자(及仲子)'라고 말하지 않았는가? 중자(仲子)는 미천한 신분이었기 때문이다.

 秋 七月 天王[1]使宰咺[2]來歸[3]惠公仲子[4]之賵[5] ○宰者何 官也 咺者何 名也 曷爲以官氏 宰 士也 惠公者何 隱之考也 仲子者何 桓之母也 何以不稱夫人 桓未君也 賵者何 喪事有賵 賵者蓋以馬 以乘馬束帛 車馬曰賵 貨財曰賻[6] 衣被曰襚[7] 桓未君 則諸侯曷爲來賵之 隱爲桓立 故以桓母之喪告于諸侯 然則何言爾 成公意也 其言來何 不及事也 其言惠公仲子何 兼之 兼之 非禮也 何以不言及仲子 仲子 微也

1) 天王(천왕) : 주(周)나라 천자이며 당시는 평왕(平王)이었다.
2) 宰咺(재훤) : 주(周)나라 왕실의 대신이다.
3) 歸(귀) : 궤(饋)이며 증송(贈送)의 뜻.
4) 惠公仲子(혜공중자) : 혜공은 노나라 13대 군주이며 은공(隱公)의 아버지이

다. 중자는 혜공의 우잉(右媵)으로 곧 첩(妾)이다. 그래서 미천하다고 했다.
5) 賵(봉) : 죽은 사람을 장사 지내는데 필요한 거마(車馬)를 보내는 것. 봉은 복(覆)과 같다.
6) 賻(부) : 재물로 상사(喪事)를 돕는 것이다. 부는 조(助)와 같다.
7) 襚(수) : 죽은 사람에게 입히는 수의(襚衣)이다. 유(遺)와 같다.

마. 송(宋)나라 사람과 숙(宿)에서 동맹을 맺다

9월에 송(宋)나라 사람과 숙(宿)에서 동맹을 맺었다.
누구와 함께 했는가? 노(魯)나라 국내에서 지위가 낮은 사람과 했다. 겨울인 12월에 제백(祭伯)이 왔다. 제백(祭伯)이란 누구인가? 주(周)나라 천자(天子)의 대부(大夫)이다. 어찌하여 '사(使 : 사신)'라고 일컫지 않았는가? 도망해 온 것이다. 도망해 왔다면 왜 '분(奔)'이라고 말하지 않았는가? 왕자(王者 : 天子)는 밖이 없다. 분(奔 : 달아나다)이라고 말하면 밖이 있다는 말이다.
공자(公子) 익사(益師)가 세상을 떠났다. 왜 날짜를 쓰지 않았는가? 너무 오래되었기 때문이다. 공자(孔子) 당시에 직접 눈으로 본 것에 대한 말이 의심스러웠고 들은 것에 대한 말도 의심스러웠고 전해 들은 것에 대한 말도 의심스러웠기 때문이다.

九月 及宋人盟于宿[1] ○ 孰及之 內[2]之微者[3]也
冬 十有二月 祭伯[4]來 ○祭伯者何 天子之大夫也 何以不稱使 奔也 奔則曷爲不言奔[5] 王者無外 言奔 則有外之辭也
公子益師[6]卒 ○ 何以不日 遠也 所見異辭[7] 所聞[8]異辭 所傳聞[9]異辭

1) 宿(숙) : 나라 이름. 풍씨(風氏)의 나라이다.
2) 內(내) : 노(魯)나라를 이른다.
3) 微者(미자) : 사(士)의 신분으로 지위가 낮다는 뜻.
4) 祭伯(제백) : 주(周)나라의 경사(卿士).
5) 言奔(언분) : 달아나다의 뜻. 곧 제후국의 군주는 각 지역만 대표하는 것이기 때문에 다른 나라로 달아날 수가 있으나 천자국에서는 천하가 모두 천자의

것이므로 달아날 곳이 없다는 뜻이다.
6) 公子益師(공자익사) : 공자는 제후의 아들을 뜻하고 익사는 이름이다.
7) 所見異辭(소견이사) : 소견(所見)은 공자(孔子) 당시에 눈으로 본 것들. 곧 소공(昭公)과 정공(定公)과 애공(哀公) 시대의 일을 뜻한다. 이사(異辭)는 은혜를 보는데 후박(厚薄)이 있고 의(義)에는 심천(深淺)이 있다는 뜻.
8) 所聞(소문) : 공자(孔子)의 할아버지 시대의 일로 문공(文公)과 선공(宣公)과 성공(成公)과 양공(襄公) 때의 일을 뜻한다.
9) 所傳聞(소전문) : 공자의 고조와 증조부 시대의 일로 은공(隱公), 환공(桓公), 장공(莊公), 민공(閔公), 희공(僖公) 시대의 사건들을 뜻한다.

2. 은공 2년 경신(庚申)

가. 은공이 융(戎)과 잠(潛)에서 회합하다

2년 경신(庚申) 봄에 은공이 융(戎)과 잠(潛) 땅에서 회합했다. 여름인 5월에 거(莒)나라 사람이 상(向)나라로 들어갔다. '입(入 : 들어가다)'이란 무슨 뜻인가? 빼앗고도 살지 않는다는 뜻이다. 무해(無駭)가 군사를 거느리고 극(極)나라로 들어갔다. 무해(無駭)란 누구인가? 전무해(展無駭)이다. 왜 씨(氏)를 쓰지 않았는가? 폄하(貶下)한 것이다. 왜 폄하한 것인가? 처음으로 멸망시킨 것을 미워해서이다. 처음 멸망시킨 것이 여기에서 비롯되었는가? 이보다 앞에서 했다. 이보다 앞에서 했다면 왜 여기에서 비롯되었다는 것인가? 처음에 의탁한 것이 이와 같은 것이다. 어찌하여 처음에 의탁한 것이 이와 같다는 것인가?

춘추(春秋)에 기재하는 것이 여기서 시작되었기 때문이다. 여기에서 멸망을 '입(入)'이라고 말한 것은 무슨 뜻인가? 노(魯)나라 안의 대악(大惡)을 숨기기 위한 것이다.

二年 春 公會戎于潛[1]

夏 五月 莒[2]人入向[3] ○入者何 得而不居也
無駭[4]帥師入極[5] ○無駭者何 展無駭也 何以不氏[6] 貶 曷爲貶 疾[7] 始滅也 始滅 昉[8]於此乎 前此矣 前此 則曷爲始乎此 託始焉爾[9] 曷 爲託始焉爾 春秋之始也 此滅也 其言入何 內大惡 諱也

1) 會戎于潛(회융우잠) : 융과 잠에서 회합하다. 융은 옛 나라의 이름. 춘추시대 에 조(曹)나라의 소국. 잠은 노나라 땅 이름.
2) 莒(거) : 나라 이름.
3) 向(상) : 나라 이름. 강성(姜姓)이었다.
4) 無駭(무해) : 노나라 사공(司空).
5) 極(극) : 노나라의 부용국(附庸國).
6) 氏(씨) : 성씨(姓氏)를 뜻한다.
7) 疾(질) : 증오(憎惡)하다. 미워하다.
8) 昉(방) : 때마침. 또는 비롯되다의 뜻.
9) 焉爾(언이) : 이와 같다의 뜻.

나. 융(戎)과 당(唐)에서 동맹을 맺다
　가을인 8월 경진(庚辰)일에 은공(隱公)이 융(戎)과 당(唐)에 서 동맹을 맺었다.
　9월에 기(紀)나라의 이수(履緰)가 와서 노나라의 딸을 맞이했 다. 기(紀)나라 이수(履緰)란 누구인가? 기(紀)나라의 대부(大 夫)이다. 왜 '사(使)'라고 일컫지 않았는가? 혼례(婚禮)에서는 주인(主人)을 굳이 일컫지 않는 것이다. 그렇다면 누구를 일컫는 가? 부친이나 형이나 스승이나 벗들만 일컫는 것이다.
　성공(成公) 8년에 송나라 군주인 공작이 공손수(公孫壽)로 하 여금 노나라에 와서 납폐(納幣)하게 했는데 그 주인을 일컬은 것 은 어째서인가? 말이 궁색한 것이다. 말이 궁색했다는 것은 무슨 뜻인가? 어머니가 없었다는 것이다. 그렇다면 기(紀)나라는 어 머니가 있었는가? 이르기를 '어머니가 있었다.' 있었다면 어찌하 여 어머니를 일컫지 않았는가? 어머니는 외부에 통하지 않는 것이다. 외국(外國)에서 여자를 맞이해 가는 것은 기록하지 않는데 여기에 기록한 뜻은 무엇인가? 책망한 것이다. 무엇을 책망함인가? 처음부터 몸소 맞이하지 않은 것을 책망한 것이다. 처음부터 몸소 맞이하지 않은 것이 여기에서 시작되었는가? 이보다 앞에서부터다. 이보다 앞에서부터라면 왜 여기에서 시작되었다고 하는가? 시작됨을 의탁한 것이다. 왜 여기에서 시작되었다고 의탁하였는가? 춘추(春秋)에서의 시작이기 때문이다.

여자를 왜 '여(女)'라고 일컫고 혹은 '부(婦)'라고 일컫고 혹은 '부인(夫人)'이라고 일컫는 것인가? 여자가 그 나라에 있게 되면 '여(女)'라고 일컫고, 시집가게 되면 '부(婦)'라고 일컫고 나라에 들어가게 되면 '부인(夫人)'이라고 일컫는 것이다.

秋 八月 庚辰 公及戎盟于唐[1]
九月 紀履緰[2] 來逆女[3] ○ 紀履緰者何 紀大夫也 何以不稱使 婚禮不稱主人 然則曷稱 稱諸父兄師友 宋公使公孫壽來納幣[4] 則其稱主人何 辭窮也[5] 辭窮者何 無母也 然則紀有母乎 曰有 有則何以不稱母 母不通[6]也 外逆女不書 此何以書 譏[7] 何譏爾 譏始不親迎也 始不親迎 昉於此乎 前此矣 前此 則曷爲始乎此 託始焉爾 曷爲託始焉爾 春秋之始也 女曷爲或稱女 或稱婦 或稱夫人 女在其國稱女 在塗稱婦 入國稱夫人

1) 唐(당) : 노(魯)나라 땅 이름.
2) 履緰(이수) : 좌전(左傳)에는 열수(裂繻)로 되어 있다. 기(紀)나라의 대부.
3) 逆女(역녀) : 여자를 맞이하다. 역은 영접하다. 여는 혜공(惠公)의 딸을 말한다. 기(紀)나라 국군(國君)에게 시집가는 것이다.
4) 宋公使公孫壽來納幣(송공사공손수래납폐) : 춘추(春秋)의 성공(成公) 8년에 나와 있다. 공손수는 송나라의 공족(公族)이며 사성(司姓)인 공자탕(公子蕩)의 아들이다. 아버지가 죽자 아버지의 지위를 계승했다. 납폐는 옛날 혼례(婚禮)에서 육례(六禮) 가운데 하나이며 납길(納吉) 뒤에 택일하여 서식을 갖추어 사람을 시켜 예물을 보내는 일.
5) 辭窮也(사궁야) : 어머니가 없음을 의미한다고 했다. 예(禮)에는. 어머니가

있어서 그 어머니가 제부(諸父)나 형이나 스승이나 벗을 시켜 예를 드리게 하는 것인데 어머니가 없으므로 예를 갖추는 형식이 궁하다는 뜻을 말한 것.
6) 母不通(모불통) : 어머니의 명이 통달되지 못하다. 곧 예(禮)에는 부인(婦人)이 외사(外事)가 없지만, 단 제부(諸父)나 형이나 스승이나 벗에게 명하여 제부나 형이나 스승이나 벗이라고 일컬어서 예를 행하는 것을 뜻한다.
7) 譏(기) : 견(譴)과 같다. 풍자(諷刺)하다의 뜻. 책망하다.

다. 백희(伯姬)가 기(紀)나라로 시집가다

겨울인 10월에 백희(伯姬)가 기(紀)나라로 시집갔다. 백희(伯姬)란 누구인가? 노나라의 딸이다. 그를 '귀(歸)'라고 말한 것은 어째서인가? 부인이 시집가는 것을 '귀(歸)'라고 하는 것이다.

기(紀)나라의 자백(子伯)과 거(莒)나라 군주인 자작이 밀(密)에서 동맹을 맺었다. 기(紀)나라의 자백(子伯)이란 누구인가? 그에 대해 알려진 것이 없다.

12월 을묘(乙卯)일에 부인(夫人) 자씨(子氏)가 훙거(薨去)했다. 부인(夫人) 자씨(子氏)란 누구인가? 은공(隱公)의 어머니이다. 왜 장례 치른 것을 쓰지 않았는가? 은공의 뜻대로 이룬 것이다. 어찌하여 은공의 뜻대로 이루어졌다는 것인가? 자식이 장차 군주로서 생을 마치지 않을 것이므로 어머니도 또한 부인(夫人)으로서 생을 마치지 않은 것이다.

정(鄭)나라 사람이 위(衛)나라를 정벌했다.

冬 十月 伯姬[1] 歸于紀 ○伯姬者何 內女也 其言歸何 婦人謂嫁曰歸 紀子伯[2] 莒子 盟于密[3] ○紀子伯者何 無聞焉爾
十有二月 乙卯 夫人子氏[4] 薨 ○夫人子氏者何 隱公之母也 何以不書葬 成公意也 何成乎公之意 子將不終爲君 故母亦不終爲夫人也
鄭[5] 人伐衛

1) 伯姬(백희) : 은공(隱公)의 누이. 곧 혜공(惠公)의 딸.
2) 紀子伯(기자백) : 좌전(左傳)에서는 열수(裂繻)의 자(字)라고 했다.

3) 密(밀) : 거(莒)나라의 땅 이름.
4) 子氏(자씨) : 자(子) 성(姓)이다. 곡량씨는 은공의 아내라고 했다.
5) 鄭(정) : 나라 이름. 주무왕(周武王)의 아우 강숙(康叔)을 봉한 봉지(封地)인데 의공(懿公) 때에 이르러 적(狄)에게 멸망했다.

3. 은공 3년 신유(辛酉)

가. 경술(庚戌)일에 천자(天子)가 붕어하다

3년인 신유년 봄, 왕력(王曆)으로 2월 기사(己巳)일에 일식(日蝕)이 있었다.

무엇 때문에 썼는가? 괴이한 일이라서 기록했다. 일식(日蝕)은 어째서 혹은 날짜를 기록하고 혹은 날짜를 기록하지 않고 혹은 초하루를 말하고 혹은 초하루를 말하지 않는 것인가? 기록할 때 '모월모일삭(某月某日朔)'에 일식이 있었다는 것은 정삭(正朔)의 일식이다. 그 혹은 날짜만 있고 혹은 날짜가 없는 것은 혹은 놓치기 전에 하고 혹은 놓친 뒤에 한 것들이다. 놓치기 전에 기록한 것은 삭(朔)을 앞에 쓰고 빠뜨린 뒤에 기록한 것은 삭(朔)을 뒤에 썼다.

3월 경술(庚戌)일에 천자가 붕어했다. 어째서 장례 치른 것을 쓰지 않았는가? 천자(天子)는 붕어한 것만 기록하고 장례는 기록하지 않는데 반드시 그 정해진 시간이 있기 때문이다. 제후들은 졸(卒 : 세상을 떠나다)도 기록하고 장례 치른 일도 기록하는데 이는 천자가 존재하고 있으면 그 시기를 반드시 얻지 못하는 일이 있기 때문이다. 어째서 혹은 '붕(崩)'이라고 말하고 혹은 '훙(薨)'이라고 말하는가? 천자(天子)의 죽음을 붕(崩)이라 이르고 제후(諸侯)의 죽음을 훙(薨)이라 이르고 대부(大夫)의 죽음을 졸(卒)이라 이르고 사(士)의 죽음을 불록(不祿)이라고 한다.

三年 春 王二月 己巳 日有食之¹⁾ ◯何以書 記異也 日食 則曷爲

或日 或不日 或言朔 或不言朔 曰 某月某日朔 日有食之者 食正朔
也 其或日 或不日 或失之前 或失之後 失之前者 朔在前也 失之後
者 朔在後也
　三月 庚戌 天王崩²⁾ ○何以不書葬 天子記崩不記葬 必其時³⁾也 諸
侯記卒記葬 有天子存 不得必其時也 曷爲或言崩 或言薨 天子曰崩
諸侯曰薨 大夫曰卒 士曰不祿⁴⁾
1) 日有食之(일유식지) : 일식(日蝕)이 있었다는 뜻.
2) 崩(붕) : 붕어(崩御). 곧 천자(天子)나 황제가 세상을 떠나는 일.
3) 必其時(필기시) : 반드시 그 일정한 시기가 있다는 뜻.
4) 不祿(불록) : 녹(祿)이 없다.

나. 윤씨(尹氏)가 세상을 뜨다

　여름인 4월 신묘일(辛卯日)에 윤씨(尹氏)가 세상을 떠났다.
윤씨(尹氏)는 누구인가? 천자(天子)의 대부(大夫)이다. 그를
윤씨(尹氏)라고 일컬은 것은 무슨 뜻인가? 폄하(貶下)한 것이
다. 왜 폄하한 것인가? 경(卿)을 세습(世襲)한 일을 책망한 것이
다. 경을 세습하는 것은 예에 합당하지 않은 처사였다. 또 국외(國
外)의 대부(大夫)는 '졸(卒)'이라 기록하지 않는데 여기에 왜
졸(卒)이라 기록했는가? 천자가 붕어하면 제후의 주인으로서 각
국의 제후들을 접대하기 때문이다.
　가을에 무씨(武氏)의 아들이 와서 부의(賻儀)를 구했다. 무씨
(武氏)의 아들이란 누구인가? 천자의 대부(大夫)이다. 그를 무
씨(武氏)의 아들이라고 칭한 이유는 무엇인가? 풍자(諷刺)한 것
이다. 무엇을 풍자한 것인가? 아버지는 졸(卒)하였고 아들은 아
직 명(命)을 받지 못했기 때문이다. 왜 사(使)라고 일컫지 않았
는가? 상(喪)을 당하여 아직 군주가 되지 못했기 때문이다. 왜
'무씨(武氏)의 아들이 와서 부의를 구하다.'라고 기록했는가? 이
것도 풍자(諷刺)한 것이다. 무엇을 풍자한 것인가? 상사(喪事)
에서는 구하는 것이 없는 법인데 '부의(賻儀)를 구한 것'은 예

에 합당하지 않은 일이다. 대개 이것은 제후에게나 통하는 일이기 때문이다.

夏 四月 辛卯 尹氏[1]卒 ○尹氏者何 天子之大夫也 其稱尹氏何 貶曷爲貶 譏世卿[2] 世卿 非禮也 外大夫不卒[3] 此何以卒 天王崩 諸侯之主也
秋 武氏子[4]來求賻[5] ○武氏子者何 天子之大夫也 其稱武氏子何 譏 何譏爾 父卒 子未命[6]也 何以不稱使 當喪[7] 未君也 武氏子來求賻 何以書 譏 何譏爾 喪事無求 求賻 非禮也 蓋通于下[8]

1) 尹氏(윤씨) : 주(周)나라 대부(大夫). 좌전 경문에는 군씨(君氏)로 되어 있는데 은공(隱公)의 어머니인 성자(聲子)라고 했다.
2) 世卿(세경) : 대대로 세습(世襲)되는 경(卿)이라는 뜻.
3) 不卒(부졸) : 사망한 일을 기록하지 않다의 뜻.
4) 武氏子(무씨자) : 무씨(武氏)의 아들. 무씨는 천자(天子)의 대부이다.
5) 賻(부) : 장례를 돕기 위해 주는 재물이나 돈.
6) 子未命(자미명) : 아들이 아직 명을 받지 못하다. 아버지의 지위를 승계하라는 명을 아직 받지 못한 것이다.
7) 當喪(당상) : 당시 주(周)나라 평왕(平王)의 상기(喪期)라고 했다.
8) 蓋通于下(개통우하) : 하(下)는 제후. 대개 제후에게나 통하는 것이라는 뜻.

다. 제나라와 정나라가 석문에서 동맹하다

8월 경진(庚辰)일에 송(宋)나라 군주인 공작 화(和)가 세상을 떠났다.
겨울인 12월에 제(齊)나라 군주인 후작(侯爵)과 정(鄭)나라 군주인 백작(伯爵)이 석문(石門)에서 동맹을 맺었다.
계미(癸未)일에 송(宋)나라 목공(繆公)을 장사 지냈다. 장례는 무엇 때문에 혹은 날짜를 기록하기도 하고 혹은 날짜를 기록하지 않기도 하는 것인가? 장례 치를 시기가 되지 않았는데 장례 날짜를 기록한 것은 갈장(渴葬 : 장례를 목마르게 기다리는 것)이다. 장례 치를 시기가 되지 않았고 날짜도 쓰지 않은 것은 만장(慢葬)이다. 장례를 치를 시기가 지났는데 날짜를 기록한 것은 애통하게 여긴 것이다. 장례 시기가 지났는데 날짜를 쓰지 않은 것은 장례를 치르지 못했음을 이르는 것이다.

적당한 때에 장례를 치르면 날짜를 기록하지 않는 것이 예에 합당한 것이다. 장례 때가 되었는데 날짜를 기록한 것은 위험하여 장례를 치르지 못한 것을 뜻한 것이다. 이 당시에는 장례의 시기가 적당한데 무엇이 위험하다는 것인가?

송(宋)나라 선공(宣公)이 목공(繆公)에게 일러 말했다.

"내가 여이(與夷)를 사랑하는 것은 곧 너를 사랑하는 것만 못하다. 사직(社稷)과 종묘(宗廟)의 주인이 되는데도 여이(與夷)는 너만 못하다. 어찌하여 끝내 임금이 되지 않으려 하느냐?"

선공(宣公)이 죽자 목공(繆公)이 즉위했다. 목공이 두 아들인 장공빙(莊公馮)과 좌사발(左師勃)을 추방하면서 말했다.

"나는 내 자식들을 위하는 것이니 살아서는 서로 보지 말고 죽어서는 서로 곡하지 말라."

여이(與夷)가 아뢰어 말했다.

"선군(先君 : 돌아가신 임금)께서는 신(臣)에게 나라를 주지 않으시고 나라를 군주에게 드렸습니다. 군주는 가히 사직(社稷)과 종묘(宗廟)의 주인이십니다. 지금 군주께서 군주의 두 아들을 축출하시면 장차 국가를 여이(與夷)에게 바치는 것으로 이것은 선군(先君)의 뜻이 아닐 것입니다. 또 자식들로 하여금 축출되게 하면 선군께서 신하들을 축출한 것이 됩니다."

목공(繆公)이 말했다.

"선군(先君)께서 너를 축출하지 않은 것은 가히 알고 있다. 내가 이에 즉위한 것은 섭정(攝政)일 뿐이다. 마지막에 이르러서는 국가를 여이(與夷)에게 바칠 것이다."

장공빙(莊公馮)이 여이(與夷)를 시해했다.

그러므로 군자(君子)는 크게 바른 것에 살아야 하는 것으로 송(宋)나라의 재앙은 선공(宣公)이 만든 것이다.

八月 庚辰 宋公和[1] 卒
冬 十有二月 齊侯鄭伯盟于石門[2]
癸未 葬宋繆公 ○葬者曷爲或日或不日 不及時[3]而日 渴葬[4]也 不及時而不日 慢葬也 過時而日 隱之[5]也 過時而不日 謂之不能葬也 當時而不日 正也 當時而日 危不得葬也 此當時 何危爾 宣公[6]謂繆公曰 以吾愛與夷[7] 則不若愛女 以爲社稷宗廟主 則與夷不若女 盡終爲君矣 宣公死 繆公立 繆公逐其二子莊公馮[8] 與左師勃[9] 曰 爾爲吾子 生毋相見 死毋相哭 與夷復曰 先君[10]之所爲不與臣國 而納[11] 國乎 君者 以君可以爲社稷宗廟主也 今君逐君之二子 而將致國乎與夷 此非先君之意也 且使子而可逐 則先君其逐臣矣 繆公曰 先君之不爾逐 可知矣 吾立乎此 攝也 終致國乎與夷 莊公馮弑與夷 故君子大居正 宋之禍 宣公爲之也

1) 宋公和(송공화) : 송나라 군주인 공작 화(和). 송나라는 자성(子姓)이고 성탕(成湯)의 후예. 주무왕(周武王)이 주(紂)를 베고 아들 무강(武康)을 봉했다. 그 후손 무경(武庚)이 반란을 일으켜 그를 베고 다시 주(紂)의 서형(庶兄)인 미자계(微子啓)를 봉했다. 지금의 상구(商丘). 송공화(宋公和)는 곧 송나라 목공(繆公). 선공(宣公)의 아우이고 무공(武公)의 아들. 송나라의 14대 군주이고 재위는 9년. 그의 7년에 춘추(春秋)에 기록됨. 목공(繆公)은 시호
2) 石門(석문) : 제나라 땅 이름.
3) 不及時(불급시) : 장례의 시기가 되지 않았다.
4) 渴葬(갈장) : 급장(急葬)의 뜻.
5) 隱之(은지) : 통지(痛之)와 같다.
6) 宣公(선공) : 이름은 역(力). 무공(武公)의 아들이며 목공의 형이다. 송나라 13대 군주. 재위 19년.
7) 與夷(여이) : 송나라 상공(殤公)을 말하는데 여이는 이름이다. 선공의 아들이다. 송나라 15대 군주. 재위 10년.
8) 莊公馮(장공빙) : 송나라 장공(莊公). 16대 군주. 목공의 아들. 재위 18년.
9) 左師勃(좌사발) : 목공의 아들. 좌사는 관직 이름. 발은 이름이다.
10) 先君(선군) : 송나라 선공(宣公)을 가리킨다.
11) 納(납) : 헌(獻)과 같다.

4. 은공 4년 임술(壬戌)

가. 송나라 군주와 청(淸)에서 만나다

4년 임술(壬戌) 봄, 왕력(王曆)으로 2월에 거(莒)나라 사람이 기(杞)나라를 정벌하여 모루(牟婁)를 빼앗았다. 모루(牟婁)란 어떤 곳인가? 기(杞)나라의 고을이다. 외국(外國)에서 읍(邑)을 빼앗은 것은 기록하지 않는데 여기에 왜 기록하였는가? 읍(邑)을 빼앗는 일이 여기에서 비롯되었음을 증오한 것이다.

무신(戊申)일에 위(衛)나라 주우(州吁)가 그의 군주인 완(完)을 시해했다. 왜 국가(國家)의 성씨(姓氏)로 하였는가? 국가를 담당하려 했기 때문이다.

여름에 은공이 송나라 군주인 공작과 청(淸)에서 만났다. '우(遇: 만나다)'란 무슨 뜻인가? 약속하지 않고 만난 것이다. 한 나라의 군주가 출타했는데 한 나라의 임금이 맞이한 것이다.

송나라 군주인 공작과 진(陳)나라 군주인 후작과 채(蔡)나라 사람과 위(衛)나라 사람이 정(鄭)나라를 정벌했다.

가을에 휘(翬)가 군사를 거느리고 송나라 군주인 공작과 진(陳)나라 군주인 후작과 채(蔡)나라 사람과 위(衛)나라 사람이 회합하여 정(鄭)나라를 정벌했다. 휘(翬)란 누구인가? 공자 휘(公子翬)이다. 왜 공자(公子)라고 일컫지 않았는가? 폄하(貶下)한 것이다. 어찌하여 폄하했는가? 함께 군주를 시해했기 때문이다. 그가 함께 군주를 시해했다는 것은 어찌된 일인가?

공자 휘가 은공(隱公)에게 아첨하여 이르기를 "백성들이 자(子: 그대, 존칭)를 편안해 하고 제후들이 자(子)에 대해 기뻐하는데 어찌하여 끝까지 군주를 하지 않으려 하십니까?"라고 하자, 은공이 말하기를 "나는 아니다. 나는 도구(塗裘)를 수리하여 장차 그 곳에서 늙으리라."라고 했다.

공자 휘(公子翬)가 자신이 한 말이 환공(桓公)에게 들릴까 두려워하여 이에 환공에게 말하기를 "나는 그대를 위하여 은공(隱公)의 말을 하리라. 은공이 이르기를 '나는 군주 자리를 돌려주지 않을 것이다.' 라고 합니다."라고 했다. 환공이 말하기를 "그렇다면 어찌 하여야 하는가?"라고 하니, 공자 휘가 말하기를 "청컨대 내가 어려움을 만들어서 은공을 시해하리라!"라고 하고 종무(鍾巫)의 제사에서 은공을 시해하였다.

　四年 春 王二月 莒人伐杞[1] 取牟婁[2] ○牟婁者何 杞之邑也 外取邑不書 此何以書 疾[3]始取邑也
　戊申 衛州吁[4]弑其君完[5] ○曷爲以國氏 當國也
　夏 公及宋公遇于淸[6] ○遇者何 不期也 一君出 一君要[7]之也
　宋公陳[8]侯蔡[9]人衛人伐鄭
　秋 翬帥師 會宋公陳侯蔡人衛人伐鄭 ○翬者何 公子翬也 何以不稱公子 貶 曷爲貶 與弑公也 其與弑公奈何 公子翬諂乎隱公 謂隱公曰 百姓安子[10] 諸侯說[11]子 盍[12]終爲君矣 隱公曰 否 吾使修塗裘[13] 吾將老焉[14] 公子翬恐若其言 聞乎桓 於是謂桓曰 吾爲子口隱[15]矣 隱曰 吾不反也 桓曰 然則奈何 曰 請作難 弑隱公 於鍾巫[16]之祭焉 弑隱公也

1) 杞(기) : 나라 이름. 주무왕(周武王)이 하우(夏禹)의 후예인 동루공(東樓公)을 기(杞)나라에 봉했는데 뒤에 초(楚)나라가 멸망시켰다.
2) 牟婁(모루) : 기(杞)나라의 땅 이름.
3) 疾(질) : 증오(憎惡)하다.
4) 州吁(주우) : 위(衛)나라 장공(莊公)의 서자(庶子).
5) 完(완) : 위(衛)나라 환공(桓公). 이름이 완(完)이며 장공(莊公)의 아들이다. 위나라 제13대 군주이며 16년 간 재위했다.
6) 淸(청) : 위나라 땅 이름.
7) 要(요) : 요(邀)와 같다. 맞이하다의 뜻.
8) 陳(진) : 나라 이름.
9) 蔡(채) : 나라 이름. 희성(姬姓)이며 후작(侯爵)이다. 주무왕이 동생 숙도(叔度)를 봉했다.

10) 安子(안자) : 자(子)는 남자의 존칭. 그대를 편안하게 여기다.
11) 說(열) : 열(悅)의 뜻.
12) 盍(합) : 하불(何不). 어찌 아니하다의 뜻.
13) 塗裘(도구) : 노나라 땅 이름. 좌전 경문에는 토구(菟裘)로 되어 있다.
14) 老焉(노언) : 늙으리라. 생을 마치리라의 뜻.
15) 口隱(구은) : 은공이 한 말을 뜻한다. 은공의 입에서 나온 말이라는 뜻.
16) 鍾巫(종무) : 신명(神名)이라 했다. 좌전 은공(隱公) 11년 11월, 공이 종무(鍾巫)에 제사를 지냈다고 했다. 두예(杜預)의 주석에 '종무(鍾巫)를 노라에 세우다.' 라고 했다. 곧 노나라에서 종무의 신주를 세웠다. 이는 정나라 대부인 윤씨(尹氏) 집에서 세워, 주신(主神)에게 제사하는 것이라 했다.

나. 주우(州吁)를 복수(濮水)에서 죽이다

9월에 위(衛)나라 사람이 주우(州吁)를 복수(濮水)에서 죽였다. 그 '인(人)' 이라고 일컬은 이유는 무엇인가? 도적을 토벌했다는 말이다.

겨울인 12월에 위(衛)나라 사람이 진(晉)을 군주로 세웠다. 진(晉)이란 누구인가? 공자 진(公子晉)이다. 입(立)이란 무슨 뜻으로 쓴 말인가? 입(立)이란 군주의 자리에 세우는 것이 마땅하지 않았다는 것이다. 그 인(人)이라고 일컬은 것은 어째서인가? 여러 사람이 세웠다는 말이다. 그렇다면 누가 세웠는가? 석작(石碏)이 세웠다. 석작(石碏)이 세웠다면 그를 인(人)이라고 일컬은 이유는 무엇인가? 여러 사람이 세우고자 했기 때문이다. 여러 사람이 비록 세우고자 했더라도 그를 세운 것은 잘못된 것이었다.

九月 衛人殺州吁于濮[1] ○其稱人何 討賊之辭也
冬 十有二月 衛人立晉[2] ○晉者何 公子晉也 立者何 立者不宜立[3] 也 其稱人何 衆立之之辭也 然則孰立之 石碏[4]立之 石碏立之 則其稱人何 衆之所欲立也 衆雖欲立 其立之非也
1) 濮(복) : 복수(濮水)이며 강 이름이다. 진(陳)나라에 있었다.

2) 晉(진) : 위(衛)나라의 선공(宣公)이다. 이름이 진(晉)이고 위나라 장공(莊公)의 아들이다. 19년 간 재위했다.
3) 不宜立(불의립) : 제후로 세우는 것이 마땅하지 않다는 뜻.
4) 石碏(석작) : 위나라의 대부(大夫)이며 석자(石子)라고도 일컫다.

5. 은공 5년 계해(癸亥)

가. 당(棠)에서 물고기를 구경하다

5년인 계해(癸亥) 봄에 은공이 당(棠)에서 물고기를 구경했다. 무엇 때문에 기록했는가? 비난한 것이다. 무엇을 비난한 것인가? 물고기를 구경하러 멀리까지 간 것이다. 은공이 무엇 때문에 멀리까지 가서 물고기를 관람하였는가? 구하여 얻은 것이다. 백금(百金)의 가치가 있는 물고기를 노(魯)나라에서 은공이 그물을 펴서 잡은 것이다.

등래(登來 : 구하여 얻다)란 무슨 뜻인가? 과장되게 아름답다는 말이다. 당(棠)이란 어떤 곳인가? 제수(濟水) 위에 있는 읍(邑)이다.
여름인 4월에 위(衛)나라 환공(桓公)을 장사 지냈다.

가을에 위(衛)나라 군사가 성(盛)으로 쳐들어갔다. 어떤 때 혹은 솔사(率師)라고 말하고 혹은 솔사(率師)라고 말하지 않는 것은 무엇 때문인가? 장군의 지위가 높고 군사의 수가 많으면 '아무개가 솔사(率師)'라고 일컫고 장군의 지위가 높은데 군사의 수가 적으면 장군만 일컫는다. 장군이 지위가 낮고 군사가 많으면 군사만 일컫고 장군의 지위가 낮고 군사의 수도 적으면 '인(人)'이라고 일컫는다. 군주가 장수가 될 때에는 '솔사(率師)'를 말하지 않고 그 중요한 것만 기록하는 것이다.

五年 春 公觀魚于棠[1] ◯何以書 譏 何譏爾 遠[2]也 公曷爲遠而觀魚 登來之也 百金之魚 公張[3]之 登來之者何 美大之之辭也 棠者何

濟⁴⁾上之邑也
　夏 四月 葬衛桓公
　秋 衛師入盛⁵⁾ ◯曷爲或言率師 或不言率師 將尊⁶⁾師衆⁷⁾ 稱某率師 將尊師少⁸⁾ 稱將 將卑⁹⁾師衆 稱師 將卑師少 稱人 君將不言率師 書其重者也

1) 棠(당) : 노(魯)나라 땅 이름.
2) 遠(원) : 노나라 국도(國都)인 곡부(曲阜)에서 한참 먼 지역을 뜻한다.
3) 張(장) : 그물을 펴서 고기를 잡다의 뜻.
4) 濟(제) : 물 이름.
5) 盛(성) : 성(郕)과 통한다. 나라 이름. 좌전 경문에는 성(郕)으로 되어 있다.
6) 將尊(장존) : 지위가 높은 장군. 곧 대부(大夫)를 뜻한다.
7) 師衆(사중) : 2천 5백 명 이상의 군사를 뜻한다.
8) 師少(사소) : 2천 5백 명 미만인 군사를 뜻한다.
9) 將卑(장비) : 지위가 낮은 장군. 곧 사(士)를 뜻한다.

나. 처음으로 육우(六羽)를 추다

　9월에 중자(仲子)의 사당(祠堂)이 지어졌다. '고궁(考宮 : 사당을 짓다)'이란 무슨 뜻인가? 고(考)는 입실(入室)과 같은 것이며 처음으로 중자(仲子)를 제사한 것이다. 환공(桓公)이 군주가 아닌데 어떻게 중자(仲子)를 제사할 수 있었는가?
　은공이 환공(桓公)의 즉위(卽位)를 원했으므로 환공에게 그의 어머니를 제사 지내도록 한 것이다. 그렇다면 어째서 이를 말했는가? 은공의 뜻하는 바가 이루어진 것이다.
　처음으로 육우(六羽)의 춤을 추어 바쳤다. 처음이란 무엇인가? 시작되었다는 뜻이다. 육우란 무엇인가? 춤을 말한다. 초헌 육우라고 왜 기록했는가? 비난한 것이다. 왜 이를 비난했는가? 처음으로 삼공(三公 : 公爵)의 예를 참람한 일을 비난한 것이다. 육우(六羽)가 참람함이 되는 것은 어째서인가? 천자(天子)는 팔일(八佾)이고 제공(諸公 : 三公 : 公爵)은 육일(六佾)이고 제후는 사일(四佾)이다. 제공(諸公)은 누구이며 제후(諸侯)는 누구인가? 천자의 삼공(三公)은 공(公)이라고 일컫고 천자의 뒤를 이을 왕자(王子)를 공(公)이라고 일컫고 그 나머지의 대국(大國)은 후(侯)라고 일컫고 작은 나라는 백(伯)과 자(子)와 남(男)으로 일컫는다. 천자의 삼공(三公)이란 무엇인가? 천자의 재상(宰相)이다. 천자의 재상을 어찌하여 삼(三)이라 하는가? 하남(河南)의 섬현(陝縣)에서부터 동쪽 지방은 주공단(周公旦)이 주관했고 하남의 섬현에서부터 서쪽 지방은 소공석(召公奭)이 주관했으며 한 사람의 재상은 조정 안에 거처했기 때문이다.

처음으로 제공(諸公:三公)을 참칭한 일은 이로부터 비롯된 것인가? 이보다 앞에서였다. 이보다 앞에서 했는데 왜 이에서 비롯되었다는 것인가? 참제공(僭諸公)을 춘추에 처음으로 언급했기 때문이다. 참천자(僭天子)란 가히 언급하지 못하는 것이다.

　　九月 考仲子之宮[1] ○考宮者何 考 猶入室也 始祭仲子也 桓未君 則曷爲祭仲子 隱爲桓立 故爲桓祭其母也 然則何言爾 成公意也
　　初獻[2]六羽[3] ○初者何 始也 六羽者何 舞也 初獻六羽何以書 譏 何譏爾 譏始僭諸公[4]也 六羽之爲僭奈何 天子八佾[5] 諸公六[6] 諸侯四[7] 諸公者何 諸侯者何 天子三公稱公 王者之後稱公 其餘大國稱侯 小國稱伯子男 天子三公者何 天子之相也 天子之相則何以三 自陝而東者 周公[8]主之 自陝而西者 召公[9]主之 一相處乎內 始僭諸公 昉於此乎 前此矣 前此 則曷爲始乎此 僭諸公 猶可言也 僭天子 不可言也[10]

1) 考仲子之宮(고중자지궁) : 중자의 사당(祠堂)을 짓다. 고(考)는 제례(祭禮)의 이름이며 이루다의 뜻. 중자(仲子)의 사당을 지어서 제사를 지내고 그 귀신이 거하도록 하다. 곧 살아 있는 사람이 궁실(宮室)로 들어가 음식을 먹는 것과 같다는 뜻. 예(禮)에 첩의 사당은 아들이 죽으면 폐지시키는 것이다.
2) 獻(헌) : 헌연(獻演)이다.
3) 六羽(육우) : 사당에서 제사 지낼 때 추는 춤으로 꿩의 꼬리 깃이 달린 깃발을 들고 여섯 사람이 춘다.
4) 僭諸公(참제공) : 참은 참람하다. 곧 자신의 신분에 넘치는 것, 그러한 일. 제

공은 천자의 삼공(三公)으로 공작(公爵)의 작위이다.
5) 八佾(팔일) : 천자가 사용하는 무악. 여덟 줄로 한 줄에 여덟 사람이 추며 총 64명의 무인으로 구성되어 있다. 천자(天子)만 사용한 춤이다. 팔풍(八風)을 본받았다고 했다.
6) 諸公六(제공육) : 공작이 전용적으로 추는 춤. 6인이 6열로 36명이 춘다. 육률(六律)을 본받았다.
7) 諸侯四(제후사) : 제후가 사용하는 무악. 4인이 네 줄로 서서 추며 16명으로 구성되었다. 사방을 본받았다.
8) 周公(주공) : 희단(姬旦)이다. 주문왕(周文王)의 아들이고 무왕(武王)의 동생이며 노(魯)나라에 봉해졌다.
9) 召公(소공) : 희석(姬奭)이다. 주(周)나라의 한 갈래 친족이며 주무왕(周武王)의 신하이다. 봉지(封地)가 소(召) 땅이었으므로 소공(召公)이라고 칭했다. 무왕(武王)이 주(紂)를 멸망시키고 소공을 북연(北燕)에 봉했다.
10) 僭天子不可言也(참천자불가언야) : 천자를 참람하는 것은 가히 말하지 못한다. 너무 큰 죄라서 말할 수도 없다는 뜻.

다. 송(宋)나라에서 장갈(長葛)을 포위하다
주루(邾婁)나라 사람과 정나라 사람이 송나라를 정벌했다.
멸구 떼가 발생했다. 왜 썼는가? 재해(災害)가 되어서 기재했다.
겨울인 12월 신사(辛巳)일에 공자 구(驅)가 세상을 떠났다.
송(宋)나라 사람이 정(鄭)나라를 정벌하여 장갈(長葛)을 포위했다. 읍(邑)은 포위했다고 말하지 않는데 이 곳에서 포위했다고 말한 것은 무슨 뜻인가? 장갈의 병력이 너무 강했기 때문이었다.

邾婁人鄭人伐宋
螟[1] ○何以書 記災[2]也
冬 十有二月 辛巳 公子驅卒
宋人伐鄭 圍長葛[3] ○邑不言圍 此其言圍何 彊也
1) 螟(명) : 멸구이며 일명 마디충이라 한다.

2) 記災(기재) : 재해를 기록하다. 고인(古人)의 미신으로는 자연의 재해를 인사(人事)와 관련지어 말을 한다.
3) 長葛(장갈) : 정나라의 고을 이름.

6. 은공 6년 갑자(甲子)

가. 애산(艾山)에서 동맹을 맺다

 6년인 갑자(甲子) 봄에 정(鄭)나라 사람이 와서 구원(舊怨)을 풀고 화목하게 지내자고 했다. 수평(輸平)이란 무슨 뜻인가? 수평(輸平)은 타성(墮成)과 같다. 어떤 것을 타성(墮成)이라고 말하는가? 화해하고 옛 것을 부수어 버리는 것이다. 이르기를, 우리가 옛 원한을 부수어 버리고 화해하는 것이다. 우리 노나라와 정나라 사람은 평화가 있지 않았다. 우리 노나라와 정나라 사람이 왜 평화가 있지 않았는가? 호양(狐壤)의 싸움에서 은공이 포로가 되었었기 때문이다. 그렇다면 왜 전(戰 : 싸움, 전쟁)을 말하지 않았는가? 포로가 되었던 일을 숨긴 것이었다.
 여름인 5월 신유(辛酉)일에 은공이 제나라 군주인 후작과 애산(艾山)에서 동맹을 맺었다.
 가을인 7월이다. 가을인 7월에 아무 일이 없었는데 왜 기록했는가? '춘추(春秋)'에는 비록 사건이 없더라도 처음 시작되는 계절의 달을 기록했다. 처음 시작되는 계절의 달은 왜 기록하는 것인가? '춘추(春秋)'는 편년(編年)체이니 네 계절이 갖추어진 연후에 한 해가 이루어지는 것이기 때문이다.
 겨울에 송나라 사람이 장갈(長葛)을 점령했다. 외국에서 읍(邑)을 점령한 것은 기록하지 않는 것인데 이 곳에 왜 기록했는가? 장갈을 공격한 기간이 매우 길었기 때문이었다.

 六年 春 鄭人來輸平¹⁾ ○ 輸平者何 輸平 猶墮成²⁾也 何言乎墮成

敗其成也 曰 吾成敗矣 吾與鄭人 末有成也 吾與鄭人 則曷爲末有
成 狐壤³⁾之戰 隱公獲焉 然則何以不言戰 諱獲也
　夏 五月 辛酉 公會齊⁴⁾侯盟于艾⁵⁾
　秋 七月 ○此無事 何以書 春秋雖無事 首時過⁶⁾則書 首時過 則何
以書 春秋編年⁷⁾ 四時具⁸⁾ 然後爲年
　冬 宋人取長葛 ○外取邑不書 此何以書 久也

1) 輸平(수평) : 좌전의 경문에는 유평(渝平)으로 되어 있다. 곧 구원(舊怨)을 풀고 화목하게 지내다. 노나라 은공이 정나라와 호양(狐壤)에서 싸울 때 포로가 되었다가 뒤에 도주하여 왔는데 이때부터 정나라와 원수지간이 되었다.
2) 墮成(타성) : 지난날의 악을 털어버리고 다시 화평하게 되다. 타는 포(布)의 뜻.
3) 狐壤(호양) : 땅 이름.
4) 齊(제) : 나라 이름. 주무왕(周武王)이 태공망(太公望)을 제나라에 봉했다. 제환공(齊桓公)에 이르러 오패(五霸)의 하나가 되었다. 전국(全國) 칠웅(七雄)의 하나. 진시황(秦始皇) 26년에 멸망. 이 때의 제후는 희공(僖公).
5) 艾(애) : 제나라와 노나라 사이에 있던 산 이름. 혹은 땅 이름이라고도 함.
6) 首時過(수시과) : 네 계절의 첫달. 곧 봄은 1월(一月), 여름은 4월(四月), 가을은 7월(七月), 겨울은 10월(十月)을 뜻한다. 수(首)는 시(始)이다. 시(時)는 네 계절이다. 과는 역(曆)의 뜻이다.
7) 編年(편년) : 연대에 따라서 사실(史實)을 나열하여 기록하는 역사 편찬의 한 체재(體裁). 기전체(紀傳體)의 대(對).
8) 具(구) : 구비하다. 또는 안내하다.

7. 은공 7년 을축(乙丑)

가. 숙희(叔姬)가 기(紀)나라로 시집가다

7년인 을축(乙丑) 봄, 왕력(王曆)으로 3월에 숙희(叔姬)가 기(紀)나라로 시집갔다.
등(滕)나라 군주인 후작이 세상을 떠났다. 왜 이름을 기록하지 않았는가? 작은 나라이기 때문이다. 작은 나라를 후작(侯爵)이라고 일컬은 것은 무엇 때문인가? 작다고 소외시키지 않은 것이다. '춘추(春秋)'에서는 존귀와 비천(卑賤)을 동호(同號:동일하게 부르는 것)하여 소외시키지 않았다. 아름다운 것이나 보기 흉한 것을 동사(同辭:똑같은 말)로써 하여 소외시키지 않았다.

여름에 중구(中丘)에 성을 쌓았다. 중구(中丘)는 어디인가? 노나라 안의 고을이다. '성중구(城中丘)'라고 왜 썼는가? 성을 쌓는 공정은 힘을 많이 소비하는 중요한 일이므로 기록한 것이다.

제(齊)나라 군주인 후작(侯爵)이 그의 아우 연(年)에게 예물을 가지고 노나라를 예방하게 했다. 그를 '제(弟:아우)'라고 일컬은 이유는 무엇인가? 어머니를 함께 한 아우는 '제(弟)'라고 일컫고 어머니를 함께 한 형은 '형(兄)'이라고 일컫는 것이다.

가을에 은공이 주루(邾婁)를 정벌했다.

겨울에 천자(天子)가 범(凡)나라 군주인 백작(伯爵)에게 예물을 가지고 노나라를 예방하게 했다.

융(戎)이 범(凡)나라 군주인 백작을 초구(楚丘)에서 정벌하고 돌아갔다. '범백(凡伯)'이란 누구인가? 천자의 대부(大夫)이다. 범나라 백작이 노나라를 찾아오는데 융(戎)이 정벌했다는 것은 무슨 뜻인가? 잡았다는 것이다. 잡혔는데 그것을 '정벌'이라고 말한 것은 무엇 때문인가? 범백을 높여 준 것이다. 왜 높여 주려고 했는가? 이적(夷狄)이 중국(中國) 천자의 관리를 잡은 일에 함께 하지 않으려 한 것이다. 그 초구라는 지명은 왜 썼는가? 범나라 백작을 높인 것이다.

七年 春 王三月 叔姬[1] 歸于紀
滕侯[2] 卒 ○何以不名 微國也 微國 則其稱侯何 不嫌也 春秋貴賤不嫌同號[3] 美惡不嫌同辭[4]
夏 城[5]中丘 ○中丘者何 內之邑也 城中丘 何以書 以重書[6]也
齊侯使其弟年[7] 來聘[8] ○其稱弟何 母弟稱弟 母兄稱兄
秋 公伐邾婁

冬 天王使凡伯⁹⁾來聘
　戎伐凡伯于楚丘¹⁰⁾ 以歸¹¹⁾ ○凡伯者何 天子之大夫也 此聘也 其言伐之何 執之也 執之則其言伐之何 大之¹²⁾也 曷爲大之 不與夷狄之執中國¹³⁾也 其地何 大之也

1) 叔姬(숙희) : 은공(隱公)의 누이. 백희의 동생인데 당시 나이가 어려 백희를 따라가지 못하고 이 때 잉(滕)으로 갔다.
2) 滕侯(등후) : 등나라의 군주. 등나라는 지금의 산동성(山東省) 등현(滕縣)에 있었다.
3) 貴賤不嫌同號(귀천불혐동호) : 존귀하거나 비천하거나 함께 불러서, 소외시키지 않는다는 뜻.
4) 美惡不嫌同辭(미악불혐동사) : 아름다운 것이나 추한 것이나 함께 말을 써서 소외시키지 않는다는 뜻.
5) 城(성) : 축성을 말한다.
6) 重書(중서) : 공로가 무거운 것이라 기록하다. 많은 노동력을 소모시켰다는 뜻.
7) 年(연) : 제나라의 이중년(夷仲年)이며 종실의 종친이다.
8) 聘(빙) : 옛날에 제후들이 서로 문안하고 수호(修好)하던 예.
9) 凡伯(범백) : 주(周)나라 천자(天子)의 대부(大夫)이며 세경(世卿)이다.
10) 楚丘(초구) : 융(戎)나라의 땅.
11) 以歸(이귀) : 범백을 포로로 잡아서 돌아갔다는 뜻.
12) 大之(대지) : 존대(尊大)하다의 뜻.
13) 中國(중국) : 춘추시대에 천자를 중심으로 포진한 중국의 직할 제후국.

8. 은공 8년 병인(丙寅)

가. 송나라와 위(衛)나라가 수(垂)에서 만나다

　8년인 병인(丙寅) 봄에 송(宋)나라 군주인 공작과 위(衛)나라 군주인 후작이 수(垂)에서 만났다.
　3월에 정(鄭)나라 군주인 백작(伯爵)이 원(宛)을 보내 병(邴)

을 돌려주겠다고 했다. 원(宛)이란 누구인가? 정나라의 지위가 낮은 사람이다. 병(邴)이란 어디인가? 정나라에서 태산(泰山)에 제사 지낼 때 목욕하는 고을이다. 주(周)나라의 천자가 태산에 제사할 일이 있을 때는 제후들이 모두 태산 아래로 따라왔는데 이때 제후들이 모두 목욕하는 고을을 두었었다.

경인(庚寅)일에 우리 노나라에서 병(邴)으로 들어갔다. 그것을 '입(入)'이라고 말한 뜻은 무엇인가? 곤란했기 때문이다. 그 날짜를 쓴 뜻은 무엇인가? 곤란했기 때문이다. 거기에 '아(我 : 우리)'라고 말한 뜻은 무엇인가? '아(我)'라고 말한 것은 홀로 우리 노나라만이 아니라 제나라도 또한 들어가려고 했기 때문이었다.

여름인 6월 기해(己亥)일에 채(蔡)나라 군주인 후작(侯爵) 고보(考父)가 세상을 떠났다.

신해(辛亥)일에 숙(宿)나라 군주인 남작이 세상을 떠났다.

가을인 7월 경오(庚午)일에 송나라 군주인 공작과 제나라 군주인 후작과 위나라 군주인 후작이 와옥(瓦屋)에서 동맹을 맺었다.

8월에 채(蔡)나라의 선공(宣公)을 장사 지냈다. 졸(卒)했을 때에는 왜 이름을 쓰고 장례에는 이름을 기록하지 않은 것인가? 졸(卒)했을 때에는 정당한 예의를 따라서 하고 장례에는 주재하는 주인을 따르는 것이기 때문이다. 졸(卒)에는 왜 날짜를 기록하고 장례에는 날짜를 기록하지 않았는가? 졸(卒)에는 부고(赴告)를 하고 장례에는 부고(赴告)하지 않기 때문이다.

9월 신묘(辛卯)일에 은공이 거(莒)나라 사람과 포래(包來)에서 동맹을 맺었다. 은공이 왜 신분이 낮은 자와 동맹을 맺었는가? 사람이라고 일컬은 것은 거나라에서 따라와서 한 것으로 의심하지 않은 것이다.

멸구 떼가 발생했다.

겨울인 12월에 무해(無駭)가 세상을 떠났다. 이는 전무해(展無駭)이다. 왜 씨(氏)로써 하지 않았는가? 처음으로 국가를 멸망시킨 것을 증오한 것이다. 그러므로 그 몸이 끝마치도록 씨(氏)를 붙이지 않았다.

八年 春 宋公衛侯 遇于垂[1]
　三月 鄭伯使宛[2]來歸邴[3] ○宛者何 鄭之微者也 邴者何 鄭湯沐[4]之邑也 天子有事于泰山[5] 諸侯皆從泰山之下 諸侯皆有湯沐之邑焉
　庚寅 我入邴 ○其言入何難[6]也 其日何難也 其言我何 言我者 非獨我也 齊亦欲之
　夏 六月 己亥 蔡侯考父[7]卒
　辛亥 宿[8]男卒
　秋 七月 庚午 宋公齊侯衛侯盟于瓦屋[9]
　八月 葬蔡宣公 卒何以名而葬不名 卒從正[10] 而葬從主人[11] 卒何以日而葬不日 卒赴[12] 而葬不告
　九月 辛卯 公及莒人盟于包來[13] ○公曷爲與微者盟 稱人則從[14]不疑也
　螟
　冬 十有二月 無駭卒 ○此展無駭也 何以不氏 疾始滅也 故終其身不氏

1) 垂(수) : 위나라 땅 이름이다. 견구(犬丘)라고도 한다.
2) 宛(원) : 정(鄭)나라 대부 이름.
3) 邴(병) : 정나라의 땅 이름. 좌전(左傳) 경문에는 팽(祊)으로 되어 있다.
4) 湯沐(탕목) : 목욕(沐浴)이다. 예기(禮記) 왕제(王制)편에 '방백(方伯)이 천자에게 조회를 들면 모두 천자의 현내(縣內)에 목욕처를 준다.'라고 했다.
5) 有事于泰山(유사우태산) : 태산에 일이 있다. 태산에 제사 지낼 일이 있다. 천자가 순수(巡狩)하면서 태산에 제사를 올리게 되면 제후들이 모여들었으므로 목욕할 곳이 필요하여 목욕처를 두었던 것이다.
6) 難(난) : 곤란하다의 뜻.
7) 蔡侯考父(채후고보) : 채나라 군주인 후작 고보는 곧 선공(宣公)이다. 대공(戴公)의 아들이며 35년 간 재위했다.
8) 宿(숙) : 나라 이름. 풍성(風姓)이다.
9) 瓦屋(와옥) : 주(周)나라의 땅 이름.
10) 卒從正(졸종정) : 죽은 후에는 예에 따른 명칭을 따른다는 것.
11) 從主人(종주인) : 주최국의 주인(主人)을 따른다는 것.

12) 卒赴(졸부) : 죽은 후에 천자(天子)에게 부고(赴告)하는 것.
13) 包來(포래) : 좌전 경문에는 부래(浮來)로 되어 있다. 기나라의 고을 이름.
14) 稱人則從(칭인즉종) : 종은 수종(隨從). 실상은 거(莒)나라 군주를 뜻한다.

9. 은공 9년 정묘(丁卯)

가. 남계(南季)가 예물을 가지고 예방하다

9년 정묘(丁卯) 봄에 천자(天子)가 남계(南季)에게 예물을 가지고 노나라를 예방하게 했다.

3월 계유(癸酉)일에 큰 비가 내리고 천둥과 번개가 쳤다. 왜 이를 기록했는가? 괴이한 일이라 기록한 것이다. 무엇이 괴이하다는 것인가? 천둥과 번개가 칠 계절이 아니었기 때문이다.

경진(庚辰)일에는 크게 눈이 내렸다. 왜 이를 기록했는가? 괴이한 일이라 기록한 것이다. 무엇이 괴이하다는 것인가? 눈이 너무나 많이 내렸기 때문이었다.

협(俠)이 세상을 떠났다. 협(俠)이란 누구인가? 우리 노나라의 대부(大夫)인데 명(命)을 받지 못한 자이다.

여름에 낭(郎)에 성(城)을 쌓았다.

가을인 7월이다.

겨울에 은공이 제(齊)나라 군주인 후작과 병(邴)에서 만났다.

九年 春 天王使南季來聘
三月 癸酉 大雨震電¹⁾ ○何以書 記異也 何異爾 不時²⁾也
庚辰 大雨雪³⁾ ○何以書 記異也 何異爾 俶甚⁴⁾也
俠⁵⁾卒 ○俠者何 吾大夫之未命者也
夏 城郎⁶⁾
秋 七月
冬 公會齊侯于邴

1) 震電(진전) : 천둥과 번개라는 뜻.
2) 不時(불시) : 천둥이나 번개가 칠 그런 계절이 아니라는 뜻.
3) 大雨雪(대우설) : 크게 눈이 내렸다. 곧 너무 많이 왔다는 뜻.
4) 俶甚(숙심) : 상상 이상으로 극심하게 내렸다는 뜻.
5) 俠(협) : 노나라 대부의 이름이다.
6) 郞(낭) : 노나라의 땅. 은공 원년에 나오는 좌전(左傳)의 낭(郞)과는 다른 읍.

10. 은공 10년 무진(戊辰)

가. 중구(中丘)에서 제후들과 회합하다

　10년인 무진(戊辰) 봄, 왕력(王曆)으로 2월에 은공은 제나라 군주인 후작과 정나라 군주인 백작과 중구(中丘)에서 회합했다.
　여름에 휘(翬)가 군사를 거느리고 제(齊)나라 사람과 정(鄭)나라 사람과 만나서 함께 송(宋)나라를 정벌했다. 이 사람은 공자 휘(公子翬)이다. 왜 공자(公子)라고 일컫지 않았는가? 폄하한 것이다. 어찌하여 폄하했는가? 은공을 죽인 죄인이기 때문이다. 그러므로 은공의 편(篇)을 끝마치도록 폄하한 것이다.
　6월 임술(壬戌)일에 은공은 송나라 군사를 관(菅)에서 패배시켰다. 신미(辛未)일에는 고(郜)나라를 점령하고 신사(辛巳)일에는 방(防) 땅을 점령했다. '취읍(取邑 : 읍을 점령함)'은 날짜를 쓰지 않는 것인데 이 곳에 왜 날짜를 기록했는가? 한 달에 두 번 점령했기 때문이다. 왜 한 달에 두 번 점령한 것을 말했는가? 은공이 너무 지나쳤던 것을 쓴 것이다.
　노나라 안에서는 대악(大惡)을 숨기는 것인데 여기에서 그것이 너무 지나쳤다고 한 이유는 무엇인가? '춘추(春秋)'에서는 국내의 일은 기록하고 국외의 일은 간략하게 하며 국외의 대악(大惡)은 기록하고 소악(小惡)은 기록하지 않으며, 국내의 대악은 숨겨 주고 소악은 기록했다.

가을에 송(宋)나라 사람과 위(衛)나라 사람이 정(鄭)나라로 쳐들어갔다.

송(宋)나라 사람과 채(蔡)나라 사람과 위(衛)나라 사람이 재(載)나라를 공벌하자 정(鄭)나라 군주인 백작이 그들을 토벌하여 점령했다. 여기에 '벌취(伐取 : 토벌하여 점령함)'라고 기록한 것은 무슨 뜻인가? 쉽게 했다는 뜻이다. 그 쉽게 했다는 것은 어떠한 것을 말하는가? 그 힘으로 인한 것이었다. 누구의 힘으로 인한 것이었는가? 송나라 사람과 채나라 사람과 위(衛)나라 사람의 힘 때문이었다.

겨울인 10월 임오(壬午)일에 제(齊)나라 사람과 정(鄭)나라 사람이 성(盛)나라로 쳐들어갔다.

十年 春 王二月 公會齊侯鄭伯 于中丘
夏 翬帥師會齊人鄭人伐宋 ○此公子翬也 何以不稱公子 貶 曷爲貶 隱之罪人也 故終隱之篇貶也
六月 壬戌 公敗宋師于菅¹⁾ 辛未 取郜²⁾ 辛巳 取防³⁾ ○取邑不日 此何以日 一月而再取也 何言乎一月而再取 甚之⁴⁾也 內大惡諱 此其言甚之何 春秋錄內而略外 於外大惡書 小惡不書 於內大惡諱 小惡書
秋 宋人衛人 入鄭
宋人蔡人衛人 伐載⁵⁾ 鄭伯伐取之 ○其言伐取之何 易也 其易奈何 因其力也 因誰之力 因宋人蔡人衛人之力也
冬 十月 壬午 齊人鄭人 入盛⁶⁾

1) 菅(관) : 송나라의 땅 이름.
2) 郜(고) : 송나라의 읍 이름. 좌전에는 나라 이름이며 남고(南郜)와 북고(北郜)가 있는데 여기서는 남고를 말한다고 했다.
3) 防(방) : 송나라의 읍 이름.
4) 甚之(심지) : 너무 지나치다의 뜻.
5) 載(재) : 나라 이름. 좌전 경문에는 대(戴)로 되어 있다. 자성(子姓).
6) 盛(성) : 좌전 경문(經文)에는 성(郕)으로 되어 있다. 제후국의 이름. 주무왕(周武王)의 동생인 숙무(叔武)를 여기에 봉했다.

11. 은공 11년 기사(己巳)

가. 등(滕)나라와 설(薛)나라 군주가 찾아오다

11년 기사(己巳) 봄에 등(滕)나라 군주인 후작과 설(薛)나라 군주인 후작이 찾아왔다.

그들이 온 것을 '조(朝)'라고 한 이유는 무엇인가? 제후가 온 것을 '조(朝)'라고 하고 대부(大夫)가 온 것을 '빙(聘)'이라고 한다. 여기서 그것을 겸하여 '내조(來朝)'라고 말한 뜻은 무엇인가? 작은 나라였기 때문이다.

여름인 5월에 은공이 정(鄭)나라 군주인 백작과 기려(祁黎)에서 회합했다.

가을인 7월 임오(壬午)일에 은공은 제(齊)나라 군주인 후작과 정(鄭)나라 군주인 백작과 함께 허(許)나라로 쳐들어갔다.

겨울인 11월 임진(壬辰)일에 은공이 훙거(薨去)했다. 왜 장례를 쓰지 않았는가? 가엾게 여겼기 때문이다. 왜 가엾게 여겼는가? 시해되었기 때문이다. 시해되었다면 왜 장례를 기록하지 않았는가? '춘추(春秋)'에서는 군주가 도적에게 시해되었는데 그 도적을 토벌하지 않으면 장례를 기록하지 않았는데 이는 신하나 아들이 없기 때문이다.

자심자(子沈子)가 말하기를 "군주가 시해되었는데 신하가 도적을 토벌하지 않으면 신하가 아니다. 자식이 복수하지 않으면 아들이 아니다. 장례는 살아 있는 사람들의 일이다. '춘추(春秋)'에서는 군주가 도적에게 시해되었는데 토벌하지 않으면 장례를 기록하지 않았는데 이는 신하와 자식에게 군주의 관계가 이어지지 않기 때문이다."라고 했다.

은공이 훙거(薨去)했는데 왜 장지(葬地)를 기록하지 않았는가? 차마 말하지 못한 것이다. 은공은 어찌하여 정월(正月)이 없는 것인가? 은공이 장차 환공(桓公)에게 군주의 자리를 물려주려 했기 때문에 그 정월(正月)이 있지 않은 것이다.

  十有一年 春 滕侯薛[1]侯來朝[2] ○其言朝何 諸侯來曰朝 大夫來曰聘 其兼言之何 微國也
  夏 五月 公會鄭伯于祁黎[3]
  秋 七月 壬午 公及齊侯鄭伯 入許[4]
  冬 十有一月 壬辰 公薨 ○何以不書葬 隱之[5]也 何隱爾 弑也 弑則何以不書葬 春秋君弑賊不討 不書葬 以爲無臣子也 子沈子[6]曰 君弑 臣不討賊 非臣也 子不復讎 非子也 葬生者之事也 春秋君弑賊不討 不書葬 以爲不繫乎臣子也 公薨何以不地 不忍言也 隱何以無正月 隱將讓乎桓 故不有其正月也

1) 薛(설) : 나라 이름. 임성(任姓)이며 후작. 황제(黃帝)의 후예로 해중(奚仲)의 후손들이다. 하(夏)나라 때 해중(奚仲)을 설나라에 봉했다.
2) 來朝(내조) : 찾아오다. 곧 친선 방문차 노(魯)나라 조정을 찾았다는 뜻.
3) 祁黎(기려) : 좌전(左傳)에는 내(郲)로 되어 있고 좌전과 곡량전의 경문에는 시래(時來)로 되어 있다.
4) 許(허) : 나라 이름. 강성(姜姓)이며 남작(男爵)의 나라이다. 제나라와 시조가 같다.
5) 隱之(은지) : 가엾게 여기다의 뜻.
6) 子沈子(자심자) : 공양학파(公羊學派)의 한 스승. 하휴(何休)는 심자(沈子)를 자관씨(子冠氏)라고 일컬었는데 위의 자(子)자는 그 스승됨을 나타낸 것이다.

제2편 환공 시대(桓公時代)
(재위 : 1년~18년까지)

시법(諡法)에 '국토를 넓히고 먼 곳까지 복종시키다'를 '환(桓)'이라 했다.

■환공 연표(桓公年表)

국명 기원전	周 桓王	鄭 莊公	齊 僖公	宋 殤公	晉 翼 襄侯	衛 曲沃 武公 宣公	蔡 桓侯	曹 桓公	滕	陳 桓公	杞	薛 武公	莒 武公	郯 子爵	許 儀父 (附庸)	燕 許叔 穆公	楚 武公	秦 寧公	吳	越	魯 桓公
711	9	33	20	9	7	5	8	4	46	34						18	30	5			1
710	10	34	21	莊公1	8	6	9	5	47	35						宣公1	31	6			2
709	11	35	22	2	9	7	10	6	48	36						2	32	7			3
708	12	36	23	3	小子1	8	11	7	49	37						3	33	8			4
707	13	37	24	4	2	9	12	8	50	38						4	34	9			5
706	14	38	25	5	3	10	13	9	51	厲公1						5	35	10			6
705	15	39	26	6	4	11	14	10	52	2						6	36	11			7
704	16	40	27	7	閔公1	12	15	11	53	3						7	37	12			8
703	17	41	28	8	2	13	16	12	54	4						8	38	出公1			9
702	18	42	29	9	7	13	55			5						9	39	2			10
701	19	43	30	10	4	15	18	14		莊公1						10	40	3			11
700	20	厲公1	31	11	5	16	19	15		2						11	41	4			12
699	21	2	32	12	6	惠公1	16	2		莊公1						12	42	5			13
698	22	3	33	13	7	18	2	17	4							13	43	6			14
697	23	4	襄公1	14	8	19	3	18	5	3					許叔 入朝	桓公1	44	武公1			15
696	莊王1	昭公1	2	15	9	20	4	19	6	4						2	45	2			16
695	2	2	3	16	10	21	黔牟1	20	7	5						3	46	3			17
694	3	3	4	17	11	22	2	哀公1	8	6						4	47	4			18

※ 익(翼)을 곡옥(曲沃)의 무공이 멸망시키자 겨울에 왕이 괵중에게 명하여 애후의 동생을 세우다.
※ 진(陳)나라 태자를 채(蔡)나라 사람이 죽이다.
※ 환공 8년에 초(楚)가 스스로 왕이라 칭하다.
※ 등(滕)·기(杞)·설(薛)·거(莒)·주(邾)·소주(小邾)·오(吳)·월(越) : 자세한 내용은 은공 원년에 나온다.

제2편 환공 시대(桓公時代)

1. 환공(桓公) 원년 경오(庚午)

가. 환공(桓公)이 즉위(卽位)하다

원년(元年) 경오(庚午) 봄, 왕력(王曆)으로 정월에 환공(桓公)이 군주의 자리에 올랐다. 군주를 시해하고 계승한 것은 즉위(卽位)라고 말하지 않는데 여기에서 '즉위(卽位)'라고 말한 것은 무슨 뜻인가? 그 뜻하는 것이 환공이 의도한 것과 같기 때문이었다.

3월에 환공이 정나라 군주인 백작과 수(垂)에서 회합하고, 정나라 군주인 백작이 구슬로써 허(許)나라의 전지(田地)를 빌렸다. 정나라의 백작이 '구슬로써 허나라의 전지(田地)를 빌렸다.'고 한 것은 무슨 뜻인가? 쉽게 교환했다는 것이다. 쉽게 교환했는데 그것을 '가(假 : 빌리다)'라고 말한 것은 무엇 때문인가? 공경스럽게 한 것이다. 왜 공경스럽게 하려고 하였는가? 천자(天子)가 존재하고 있으면 제후들은 땅을 마음대로 하지 못하는 것이다.

'허전(許田 : 허나라의 전지)'이란 무슨 뜻인가? 이는 노(魯)나라의 군주가 주(周)나라 천자를 알현할 때 숙박하는 고을이다. 각국의 제후들이 계절마다 천자를 알현할 때 천자(天子)의 교외(郊外)에 제후들이 숙박하는 읍(邑)을 두었다. 이곳은 노나라 군주가 조회들어 숙박하는 읍(邑)인데 왜 '허나라의 전지(田地)'라고 이르렀는가? 주(周)나라의 전지(田地)를 점령한 것을 숨긴 것이다. 주(周)나라의 전지(田地)를 점령한 것을 숨긴 것이라면 왜 허나라의 전지라고 이르렀는가? 허(許)나라와 관련되어 있기 때문이다. 왜 허나라와 관련되어 있는 것인가? 허(許)나라에 가깝기 때문이다.

이 읍(邑)을 그 전(田)이라고 일컬었는데, 전답(田畓)이 많고 사람이 사는 면적이 적은 것을 전(田)이라 하고 사람이 사는 면적이 많고 전답이 적은 것을 읍(邑)이라고 한다.

여름인 4월 정미(丁未)일에 환공은 정나라 군주인 백작과 월(越)에서 동맹을 맺었다.

가을에 홍수(洪水)가 났다. 이를 왜 기록했는가? 재앙이라 기록했다.

겨울인 10월이었다.

元年 春 王正月 公[1]卽位 ○繼弒君 不言卽位 此其言卽位何 如其意[2]也

三月 公會鄭伯[3]于垂

鄭伯以璧假許田[4] ○其言以璧假之何 易之也 易之 則其言假之何 爲恭也 曷爲爲恭 有天子存 則諸侯不得專地[5]也 許田者何 魯朝宿之邑[6]也 諸侯時朝乎天子 天子之郊 諸侯皆有朝宿之邑焉 此魯朝宿之邑也 則曷爲謂之許田 諱取周田也 諱取周田 則曷爲謂之許田 繫之許也 曷爲繫之許 近許也 此邑也 其稱田何 田多邑少稱田 邑多田少稱邑

夏 四月 丁未 公及鄭伯盟于越[7]

秋 大水 ○何以書 記災也

冬 十月

1) 公(공) : 공은 환공(桓公). 이름은 윤(允)이고 은공(隱公)의 아우이며 혜공(惠公)의 아들이다. B.C. 711년에 즉위하여 18년 간 재위했다. 그의 어머니 중자(仲子)는 혜공의 우잉(右媵)이며 은공의 어머니는 좌잉(左媵)으로 환공의 어머니가 약간 지위가 높았다.
2) 如其意(여기의) : 환공의 뜻과 부합하다. 환공이 바라는 바대로 되었다는 뜻.
3) 鄭伯(정백) : 정나라 장공(莊公). 이름은 오생(寤生). 무공자(武公子)이다.

4) 以璧假許田(이벽가허전) : 구슬로써 허나라 땅의 전지(田地)를 빌리다.
5) 專地(전지) : 마음대로 하는 땅.
6) 朝宿之邑(조숙지읍) : 옛날에 제후가 천자(天子)에게 조회가면 경사(京師)의 교외(郊外)에 '조숙읍(朝宿邑)'이 있었다. 곧 숙박하고 목욕하는 곳.
7) 越(월) : 땅 이름이며 수(垂) 근처의 지명이다.

2. 환공 2년 신미(辛未)

가. 송(宋)나라 독(督)이 군주를 시해하다

2년 신미(辛未) 봄, 왕력(王曆)으로 정월 무신(戊申)일에 송(宋)나라의 독(督)이 그 군주 여이(與夷)와 그 대부(大夫) 공보(孔父)를 시해했다. '급(及)'이란 무슨 뜻인가? 연루(連累)된 것이다. 군주를 시해하는 일이 많거늘 이에 연루된 것이 없는 자를 죽였겠는가? 말하기를 "있었다." 구목(仇牧)이나 순식(荀息)도 모두 연루되었다. 구목(仇牧)이나 순식(荀息)을 제거할 때에도 연루된 것이 없었는가? 말하기를 "있었다." 있었다면 이러한 것을 왜 기록했는가? 공보(孔父)가 어질었기 때문이다. 무엇 때문에 공보(孔父)가 어질다는 것인가? 공보(孔父)는 정의(正義)가 신색(神色 : 얼굴)에 나타났다고 이를 것이다. 그가 정의를 신색에 나타냈다는 것은 어떤 것인가?

독(督)이 장차 상공(殤公)을 시해하려는데 공보(孔父)가 살아서 존재했다면 상공은 시해되지 않았을 것이다. 그러므로 먼저 공보(孔父)의 집을 공격하였다. 이에 상공(殤公)이 공보(孔父)가 죽을 것을 알고, 공보가 죽으면 자신도 반드시 죽을 것으로 여겨 달려가서 공보를 구원하다가 모두가 죽은 것이다. 공보(孔父)가 정색을 하고 조정에 서게 되면 타인들은 감히 지나치게 그의 군주에게 어려움이 이르게 하지는 못했을 것이니, 공보(孔父)는 가히 정의가 신색(神色)에 나타났다고 이를 것이다.

등(滕)나라 군주인 자작이 찾아왔다.
　3월에 환공이 제(齊)나라 군주인 후작과 진(陳)나라 군주인 후작과 정(鄭)나라 군주인 백작과 직(稷)에서 회합하고 송(宋)나라의 어지러움을 다스리게 했다. 국내의 대악(大惡)은 숨기는데 이 곳에 그것을 지목(指目)하여 말한 것은 무슨 뜻인가? 이 사건의 발생이 오래되었기 때문이다.
　공자(孔子)께서 직접 눈으로 본 것에 대한 말이 의심스러웠고 직접 들은 것에 대한 말도 의심스러웠고 선조에게 전해 들은 것에 대한 말도 의심스러웠기 때문이다. 숨겨 주는 것도 또한 오래된 일인데 무엇 때문에 은공을 위하여 숨기게 되었겠는가? 은공(隱公)은 현명하였고 환공(桓公)은 비천하였기 때문이다.

　二年 春 王正月 戊申 宋督[1]弑其君與夷[2] 及其大夫孔父[3] ○及者何 累[4]也 弑君多矣 舍此無累者乎 曰 有 仇牧[5] 荀息[6]皆累也 舍仇牧荀息無累者乎 曰 有 有則此何以書 賢也 何賢乎孔父 孔父可謂義形於色[7]矣 其義形於色奈何 督將弑殤公 孔父生而存 則殤公不可得而弑也 故於是先攻孔父之家 殤公知孔父死 己必死 趣而救之 皆死焉 孔父正色而立於朝 則人莫敢過而致難於其君者 孔父可謂義形於色矣
　滕子[8]來朝
　三月 公會齊侯陳侯鄭伯于稷[9] 以成宋亂[10] ○內大惡諱 此其目[11]言之何 遠也 所見異辭 所聞異辭 所傳聞異辭 隱亦遠矣 曷爲爲隱諱 隱賢而桓賤也

1) 督(독) : 송나라 태재(太宰)이며 자는 화보(華父)이다. 송나라 대공(戴公)의 손자이며 자(字)로써 씨를 삼았다. 또한 화보독(華父督)이라고 한다.
2) 與夷(여이) : 송(宋)나라 군주인 상공(殤公)의 이름.
3) 孔父(공보) : 공보가(孔父家). 송(宋)나라 양공(襄公)의 5세손. 송나라 목공(穆公)때 대사마(大司馬)가 되고 상공(殤公) 2년에 태재(太宰)인 화보독(華父督)에게 죽임을 당함. 그의 후예가 노나라로 도주하여 숙양홀(叔梁紇)에 이르러 공자(孔子)를 낳았다. 공보가(孔父家)는 공자의 6세조(六世祖)이다.
4) 累(누) : 서로 엉키어 관련되다.

5) 仇牧(구목) : 송나라 대부(大夫). 자세한 내용이 희공(僖公) 10년 봄에 있다.
6) 荀息(순식) : 진(晉)나라의 대부. 내용이 희공(僖公) 10년 봄에 있다.
7) 義形於色(의형어색) : 정의로운 기운이 얼굴에 나타나다.
8) 滕子(등자) : 등(滕)나라 군주인 자작(子爵). 은공편(隱公篇)에서는 등나라 군주를 후작(侯爵)이라고 했는데 여기서는 자작이라 했으니, 그 동안에 작위가 강등되었음을 알 수 있다.
9) 稷(직) : 송나라의 땅 이름.
10) 宋亂(송란) : 송나라의 화보독(華父督)이 송나라의 군주인 상공(殤公)과 대사마(大司馬) 공보가(孔父家)를 살해한 사건을 뜻함.
11) 目(목) : 지목(指目)하다. 곧 표명하다의 뜻.

나. 고(郜)나라의 솥을 송나라에서 취하다

여름인 4월에 고(郜)나라에서 만든 대정(大鼎 : 큰솥)을 송(宋)나라에서 취했다. 이것을 송나라에서 취했는데 그 '고(郜)나라의 솥'이라고 이른 것은 무슨 뜻인가? 기물(器物)은 이름을 따르고 토지는 주인(主人)을 따르는 것이다. 기물은 왜 이름을 따르고, 토지는 왜 주인을 따르는 것인가? 기물(器物)이란 사람과 함께 하지만 그들에게 나아가서 있는 것이 아니니 송나라가 처음에 불의(不義)로 취했으므로 '고정(郜鼎 : 고나라의 솥)'이라고 이른 것이다. 토지가 사람과 함께 하는데 이르면 그러하지 않은 것이다. 토지는 갑자기 취득하여도 그의 소유가 되는 것이다. 그렇다면 취하면 가히 그가 두게 되는 것인가? 말하기를 그렇지 않다. 어떤 것인가? 초(楚)나라 왕의 여동생을 아내로 맞이하는 것과 같아서 아무 때라도 가능한 것이다.

무신(戊申)일에 태묘(太廟)에 바쳤다. 왜 이를 기록했는가? 책망한 것이다. 왜 이를 책망한 것인가? 난(亂)을 따라서 뇌물을 받고 태묘(太廟)에 바친 것은 예에 합당한 것이 아니기 때문이었다.

가을인 7월에 기나라 군주인 후작이 찾아왔다.

채(蔡)나라 군주인 후작과 정(鄭)나라 군주인 백작이 등(鄧)

에서 회합했다. 두 나라 군주가 만나는 것은 회(會)라고 말하지 않는데 여기에서 회(會)라고 말한 것은 무슨 뜻인가? 대개 등(鄧)나라 사람이 함께 모인 것이다.
    9월에 기(杞)나라로 쳐들어갔다.
    환공(桓公)이 융(戎)과 당(唐)에서 동맹을 맺었다.
    겨울에 환공이 당(唐)에서 돌아왔다.

    夏 四月 取郜大鼎[1]于宋 ○此取之宋 其謂之郜鼎何 器從名 地從主人 器何以從名 地何以從主人 器之與人 非有卽爾 宋始以不義取之 故謂之郜鼎 至乎地之與人 則不然 俄[2]而可以爲其有矣 然則爲取可以爲其有乎 曰否 何者 若楚王之妻媦[3] 無時焉可[4]也
    戊申 納于大廟[5] ○何以書 譏 何譏爾 遂亂受賂[6] 納于大廟 非禮也
    秋 七月 紀侯來朝
    蔡侯鄭伯會于鄧[7] ○離[8]不言會 此其言會何 蓋鄧與會爾
    九月 入杞
    公及戎盟于唐[9]
    冬 公至自唐

1) 郜大鼎(고대정) : 고(郜)는 나라 이름. 대정(大鼎)은 큰솥. 예로부터 정(鼎)은 국가의 중요한 기물(器物)이며 삼족(三足)은 삼공(三公)에 비유되었다. 고나라는 주문왕(周文王)의 서자(庶子)를 처음으로 이 땅에 봉했는데 송(宋)나라에서 멸망시켰다.
2) 俄(아) : 갑자기 또는 순간적으로의 뜻.
3) 媦(위) : 매(妹)와 같다. 손아래 누이.
4) 無時焉可(무시언가) : 아무 때고 가하다.
5) 大廟(대묘) : 태묘(太廟)이고 노나라 주공단(周公旦)의 사당이다.
6) 遂亂受賂(수란수뢰) : 난(亂)을 따라서 뇌물을 받다. 곧 송나라의 어지러움을 해결해 주고 그 대가로 고정(郜鼎)을 받아 태묘(太廟)에 바친 것을 뜻함.
7) 鄧(등) : 채나라 땅 이름.
8) 離(이) : 두 나라가 서로 만나다. 두 나라의 만남을 회합이라 하지 않는다는 뜻.
9) 唐(당) : 노나라 땅 이름. 은공(隱公) 2년에 나와 있다.

3. 환공 3년 임신(壬申)

가. 제나라 군주와 영(贏)에서 회합하다

3년 임신(壬申) 봄인 정월에 환공이 제나라 군주인 후작과 영(贏)에서 회합했다.

여름에 제나라 군주인 후작과 위(衛)나라 군주인 후작이 포(蒲)에서 서로 서명(胥命 : 言約)했다. 서명(胥命)이란 무슨 뜻인가? 서로 명하여 약속한 것이다. 왜 '서로 명령한 것'이라고 말하는가? 합당한 예에 가까운 것이다. 여기서 '합당한 예에 가깝다.'고 한 것은 무슨 뜻인가? 옛날에는 신에게 맹세하지 않으면 구두(口頭)로 결정하고 각자 돌아가는 것이었다.

6월에 환공이 기(紀)나라 군주인 후작과 성(盛)에서 회합했다.

가을인 7월 임진(壬辰) 초하루에 일식(日蝕)이 있었는데 개기식(皆旣食)이었다. 개기식(皆旣蝕)이란 무슨 뜻인가? 태양을 완전히 다 가린 것을 뜻한다.

공자 휘(公子翬)가 제(齊)나라에 가서 여자를 맞이했다.

9월에 제나라 군주인 후작이 강씨(姜氏)를 훤(讙)으로 보냈다. 이 내용을 왜 기록했는가? 견책한 것이다. 왜 이것을 견책했는가? 제후가 국경을 넘어서 딸을 시집보내는 것은 예에 합당한 것이 아니다. 이의 입국(入國)을 왜 부인(夫人)이라고 일컫지 않았는가? 우리 노나라에서 제나라를 말한다면 부모와 자식간으로, 비록 이웃나라의 부인(夫人)이 되더라도 우리의 강씨(姜氏)라고 이르는 것과 같은 것이다.

환공(桓公)이 제나라 군주인 후작과 훤(讙)에서 회합했다. 부인(夫人) 강씨(姜氏)가 제나라에서 이르렀다. 공자 휘(翬)가 왜 부인(夫人)과 함께 이르지 않았는가? 환공(桓公)이 이미 훤(讙) 땅에서 만나 보았기 때문이었다.

겨울에 제나라 군주인 후작이 그 아우 연(年)에게 예물을 가지고 노나라를 예방하게 했다.

풍년(豊年)이 들었다. 풍년(豊年：有年)이 든 것을 왜 기록했는가? 기쁜 일이라 기록한 것이다. 대유년(大有年：대풍년)이라고는 왜 기록하는 것인가? 또한 기뻐서 기록한 것이다. 여기에서 그것을 '유년(有年)'이라고 이른 것은 무슨 뜻인가? 겨우 해를 두었다는 뜻이다. 다른 곳에 대유년(大有年)이라고 이른 것은 무슨 뜻인가? 크게 풍년이 들었다는 뜻이다. 근유년(僅有年)이란 뜻도 또한 족히 기쁨에 해당하는 것인가? 해를 두었다는 것에 힘입는 것이다.

三年 春 正月 公會齊侯于嬴[1]
夏 齊侯衛侯胥命[2] 于蒲[3] ○胥命者何 相命[4]也 何言乎相命 近正[5]也 此其爲近正奈何 古者不盟[6] 結言[7]而退
六月 公會紀侯于盛
秋 七月 壬辰朔 日有食之 旣 ○旣者何 盡也
公子翬如[8]齊逆女
九月 齊侯送姜氏于讙[9] ○何以書 譏 何譏爾 諸侯越竟[10]送女 非禮也 此入國矣 何以不稱夫人 自我言齊 父母之於子 雖爲鄰國夫人 猶曰吾姜氏[11]
公會齊侯于讙 夫人姜氏至自齊 ○翬何以不致 得見乎公矣
冬 齊侯使其弟年來聘
有年 ○有年何以書 以喜書也 大有年何以書 亦以喜書也 此其曰有年何 僅有年也 彼其曰大有年何 大豊年也 僅有年 亦足以當喜乎 恃[12]有年也

1) 嬴(영)：제나라 지명.
2) 胥命(서명)：제후들이 서로 만나서 말로 언약을 하고 피를 마시지는 않는 것이다. 결맹(結盟)을 하지는 않는다. 서(胥)는 상(相)의 뜻.
3) 蒲(포)：위(衛)나라 땅 이름.
4) 相命(상명)：서로 말로써 명령하다. 곧 서로 말로 약속하다의 뜻.
5) 近正(근정)：정은 예에 합당하다. 근정은 정상적인 예에 가깝다의 뜻.

6) 盟(맹) : 신(神) 앞에서 맹세하는 것. 예기(禮記) 곡례(曲禮) 하편에 '약언(約言) 왈서(曰誓) 이생(涖牲) 왈맹(曰盟)' 이라고 했다.
7) 結言(결언) : 구두(口頭)로 결맹하거나 혹은 정약(訂約)하는 것이다.
8) 如(여) : 왕(往)의 뜻.
9) 讙(훤) : 노나라의 땅 이름.
10) 竟(경) : 경(境)과 같다.
11) 姜氏(강씨) : 제나라 희공(僖公)의 딸.
12) 恃(시) : 뢰(賴)와 같다.

4. 환공 4년 계유(癸酉)

가. 환공이 낭(郎)에서 사냥하다

4년 계유(癸酉) 봄인 정월에 환공(桓公)이 낭(郎)에서 사냥을 했다. '수(狩 : 사냥)'란 무슨 뜻인가? 군사(軍師) 훈련을 위한 사냥이었다. 봄의 사냥 훈련을 묘(苗)라고 하고 가을의 사냥 훈련을 수(蒐)라고 하고 겨울의 사냥 훈련을 수(狩)라고 한다.

일상적인 일들은 기록하지 않는데 이 곳에 왜 사냥 훈련을 기록하였는가? 책망한 것이다. 왜 이를 책망한 것인가? 환공이 먼 지방까지 가서 사냥한 것을 책망한 것이다. 제후들이 왜 반드시 군사훈련으로 사냥을 하는 것인가? 첫 번째를 건두(乾豆)라고 이르고 두 번째를 빈객(賓客)이라고 이르고 세 번째를 '군주의 주방을 채우는 것〔充君之庖〕' 이라고 이른다.

여름에 천자(天子)가 재(宰)인 거백규(渠伯糾)에게 예물을 가지고 노나라를 예방하게 했다. 거백규(渠伯糾)란 누구인가? 천자의 대부(大夫)이다. 그를 거백규라고 일컬은 것은 무슨 뜻인가? 하대부(下大夫)였기 때문이다.

四年 春 正月 公狩于郎[1] ○狩者何 田狩[2]也 春曰苗 秋曰蒐 冬曰

狩 常事不書 此何以書 譏 何譏爾 遠也 諸侯曷爲必田狩 一曰乾
豆³⁾ 二曰賓客⁴⁾ 三曰充君之庖⁵⁾
　夏 天王使宰渠伯糾⁶⁾來聘 ○宰渠伯糾者何 天子之大夫也 其稱宰
渠伯糾何 下大夫也

1) 郞(낭) : 노나라의 땅 이름이다.
2) 田狩(전수) : 옛날에, 겨울에 군사훈련의 하나로 사냥하던 것을 뜻한다.
3) 乾豆(건두) : 첫 번째 사냥한 것이며 종묘에 올리는 것을 뜻한다.
4) 賓客(빈객) : 두 번째 사냥한 것은 귀한 빈객(賓客)의 접대용으로 쓰이는 것.
5) 充君之庖(충군지포) : 세 번째 사냥감은 군주의 정주(반찬)에 채운다는 뜻.
6) 宰渠伯糾(재거백규) : 재는 재관(宰官)이며 관리의 통상적인 말이다. 거백
　규는 주(周)나라 천자(天子)의 대부(大夫).

5. 환공 5년 갑술(甲戌)

가. 진(陳)나라 군주 포(鮑)가 세상을 떠나다

　5년 갑술(甲戌) 봄인 정월, 갑술(甲戌)일과 기축(己丑)일에 진(陳)나라 군주인 후작 포(鮑)가 세상을 떠났다. 왜 갑술일과 기축일의 두 날에 세상을 떠났다고 했는가? 미친 것이다. 갑술(甲戌)일에 도망하여 기축(己丑)일에 사망한 것으로 이때 시체를 찾은 것이다. 공자(孔子 : 君子)께서도 의심스러워서 갑술일이나 기축일에 죽었을 것이라고 한 것이다.
　여름에 제나라 군주인 후작과 정(鄭)나라 군주인 백작이 기(紀)나라로 갔다. 외국의 군주들이 서로 왕래한 것은 기록하지 않는데 이 곳에서 왜 기록했는가? 두 군주가 서로 만난 것은 '회(會)'라고 말하지 않는 것이기 때문이었다.
　천자(天子)가 잉숙(仍叔)의 아들에게 노(魯)나라를 예방하게 했다. 잉숙(仍叔)의 아들이란 누구인가? 천자(天子)의 대부(大夫)이다. 그를 잉숙의 아들이라고 일컬은 것은 무슨 뜻인가? 꾸

짖은 것이다. 왜 이들을 꾸짖었는가? 아버지가 늙고 자식이 대를 이어 정사를 보는 것을 꾸짖은 것이다.

진(陳)나라의 환공(桓公)을 장사 지냈다.

축구(祝丘)에 성을 쌓았다.

가을에 채(蔡)나라 사람과 위(衛)나라 사람과 진(陳)나라 사람이 천자(天子)를 따라서 정(鄭)나라를 정벌했다. 그들이 천자(天子)를 따라서 정나라를 정벌했다고 말한 것은 무슨 이유였는가? 천자를 따른 것은 예에 합당했기 때문이었다.

기우제(祈雨祭)를 크게 지냈다. 대우(大雩 : 기우제)란 무엇인가? 가뭄에 지내는 제사이다. 그렇다면 왜 가뭄이 들었다고 말하지 않았는가? 우(雩)를 말하면 한(旱)을 나타내는 것이고 한(旱)을 말하면 기우제는 나타내지 않는다. 무엇 때문에 기록했는가? 재앙이라 기록한 것이다.

메뚜기 떼가 일어났다. 왜 기록했는가? 재앙이라 기록한 것이다.

겨울에 주(州)나라 군주인 공작(公爵)이 조(曹)나라로 갔다. 외국의 군주가 서로 왕래하는 것은 기록하지 않는 것인데 여기에 왜 기록했는가? 우리 노(魯)나라를 지나갔기 때문이었다.

五年 春 正月 甲戌 己丑[1] 陳侯鮑[2] 卒 ○曷爲以二日卒之恢[3]也 甲戌之日亡[4] 己丑之日死 而得[5] 君子[6]疑焉 故以二日卒之也
夏 齊侯鄭伯如紀 ○外相如[7]不書 此何以書 離不言會也
天王使仍叔[8]之子來聘 ○仍叔之子者何 天子之大夫也 其稱仍叔之子何 譏 何譏爾 譏父老子代從政也
葬陳桓公
城祝丘[9]
秋 蔡人衛人陳人從王伐鄭 ○其言從王伐鄭何 從王正也
大雩[10] ○大雩者何 旱祭也 然則何以不言旱 言雩 則旱見 言旱 則雩不見 何以書 記災也
螽[11] ○何以書 記災也
冬 州公[12]如曹[13] ○外相如不書 此何以書 過我也

1) 正月甲戌己丑(정월갑술기축) : 갑술(甲戌)일은 그 전해인 12월 21일이었고 기축(己丑)일은 정월 6일이다. 그런데 이 두 날을 기록한 것은 그때 진(陳)나라가 혼란스러워서 군주의 죽음을 두 번 알려 왔기 때문이라고 좌전(左傳)에는 기록하고 있다.
2) 陳侯鮑(진후포) : 곧 진환공(陳桓公)이며 포는 이름. 문공(文公)의 아들이다. 38년 간 재위했다.
3) 忧(홀) : 광(狂)의 뜻.
4) 亡(망) : 도망하다.
5) 而得(이득) : 시체를 찾다의 뜻이라 했다.
6) 君子(군자) : 공자(孔子)를 가리킨다.
7) 外相如(외상여) : 외는 외국의 뜻. 곧 노나라 이외의 뜻. 상여는 상호왕래의 뜻.
8) 仍叔(잉숙) : 주왕조(周王朝)의 대부.
9) 祝丘(축구) : 노나라의 땅 이름.
10) 雩(우) : 옛날에 비를 내리게 해달라고 지내는 것. 기우제.
11) 螽(종) : 종(蟲)과 같다. 곡식을 갉아먹는 해충인 메뚜기 떼.
12) 州公(주공) : 주(州)나라의 군주인 공작.
13) 曹(조) : 나라 이름. 주무왕(周武王)이 상(商)을 쳐부수고 그의 아우 숙진탁(叔振鐸)을 조(曹)에 봉했다. 춘추(春秋) 애공(哀公) 8년에 송나라가 조나라를 멸망시켰다.

6. 환공 6년 을해(乙亥)

가. 정월에 그 사람이 오다

6년 을해(乙亥) 봄인 정월(正月)에 그 사람이 왔다. 식래(寔來 : 그 사람이 오다)란 무슨 뜻인가? '이 사람이 왔다.'와 같은 것을 말한 것이다. 누구를 이르는가? 주(州)나라 군주인 공작을 이른 것이다. 왜 '그 사람이 왔다.'고 일렀는가? 업신여긴 것이다. 왜 업신여겼다고 하는가? 우리 노나라에 태만(怠慢 : 무례)하게 한 것을 뜻한 것이다.

여름인 4월에 환공이 기(紀)나라 군주인 후작과 성(成)에서 회합했다.

가을인 8월 임오(壬午)일에 무기(武器)를 크게 검열했다. '대열(大閱 : 무기를 크게 검열하다)'이란 무슨 뜻인가? 병거(兵車)와 보병(步兵)을 검열한 것이다. 왜 기록했는가? 대개 드문 일이기 때문에 기록한 것이다.

채(蔡)나라 사람이 진(陳)나라의 타(佗)를 죽였다. '진타(陳佗 : 진나라의 타)'는 누구인가? 진(陳)나라의 군주이다. 왜 '진타(陳佗)'라고 일렀는가? 국가와 인연을 단절시킨 것이다. 왜 국가와 인연을 단절시키려 한 것인가? 너무 천박했기 때문이다. 그가 천박했다는 것은 어찌된 것인가? 나라 밖에서 음란하여 죽임을 당했기 때문이다. 어디에서 음란한 짓을 했는가? 채(蔡)나라에서 음란하게 행동하여 채(蔡)나라 사람이 죽이게 된 것이었다.

9월 정묘(丁卯)일에 아들 동(同)이 태어났다. '자동생(子同生 : 아들 동이 태어나다)'이란 누구를 이르는 것인가? 장공(莊公)을 이른 것이다. 왜 '자동생(子同生)'이라고 말했는가? 예에 합당한 절차에 따라 아들이 태어난 것을 기뻐한 것이다. 합당한 절차에 따라 태어난 것을 기뻐한다는 말이 있지 아니한데 여기에 그 합당한 절차에 따라 태어난 것을 기뻐했다고 말한 것은 무슨 뜻인가? 오래도록 노나라가 정통적인 적자(嫡子)가 없었기 때문이다. 자공양자(子公羊子)가 말하기를 "그 말은 노나라 환공(桓公)과 함께 한 것을 증오한 것이다."라고 했다.

겨울에 기(紀)나라 군주인 후작이 찾아왔다.

六年 春 正月 寔來¹⁾ ○寔來者何 猶曰是人來也 孰謂 謂州公也 曷爲謂之寔來 慢之也 曷爲慢之 化²⁾我也
夏 四月 公會紀侯于成³⁾
秋 八月 壬午 大閱⁴⁾ ○大閱者何 簡車徒⁵⁾也 何以書 蓋以罕⁶⁾書也
蔡人殺陳佗 ○陳佗者何 陳君也 陳君 則曷爲謂之陳佗 絶⁷⁾也 曷

爲絶之 賤也 其賤奈何 外淫[8]也 惡乎淫 淫乎蔡 蔡人殺之
　九月 丁卯 子同生 ◯子同生者孰謂 謂莊公也 何言乎子同生 喜有正[9]也 未有言喜有正者 此其言喜有正何 久無正也 子公羊子曰 其諸以病[10]桓與
　冬 紀侯來朝

1) 寔來(식래): 그 사람이 왔다. 식(寔)은 순우공(淳于公)을 말한다고 좌전(左傳)에서 주(註)했다.
2) 化(화): 지나가는데 무례(無禮)한 것을 뜻한다고 했다.
3) 成(성): 성(郕)과 같고, 옛 고을 이름.
4) 大閱(대열): 군대를 크게 검열하다.
5) 簡車徒(간거도): 병거(兵車)와 보병(步兵)을 검열함. 간은 검열하다의 뜻.
6) 罕(한): 드물다.
7) 絶(절): 국가와 인연을 단절시키다.
8) 外淫(외음): 외국에서 음란한 짓을 하다.
9) 喜有正(희유정): 노나라에 정통 적장자(嫡長子)가 태어남을 기뻐했다는 뜻.
10) 病(병): 증오하다. 한(恨)하다의 뜻.

7. 환공 7년 병자(丙子)

가. 함구(咸丘)에 불을 지르다

　7년 병자(丙子) 봄인 2월 기해(己亥)일에 함구(咸丘)를 불살랐다. '분(焚: 불사르다)'이란 무슨 뜻인가? 나무로 불살랐다는 것이다. '초(樵: 나무로 불사르다)'란 무슨 뜻인가? 불로써 공격한 것이다. 왜 '화공(火攻: 불로 공격함)'이라고 말했는가? 처음으로 화공(火攻)을 쓴 것을 증오한 것이다. 함구(咸丘)란 어떤 곳인가? 주루(邾婁)나라의 고을이다. 왜 주루(邾婁)나라와 관련시키지 않았는가? 주루는 국가이기 때문이다. 왜 주루의 국가를 위했는가? 군주가 이 곳에 존재하고 있었기 때문이었다.

여름에 곡(穀)나라 군주인 백작 수(綏)가 찾아왔고, 등(鄧)나라 군주인 후작 오리(吾離)가 찾아왔다. 두 사람 다 왜 이름으로 기록했는가? 국가를 상실한 군주였기 때문이다. 그를 후작이 찾아왔다고 일컬은 뜻은 무엇인가? 존귀했던 자들은 뒤에 국가를 잃었더라도 대접하기를 처음의 존귀했던 지위로 하는 것이기 때문이다.

七年 春 二月 己亥 焚咸丘[1] ○焚之者何 樵之也 樵之者何 以火攻也 何言乎以火攻 疾始以火攻也 咸丘者何 邾婁之邑也 曷爲不繫乎邾婁 國之也 曷爲國之 君存焉爾
夏 穀伯綏[2] 來朝 鄧侯吾離[3] 來朝 ○皆何以名 失地之君也 其稱侯朝何 貴者無後 待之以初[4] 也

1) 焚咸丘(분함구) : 함구를 불사르다. 곧 불을 지르고 사냥했다는 뜻. 주루(邾婁)나라의 읍명(邑名). 함구는 노나라 땅이라고 좌전(左傳)에서 말했다.
2) 穀伯綏(곡백수) : 곡은 나라 이름. 백은 백작. 수는 임금의 이름이다.
3) 鄧侯吾離(등후오리) : 등은 나라 이름. 만성(曼姓)이다. 오리는 군주의 이름. 뒤에 초나라에게 멸망했다.
4) 待之以初(대지이초) : 대우하는 것을 처음과 똑같이 한다는 뜻.

8. 환공 8년 정축(丁丑)

가. 기묘(己卯)일에 증제(烝祭)를 지내다

8년 정축(丁丑) 봄인 정월 기묘(己卯)일에 증제(烝祭)를 지냈다. '증제(烝祭)'란 무엇인가? 겨울 제사이다. 봄을 사(祠)라고 이르고 여름을 약(礿)이라 이르고 가을을 상(嘗)이라 이르고 겨울을 증(烝)이라고 이른다.

일상적인 일은 기록하지 않는 것인데 이를 왜 기록했는가? 견책한 것이다. 왜 이를 견책한 것인가? 자주하는 것을 견책한 것이다. 자주하면 경솔하게 되고 경솔하게 되면 공경하지 않는 것이

다. 군자(君子)가 제사를 지낼 때는 공경하게 할 뿐, 경솔하게 하
지 않는다. 성글면 태만해지고 태만해지면 잊게 된다. 사(士)는
이 네 가지에 이르지 못하게 되면 겨울에도 갖옷을 입지 않고 여
름에도 칡베옷을 입지 않는다.
　천자(天子)가 가보(家父)에게 노나라를 예방하게 했다.
　여름인 5월 정축(丁丑)일에 증제(烝祭)를 지냈다. 왜 이를 기
록했는가? 자주하는 것을 견책한 것이다.
　가을에 주루(邾婁)를 정벌했다.
　겨울인 10월에 눈이 내렸다. 왜 기록했는가? 괴이한 일이라 기
록한 것이다. 왜 이를 괴이한 일이라고 했는가? 제 계절이 아니었
기 때문이다.
　제공(祭公)이 와서 드디어 왕후(王后)를 기(紀)나라에서 맞
이했다. 제공(祭公)이란 누구인가? 천자의 삼공(三公) 가운데
한 사람이다. 왜 '사(使)'라고 일컫지 않았는가? 혼례에서는 주
인(主人)을 일컫지 않는 것이다. '수(遂: 드디어)'란 무슨 뜻인
가? 만들어진 일이다. 대부에게는 만들어진 일이 없는 것인데 여
기에 그를 '수(遂)'라고 말한 것은 무슨 뜻인가? 우리 노나라가
이루게 한 것이다. 그 일을 우리 노나라가 이루게 하였다는 것은
무슨 뜻인가? 우리 노나라로 하여금 중매를 하게 하고, 좋다고 하
여 제공(祭公)이 기(紀)나라로 가서 왕후를 맞이하여 간 것이다.
여자는 그 나라에 있게 되면 '여(女)'라고 일컫는데 여기서 그
를 '왕후(王后)'라고 일컬은 것은 무슨 뜻인가? 왕자(王者)는
나라 밖이라는 것이 없으므로 그 말이 성립되는 것이다.

　八年 春 正月 己卯 烝[1] ○烝者何 冬祭也 春曰祠 夏曰礿 秋曰嘗 冬
曰烝[2] 常事不書 此何以書 譏 何譏爾 譏亟[3]也 亟則黷[4] 黷則不敬 君
子之祭也 敬而不黷 疏則怠 怠則忘 士不及玆四者[5] 則冬不裘 夏不葛
　天王使家父[6]來聘
　夏 五月 丁丑 烝 ○何以書 譏亟也
　秋 伐邾婁

冬 十月 雨雪 何以書 記異也 何異爾 不時也
祭公⁷⁾來 遂逆王后⁸⁾于紀 ○祭公者何 天子之三公⁹⁾也 何以不稱使 婚禮不稱主人 遂者何 生事¹⁰⁾也 大夫無遂事 此其言遂何 成使乎我也 其成使乎我奈何 使我爲媒可 則因用是往逆矣 女在其國稱女 此其稱王后何 王者無外¹¹⁾ 其辭成矣

1) 烝(증): 증제(烝祭), 종묘(宗廟)에 드리는 제사. 이 제사는 12월에 드리는 제사인데 여기서는 정월과 5월에 지냈으니 잘못된 것이다.
2) 春日祠~冬日烝(춘왈사~동왈증): 봄에는 만물이 처음으로 태어나 효자가 어버이를 생각하고 그 마음을 이어서 먹는 것으로 이를 사(祠)라고 한다. 여름에는 보리를 올리는데 보리가 처음으로 익으면 약제(礿祭)를 지낸다. 가을에 곡식들이 익으면 하나의 기장이 먼저 익은 것을 올리는데 상(嘗)이라고 한다. 겨울에는 만물이 다 성취되어 올릴 것이 많고 향그러운 것들도 갖추어져서 이때 증제(烝祭)를 거행한다는 뜻이다.
3) 亟(기): 자주하다. 누차(屢次).
4) 黷(독): 모독하다의 뜻.
5) 四者(사자): 네 계절의 제사.
6) 家父(가보): 주왕실의 대부. 가는 채지(採地)이고 보는 자(字)이다.
7) 祭公(제공): 주왕실의 삼공(三公) 가운데 한 사람. 제는 그의 성(姓)이다.
8) 王后(왕후): 기(紀)나라 계강(季姜)이며 주환왕(周桓王)의 왕후(王后).
9) 天子之三公(천자지삼공): 천자(天子)는 삼공(三公)과 구경(九卿)과 27대부(二十七大夫)와 81원사(八十一元士)와 무릇 120개의 관(官)을 둔다.
10) 生事(생사): 전사(專事)의 뜻. 만들어진 일.
11) 王者無外(왕자무외): 천자는 천하 모든 땅의 왕(王)이라서 밖이 없다는 뜻.

9. 환공 9년 무인(戊寅)

가. 계강(季姜)이 경사로 시집가다

9년 무인(戊寅) 봄에 기(紀)나라의 계강(季姜)이 경사(京師)

제2편 환공 시대(桓公時代) 83

로 시집갔다.
　계강이 시집간다는 말이 이루어졌는데 그 기(紀)나라 계강(季姜)이라고 일컬은 것은 어째서인가? 우리 노나라에서부터 말한 것이다. 기(紀)나라 부모의 자식으로 비록 천자(天子)의 왕후(王后)가 됐으나 '우리의 계강(季姜)'과 같은 것이다. 경사(京師)란 어디인가? 천자가 기거하는 곳이다. 경(京)이란 무슨 뜻인가? 크다이다. 사(師)란 무슨 뜻인가? 많다는 것이다. 천자가 기거하는 데에는 반드시 무리가 크고 많다는 것을 말한 것이다.
　여름인 4월이다.
　가을인 7월이다.
　겨울에 조(曹)나라 군주인 백작이 그의 세자(世子) 역고(射姑)에게 노나라를 찾아오게 했다. 제후가 찾아오는 것을 조(朝)라고 이른다. 이는 세자(世子)인데 그것을 조(朝)라고 말한 것은 무슨 뜻인가? '춘추(春秋)'에는 아버지가 늙으면 자식이 대를 이어 정치를 따르는 자를 견책한 것이 있는데, 그들은 제나라와 함께 하고 조(曹)나라와 함께 하는 데에 있다는 것을 알지 못한 것이다.

　　九年 春 紀季姜[1] 歸于京師[2] ◯其辭成矣[3] 則其稱紀季姜何 自我言 紀父母之於子 雖爲天王后 猶曰吾季姜 京師者何 天子之居也 京者何 大也 師者何 衆也 天子之居 必以衆大之辭言之
　　夏 四月
　　秋 七月
　　冬 曹伯使其世子射姑來朝 ◯諸侯來曰朝 此世子也 其言朝何 春秋有譏父老 子代從政者 則未知其在齊與曹與[4]

1) 紀季姜(기계강) : 기(紀)나라 공녀(公女). 천자인 환왕(桓王)의 왕후가 되다.
2) 京師(경사) : 주(周)나라 왕조(王朝)의 수도(首都).
3) 其辭成矣(기사성의) : 그의 말이 성립되다. 곧 8년의 기계강이 왕후가 되는 것이 성립되었다는 말.
4) 在齊與曹與(재제여조여) : 제여(齊與)는 제나라의 세자 광(世子光)을 뜻하고 조여는 조백(曹伯)이 질병이 있어서 세자 역고로 하여금 예빙(禮聘)하게

한 것을 말한다. 낮은 것을 두려워하여 조정을 대신하여 보냄으로써 비록 합당한 예의는 아니더라도 노나라를 높이는 마음이 있었다는 것이다.

10. 환공 10년 기묘(己卯)

가. 조(曹)나라 군주인 종생(終生)이 죽다

10년 기묘(己卯) 봄, 왕력(王曆)으로 정월 경신(庚申)일에 조(曹)나라 군주인 백작 종생(終生)이 세상을 떠났다.

여름인 5월에 조(曹)나라 환공(桓公)을 장사 지냈다.

가을에 환공이 위(衛)나라 군주인 후작과 도구(桃丘)에서 회합하기로 했는데 만나지 못했다. 회(會 : 회합)란 무슨 뜻인가? 기일을 약속한 말이다. 그런데 만나지 못했다고 말한 것은 무슨 뜻인가? 환공이 요구하였으나 만나 보지 못한 것이다.

겨울인 12월 병오(丙午)일에 제(齊)나라 군주인 후작과 위(衛)나라 군주인 후작과 정(鄭)나라 군주인 백작이 침입하여 낭(郎)에서 싸웠다. 낭(郎)이란 어떤 곳인가? 우리 노나라에 가까운 읍(邑)이다. 우리 노나라의 가까운 읍이라면 그들이 침입하여 낭(郎)에서 싸웠다고 한 것은 무슨 뜻인가? 낭읍(郎邑)은 노나라의 도성(都城)에서 아주 가까운 곳이다. 어찌 가깝다고 하였는가? 낭읍(郎邑)을 공격하는 것은 도성을 포위하는 것과 같기 때문이다. 이들이 한쪽에서만 전쟁을 하는데 왜 군사가 패퇴했다고 말하지 않았는가? 노나라 국내에서는 싸웠다고 말하지 않는 것이다. 싸웠다고 말한 것은 패전한 것이다.

十年 春 王正月 庚申 曹伯終生[1]卒
夏 五月 葬曹桓公
秋 公會衛侯于桃丘[2] 弗遇 ○會者何 期辭也 其言弗遇何 公不見要[3]也

冬 十有二月 丙午 齊侯衛侯鄭伯來戰于郞 ○郞者何 吾近邑也 吾近邑 則其言來戰于郞何 近也 惡乎近 近乎圍⁴⁾也 此偏戰⁵⁾也 何以不言師敗績 內不言戰 言戰 乃敗矣

1) 曹伯終生(조백종생) : 조(曹)나라 환공(桓公)이고 종생은 이름이다. 조목공(曹穆公)의 아들이며 55년 간 재위했다.
2) 桃丘(도구) : 위나라의 땅 이름.
3) 公不見要(공불견요) : 환공이 요청하였는데 보지 못했다는 뜻.
4) 近乎圍(근호위) : 도성에 가까운 곳을 포위하는 것과 다름이 없다는 것.
5) 偏戰(편전) : 한쪽에서만 싸우는 것. 곧 일면(一面)의 싸움.

11. 환공 11년 경진(庚辰)

가. 악조(惡曹)에서 동맹을 맺다

11년 경진(庚辰) 봄인 정월에 제(齊)나라 사람과 위(衛)나라 사람과 정(鄭)나라 사람이 악조(惡曹)에서 동맹을 맺었다.

여름인 5월 계미(癸未)일에 정(鄭)나라 군주인 백작 오생(寤生)이 세상을 떠났다.

가을인 7월에 정(鄭)나라 장공(莊公)을 장사 지냈다.

9월에 송(宋)나라 사람이 정(鄭)나라의 제중(祭仲)을 잡았다. 제중(祭仲)이란 누구인가? 정나라의 재상이다. 왜 이름을 기록하지 않았는가? 현명한 사람이었기 때문이다. 왜 제중(祭仲)이 현명하다고 했는가? 권도(權道 : 變通)를 알았기 때문이었다. 그가 권도를 알았다는 것은 무슨 뜻인가?

옛날에 정나라가 유(留) 땅에 살았다. 먼저 정나라 군주인 백작이 회국(鄶國)의 군주인 공작과 좋게 지냈는데 정나라 군주인 백작이 회국의 부인(夫人)과 사사로이 통하였다. 이로 인하여 그 회나라를 점령하고 정나라의 국도를 회나라로 옮기려고 유(留)의 지방에 하도(下都)를 만들었다. 이 때 장공(莊公)이 죽어 이미 장사를 지냈다. 제중(祭仲)이 장차 유(留) 땅을 살피러 가는 길에 송나라 사람이 나타나 제중을 사로잡았다. 송나라 사람이 제중에게 이르기를 "우리를 위하여 태자 홀(太子忽)을 축출하고 공자(公子) 돌(突)을 세워 달라."고 했다.

　제중이 그들의 말을 따르지 않으면 군주가 반드시 죽게 되고 나라도 반드시 망하게 된다. 그들의 말을 따르면 군주도 살아나 죽음과 바꿀 수 있고 국가도 보존시켜서 망하는 것과 바꿀 수 있게 된다. 잠깐만 멀리하여 늦춘다고 생각하면 된다. 우선 공자 돌(突)을 세웠다가 고의로 축출시키고 태자 홀(忽)을 다시 돌아오게 한다면 이것은 그들의 요구를 들어주면서도 곤란을 겪지 않는 것이며 그런 연후라면 정나라도 보존되는 것이다.

　옛 사람이 권도(權道)를 두었다고 한 것은 제중(祭仲)이 쓴 이러한 권도(權道)를 뜻한다. 권(權)이란 무엇인가? 권(權)이란 경(經)에 반한 연후에 선(善)이 있는 것이다. 권(權)이 베풀어지는 것은 사람이 사망한 상태에서는 베풀어질 수가 없는 것이다. 권을 행하는 것에는 도(道)가 있는데 폄손(貶損)함으로부터 권(權)을 행하여 남을 해치지 않고 권(權)을 행하는 것이다. 남을 죽이고 자신은 살고 남을 망하게 하고 자신은 존재하는 일은 군자(君子)는 하지 않는 것이다.

　돌(突)이 정(鄭)나라로 돌아갔다. 돌(突)이라고 왜 이름을 썼는가? 제중(祭仲)이 이끌고 간 것이기 때문이다. 그것을 '귀(歸)'라고 말한 것은 무슨 뜻인가? 제중을 따라갔기 때문이다.

　정나라 홀(忽)이 위(衛)나라로 달아났다. 홀(忽)이라고 왜 이름을 썼는가? '춘추(春秋)'에는 백작과 자작과 남작이 동일한 것이다. 언어(言語)에는 폄하(貶下)함이 없는 것이다.

　유(柔)가 송나라 군주인 공작과 진(陳)나라 군주인 후작과 채숙(蔡叔)과 절(折)에서 만나 동맹을 맺었다. 유(柔)란 누구인가? 우리 노나라의 대부(大夫)인데 명을 받지 아니한 사람이다.

　환공이 송나라 군주인 공작과 부동(夫童)에서 회합했다.

　겨울인 12월에 환공이 송나라 군주인 공작과 감(闞)에서 회합했다.

十有一年 春 正月 齊人衛人鄭人盟于惡曹[1]
夏 五月 癸未 鄭伯寤生[2]卒
秋 七月 葬鄭莊公
　九月 宋人執鄭祭仲[3] ◯祭仲者何 鄭相也 何以不名 賢也 何賢乎 祭仲 以爲知權[4]也 其爲知權奈何 古者鄭國處于留 先鄭伯有善于 鄶[5]公者 通乎夫人 以取其國而遷鄭焉 而野留[6] 莊公死已葬 祭仲將 往省于留 塗出于宋 宋人執之 謂之曰 爲我出忽[7]而立突[8] 祭仲不從 其言 則君必死 國必亡 從其言 則君可以生易死 國可以存易亡 少 遼緩[9]之 則突可故出 而忽可故反[10] 是不可得則病[11] 然後有鄭國 古 人之有權者 祭仲之權是也 權者何 權者反於經[12] 然後有善者也 權 之所設 舍死亡無所設[13] 行權有道 自貶損以行權 不害人以行權 殺 人以自生 亡人以自存 君子不爲也
　突歸于鄭 ◯突何以名 挈乎祭仲也 其言歸何 順祭仲也
　鄭忽出奔衛 ◯忽何以名 春秋伯子男 一也 辭無所貶
　柔會宋公陳侯蔡叔盟于折[14] ◯柔者何 吾大夫之未命者也
　公會宋公于夫童[15]
　冬 十有二月 公會宋公于闞[16]

1) 惡曹(악조) : 땅 이름. 오조(烏曹)라고도 한다.
2) 寤生(오생) : 정나라 3대 임금인 장공(莊公)의 이름. 43년 간 재위했다.
3) 祭仲(제중) : 정나라의 대부.
4) 權(권) : 변통(變通). 기변(機變). 반경(反經)하여 합도(合道)를 권이라 함.
5) 鄶(회) : 옛 나라 이름. 후작의 나라이다. 전설에 축융(祝融)의 후예라고 하는데 정나라 무공이 멸망시켰다.
6) 野留(야유) : 야는 비읍(鄙邑) 또는 도읍(都邑)이라 했다. 도(都)에서 사는 것을 비(鄙)라고 한다고 했다.
7) 忽(홀) : 태자 홀이며 정나라 장공의 아들이고 등(鄧)나라 여자의 소생이다. 장공이 죽은 뒤에 군주가 되어 소공(昭公)이라고 했다.
8) 突(돌) : 정나라 장공(莊公)의 아들이며 공자 돌(公子突)이다. 송나라 옹씨(雍氏)의 딸 옹길(雍姞)의 소생이다. 소공(昭公)이 축출된 뒤에 이어서 임금이 되었는데 정여공(鄭厲公)이라 했다.

9) 遼緩(요완) : 우완(迂緩). 잠깐 멀리 늘이다. 곧 늦추다.
10) 反(반) : 반(返)과 같다.
11) 是不可得則病(시불가득즉병) : 이것을 가히 얻지 못하게 되면 병이 된다.
12) 經(경) : 도(道)가 지극히 당연하고 변하지 않는 것을 뜻한다.
13) 舍死亡無所設(사사망무소설) : 죽음을 두고 있으면 베풀어지는 것이 없다.
14) 蔡叔盟于折(채숙맹우절) : 채숙은 제나라 대부이고 이름은 숙이다. 절(折)은 노나라 지명이다.
15) 夫童(부동) : 좌전(左傳)에는 부종(夫鍾)으로 되어 있다. 옛 땅 이름.
16) 闞(감) : 노나라의 지명이다.

12. 환공 12년 신사(辛巳)

가. 곡지(曲池)에서 동맹을 맺었다

12년 신사(辛巳) 봄인 정월이다.
 여름인 6월 임인(壬寅)일에 환공이 기(紀)나라 군주인 후작과 거(莒)나라 군주인 자작을 만나 구사(毆蛇)에서 동맹을 맺었다.
 가을인 7월 정해(丁亥)일에 환공이 송나라 군주인 공작과 연(燕)나라 사람을 만나서 곡구(穀丘)에서 동맹을 맺었다.
 8월인 임진(壬辰)일에 진(陳)나라 군주인 후작 약(躍)이 세상을 떠났다.
 환공(桓公)이 송(宋)나라 군주인 공작을 담(郯)에서 만났다.
 겨울인 11월에 환공이 송나라의 군주인 공작을 귀(龜)에서 만났다.
 병술(丙戌)일에 환공이 정나라 군주인 백작을 만나 무보(武父)에서 동맹을 맺었다.
 병술(丙戌)일에 위나라 군주인 후작 진(晉)이 세상을 떠났다.
 12월에 정(鄭)나라 군사와 함께 송(宋)나라를 정벌했다.
 정미(丁未)일에 송나라와 싸웠다. 전(戰 : 싸웠다)은 '벌(伐)'

이라고 말하지 않는 것인데 이 곳에서 '벌(伐)'이라고 말한 것은 무슨 뜻인가? 혐의를 피한 것이다. 왜 의심스럽다는 것인가? 정나라 사람과 함께 싸운 것이 의심스러운 것이다. 이것은 한쪽의 싸움이었다. 왜 군사가 패배했다고 말하지 않았는가? 국내에서는 싸웠다고 말하지 않는 것이고 싸웠다고 말을 하는 것은 곧 패배한 것을 말하는 것이다.

　　十有二年 春 正月
　　夏 六月 壬寅 公會紀侯¹⁾莒子盟于毆蛇²⁾
　　秋 七月 丁亥 公會宋公燕³⁾人盟于穀丘⁴⁾
　　八月 壬辰 陳侯躍⁵⁾卒
　　公會宋公于郯⁶⁾
　　冬 十有一月 公會宋公于龜⁷⁾
　　丙戌 公會鄭伯盟于武父⁸⁾
　　丙戌 衛侯晉⁹⁾卒
　　十有二月 及鄭師伐宋 丁未 戰于宋 ○戰不言伐 此其言伐何 辟嫌也 惡乎嫌 嫌與鄭人戰也 此偏戰也 何以不言師敗績 內不言戰 言戰乃敗矣

1) 紀侯(기후) : 좌전(左傳)에는 기후(杞侯)로 되어 있다. 나라 이름. 사성(姒姓)이며 하우(夏禹)씨의 후대를 봉했다.
2) 毆蛇(구사) : 노나라 땅 이름. 좌전이나 곡량전에는 곡지(曲池)로 되어 있다.
3) 燕(연) : 나라 이름. 희성(姬姓)이고 백작이다. 주(周)나라 소공석(召公奭)의 후예이며 전국시대에 칭왕(稱王)하다. 전국시대 칠웅(七雄)의 하나였다.
4) 穀丘(곡구) : 송나라 땅 이름.
5) 陳侯躍(진후약) : 곧 진(陳)나라 여공(厲公)이며 문공(文公)의 아들이다.
6) 郯(담) : 옛 나라 이름. 소호(少昊)의 후예이며 기성(己姓)이다. 좌전(左傳)에는 허(虛)로 되어 있다.
7) 龜(귀) : 송나라 땅 이름.
8) 武父(무보) : 정나라 땅 이름.
9) 衛侯晉(위후진) : 위(衛)나라 선공(宣公)이다. 19년 간 재위했다.

13. 환공 13년 임오(壬午)

가. 환공이 기(紀)나라와 정나라 군주와 회합하다

　13년 임오(壬午) 봄인 2월에 환공이 기(紀)나라 군주인 후작과 정나라 군주인 백작과 만나 모임을 갖고, 기사(己巳)일에 제나라 군주인 후작과 송나라 군주인 공작과 위나라 군주인 후작과 연(燕)나라 사람과 싸웠다. 제나라 군사와 송나라 군사와 위나라 군사와 연나라 군사가 패배했다. 왜 싸운 날짜를 뒤에 기록했는가? 노나라에서 외국의 힘을 믿은 것이다. 그 외국의 힘을 믿었다는 것은 어찌된 것인가? 기(紀)나라 군주인 후작과 정나라 군주인 백작의 지지를 얻은 연후에 교전의 날짜를 정한 것이다.
　노나라 국내에서는 '전(戰)'이라고 말하지 않는 것인데 여기에 '전(戰)'이라고 말한 것은 무슨 뜻인가? 외국의 군대를 따라 싸운 것이다. 왜 외국의 군대를 따라서 했는가? 외국의 힘을 믿었으므로 외국 군대의 작전을 따른 것이다. 왜 싸운 지명을 기록하지 않았는가? 노나라의 도성(都城)과 너무 가깝기 때문이었다. 어느 정도나 가까웠는가? 도성을 포위할 정도로 가까웠다. 낭(郎)이 또한 도성에 가까운데 낭은 왜 땅 이름을 기록했는가? 낭은 오히려 가히 땅의 명칭을 쓸 수 있는 지점이었기 때문이다.
　3월에 위(衛)나라 선공(宣公)을 장사 지냈다.
　여름에 홍수가 났다.
　가을인 7월이다.
　겨울인 10월이다.

　十有三年 春 二月 公會紀侯鄭伯己巳及齊侯宋公衛侯燕人戰 齊師宋師衛師燕師敗績 ◯曷爲後日[1] 恃外也 其恃外奈何 得紀侯鄭伯 然後能爲日也 內不言戰 此其言戰何 從外也 曷爲從外 恃外 故從外也 何以不地 近也 惡乎近 近乎圍 郎亦近矣 郎何以地[2] 郎猶可以地也

三月 葬衛宣公
夏 大水
秋 七月
冬 十月

1) 後日(후일) : 기사(己巳)일이 뒤에 기록되어 있다는 뜻. 곧 기(紀)나라와 정(鄭)나라의 지지를 얻은 후에 싸움을 한 것으로 뒤에 기록했다고 했다.
2) 郎何以地(낭하이지) : 낭 땅은 그런대로 거리가 있어 기록할 수 있었다는 뜻.

14. 환공 14년 계미(癸未)

가. 정나라 군주를 조(曹)에서 만나다

14년 계미(癸未) 봄인 정월에 환공이 정나라 군주인 백작을 조(曹)에서 만났다.
얼음이 없었다. 왜 기록했는가? 괴이한 일이라 기록한 것이다.
여름인 5월이다. 정나라 군주인 백작이 그의 아우 어(語)를 시켜 노나라에 와서 맹서(盟誓)하게 했다. '하오(夏五)'라고 한 것은 무슨 뜻인가? 이를 들어본 일이 없다.
가을인 8월 임신(壬申)일에 조상에게 제사 지낼 곡식을 저장한 창고에 불이 났다. '어름(御廩 : 곡식의 저장 창고)'이란 무엇인가? 자성(粢盛 : 제사에 쓰는 서직, 제수)을 맡겨 저장하는 곳이다. 어름재(御廩災)를 왜 기록했는가? 재앙을 기록한 것이다.
을해(乙亥)일에 상제(嘗祭)를 지냈다. 일상적인 일은 기록하지 않는다. 여기에 왜 상제(嘗祭)지낸 것을 기록했는가? 견책한 것이다. 왜 이를 견책했는가? 환공이 상제를 지낸 것을 견책한 것이다. 말하기를, 상제를 지내고 싶었을까? 제수를 저장한 창고에 재앙이 발생했는데 상제를 지내지 않은 것만 못할 따름이다.
겨울인 12월 정사(丁巳)일에 제(齊)나라 군주인 후작 녹보(祿父)가 세상을 떠났다.

송(宋)나라 사람이 제나라 사람과 위(衛)나라 사람과 채(蔡)나라 사람과 진(陳)나라 사람과 함께 하여 정나라를 정벌했다. 이(以 : 함께 함)란 무슨 뜻인가? 그들의 뜻에 따랐다는 것이다.

十有四年 春 正月 公會鄭伯于曹
無氷 ○何以書 記異也
夏五[1] 鄭伯使其弟語[2]來盟 ○夏五者何 無聞焉爾
秋 八月 壬申 御廩災[3] ○御廩者何 粢盛委之所藏[4]也 御廩災何以書 記災也
乙亥嘗[5] ○常事不書 此何以書 譏 何譏爾 譏嘗也 曰 猶嘗乎 御廩災 不如勿嘗而已矣
冬 十有二月 丁巳 齊侯祿父[6]卒
宋人以齊人衛人蔡人陳人伐鄭 ○以者何 行其意[7]也

1) 夏五(하오) : 하오월(夏五月)의 월(月)자가 누락된 것이라 했다.
2) 語(어) : 곧 정나라의 자인(子人)이며 이름은 어이다. 정나라 백작의 아우이고 그의 후손이 자인(子人)씨가 되었다.
3) 御廩災(어름재) : 어름(御廩)은 군주가 조상에게 제사 지낼 곡식을 저장한 창고이고 재(災)는 화재를 뜻한다.
4) 粢盛委之所藏(자성위지소장) : 제수인 서직(黍稷)을 쌓아 소장하는 곳. 자는 서직(黍稷)의 뜻. 성(盛)은 기물(器物)인 제기들이다. 위는 적(積)의 뜻.
5) 乙亥嘗(을해상) : 당시 을해는 8월 18일로 때가 늦음. 상은 가을에 지내는 제사.
6) 齊侯祿父(제후녹보) : 제나라 장공(莊公)의 아들이다. 제나라의 희공(僖公)으로 제13대 군주이며 33년 간 재위했다.
7) 行其意(행기의) : 곧 송(宋)나라의 뜻을 따랐다는 뜻.

15. 환공 15년 갑신(甲申)

가. 가보(家父)가 수레를 요구하다

15년 갑신(甲申) 봄인 2월에 천자가 가보(家父)에게 노나라에 와서 수레를 요구하게 했다. 왜 이를 기록했는가? 견책한 것이다. 왜 이를 견책한 것인가? 왕자(王者: 천자)는 구하는 것이 없는 것이다. 수레를 요구한 것은 예에 합당하지 않은 요구였던 것이다.

3월 을미(乙未)일에 천자(天子)가 붕어(崩御)했다.

여름인 4월 기사(己巳)일에 제나라 희공(僖公)을 장사 지냈다.

5월에 정나라 군주인 백작 돌(突)이 채(蔡)나라로 달아났다. 돌(突)이라는 이름을 왜 기록했는가? 정적자(正嫡子)인 태자 홀(太子忽)의 지위를 빼앗았기 때문이었다.

정(鄭)나라의 세자 홀(忽)이 다시 정나라로 돌아갔다. 그를 세자라고 일컬은 것은 무슨 뜻인가? 적자(嫡子)의 정당한 지위를 회복한 것이다. 왜 어떤 것은 '귀(歸)'라고 말하고 어떤 것은 '복귀(復歸)'라고 말하는 것인가? 복귀(復歸)란 출국할 때는 죄악이 있었는데 귀국할 때에는 죄악이 없어진 것이다. 부입(復入)이란 출국할 때는 죄악이 없었는데 들어올 때에는 죄악이 있는 것이다. 입(入)이란 출국할 때나 입국할 때나 죄악이 있는 것이다. 귀(歸)란 출국할 때나 입국할 때나 죄악이 없는 것이다.

허숙(許叔)이 허(許)나라로 들어갔다.

환공(桓公)이 제나라 군주인 후작을 호(鄗)에서 만났다.

주루(邾婁)나라 사람과 모(牟)나라 사람과 갈(葛)나라 사람이 찾아왔다. 모두를 '인(人)'이라고 일컬은 것은 무슨 뜻인가? 이적(夷狄)으로 갔기 때문이다.

가을인 9월에 정나라 군주인 백작 돌(突)이 역(櫟)으로 들어갔다. 역(櫟)이란 어디인가? 정(鄭)나라의 고을이다. 왜 '정나라에 들어갔다.'고 말하지 않았는가? 보잘 것 없는 말이기 때문이다. 왜 '보잘 것이 없는 말'이라고 했는가? 제중(祭仲)이 없기 때문이다. 그렇다면 왜 태자 홀(太子忽)이 도망한 것을 말하지 않았는가? 태자 홀이 군주가 되는 것은 하찮은 일이라는 것을 말한 것이다. 제중(祭仲)이 존재하면 존재하게 되고 제중이 없으면 존재하지 못하기 때문이었다.

겨울인 11월에 환공이 제나라 군주인 후작과 송나라 군주인 공작과 위(衛)나라 군주인 후작과 진(陳)나라 군주인 후작 등과 치(侈)에서 회합을 갖고 정나라를 정벌했다.

　十有五年 春 二月 天王使家父來求車 ○何以書 譏 何譏爾 王者無求¹⁾ 求車 非禮也
　三月 乙未 天王²⁾崩
　夏 四月 己巳 葬齊僖公
　五月 鄭伯突出奔蔡 ○突何以名 奪正也
　鄭世子忽復歸于鄭 ○其稱世子何 復正也 曷爲或言歸 或言復歸 復歸者 出惡 歸無惡 復入者 出無惡 入有惡 入者出入惡 歸者出入無惡
　許叔³⁾入于許
　公會齊侯于鄗⁴⁾
　邾婁人牟⁵⁾人葛⁶⁾人來朝 ○皆何以稱人 夷狄之⁷⁾也
　秋 九月 鄭伯突入于櫟⁸⁾ ○櫟者何 鄭之邑 曷爲不言入于鄭 末言爾⁹⁾ 曷爲末言爾 祭仲亡矣 然則曷爲不言忽之出奔 言忽爲君之微也 祭仲存則存矣 祭仲亡則亡矣
　冬 十有一月 公會齊侯宋公衛侯陳侯于侈¹⁰⁾ 伐鄭

1) 王者無求(왕자무구) : 천자(天子)는 사방 천리의 기내(畿內)에서 조세를 받아 공공의 비용을 족하게 하고 사방의 제후들에게 직공(職貢)을 받아서 영화를 높인다. 마땅히 지극히 청렴함으로써 솔선하여 부당하게 요구하는 것이 없어야 한다. 부당하게 요구하는 것이 있으면 제후들은 탐하게 되고 대부들은 비루해지며 사(士)는 도둑질을 하게 된다는 뜻.
2) 天王(천왕) : 주환왕(周桓王)이며 이름은 임(林)이고 주평왕의 손자이다. 23년 간 재위했다.
3) 許叔(허숙) : 허목공(許穆公)이며 이름은 신신(新臣)이고 허장공(許莊公)의 아우로 42년 간 재위했다.
4) 鄗(호) : 제나라 땅 이름. 좌전에는 애(艾), 곡량전에는 호(蒿)로 되어 있다.
5) 牟(모) : 나라 이름.
6) 葛(갈) : 나라 이름. 갈백(葛伯)을 봉하다.
7) 夷狄之(이적지) : 이적으로 가다. 곧 오랑캐의 나라에 붙었다는 것.

8) 櫟(역) : 정나라의 고을 이름.
9) 末言爾(말언이) : 하찮은 말이라는 뜻.
10) 侈(치) : 좌전(左傳)에는 이(袲)로 되어 있다. 송나라의 땅 이름.

16. 환공 16년 을유(乙酉)

가. 환공이 조(曹)나라에서 회합을 갖다

 16년 을유(乙酉) 봄인 정월에 환공이 송(宋)나라 군주인 공작과 채(蔡)나라 군주인 후작과 위(衛)나라 군주인 후작과 조(曹)나라에서 회합했다.
 여름인 4월에 환공이 송나라 군주인 공작과 위(衛)나라 군주인 후작과 진(陳)나라 군주인 후작과 채(蔡)나라 군주인 후작 등과 정나라를 정벌했다.
 가을인 7월에 환공이 정나라를 정벌하는 일에서 돌아왔다.
 겨울에 상(向)에 성을 쌓았다.
 11월에 위(衛)나라 군주인 삭(朔)이 제(齊)나라로 달아났다. 위나라 군주인 후작 삭(朔)이라고 왜 이름을 썼는가? 위나라와 단절시키기 위한 것이다. 왜 단절시키려 한 것인가? 천자에게 죄를 얻었기 때문이다. 그 천자에게 죄를 얻었다는 것은 무슨 말인가? 천자가 만나보고 위(衛)나라 조정을 잘 수호하라고 했는데 그는 능히 위나라 민중들을 지키지 못했다. 태산의 북쪽에 있다가 제나라로 달아나 병이 있다고 의탁하여 머물러 있으면서도 천자에게 나아가 죄를 받지 않았기 때문이었다.

 十有六年 春 正月 公會宋公蔡侯衛侯于曹
 夏 四月 公會宋公衛侯陳侯蔡侯伐鄭
 秋 七月 公至自伐鄭
 冬 城向[1)]

十有一月 衛侯朔$^{2)}$出奔齊 ◯衛侯朔何以名 絶曷爲絶之 得罪于天子也 其得罪于天子奈何 見使守衛朔$^{3)}$ 而不能使衛小衆$^{4)}$ 越在岱陰齊$^{5)}$ 屬負玆舍$^{6)}$ 不卽罪$^{7)}$爾

1) 向(상) : 본래는 나라 이름이었으나 노나라의 땅으로 편입됨. 땅 이름.
2) 衛侯朔(위후삭) : 위(衛)나라 혜공(惠公)이며 선공(宣公)의 아들이다.
3) 衛朔(위삭) : 위나라의 조정. 삭은 초하루이며 사당에 삭(朔)을 고하는 예.
4) 衛小衆(위소중) : 위나라의 민중(民衆)들.
5) 越在岱陰齊(월재대음제) : 태산의 북쪽에 숨어서 있다가 제나라로 달아나다. 월은 주(走)와 같다. 대(岱)는 태산(泰山)이며 산의 북쪽이 음(陰)이다.
6) 屬負玆舍(촉부자사) : 촉은 의탁하다. 부자는 제후가 질병이 있는 것을 뜻한다. 천자는 질병이 있는 것을 불예(不豫)라고 하고, 제후는 부자(負玆)라고 하고, 대부는 견마(犬馬)라고 하고, 사(士)는 부신(負薪)이라고 한다. 사(舍)는 지(止)이다. 곧 질병을 핑계 삼아서 죄에 나아가지 않았다는 뜻.
7) 不卽罪(불즉죄) : 불취죄(不就罪)의 뜻.

17. 환공 17년 병술(丙戌)

가. 의보(儀父)와 유(趡)에서 동맹을 맺다

17년 병술(丙戌) 봄인 정월 병진(丙辰)일에 환공이 제(齊)나라 군주인 후작과 기(紀)나라 군주인 후작과 황(黃)에서 동맹을 맺었다.

2월 병오(丙午)일에 환공이 주루(邾婁)나라의 의보(儀父)와 함께 하여 유(趡) 땅에서 동맹을 맺었다.

여름인 5월 병오(丙午)일에 제나라 군사와 해(奚)에서 싸웠다.

6월 정축(丁丑)일에 채나라 군주인 후작 봉인(封人)이 세상을 떠났다.

가을인 8월에 채계(蔡季)가 진(陳)나라에서 채(蔡)나라로 들어갔다.

제2편 환공 시대(桓公時代) 97

계사(癸巳)일에 채(蔡)나라 환후(桓侯)를 장사 지냈다.
송(宋)나라 사람과 위(衛)나라 사람이 함께 하여 주루(邾婁)를 정벌했다.
겨울인 10월 초하루에 일식(日蝕)이 있었다.

十有七年 春 正月 丙辰 公會齊侯紀侯 盟于黃[1]
二月 丙午 公及邾婁儀父 盟于趡[2]
五月 丙午 及齊師 戰于奚[3]
六月 丁丑 蔡侯封人[4]卒
秋 八月 蔡季[5]自陳 歸于蔡
癸巳 葬蔡桓侯
及宋人衛人 伐邾婁
冬 十月朔 日有食之

1) 黃(황) : 제나라 땅 이름.
2) 趡(유) : 노나라 땅 이름.
3) 奚(해) : 노나라 땅 이름.
4) 蔡侯封人(채후봉인) : 채나라 군주인 후작 봉인(封人)이다. 봉인은 이름이다. 곧 환후(桓侯)이며 선공(宣公)의 아들이다.
5) 蔡季(채계) : 채나라 환후(桓侯)의 아우. 채후 봉인(封人)이 자식이 없어 아우인 계(季)가 계승해야 했다. 봉인이 헌무(獻舞)를 세우려고 계(季)를 죽이려 하자 계가 진(陳)나라로 피했다. 봉인이 죽자 돌아와 상사(喪事)에 임하고 3년상을 치렀으며 죽을 때까지 원망함이 없었으므로 현명하다고 쓴 것이다.

18. 환공 18년 정해(丁亥)

가. 환공이 제나라에서 훙거(薨去)하다

18년 정해(丁亥) 봄인 왕력으로 정월에 환공이 제나라 군주인 후작과 낙수(濼水)에서 만났다.

환공이 부인(夫人) 강씨(姜氏)와 더불어 곧바로 제나라로 갔다. 환공이 왜 부인(夫人)과 함께 했다고 말하지 않았는가? 부인을 멀리했기 때문이다. '부인외(夫人外 : 부인을 멀리하다)'라고 한 것은 무슨 뜻인가? 노나라 국내에서 환공을 위하여 숨긴 말이다. 그 실상은 부인(夫人)이 환공을 멀리한 것이다.

여름인 4월 병자(丙子)일에 환공이 제나라에서 훙거했다.

정유(丁酉)일에 환공의 상(喪)이 제(齊)나라에서 이르렀다.

가을인 7월이다.

겨울인 12월 기축(己丑)일에 우리의 군주인 환공(桓公)을 장사 지냈다. 역적을 토벌하지 않았는데 어찌하여 장사를 치렀다고 기록했는가? 원수가 밖에 있었기 때문이다. 원수가 밖에 있다면 왜 장례를 치렀다고 썼는가? 군자께서 사용한 언어이다.

十有八年 春 王正月 公會齊侯[1]于濼[2]

公夫人姜氏[3]遂如齊 ○公何以不言及夫人 夫人外[4]也 夫人外者何 內辭[5]也 其實夫人外公[6]也

夏 四月 丙子 公薨于齊

丁酉 公之喪至自齊

秋 七月

冬 十有二月 己丑 葬我君桓公 ○賊未討 何以書葬 讐在外也 讐在外 則何以書葬 君子辭[7]也

1) 齊侯(제후) : 제나라의 양공(襄公)이다.
2) 濼(낙) : 낙수(濼水)이며 강 이름이다.
3) 姜氏(강씨) : 곧 문강(文姜)이며 노나라 환공(桓公)의 부인(夫人)이다. 제나라 양공(襄公)의 누이동생이다. 제양공과 간통했다고 했다.
4) 外(외) : 멀리하다의 뜻.
5) 內辭(내사) : 국내에서 환공을 위하여 숨기는 말이라는 뜻.
6) 外公(외공) : 환공을 멀리하다.
7) 君子辭(군자사) : 군자만이 할 수 있는 말이라는 뜻.

제3편 장공 시대(莊公時代)
(재위 : 1년~32년까지)

시법(諡法)에 '적군을 물리치고 난을 극복한 것'을 '장(莊)'이라 했다.

장공 연표(莊公年表)

국명\기원전	周 莊王	鄭 子儀	齊 襄公	宋 莊公	晉 翼 曲沃 閔公 武公	衛 惠公	蔡 哀侯	曹 莊公	滕	陳 莊公	杞	薛	邾 穆公	許	小邾	楚 武王	秦 武公	吳	越	魯 莊公
693	4	1	5	18	12 23	7	2	9		7			5			48	5			1
692	5	2	6	19	13 24	8	3	10		宣公1			6			49	6			2
691	6	3	7	泯公1	14 25	9	4	11		2			7			50	7			3
690	7	4	8	2	15 26	10	5	12		3			8			51	8			4
689	8	5	9	3	16 27	11	6	13		4			9			文王1	9			5
688	9	6	10	4	17 28惠12		14	5					10			2	10			6
687	10	7	11	5	18 29	13	8	15		6			11			3	11			7
686	11	8	12	6	19 30	14	9	16		7			12			4	12			8
685	12	9	桓公1	7	20 31	15	10	17		8			13			5	13			9
684	13	10	2	8	21 32	16	11	18		9			14			6	14			10
683	14	11	3	9	22 33	17	12	19		10			15			7	15			11
682	15	12	4	10	23 34	18	13	20		11			16			8	16			12
681	僖王1	13	5	桓公1	24 35	19	14	21		12			17			9	17			13
680	2	厲公1	6	2	25 36	20	15	22		13			18			10	18			14
679	3	2	7	3	26 37	21	16	23		14			19			11	19			15
678	4	3	8	4	멸망 38	22	17	24		15			儀父卒 20			12	20			16
677	5	4	9		39	23	18	25		16			項1	21		13	德公1			17
676	惠王1	5	10	6	獻公1	24	19	26		17			2	22		14	2			18
675	2	6	11	7	2	25	20	27		18			文公1	23		堵敖1	宣公1			19
674	3	7	12	8	3	26	繆公1	28		19			2	24		2	2			20
673	4	8	13	9	4	27	2	29		20			3	25		3	3			21
672	5	文公1	14	10	5	28	3	30		21			4	26		4	4			22
671	6	2	15	11	6	29	4	31		22			5	27		成王1	5			23

국명\기원전	周 惠王	鄭 子儀	齊 襄公	宋 莊公	晉 獻公	衛 惠公	蔡 哀侯	曹 僖公	滕	陳 宣公	杞	薛 薛伯	邾 文公	許 穆公	小邾	楚 成王	秦 武公	吳	越	魯 莊公
670	7	3	16	12	7	30	5	僖公1		23			6	28		2	6			24
669	8	4	17	13	8	31	6	2		24			7	29		3	7			25
668	9	5	18	14	9	懿公1	7	3		25			8	30		4	8			26
667	10	6	19	15	10	2	8	4		26			9	31		5	9			27
666	11	7	20	16	11	3	9	5		27			1	32		6	10			28
665	12	8	21	17	12	4	10	6		28			2	33		7	11			29
664	13	9	22	18	13	5	11	7		29			3	34		8	12			30
663	14	10	23	19	14	6	12	8		30			4	35		9 成公1				31
662	15	11	24	20	15	7	13	9		31			5	36		10	2			32

※등(滕): 자세한 내용은 은공(隱公) 원년에 나온다.
※기(杞): 자세한 내용은 은공 원년에 나온다.
※설(薛): 노나라 장공(莊公) 31년에 설백(薛伯)이 죽었다고 기록했다.
※주(邾): 노나라 장공 16년에 주자(邾子) 극(克)이 죽었는데 그가 의보(儀父)이다. 뒤를 이어 주자(邾子) 쇄(瑣)가 즉위했다. 장공 18년 주자 쇄가 죽고 뒤를 이어 문공이 즉위했다.
※소주(小邾): 노나라 장공 5년에 예려(郳黎)가 조회에 들어 왔다는 것이 은공 원년에 자세히 나왔다.
※장공 10년에 초나라가 채나라 애후를 잡아갔다. 장공 19년에 초에서 죽다.
※장공 9년에 제나라 관중(管仲)이 정치를 맡다.
※장공 16년에 익(翼)이 멸망하고, 진(晉)나라가 하나의 나라로 되었다.
※위(衛)나라 혜공 7년은 장공 원년이고 검모(黔牟)의 3년이며, 장공 6년에 제나라에서 혜공을 들이고 검모를 추방하다.

제3편 장공 시대(莊公時代)

1. 장공(莊公) 원년 무자(戊子)

가. 부인(夫人)이 제(齊)나라로 달아나다

　원년(元年) 무자(戊子) 봄인 왕력으로 정월(正月)이었다. 장공(莊公)은 왜 즉위한 것을 말하지 않았는가? '춘추(春秋)'에는 군주가 시해되면 자식의 즉위를 언급하지 않았다. 군주가 시해당하면 자식의 즉위를 왜 말하지 않는 것인가? 가엾게 여기는 것이다. 누구를 가엾게 여기는 것인가? 자식을 가엾게 여기는 것이다.

　3월에 부인(夫人)이 제나라로 피신했다. '손(孫 : 달아나하다)'이란 무슨 뜻인가? 손(孫)은 달아나다의 뜻이다. 국내에서는 달아난 것을 숨겨 줄 때 손(孫)이라고 쓴다. 부인(夫人)이 본래 제나라에 있었는데 그를 제나라로 달아나다라고 쓴 것은 무슨 뜻인가? 어머니를 생각하게 한 것이다. 부인(夫人)은 왜 강씨(姜氏)라고 일컫지 않았는가? 폄하(貶下)한 것이다. 왜 폄하했는가? 함께 환공을 시해했기 때문이다.

　그 함께 환공을 시해했다는 것은 무엇 때문인가? 부인(夫人)이 제나라 군주인 후작과 몰래 잠적했으므로 환공이 말하기를 "동(同)은 나의 아들이 아니고 제나라 군주인 후작의 아들이다."라고 했다. 이에 제나라 군주인 후작이 노(怒)하였다. 함께 술을 마시고 헤어져서 나가는데 공자 팽생(公子彭生)을 시켜 환공을 전송하게 했다. 팽생이 수레에 올리며 늑골(肋骨)을 꺾어서 죽였다.

'염모(念母 : 어머니를 생각하게 하다)'란 좋게 여긴 것이다. 그런데 왜 그 어머니를 생각하게 한다는 것까지 폄하했는가? 염모(念母)는 함께 폄하하지는 않은 것이다.

여름에 선백(單伯)이 왕녀(王女)가 시집가는 길을 호송했다. 선백(單伯)이란 누구인가? 우리의 대부(大夫)인데 천자(天子)에게 명(命)을 받은 대부(大夫)이다. 왜 사(使)라고 일컫지 않았는가? 천자(天子)가 불러서 부린 것이기 때문이었다.

역지(逆之)란 무슨 뜻인가? 우리로 하여금 주관하게 한 것이다. 왜 우리로 하여금 주관하게 했는가? 천자(天子)가 왕녀(王女)를 제후에게 시집보낼 때에는 반드시 제후들 중에서 동성(同姓)인 자로 하여금 주관하게 하는 것이다. 제후가 공녀(公女)를 대부(大夫)에게 시집보낼 때에는 반드시 대부(大夫)로 하되 동성(同姓)인 자를 시켜서 주관하게 하는 것이다.

元年 春 王正月 ○公[1]何以不言卽位[2] 春秋君弑子不言卽位 君弑則子何以不言卽位 隱[3]之也 孰隱 隱子[4]也
三月 夫人孫[5]于齊 ○孫者何 孫猶孫也 內諱奔 謂之孫 夫人固在齊矣 其言孫于齊何 念母也 正月以存君[6] 念母以首事[7] 夫人何以不稱姜氏 貶 曷爲貶 與弑公也 其與弑公奈何 夫人譖公於齊侯 公曰 同非吾子 齊侯之子也 齊侯怒 與之飮酒 於其出焉 使公子彭生送之 於其乘焉 搚幹[8]而殺之 念母者 所善也 則曷爲於其念母焉貶 不與念母也
夏 單伯逆王姬[9] ○單伯者何 吾大夫之命乎天子者也 何以不稱使 天子召而使之也 逆之[10]者何 使我主之也 曷爲使我主之 天子嫁女乎諸侯 必使諸侯同姓者主之 諸侯嫁女于大夫 必使大夫同姓者主之

1) 公(공) : 공은 장공(莊公)이다. 이름은 동(同)이고 즉위할 때 겨우 12세였다. 환공(桓公)의 아들이다.
2) 卽位(즉위) : 장공(莊公)의 즉위를 뜻한다.
3) 隱(은) : 불쌍히 여기다의 뜻.
4) 隱子(은자) : 자식을 불쌍히 여기다의 뜻. 가엾게 여기다.
5) 孫(손) : 도망하다의 뜻.

6) 存君(존군) : 군주를 생각하다. 곧 아버지인 군주를 생각하다의 뜻.
7) 首事(수사) : 연제(練祭)를 뜻한다고 했다.
8) 擸幹(랍간) : 늑골(肋骨)을 꺾다. 간은 늑(肋)이라고 했다. 랍은 절(折).
9) 王姬(왕희) : 주(周)나라 천자의 딸.
10) 逆之(역지) : 스스로 가서 맞이하다의 뜻.

나. 왕녀(王女)가 머무를 집을 짓다

가을에 왕녀(王女)가 머무를 집을 도성(都城) 밖에 지었다. 이를 왜 기록했는가? 견책(譴責)한 것이다. 왜 이를 견책했는가? '지었다〔築〕'고 한 것은 예에 합당한 것이다. '우외(于外 : 밖에 하다)'라고 한 것은 예에 합당한 것이 아니었다. '우외(于外)'가 왜 예에 합당하지 않은 것인가? '축우외(築于外 : 밖에 지었다)'는 예에 합당하지 않은 것이다. 그 집을 짓는 것을 어떻게 해야 예에 합당한 것인가? 왕희(王姬)의 일을 주관하는 자는 반드시 고쳐서 지어야 하는 것이다. 왕녀(王女)의 혼사를 주관하는 자라면 왜 반드시 고쳐서 지어야 하는 것인가? 노침(路寢)에서 하는 것은 옳지 않은 것이요, 소침(小寢)에서 하는 것은 의심을 사는 것이며 여러 공자(公子 : 公女)의 집에서 한다면 천박한 것이다. 그 바른 도(道)는 반드시 고쳐서 짓는 것이다.

겨울인 10월 을해(乙亥)일에 진(陳)나라 군주인 후작 임(林)이 세상을 떠났다.

천자(天子)가 영숙(榮叔)으로 하여금 와서 환공(桓公)에게 명(命)을 내리게 했다. '석(錫)'이란 무엇인가? 하사(下賜)하다이다. 명(命)이란 무슨 뜻인가? 우리 노나라 군주에게 의복을 더해 주는 것이다. 그런데 환공(桓公)을 말한 것은 무슨 뜻인가? 죽은 환공(桓公)에게 예복을 추가한 것이다.

왕녀(王女)가 제(齊)나라로 시집갔다. 왜 이를 기록했는가? 우리 노나라가 주관했기 때문이다.

제나라 군사가 기(紀)나라의 병(邴)과 자(鄑)와 오(郚) 지방의 백성을 옮겼다. '천(遷)'이란 무슨 뜻인가? 빼앗은 것이다. 빼앗았는데 왜 '취지(取之)'라고 말하지 않았는가? 양공(襄公)을 위하여 숨겨 준 것이다. 외국에서 읍을 빼앗은 것은 기록하지 않는데 여기에 그것을 기록한 것은 크게 강조한 것이다. 왜 이를 크게 강조한 것인가? 이때부터 멸망시키는 일이 시작되었기 때문이다.

　秋 築王姬之館于外[1] ○何以書 譏 何譏爾 築之 禮也 于外 非禮也 于外何以非禮 築于外 非禮也 其築之何以禮 主王姬者必爲之改築 主王姬者 則曷爲必爲之改築 於路寢[2]則不可 小寢[3]則嫌 群公子[4]之舍 則以卑矣 其道必爲之改築者也
　冬 十月 乙亥 陳侯林[5]卒
　王使榮叔來錫桓公命 ○錫者何 賜也 命者何 加我服[6]也 其言桓公何 追命也
　王姬歸于齊 ○何以書 我主之也
　齊師遷紀郱鄑郚[7] ○遷之者何 取之也 取之 則曷爲不言取之也 爲襄公諱也 外取邑不書 此何以書 大之也 何大爾 自是始滅也

1) 外(외) : 도성(都城) 밖. 왕녀가 제나라로 시집갈 때, 노나라에 머무르게 되었는데 노나라에서 환공을 죽인 제나라 사람이 노나라 도성 안으로 들어오는 것이 싫어서 성 밖에 머무를 집을 지은 것이다.
2) 路寢(노침) : 천자(天子)나 제후가 거처하는 정실(正室).
3) 小寢(소침) : 옛날에 천자나 제후들이 휴식하는 곳을 모두 침(寢)이라고 한다. 중앙(中央)에 있는 것을 노침(路寢)이나 연침(燕寢)이라고 한다. 동서(東西)의 양쪽에 있는 것을 소침(小寢)이라고 하며 부인(夫人)의 침실도 소침(小寢)이라고 한다.
4) 群公子(군공자) : 여공자(女公子)이다. 공주(公主)의 뜻.
5) 陳侯林(진후림) : 진(陳)나라 장공(莊公)이고 임은 이름이다. 진나라 환공(桓公)의 아우이며 선공(宣公) 저구(杵臼)의 형이다. 7년 간 재위했다.
6) 加我服(가아복) : 우리에게 의복을 보태 주다. 곧 죽은 환공(桓公)에게 예복(禮服)을 추가해 주다. 예(禮)에 구석(九錫)이 있는데 첫째는 거마(車馬)요 둘째는 의복(衣服)이요 셋째는 악칙(樂則)이요 넷째는 주호(朱戶)요 다

섯째는 납폐(納幣)요 여섯째는 호분(虎賁)이요 일곱째는 궁시(弓矢)요 여덟째는 철월(鐵鉞)이요 아홉째는 거창(秬鬯)이므로 모두가 선을 발동시켜서 능하지 못한 것을 붙잡아 주는 것이다.
7) 邴鄑部(병자오) : 병과 자와 오가 다 기(紀)나라의 땅 이름.

2. 장공 2년 기축(己丑)

가. 공자 경보(慶父)가 어여구(於餘丘)를 정벌하다

2년 기축(己丑) 봄, 왕력(王曆)으로 2월에 진(陳)나라 장공(莊公)을 장사 지냈다.

여름에 공자(公子) 경보(慶父)가 군사를 거느리고 어여구(於餘丘)를 정벌했다. 어여구(於餘丘)란 어떤 곳인가? 주루(邾婁)나라 읍(邑)이다. 왜 주루(邾婁)나라와 관계되었다고 기록하지 않았는가? 국가이기 때문이다. 왜 국가를 위한 것인가? 군주가 여기에 존재하고 있었기 때문이다.

가을인 7월에 제나라로 시집간 왕녀(王女)가 세상을 떠났다. 외국의 부인(夫人)이 세상을 떠난 것을 기록하지 않는 것인데 여기에 왜 세상을 떠난 것을 기록했는가? 그냥 기록했을 뿐이다. 왜 이를 그냥 기록했는가? 우리가 혼사를 주관했기 때문이다.

겨울인 12월에 부인(夫人) 강씨(姜氏)가 제나라 군주인 후작을 고(郜)에서 만났다.

을유(乙酉)일에 송나라 군주인 공작 빙(馮)이 세상을 떠났다.

二年 春 王二月 葬陳莊公
夏 公子慶父¹⁾帥師伐於餘丘²⁾ ○於餘丘者何 邾婁之邑也 曷爲不繫乎邾婁 國之也 曷爲國之 君存焉爾
秋 七月 齊王姬卒 ○外夫人不卒³⁾ 此何以卒 錄焉爾 曷爲錄焉爾 我主之也

冬 十有二月 夫人姜氏會齊侯于郜[4]
乙酉 宋公馮[5]卒

1) 公子慶父(공자경보) : 노나라 장공(莊公)의 아우 공중(共仲)이다. 장공(莊公)이 죽자 자반(子般)이 군주가 되었는데 경보(慶父)가 자반을 죽이고 민공(閔公)을 세웠다. 뒤에 다시 민공을 죽이고 거(莒)나라로 달아났다.
2) 於餘丘(어여구) : 주(邾)나라의 고을 이름.
3) 不卒(부졸) : 사망(死亡)을 기재하지 않는다는 뜻.
4) 郜(고) : 좌전(左傳)에는 작(禚)으로 되어 있다. 제나라 땅 이름. 제나라·노나라·위(衛)나라 삼국의 경계선에 있다고 했다.
5) 宋公馮(송공빙) : 송(宋)나라의 장공(莊公)이며 목공(穆公)의 아들이다. 송나라 16대 군주로 18년 간 재위했다.

3. 장공 3년 경인(庚寅)

가. 익(溺)이 위(衛)나라를 정벌하다

3년 경인(庚寅) 봄인 왕력으로 정월에 익(溺)이 제(齊)나라 군사와 함께 하여 위(衛)나라를 정벌했다. 익(溺)이란 누구인가? 우리 노나라 대부(大夫)로 명(命)을 받지 못한 사람이다.
여름인 4월에 송나라 장공(莊公)을 장사 지냈다.
5월에 천자(天子)인 환왕(桓王)을 장사 지냈다. 환왕이 붕어(崩御)했다고 말하지 않았는데 왜 장사를 지냈다고 기록했는가? 대개는 개장(改葬 : 移葬)한 것이다.
가을에 기계(紀季)가 휴(酅) 땅을 가지고 제나라로 들어갔다. 기계란 누구인가? 기(紀)나라 후작의 아우이다. 왜 이름을 기록하지 않았는가? 어진 이였기 때문이다. 어떤 것으로 기계를 어질다고 했는가? 죄에 대한 형벌을 받은 것이다. 그 복죄(服罪 : 죄에 대한 형벌을 받음)는 어떤 것이었는가? 노자(魯子)가 말하기를 "뒤에 오묘(五廟)를 청하여 고자매(姑姉妹)를 보존시켰다."라고 했다.

겨울에 장공(莊公)이 낭(郎)에서 머물렀다. 장공이 '차우랑(次于郞 : 낭에서 머물다)'이라고 말한 것은 무슨 뜻인가? 기(紀)나라를 구하고자 했는데 뒤에 도착해서 구하지 못한 것을 풍자(諷刺)한 것이다.

　　三年 春 王正月 溺[1] 會齊師伐衛 ○溺者何 吾大夫之未命者也
　　夏 四月 葬宋莊公
　　五月 葬桓王 ○此未有言崩者[2] 何以書葬 蓋改葬也
　　秋 紀季以酅[3] 入于齊 ○紀季者何 紀侯之弟也 何以不名 賢也 何賢乎紀季 服罪也 其服罪[4] 奈何 魯子[5] 曰 請後五廟[6] 以存姑姉妹
　　冬 公次[7]于郞 ○其言次于郞何 刺[8] 欲救紀而後不能也

1) 溺(익) : 공자 익(公子溺)이며 노나라 대부였다.
2) 此未有言崩者(차미유언붕자) : 환공(桓公) 15년조에 '삼월을미천왕붕(三月乙未天王崩)'이란 기록이 있는데 이 곳에 붕어한 기사가 없다고 한 것은 앞의 기사와 상치된다.
3) 酅(휴) : 기(紀)나라 땅 이름.
4) 其服罪(기복죄) : '선조가 제나라에 죄가 있음을 자복한 것'으로 장공 4년조에 나와 있다.
5) 魯子(노자) : 공양학파(公羊學派)의 스승의 한 사람.
6) 五廟(오묘) : 옛날에 제후는 오묘(五廟)를 두고 있었다. 곧 이소이목(二昭二穆)에 태조(太祖)의 묘가 있는 것을 뜻함.
7) 次(차) : 머무르다. 사(舍)와 같다.
8) 刺(자) : 풍자하다. 책비(責備)의 뜻.

4. 장공 4년 신묘(辛卯)

가. 기(紀)나라 군주가 세상을 떠나다

4년 신묘(辛卯) 봄, 왕력으로 2월에 부인(夫人) 강씨(姜氏)가 제나라 군주인 후작을 위해 축구(祝丘)에서 연회를 베풀었다.
 3월에 기(紀)나라의 백희(伯姬)가 세상을 떠났다.
 여름에 제나라 군주인 후작과 진(陳)나라 군주인 후작과 정나라 군주인 백작이 수(垂)에서 만났다.
 기(紀)나라 군주인 후작이 그 나라를 떠나 돌아오지 않았다. 대거(大去 : 떠나 돌아오지 않다)란 무슨 뜻인가? 멸망했다는 것이다. 누가 멸망시켰는가? 제나라에서 멸망시켰다. 왜 제나라에서 멸망시켰다고 말하지 않았는가? 양공(襄公)을 위하여 숨겨 준 것이다. '춘추(春秋)'에서는 현자(賢者 : 어진 이)를 위하여 숨겨 주는 것인데 왜 양공(襄公)을 어질다고 하였는가? 선조를 위하여 복수하려 했기 때문이다. 왜 이를 복수하려 했는가? 먼 선조를 위한 복수였다.
 제나라의 애공(哀公)을 주(周)나라에서 삶아 죽였는데 기(紀)나라 군주인 후작이 몰래 꾸민 것이었다. 제나라 양공이 이를 위한 것은 선조를 섬기는 마음을 다한 것이었다. 다한다는 것은 무슨 뜻인가? 양공이 장차 기(紀)나라에 복수하기 위해 거북점을 쳤는데 이르기를 "군사의 절반을 잃을 것이다."라고 하니, "과인(寡人)이 죽을지라도 불길(不吉)하게 여기지 않을 것이다."라고 했다. 원조(遠祖 : 먼 조상)란 몇 세조인가? 9대조(九代祖)이다. 9대조를 위해 어찌 가히 복수하였는가? 비록 백세(百世)라도 가한 것이다. 집안(大夫 집안)에서도 가한 것인가? 말하기를 '불가한 것이다.' 국가는 왜 가한 것인가? 국가의 군주는 일체(一體)이다. 선군(先君)의 부끄러움은 현재 임금의 부끄러움과 같은 것이다. 또 현재 임금의 부끄러움은 선군(先君)의 부끄러움과 같은 것이다. 국가의 군주가 왜 일체(一體)가 되는 것인가? 국가의 군주는 국가로써 몸체를 삼고 제후들은 대대로 전해지는 것이니, 국가의 군주들은 일체(一體)가 되는 것이다.
 지금의 기(紀)나라에는 죄가 없는데 이는 그 자손들에게 성내는 것이 아닌가? 말하기를 '아니다.' 옛날에 밝은 천자(天子)가 있었으면 기(紀)나라 군주인 후작을 반드시 죽여서 기나라는 없었을 것이다. 기나라 군주인 후작을 베지 않아서 지금까지 기나라가 있게 된 것은 밝은 천자가 없는 것과 같은 것이다.

  옛날의 제후들은 반드시 회취(會聚)하는 일과 서로 조빙(朝聘)하는 도(道)가 있어서 호칭하는 언사(言辭)는 반드시 선군(先君)을 일컬어 서로 접촉하였다. 그런즉 제나라와 기(紀)나라는 서로 기뻐하는 일이 없어서 천하에 함께 서는 것이 불가하였다. 그러므로 기나라 군주인 후작을 제거하게 되었는데 기나라를 버리지 않으면 안 되는 것이었다. 밝은 천자가 있었다면 양공(襄公)이 이와 같이 행동할 수 있었겠는가? 대답하기를 "얻지 못했을 것이다." 얻지 못하면 양공이 어떻게 할 수 있었겠는가?

  위로는 천자(天子)가 없고 아래로는 방백(方伯)이 없으므로 은혜에 인연하여 복수한다는 것만 옳을 뿐이었다.

四年 春 王二月 夫人姜氏饗¹⁾齊侯于祝丘²⁾
三月 紀伯姬³⁾卒
夏 齊侯陳侯鄭伯 遇于垂⁴⁾
紀侯大去⁵⁾其國 ○大去者何 滅也 孰滅之 齊滅之 曷爲不言齊滅之 爲襄公諱也 春秋爲賢者諱 何賢乎襄公 復讎也 何讎爾 遠祖也 哀公亨乎周⁶⁾ 紀侯譖之 以襄公之爲於此焉者 事祖禰⁷⁾之心盡矣 盡者何 襄公將復讎乎紀 卜之曰⁸⁾ 師喪分焉⁹⁾ 寡人死之 不爲不吉¹⁰⁾也 遠祖者 幾世乎 九世矣 九世猶可以復讎乎 雖百世可也 家¹¹⁾亦可乎 曰 不可 國何以可 國君一體也 先君之恥 猶今君之恥也 今君之恥 猶先君之恥也 國君何以爲一體 國君以國爲體 諸侯世¹²⁾ 故國君爲一體也 今紀無罪 此非怒與¹³⁾ 曰 非也 古者有明天子 則紀侯必誅 必無紀者 紀侯之不誅 至今有紀者 猶無明天子也 古者諸侯必有會聚之事 相朝聘之道 號辭必稱先君以相接 然則齊紀無說¹⁴⁾焉 不可以並立乎天下 故將去紀侯者 不得不去紀也 有明天子 則襄公得爲若行¹⁵⁾乎 曰 不得也 不得 則襄公曷爲爲之 上無天子 下無方伯¹⁶⁾ 緣恩疾者¹⁷⁾可也

1) 饗(향) : 잔치를 베풀었다는 뜻. 좌전(左傳) 경문에는 향(享)으로 되어 있다.

2) 祝丘(축구) : 노나라의 읍 이름.
3) 紀伯姬(기백희) : 기(紀)나라 백희(伯姬). 노나라에서 출가한 공녀(公女).
4) 垂(수) : 위(衛)나라의 땅 이름.
5) 大去(대거) : 나라를 떠나서 돌아오지 않는 것.
6) 哀公亨乎周(애공팽호주) : 제나라의 애공(哀公)이 주(周)나라에서 삶아 죽임을 당하다.
7) 祖禰(조녜) : 조선(祖先). 예는 아버지가 사망하여 신주가 사당으로 들어가 받들어지는 것을 일컫나.
8) 卜之曰(복지왈) : 거북점을 복(卜)이라고 하고 시초점을 서(筮)라고 한다.
9) 師喪分焉(사상분언) : 군사의 절반을 상실할 것이다. 분(分)은 반(半)이다.
10) 寡人死之不爲不吉(과인사지불위불길) : 과인이 죽더라도 불길(不吉)한 것으로 삼지 않는다는 뜻. 복수만을 위하여 죽기로 싸우겠다는 뜻.
11) 家(가) : 대부가(大夫家)를 뜻한다.
12) 諸侯世(제후세) : 제후는 대대로라는 뜻.
13) 怒與(노여) : 노는 천노(遷怒)이다. 그들의 조상에게 화를 내는 것이 아니라 옮겨 자손에게 화풀이를 한다는 뜻.
14) 說(열) : 열(悅)과 동일하다.
15) 若行(약행) : 이와 같이 행하다의 뜻.
16) 方伯(방백) : 제후의 패자(霸者).
17) 疾者(질자) : 구한(仇恨). 곧 원수의 한.

나. 장공이 고(部)에서 사냥하다

6월 을축(乙丑)일에 제나라 군주인 후작이 기(紀)나라 백희(伯姬)를 장사 지냈다. 외국의 부인(夫人)을 장사 지낸 일은 기록하지 않는 것인데 이 곳에 왜 기록했는가? 가엾게 여긴 것이다. 왜 이를 가엾게 여겼는가? 그 나라가 망했는데 다만 제나라에서 장사를 치러 준 것이다. 복수를 하고 어찌하여 장례를 치러 주었는가? 제나라에서 가히 멸망시킬 것은 멸망시키고 가히 장례를 치를 것은 장례를 치러 준 것이다. 여기서 가히 장례를 치를 것이라고 한 것은 어떤 뜻인가? 복수는 상대가 죽게 되면 쫓지 않는 것이다. 비록 기(紀)나라 군주인 후작의 영구(靈柩)를 만났더라도 또한 장차 장례를 치러 주었을 것이다.

가을인 7월이다.

겨울에 장공이 제나라 사람과 고(郜)에서 사냥했다. 장공이 왜 신분이 낮은 자와 사냥을 함께 하였는가? 제나라 군주인 후작이었다. 제나라 군주인 후작인데 그를 '인(人)'이라고 일컬은 것은 무엇 때문인가? 원수와 함께 사냥한 것을 견책한 것이다. 이보다 앞에서도 일이 있었고 이보다 뒤에서도 일이 있었는데 왜 홀로 이곳에서만 견책했는가? 원수라는 것은 장차 한 번만 견책할 따름이므로 그 중요한 것을 택하여 견책하는 것이다. 원수와 함께 사냥한 것보다 중한 것이 없기 때문이다. 원수란 왜 장차 한 번만 견책할 따름이라고 했는가? 원수란 시기가 없는데 어찌 가히 함께 통하겠는가? 통하게 되었다면 크게 견책을 받아서 그 견책당하는 것을 이기지 못했을 것이다. 그러므로 장차 한 번만 견책할 따름이다. 그 나머지는 동등한 것을 따라서 동등하게 할 따름이다.

六月 乙丑 齊侯葬紀伯姬 ○外夫人不書葬 此何以書 隱之也 何隱爾 其國亡矣 徒葬於齊爾 此復讎也 曷爲葬之 滅其可滅 葬其可葬 此其爲可葬奈何 復讎者 非將殺之 逐之也 以爲雖遇紀侯之殯[1] 亦將葬之也

秋 七月

冬 公及齊人狩于郜 ○公曷爲與微者狩 齊侯也 齊侯則其稱人何 諱與讎狩也 前此者有事矣[2] 後此者有事矣[3] 則曷爲獨於此焉譏 於讎者 將壹譏[4]而已 故擇其重者而譏焉 莫重乎其與讎狩也 於讎者則曷爲將壹譏而已 讎者無時 焉可與通 通則爲大譏 不可勝譏 故將壹譏而已 其餘從同同[5]

1) 殯(빈) : 빈소 또는 영구(靈柩)의 뜻.
2) 前此者有事矣(전차자유사의) : 이보다 앞서서 일이 있었다. 곧 장공(莊公) 3년 봄에 제나라 군사와 함께 위나라를 정벌한 일을 뜻한다.

3) 後此者有事矣(후차자유사의) : 이보다 뒤에 일이 있었다. 곧 장공 8년에 노나라 군사와 제나라 군사가 함께 하여 성(成)을 포위한 일을 뜻한다.
4) 壹譏(일기) : 한 번의 견책(譴責)이라는 뜻.
5) 同同(동동) : 곧 사안이 가벼운데 의(義)가 중한 것은 함께 하고 사안이 무거운 원수인데 하찮은 사냥 같은 것은 함께 하지 않는다는 뜻으로 사안이 동일한 것은 함께 한다는 뜻이다.

5. 장공 5년 임진(壬辰)

가. 예(倪)의 여래(黎來)가 찾아오다

5년 임진(壬辰) 봄인 왕력(王曆)으로 정월이다.
여름에 부인 강씨(姜氏)가 제나라 임금이 있는 병영으로 갔다.
가을에 예(倪)의 여래(黎來)가 찾아왔다. 예(倪)란 어디인가? 소주루(小邾婁)나라이다. 소주루나라인데 왜 예(倪)라고 이른 것인가? 그 이름이 통용되지 못했기 때문이다. 여래(黎來)란 무엇인가? 소주루나라 군주의 이름이다. 그 이름을 왜 기록했는가? 작은 나라이기 때문이다.
겨울에 장공이 제나라 사람과 송나라 사람과 진(陳)나라 사람과 채(蔡)나라 사람과 회합하여 위(衛)나라를 정벌했다. 여기서 장공이 위(衛)나라를 정벌했다고 한 것은 무엇 때문인가? 위나라의 삭(朔)을 들여보내려 한 것이다. 왜 위나라 군주인 후작 삭(朔)을 들여보내기 위한 것이라고 말하지 않은 것인가? 천자의 군사를 피하기 위한 것이었다.

五年 春 王正月
夏 夫人姜氏如齊師
秋 倪[1] 黎來[2]來朝 ○倪者何 小邾婁也 小邾婁則曷爲謂之倪 未能以其名通[3]也 黎來者何 名也 其名何 微國也

冬 公會齊人宋人陳人蔡人伐衛 ◯ 此伐衛何 納朔[4]也 曷爲不言納衛侯朔 辟王[5]也

1) 倪(예) : 소주루(小邾婁)의 도읍(都邑)이다. 이때 부용국(附庸國)이 되지 않았고 또 소주루도 이름이 통하지 못했다.
2) 黎來(여래) : 소주루(小邾婁) 군주의 이름이다. 좌전(左傳)에는 이래(犁來)로 되어 있다.
3) 通(통) : 각국의 제후들과 자주 교류하는 것을 뜻함.
4) 納朔(납삭) : 삭을 들여보내다. 삭은 위나라 혜공(惠公)이며 이름이 삭이다. 선공(宣公)의 아들이고 20년 간 재위했다.
5) 辟王(피왕) : 천자의 군사를 피하다의 뜻.

6. 장공 6년 계사(癸巳)

가. 위(衛)나라 삭(朔)이 위나라로 들어가다

6년 계사(癸巳) 봄인 왕력으로 3월에 천자(天子) 나라의 사람인 자돌(子突)이 위(衛)나라를 구원했다. 왕인(王人 : 천자 나라의 사람)이란 누구인가? 지위가 낮은 자이다. 자돌(子突)이라고 한 것은 왜인가? 신분을 귀하게 여겨 준 것이다. 신분을 귀하게 여겼는데 그를 왜 '인(人)'이라고 일컬었는가? 모든 사람들과 관련지은 것이다. 왜 모든 사람과 관련시킨 것인가? 천자의 관원이기 때문이었다.

여름인 6월에 위(衛)나라 군주인 후작 삭(朔)이 위나라로 들어갔다. 위나라의 군주인 후작 삭(朔)은 왜 이름을 썼는가? 작위와 관계를 단절시키기 위한 것이다. 왜 단절시키려고 했는가? 천자의 명(命)을 범했기 때문이다. 그를 '입(入)'이라고 말한 것은 무슨 뜻인가? 군주의 지위를 찬탈할 목적이 있다는 말이다.

가을에 장공이 위(衛)나라를 정벌하는 데서 돌아왔다. 왜 어떤 때는 '치회(致會)'라고 말하고 어떤 때는 '치벌(致伐)'이라고 말하는 것인가? 뜻하던 바를 성취했을 때는 '치회(致會)'라고 하고, 뜻하던 바를 성취하지 못했을 때는 '치벌(致伐)'이라고 한다. 그렇다면 위(衛)나라 군주인 후작 삭(朔)이 위나라로 들어갔다고 했는데 왜 '치벌(致伐)'이라고 했는가? 감히 천자의 군대를 이길 수가 없었기 때문이었다.

멸구 떼가 발생했다.〔재해가 되었다.〕

겨울에 제나라 사람이 와서 위(衛)나라의 보배들을 돌려주었다. 이것은 위(衛)나라의 보배인데 제나라 사람이 와서 왜 돌려준 것인가? 위나라 사람에게 돌려준 것이다. 위나라 사람에게 돌려보냈는데 그를 제나라 사람이라고 일컬은 것은 무슨 뜻인가? 제나라 사람들이 우리에게 사양한 것이다. 그들이 우리에게 사양했다는 것은 무슨 뜻인가? 제나라 군주인 후작이 말하기를 "이것은 과인(寡人)의 힘이 아니고 노나라의 힘이었다."라고 한 것이다.

　　六年 春 王三月 王人子突[1]救衛 ○王人者何 微者也 子突者何 貴也 貴則其稱人何 繫諸人也 曷爲繫諸人 王人耳
　　夏 六月 衛侯朔入于衛 ○衛侯朔何以名 絶 曷爲絶之 犯命[2]也 其言入何 簒辭也
　　秋 公至自伐衛 ○曷爲或言致會 或言致伐 得意致會[3] 不得意致伐[4] 衛侯朔入于衛 何以致伐 不敢勝天子也
　　螟
　　冬 齊人來歸衛寶 ○此衛寶也 則齊人曷爲來歸之 衛人歸之也 衛人歸之 則其稱齊人何 讓乎我也 其讓乎我奈何 齊侯曰 此非寡人之力 魯侯之力也

1) 王人子突(왕인자돌) : 왕인은 주(周)나라 천자(天子)의 관리. 자돌은 사람 이름이며 주나라의 대부라 했다.
2) 犯命(범명) : 천자(天子)의 명(命)을 범하다.
3) 得意致會(득의치회) : 뜻하는 바를 얻어서 모임에 전달하는 것.
4) 不得意致伐(부득의치벌) : 뜻하는 것을 얻지 못했으므로 정벌하기에 이른 것.

7. 장공 7년 갑오(甲午)

가. 별이 비오듯이 떨어지다

7년인 갑오(甲午) 봄에 부인(夫人) 강씨(姜氏)가 제나라 군주인 후작을 방(防)에서 만났다.

여름인 4월 신묘(辛卯)일 밤에 항성(恒星)이 나타나지 않았다. 또 한밤중에 별이 떨어지는 것이 비오듯 하였다. 항성(恒星)이란 어떤 것인가? 하늘에 늘어선 별이다. 항성이 나타나지 않은 것은 어떻게 알았을까? 한밤에는 별들이 제자리로 돌아오는 것이다. '여우자(如雨者 : 비오듯 하다)'라고 한 것은 무슨 뜻인가? 비오듯 했다는 것이지 비가 내린 것은 아니다. 비가 내린 것이 아니라면 왜 '여우(如雨)'라고 일컬었는가? '춘추(春秋)'를 기록하지 않았을 때 이르기를 "내리는 별들이 땅에 한 자를 미치지 못하고 돌아갔다."라고 했는데 공자(孔子 : 君子)께서 춘추를 기록하여 말하기를 '성운여우(星霣如雨 : 별이 비오듯 떨어지다)'라고 한 것이다. 왜 이를 기록했는가? 괴이한 일이라 기록한 것이다.

가을에 홍수가 났다.

보리와 보리의 싹이 없었다. 보리의 싹이 없었다면 왜 먼저 무맥(無麥)이라고 말하고 뒤에 무묘(無苗)를 말했는가? 하나의 재앙은 기록하지 않는 것이다. 보리의 수확이 없는 것을 기다린 연후에 싹까지 없으므로 기재한 것이다. 왜 기록했는가? 재앙이라 기록한 것이다.

겨울에 부인(夫人) 강씨(姜氏)가 제나라 군주인 후작과 곡(穀)에서 만났다.

七年 春 夫人姜氏會齊侯于防[1]
夏 四月 辛卯 夜 恒星不見[2] 夜中[3] 星霣如雨 ○恒星者何 列星也

列星不見 何以知夜之中星反⁴⁾也 如雨者何 如雨者 非雨也 非雨 則 曷爲謂之如雨 不修春秋⁵⁾曰 雨星不及地尺而復 君子修之曰 星霣如 雨 何以書 記異也

　秋 大水

　無麥苗⁶⁾ ○無苗 則曷爲先言無麥 而後言無苗 一災不書 待無麥 然後書無苗 何以書 記災也

　冬 夫人姜氏會齊侯于穀⁷⁾

1) 防(방) : 노나라의 땅 이름.
2) 恒星不見(항성불현) : 항성은 늘 보이는 별인데 이 날에는 밤이 되어도 어두 워지지 않아서 늘 보이던 별들이 나타나지 않았다는 뜻.
3) 夜中(야중) : 한밤중이다.
4) 反(반) : 별이 그 자리로 돌아가다의 뜻.
5) 不修春秋(불수춘추) : 공자(孔子)가 춘추를 쓰기 이전의 일이라는 뜻.
6) 麥苗(맥묘) : 보리와 보리의 싹이라고 했다. 곡량전에서는 서(黍)와 직(稷) 이라 했고 좌전(左傳)에서는 보리의 싹이라 했다.
7) 穀(곡) : 제나라의 땅 이름.

8. 장공 8년 을미(乙未)

가. 진(陳)나라와 채(蔡)나라 사람을 기다리다

　8년 을미(乙未) 봄, 왕력으로 정월에 노나라 군사가 낭(郞)에 머물러서 진(陳)나라 사람과 채(蔡)나라 사람을 기다렸다. 차(次)에는 사(俟)라고 말하지 않는데 이 곳에서 그를 '사(俟)'라 고 말한 것은 무슨 뜻인가? 부득이(不得已)하게 의탁한 것이다.

　갑오(甲午)일에 군대의 병기에 제사를 지냈다. 사병(祠兵)이 란 무슨 뜻인가? 출정(出征)하는 것을 사병(祠兵)이라고 하고 들어오는 것을 진려(振旅)라고 하는데 그의 예(禮)는 한 가지이 며 모두가 싸움을 익히는 것이다. 어떤 것을 사병(祠兵)이라고 말하는가? 오래 머물러 있는 것이다. 왜 오래 머물러 있는 것이 되는 것인가? 우리 노나라 군대가 장차 갑오(甲午)의 일에서부터 한 연후에 이 곳에서 사병(祠兵)을 한 것이다.

여름에 노나라 군사와 제나라 군사가 함께 성(成)을 포위했다. 성(成)은 제나라 군사에게 항복했다. 성(成)이란 무엇인가? 성(盛)나라이다. 성(盛)나라를 왜 성(成)이라고 말했는가? 동성(同姓)의 국가를 멸망시킨 것을 숨긴 것이다. 왜 우리 노나라 군사에게 항복했다고 말하지 않았는가? 죄책을 피하게 한 것이다.

가을에 군사가 돌아왔다. 환(還)이란 무슨 뜻인가? 좋게 여긴 말이다. 동성(同姓)을 멸망시켰는데 왜 이를 좋게 여긴 것인가? 그 피로하고 병든 병사들을 위로한 것이다. 말하기를 "군사들이 병들었는데 어찌 병들었다고 여겼겠는가?"라고 했다. 이것은 군사의 죄가 아니었다.

겨울인 11월 계미(癸未)일에 제나라의 무지(無知)가 그의 임금인 제아(諸兒)를 시해했다.

八年 春 王正月 師次于郎 以俟陳人蔡人¹⁾ ○次不言俟 此其言俟 何 託不得已也

甲午 祠兵²⁾ ○祠兵者何 出曰祠兵 入曰振旅³⁾ 其禮一也 皆習戰也 何言乎祠兵 爲久⁴⁾也 曷爲爲久 吾將以甲午之日 然後祠兵於是

夏 師及齊師圍成 成降于齊師 ○成者何 盛⁵⁾也 盛則曷爲謂之成 諱滅同姓也 曷爲不言降吾師 辟之也

秋 師還 ○還者何 善辭也 此滅同姓 何善爾 病⁶⁾之也 曰 師病⁷⁾矣 曷爲病之 非師之罪也

冬 十有一月 癸未 齊無知⁸⁾弑其君諸兒⁹⁾

1) 陳人蔡人(진인채인) : 진(陳)나라 군대와 채(蔡)나라 군대라는 뜻.
2) 祠兵(사병) : 옛날에 출병하거나 작전할 때 행하는 일종의 예식(禮式)이라 했다. 또 일설에는 사병(祠兵)이 두 가지 뜻이 있다고 했다. 그 병기(兵器)를 제사 지내는 것이 하나요, 희생을 죽여서 사병들에게 배불리 먹이는 것이 하나라고 했다. 좌전(左傳)의 경문에는 치병(治兵)으로 되어 있고 곡량전의

경문에도 치병(治兵)으로 되어 있다.
3) 振旅(진려) : 부대를 정돈하는 것. 여는 5백 명의 군사를 뜻한다.
4) 爲久(위구) : 오래도록 머물러 있다는 뜻.
5) 盛(성) : 곧 성(成)이며 나라 이름이다. 주무왕이 동생 숙무(叔武)를 이 곳에 봉했다. 희성(姬姓)이고 자작(子爵)이다.
6) 病(병) : 피로하여 앓는다는 뜻.
7) 病(병) : 피로가 쌓인 것.
8) 無知(무지) : 공손무지(公孫無知). 제나라 대부이며 희공(僖公)의 아우.
9) 諸兒(제아) : 곧 제(齊)나라 양공(襄公). 희공(僖公)의 아들이다. 제나라 14대 군주이며 12년 간 재위했다.

9. 장공 9년 병신(丙申)

가. 제나라 대부와 기(曁)에서 동맹을 맺다

9년 병신(丙申) 봄에 제나라 사람이 무지(無知)를 죽였다.
　장공(莊公)이 제나라 대부와 기(曁)에서 동맹을 맺었다. 장공이 왜 대부와 함께 하여 동맹을 맺었다고 하였는가? 제나라에 군주가 없었기 때문이다. 그렇다면 왜 이름을 기록하지 않았을까? 그 대부(大夫)와 맹세를 함께 한 것을 숨긴 것이다. 이는 제나라 민중(民衆)과 맹세한 것과 같은 것이었다.
　여름에 장공이 제나라를 정벌하여 규(糾)를 들여보냈다. 납(納)이란 무슨 뜻인가? 들여보냈다는 말이다. 그것을 '벌(伐)'이라고 말한 것은 무슨 뜻인가? 정벌하여 들여보냈다고 말한 것은 능히 들여보내지 못한 것과 같은 것이다. 규(糾)란 누구인가? 공자 규(公子糾)이다. 왜 공자(公子)라고 일컫지 않았는가? 군주 앞에서는 신하로서의 이름일 뿐이다.
　제(齊)나라 소백(小白)이 제나라로 들어갔다. 왜 국씨(國氏)로써 거론하였는가? 국가를 담당하려 하였기 때문이었다. 그를 입(入)이라고 말한 것은 무슨 뜻인가? 군주의 지위를 찬탈했다는 말이다.

가을인 7월 정유(丁酉)일에 제나라 양공(襄公)을 장사 지냈다.

8월 경신(庚申)일에 제나라 군사와 간시(乾時)에서 싸워 우리 노나라 군사가 패배했다. 국내에서는 패전했다고 말하지 않는 것인데 여기에 그 패전을 말한 것은 무슨 뜻인가? 정벌하여 실패한 것이다. 왜 정벌하여 패배한 것인가? 복수하기 위한 것이었다. 이것은 대국(大國)에게 복수하는 것이었는데 왜 지위가 낮은 자를 시켰는가? 이는 장공(莊公)이었다. 장공이라면 왜 장공이라고 기록하지 않았는가? 장공이 복수하는 것을 찬성하지 않은 것이다. 왜 장공이 복수하는 것을 찬성하지 않았는가? 복수할 사람은 지위가 낮기 때문이었다.

9월에 제나라 사람이 자규(子糾)를 데려가서 살해했다. 그를 '취(取)'라고 한 것은 무슨 뜻인가? 노나라 국내에서 쓰는 말이다. 제나라에서 우리 노나라를 위협하여 우리로 하여금 죽이게 한 것이다. 그를 자규(子糾)라고 일컬은 것은 무슨 뜻인가? 귀하게 여긴 것이다. 그를 귀하게 여겨 준 것은 어째서인가? 군주가 되는 것이 적당한 자였기 때문이었다.

겨울에 수수(洙水)의 바닥을 파냈다. 수(洙)란 무엇인가? 노나라에 흐르는 물이다. 준(浚 : 파내다)이란 무슨 뜻인가? 깊게 파낸 것이다. 왜 깊게 판 것인가? 제나라를 두려워한 것이다. 왜 제나라를 두려워한 것인가? 공자 규(公子糾)를 죽이라는 것을 사양했기 때문이었다.

九年 春 齊人[1]殺無知
公及齊大夫盟于曁[2] ○公曷爲與大夫盟[3] 齊無君也 然則何以不名 爲其諱與大夫盟也 使若衆然[4]
夏 公伐齊納糾[5] ○納者何 入辭也 其言伐之何 伐而言納者 猶不能納也 糾者何 公子糾也 何以不稱公子 君前臣名也
齊小白[6]入于齊 ○曷爲以國氏 當國也 其言入何 篡辭也

秋 七月 丁酉 葬齊襄公
　八月 庚申 及齊師戰于乾時[7] 我師敗績 ○內不言敗 此其言敗何 伐敗也 曷爲伐敗 復讐也 此復讐乎大國 曷爲使微者 公也 公則曷 爲不言公 不與公復讐也 曷爲不與公復讐 復讐者在下也
　九月 齊人取子糾殺之 ○其取之何 內辭也 脅我 使我殺之也 其稱 子糾何 貴也 其貴奈何 宜爲君者也
　冬 浚洙[8] ○洙者何 水也 浚之者何 深之也 曷爲深之 畏齊也 曷 爲畏齊也 辭殺[9]子糾也

1) 齊人(제인) : 제나라의 대부 옹름(雍廩)을 말한다. 무지(無知)에게 천대받던 자이다.
2) 曁(기) : 노나라 지명이다. 좌전(左傳)에는 기(蔇)로 되어 있다.
3) 盟(맹) : 자규(子糾)를 들여보내는 맹세였다고 곡량전에서 밝히고 있다.
4) 使若衆然(사약중연) : 제나라 민중과 함께 맹세한 것과 같다는 뜻.
5) 納糾(납규) : 공자 규(公子糾)를 호송하여 나라로 들어가게 하여 군주를 삼게 한다는 뜻. 공자 규(公子糾)는 공자 소백(公子小白)의 서형(庶兄)이며 제양공(齊襄公)의 아우이다.
6) 小白(소백) : 공자 소백(公子小白). 제나라 희공(僖公)의 서자(庶子)이며 양공의 아우이다. 당초 양공이 즉위한 후에 정치가 정상적이지 않아 제나라 대부인 포숙아(鮑叔牙)가 공자 소백을 보호하여 거(莒)나라로 도망하여 화를 피했다. 노나라 장공 9년에 공손 무지(公孫無知)가 피살되자 공자 소백이 제나라로 돌아와 즉위하여 제나라 환공(桓公)이 되었다. 환공은 제나라 15대 군주이며 43년 간 재위했다. 재위 기간 동안 제후들을 규합(糾合)하여 춘추시대 오패(五覇)의 한 사람이 되었다.
7) 乾時(간시) : 제나라의 땅 이름.
8) 浚洙(준수) : 준(浚)은 바닥을 파내다. 곧 물길을 깊이 파다의 뜻. 수(洙)는 물 이름이다.
9) 殺(살) : 타본에는 역(役)으로 된 곳도 있다. 사역시키다. 곧 몰아쳐 부리다의 뜻.

10. 장공 10년 정유(丁酉)

가. 제나라 군사를 장작에서 쳐부수다

10년 정유(丁酉) 봄, 왕력으로 정월에 장공이 제(齊)나라 군사를 장작(長勺)에서 쳐부수었다.

2월에 장공이 송(宋)나라를 침범했다. 왜 어떤 것은 침(侵)이라고 말하고, 어떤 것은 벌(伐)이라고 말하는가? 거칠게 침략하는 것을 침(侵)이라 이르고, 정밀하게 침입하는 것을 벌(伐)이라 이르는 것이다. 전(戰: 전쟁)에서는 벌(伐)이라고 말하지 않고, 위(圍: 포위)를 전(戰)이라고 말하지 않고, 입(入)을 위(圍)라고 말하지 않고, 멸(滅: 멸망)을 입(入: 쳐들어감)이라고 말하지 않는다. '춘추'에서는 그 중요한 것만 기록하는 것이다.

3월에 송(宋)나라 사람들이 숙(宿)의 백성들을 옮겼다. 천(遷: 옮기다)이란 무슨 뜻인가? 교통(交通)하지 못하게 한 것이다. 땅으로써 둘러싸여 있기 때문이었다. 자침자(子沈子)가 말하기를 "숙(宿)나라의 교통을 단절시킨 것은 대개 이로 인하여 신하로 삼으려는 것이었다."라고 했다.

여름인 6월에 제나라 군사와 송나라 군사가 낭(郎)에서 머물렀다. 장공(莊公)이 송나라의 군사를 승구(乘丘)에서 쳐부수었다. 제나라 군사와 송나라 군사가 낭(郎)에서 머물렀다고 말한 것은 무슨 뜻인가? 노나라를 정벌하기 위한 것이었다. 정벌하기 위한 것이었다면 그것을 '차(次: 머무르다)'라고 말한 것은 무슨 뜻인가? 제나라가 함께 정벌하고 전쟁을 함께 하지 않은 것이므로 '벌(伐)'이라고 말했다. 우리 노나라가 능히 패배시켰으므로 차(次)라고 말한 것이다.

가을인 9월에 형(荊: 楚)나라가 채나라 군사를 신(莘)에서 쳐부수고 채나라 군주인 후작 헌무(獻舞)를 잡아서 돌아갔다. 형

(荊)이란 어디인가? 중국의 한 주(州)의 이름이다. 주(州)는 국(國 : 나라)과 같지 못하고 국(國)은 씨(氏)와 같지 못하고 씨(氏)는 인(人)과 같지 못하고 인(人)은 명(名 : 명칭)과 같지 못하고 명(名)은 자(字)만 같지 못하고 자(字)는 자(子)라 일컫는 것만 못하다. 채후헌무(蔡侯獻舞)는 왜 이름을 썼는가? 군주의 지위를 단절시킨 것이다. 왜 단절시킨 것인가? 포로가 되었기 때문이다. 왜 그를 포로라고 말하지 않은 것인가? 이적(夷狄)의 나라가 중국의 군주를 포로로 한 것을 찬성하지 않은 것이다.

겨울인 10월에 제나라 군사가 담(譚)나라를 멸망시키자 담나라 군주인 자작이 거(莒)나라로 달아났다. 왜 출(出)이라고 말하지 않았는가? 국가가 이미 멸망했기 때문에 나갈 곳이 없는 것이다.

十年 春 王正月 公敗齊師于長勺[1]

二月 公侵[2]宋 ○曷爲或言侵 或言伐 觕[3]者曰侵 精[4]者曰伐 戰不言伐 圍不言戰 入[5]不言圍 滅不言入 書其重者也

三月 宋人遷宿[6] ○遷之者何 不通[7]也 以地遷[8]之也 子沈子曰 不通者 蓋因而臣之[9]也

夏 六月 齊師宋師次于郎 公敗宋師于乘丘[10] ○其言次于郎何 伐也 伐則其言次何 齊與伐而不與戰 故言伐也 我能敗之 故言次也

秋 九月 荊[11]敗蔡師于莘[12] 以蔡侯獻舞[13]歸 ○荊者何 州名也 州不若國 國不若氏 氏不若人 人不若名 名不若字 字不若子 蔡侯獻舞何以名 絶 曷爲絶之 獲也 曷爲不言其獲 不與夷狄之獲中國也

冬 十月 齊師滅譚[14] 譚子奔莒 ○何以不言出 國已滅矣 無所出也

1) 長勺(장작) : 노나라의 땅 이름.
2) 侵(침) : 국경을 넘어와 진격하여 범하는 것. 좌전(左傳) 장공(莊公) 29년조에 '무릇 군사가 종고(鍾鼓)가 있는 것을 벌(伐)이라 이르고 없는 것은 침(侵)이라고 이른다.'라고 했다.
3) 觕(추) : 거칠다. 곧 대강의 뜻. 계획이 없이 들이닥치는 것.
4) 精(정) : 정밀하다. 정밀하게 침입하는 것. 곧 계획적으로 침입하는 것.
5) 入(입) : 얻은 것이 있으면 잔류하지 않고 가는 것을 뜻한다.

6) 宋人遷宿(송인천숙) : 송나라 사람이 숙나라의 백성들을 옮기다. 곧 춘추삼전(春秋三傳)의 옳은 주석에 '숙(宿)나라를 송나라의 중앙으로 옮겨서 부용국을 만들다.'라고 했다.
7) 不通(불통) : 숙나라의 교통을 단절시키다.
8) 還(환) : 요(繞)의 뜻이다.
9) 臣之(신지) : 신하로 삼으려 하다.
10) 乘丘(승구) : 노나라 땅 이름.
11) 荊(형) : 곧 초(楚)나라. 초나라는 본래 형산(荊山) 일대에 세워져 형(荊)이라고 이름했다. 곡량전(穀梁傳)에는 형(荊)나라는 초나라이다. 왜 형이라고 이르는가? 오랑캐 나라이다. 초나라는 본래 미성(芉姓)이고 자작(子爵)의 나라이며 주나라 성왕(成王) 때 웅역(熊繹)을 형만(荊蠻)에 봉했는데 이것이 초나라가 봉작을 받은 시초이며 스스로 전욱(顓頊)의 후예라고 했다.
12) 莘(신) : 채나라의 땅 이름.
13) 蔡侯獻舞(채후헌무) : 채나라의 애공(哀公)이고 헌무는 이름이며 선공(宣公)의 아들이다. 20년 간 재위하다.
14) 譚(담) : 나라 이름.

11. 장공 11년 무술(戊戌)

가. 송(宋)나라 군사를 진(鄑)에서 쳐부수다

11년 무술(戊戌) 봄, 왕력으로는 정월(正月)이다.

여름인 5월 무인(戊寅)일에 장공이 송나라 군사를 진(鄑)에서 쳐부수었다.

가을에 송나라에 홍수가 났다. 무엇 때문에 이를 기록했는가? 재앙이라 기록했다. 외국의 재앙은 기록하지 않는 것인데 이 곳에 왜 기록했는가? 송나라의 수재(水災)가 노나라에까지 미친 것이다.

겨울에 왕녀(王女)가 제나라로 시집을 갔다. 왜 이를 기록했는가? 우리 노나라를 거쳐서 시집을 갔기 때문이었다.

十有一年 春 王正月
夏 五月 戊寅 公敗宋師于鄑[1]
秋 宋大水 ○何以書 記災也 外災不書 此何以書 及我也
冬 王姬[2]歸于齊 ○何以書 過我[3]也

1) 鄑(진) : 노나라의 땅 이름이다.
2) 王姬(왕희) : 주(周)나라의 왕녀(王女)이며 제환공에게 시집갔다.
3) 過我(과아) : 노나라를 지나서 가다.

12. 장공 12년 기해(己亥)

가. 송나라 만(萬)이 그 임금을 시해하다

12년 기해(己亥) 봄, 왕력(王曆)으로 3월에 기(紀)나라의 숙희(叔姬)가 휴(酅)로 돌아갔다. 기나라의 숙희가 '휴로 돌아갔다.'고 말한 것은 무슨 뜻인가? 가엾게 여긴 것이다. 왜 이를 가엾게 여겼는가? 그 나라가 망했기 때문에 옮겨서 기계(紀季)에게 돌아간 것이다.

여름인 4월이다.

가을인 8월 갑오(甲午)일에 송나라의 만(萬)이 그 군주인 접(接)과 그 대부(大夫)인 구목(仇牧)을 함께 죽였다. 급(及)이란 무슨 뜻인가? 연루된 것이다. 군주를 시해한 일들이 많은데 연루된 사실이 없는 이도 제거하는 것인가? 공보가(孔父家)와 순식(荀息)은 모두 연루된 것이다. 공보가와 순식도 연루된 것이 없는데 죄가 된 것인가? 말하기를 "연루되어 있었다." 연루되어 있었다면 여기에 왜 기록했는가? 현자(賢者)들이었기 때문이다. 어찌하여 구목(仇牧)을 현명하다고 하는가? 구목을 강제로 억압해도 두려워하지 않은 것을 이른 것이다. 그가 강제로 억압해도 두려워하지 않았다는 것은 어떠한 일을 말하는가?

송만(宋萬)이 일찍이 노나라 장공과 싸우다 장공의 포로가 되었는데 장공이 귀국하여 모든 궁 안을 자유롭게 돌아다니며 머물러 있게 하였다.
　수개월 뒤에 귀국하였는데 돌아가서 도리어 송나라의 대부가 되었다. 어느 날 송나라 민공(閔公)과 함께 쌍륙을 하는데 여인들이 모두 옆에 있었다. 송만이 말하기를 "심하도다! 노나라 군주인 후작의 선량하고 아름다움이여! 천하의 제후로서 군주됨이 마땅한 자는 오직 노나라 군주인 후작이네."라고 했다. 송민공(宋閔公)이 이에 자신을 여인들에게 뽐내고자 하고 그의 말을 시샘하여 주위를 돌아보고 말했다. "이들은 노나라 후작의 포로들이었! 너희들이 포로가 되었었는데 어떤 이유로 노나라 후작의 아름다움을 찬양하는 것이 이토록 지극한가?" 이에 송만이 대로(大怒)하여 민공을 잡아서 그의 목을 꺾어 버렸다. 구목이 군주가 시해되었다는 소식을 듣고 달려와 이르렀는데 궁문(宮門)에서 송만을 만나자 손에 칼을 빼들고 질책했다. 이에 송만이 팔로 구목을 쳐죽이고 그의 머리를 부수어서 이빨을 궁문(宮門)에 쌓아 놓았다. 구목은 가히 강제로 억압하는 것을 두려워하지 않았다고 이를 것이다.
　겨울인 10월에 송(宋)나라 만(萬)이 진(陳)나라로 달아났다.

　十有二年 春 王三月 紀叔姬¹⁾歸于酅 ○其言歸于酅何 隱之也 何隱爾 其國亡矣 徒歸于叔²⁾爾也
　夏 四月
　秋 八月 甲午 宋萬³⁾弑其君接⁴⁾ 及其大夫仇牧 ○及者何 累也 弑君多矣 舍此無累者乎 孔父⁵⁾荀息⁶⁾ 皆累也 舍孔父荀息 無累者乎 曰有 有則此何以書 賢也 何賢乎仇牧 仇牧可謂不畏彊禦⁷⁾矣 其不畏彊禦奈何 萬嘗與莊公戰 獲乎莊公 莊公歸 散舍⁸⁾諸宮中 數月 然後歸之 歸反爲大夫於宋 與閔公博 婦人皆在側 萬曰 甚矣 魯侯之淑 魯侯之美也 天下諸侯宜爲君者 唯魯侯爾 閔公矜此婦人 妒其言 顧曰 此虜也 爾虜焉故⁹⁾ 魯侯之美惡乎至 萬怒 搏閔公 絶其脰 仇牧聞君弑 趨而至 遇之于門 手劍而叱之 萬臂撥仇牧 碎其首 齒著乎門闔¹⁰⁾ 仇牧可謂不畏彊禦矣

冬 十月 宋萬出奔陳

1) 紀叔姬(기숙희) : 노(魯)나라의 공녀(公女). 기(紀)나라로 시집갔는데 기나라가 망하자 노나라로 돌아오게 되어 있었다. 노나라로 돌아오기 전에 한동안 제나라에 귀속되어 있는 휴(酅) 땅에 몸을 의탁하고 있었던 것이다.
2) 叔(숙) : 기계(紀季)를 가리킴. 부인은 남편의 아우를 숙(叔)이라고 함.
3) 宋萬(송만) : 송나라 대부이며 남궁장만(南宮長萬)이다. 용력(勇力)으로써 송나라 민공(閔公)을 섬겼다.
4) 接(접) : 송나라 민공(閔公)의 이름. 송나라 장공(莊公)의 아들이며 제17대 군주가 되어 10년 간 재위. 좌전이나 곡량전 경문에는 첩(捷)으로 되어 있다.
5) 孔父(공보) : 송나라의 공보가(孔父家)이며 대사마(大司馬)였다.
6) 荀息(순식) : 진(晉)나라의 대부.
7) 彊禦(강어) : 강제로 구금시키다. 강제로 억압하다.
8) 散舍(산사) : 마음대로 머물게 하다.
9) 爾虜焉故(이로언고) : 너희 포로들이 무슨 까닭으로의 뜻.
10) 閤(합) : 대궐의 문짝.

13. 장공 13년 경자(庚子)

가. 제나라에서 수(遂)나라를 멸망시키다

13년 경자(庚子) 봄에 제나라 사람과 송나라 사람과 진(陳)나라 사람과 채나라 사람과 주루(邾婁)나라 사람이 북행(北杏)에서 회합했다.
 여름인 6월에 제(齊)나라 사람이 수(遂)나라를 멸망시켰다.
 가을인 7월이다.
 겨울에 장공이 제나라 군주인 후작을 만나 가(柯)에서 동맹을 맺었다. 왜 동맹을 맺은 날짜를 기록하지 않았는가? 평이(平易)해서이다. 그를 평이(平易)하다고 한 것은 어째서인가?
 제(齊)나라 환공(桓公)의 맹세에 날짜를 기록하지 않은 것은,

그의 모임에서는 귀환하는 시기를 기재하지 않아도 믿을 수 있었기 때문이었다. 그 날짜를 기록하지 않는 것이 왜 이 곳에서부터 시작되었는가? 노나라의 장공이 장차 제환공(齊桓公)을 만나볼 때 노나라 대부(大夫) 조귀(曹劌)가 장공에게 나아가 물었다. "군주의 의향은 무엇입니까?"라고 하니, 장공이 대답하기를 "과인(寡人)이 살아 있는 것이 죽는 것만 못하다."라고 했다. 조귀가 말하기를 "그렇다면 군주께서는 그 군주에게 청하시고 신(臣)은 그의 신하들에게 청하겠습니다."라고 하자, 장공이 말하기를 "그렇게 합시다."라고 했다. 이에 환공과 회견했다. 장공이 단(壇)으로 오르자 조귀가 손에 검을 가지고 따랐다.

제나라 관중(管仲)이 앞으로 나아가 말하기를 "군주께서는 무엇을 요구하십니까?"라고 하자, 조귀가 말하기를 "성(城)이 무너지고 국경이 압박되어서 군주와 함께 꾀하지 못하겠습니다."라고 했다. 관중이 말하기를 "그렇다면 군주께서는 무엇을 요구하십니까?"라고 하자, 조귀가 말하기를 "진실로 문양(汶陽) 땅을 청하시는 것입니다."라고 했다. 관중이 돌아보고 말하기를 "군주께서는 허락하시겠습니까?"하니, 환공이 말하기를 "허락하노라!"라고 하자 조귀가 맹세를 청했다. 환공이 내려와 함께 맹세를 했다. 이미 맹세를 하자 조귀가 칼을 버리고 내려갔다.

요맹(要盟)을 범하여 속이는 일을 환공(桓公)은 하지 않았고 조귀가 원수로 여겨도 환공은 원망하지 않았던 것이다. 이때부터 환공의 신뢰는 천하에 나타났는데 이는 가(柯) 땅의 맹세에서부터 비롯되었다.

十有三年 春 齊侯宋人陳人蔡人邾婁人 會于北杏[1]
夏 六月 齊人滅遂[2]
秋 七月
冬 公會齊侯盟于柯[3] ○何以不日 易[4]也 其易奈何 桓之盟不日 其會不致[5] 信之也 其不日何以始乎此 莊公將會乎桓 曹子[6]進曰 君之意何如 莊公曰 寡人之生 則不若死矣 曹子曰 然則君請當[7]其君 臣

請當其臣 莊公曰 諾 於是會乎桓 莊公升壇[8] 曹子手劒而從之 管子[9]進曰 君何求乎 曹子曰 城壞壓竟[10] 君不圖與[11] 管子曰 然則君將何求 曹子曰 願請汶陽[12]之田 管子顧曰 君許諾 桓公曰 諾 曹子請盟 桓公下與之盟 已盟 曹子摽[13]劍而去之 要盟[14]可犯 而桓公不欺 曹子可讐 而桓公不怨 桓公之信著乎天下 自柯之盟[15]始焉

1) 北杏(북행) : 제나라의 땅 이름.
2) 遂(수) : 나라 이름이다. 규성(嬀姓)이고 순(舜)임금의 후예이다. 제나라에 의해 멸망하였다.
3) 柯(가) : 제나라의 땅 이름.
4) 易(이) : 평이(平易)하다의 뜻.
5) 不致(불치) : 귀환(歸還). 돌아온 시기를 기재하지 않았다는 뜻.
6) 曹子(조자) : 조귀(曹劌)이며 노나라의 대부이다.
7) 當(당) : 짝과 같다. 상대. 대적하다의 뜻.
8) 壇(단) : 흙으로 3자를 쌓아서 만든 것. 모임에는 반드시 단이 있었다.
9) 管子(관자) : 제나라의 관중(管仲).
10) 竟(경) : 경(境)의 뜻.
11) 君不圖與(군불도여) : 군(君)은 제환공(齊桓公)이다. 도(圖)는 모(謀)와 같다. 곧 제나라 군주와 함께 도모할 수가 없다는 뜻.
12) 汶陽(문양) : 노나라의 땅인데 제나라가 빼앗았다.
13) 摽(표) : 기(棄)의 뜻이다.
14) 要盟(요맹) : 신하가 그의 군주와 약속한 것을 요맹(要盟)이라 한다.
15) 自柯之盟(자가지맹) : 가(柯) 땅의 맹세라는 뜻.

14. 장공 14년 신축(辛丑)

가. 선(單)나라에서 송나라 정벌에 가담하다

14년 신축(辛丑) 봄에 제나라 사람과 진(陳)나라 사람과 조(曹)나라 사람이 송나라를 정벌했다.

여름에 선(單)나라 군주인 백작이 회동에 참여하여 송나라 정벌에 가담했다. 이를 '회벌송(會伐宋 : 회동에 참여하여 송나라 정벌에 가담하다)'이라고 말한 것은 무슨 뜻인가? 뒤에 회동한 것이다.

가을인 7월에 형(荊 : 楚)나라가 채(蔡)나라로 쳐들어갔다.

겨울에 선(單)나라 군주인 백작이 제나라 군주인 후작과 송(宋)나라 군주인 공작과 위(衛)나라 군주인 후작과 정나라 군주인 백작과 견(鄄)에서 회동했다.

十有四年 春 齊人陳人曹人 伐宋
夏 單伯[1] 會伐宋 ◯其言會伐宋何 後會也
秋 七月 荊入蔡
冬 單伯會齊侯宋公衛侯鄭伯 于鄄[2]

1) 單伯(선백) : 주(周)나라 왕실(王室)의 대부(大夫)이다.
2) 鄄(견) : 위나라의 땅 이름이다.

15. 장공 15년 임인(壬寅)

가. 주루(邾婁) 사람들이 예(兒)를 정벌하다

15년 임인(壬寅) 봄에 제나라 군주인 후작과 송나라 군주인 공작과 진(陳)나라 군주인 후작과 위(衛)나라 군주인 후작과 정나라 군주인 백작이 견(鄄)에서 회합했다.

여름에 부인(夫人) 강씨(姜氏)가 제나라에 갔다.

가을에 송나라 사람과 제나라 사람과 주루(邾婁)나라 사람이 예(兒)나라를 정벌했다.

정(鄭)나라 사람이 송(宋)나라를 침범했다.

겨울인 10월이었다.

十有五年 春 齊侯宋公陳侯衛侯鄭伯 會于鄄[1]

夏 夫人姜氏如齊
秋 宋人齊人衛人 伐兒[2]
鄭人侵宋
冬 十月

1) 會于鄄(회우견) : 이는 2차로 제나라 후작이 제후들을 소집한 것이며 이후 제나라가 패권(覇權)을 개시하는 시기였다.
2) 兒(예) : 예(郳)와 같다. 나라 이름이고 뒤에 소주루(小邾婁)나라가 되었다.

16. 장공 16년 계묘(癸卯)

가. 유(幽)에서 동맹을 맺다

16년 계묘(癸卯) 봄인 왕력으로 정월이었다.
여름에 송나라 사람과 제나라 사람과 위(衛)나라 사람이 정나라를 정벌했다.
가을에 형(荊)나라가 정나라를 정벌했다.
겨울인 12월에 장공이 제나라 군주인 후작과 송나라 군주인 공작과 진(陳)나라 군주인 후작과 위(衛)나라 군주인 후작과 정나라 군주인 백작과 허(許)나라 군주인 남작과 조(曹)나라 군주인 백작과 활(滑)나라 군주인 백작과 등(滕)나라 군주인 자작과 모여 유(幽)에서 동맹(同盟)을 맺었다. 동맹이란 무엇인가? 마음을 함께 하여 맹세하고자 하는 것이다.
주루(邾婁)나라의 군주인 자작 극(克)이 세상을 떠났다.

十有六年 春 王正月
夏 宋人齊人衛人伐鄭
秋 荊伐鄭
冬 十有二月 公會齊侯宋公陳侯衛侯鄭伯許男[1]曹伯滑伯[2]滕子同盟于幽[3] ○同盟者何 同欲也

邾婁子克[4]卒

1) 許男(허남) : 허(許)나라 군주인 남작(男爵)이다. 허나라는 강성(姜姓)이며 자작(子爵)의 나라인데 후에 초(楚)나라에 멸망했다.
2) 滑伯(활백) : 활나라 군주인 백작이며 희성(姬姓)이다.
3) 幽(유) : 송나라의 땅 이름. 일설에는 유주(幽州)라고도 했다. 고대 구주(九州)의 하나이다.
4) 邾婁子克(주루자극) : 주루(邾婁)나라 군주인 자작 극(克). 극은 이름이고 자는 의보(儀父)라 했다.

17. 장공 17년 갑진(甲辰)

가. 제나라 사람이 수(遂)에서 몰살되었다

17년 갑진(甲辰) 봄에 제나라 사람이 정(鄭)나라의 첨(瞻)을 잡았다. 정나라의 첨(瞻)이란 누구인가? 정나라의 신분이 낮은 자이다. 이 정나라의 신분이 낮은 자를 왜 제나라 사람들이 잡았다고 말했는가? 매우 간교하고 아첨하는 자라 기록한 것이다.

여름에 제나라 사람들이 수(遂)에서 몰살되었다. 몰살되었다는 것은 무슨 뜻인가? 몰살되어 시체가 쌓인 것이다. 수(遂)나라 민중들이 변방을 지키는 제나라 군사들을 죽인 것이다.

가을에 정나라의 첨(瞻)이 제나라에서 도망하여 왔다. 왜 이것을 기록했는가? 매우 간교하고 아첨하는 사람이라 기록한 것이다. 말하기를 "간교하고 아첨하는 사람이 왔네! 간교하고 아첨하는 사람이 왔네!"라고 했다.

겨울에 고라니가 많았다. 왜 이를 기록했는가? 괴이한 일이라 기록했다.

十有七年 春 齊人執鄭瞻[1] ○鄭瞻者何 鄭之微者也 此鄭之微者何言乎齊人執之 書甚佞[2]也

夏 齊人殲¹⁾于遂 ○殲者何 殲積⁴⁾也 衆殺戍者也
秋 鄭瞻自齊逃來 ○何以書 書甚佞也 曰 佞人來矣 佞人來矣
冬 多麋 ○何以書 記異也

1) 鄭瞻(정첨) : 정나라의 집정대신(執政大臣). 좌전(左傳)에는 정첨(鄭詹)으로 되어 있다.
2) 佞(영) : 간교하고 아첨하다의 뜻.
3) 殲(첨) : 몰살되다의 뜻. 좌전(左傳)이나 곡량전(穀梁傳)의 경문에는 섬(殲)으로 되어 있다.
4) 殲積(첨적) : 피살된 자가 많아서 시체가 쌓여 있다는 뜻.

18. 장공 18년 을사(乙巳)

가. 융족(戎族)을 제수(濟水) 서쪽으로 몰아내다

18년 을사(乙巳) 봄인 왕력으로 3월에 일식(日蝕)이 있었다.
여름에 장공이 융족(戎族)을 제수(濟水) 서쪽에서 몰아냈다. 이 일을 '벌(伐)'이라고 말하지 않고 그것을 '추(追 : 몰아내다)'라고 말한 것은 무슨 뜻인가? 그것은 노나라 장공이 중국의 제후국들을 위하여 몰아낸 것을 크게 여긴 것이다. 이들이 중국을 정벌한 일이 있지 않았는데 그들을 추방한 것을, 중국을 위하여 추방하였다고 말한 것은 무슨 뜻인가? 그들이 중국을 정벌하는데 이르지는 않았지만 미리 방어한 것을 크게 한 것이다. 그것을 제수(濟水)의 서쪽에서 했다고 말한 것은 무슨 뜻인가? 이는 장공을 위대하게 한 것이다.
가을에 역충(蝨蟲)이 나타났다. 왜 이것을 기록했는가? 괴이한 일이라 기록한 것이다.
겨울인 10월이다.

十有八年 春 王正月¹⁾ 日有食之

夏 公追²⁾戎于濟西 ○此未有言伐者 其言追何 大其爲中國追也 此未有伐中國者 則其言爲中國追何 大其未至而豫禦之也 其言于 濟西何 大之³⁾也

秋 有蜮⁴⁾ ○何以書 記異也

冬 十月

1) 正月(정월) : 하휴(何休)의 본에는 정월(正月)로 되어 있다. 좌전에는 삼월 (三月)로 되어 있다.
2) 追(추) : 추격(追擊)하다. 병력으로 쫓는 것을 뜻한다.
3) 大之(대지) : 노나라 장공을 위대하게 한 것이다.
4) 蜮(역) : 역충(蜮蟲). 단호(短狐). 물 속에서 모래를 머금었다가 사람을 보면 쏘아 해를 입힌다는 짐승.

19. 장공 19년 병오(丙午)

가. 부인 강씨(姜氏)가 거(莒)나라로 가다

19년 병오(丙午) 봄인 왕력으로 정월이다.

여름인 4월이다.

가을에 공자(公子) 결(結)이 진(陳)나라 사람의 아내를 견 (鄄)까지 호송하고, 이어서 제나라 군주인 후작과 송나라 군주인 공작과 동맹을 맺었다. 잉(媵)이란 무엇인가? 제후가 한 나라에 장가를 들게 되면 두 나라에서 잉(媵)이 가는데 질(姪 : 조카)이나 제(娣 : 손아래 누이)의 신분으로 따른다. 질(姪)이란 누구인가? 형의 자식(딸)이다. 제(娣)란 누구인가? 손아래 누이이다. 제후는 한 번 장가들 때 9명의 여자에게 장가들고 그 뒤에는 다시 장가가지 않는다. 잉(媵)은 춘추에는 기록하지 않는 것인데 여기에 왜 기록했는가? 그 전단(專斷)하는 일이 있어서 기록한 것이다. 대부(大夫)에게는 전단(專斷)하는 일이 없는 것인데 이 곳에서 수(遂 : 오로지하다)를 말한 것은 무슨 뜻인가? 빙례(聘禮)

에는 대부(大夫)가 명령을 받아 구체적인 지시를 받지 않고 국경을 벗어나게 되었을 때는 가히 사직(社稷)을 편안하게 하고 국가를 이익되게 하는 것이라면 전단(專斷)하는 것이 옳은 일이기 때문이었다.
　부인(夫人) 강씨(姜氏)가 거(莒)나라로 갔다.
　겨울에 제나라 사람과 송나라 사람과 진(陳)나라 사람이 우리 노나라 서쪽 변방을 정벌했다.

　十有九年 春 王正月
　夏 四月
　秋 公子結媵[1]陳人之婦于鄄 遂[2] 及齊侯宋公盟 ○媵者何 諸侯娶一國 則二國往媵之 以姪娣從 姪者何 兄之子也 娣者何 弟也 諸侯壹聘九女 諸侯不再娶 媵不書 此何以書 爲其有遂事書 大夫無遂事 此其言遂何 聘禮 大夫受命 不受辭 出竟有可以安社稷 利國家者 則專之可也
　夫人姜氏如莒
　冬 齊人宋人陳人伐我西鄙[3]

1) 媵(잉) : 옛날에 제후의 딸이 출가할 때 따라서 보내는 여자. 좌전에서는 여기의 잉은 호송하다의 뜻도 있다고 했다. 곧 노나라의 공녀(公女)가 진나라 대부의 아내로 시집가는 것을 호송한 것이라 했다.
2) 遂(수) : 전단(專斷)의 뜻이 있다. 곧 마음대로 판단하다의 뜻.
3) 鄙(비) : 변방의 읍(邑)이다.

20. 장공 20년 정미(丁未)

　가. 제나라에 크게 재해가 생겼다
　20년 정미(丁未) 봄인 왕력으로 2월에 부인(夫人) 강씨(姜氏)가 거(莒)나라로 갔다.

여름에 제나라에 크게 재해가 생겼다. 크게 재해가 생겼다는 것은 무슨 뜻인가? 유행병(전염병)이 크게 번진 것이다. 대척(大瘠: 유행병)이란 무엇인가? 염병(돌림병)이다. 왜 이것을 기록했는가? 재앙이라 기록했다. 외국의 재앙은 기록하지 않는 것인데 이를 왜 기록했는가? 우리 노나라에까지 피해가 미쳤기 때문이었다.

가을인 7월이다.

겨울에 제나라 사람이 융족을 정벌했다.

二十年 春 王二月 夫人姜氏如莒
夏 齊大災 ○大災者何 大瘠[1]也 大瘠者何 痸[2]也 何以書 記災也 外災不書 此何以書 及我也
秋 七月
冬 齊人伐戎

1) 瘠(척) : 질역(疾疫)이다. 곧 돌림병이며 염병을 뜻한다.
2) 痸(예) : 염병(돌림병)이다. 전염성이 강한 질병이다.

21. 장공 21년 무신(戊申)

가. 부인(夫人) 강씨(姜氏)가 훙거(薨去)하다

21년 무신(戊申) 봄인 왕력으로 정월이다.

여름인 5월 신유(辛酉)일에 정나라 군주인 백작 돌(突)이 세상을 떠났다.

가을인 7월 무술(戊戌)일에 부인(夫人) 강씨(姜氏)가 훙거(薨去)했다.

겨울인 12월에 정나라 여공(厲公)을 장사 지냈다.

二十有一年 春 王正月
夏 五月 辛酉 鄭伯突[1]卒

秋 七月 戊戌 夫人姜氏薨
冬 十有二月 葬鄭厲公

1) 鄭伯突(정백돌) : 정나라 여공(厲公)이고 돌(突)은 이름이다. 장공(莊公)
   의 아들이며 12년 간 재위했다.

22. 장공 22년 기유(己酉)

가. 진(陳)나라에서 공자(公子) 어구(禦寇)를 죽이다

22년 기유(己酉) 봄인 왕력으로 정월에 큰 재앙을 늦추어 주었다. 사(肆 : 늦추다)란 무슨 뜻인가? 정도에 지나치게 하다이다. 대생(大省 : 큰 재앙)이란 무엇인가? 재앙을 덮어준 것이다. '큰 재앙을 늦추어 주었다'는 무엇 때문에 기록했는가? 견책한 것이다. 왜 이를 견책했는가? 시작부터 장공(莊公)이 꺼리는 날에 덜어주고 절제시킨 것을 견책한 것이다.

계축(癸丑)일에 우리의 소군(小君)인 문강(文姜)의 장사를 지냈다. 문강(文姜)이란 누구인가? 장공(莊公)의 어머니이다.

진(陳)나라 사람이 그의 공자(公子)인 어구(禦寇)를 죽였다. 여름인 5월이다.

가을인 7월 병신(丙申)일에 제나라 고혜(高傒)와 방(防)에서 동맹을 맺었다. 제나라 고혜(高傒)란 누구인가? 제나라의 귀한 대부(大夫)이다. 왜 우리 노나라의 신분이 낮은 자가 나아가서 맹세를 했는가? 우리의 장공이었다. 장공이라면 왜 장공이라고 기록하지 않았는가? 제나라의 대부와 맹세한 것을 숨긴 것이다.

겨울에 장공이 제나라에 가서 납폐(納幣)했다. 납폐(納幣)를 기록하지 않는 것인데 이것을 왜 기록했는가? 풍자한 것이다. 왜 이를 풍자한 것인가? 몸소 납폐(納幣)하는 것은 예에 합당한 것이 아니기 때문이었다.

二十有二年 春 王正月 肆大省[1] ○肆者何 跌[2]也 大省者何 災省[3]也 肆大省 何以書 譏 何譏爾 譏始忌省[4]也

癸丑 葬我小君[5]文姜 ○文姜者何 莊公之母也

陳人殺其公子禦寇[6]

夏 五月

秋 七月 丙申 及齊高傒[7]盟于防 ○齊高傒者何 貴大夫也 曷爲就吾微者而盟 公也 公則曷爲不言公 諱與大夫盟也

冬 公如齊納幣[8] ○納幣不書 此何以書 譏 何譏爾 親納幣 非禮也

1) 肆大省(사대생) : 큰 재앙을 늦추어 주었다의 뜻. 곧 감면해 주었다는 뜻. 좌전(左傳)에는 많은 죄인을 사면했다고 했다. 곡량전에는 재앙을 늦추어 주다의 뜻이라 했다.
2) 跌(질) : 지나치다의 뜻.
3) 災省(재생) : 재앙으로 인해 진행되는 약속을 절제하다. 재앙이 있다는 말을 듣고 스스로 살피는 것을 '재성(災省)'이라 한다고 했다.
4) 忌省(기생) : 기일(忌日)에 진행되는 약속을 절제하다의 뜻.
5) 小君(소군) : 제후의 아내를 뜻한다.
6) 禦寇(어구) : 진(陳)나라 선공(宣公)의 태자(太子)이다.
7) 高傒(고혜) : 제나라 집정대부(執政大夫)이며 고자(高子)라고 일컫고 경중(敬仲)이다.
8) 納幣(납폐) : 납징(納徵). 주(周)나라 때 혼례에서 육례(六禮)의 하나. 납길(納吉)한 후 정혼(定婚)한 표적으로 신랑집에서 신부집에 보내는 예물.

23. 장공 23년 경술(庚戌)

가. 장공이 제나라에서 이르다

23년 경술(庚戌) 봄에 장공이 제나라에서 이르렀다. 제나라 환공(桓公)의 맹세는 날짜를 기재하지 않고 그와 회담을 하고 돌아온 것을 보고하지 않았더라도 서로 믿는 것이었다. 여기서 노나라의 장공이 제나라 환공(桓公)의 나라에 무엇 때문에 이르게 되었는가? 위태함이 있어서이다. 왜 이를 위태하다고 했는가? 노나라의 장공이 진타(陳佗)와 동일하게 행동했기 때문이었다.

제숙(祭叔)이 예물을 가지고 왔다.

여름에 장공이 제나라에 가서 사제(社祭)를 지내는 것을 보았다. 왜 이 내용을 기록했는가? 견책한 것이다. 왜 이를 견책했는가? 제후가 국경을 넘어서 사제(社祭)를 지내는 것을 본 것은 예에 합당한 것이 아니었다. 장공이 제나라에서 돌아왔다.

형(荊)나라 사람이 예물을 가지고 왔다. 형(荊)나라를 왜 '인(人)'이라고 일컬었는가? 처음으로 중국의 제후에게 빙문(聘問)한 것이기 때문이었다.

장공이 제나라 후작과 곡(穀)에서 만났다.

소숙(蕭叔)이 장공을 뵈었다. 소숙이 장공을 뵈었다고 한 것은 무슨 뜻인가? 당시 장공이 외지에 있었기 때문이었다.

가을에 환궁(桓宮)의 기둥을 붉게 칠했다. 왜 기록했는가? 견책한 것이다. 왜 이를 견책한 것인가? 환궁(桓宮)의 기둥을 붉게 칠한 것은 예에 합당한 일이 아니었기 때문이다.

겨울인 11월에 조나라 군주인 백작 역고(射姑)가 세상을 떠났다. 12월인 갑인(甲寅)일에 장공이 제나라 군주인 후작과 호(扈)에서 동맹을 맺었다. 제나라 환공(桓公)의 동맹은 날짜를 쓰지 않는 것인데 여기에서는 왜 날짜를 기록했는가? 장공에게 위험한 일이 있었기 때문이었다. 왜 이 곳에서 위험한 일이 있었는가? 우리 장공의 음란한 행동이 두 번째였다. 노자(魯子)가 말하기를 "'아이(我貳: 우리의 장공이 음란한 행동이 두 번째)'란 저들 제나라에서 그렇게 한 것이 아니라 우리 노나라에서 그렇게 한 것이었다."라고 했다.

二十有三年 春 公至自齊 ◯桓之盟不日 其會不致 信之也 此之桓國何以致 危之也 何危爾 公一陳佗[1]也

祭叔[2]來聘

夏 公如齊觀社³⁾ ○何以書 譏 何譏爾 諸侯越竟觀社 非禮也
 公至自齊
荊人來聘⁴⁾ ○荊何以稱人 始能聘也
公及齊侯遇于穀
蕭叔⁵⁾朝公 ○其言朝公何 公在外也
秋 丹桓宮楹⁶⁾ ○何以書 譏 何譏爾 丹桓宮楹 非禮也
冬 十有一月 曹伯射姑⁷⁾卒
十有二月 甲寅 公會齊侯盟于扈⁸⁾ ○桓之盟不日 此何以日 危之也 何危爾 我貳⁹⁾也 魯子曰 我貳者 非彼然 我然¹⁰⁾也

1) 公一陳佗(공일진타) : 노나라의 장공이나 진(陳)나라의 타(佗)나 마찬가지라는 뜻. 곧 장공이 제나라에 가서 음란하게 한 것이나 진(陳)나라 군주가 채나라에서 한 일이 동일하다는 것을 뜻함.
2) 祭叔(제숙) : 주(周)왕실의 대부이며 제(祭)나라 군주의 아우이다.
3) 社(사) : 사신(社神)에 제사하는 것. 곧 토지신(土地神)이다.
4) 荊人來聘(형인래빙) : 형은 초(楚)나라이다. 초나라와 중국(中國)과의 교류가 이때부터 시작되었다.
5) 蕭叔(소숙) : 곡량전에는 작은 나라의 군주로 작위를 명받지 못한 자라고 했다.
6) 丹桓宮楹(단환궁영) : 환궁(桓宮)의 기둥을 붉게 칠하다의 뜻. 환궁은 환공(桓公)의 사당이다.
7) 曹伯射姑(조백역고) : 조(曹)나라 장공(莊公). 역고는 이름. 31년간 재위.
8) 扈(호) : 정나라 땅 이름.
9) 我貳(아이) : 우리의 장공이 두 번이나 음란한 행동을 했다는 뜻.
10) 我然(아연) : 우리가 그렇게 했다는 뜻. 노나라 장공이 잘못했다는 뜻이다.

24. 장공 24년 신해(辛亥)

가. 조(曹)나라 장공(莊公)을 장사 지내다

24년 신해(辛亥) 봄인 왕력으로 3월 환궁(桓宮)의 서까래에 조각을 했다. 이를 왜 기록했는가? 견책한 것이다. 왜 이를 견책했는가? 환궁(桓宮)의 서까래에 조각한 것은 예에 합당한 일이 아니었기 때문이다.

조(曹)나라 장공(莊公)을 장사 지냈다.

여름에 장공이 제나라에 가서 공녀(公女)를 맞이했다. 왜 이를 기록했는가? 장공이 몸소 가서 맞이하여 장가드는 것이 예에 합당한 것이기 때문이었다.

가을에 장공이 제나라에서 이르렀다.

8월 정축(丁丑)일에 부인 강씨(姜氏 : 哀姜)가 들어왔다. 부인 강씨가 온 것을 '입(入)'이라고 말한 것은 무슨 뜻인가? 어려워진 것이다. 그 들어온 날짜를 기록한 것은 무슨 뜻인가? 곤란해졌기 때문이다. 그 곤란해진 것이란 무엇 때문인가? 부인(夫人)이 빨리 오려고 하지도 않았지만, 또 노나라로 들어오려고 하지도 않았을 뿐더러 장공과 함께 약속한 것이 있은 연후에 들어온 것이기 때문이었다.

무인(戊寅)일에 대부(大夫)와 종부(宗婦)들이 부인(夫人)을 뵙고 폐백을 드렸다. 종부(宗婦)란 누구인가? 대부의 아내이다. 적(覿 : 보다)이란 뵙다이다. 용(用 : 사용하는 것)이란 무엇인가? 용(用)이란 사용하는 것이 적당하지 않은 것이다. 뵐 때 폐백을 사용하는 것은 예에 합당한 것이 아니었다는 것이다. 그렇다면 왜 용(用)이라고 했는가? 대추나 밤을 이를 것인가? 생강이나 계피에 말린 고기라고 이를 것인가?

크게 홍수가 났다.

겨울에 융족(戎族)이 조(曹)나라를 침범했다. 조나라의 기(羈)가 진(陳)나라로 달아났다. 조(曹)나라의 기(羈)란 누구인가? 조나라의 대부(大夫)이다. 조나라에는 대부(大夫)가 없는데 이곳에 왜 기록했는가? 현명한 사람이었기 때문이다. 왜 조(曹)나라의 기(羈)를 현명하다고 하는가?

융족(戎族)이 장차 조나라를 침범하려 할 때 조나라의 기(羈)가 간하여 말하기를 "융족의 무리들은 의(義)가 없으므로 군주께서는 스스로 대적하지 않으시기를 청하나이다."라고 하자, 조(曹)나라 군주인 백작이 말하기를 "그렇게 하지 않겠소."라고 했다. 세 번을 간했는데 따르지 않자 드디어 떠나갔다. 그러므로 군자(君子:孔子)께서는 조(曹)나라의 기(羈)가 군주와 신하간의 의리에 합당한 절차를 얻었다고 말한 것이다.

적(赤)이 조나라로 돌아갔다. 곽(郭)나라의 군주인 공작이었다. 적(赤)이란 누구인가? 조(曹)나라에는 적(赤)이란 자가 없는데 대개 곽(郭)나라의 공작이었다. 곽(郭)나라의 공작이란 누구인가? 국토를 잃은 군주이다.

二十有四年 春 王三月 刻桓宮桷[1] ◯何以書 譏 何譏爾 刻桓宮桷 非禮也
葬曹莊公
夏 公如齊逆女 ◯何以書 親迎禮也
秋 公至自齊 八月 丁丑 夫人姜氏入 ◯其言入何 難也 其言日何 難也 其難奈何 夫人不僂[2] 不可使入 與公有所約[3] 然後入
戊寅 大夫宗婦[4] 覿 用幣[5] ◯宗婦者何 大夫之妻也 覿者何 見也 用者何 用者不宜用也 見用幣 非禮也 然則曷用棗栗云乎 腵脩[6]云乎
大水
冬 戎侵曹 曹羈出奔陳 ◯曹羈者何 曹大夫也 曹無大夫 此何以書 賢也 何賢乎曹羈 戎將侵曹 曹羈諫曰 戎衆以無義 君請勿自敵也 曹伯曰 不可 三諫不從 遂去之 故君子以爲得君臣之義也
赤歸于曹郭公[7] ◯赤者何 曹無赤者 蓋郭公也 郭公者何 失地之君也

1) 刻桓宮桷(각환궁각) : 환공(桓公)을 모신 사당의 서까래에 조각을 하다의 뜻. 각은 서까래이다.
2) 不僂(불루) : 빨리 오려고 하지 않다. 누(僂)는 질(疾)의 뜻이라 했다.
3) 約(약) : 잉첩(媵妾)을 멀리하겠다는 약속이다.
4) 宗婦(종부) : 대부의 아내이다.
5) 幣(폐) : 옥(玉)이나 비단을 가리킨다.

6) 腶脩(단수) : 생강이나 계피에 절여 말린 고기. 곧 포(脯).
7) 赤歸于曹郭公(적귀우조곽공) : 이 구절에는 결문(缺文)이 있다고 했다. 적(赤)은 좌전(左傳)에는 조(曹)나라 희공(僖公)의 이름이라 했다. 곽공(郭公)은 좌전(左傳)에는 곽나라의 공작(公爵)이라 했다.

25. 장공 25년 임자(壬子)

가. 위(衛)나라 군주가 세상을 뜨다

25년 임자(壬子) 봄에 진(陳)나라 군주인 후작이 여숙(女叔)에게 예물을 가지고 노나라를 예방하게 했다.

여름인 5월 계축(癸丑)일에 위(衛)나라 군주인 후작 삭(朔)이 세상을 떠났다.

6월 신미(辛未)일 초하루에 일식이 있었다. 북을 치고 희생을 바쳐 사제(社祭)를 지냈다. 일식(日蝕)이 있으면 왜 북을 치고 희생을 바쳐 사제(社祭)를 지내는 것인가? 이것은 음(陰)의 도(道)를 구하는 일이다. 붉은 실로 사(社)를 휘감는데 혹은 말하기를 위협한다고 하고 혹은 말하기를 어둠을 위한다고 하는데 사람들이 범할까 두려워하는 것으로 붉은 실로 휘감아 놓는다고 했다.

백희(伯姬)가 기(杞)나라로 시집을 갔다.

가을에 홍수가 났다. 이에 북을 치고 희생을 바쳐 성문(城門)에서 사제(社祭)를 지냈다. 성문에서 사제(社祭)를 지냈다고 말한 것은 무슨 뜻인가? 우사(于社 : 社祭)는 예에 합당한 것이다. 우문(于門 : 城門)이라 한 것은 예에 합당한 것이 아니었다.

겨울에 공자(公子) 우(友)가 진(陳)나라에 갔다.

二十有五年 春 陳侯使女叔[1]來聘
夏 五月 癸丑 衛侯朔[2]卒
六月 辛未朔 日有食之 鼓用牲于社[3] ○日食則曷爲鼓用牲于社

求乎陰之道也 以朱絲營⁴⁾社 或曰脅之 或曰爲闇 恐人犯之 故營之
伯姬⁵⁾歸于杞
　秋 大水 鼓用牲于社 于門⁶⁾ ○其言于社于門何 于社 禮也 于門 非
禮也
　冬 公子友⁷⁾如陳
1) 女叔(여숙) : 진(陳)나라 대부(大夫)이며 경(卿)이고 여(女)는 씨이고 숙(叔)은 자(字)이다.
2) 衛侯朔(위후삭) : 위나라의 혜공(惠公). 선공(宣公)의 아들. 31년 간 재위.
3) 鼓用牲于社(고용생우사) : 고(鼓)는 북을 두드리다. 사(社)는 토지신(土地神)이다. 곧 북을 두드리고 토지신에게 희생을 바쳐서 제사 지내다의 뜻.
4) 營(영) : 휘감다의 뜻.
5) 伯姬(백희) : 노나라 장공(莊公)의 딸.
6) 門(문) : 성문(城門)의 문신(門神).
7) 公子友(공자우) : 노나라 환공(桓公)의 아들이며 계우(季友)이다. 장공(莊公)의 동모제(同母弟).

26. 장공 26년 계축(癸丑)

가. 조(曹)나라에서 대부(大夫)를 죽이다

　26년 계축(癸丑) 봄에 장공이 융족(戎族)을 정벌했다.
　여름에 장공이 융족을 정벌하는 데에서 돌아왔다.
　조(曹)나라에서 그의 대부(大夫)를 죽였다. 조나라에서 대부를 죽였는데 왜 이름을 기록하지 않았는가? 그 수가 많았기 때문이었다. 왜 많은 대부를 죽였다고 했는가? 조(曹)나라의 군주가 죽인 것이 아니다. 군주가 군주의 지위로 죽는 것을 '멸(滅)'이라고 이르는데 왜 그를 멸망했다고 말하지 않았는가? 조기(曹羈)를 위하여 숨긴 것이다. 이것은 대개는 전쟁이었는데 왜 전쟁이라고 말하지 않았는가? 조기(曹羈)를 위하여 숨긴 것이었다.

가을에 장공이 송(宋)나라 사람과 제(齊)나라 사람과 회합하여 서(徐)나라를 정벌했다.
겨울인 12월 초하루 계해(癸亥)일에 일식(日蝕)이 있었다.

二十有六年 公伐戎[1]
夏 公至自伐戎
曹殺其大夫 ○何以不名 衆也 曷爲衆殺之 不死于曹君者也 君死乎位曰滅 曷爲不言其滅 爲曹羈諱也 此蓋戰也 何以不言戰 爲曹羈諱也
秋 公會宋人齊人伐徐[2]
冬 十有二月 癸亥朔 日有食之

1) 公伐戎(공벌융) : 세 글자 위에 어느 본(本)에는 춘(春)자가 있다.
2) 徐(서) : 나라 이름이다.

27. 장공 27년 갑인(甲寅)

가. 유(幽) 땅에서 동맹을 맺다

27년 갑인(甲寅) 봄에 장공이 기(杞)나라 백희(伯姬)와 조(洮)에서 만났다.
여름인 6월에 장공이 제나라 군주인 후작과 송나라 군주인 공작과 진(陳)나라 군주인 후작과 정나라 군주인 백작과 회동하여 유(幽)에서 동맹을 맺었다.
가을에 공자(公子) 우(友)가 진(陳)나라로 가서 원중(原仲)을 장사 지냈다. 원중(原仲)이란 누구인가? 진(陳)나라의 대부(大夫)이다. 대부(大夫)의 장례는 기록하지 않는 것인데 여기에 왜 기록했는가? 계자(季子 : 公子友)와 사사로이 행동한 것이 통한 것이다. 왜 계자(季子)와 사사로이 행동한 것이 통했는가? 국내의 어려움을 피하게 한 것이다.
군자(君子)는 국내의 난(難)은 피하고 국외의 난(難)은 피하지 않는 것이다. 국내의 난(難)이란 무엇인가? 공자 경보(公子慶父)와 공자 아(公子牙)와 공자 우(公子友)는 모두 장공(莊公)과 어머니를 함께 한 아우들이다. 공자 경보와 공자 아가 부인(夫人)과 간통을 하고 장공을 위협했다. 계자(季子：公子友)가 일어나서 이를 다스리려고 했는데 국정에 참여하지 못하고 앉아서 보기만 할 뿐이었고 친한 사람만 친하게 하는 것을 차마 볼 수가 없었다. 그러므로 이에 다시 진(陳)나라에 가기를 청하여 원중(原仲)의 장례에 참가한 것이다.

겨울에 기(杞)나라 백희(伯姬)가 왔다. 백희가 온 것을 '내(來)'라고 말한 것은 무슨 뜻인가? 곧바로 온 것을 '내(來)'라고 이르고 크게 돌아온 것을 '내귀(來歸)'라고 이른다.

거(莒)나라 경(慶)이 와서 숙희(叔姬)를 맞이했다. 거(莒)나라의 경(慶)이란 누구인가? 거나라의 대부이다. 거나라에는 대부(大夫)가 없는데 여기에 왜 이를 기록했는가? 견책한 것이다. 왜 이를 견책했는가? 대부가 국경을 넘어와 여자를 맞이해 가는 것은 예에 합당한 일이 아니다.

기(杞)나라 군주인 백작이 찾아왔다.

장공이 제나라 군주인 후작을 성복(城濮)에서 만났다.

二十有七年 春 公會杞伯姬[1]于洮[2]
夏 六月 公會齊侯宋公陳侯鄭伯 同盟于幽
秋 公子友如陳 葬原仲 ○原仲者何 陳大夫也 大夫不書葬 此何以書 通乎季子之私行[3]也 何通乎季子之私行 辟[4]內難也 君子辟內難而不辟外難 內難者何 公子慶父 公子牙 公子友 皆莊公之母弟[5]也 公子慶父 公子牙 通[6]乎夫人 以脅公 季子起而治之 則不得與于國政 坐而視之 則親親[7] 因不忍見也 故於是復請至于陳 而葬原仲也
冬 杞伯姬來 ○其言來何 直來[8] 曰來 大歸[9] 曰來歸
莒慶來逆叔姬 ○莒慶者何 莒大夫也 莒無大夫 此何以書 譏 何譏爾 大夫越竟[10]逆女 非禮也
杞伯來朝

公會齊侯于城濮[11]

1) 杞伯姬(기백희) : 노나라 장공(莊公)의 딸. 기(杞)나라로 시집가서 기백부인(杞伯夫人)이 되었다.
2) 洮(조) : 노나라의 땅 이름.
3) 私行(사행) : 사사로이 행동한 것. 곧 공적인 일이 아니고 개인적인 일.
4) 辟(피) : 피(避)와 같다.
5) 母弟(모제) : 어머니를 함께 한 아우들.
6) 通(통) : 간통(姦通)하다. 비정상적인 남녀관계의 뜻.
7) 親親(친친) : 그 친한 사람만 친하게 지내다. 곧 사당(私黨)의 뜻.
8) 直來(직래) : 곧바로 오다. 아무 일이 없는데 오다의 뜻.
9) 大歸(대귀) : 이혼당하여 돌아오는 것을 뜻한다. 대귀는 귀부인이 이혼당한 것.
10) 越竟(월경) : 국경을 넘어오다의 뜻.
11) 城濮(성복) : 위나라의 땅 이름.

28. 장공 28년 을묘(乙卯)

가. 주루(邾婁)나라 쇄(瑣)가 세상을 떠나다

28년 을묘(乙卯) 봄인 왕력으로 3월 갑인(甲寅) 일에 제나라 사람이 위(衛)나라를 정벌했다. 위나라 사람이 제나라 사람과 싸워서 위나라 사람이 패배했다. 정벌한 것은 날짜를 기록하지 않는 것인데 이 곳에는 왜 날짜를 기록했는가? 군대가 이르는 날짜이다. 전쟁에는 벌(伐 : 정벌)이라고 말하지 않는데 이 곳에서 벌(伐)이라고 말한 것은 무슨 뜻인가? 군대가 이른 날짜이다. '춘추(春秋)'에서는 '정벌하는 자가 객(客)이 되기도 하고 정벌당하는 자가 주인이 되기도 한다.'고 했다. 그러므로 위나라를 주인으로 삼은 것이다. 왜 위나라로 주인을 삼았는가? 위나라가 죄가 있지 않기 때문이었다. 패전한 자를 '사(師)'라고 일컫는데 위나라는 왜 사(師)라고 일컫지 않았는가? 사(師)의 규모가 되지 않은 것이었다.

여름인 4월 정미(丁未)일에 주루(邾婁)나라 군주인 자작 쇄(瑣)가 세상을 떠났다.

가을에 형(荊)나라가 정나라를 정벌했다.

장공이 제나라 사람과 송나라 사람과 주루(邾婁)나라 사람을 모아서 정나라를 구원했다.

겨울에 미(微)에 성(城)을 쌓았다.

보리와 쌀이 크게 부족했다. 겨울에 이미 보리와 쌀이 없는 것을 나타냈는데 왜 먼저 미(微)에 성을 쌓았다고 말한 뒤에 보리와 쌀이 없다고 말했는가? 흉년이 들었는데 읍을 조성한 것을 숨긴 것이다.

장손진(臧孫辰)이 사들인 곡식을 제나라에 통고했다. 고적(告糴: 사들인 곡식을 통고함)이란 무슨 뜻인가? 사들이는 것을 청한 것이다. 왜 사(使: 사신)라고 일컫지 않았는가? 장손진의 사사로운 행동이었기 때문이다. 왜 장손진의 사사로운 행동이라고 했는가? 군자(君子)가 국가를 다스리는 데는 반드시 3년의 저축된 식량이 있어야 한다고 했다. 이는 한 해의 곡식이 익지 않았다고 해서 곡식을 사들이는 것을 고한 형태를 견책한 것이다.

二十有八年 春 王三月 甲寅 齊人伐衛 衛人及齊人戰 衛人敗績 ○伐不日 此何以日 至之日[1]也 戰不言伐 此其言伐何 至之日也 春秋伐者爲客[2] 伐者爲主[3] 故使衛主之也 曷爲使衛主之 衛未有罪爾 敗者稱師 衛何以不稱師 未得乎師[4]也

夏 四月 丁未 邾婁子瑣[5]卒

秋 荊伐鄭 公會齊人 宋人邾婁人救鄭

冬 築微[6]

大無麥禾 ○冬 旣見無麥禾矣 曷爲先言築微 而後言無麥禾 諱以凶 年造邑也

臧孫辰[7]告糴于齊 ○告糴者何請糴也 何以不稱使 以爲臧孫辰之私行也 曷爲以臧孫辰之私行 君子之爲國也 必有三年之委[8] 一年不熟 告糴[9]譏也

1) 至之日(지지일) : 군대가 도착한 날을 뜻함.
2) 伐者爲客(벌자위객) : 남을 정벌한 자가 객(客)이 된다는 뜻. 제나라의 말이라 했다.
3) 伐者爲主(벌자위주) : 정벌을 당하게 된 자는 주인(主人)이 된다는 뜻. 제나라의 말이라 했다.
4) 未得乎師(미득호사) : 사(師)의 규모를 갖추지 못했다는 것.
5) 邾婁子瑣(주루자쇄) : 주루(邾婁)나라 군주인 자작 쇄(瑣). 12년 간 재위.
6) 築微(축미) : 미에 성을 쌓았다. 좌전(左傳)에는 미(郿)로 되어 있다. 미는 노나라의 땅 이름.
7) 臧孫辰(장손진) : 노나라 대부이며 장문중(臧文仲)이라고 일컫다.
8) 委(위) : 저축하다.
9) 糴(적) : 곡식을 사들이는 것.

29. 장공 29년 병진(丙辰)

가. 가을에 비충(蜚蟲) 떼가 나타나다

29년 병진(丙辰) 봄에 연구(延廏)를 새로 지었다. '연구(延廏)를 새로 지었다.'라고 한 것은 무슨 뜻인가? 옛 것을 수리한 것이다. 옛 것을 수리하면 기록하지 않는 것인데 이것을 왜 기록했는가? 책망한 것이다. 왜 이를 책망한 것인가? 흉년(凶年)에는 마구간 같은 것을 수리하지 않는 것이다.

여름에 정나라 사람이 허(許) 땅을 침범했다.

가을에 비충(蜚蟲) 떼가 나타났다. 왜 이것을 기록했는가? 괴이한 일이라 기록했다.

겨울인 12월에 기(紀)나라 숙희(叔姬)가 세상을 떠났다.

제(諸)와 방(防)에 성(城)을 쌓았다.

二十有九年 春 新延廏[1] ○新延廏者何 修舊也 修舊不書 此何以

書 譏 何譏爾 凶年不修
　夏 鄭人侵許
　秋 有蜚[2] ○何以書 記異也
　冬 十有二月 紀叔姬卒
　城諸[3] 及防[4]

1) 延廐(연구) : 마구간의 명칭이다.
2) 蜚(비) : 비충(蜚蟲)이며 남방의 악취(惡臭)의 기에서 발생하는데, 이는 임금과 신하가 음란하여 추악한 행동을 하므로 발생한다고 했다.
3) 諸(제) : 노나라의 고을 이름.
4) 防(방) : 노나라의 고을 이름.

30. 장공 30년 정사(丁巳)

가. 기(紀)나라 숙희(叔姬)를 장사 지내다

30년 정사(丁巳) 봄인 왕력으로 정월이다.
여름에 군사가 성(成)에 머물렀다.
가을인 7월에 제나라 사람이 장(鄣)나라를 항복시켰다. 장(鄣)이란 어디인가? 기(紀)나라의 남은 읍(邑)이었다. 항복시켰다고 한 것은 무슨 뜻인가? 탈취한 것이다. 탈취했는데 왜 탈취했다고 말하지 않았는가? 제(齊)나라 환공(桓公)을 위하여 숨긴 것이다. 외국에서 읍(邑)을 탈취한 것을 기록하지 않는 것인데 여기에서 왜 이를 기록한 것인가? 기(紀)나라의 땅을 모두 탈취했기 때문이었다.
8월 계해(癸亥)일에 기(紀)나라 숙희(叔姬)를 장사 지냈다. 외국 부인(夫人)의 장례는 기록하지 않는 것인데 이 곳에 왜 기록했는가? 가엾게 여긴 것이다. 왜 가엾게 여긴 것인가? 그 기(紀)나라가 망했기 때문이며 다만 숙희의 장례라도 기록해 준 것이다.
9월 초하루인 경오(庚午)일에 일식이 있었는데 북을 치고 희생을 바쳐 사제(社祭)를 지냈다.
　겨울에 장공이 제나라 임금인 후작과 노제(魯濟)에서 만났다.
　제나라 사람이 산융(山戎)을 정벌했다. 이는 제나라 군주인 후작이다. 그를 인(人)이라고 일컬은 것은 무슨 뜻인가? 폄하(貶下)한 것이다. 왜 폄하한 것인가? 자사마자(子司馬子)가 말하기를 "대개 제나라 환공(桓公)이 산융(山戎)을 압박한 것이 너무 비통하게 한 것이었다."라고 했다. 이것은 대개 전쟁인데 왜 전쟁이라고 말하지 않았는가? '춘추(春秋)'에는 상대가 대등한 것을 전쟁이라고 말하는데 제환공이 융적(戎狄)과 함께 한 것은 이들을 구축(驅逐)한 것일 뿐이었다.

　　三十年 春 王正月
　　夏 師次于成[1]
　　秋 七月 齊人降鄣[2] ○鄣者何 紀之遺邑[3]也 降之者何 取之也 取之則曷爲不言取之 爲桓公諱也 外取邑不書 此何以書 盡也
　　八月 癸亥 葬紀叔姬 ○外夫人不書葬 此何以書 隱之也 何隱爾 其國亡矣 徒葬乎叔爾
　　九月 庚午朔 日有食之 鼓用牲于社
　　冬 公及齊侯遇[4]于魯濟[5]
　　齊人伐山戎 ○此齊侯也 其稱人何 貶 曷爲貶 子司馬子[6]曰 蓋以操之爲已蹙[7]矣 此蓋戰也 何以不言戰 春秋敵者言戰 桓公之與戎狄[8] 驅之[9]爾

1) 成(성) : 땅 이름이라 했다. 좌전(左傳)에는 노나라의 땅 이름이라 했다.
2) 鄣(장) : 나라 이름. 기(紀)나라의 부용국(附庸國)이라 했다.
3) 紀之遺邑(기지유읍) : 기나라에서 남겨진 고을이라 했다. 부용국이라는 뜻.
4) 遇(우) : 정식적인 만남이 아니다. 곧 우연히 만났다는 뜻.
5) 魯濟(노제) : 노나라의 제수(濟水)이다. 제수는 노나라와 제나라의 경계에 있는데 제나라 경계에 있는 것은 제제(齊濟)이고 노나라의 경계에 있는 것은 노제(魯濟)이다.
6) 子司馬子(자사마자) : 공양학파(公羊學派)의 한 사람.

7) 以操之爲已慼(이조지위이축) : 조(操)는 박(迫)의 뜻. 이(已)는 심(甚)의 뜻. 축은 통(痛)의 뜻. 곧 압박하는 것을 너무나 통렬하게 했다는 뜻. 무자비하게 했다는 뜻.
8) 戎狄(융적) : 중국 북경에 거주하는 융족(戎族)이며 북적(北狄)이라고도 함.
9) 驅之(구지) : 구축(驅逐)하다. 그냥 몰아붙여서 무찌르다의 뜻.

31. 장공 31년 무오(戊午)

가. 설(薛)에 대(臺)를 쌓다

31년 무오(戊午) 봄에 낭(郎)에 대(臺)를 쌓았다. 왜 이를 기록했는가? 책망한 것이다. 왜 이를 책망한 것인가? 백성들이 임하여 양치질하고 세수하는 곳에 지었기 때문이었다.

여름인 4월에 설(薛)나라 군주인 백작이 세상을 떠났다.

설(薛)에 대(臺)를 쌓았다. 왜 이를 기록했는가? 책망한 것이다. 왜 이를 책망한 것인가? 설(薛) 땅이 노나라 국도에서 너무 먼 거리였기 때문이었다.

6월에 제나라 군주인 후작이 와 산융(山戎)에게서 얻은 전리품(戰利品)을 바쳤다. 제나라는 대국(大國)이다. 왜 몸소 와서 산융(山戎)의 전리품을 바쳤는가? 우리 노나라를 위협한 것이다. 그것이 우리 노나라를 위협한 것이라고 한 것은 어째서인가? 포로들의 신체에 기를 꽂아서 우리 노나라를 따라 지나가게 한 것이었다.

가을에 진(秦)에 대(臺)를 쌓았다. 왜 이를 기록했는가? 책망한 것이다. 왜 이를 책망했는가? 진(秦)의 대(臺)가 종묘와 너무나 가까워서이다.

겨울에 비가 내리지 않았다. 왜 이를 기록했는가? 괴이한 일이라 기록했다.

三十有一年 春 築臺¹⁾于郎 ◯何以書 譏 何譏爾 臨民之所漱浣也
夏 四月 薛伯²⁾卒

築臺于薛 ○何以書 譏 何譏爾 遠也[3]
六月 齊侯來獻戎捷[4] ○齊 大國也 曷爲親來獻戎捷 威我也 其威我奈何 旗獲而過我也
秋 築臺于秦[5] ○何以書 譏 何譏爾 臨國[6]也
冬 不雨 ○何以書 記異也

1) 臺(대) : 높이 쌓아 올려서 적(敵)의 동정을 살필 수 있는 망대이다.
2) 薛伯(설백) : 설나라 군주인 백작이다.
3) 遠也(원야) : 너무 멀다의 뜻. 예(禮)에 제후의 관측은 교(郊)를 벗어나지 않는다고 했다.
4) 獻戎捷(헌융첩) : 헌은 아래에서 위를 받들어 올리는 예이다. 산첩은 산융(山戎)에서 얻은 전리품이다. 곧 전쟁에서 얻은 노획물을 바치다의 뜻.
5) 秦(진) : 노나라 땅 이름.
6) 國(국) : 여기서의 국은 종묘(宗廟)와 사직(社稷)의 뜻이다.

32. 장공 32년 기미(己未)

가. 장공(莊公)이 노침(路寢)에서 죽다

32년 기미(己未) 봄에 소곡(小穀)에 성(城)을 쌓았다.
여름에 송나라 군주인 공작과 제나라 군주인 후작이 양구(梁丘)에서 만났다.
가을인 7월 계사(癸巳)일에 공자 아(牙)가 세상을 떠났다. 왜 아우[弟]라고 일컫지 않았는가? 살해된 것이다. 살해되었다면 왜 찔러 죽였다고 말하지 않았는가? 계자(季子 : 公子友)를 위하여 숨긴 것이다. 왜 계자(季子)를 위하여 살해된 것을 숨긴 것인가? 계자(季子)가 악(惡)을 막은 것이다. 이는 국가의 형법으로 되지 않는 것이다. 계자(季子)의 마음에 인연시켜서 숨기게 된 것이다. 계자가 악을 막았다는 것은 어떤 것인가?
장공이 병이 들어 장차 죽게 되었을 때 병든 상태에서 계자를 불렀다. 계자가 이르자 국가의 정치를 넘겨 줄 것에 대해 말하기를 "과인이 이 질병에서 일어나지 못하면 나는 장차 노나라를 누구에게 바쳐야 하는가?"라고 했다. 계자가 말하기를 "반(般)이 있습니다. 군주께서는 무엇을 근심하십니까?"라고 했다.

장공이 말하기를 "어찌 이와 같은 것을 얻을 수 있을까? 공자 아가 나에게 말하기를 '노나라는 한 번은 자식에게 권하고 한 번은 아우에게 전해졌다는 것을 군주께서는 알고 계십니다. 경보(慶父)가 존재합니다.'라고 했다."라고 하자, 계자(季子)가 말하기를 "대저 누가 감히 한다는 것입니까? 이는 장차 난(亂)이 될 것인저! 대저 누가 감히!"라고 했다.

얼마 후에 공자 아가 군주를 시해할 병기를 다 갖추었다.

계자(季子)가 약을 타서 마시게 하면서 말하기를 "공자(公子) 아가 나의 말을 따라서 이것을 마시게 되면 반드시 천하의 웃음거리가 되지 않을 뿐 아니라, 반드시 노나라에 후손이 있을 것이다. 나의 말을 따르지 않고 이것을 마시지 않는다면 반드시 천하의 웃음거리가 되고 반드시 노나라에는 후손도 없을 것이다."라고 했다. 이에 계자의 말을 따라서 약을 마시고, 마신 뒤에는 씨족은 병들지 않게 하고 왕제(王堤)에 이르러서 죽었다.

공자 아(公子牙)가 이를 따른 것이다. 그런데 언사(言辭)를 왜 친족을 시해할 자와 더불어 동일하게 했는가? 군주와 친하더라도 요구하는 것이 없어야 한다. 요구하게 되면 죽게 된다. 그렇다면 좋은 것을 함께 할 수 있겠는가? 대답하기를 "그렇다." 세자나 어머니를 함께 한 아우를 죽이고 곧바로 군주로 일컬어진다면 이는 심한 것이다. 계자(季子)가 어머니를 함께 한 형을 죽였는데 왜 이를 좋은 것이라고 하는가? 주살함은 형이라도 피하지 못하는 것이 군주와 신하의 의(義)이다. 그렇다면 왜 곧바로 주살하지 않고 짐(酖)의 독약으로 했는가?

형을 주살하는 일을 행하고 몰래 도망하게 하여 질병에 의탁하여 죽은 것처럼 한 것은 친한 이를 친하게 하는 도(道)인 것이다.

8월 계해(癸亥)일에 장공이 노침(路寢 : 正殿)에서 훙거했다.

노침(路寢)이란 어떤 곳인가? 정침(正寢)이다.

　겨울인 10월 을미(乙未)일에 자반(子般)이 세상을 떠났다. 아들이 죽으면 자졸(子卒)이라고 이르는데 이 곳에 자반(子般)이 세상을 떠났다고 일컬은 것은 무슨 뜻인가? 군주가 실존해 있으면 세자(世子)라고 일컫고 군주가 훙거했으면 '아들 아무개'라고 일컫는데 이미 군주의 장례를 치렀으면 자(子)라고 일컫고 한 해를 넘겼으면 공(公)이라고 일컫는다. 자반(子般)이 졸(卒)했는데 왜 장례를 기록하지 않았는가? 한 해를 넘기지 못한 군주이기 때문이었다. 아들이 있게 되면 묘(廟)가 있고 묘(廟)가 있으면 장례를 기록하는데 아들도 없고 묘(廟)도 없었으니 묘가 없게 되면 장례를 기록하지 않는 것이다.

　공자(公子) 경보(慶父)가 제나라에 갔다.

　적인(狄人)이 형(邢)나라를 정벌했다.

　三十有二年 春 城小穀¹⁾
　夏 宋公齊侯遇于梁丘²⁾
　秋 七月 癸巳 公子牙³⁾卒 ○何以不稱弟 殺也 殺則曷爲不言刺之 爲季子⁴⁾諱殺也 曷爲爲季子諱殺 季子之遏惡⁵⁾也 不以爲國獄⁶⁾ 緣季子之心而爲之諱 季子之遏惡奈何 莊公病 將死 以病召季子 季子至而授之以國政 曰 寡人卽不起此病 吾將焉致⁷⁾乎魯國 季子曰 般⁸⁾也存 君何憂焉 公曰 庸得若是乎 牙謂我曰 魯一生一及⁹⁾ 君已知之矣 慶父也存 季子曰 夫何敢 是將爲亂乎 夫何敢 俄而牙弑械成¹⁰⁾ 季子和藥¹¹⁾而飮之¹²⁾ 曰 公子從吾言而飮此 則必可以無爲天下戮笑¹³⁾ 必有後乎魯國 不從吾言 而不飮此 則必爲天下戮笑 必無後乎魯國 於是從其言而飮之 飮之無儻氏¹⁴⁾ 至乎王堤¹⁵⁾而死 公子牙今將爾 辭曷爲與親弑者同 君親無將 將而誅焉 然則善之與 曰 然殺世子母弟 直稱君者 甚之也 季子殺母兄 何善爾 誅不得辟兄 君臣之義也 然則曷爲不直誅而酖之 行誅乎兄 隱而逃之 使託若以疾死然 親親之道也
　八月 癸亥 公薨于路寢¹⁶⁾ ○路寢者何 正寢也
　冬 十月 乙未 子般卒 ○子卒云子卒 此其稱子般卒何 君存稱世子

제3편 장공 시대(莊公時代)

君薨稱子某 旣葬稱子 踰年稱公 子般卒 何以不書葬 未踰年之君[17] 也 有子則廟 廟則書葬 無子不廟 不廟則不書葬

公子慶父如齊[18]

狄伐邢[19]

1) 小穀(소곡) : 곧 곡(穀)이며 제나라의 읍명(邑名)이다.
2) 梁丘(양구) : 송나라의 읍명. 좌전(左傳)에는 송나라와 제나라의 국경 지대의 마을이라 했다.
3) 公子牙(공자아) : 노나라 환공(桓公)의 아들. 경보(慶父)와 동모제(同母弟)이며 희숙(僖叔)이다. 짐(酖)독을 마시고 죽었다.
4) 季子(계자) : 공자 우(公子友). 계우(季友)이다. 노나라 장공의 셋째아우.
5) 遏惡(알악) : 악을 막다.
6) 國獄(국옥) : 국가의 법률.
7) 致(치) : 주다의 뜻. 바치다.
8) 般(반) : 자반(子般)이며 노나라 장공(莊公)의 아들. 즉위하여 한 해를 넘기지 못하고 경보(慶父)에게 살해당했다.
9) 一生一及(일생일급) : 한 번은 아버지가 아들에게 전하고 한 번은 형이 동생에게 전하다의 뜻.
10) 牙弑械成(아시계성) : 공자 아(牙)가 군주를 시해할 병기를 갖추다의 뜻.
11) 藥(약) : 독약(毒藥). 짐독(酖毒)이다.
12) 飲之(음지) : 공자 아에게 마시게 하다의 뜻.
13) 戮笑(육소) : 웃음거리가 되다의 뜻.
14) 無儗氏(무루씨) : 씨족을 병들게 하지 않을 것이다. 자손에게 누가 없다는 뜻.
15) 王堤(왕제) : 좌전(左傳)에는 규천(逵泉)으로 되어 있다.
16) 路寢(노침) : 고대의 군주가 정무(政務)를 처리하는 궁실(宮室).
17) 未踰年之君(미유년지군) : 한 해를 넘기지 못한 임금. 곧 취임하고 한 해를 넘기지 못한 것.
18) 如齊(여제) : 제나라로 가다. 곧 제나라로 달아나다.
19) 狄伐邢(적벌형) : 적(狄)은 북방의 유목민. 형은 나라 이름이며 희성(姬姓)이다. 주공(周公)의 아들을 봉한 나라. 뒤에 위(衛)나라에게 멸망함.

제4편 민공 시대(閔公時代)
(재위 : 1년~2년까지)

시법(諡法)에 '국가 안에서 어려움을 만난 것'을 '민(閔)'이라 했다.

민공 연표(閔公年表)

국명 기원전	周 惠王	鄭 文公	齊 桓公	宋 桓公	晉 獻公	衛 懿公	蔡 穆公	曹 昭公	滕	陳 宣公	杞	薛	莒	邾 文公	許 穆公	小邾	楚 成王	秦	吳	越	魯 閔公
661	16	12	25	21	16	8	14	1		32				5	37		11				1
660	17	13	26	22	17	戴公1	15	2		33				6	38		12				2

※ 적(狄)이 위(衛)나라를 멸하다. 송(宋)나라에서 대공(戴公)을 세웠는데 그 해에 죽다.
※ 진(晉)나라에서 이군(二軍)을 일으키다.
※ 초(楚) 영윤(令尹) 자문(子文)이 정사를 맡다.
※ 등(滕) : 자세한 기록은 은공(隱公) 원년에 나와 있다.
※ 기(杞) : 은공 원년과 희공(僖公) 원년에 자세히 나와 있다.
※ 설(薛) : 장공(莊公) 31년에 설백(薛伯)이 졸하다.
※ 거(莒) : 은공 31년에 자세히 나와 있다.
※ 소주(小邾) : 장공 원년에 자세히 나와 있다.
※ 오(吳) : 은공 원년에 자세히 나와 있다.
※ 월(越) : 은공 원년에 자세히 나와 있다.

제4편 민공 시대(閔公時代)

1. 민공(閔公) 원년 경신(庚申)

가. 제나라와 낙고(洛姑)에서 맹세하다

 원년(元年) 경신(庚申) 봄, 왕력으로 정월이다. 민공(閔公)은 왜 즉위(卽位)를 말하지 않았는가? 시해된 군주를 계승하여 즉위를 말하지 않은 것이다. 누구를 계승하였는가? 자반(子般)을 계승한 것이다. 누가 자반을 시해했는가? 경보(慶父)이다. 공자 아(公子牙)를 죽인 것은 장차 군주를 시해하려고 하여 계자(季子)가 용서하지 않은 것이다. 경보가 군주를 시해했는데 왜 이를 토벌하지 않았는가? 진행되는 악을 막아서 용서할 수가 없었기 때문이었다. 이미 군주는 살해되었는데 그것을 힘으로 미칠 수가 없으며, 죄를 따라서 돌아갈 곳이 있는데 그의 정상을 탐색해 토벌하지 않은 것도 또한 친한 이를 친하게 하는 도(道)이다. 죄가 돌아갈 곳이 어디인가?
 죄가 돌아갈 곳은 복인(僕人)인 등호악(鄧扈樂)이다. 왜 죄가 복인(僕人) 등호악에게 돌아간다고 하는가? 장공(莊公)이 존재할 때 악(樂)이 일찍이 궁중에서 음란한 짓을 하여 자반(子般)이 잡아서 매질을 했다. 장공이 죽자 경보가 악(樂)에게 말하기를 "자반(子般)이 너를 욕보인 것을 나라 사람들이 알지 못하는 자가 없는데 어찌 시해하지 않느냐?"라고 했다. 자반을 시해하라고 시킨 연후에 등호악을 토벌하고 감옥으로 돌아갔다. 이는 계자(季子)가 이르더라도 변하지 않았을 것이다.

제나라 사람이 형(邢)나라를 구원했다.

여름인 6월 신유(辛酉)일에 우리 임금인 장공을 장사 지냈다.

가을인 8월에 민공이 제나라 후작과 낙고(洛姑)에서 동맹을 맺었다.

계자(季子)가 돌아왔다. 그를 계자(季子)라고 일컬은 것은 무엇 때문인가? 현명하여서이다. 그를 '내귀(來歸)'라고 말한 것은 무엇 때문인가? 기뻐한 것이다.

겨울에 제나라의 중손(仲孫)이 왔다. 제나라 중손이란 누구인가? 공자 경보(公子慶父)이다. 공자 경보라면 왜 제나라 중손이라고 이르게 되었는가? 제나라와 연관되었기 때문이다. 왜 제나라와 연관되었다고 하는가? 멀리하기 위한 것이었다. 왜 멀리하려고 한 것인가? '춘추(春秋)'에서는 존귀한 자를 위해서는 숨겨 주고 친한 자를 위해서는 숨겨 주고 어진 자를 위해서는 숨겨 주는 것이다. 자여자(子女子)가 말하기를 "춘추(春秋)로써 '춘추(春秋)'를 만드는 데 있어 제나라에는 중손(仲孫)이 없었으며 그 모든 기록이 노나라의 중손(仲孫)만 있었을 뿐이다."라고 했다.

元年¹⁾ 春 王正月 ○公²⁾何以不言卽位 繼弑君³⁾不言卽位 孰繼 繼子般也 孰弑子般 慶父也 殺公子牙 今將爾⁴⁾ 季子不免⁵⁾ 慶父弑君 何以不誅 將而不免 遏惡也 旣而不可及 因獄⁶⁾有所歸 不探其情而誅焉 親親之道也 惡乎歸獄 歸獄僕人鄧扈樂 曷爲歸獄僕人鄧扈樂 莊公存之時 樂曾淫于宮中 子般執而鞭之 莊公死 慶父謂樂曰 般之之辱爾 國人莫不知 盍弑之矣 使弑子般 然後誅鄧扈樂而歸獄焉 季子至而不變也

齊人救邢

夏 六月 辛酉 葬我君莊公

秋 八月 公及齊侯盟于洛姑⁷⁾

季子來歸 ○其稱季子何 賢也 其言來歸何 喜之也

冬 齊仲孫來 ○齊仲孫者何 公子慶父也 公子慶父 則曷爲謂之齊

仲孫 繫之齊也 曷爲繫之齊 外之也 曷爲外之 春秋爲尊者諱 爲親
者諱 爲賢者諱 子女子[8]曰 以春秋爲春秋 齊無仲孫 其諸吾仲孫與

1) 元年(원년) : 주혜왕(周惠王) 16년이고 B.C. 661년이다.
2) 公(공) : 공은 민공(閔公)이다. 이름은 개(開)이고 자(字)는 계(啓)이며 태
   자(太子)인 자반(子般)의 서제(庶弟)이다.
3) 繼弑君(계시군) : 태자 자반(子般)이 살해되자 민공이 뒤를 이은 것을 뜻함.
4) 今將爾(금장이) : 지금 공자 아(公子牙)가 군주를 시해하려고 하다의 뜻.
5) 免(면) : 용서하다.
6) 獄(옥) : 죄과(罪過)이다.
7) 洛姑(낙고) : 제나라 땅 이름.
8) 子女子(자여자) : 공양학파(公羊學派)의 한 사람.

2. 민공 2년 신유(辛酉)

가. 장공(莊公)을 길체(吉禘)하다

2년 신유(辛酉) 봄인 왕력으로 정월에 제나라 사람이 양(陽)나라를 옮겼다.

여름인 5월 을유(乙酉)일에 장공(莊公)을 길체(吉禘)했다. 길(吉)을 언급한 것은 무슨 뜻인가? 길(吉)이라고 말한 것은 가히 길하지 않은 것이다. 왜 가히 길(吉)하지 않다고 하였는가? 3년이 못 되었기 때문이다. 3년인데 왜 3년이 못되었다고 이르는가? 3년의 상(喪)은 실제로 25개월이다. 그런데 장공(莊公)을 말한 것은 무슨 뜻인가? 가히 궁묘(宮廟)를 일컫지 못한 것이다. 왜 가히 써 궁묘(宮廟)를 일컫지 못하는 것인가? 3년의 안에 있기 때문이다. 장공(莊公)의 길체(吉禘)를 왜 기록했는가? 책망한 것이다. 왜 이를 책망했는가? 시작부터 3년의 상기(喪期)를 지키지 않은 것을 책망한 것이다.

가을인 8월 신축(辛丑)일에 민공이 훙거(薨去)했다. 민공이 훙

거했는데 왜 장소를 기록하지 않았는가? 가엾게 여긴 것이다. 왜 이를 가엾게 여긴 것인가? 시해되었기 때문이었다. 누가 시해했는가? 경보(慶父)가 시해했다. 공자 아(公子牙)를 살해한 것은 당시에 군주를 시해하려고 하여 계자(季子)가 이를 용서하지 않았다. 경보는 두 임금을 시해했는데 왜 토벌되지 아니하였는가? 실행하게 놓아 두고 용서해 주지 않아 악(惡)을 막은 것이다. 또 이 왕에 저질러진 일로 가히 힘으로 미치지 못한다면 늦추어 도적이 도망하도록 하는 것도 친한 이를 친하게 하는 도(道)이다.

  9월에 부인 강씨(姜氏)가 주루(邾婁)나라로 달아났다.
  공자 경보(公子慶父)가 거(莒)나라로 달아났다.
  겨울에 제(齊)나라의 고자(高子)가 와서 동맹을 맺었다. 고자(高子)란 누구인가? 제나라의 대부이다. 왜 사(使 : 사신)라고 일컫지 않았는가? 우리 노나라에 군주가 비어 있었기 때문이다. 그렇다면 왜 이름을 기록하지 않았는가? 기뻐서였다. 왜 이를 기뻐했는가? 우리 노나라를 바르게 했기 때문이다. 그가 우리 노나라를 바르게 했다는 것은 어떤 뜻인가? 장공(莊公)이 사망하고 아들 자반(子般)이 시해당하고 민공(閔公)이 시해되어 세 군주가 사망함에 이르러 오랜 세월 동안 군주가 없었다.
  제나라에서 노나라를 빼앗으려고 일찍부터 군사를 일으키지 않은 것은 고자(高子)의 말에 의지했을 뿐이었다. 제나라 환공(桓公)이 고자(高子)를 시켜서 남양(南陽) 땅의 군사를 거느리고 희공(僖公)을 세우고 노나라의 도성(都城)을 건축하라고 했다. 어떤 이가 말하기를 "녹문(鹿門)에서부터 쟁문(爭門)에 이른 것이 이것이다."라고 했고 어떤 이는 말하기를 "쟁문(爭門)에서부터 이문(吏門)에 이른 것이 이것이다."라고 했다. 노나라 사람이 오늘날에 이르러서도 미담(美談)으로 여겨서 말하기를 "고자(高子)가 돌아오기를 희망함과 같은져!"라고 한다.
  12월에 적인(狄人)이 위(衛)나라로 쳐들어갔다.
  정(鄭)나라가 그의 군사들을 버렸다. '정나라에서 그의 군사를 버렸다.'라고 한 것은 무슨 뜻인가? 그의 장수를 미워한 것이다.

정나라 군주인 백작이 고극(高克)을 증오하여 장수인 고극을 보내 황하 가로 쫓아서 오래도록 불러들이지 않아 군사의 도(道)를 저버린 것이었다.

　二年 春 王正月 齊人遷陽[1]
　　夏 五月 乙酉 吉禘[2]于莊公 ○其言吉何 言吉者 未可以吉也 曷爲未可以吉 未三年[3]也 三年矣 曷爲謂之未三年 三年之喪 實以二十五月 其言于莊公何 未可以稱宮廟也 曷爲未可以稱宮廟 在三年之中矣 吉禘于莊公 何以書 譏 何譏爾 譏始不三年[4]也
　　秋 八月 辛丑 公薨[5] ○公薨何以不地 隱之也 何隱爾 弑也 孰弑之 慶父也 殺公子牙 今將爾 季子不免 慶父弑二君 何以不誅 將而不免 遏惡也 旣而不可及 緩追逸賊 親親之道也
　　九月 夫人姜氏孫[6]于邾婁
　　公子慶父出奔莒
　　冬 齊高子[7]來盟 ○高子者何 齊大夫也 何以不稱使 我無君[8]也 然則何以不名 喜之也 何喜爾 正我也 其正我[9]奈何 莊公死 子般弑 閔公弑 比[10]三君死 曠年無君 設以齊取魯 曾不興師徒以言而已矣 桓公使高子將南陽之甲[11] 立僖公[12]而城魯 或曰 自鹿門至于爭門者是也 或曰 自爭門至于吏門者是也 魯人至今以爲美談 曰猶望高子也
　　十有二月 狄入衛
　　鄭棄其師 ○鄭棄其師者何 惡其將也 鄭伯惡高克[13] 使之將 逐而不納[14] 棄師之道也

1) 陽(양) : 나라 이름이며 희성(姬姓)이다. 일설에는 언성(偃姓)이라고도 하고 어성(御姓)이라고도 한다.
2) 吉禘(길체) : 3년상을 마치고 제사를 올리는 예이다. 이 때 신주(神主)를 조상을 모시는 사당으로 옮기는 절차. 길복(吉服)을 입고 거행하는 대제(大祭).
3) 未三年(미삼년) : 3년이 되지 못했다. 곧 길체는 25개월에 지내는 것인데 장공이 사망한 지가 21개월이므로 아직 3년이 되지 않았다는 뜻.
4) 始不三年(시불삼년) : 처음부터 3년상을 하지 않았다는 뜻.
5) 公薨(공훙) : 민공이 훙거하다. 공중(共仲)이 시켜서 복의(卜齮)가 무위(武

圍)에서 죽였다.
6) 孫(손) : 손(遜)과 같다. 달아나다.
7) 高子(고자) : 제나라 대부인 고혜(高傒).
8) 我無君(아무군) : 우리 노나라에 군주가 없다. 곧 민공(閔公)이 피살되고 희공(僖公)이 즉위하지 않은 것이다.
9) 正我(정아) : 우리 노나라를 안정시켰다.
10) 比(비) : 급(及)의 뜻과 같다.
11) 南陽之甲(남양지갑) : 남양읍(南陽邑)의 군대. 남양은 제나라의 땅.
12) 僖公(희공) : 곧 노나라의 희공(僖公). 이름은 신(申)이고 노나라 장공(莊公)의 아들이다. 민공(閔公)의 서형(庶兄)이며 33년 간 재위했다.
13) 高克(고극) : 정나라의 대부(大夫).
14) 逐而不納(축이불납) : 쫓아내고 받아들이지 않았다.

제5편 희공 시대(僖公時代)
(재위 : 1년~33년까지)

시법(諡法)에 '소심하여 두려워하고 꺼려하다'를 '희(僖)'라 했다.

▨ 희공 연표(僖公年表)

국명 기원전	周 惠王	鄭 文公	齊 桓公	宋 桓公	晉 獻公	衛 文公	蔡 穆侯	曹 昭公	滕	陳 宣公	杞 武公	薛	莒	邾 文公	許 穆公	小邾	楚 成王	秦 穆公	吳	越	魯 僖公
659	18	14	27	23	18	1	16	3		34	11			7	39		13	1			1
658	19	15	28	24	19	2	17	4		35	12			8	40		14	2			2
657	20	16	29	25	20	3	18	5		36	13			9	41		15	3			3
656	21	17	30	26	21	4	19	6		37	14			10	42		16	4			4
655	22	18	31	27	22	5	20	7		38	15			11	43		17	5			5
654	23	19	32	28	23	6	21	8		39	16		12	僖公 1	子爵 郳黎		18	6			6
653	24	20	33	29	24	7	22	9		40	17		13	2			19	7			7
652	25	21	34	30	25	8	23	共公 1		41	18		14	3			20	8			8
651	襄王 1	22	35	31	26	9	24	2		42	19		15	4			21	9			9
650	2	23	36	襄公 1	惠公 1	10	25	3		43	20		16	5			22	10			10
649	3	24	37	2	2	11	26	4		44	21		17	6			23	11			11
648	4	25	38	3	12	27	5		45	22		18	7			24	12			12
647	5	26	39	4	4	13	28	6		穆公 1	23		19	8			25	13			13
646	6	27	40	5	5	14	29	7		2	24		20	9			26	14			14
645	7	28	41	6	6	15	30	8		3	25		21	10			27	15			15
644	8	29	42	7	7	16	莊公 1	9		4	26		22	11			28	16			16
643	9	30	43	8	8	17	2	10		5	27		23	12			29	17			17
642	10	31	孝公 1	9	9	18	3	11		6	28		24	13			30	18			18
641	11	32	2	10	10	19	4	12		7	29		25	14			31	19			19
640	12	33	3	11	11	20	5	13		8	30		26	9			32	20			20
639	13	34	4	12	12	21	6	14		9	31		27	16			33	21			21
638	14	35	5	13	13	22	7	15		10	32		28	17			34	22			22
637	15	36	6	14	14	23	8	16		11	成公 1		29	18			35	23			23

국명 기원전	周	鄭	齊	宋	晉	衛	蔡	曹	滕	陳	杞	薛	莒	邾	許	小邾	楚	秦	吳	越	魯
	襄王	文公	孝公	成公	懷公	文公	莊公	昭公		宣公				文公	僖公		成王	穆公			僖公
636	16	37	7	1	1	24	9	17		12				30	19		36	24			24
635	17	38	8	2	文公1	25	10	18		13				31	20		37	25			25
634	18	39	9	3	2	成公1	11	19		14			兹丕公	32	21		38	26			26
633	19	40	10	4	3	2	12	20		15				33	22		39	27			27
632	20	41	昭公1	5	4	3	13	21		16				34	23		40	28			28
631	21	42	2	6	5	4	14	22		共公1				35	24		41	29			29
630	22	43	3	7	6	5	15	23		2				36	25		42	30			30
629	23	44	4	8	7	6	16	24						37	26		43	31			31
628	24	45	5	9	8	7	17	25		4				38	27		44	32			32
627	25	穆公1	6	10	襄公1	8	18	26		5				39	28		46	33			33

※송(宋) : 양공(襄公)이 패자(覇者)가 되다.

※진(晉) : 희공 9년에 헌공이 죽고 아들 해제(奚齊)가 위에 오르고, 겨울에 해제를 죽이고 탁자(卓子)가 위에 오르고, 희공 10년에 탁자를 죽이다. 혜공이 위에 오르고 희공 23년에 혜공이 죽고 회공(懷公)이 위에 오르고, 희공 24년에 회공을 죽이고 문공(文公)이 위에 올라 제후의 패자가 되다.

※등(滕) : 은공 원년에 자세한 기록이 있다. 희공 19년에 송(宋)나라에서 등선공을 체포하다.

※설(薛) : 장공 31년에 설백이 졸하다.

※거(莒) : 은공 원년과 희공 16년 전(傳)에 거나라 자비공(兹丕公)의 기록이 보인다.

※소주(小邾) : 장공 5년에 소주의 예려(郳黎)가 왔다고 기록하고, 희공 7년에 비로소 소주의 자작(子爵)을 처음 기록하기 시작했다.

※오(吳) : 은공 원년에 자세한 기록이 있다.

※월(越) : 은공 원년에 자세한 기록이 있다.

제5편 희공 시대(僖公時代)

1. 희공(僖公) 원년 임술(壬戌)

가. 형(邢)나라가 진의(陳儀)로 옮겨 가다

　원년 임술(壬戌) 봄인 왕력으로 정월이다. 희공(僖公)은 왜 즉위(卽位)를 말하지 않았는가? 시해된 군주의 뒤를 이으면 자식은 즉위(卽位)라고 말하지 않는 것이다. 희공(僖公)은 아들이 아닌데 그를 아들이라고 일컬은 것은 무슨 뜻인가? 신하나 아들은 한결같은 것이다.
　제나라 군사와 송나라 군사와 조(曹)나라 군사가 섭북(聶北)에 주둔하고 형(邢)나라를 구원했다. 구원했을 때는 '차(次 : 주둔)'라고 말하지 않는 것인데 이 곳에서 차(次 : 주둔)라고 말한 것은 무슨 뜻인가? 일이 있어서 이르지 못한 것이다. 일이 있어서 이르지 못했다고 한 것은 무슨 뜻인가? 형(邢)나라가 이미 멸망했기 때문이었다. 누가 멸망시켰는가? 대개 적인(狄人 : 오랑캐)에게 멸망당했다. 왜 적인(狄人)이라고 말하지 않았는가? 제나라 환공(桓公)을 위하여 숨긴 것이다. 왜 제나라 환공을 위하여 숨긴 것인가? 위로는 천자가 없고 아래로는 방백(方伯)이 없어 천하의 제후들이 서로 멸망하는 자가 있어도 제나라 환공이 능히 구제해 주지 못하였다면 환공을 부끄럽게 하는 것이다.
　왜 먼저 차(次 : 주둔)를 말하고 뒤에 구원했다고 말했는가? 각국의 군주들이 몸소 한 것들이기 때문이었다. 군주들이 몸소 하였다면 그들에 사(師 : 군사)를 일컬은 것은 무슨 뜻인가? 제후들이 제멋대로 봉한 것을 찬성하지 않은 것이다. 왜 찬성하지 않은 것인가? 실제로는 찬성하고 문사(文辭 : 글)로는 찬성하지 않은 것이다. 문사(文辭)로는 왜 찬성하지 않았는가?

제후의 의(義)는 제멋대로 봉작(封爵)을 하지 못하는 것이다. 제후의 의(義)에는 제멋대로 봉작을 하지 못한다면서, 그를 실제로는 찬성했다고 이른 것은 무슨 뜻인가? 위로는 천자(天子)가 없고 아래로는 방백(方伯)이 없을 때, 천하의 제후들이 서로 멸망한 자가 있게 되면 힘으로 능히 구제하게 되는데 그들을 구제하는 것은 옳은 일이기 때문이다.

여름인 6월에 형(邢)나라가 진의(陳儀)로 옮겨 갔다. 천(遷 : 옮겼다)이란 무슨 뜻인가? 그들의 뜻에 따른 것이다. 천지(遷之 : 옮겨 갔다)란 그들의 의향이 아니었다.

제나라 군사와 송나라 군사와 조(曹)나라 군사가 형(邢)나라에 성을 쌓았다. 이것은 하나의 일이다. 왜 다시 제나라 군사와 송나라 군사와 조나라 군사를 말했는가? 다시 군사를 말하지 않는다면 그 성을 쌓는 일들이 하나의 일이라는 것을 알지 못하기 때문이었다.

元年 春 王正月 ○公¹⁾何以不言卽位 繼弑君 子不言卽位 此非子也 其稱子何²⁾ 臣子一例³⁾也
齊師宋師曹師次于聶北⁴⁾ 救邢 ○救不言次 此其言次何 不及事也 不及事者何 邢已亡矣 孰亡之 蓋狄滅之 曷爲不言狄滅之 爲桓公諱也 曷爲爲桓公諱 上無天子 下無方伯 天下諸侯有相滅亡者 桓公不能救 則桓公恥之 曷爲先言次 而後言救 君也⁵⁾ 君則其稱師何 不與⁶⁾諸侯專封⁷⁾也 曷爲不與 實與 而文不與 文曷爲不與 諸後之義 不得專封也 諸侯之義不得專封 則其曰實與之何 上無天子 下無方伯 天下諸侯有相滅亡者 力能救之 則救之可也
夏 六月 邢遷于陳儀⁸⁾ ○遷者何 其意也 遷之者何 非其意也
齊師宋師曹師城邢 ○此一事也 曷爲復言齊師宋師曹師 不復言師

제5편 희공 시대(僖公時代) 169

則無以知其爲一事也
1) 公(공) : 공은 희공(僖公)이다. 이름은 신(申)이다. 장공의 아들이고 민공(閔公)의 형이다. 주(周)나라의 혜왕(惠王) 18년에 즉위했으며 33년간 재위했다.
2) 其稱子何(기칭자하) : 그를 아들이라 일컬은 것은 무슨 뜻인가? 곧 희공(僖公)은 민공(閔公)의 서형(庶兄)이다. 민공(閔公)이 자반(子般)을 계승했는데 전한 것을 자(子 : 아들)라고 말하지 않았다.
3) 臣子一例(신자일례) : 신하와 아들은 한가지의 뜻. 곧 희공(僖公)이 서형(庶兄)이라도 민공의 신하였으므로 자식과 같다는 뜻이다.
4) 聶北(섭북) : 형(邢)나라의 땅 이름.
5) 君也(군야) : 곧 군주들이 스스로의 생각으로 지휘했다는 뜻.
6) 與(여) : 찬성(贊成) 또는 인가(認可)의 뜻.
7) 專封(전봉) : 멋대로 봉하다의 뜻.
8) 陳儀(진의) : 좌전(左傳)에는 이의(夷儀)로 되어 있다. 형나라의 땅 이름.

나. 초나라에서 정나라를 정벌하다

가을인 7월 무진(戊辰)일에 부인 강씨(姜氏)가 이(夷)에서 훙거하고 제나라 사람이 시체를 가지고 돌아왔다. 이(夷)란 어떤 곳인가? 제나라의 땅이다. 제나라의 땅이라면 '제나라 사람이 시체를 가지고 돌아왔다.'라고 말을 한 것은 무슨 뜻인가? 부인(夫人)이 이(夷)땅에서 훙거했는데 제나라 사람이 시체를 가지고 돌아온 것이다. 부인이 이(夷) 땅에서 훙거했는데 제나라 사람이 왜 그 시체를 가지고 돌아왔는가? 제나라의 환공(桓公)이 불러서 목매어 죽인 것이다.
초나라 사람이 정나라를 정벌했다.
8월에 희공이 제나라 군주인 후작과 송나라 군주인 백작과 정나라 군주인 백작과 조나라 군주인 백작과 주루(邾婁)나라 사람을 정(打)에서 만났다.
9월에 희공이 주루(邾婁)나라 군사를 영(纓)에서 쳐부수었다.
겨울인 10월 임오(壬午)일에 공자 우(友)가 군사를 거느리고 거(莒)나라 군사를 여(犁)에서 쳐부수었고 거나라의 나(挐)를 포로로 잡았다. 거(莒)나라의 나(挐)는 누구인가? 거(莒)나라의 대부(大夫)이다. 거나라에는 대부(大夫)가 없는데 이 곳에 왜 기록했는가? 계자(季子)의 포로를 확대시킨 것이다. 왜 계자(季子)의 포로를 확대시켰는가? 계자(季子)가 국내의 어려움을 다스려서 바르게 잡고 밖의 어려움도 막아서 바르게 했기 때문이다.

그 계자가 밖의 난(難)을 막아서 바르게 했다는 것은 어떤 것인가? 공자 경보(公子慶父)가 민공(閔公)을 시해하고 달아나서 거(莒)나라로 갔는데 거(莒)나라 사람이 축출했다. 경보가 장차 제나라로 말미암아서 제나라 사람이 받아들이지 않자 도리어 문수(汶水)의 위에서 머물렀다. 이에 공자 해사(公子奚斯)를 시켜서 들어오겠다는 청을 했다. 계자(季子)가 말하기를 "공자(公子)께서는 들어오지 마시오. 들어오면 죽일 것이다."라고 했다.

공자 해사(公子奚斯)가 차마 경보(慶父)에게 사실대로 고하지 못하고 남쪽의 물가에서부터 북면하고 곡을 했다. 경보(慶父)가 듣고 말하기를 "희(嘻 : 한숨 쉬다)라! 이것은 해사(奚斯)의 소리로구나. 떠돌이가 되겠구나."하면서 말하기를 "나는 들어가지 못하겠구나!" 라고 하고 작은 수레의 끌채로 목을 매어 죽었다. 거(莒)나라 사람이 듣고 말하기를 "나는 이미 그대들의 도적을 얻었다."라고 하고 노나라에 뇌물을 요구하였다. 노나라 사람이 뇌물을 주지 않았다. 이 때문에 군사를 일으켜 노나라를 정벌했다. 이에 계자(季子)가 기다려서 한편에서 싸웠다.

12월 정사(丁巳)일에 부인(夫人) 씨(氏)의 상(喪)이 제(齊)나라로부터 이르렀다. 부인(夫人)을 왜 강씨(姜氏)라고 일컫지 않았는가? 폄하한 것이다. 왜 폄하한 것인가? 함께 민공(閔公)을 시해했기 때문이다. 그렇다면 왜 시해하지 않았는데 폄하했겠는가? 폄하한 것은 반드시 중요한 것이며 그 상(喪)이 이르른 것보다 막중(莫重)한 것이다.

秋 七月 戊辰 夫人姜氏薨于夷[1] 齊人以歸[2] ○夷者何 齊地也 齊

제5편 희공 시대(僖公時代)

地 則其言齊人以歸何 夫人薨于夷 則齊人以歸 夫人薨于夷 則齊人
曷爲以歸 桓公召而縊殺之
　楚人伐鄭
　八月 公會齊侯宋公鄭伯曹伯邾婁人 于打³⁾
　九月 公敗邾婁師于纓⁴⁾
　冬 十月 壬午 公子友帥師 敗莒師于犂⁵⁾ 獲莒挐⁶⁾ ○莒挐者何 莒
大夫也 莒無大夫 此何以書 大季子之獲也 何大乎季子之獲 季子治
內難以正 禦外難以正 其禦外難以正奈何 公子慶父弒閔公 走而之
莒 莒人逐之 將由乎齊 齊人不納 却反舍于汶水之上 使公子奚斯入
請 季子曰 公子不可以入 入則殺矣 奚斯不忍反命于慶父 自南涘⁷⁾
北面而哭 慶父聞之曰 嘻⁸⁾ 此奚斯之聲也 諾已⁹⁾ 曰 吾不得入矣 於
是抗輈經而死¹⁰⁾ 莒人聞之曰 吾已得子之賊矣 以求賂乎魯 魯人不
與 爲是興師而伐魯 季子待之以偏戰¹¹⁾
　十有二月 丁巳 夫人氏¹²⁾之喪至自齊 ○夫人何以不稱姜氏 貶 曷爲
貶 與弒公也 然則曷爲不於弒焉貶 貶必於重者 莫重乎其以喪至也

1) 夷(이): 제나라 땅 이름이다.
2) 齊人以歸(제인이귀): 제(齊)나라 사람이 애강(哀姜)의 시체를 가지고 돌아오다의 뜻.
3) 打(정): 좌전(左傳)에는 정(檉)으로 되어 있다. 송나라의 땅 이름.
4) 纓(영): 좌전(左傳)에는 언(偃)으로 되어 있다.
5) 犂(여): 좌전(左傳)에는 려(酈)로 되어 있다. 노나라의 땅 이름.
6) 莒挐(거나): 거나라의 대부(大夫)이다.
7) 南涘(남사): 문수(汶水)의 남쪽 물가이다.
8) 嘻(희): 한숨을 쉬다.
9) 諾已(낙이): 일생을 떠돌이가 되다의 뜻.
10) 抗輈經而死(항주경이사): 수레의 끌채에 목을 매어 죽다의 뜻. 경은 목을 매다의 뜻.
11) 偏戰(편전): 한쪽 방면만의 전쟁. 일면(一面)의 싸움이다.
12) 夫人氏(부인씨): 부인(夫人) 아래 강(姜)자가 궐문(闕文)이라고 했다.

2. 희공 2년 계해(癸亥)

가. 정월에 초구(楚丘)에 성을 쌓았다

 2년 계해(癸亥) 봄, 왕력으로 정월에 초구(楚丘)에 성을 쌓았다. 누가 성을 쌓았는가? 위(衛)나라에 성(城)을 쌓았다. 왜 위(衛)나라에 성을 쌓았다고 말하지 않았는가? 멸망했기 때문이다. 누가 멸망시켰는가? 대개 적인(狄人)이 멸망시켰다. 왜 적인(狄人)이 멸망시켰다고 하지 않았는가? 제나라의 환공(桓公)을 위하여 숨긴 것이다. 왜 제나라의 환공을 위하여 숨겨야 했는가? 위로는 천자가 없고 아래에는 방백(方伯)이 없어 천하의 제후들이 서로가 서로를 멸망시키는 자가 있더라도 제나라의 환공이 능히 구제해주지 못했다면 제나라의 환공이 부끄럽게 여길 것이다.
 그렇다면 누가 성을 쌓았는가? 환공이 성을 쌓은 것이다. 왜 환공이 성을 쌓았다고 말하지 않았는가? 제후가 제멋대로 봉하는 일을 찬성하지 않았기 때문이다. 왜 찬성하지 않았는가? 실제로는 찬성하고 문사(文辭)로는 찬성하지 않은 것이다. 문사(文辭)로는 왜 찬성하지 않았는가? 제후의 의(義)에는 제멋대로 봉작을 하지는 못하는 것이다. 제후들의 의(義)는 제멋대로 봉작을 하지 못하는데 그 실제로는 찬성했다고 한 것은 무슨 뜻인가? 위로는 천자(天子)가 없고 아래에는 방백(方伯)이 없어 천하의 제후들이 서로 멸망시키려는 자가 있게 되면 힘으로라도 능히 구제해 주는 것이며, 그들을 구제해 주는 것은 옳은 일이다.
 여름인, 5월 신사(辛巳)일에 우리 소군(小君)인 애강(哀姜)을 장사 지냈다. 애강(哀姜)이란 누구인가? 장공(莊公)의 부인이다.

 二年 春 王正月 城楚丘[1] ○孰城 城衛也 曷爲不言城衛 滅也 孰滅之 蓋狄滅之 曷爲不言狄滅之 爲桓公諱也 曷爲爲桓公諱 上無天

子 下無方伯 天下諸侯有相滅亡者 桓公不能救 則桓公恥之也 然則
孰城之 桓公城之 曷爲不言桓公城之 不與諸侯專封也 曷爲不與 實
與而文不與 文曷爲不與 諸侯之義 不得專封 諸侯之義不得專封 則
其曰實與之何 上無天子 下無方伯 天下諸侯有相滅亡者 力能救之
則救之 可也
　夏 五月 辛巳 葬我小君[2]哀姜 ○哀姜者何 莊公之夫人也
1) 城楚丘(성초구) : 초구에 성을 쌓다. 곧 초구는 위나라의 땅이다.
2) 小君(소군) : 옛날 제후(諸侯)의 부인(夫人)을 일컫는 말.

나. 진(晉)나라에서 하양(夏陽)을 멸망시키다

　우(虞)나라 군사와 진(晉)나라 군사가 하양(夏陽)을 멸망시켰다. 우(虞)나라는 작은 나라이다. 왜 대국(大國)의 위에 순서를 하였는가? 우(虞)나라가 악인의 두목이 된 것이다. 왜 우나라로 하여금 악인의 두목이 되게 하였는가? 우나라가 뇌물을 받고 국가를 멸망시키는 길을 빌려주어 멸망을 선택하게 된 것이다. 그가 뇌물을 받았다는 것은 어떤 것인가?
　진(晉)나라 헌공(獻公)이 모든 대부들이 조회를 들자 물어서 말하기를 "과인(寡人)이 어젯밤 잠자리에 들어서 잠을 자지 못했는데 그 뜻하는 것이 무엇이겠는가?"라고 했다. 모든 대부들이 앞으로 나아가 대답하기를 "잠자리가 불안스럽고 그 모든 모시는 자들이 곁에 함께 하지 못하여서일 것입니다."라고 했다. 헌공이 응대하지 않았다. 이때 순식(荀息)이 앞으로 나아가 말하기를 "우(虞)나라와 곽(郭:虢)나라가 마음에 나타난 것입니까?"라고 했다. 헌공이 읍(揖)하고 앞으로 다가와 함께 안으로 들어가 모의하여 말하기를 "내가 곽(郭:虢)나라를 공격하고자 하는데 우(虞)나라가 구원할 것이고 우(虞)나라를 공격하게 되면 곽나라가 구원할 것이다. 어떻게 하면 될 것인가? 진실로 그대와 함께 생각해보자."라고 했다. 순식이 대답하기를 "군주께서 만약 신(臣)의 계책을 사용한다면 오늘날에는 곽나라를 취하고 다음 날에는 우(虞)나라를 취할 수 있을 것입니다. 군주께서는 무엇을 근심하십니까?"라고 했다. 헌공이 말하기를 "그렇다면 어떠한 방안인가?"라고 하자, 순식이 말하기를 "청컨대 굴(屈)에서 생산되는 말 네 마리와 수극(垂棘)에서 나는 백벽(白璧)과 함께 하여 가시면 반드시 얻게 될 것입니다. 또 이 보배들은 나라 안의 창고에서 꺼내어 나라 밖의 창고에 저장하는 것이며 수극의 말들은 나라 안의 마구간에서 나와 나라 밖의 마구간에 매어두는 것입니다. 군주께서는 무엇을 상심하십니까?"라고 했다. 헌공이 말하기를 "그렇다. 그러나 우(虞)나라에는 궁지기(宮之奇)가 있는데 어떻게 한단 말인가?"라고 하자, 순식이 말하기를 "궁지기는 지혜롭고도 지혜롭습니다. 그러나 우(虞)나라 군주인 공작이 가난하고 보옥을 좋아해서 보옥을 보고는 반드시 궁지기의 말을 따르지 않을 것이므로 청컨대 보옥을 가지고 가게 해 주십시오."라고 했다. 이에 보옥과 말을 가지고 갔다.

　우(虞)나라 군주인 공작이 보옥을 보고 길을 빌려 주는 것을 허락하려 했다. 궁지기가 과연 간하기를 "역사에 이르기를 '입술이 없어지면 이가 시리다〔脣亡則齒寒〕.'라고 했습니다. 우(虞)나라와 곽(郭:虢)나라는 서로 구원하여 서로가 은혜로 삼지 않는다면 진(晉)나라가 오늘날 곽(郭)나라를 취하고 다음 날에는 우(虞)나라가 따라서 망하게 될 것입니다. 군주께서는 청컨대 허락하지 마십시오."라고 했다. 우나라 군주인 공작이 궁지기의 말을 따르지 않고 마침내 길을 빌려 주어 진나라가 곽나라를 취하였다. 돌아오는데 4년이 걸렸는데 돌아오면서 우나라도 빼앗았다.

　우나라 군주인 공작이 보배를 안고 수극의 말을 이끌고 이르렀다. 순식이 보고 말하기를 "신의 계략이 어떠합니까?"라고 했다. 헌공이 말하기를 "그대의 계략은 이미 행해졌다. 보옥은 나의 보옥 그대로이지만 나의 말은 자라서 또한 장성했구나."라고 했다. 대개는 순식의 농지거리였다. 하양(夏陽)이란 어디인가? 곽나라의 고을이다. 왜 곽나라에 연관시키지 않았는가? 하나의 나라였기 때문이다. 왜 나라라고 하는 것인가? 군주가 존재했기 때문이다.

가을인 9월에 제나라 군주인 후작과 송나라 군주인 공작과 강(江)나라 사람과 황(黃)나라 사람이 관택(貫澤)에서 동맹을 맺었다. 강(江)나라 사람과 황(黃)나라 사람이란 누구인가? 멀고 먼 나라라는 뜻의 말이다. 멀고 먼 나라가 이르렀다면 중국은 왜 홀로 제나라와 송나라만이 이르렀다고 말했는가? 대국(大國)은 제나라와 송나라를 말하고 멀고 먼 나라는 강(江)나라와 황(黃)나라를 말하며 그 나머지는 감히 이르지 않은 나라가 없다는 뜻이다.

겨울인 10월에 비가 내리지 않았다. 왜 이를 기록했는가? 괴이한 일이라 기록했다.

초(楚)나라 사람이 정(鄭)나라를 침범했다.

虞[1]師晉[2]師滅夏陽[3] ○虞 微國也 曷爲序乎大國之上 使虞首惡也 曷爲使虞首惡 虞受賂 假滅國者道 以取亡焉 其受賂奈何 獻公[4]朝諸大夫而問焉 曰 寡人夜者寢而不寐 其意也何 諸大夫有進對者曰 寢不安與 其諸侍御有不在側者與 獻公不應 荀息[5]進曰 虞郭見與獻公楫而進之 遂與之入而謀曰 吾欲攻郭[6] 則虞救之 攻虞 則郭救之 如之何 願與子慮之 荀息對曰 君若用臣之謀 則今日取郭 而明日取虞爾 君何憂焉 獻公曰 然則奈何 荀息曰 請以屈産之乘[7] 與垂棘之白璧[8] 往必不可也 則寶出之內藏[9] 藏之外府[10] 馬出之內廐 繫之外廐爾 君何喪焉 獻公曰 諾 雖然 宮之奇存焉 如之何 荀息曰 宮之奇 知[11]則知矣 雖然 虞公貪而好寶 見寶必不從其言 請終以往 於是終以往 虞公見寶 許諾 宮之奇果諫 記曰[12] 脣亡則齒寒 虞郭之相救 非相爲賜 則晉今日取郭 而明日虞從而亡爾 君請勿許也 虞公不從其言 終假之道以取郭 還四年 反取虞 虞公抱寶牽馬而至 荀息見曰 臣之謀何如 獻公曰 子之謀則已行矣 寶則吾寶也 雖然 吾馬之齒亦已長矣 蓋獻之也 夏陽者何 郭之邑也 曷爲不繫于郭 國之也 曷爲國之 君存焉爾

秋 九月 齊侯宋公江人黃人[13]盟于貫澤[14] ○江人黃人者何 遠國之辭也 遠國至矣 則中國曷爲獨言齊宋至爾 大國言齊宋 遠國言江黃 則以其餘爲莫敢不至也

冬 十月 不雨 ○何以書 記異也
楚人侵鄭

1) 虞(우) : 나라 이름. 희성(姬姓). 서주(西周) 초기에 우중(虞仲)을 봉한 나라.
2) 晉(진) : 주(周)나라 성왕(成王)이 그의 동생 숙우(叔虞)를 당(唐)에 봉했는데 숙우(叔虞)의 아들 섭보(燮父)가 국호를 고쳐 진(晉)이라고 했다.
3) 夏陽(하양) : 곽(郭)나라의 고을이며 곽나라의 요새지이다. 좌전(左傳)에는 하양(下陽)으로 되어 있다.
4) 獻公(헌공) : 진(晉)나라 군주.
5) 荀息(순식) : 진(晉)나라의 대부(大夫). 자(字)는 숙(叔), 순(荀)은 식읍으로 씨가 되었다.
6) 郭(곽) : 곽나라. 좌전(左傳)에는 괵(虢)으로 되어 있다. 희성(姬姓)의 나라.
7) 屈產之乘(굴산지승) : 굴(屈) 땅에서 생산되는 네 마리의 말. 굴은 진나라의 고을 이름이며 좋은 말이 생산되는 땅이다. 승(乘)은 네 마리의 말이란 뜻.
8) 垂棘之白璧(수극지백벽) : 수극은 진(晉)나라 땅이다. 이곳은 좋은 구슬이 나는 곳이다. 백벽은 흰 구슬이다. 옥은 흰 것이 더욱 보배이다.
9) 內藏(내장) : 국내의 창고.
10) 外府(외부) : 밖의 창고 곧 나라 밖의 창고라는 뜻.
11) 知(지) : 지(智)와 같다.
12) 記曰(기왈) : 옛 역사를 뜻한다.
13) 江人黃人(강인황인) : 강(江)나라 사람과 황(黃)나라 사람.
14) 貫澤(관택) : 송나라 땅 이름. 좌전이나 곡량전에는 택(澤)자가 없다.

3. 희공 3년 갑자(甲子)

가. 서(徐)나라가 서(舒)나라를 빼앗다

3년 갑자(甲子) 봄인 왕력으로 정월에 비가 내리지 않았다.
여름인 4월에 비가 내리지 않았다. 왜 기록했는가? 괴이한 일이라 기록했다.

서(徐)나라 사람이 서(舒)나라를 빼앗았다. 그 나라를 '빼앗다(取)'라고 한 것은 무슨 뜻인가? 쉽게 빼앗은 것을 말한 것이다.

6월에 비가 내렸다. 여기서 '유월우(六月雨 : 6월에 비가 내렸다)'란 무슨 뜻인가? 비가 때에 알맞게 내렸는데 많이 오지 않았다는 것이다.

가을에 제나라 군주인 후작과 송나라 군주인 공작과 강(江)나라 사람과 황(黃)나라 사람이 양곡(陽穀)에서 회합(會合)했다. 이는 많이 모인 것이었는데 왜 끝말에 양곡의 땅 이름만 묘사했는가? 제나라 환공(桓公)이 말하기를 "하류(河流)를 막지 말 것이며 곡식을 저축하지 말 것이며 적자(嫡子 : 樹子)를 바꾸지 말 것이며 첩(妾)으로써 아내를 삼지 말 것이다."라고 했다.

겨울에 공자 계우(季友)가 제나라에 가서 동맹을 맺는 일에 참석했다. 동맹을 맺는 일에 참석한 것이란 무슨 뜻인가? 가서 저들과 맹세를 한 것이다. 그들이 와서 맹세를 했다는 '내맹(來盟)'이란 무슨 뜻인가? 우리 노나라에 이르러 와서 맹세한 것이다.

초(楚)나라 사람이 정(鄭)나라를 정벌했다.

　三年 春 王正月 不雨
　夏 四月 不雨 ○何以書 記異也
　徐[1] 人取舒[2] ○其言取之何 易[3]也
　六月 雨 ○其言六月雨何 上雨[4]而不甚也
　秋 齊侯宋公江人黃人會于陽穀[5] ○此大會也 曷爲末言[6]爾 桓公曰 無障谷[7] 無貯粟 無易樹子[8] 無以妾爲妻
　冬 公子友如齊莅盟[9] ○莅盟者何 往盟乎彼也 其言來盟者何 來盟于我也
　楚人伐鄭

1) 徐(서) : 나라 이름이다. 주(周)나라 목왕(穆王)이 서언왕(徐偃王) 자종(子宗)을 봉하여 서자(徐子)로 삼아 서국(徐國)을 봉했다고 했다.
2) 舒(서) : 나라 이름이다.
3) 易(이) : 방비가 없어서 쉽게 했다는 뜻.

4) 上雨(상우) : 적당한 때에 비가 내렸다는 뜻.
5) 陽穀(양곡) : 제나라의 땅 이름.
6) 末言(말언) : 보잘 것이 없는 말. 끝마침이 보잘 것이 없다는 뜻.
7) 無障谷(무장곡) : 흐르는 하류(河流)를 막지 말 것이라는 뜻. 곧 수리(水利)를 전용(專用)하지 말라는 뜻.
8) 樹子(수자) : 고대 제후의 적장자(嫡長子)라는 뜻.
9) 莅盟(이맹) : 맹세에 나아가다. 이(莅)는 임(臨)의 뜻이다. 정해진 날짜에 가서 맹세하는 일.

4. 희공 4년 을축(乙丑)

가. 제후들이 채(蔡)나라를 멸망시키다

4년 을축(乙丑) 봄, 왕력으로 정월에 희공(僖公)이 제나라 군주인 후작과 송나라 군주인 공작과 진(陳)나라 군주인 후작과 위(衛)나라 군주인 후작과 정(鄭)나라 군주인 백작과 허(許)나라 군주인 남작과 조(曹)나라 군주인 백작 등과 회동하여 채(蔡)나라를 침공하여 채나라를 무너뜨렸다. '궤(潰 : 무너뜨리다)'란 무슨 뜻인가? 아래에서 위를 배반한 것이다. 국가는 궤(潰)라고 이르고 읍(邑)은 반(叛)이라고 이른다.

드디어 초(楚)나라를 정벌하여 형(陘)에 군사가 머물렀다. 여기에 '차우형(次于陘 : 형에 머무르다)'이란 무슨 뜻인가? 기다리고 있다는 뜻이다. 누구를 기다린 것인가? 굴완(屈完)을 기다린 것이다.

여름에 허나라 군주인 남작(男爵) 신신(新臣)이 세상을 떠났다. 초(楚)나라 굴완(屈完)이 와서 군사의 동맹을 하자고 하여 소릉(召陵)에서 동맹을 맺었다. 굴완(屈完)이란 누구인가? 초나라의 대부이다. 왜 사(使 : 사신)라고 일컫지 않았는가? 굴완을 높여준 것이다. 왜 굴완을 높여준 것인가? 제나라 환공(桓公)과 상대했기 때문이다. 그것을 '군사의 동맹을 하자고 하여 소릉에서 동 맹을 맺다.'라고 한 것은 무슨 뜻인가? 군사가 소릉(召陵)에 있었 기 때문이었다. 군사가 소릉에 있었다면 왜 다시 맹세를 말했는가? 초나라가 복종함을 기뻐한 것이다. 왜 초나라가 복종함을 기뻐했 는가? 초나라는 천자가 있은 뒤에는 복종을 하였고 천자가 없은 뒤 에는 먼저 배반하는 이적(夷狄)이었다. 여러 차례 중국을 침범하 여 남쪽의 이인(夷人 : 오랑캐)과 북쪽의 적인(狄人 : 오랑캐)들과 교대하여 중국과 선(線)을 단절하지 못했다. 제나라 환공이 중국 을 구원하고 이적(夷狄)을 물리치고 마침내 형(荊 : 楚)나라를 쫓 아냈는데 이는 천자가 하는 일이었다. 그것을 '내(來)'라고 말한 것은 무슨 뜻인가? 환공(桓公)이 패주(覇主)가 되는 것을 찬성한 것이다. 이 일의 앞에서도 일이 있었고 이 일의 뒤에도 일이 있었 는데 왜 유독 이를 위하여 제나라 환공이 패주(覇主)가 되는 것을 함께 했는가? 제나라 환공의 공덕이 여러 차례 쌓인 결과였다.

제나라 사람이 진(陳)나라의 원도도(袁濤塗)를 잡았다. 원도 도(袁濤塗)의 죄는 무엇인가? 군(軍)의 도(道)를 피한 것이다. 그가 군(軍)의 도를 피했다는 것이 어찌된 것인가? 도도(濤塗) 가 제나라 환공(桓公)에게 이르기를 "군주께서는 이미 남쪽의 이 인(夷人)들을 굴복시켰는데 왜 군사를 돌이키지 않고 바다를 따 라서 동쪽으로 이동하여 동이(東夷)를 복종시키고 또 돌아가려 고 하시는 것입니까?"라고 했다. 환공(桓公)이 말하기를 "그렇 다."라고 했다. 이에 군사를 돌려서 바닷가를 따라 동쪽으로 가다 가 수초(水草)가 우거진 못 속으로 크게 빠졌다. 환공이 돌아보 면서 도도(濤塗)를 잡았다. '집(執 : 잡다)'은 왜 어떤 때는 후 (侯 : 후작)라고 일컫고 어떤 때는 인(人)이라고 일컫는가? 후작 을 일컬어서 잡은 것은 패주(覇主)가 토벌한 것이요, 인(人)을 일컬어서 잡은 것은 패주(覇主)의 토벌이 아니다. 여기서 원도도 를 체포한 것은 죄가 있는 것인데 왜 패주(覇主 : 方伯)의 토벌이 되는 것을 얻지 못했는가? 옛날에 주공단(周公旦)이 동쪽으로 정벌을 할 때에는 서쪽 나라에서 원망을 했고 서쪽 나라를 정벌할 때에는 동쪽 나라에서 원망을 했다. 제나라 환공은 길을 진(陳)나라에서 빌려서 초나라를 정벌했는데 진(陳)나라 사람이 군사가 돌아오는 것을 자신의 나라로 말미암지 않고자 하여 군대의 규율을 바르게 하지 않은 까닭이었다. 그의 군사를 닦지 않고 원도도를 잡은 것인데 옛 사람의 토벌에서는 그러하지 않은 것이다.

가을에 강(江)나라 사람과 황(黃)나라 사람과 함께 진(陳)나라를 정벌했다.

8월에 희공이 초(楚)나라를 정벌하는 일에서 돌아왔다. 초(楚)나라가 이미 굴복했다. 왜 초나라를 정벌하는 일에 갔다가 이르렀는가? 초나라가 맹세를 배반했기 때문이었다.

허(許)나라의 목공(穆公)을 장사 지냈다.

겨울인 12월에 공손(公孫) 자(玆)가 군사를 거느리고 제나라 사람과 송나라 사람과 위(衛)나라 사람과 정나라 사람과 허나라 사람과 조(曹)나라 사람들과 만나서 진(陳)나라를 침공했다.

四年 春 王正月 公會齊侯宋公陳侯衛侯鄭伯許男曹伯侵蔡 蔡潰 ○潰者何 下叛上也 國曰潰 邑曰叛

遂伐楚 次于陘¹⁾ ○其言次于陘何 有侯也 執侯 侯屈完²⁾也

夏 許男新臣³⁾卒

楚屈完來盟于師 盟于召陵⁴⁾ ○屈完者何 楚大夫也 何以不稱使 尊屈完也 曷爲尊屈完 以當桓公⁵⁾也 其言盟于師 盟于召陵何 師在召陵也 師在召陵 則曷爲再言盟 喜服楚也 何言乎喜服楚 楚有王者則後服 無王者則先叛 夷狄也 而亟病⁶⁾中國 南夷與北狄交 中國不絶若線⁷⁾ 桓公救中國 而攘夷狄 卒帖⁸⁾荊 以此爲王者之事也 其言來何 與桓爲主⁹⁾也 前此者有事矣 後此者有事矣 則曷爲獨於此焉 與桓公爲主 序績¹⁰⁾也

齊人執陳袁濤塗¹¹⁾ ○濤塗之罪何 辟¹²⁾軍之道也 其辟軍之道奈何 濤塗謂桓公曰 君旣服南夷矣 何不還師濱海而東¹³⁾ 服東夷¹⁴⁾ 且歸 桓公曰 諾 於是還師 濱海而東 大陷于沛澤¹⁵⁾之中 顧而執濤塗 執者 曷爲或稱侯 或稱人 稱侯而執者 伯討¹⁶⁾也 稱人而執者 非伯討也 此

執有罪 何以不得爲伯討 古者周公 東征則西國怨 西征則東國怨 桓
公假塗于陳而伐楚 則陳人不欲其反由己者 師不正故也 不脩其師
而執濤塗 古人之討 則不然也
  秋 及江人黃人伐陳
  八月 公至自伐楚 ○楚已服矣 何以致伐楚 叛盟也
  葬許穆公
  冬 十有二月 公孫慈¹⁷⁾帥師會齊人宋人衛人鄭人許人曹人侵陳

1) 陘(형) : 초나라의 땅 이름이다.
2) 屈完(굴완) : 초나라의 대부이다.
3) 許男新臣(허남신신) : 허나라 남작의 이름이 신신(新臣)이라는 뜻.
4) 召陵(소릉) : 초나라의 땅 이름.
5) 當桓公(당환공) : 제나라의 환공과 서로 대적한 사람. 곧 상대한 사람.
6) 亟病(기병) : 누차 침범하다의 뜻.
7) 不絶若線(불절약선) : 선이 끊어지지 않았다. 계속 이어졌다는 뜻.
8) 卒帖(졸첩) : 다 굴복시키다. 첩(帖)은 복(服)의 뜻.
9) 與桓爲主(여환위주) : 제나라 환공이 패주(覇主)가 되는 것에 참여하다의 뜻.
10) 序績(서적) : 차례가 있는 공적. 곧 쌓아진 공적.
11) 袁濤塗(원도도) : 진(陳)나라의 대부.
12) 辟(피) : 피(避)와 같다.
13) 濱海而東(빈해이동) : 해변가를 따라서 동쪽으로 하다.
14) 東夷(동이) : 오(吳)나라를 뜻한다 했다.
15) 沛澤(패택) : 수초가 무성하고 늪지가 있는 곳을 뜻한다.
16) 伯討(백토) : 방백(方伯)이 토벌한다는 뜻. 방백은 패주(覇主)이다.
17) 公孫慈(공손자) : 노나라 대부이며 숙손대백(叔孫戴伯)이다.

5. 희공 5년 병인(丙寅)

가. 진(晋)나라에서 태자를 죽이다

5년 병인(丙寅) 봄에 진(晋)나라 군주인 후작이 그의 세자(世

子) 신생(申生)을 죽였다. 왜 곧바로 '진나라 군주인 후작이 죽였다.'고 일컬었는가? 세자와 어머니를 함께 한 아우까지 살해한 것을, 곧바로 군주라고 일컬은 것은 심한 것이었다.

기(杞)나라의 백희(伯姬)가 와서 그의 아들을 군주에게 뵙게 했다. 그를 '와서 그의 아들을 뵙게 하다(來朝其子)'라고 한 것은 무슨 뜻인가? 노나라 안에서 하는 말이다. 그의 아들과 함께 와서 군주를 찾아뵌 것이다.

여름에 공손(公孫) 자(玆)가 모(牟)나라에 갔다.

희공이 제나라 군주인 후작과 송나라 군주인 공작과 진(陳)나라 군주인 후작과 위(衛)나라 군주인 후작과 정나라 군주인 백작과 허(許)나라 군주인 남작과 조(曹)나라 군주인 백작 등과 함께 하여 천자(天子)의 세자(世子)와 수대(首戴)에서 회합했다. 왜 특별하게 왕세자(王世子)와 회합했는가? 세자(世子)는 귀한 분이다. 세자(世子)는 대대로 세자(世子)인 것과 같다.

가을인 8월에 제후들이 수대(首戴)에서 동맹을 맺었다. 제후들을 왜 순서대로 나열하지 않았는가? 한 가지 일을 다시 나타내는 것은 앞에 자세하게 나와 있으면 뒤에는 총목(總目)만 쓰는 것이다.

정나라 군주인 백작은 도망하여 돌아가 동맹을 맺지 않았다. 그 정나라 백작을 '도귀불맹(逃歸不盟)'이라고 말한 것은 무슨 뜻인가? 맹세에 참가하지 않은 것이다. 맹세에 참가하지 않고 그가 도망하여 돌아갔다는 것은 무슨 뜻인가? 노자(魯子)가 말하기를 "대개 적은 것으로써 많은 것을 범하지 않으려 한 것인져!"라고 했다.

초(楚)나라 사람이 현(弦)나라를 멸망시키자 현나라의 군주인 자작이 황(黃)나라로 달아났다.

9월 초하루인 무신(戊申)일에 일식(日蝕)이 있었다.

겨울에 진(晉)나라 사람이 우(虞)나라 군주인 공작을 잡았다. 우(虞)나라가 이미 멸망했는데 그의 군주를 잡았다고 한 것은 무슨 뜻인가? 멸망한 것을 인정하지 않은 것이다. 왜 멸망한 것을 인정하지 않았는가? 멸망이란 망한 나라를 좋게 하는 말이다. 멸이란 군주와 신하들이 힘을 합쳐서 침략자에게 저항했다는 것이다.

제5편 희공 시대(僖公時代) 183

　五年 春 晉侯殺其世子申生 ○曷爲直稱晉侯以殺¹⁾ 殺世子母弟直稱君者 甚之²⁾也
　杞伯姬來朝其子 ○其言來朝其子何 內辭也 與其子俱來朝也
　夏 公孫慈³⁾如牟⁴⁾
　公及齊侯宋公陳侯衛侯鄭伯許男曹伯會王世子于首戴⁵⁾ ○曷爲殊會王世子⁶⁾ 世子貴也 世子猶世世⁷⁾子也
　秋 八月 諸侯盟于首戴 ○諸侯何以不序 一事而再見者 前目而後凡也⁸⁾
　鄭伯逃歸不盟 ○其言逃歸不盟者何 不可使盟也 不可使盟 則其言逃歸何 魯子⁹⁾曰 蓋不以寡犯衆也
　楚人滅弦¹⁰⁾ 弦子¹¹⁾奔黃
　九月 戊申朔 日有食之
　冬 晉人執虞公 ○虞已滅矣 其言執之何 不與滅也 曷爲不與滅 滅者亡國之善辭¹²⁾也 滅者 上下之同力¹³⁾者也

1) 以殺(이살) : 이지살(以之殺)의 뜻이라 했다.
2) 甚之(심지) : 매우 심하다. 곧 친하고 친한 사람을 죽인 것이라 매우 증오한 다는 뜻.
3) 公孫慈(공손자) : 좌전(左傳)에는 공손자(公孫玆)로 되어 있다. 곧 숙손대백(叔孫戴伯)이며 숙아(叔牙)의 아들이다.
4) 牟(모) : 나라 이름이다.
5) 首戴(수대) : 좌전(左傳)에는 '수지(首止)'로 되어 있다. 위나라의 땅 이름.
6) 王世子(왕세자) : 주(周)나라 양왕(襄王)이 세자이던 때를 말한다. 이름은 정(鄭)이고 혜왕(惠王)의 아들이다. 33년간 재위했다.
7) 世世(세세) : 누세(累世). 곧 대대(代代)의 뜻.
8) 前目而後凡也(전목이후범야) : 앞에 자세하게 목록이 열거되면 뒤에는 대강만을 기록한다. 목은 세목(細目)이고 범(凡)은 대강(大綱)이다.
9) 魯子(노자) : 공양학파(公羊學派)의 한 사람.
10) 弦(현) : 나라 이름이다. 희성(姬姓).
11) 弦子(현자) : 현(弦)나라의 군주인 자작이다.
12) 善辭(선사) : 좋게 평가하는 말이라는 뜻.

13) 上下之同力(상하지동력) : 군신과 상하가 협력하여 저항한다는 뜻. 멸(滅)
이란 신하와 군주가 힘을 합하여 한 마음으로 함께 죽는 것을 뜻한 말이다.

6. 희공 6년 정묘(丁卯)

가. 초(楚)나라에서 허(許)나라를 포위하다

6년 정묘(丁卯) 봄인 왕력으로 정월이다.

여름에 희공이 제나라 군주인 후작과 송나라 군주인 공작과 진(陳)나라 군주인 공작과 위(衛)나라 군주인 후작과 조나라 군주인 백작 등과 회합하고 정나라를 정벌하여 신성(新城)을 포위했다. 읍(邑)은 포위했다고 말하지 않는데 이곳에서 신성(新城)을 포위했다고 말한 것은 무슨 뜻인가? 이는 제나라의 환공이 패주(覇主)로써 강제로 압박한 것을 뜻한 것이다.

가을에 초나라 사람이 허(許)나라를 포위했다. 제후들이 드디어 허나라를 구원했다.

겨울에 희공이 정나라를 정벌하는 일에서 돌아왔다.

六年 春 王正月
夏 公會齊侯宋公陳侯衛侯曹伯伐鄭 圍新城[1] ○邑不言圍 此其言圍何 彊[2]也
秋 楚人圍許 諸侯[3]遂救許
冬 公至自伐鄭

1) 新城(신성) : 곧 신밀(新密)이며 정나라가 신축한 성읍(城邑)이다.
2) 彊(강) : 힘으로 강제(强制)하다의 뜻. 곧 제나라 환공이 힘을 앞세워서 강제로 압박했다는 뜻.
3) 諸侯(제후) : 노(魯)나라 제(齊)나라 송(宋)나라 진(陳)나라 위(衛)나라 조(曹)나라 등의 군대를 뜻함.

7. 희공 7년 무진(戊辰)

가. 소주루(小邾婁)의 자작이 찾아오다

7년 무진(戊辰) 봄에 제나라 사람이 정나라를 정벌했다.

여름에 소주루(小邾婁)나라 군주인 자작(子爵)이 찾아왔다.

정나라에서 그의 대부(大夫) 신후(申侯)를 죽였다. 그 국가를 일컬어서 대부를 죽였다는 것은 무슨 뜻인가? 국가를 일컬어서 대부를 죽였다고 한 것은 군주가 대부(大夫)를 죽였다는 말이다.

가을인 7월에 희공이 제나라 군주인 후작과 송나라 군주인 공작과 진(陳)나라 세자 관(款)과 정나라 세자 화(華) 등과 회동하여 영무(甯毋)에서 동맹을 맺었다.

조(曹)나라 군주인 백작 반(般)이 세상을 떠났다.

공자(公子) 우(友)가 제나라에 갔다.

겨울에 조(曹)나라 소공(昭公)을 장사 지냈다.

七年 春 齊人伐鄭[1]
夏 小邾婁子[2]來朝
鄭殺其大夫申侯[3] ○其稱國以殺何 稱國以殺者 君殺大夫之辭也
秋 七月 公會齊侯宋公陳世子款[4]鄭世子華[5]盟于甯毋[6]
曹伯般[7]卒
公子友如齊
冬 葬曹昭公

1) 齊人伐鄭(제인벌정) : 제나라 환공은 노나라 희공 6년에 허(許)나라를 구원하느라 정나라를 정벌하는데 성공하지 못하였으므로 다시 토벌에 나선 것.
2) 小邾婁子(소주루자) : 소주루(小邾婁)나라의 군주인 자작(子爵)의 뜻. 곧 예국(郳國)이며 노나라의 부용국이다.
3) 申侯(신후) : 정나라 대부이다. 일찍부터 초(楚)나라 문왕(文王)의 총애를

받고 문왕이 옥벽을 주기도 했다. 문왕이 죽자 정나라로 도망했는데 정나라
에서 여공(厲公)의 총애를 받았다.
4) 款(관) : 진(陳)나라 태자의 이름. 선공(宣公)의 태자이다.
5) 華(화) : 정(鄭)나라 태자의 이름. 문공(文公)의 세자이다.
6) 甯毋(영무) : 노나라의 땅 이름.
7) 曹伯般(조백반) : 조(曹)나라 소공(昭公)이며 이름은 반(般)이다. 공공(共
公)의 아버지이며 9년간 재위했다. 좌전(左傳)과 곡량전(穀梁傳)의 경문
(經文)에는 반(班)으로 되어 있다.

8. 희공 8년 기사(己巳)

가. 적인(狄人)이 진(晉)나라를 정벌하다

8년 기사(己巳) 봄인 왕력으로 정월에 희공은 주왕조(周王朝)
의 사람과 제나라 군주인 후작과 송나라 군주인 공작과 위(衛)나
라 군주인 후작과 허(許)나라 군주인 남작과 조나라 군주인 백작
과 진(陳)나라 세자 관(款) 등과 회동하고 조(洮) 땅에서 동맹
을 맺었다. 왕인(王人 : 周王朝 사람)이란 누구인가? 지위가 낮은
자이다. 왜 지위가 낮은 자를 제후들의 위에 차례해 놓았는가? 천
자(天子)의 명령(命令)을 먼저한 것이다.

정(鄭)나라 군주인 백작이 동맹을 빌었다. 동맹을 빌었다고 한
것은 무슨 뜻인가? 그 자신의 나라에 거처하면서 함께 하기를 청
한 것이다. 그 자신의 나라에 거처하면서 함께 하기를 청했다는
것은 어찌된 것인가? 대개 정나라 백작이 자신의 피를 뽑아서 보
내 혈맹에 참가하게 한 것이었다.

여름에 적인(狄人)이 진(晉)나라를 정벌하였다.

가을인 7월에 태묘(太廟)에서 체제(禘祭)를 지내고 부인(夫人)
을 조상의 사당에 모셨다. 용(用)이란 무슨 뜻인가? 용(用)이란 사
용한 것이 마땅하지 않다는 것이다. 치(致)란 무슨 뜻인가? 조상의

사당에 이르게 하는 것이 마땅하지 않다는 뜻이다. 체제(禘祭)를 지내고 부인(夫人)을 조상의 사당에 이르게 한 것이 예에 합당한 것이 아니었다. 부인(夫人)을 왜 강씨(姜氏)라고 일컫지 않았는가? 폄하한 것이다. 왜 폄하했는가? 첩(妾)으로써 처(妻)를 삼은 것을 책망한 것이다. 그 첩(妾)으로써 처(妻)로 삼았다고 말한 것은 무슨 뜻인가? 대개 제나라의 잉녀(媵女)가 먼저 이른 것으로 제나라에서 위협하여 희공이 처(妻)로 삼은 것을 뜻한 것이다.

겨울인 12월 정미(丁未)일에 천자가 붕어했다.

八年 春 王正月 公會王人¹⁾齊侯宋公衛侯許男曹伯陳世子款²⁾鄭世子華 盟于洮³⁾ ○王人者何 微者也 曷爲序乎諸侯之上 先王命⁴⁾也
鄭伯乞盟 ○乞盟者何 處其所⁵⁾而請與也 共處其所而請與奈何 蓋酌之⁶⁾也
夏 狄伐晉
秋 七月 禘于太廟⁷⁾ 用致夫人⁸⁾ ○用者何 用者不宜用也 致者何 致者不宜致也 禘用致夫人 非禮也 夫人何以不稱姜氏 貶 曷爲貶 譏以妾爲妻也 其言以妾爲妻奈何 蓋脅于齊媵女之先至者也
冬 十有二月 丁未 天王崩⁹⁾

1) 王人(왕인) : 주나라 왕실 안에서 태자를 옹호하는 대신.
2) 陳世子款(진세자관) : 진나라 세자 관인데 곡량전(穀梁傳)이나 좌전(左傳)에는 이 밑에 '정세자화(鄭世子華)'의 4글자가 없다.
3) 洮(조) : 조(曹)나라의 지명.
4) 先王命(선왕명) : 천자의 명령이 앞에 하다의 뜻.
5) 處其所(처기소) : 몸이 자신의 국가 안에 있다는 뜻.
6) 酌之(작지) : 뜨다. 곧 담다의 뜻. 정나라 백작의 피를 담아서 가지고 가 맹세에 참석한 것을 뜻한다.
7) 禘于大廟(체우태묘) : 체는 3년마다 올리는 큰 제사의 이름. 태묘는 노나라의 시조인 주공(周公)을 모시는 사당.
8) 用致夫人(용치부인) : 곡량전에서는 노나라 장공(莊公)의 부인 애강(哀姜). 조상의 사당에 모시다. 곧 음식물로써 제사를 받들다의 뜻. 일설에는 부인을

성풍(成風)이라고 했다. 좌전에는 애강(哀姜)이라 했다.
9) 天王崩(천왕붕) : 천왕은 주혜왕(周惠王). 이왕(釐王)의 아들이며 25년 간 재위했다. 좌전 7년의 전(傳)에는 윤(閏) 12월에 붕어했다고 했는데 뒤늦게 통고해왔음을 뜻한 것이다.

9. 희공 9년 경오(庚午)

가. 규구(葵丘)에서 동맹을 맺다

9년 경오(庚午) 봄인 왕력으로 3월 정축(丁丑)일에 송나라 군주인 공작 어열(御說)이 세상을 떠났다. 왜 장례치른 것을 기록하지 않았는가? 송나라의 양공(襄公)을 위하여 숨긴 것이다.

여름에 희공이 주왕실의 태재(太宰)인 주공(周公)과 제나라 군주인 후작과 송나라 군주의 아들과 위(衛)나라 군주인 후작과 정나라 군주인 백작과 허(許)나라 군주인 남작과 조(曹)나라 군주인 백작과 규구(葵丘)에서 회합했다. 재주공(宰周公 : 태재인 주공)이란 누구인가? 천자의 정치를 담당한 사람이었다.

가을인 7월 을유(乙酉)일에 백희(伯姬)가 세상을 떠났다. 이는 남에게 시집가지 않았는데 왜 세상을 떠났다고 기록했는가? 혼인을 허락했기 때문이었다. 부인(婦人)이 혼인을 허락한 상태이거나 자(字)를 받고 비녀를 꽂은 상태에서, 죽게 되면 성인(成人)의 상(喪)으로 치르는 것이다.

9월 무진(戊辰)일에 제후들이 규구(葵丘)에서 동맹을 맺었다. 제나라 환공(桓公)의 맹서는 날짜를 기록하지 않는데 이곳에는 왜 날짜를 기록했는가? 위험했기 때문이었다. 왜 이를 위험했다고 한 것인가? 관택(貫澤)의 회맹에서는 환공(桓公)이 중국을 근심하는 마음이 있었기에 초청하지 않았어도 이르른 나라가 강(江)나라 사람과 황(黃)나라 사람까지 했다. 이 규구(葵丘)의 모임에서는 진동시키고 자랑하자 배반한 제후들이 9개 국가였다. 진동시킨

것이란 무엇인가? 거만하고 교만하며 방자한 행동이었다. 자랑한
다는 것은 무엇인가? 나와 같은 자가 없다는 것과 같은 것이었다.
　갑자(甲戌)일에 진(晉)나라 군주인 후작 궤제(詭諸)가 세상
을 떠났다.
　겨울에 진(晉)나라 이극(里克)이 그의 군주의 아들인 해제(奚
齊)를 살해했다. 이는 한 해를 넘기지 않은 군주이다. 그를 '그 군
주의 아들 해제를 시해했다고 한 것'은 무슨 뜻인가? 군주라고
부르는 것이 한해를 넘기지 않았는데 살해된 것이다.

　九年 春 王三月 丁丑 宋公禦說[1]卒 ○何以不書葬 爲襄公[2]諱也
　夏 公會宰周公[3]齊侯宋子[4]衛侯鄭伯許男曹伯于葵丘[5] ○宰周公
者何 天子之爲政者也
　秋 七月 乙酉 伯姬[6]卒 ○此未適人[7] 何以卒 許嫁矣 婦人許嫁字
而笄之[8] 死則以成人之喪治之
　九月 戊辰 諸侯盟于葵丘 ○桓之盟不日[9] 此何以日 危之也 何危
爾 貫澤之會[10] 桓公有憂中國之心 不召而至者 江人黃人也 葵丘之
會 桓公震而矜之 叛者九國 震之者何 猶曰振振[11]然 矜之者何 猶曰
莫若我也[12]
　甲戌[13] 晉侯詭諸[14]卒
　冬 晉里克[15]弑其君之子奚齊[16] ○此未踰年之君 其言弑其君之子
奚齊何 殺未踰年君之號也

1) 宋公禦說(송공어열) : 송나라 공작인 환공(桓公)의 이름이 어열이다. B.C.
　 681년에 즉위하여 31년간 재위.
2) 襄公(양공) : 곧 송나라 양공(襄公). 환공(桓公)의 적자(嫡子)이며 송나라
　 제19대 군주이며 14년간 재위했다. 춘추(春秋) 오패(五覇)의 한 사람.
3) 宰周公(재주공) : 재는 태재이며 관직 이름이다. 은(殷)나라에서 처음 설치
　 하여 왕실의 가무(家務)와 가노(家奴)를 관장한다. 주공은 재공(宰孔)을 이
　 르는 말이다. 재공(宰孔)의 자(字)는 기보(忌父)이다. 곧 주(周)나라 왕조
　 의 태재(太宰)이다. 주례에 천관총재(天官冢宰).
4) 宋子(송자) : 송나라 군주의 아들이다. 송나라는 후작이었는데 환공(桓公)

이 죽어 제후의 계승이 이루어지지 않아서 송자(宋子)라고 한 것이다. 곧 장례를 치르지 않아서이다. 여기서는 자작(子爵)으로 해석하지 않아야 함. 곧 송나라의 죽은 군주의 아들이라는 뜻에서 송자(宋子)라고 한 것. 송나라의 양공(襄公)을 뜻한다.

5) 葵丘(규구) : 땅 이름이다. 지금의 하남성(河南省)에 있는 지명(地名)이며 노나라 장공(莊公) 8년조에 나오는 규구(葵丘)와는 다른 곳이라 했다.
6) 伯姬(백희) : 노나라 희공의 딸 자(字)이다. 그 자 앞에 성씨가 없을 때에는 아직 출가(出嫁)하지 않은 상태이며 자를 받았으면 시집가지는 않았더라도 죽으면 성인(成人)의 예로써 장례를 치른다. 좌전에는 희공의 누이라고 했다.
7) 適人(적인) : 시집을 가는 것.
8) 許嫁字而笄之(허가자이계지) : 허가는 정혼(定婚)의 뜻. 계는 여자가 15세가 되면 비녀를 꽂는 것. 자는 여자가 성년(成年)이 되면 자(字)를 받는다.
9) 桓之盟不日(환지맹불일) : 제나라 환공이 소집한 맹세에는 날짜를 쓰지 않다.
10) 貫澤之會(관택지회) : 관택 땅의 모임. 희공(僖公) 2년 가을인 9월의 기사.
11) 振振(진진) : 교만하고 방자한 모양.
12) 莫若我也(막약아야) : 나와 같은 자가 없다. 곧 내가 최고라는 뜻.
13) 甲戌(갑술) : 갑자(甲子)의 잘못이라 했다.
14) 詭諸(궤제) : 진(晉)나라의 헌공(獻公)이며 궤제는 그의 이름이다. B.C. 676년 즉위하여 26년간 재위하다.
15) 里克(이극) : 진(晉)나라의 대부이다.
16) 奚齊(해제) : 진나라 헌공과 여희(驪姬) 사이에 난 아들이며 헌공의 총애를 받아 태자 신생을 죽이고 태자가 되었다.

10. 희공 10년 신미(辛未)

가. 적인(狄人)이 온(溫)나라를 멸망시키다

10년 신미(辛未) 봄, 왕력으로 정월에 희공이 제나라에 갔다. 적인(狄人)이 온(溫)나라를 멸망시키자 온나라 군주인 자작이 위(衛)나라로 달아났다.
 진(晉)나라 이극(里克)이 그의 군주인 탁(卓)을 시해하고 그의 대부 순식(荀息)도 죽였다. 급(及)이란 무슨 뜻인가? 연결되었다는 뜻이다. 군주를 시해한 것이 많지만 이를 제외하면 연결된 것이 없겠는가? 대답하기를 "있다. 공보(孔父)와 구목(仇牧)이 모두 연결되었다."고 했다. "공보(孔父)와 구목(仇牧)을 제외시키면 연루된 자들이 없는가?" 대답하기를 "있다."라고 했다. 있다면 여기에서는 왜 이를 기록했는가? 현명하기 때문이다. 무엇으로 순식(荀息)이 현명하다고 하는가? 순식(荀息)은 가히 그의 말을 식언(食言)하지 않았기 때문이다. 순식이 그 말을 식언(食言)하지 않는다는 것은 어째서인가? 해제(奚齊)와 탁자(卓子)는 모두 여희(驪姬)의 아들이며 순식이 스승이었다. 여희(驪姬)란 나라의 미인이다. 진(晉)나라의 헌공(獻公)이 매우 사랑하여 그의 아들을 세우고자 했는데 이때에 세자(世子)인 신생(申生)을 죽였다. 신생(申生)이란 이극(里克)이 스승이었다. 헌공이 병이 들어 장차 죽으려 할 때 순식(荀息)에게 일러 말하기를 "사(士)는 어찌하여야 가히 믿음이 있다고 이르는 것인가?"라고 했다. 순식(荀息)이 대답하기를 "죽는 곳을 가라고 하더라도 살아서 돌아오고, 살아온 자는 그의 말을 부끄럽게 여기지 않는다면 가히 믿을만 하다고 이를 것입니다."라고 했다. 헌공이 죽고 해제(奚齊)가 즉위했다. 이극(里克)이 순식(荀息)에게 일러 말하기를 "군주께서 바른 적자를 살해하고 부정한 자식을 즉위케 한 것은 어른을 폐하고 어린아이를 세운 것이다. 어찌해야 합니까? 진실로 그대의 생각과 함께 할 것이다."라고 했다. 순식이 말하기를 "군주께서 일찍부터 신에게 묻기에 신(臣)이 대답하여 말하기를 '죽는 곳에 가라고 해도 살아서 돌아오고 살아온 자는 그 말을 부끄럽게 여기지 않는 것을 가히 믿음이 있다고 이르는 것이다.'"라고 했다. 이극(里克)이 그와 함께 일을 도모할 수가 없는 것을 알고 물러나와 해제(奚齊)를 시해하자 순식이 탁자(卓子)를 세웠다. 이극이 탁자(卓子)를 시해하고 순식도 죽였다. 그러므로 순식은 그의 말을 식언(食言)하지 아니했다 이른 것이다.
 여름에 제나라 군주인 후작과 허나라 군주인 남작이 북융(北戎 : 山戎)을 정벌했다.
 진(晉)나라에서 그의 대부(大夫) 이극(里克)을 죽였다. 이극이 두 군주를 시해했는데 왜 도적을 토벌하는 언사로써 말하지 않았는가? 진(晉)나라 혜공(惠公)의 대부였기 때문이었다. 그렇다면 누가 혜공을 세웠는가? 이극(里克)이었다. 이극이 해제(奚齊)와 탁자(卓子)를 시해하고 혜공을 맞아들여 들어오게 했다. 이극이 혜공을 즉위케 했다면 혜공이 왜 이극을 살해했겠는가? 혜공이 말하기를 "너는 이미 두 어린아이를 죽였고 또 장차 과인도 도모할 것이다. 네가 군주를 위한다면 또한 걱정거리가 아니겠는가?"라고 하고 이에 죽였다. 그렇다면 왜 혜공(惠公)이 들어온 것을 말하지 않았는가? 진(晉)나라의 출입을 언급하지 않은 것은 사전에 진(晉)나라 문공(文公)을 위하여 숨겨 준 것이다.
 제나라 소백(小白)이 제나라에 들어갔을 때는 왜 환공(桓公)을 위하여 숨겨 주지 않았는가? 환공의 국가를 향유함은 장구하여 아름다움이 천하에 나타났으므로 근본적으로 나쁜 것들을 숨겨 주지 않아도 되는 것이었다. 진(晉)나라 문공(文公)은 국가를 향유함이 짧았기 때문에 아름다움이 천하에 나타나지 않았으므로 근본적으로 나쁜 것들을 숨겨주기 위한 것이었다.
 가을인 7월이다.
 겨울에 크게 우박이 내렸다. 왜 이것을 기록했는가? 괴이한 일이라 기록했다.

十年 春 王正月 公如齊
狄滅溫[1]
溫子[2]奔衛
 晉里克弑其君卓子[3] 及其大夫荀息 ○及者何 累也 弑君多矣 舍此無累者乎 曰有 孔父[4]仇牧[5]皆累也 舍孔父仇牧無累者乎 曰有 有則此何以書 賢也 何賢乎荀息 荀息可謂不食其言矣 其不食其言奈

何 奚齊卓子者 驪姬之子也 荀息傳⁶⁾焉 驪姬⁷⁾者 國色也 獻公愛之 甚 欲立其子 於是殺世子申生 申生者 里克傅之 獻公病將死 謂荀息曰 士何如則可謂之信矣 荀息對曰 使死者反生 生者不愧乎其言 則可謂信矣 獻公死 奚齊立 里克謂荀息曰 君殺正而立不正⁸⁾ 廢長而立幼⁹⁾ 如之何 願與子慮之 荀息曰 君嘗訊¹⁰⁾臣矣 臣對曰 使死者反生 生者不愧乎其言 則可謂信矣 里克知其不可與謀 退弑奚齊 荀息立卓子 里克弑卓子 荀息死之 荀息可謂不食其言矣

夏 齊侯許男伐北戎

晉殺其大夫里克 ○里克弑二君 則曷爲不以討賊之辭言之 惠公之大夫也 然則孰立惠公 里克也 里克弑奚齊卓子 逆惠公而入 里克立惠公 則惠公曷爲殺之 惠公曰 爾旣殺夫二孺子¹¹⁾矣 又將圖寡人 爲爾君者 不亦病¹²⁾乎 於是殺之 然則曷爲不言惠公之入 晉之不言出入者 踊¹³⁾ 爲文公諱也 齊小白入于齊 則曷爲不爲桓公諱 桓公之享國也長 美見乎天下 故不爲之諱本惡也 文公之享國也短 美未見乎天下 故爲之諱本惡也

秋 七月

冬 大雨雹 ○何以書 記異也

1) 溫(온) : 나라 이름이다. 주(周) 대부(大夫) 소분(蘇忿)이 최초로 온(溫)으로써 사구(司寇)가 되어 뒤에 온땅에 봉해졌다.
2) 溫子(온자) : 온(溫)나라 군주인 자작이며 주(周)나라 사구(司寇)인 소공(蘇公)의 후예이다.
3) 卓子(탁자) : 진(晉)나라 여희(驪姬)의 자매의 아들이며 공자 탁(公子卓)이라 일컫다.
4) 孔父(공보) : 송나라 대부이다. 노나라 장공 2년조에 있다.
5) 仇牧(구목) : 송나라 대부. 노나라 장공 12년조에 있다.
6) 傅(부) : 사부(師父)이다. 스승.
7) 驪姬(여희) : 여융(驪戎)나라 딸이다. 여융(驪戎)은 희성(姬姓)이며 남작(男爵)의 국가이다.
8) 殺正而立不正(살정이입부정) : 태자 신생(太子申生)을 죽이다. 입부정은 해제(奚齊)를 세우다.

9) 廢長而立幼(폐장이입유) : 폐장은 공자 중이(公子重耳)를 폐하고 유자는 탁자(卓子)이다.
10) 訊(신) : 위에서 아래에게 묻는 것을 뜻한다.
11) 孺子(유자) : 소자(小子). 해제(奚齊)와 탁자(卓子)는 모두 유소하다는 뜻.
12) 病(병) : 우려(憂慮)하다.
13) 踊(용) : 예상하다. 미리의 뜻.

11. 희공 11년 임신(壬申)

가. 강씨(姜氏)가 제나라 후작을 만나다

11년 임신(壬申) 봄에 진(晉)나라에서 그 대부(大夫)인 비정보(丕鄭父)를 죽였다.

여름에 희공이 부인(夫人) 강씨(姜氏)와 함께 제나라 군주인 후작을 양곡(陽穀)에서 만났다.

가을인 8월에 크게 기우제를 지냈다.

겨울에 초(楚)나라 사람이 황(黃)나라를 정벌했다.

十有一年 春 晉殺其大夫丕鄭父[1]
夏 公及夫人姜氏會齊侯于陽穀[2]
秋 八月 大雩[3]
冬 楚人伐黃

1) 丕鄭父(비정보) : 비정(丕鄭)이다. 보(父)는 신분이 높은 사람의 이름 밑에 붙이는 칭호. 좌전의 10년 조에 보면 비정이 죽은 것은 10년 겨울로 되어 있다. 이는 10년 겨울에 죽었으나 진나라에서 노나라에 알린 것이 늦어서였다는 설(說)이 있고 또 하력(夏曆)을 쓰는 진나라와 주력(周曆)을 쓰는 노나라의 역(曆)의 차이에서 그렇게 되었다는 설이 있다고 했다. 이극(里克)과 당(黨)을 함께 했다.
2) 陽谷(양곡) : 제나라 지명이다.

3) 大雩(대우) : 크게 기우제를 지내다. 곧 날씨가 가물어 비를 비는 의식을 행하는 것. 본래 기우제는 천자(天子)만이 행할 수 있으나 주(周)의 성왕(成王)이 주공단(周公旦)에게 천자(天子)의 예를 사용하게 함으로써 노나라에서도 기우제를 지내는 것이다.

12. 희공 12년 계유(癸酉)

가. 초(楚)나라에서 황(黃)나라를 멸망시키다

12년 계유(癸酉) 봄인 왕력으로 3년 경오(庚午)일에 일식이 있었다.

여름에 초(楚)나라 사람이 황(黃)나라를 멸망시켰다.

가을인 7월이다.

겨울인 12월 정축(丁丑)일에 진(陳)나라 군주인 후작 처구(處臼)가 세상을 떠났다.

十有二年 春 王三月 庚午 日有食之
夏 楚人滅黃
秋 七月
冬 十有二月 丁丑 陳侯處臼[1]卒

1) 陳侯處臼(진후처구) : 곧 진(陳)나라 선공(宣公)이며 처구는 그의 이름이다. 곡량전에 처는 저(杵)로 되어 있다.

13. 희공 13년 갑술(甲戌)

가. 희공이 제후들과 함(鹹)에서 회합하다

13년 갑술(甲戌) 봄에 적인(狄人)이 위(衛)나라를 침략했다.

여름인 4월에 진(陳)나라 선공(宣公)을 장사 지냈다.
희공이 제나라 군주인 후작과 송나라 군주인 공작과 진(陳)나라 군주인 후작과 위(衛)나라 군주인 후작과 정나라 군주인 백작과 허(許)나라 군주인 남작과 조(曹)나라 군주인 백작과 함(鹹)에서 회합했다.
가을인 9월에 크게 기우제를 지냈다.
겨울에 공자(公子) 우(友)가 제나라에 갔다.

十有三年春 狄侵衛
夏 四月 葬陳宣公
公會齊侯宋公陳侯衛侯鄭伯許男 曹伯于鹹[1]
秋 九月 大雩
冬 公子友如齊

1) 鹹(함) : 위(衛)나라 지명이다.

14. 희공 14년 을해(乙亥)

가. 적인(狄人)이 정(鄭)나라를 침범했다

14년 을해(乙亥) 봄에 제후들이 연릉(緣陵)에서 성을 쌓았다. 누구를 위하여 성을 쌓았는가? 기(杞)나라를 위하여 성(城)을 쌓았다. 왜 기(杞)나라를 위하여 성(城)을 쌓았는가? 멸망했기 때문이다. 누가 멸망시켰는가? 대개 서(徐)나라와 거(莒)나라가 위협한 것이다. 왜 서나라와 거나라가 위협한다고 말하지 않는가? 제나라 환공(桓公)을 위하여 숨긴 것이다. 왜 환공(桓公)을 위하여 숨긴 것인가? 위로는 천자(天子)가 없고 아래로는 방백(方伯)이 없어서 천하의 제후들이 서로 멸망시키려는 자가 있더라도 환공(桓公)이 능히 구제해주지 못했다면 환공이 부끄럽게 여겼기 때문이다. 그렇다면 누가 성을 쌓으라고 했는가? 환공이 기나라를 위하여 성을 쌓은 것이다. 왜 환공이 성을 쌓게 했다고 말을 하지 않았는가? 제후들이 제멋대로 봉작하는 것을 찬성하지 않았기 때문이다. 왜 찬성을 하지 아니했는가? 실제로는 찬성을 하고 문사(文辭)로는 찬성하지 않은 것이다. 문사(文辭)로는 왜 찬성하지 않았는가? 제후의 의(義)는 제멋대로 봉하는 것을 얻지 못하기 때문이다. 제후들의 의(義)가 제멋대로 봉작하는 것을 얻지 못한다면서, 그것을 실제로는 찬성했다고 이르는 것은 무슨 뜻인가? 위로는 천자가 없고 아래로는 방백(方伯)이 없어 천하의 제후들이 서로를 멸망시키려는 자가 있으면 능히 힘으로라도 구제해야 한다. 또 힘으로라도 구제해 주는 것은 옳은 일이다.

여름인 6월에 계희(季姬)가 증(鄫)나라 군주인 자작과 방(防)에서 만나 증나라 군주인 자작으로 하여금 찾아오게 하였다. 증(鄫)나라 군주인 자작이 왜 계희(季姬)로 하여금 찾아오게 했는가? 이는 노나라 국내에서 하는 언사(言辭)이다. 찾아오라고 시킨 것이 아니고 와서 계희(季姬) 자신을 데려가도록 시킨 것이다.

가을인 신묘(辛卯)일에 사록(沙鹿)이 무너졌다. 사록(沙鹿)이란 무엇인가? 황하(黃河) 위의 고을 이름이다. 이 고을이 무너졌다고 말한 것은 무슨 뜻인가? 이 고을을 덮친 것이다. 사록이 무너진 것을 왜 기록했는가? 괴이한 일이라 기록한 것이다. 외국의 괴이한 일은 기록하지 않는 것인데 이곳에는 왜 기록했는가? 천하를 위하여 괴이한 것을 기록한 것이다.

적인(狄人)이 정나라를 침범했다.

겨울에 채(蔡)나라 군주인 후작 힐(肸)이 세상을 떠났다.

十有四年 春 諸侯城緣陵[1] ○孰城之[2] 城杞[3]也 曷爲城杞 滅也 孰滅之 蓋徐莒脅之 曷爲不言徐莒脅之 爲桓公諱也 曷爲爲桓公諱 上無天子 下無方伯 天下諸侯 有相滅亡者 桓公不能救 則桓公恥之也 然則孰城之 桓公城之 曷爲不言桓公城之 不與諸侯專封也 曷爲不與 實與而文不與 文曷爲不與 諸侯之義 不得專封也 諸侯之義 不得專封 則其曰實與之何 上無天子 下無方伯 天下諸侯 有相滅亡者

力能救之 則救之可也

夏 六月 季姬[4]及鄫[5]子遇于防[6] 使鄫子來朝 ◯鄫子曷爲使乎季姬 來朝 內辭也 非使來朝 使來請己[7]也

秋 八月 辛卯 沙鹿[8]崩 ◯沙鹿者何 河上之邑也 此邑也其言崩何 襲邑也 沙鹿崩 何以書 記異也 外異不書 此何以書 爲天下記異也

狄侵鄭

冬 蔡侯肸[9]卒

1) 緣陵(연릉) : 기(杞)나라의 고을 이름이다.
2) 孰城之(숙성지) : 누구를 위하여 성을 쌓는가?의 뜻.
3) 杞(기) : 나라 이름. 주무왕(周武王)이 하우씨(夏禹氏)의 후손인 동루공(東樓公)을 기(杞)에 봉했다. 뒤에 초나라에게 멸망당했다.
4) 季姬(계희) : 노나라 희공의 딸. 그가 증(鄫)나라 군주의 부인이 되었다.
5) 鄫(증) : 곡량전에는 모두 증(繒)으로 되어 있다. 옛 나라 이름. 사성(姒姓).
6) 防(방) : 노나라 지명(地名).
7) 使來請己(사래청기) : 증(鄫)나라 군주가 와서 노나라에서 자기의 혼사를 희공이 청구하도록 청하였다는 뜻.
8) 沙鹿(사록) : 진(晉)나라의 산 이름. 혹은 록(麓)과 동일하다. 공양전에 사록은 하상(河上)의 읍이라 했다. 그러나 자세한 것은 모른다고 했다.
9) 蔡侯肸(채후힐) : 곧 채나라 목후(穆侯)이고 힐은 그의 이름이다. B.C. 674년에 즉위하여 29년을 재위하다.

15. 희공 15년 병자(丙子)

가. 초나라에서 서(徐)나라를 정벌하다

15년 병자(丙子) 봄, 왕력으로 정월에 희공이 제나라에 갔다. 초나라 사람이 서(徐)나라를 정벌했다.

3월에 희공이 제나라 군주인 후작과 송나라 군주인 공작과 진(陳)나라 군주인 후작과 위(衛)나라 군주인 후작과 정나라 군주인 백작과 허나라 군주인 남작과 조(曹)나라 군주인 공작과 무구(牡丘)에서 동맹을 맺고, 이어서 광(匡)에 머물렀다.
 공손오(公孫敖)가 군사를 거느리고 제후들의 대부(大夫)들과 서(徐)나라를 구원했다.
 여름인 5월에 일식이 있었다.
 가을인 7월에 제나라 군사와 조(曹)나라 군사가 여(厲)나라를 정벌했다.
 8월에 메뚜기 떼가 일어났다.
 9월에 희공이 회합하는 일에서 돌아왔다. 제나라 환공과의 회맹에서는 돌아오는 날짜를 기록하지 않는 것인데 이곳에서는 왜 돌아온 날짜를 기록했는가? 이는 회맹의 시간이 오래되었기 때문이었다.
 계희(季姬)가 증(繒)나라로 돌아갔다.
 기묘(己卯)일인 그믐날에 이백(夷伯)의 사당에 벼락이 떨어졌다. 그믐날이란 무슨 뜻인가? 어두운 것이다. 벼락이 떨어진 것이란 무엇을 뜻하는가? 천둥과 번개가 이백(夷伯)의 사당을 내리쳤다는 뜻이다. 이백(夷伯)이란 자를 왜 위한 것인가? 공자 우(公子友)가 신임하는 대부였다. 공자 우(公子友)가 신임하는 자라면 지위가 낮은 자인데 그를 이백(夷伯)이라고 일컬은 것은 무슨 뜻인가? 크게 여기기 위해서였다. 왜 크게 여기려 한 것인가? 하늘이 경계하는 것이므로 크게 한 것이다. 왜 이러한 것을 기록했는가? 괴이한 일이라 기록했다.
 겨울에 송나라 사람이 조(曹)나라를 정벌했다.
 초나라 사람이 서(徐)나라를 누림(婁林)에서 쳐부수었다.
 11월 임술(壬戌)일에 진(晉)나라 군주인 후작과 진(秦)나라 군주인 백작이 한(韓)에서 싸웠는데 진(晉)나라 군주인 후작이 잡혔다. 이 싸움은 한쪽 편만의 싸움이었다. 왜 군사가 패배했다고 말하지 않았는가? 군주가 잡혔으므로 군사가 패배했다는 것은 말하지 않은 것이다.

十有五年 春 王正月 公如齊
楚人伐徐
三月 公會齊侯宋公陳侯衛侯鄭伯許男曹伯 盟于牡丘[1] 遂次于匡[2]
公孫敖[3]帥師及諸侯之大夫救徐
夏 五月 日有食之
秋 七月 齊師曹師伐厲[4]
八月 螽
九月 公至自會 ○桓公之會不致 此何以致 久也
季姬歸于鄫
己卯 晦[5] 震夷伯[6]之廟 ○晦者何 宜也 震之者何 雷電擊夷伯之廟者也 夷伯者 曷爲者也 季氏之孚[7]也 季氏之孚 則微者 其稱夷伯何 大之也 曷爲大之 天戒之 故大之也 何以書 記異也
冬 宋人伐曹
楚人敗徐于婁林[8]
十有一月 壬戌 晉侯[9]及秦伯[10]戰于韓[11] 獲晉侯 ○此偏戰也 何以不言師敗績 君獲 不言師敗績也

1) 牡丘(무구) : 땅 이름이다.
2) 匡(광) : 위(衛)나라 땅 이름이다.
3) 公孫敖(공손오) : 노나라 공자(公子)인 경보(慶父)의 아들이다. 당시 노나라 대부이며 맹목백(孟穆伯)이라고 일컬었다.
4) 厲(여) : 옛 나라 이름. 성씨나 국토는 상세하지가 않다.
5) 晦(회) : 매월의 그믐날. 공양전에는 "늦은 저녁이므로 '회(晦)'는 어둡다."고 했다.
6) 震夷伯(진이백) : 진은 벼락이 떨어졌다는 뜻. 이백은 노나라 대부(大夫)인 전씨(展氏)의 조부 이백(夷伯)이다. 곡량전(穀梁傳)에서는 이때부터 일반인의 사당이 시작되었다고 했다. 천자는 고(考)・왕고(王考)・황고(皇考)・현고(顯考)・조고(祖考) 외 이조(二祧)의 묘(廟)가 있다. 제후는 고(考)・왕고(王考)・황고(皇考)・현고(顯考)・조고(祖考)의 5묘(五廟)이다. 대부는 고(考)・왕고(王考)・황고(皇考)의 삼묘(三廟)가 있다. 사(士)는 고(考)와 왕고(王考)의 이묘(二廟)가 있다.

7) 孚(부) : 신(信)이다. 계씨(季氏 : 公子 友)가 신임하는 신하였다.
8) 婁林(누림) : 서(徐)나라 지명이다.
9) 晉侯(진후) : 진나라 혜공(惠公)이다.
10) 秦伯(진백) : 진(秦)나라 목공(穆公). 이름은 임호(任好)이고 B.C. 659년에 즉위하여 백리해(百里奚)와 건숙(蹇叔)과 유여(由余) 등을 등용함.
11) 韓(한) : 진(晉)나라의 지명이다.

16. 희공 16년 정축(丁丑)

가. 운석(隕石) 5개가 송(宋)나라에 떨어지다

16년 정축(丁丑) 봄, 왕력으로 정월 초하루 무신(戊申)일에 운석(隕石) 5개가 송(宋)나라에 떨어졌다.

이 달에 여섯 마리의 역(鶂)이 밀려서 뒤로 날아 송나라 도읍을 지나갔다. 왜 먼저 운(隕)을 말하고 뒤에 석(石)을 말했는가? 운석(隕石)이란 전해 듣고 기록하거나 그 돌이 떨어지는 소리를 들은 것인데, 보이는 것은 석(石 : 돌)이고 살필 수 있는 것은 다섯 개였다는 뜻이다. 시월(是月 : 이 달)이란 무슨 뜻인가? 겨우 이 달에 이르렀다는 뜻이다. 왜 날짜를 쓰지 않았는가? '춘추(春秋)'에서는 그믐날을 쓰지 않았다. 초하룻날에는 일이 있으면 기록하고 그믐날은 비록 일이 있더라도 기록하지 않는 것이다. 왜 먼저 육(六 : 여섯)을 말하고 뒤에 역(鶂 : 새)을 말했는가? 여섯 마리의 역(鶂)이 밀려서 뒤로 날았다고 한 것은 본 것을 기록한 것이다. 눈에 보인 것은 여섯 마리였고 살필 수 있는 것은 역(鶂)이었으며 서서히 관찰해보니 뒤로 나는 것이었다. 오석육역(五石六鶂 : 다섯 개의 돌과 여섯 마리의 역새)은 왜 기록했는가? 괴이한 일들이라 기록했다. 외국의 괴이한 일은 기록하지 않는 것인데 여기에서는 왜 기록했는가? 천자의 후예에게 기이한 일이 있어서 기록한 것이다.

3월 임신(壬申)일에 공자(公子) 계우(季友)가 세상을 떠났다.

여름인 4월 병신(丙申)일에 증(鄫)나라 계희(季姬)가 세상을 떠났다.

가을인 7월 갑자(甲子)일에 공손(公孫) 자(玆)가 세상을 떠났다.

겨울인 12월에 희공이 제나라 군주인 후작과 송나라 군주인 공작과 진(陳)나라 군주인 후작과 위(衛)나라 군주인 후작과 정나라 군주인 백작과 허나라 군주인 남작과 형(邢)나라 군주인 후작과 조(曹)나라 군주인 백작 등과 회(淮)에서 회합했다.

十有六年 春 王正月 戊申 朔 隕石[1] 于宋五 是月 六鷁[2] 退飛[3] 過宋都[4] ○曷爲先言隕而後言石 隕石記聞 聞其磌然[5] 視之則石 察之則五 是月者何 僅逮是月也 何以不日 晦日也 晦則何以不言晦 春秋不書晦也 朔有事則書 晦雖有事不書 曷爲先言六而後言鷁 六鷁退飛 記見也 視之則六 察之則鷁 徐而察之則退飛 五石六鷁 何以書 記異也 外異不書 此何以書 爲王者之後[6] 記異也

三月 壬申 公子季友[7]卒 ○其稱季友何 賢也

夏 四月 丙申 鄫季姬卒

秋 七月 甲子 公孫慈[8]卒

冬 十有二月 公會齊侯宋公陳侯衛侯鄭伯許男邢侯曹伯 于淮

1) 隕石(운석) : 큰 유성(流星)이 공중에서 다하지 않고 땅에 떨어지는 돌. 곧 타지 않는 별.
2) 鷁(역) : 새 이름. 암컷과 숫컷이 서로 바라보면서 새끼를 가지고 입으로 토해서 새끼를 낳는다고 하는 전설적인 새.
3) 退飛(퇴비) : 바람에 밀려서 뒤로 날아오다.
4) 宋都(송도) : 송나라의 수도인 상구(商丘).
5) 磌然(전연) : 돌이 떨어지는 소리의 모양.
6) 王者之後(왕자지후) : 송나라는 본래 왕자(王者)의 후예였다는 뜻.
7) 季友(계우) : 노나라 환공(桓公)의 아들이다. 곧 공자 우(公子友)이며 노나라 상경(上卿)이고 자(字)는 민원(閔元)이다.
8) 公孫慈(공손자) : 좌전(左傳)에는 공손자(公孫玆)이다. 숙손대백(叔孫戴伯)이며 공자 아(公子牙)의 아들이다.

17. 희공 17년 무인(戊寅)

가. 제나라 후작인 소백(小白)이 죽다.

17년 무인(戊寅) 봄에 제나라 사람과 서(徐)나라 사람이 영씨(英氏)를 정벌했다.

여름에 항(項)나라를 멸망시켰다. 누가 멸망시켰는가? 제나라에서 멸망시켰다. 왜 제나라에서 멸망시켰다고 말하지 않았는가? 제나라 환공(桓公)을 위하여 숨긴 것이다. '춘추(春秋)'에서는 어진 사람을 위해서는 숨겨준 것이다. 이는 남의 나라를 멸망시켰는데 왜 이를 어진 사람이라고 하는가? 군자(君子:孔子)께서는 악(惡)을 미워하는 것은 처음부터 미워하는 것이요, 선(善)을 좋아하는 것은 끝까지 좋아하는 것이니 제나라의 환공(桓公)이 일찍부터 끊겨진 세대를 계승해주고 망한 국가를 보존해 준 공로가 있었으므로 숨겨 준 것이다.

가을에 부인(夫人) 강씨(姜氏)가 제나라 군주인 후작을 변(卞)에서 만났다.

9월에 희공이 회합에서 돌아왔다.

겨울인 12월 을해(乙亥)일에 제나라 군주인 후작 소백(小白)이 세상을 떠났다.

十有七年 春 齊人徐人 伐英氏[1]

夏 滅項[2] ○執滅之 齊滅之[3] 曷爲不言齊滅之 爲桓公諱也 春秋爲賢者諱 此滅人之國 何賢爾 君子之惡惡也疾始[4] 善善也樂終[5] 桓公嘗有繼絶存亡[6]之功 故君子爲之諱也

秋 夫人姜氏[7]會齊于卞[8]

九月 公至自會

冬十有二月 乙亥 齊侯小白[9]卒

1) 英氏(영씨) : 자세한 기록이 없다. 단 영(英)나라이며 고요(皐陶)의 후손 나라였다. 당시에는 초나라의 속국(屬國)이었다고 함. 언성(偃姓).
2) 項(항) : 나라 이름이다. 성씨는 미상하다. 혹은 길성(姞姓)이라 했다.
3) 齊滅之(제멸지) : 제나라의 환공이 멸망시켰다는 뜻.
4) 惡惡也疾始(오악야질시) : 악(惡)을 미워하는 것은 처음부터 미워하다. 질(疾)은 미워하다의 뜻. 앞의 오(惡)는 미워하다.
5) 善善也樂終(선선야락종) : 선(善)을 선하게 여기는 것은 끝까지 즐거하다.
6) 繼絕存亡(계절존망) : 끊어진 세대(世代)를 계승시켜주고 망한 나라를 다시 존속시켜 주다의 뜻.
7) 夫人姜氏(부인강씨) : 희공의 부인 성강(聲姜)이며 제나라 환공의 딸이다.
8) 卞(변) : 노나라 땅 이름.
9) 諸侯小伯(제후소백) : 제나라 군주인 후작 소백(小伯)이며 곧 환공(桓公)을 뜻한다. 제나라의 제15대 군주이며 43년 간 재위했다.

18. 희공 18년 기묘(己卯)

가. 노나라에서 제나라를 구원하다

18년 기묘(己卯) 봄, 왕력으로 정월에 송나라의 군주인 공작이 조(曹)나라의 군주인 백작과 위(衛)나라 사람과 주루(邾婁)나라 사람과 회동하여 제나라를 정벌했다.

여름에 노(魯)나라 군사가 제나라를 구원했다.

5월 무인(戊寅)일에 송나라 군사와 제나라 군사가 언(甗)에서 싸워 제나라 군사가 패전했다. 전(戰)은 벌(伐)이라고 말하지 않는 것인데 여기에 벌(伐)이라고 말한 것은 무슨 뜻인가? 송나라 군주인 공작이 함께 정벌하고 함께 싸움을 하지 아니한 것이므로 벌(伐)이라고 말했다. '춘추'에서는 '정벌하는 자가 객(客)이 되기도 하고 정벌을 당한 자가 주인이 되기도 하는데 왜 제나라로 하여금 주인으로 삼지 않았는가? 양공(襄公)의 제나라의 정

벌을 찬성해준 것이다. 왜 양공(襄公)의 제나라 정벌을 찬성해
주었는가? 제나라 환공이 죽자 수조(竪刁)와 역아(易牙)가 권
력을 다투어 환공의 장사를 치르지 못하게 되었다. 이러한 이유
가 있어서 송나라의 양공이 정벌했기 때문이었다.
  적인(狄人)이 제나라를 구원했다.
  가을인 8월 정해(丁亥)일에 제나라 환공(桓公)을 장사 지냈다.
  겨울에 형(邢)나라 사람과 정나라 사람이 위나라를 정벌했다.

  十有八年 春 王正月 宋公會[1]曹伯衛人邾婁人伐齊
  夏 師救齊
  五月 戊寅 宋師及齊師戰于甗[2] 齊師敗績 ○戰不言伐 此其言伐
何 宋公與伐而不與戰 故言伐 春秋伐者爲客 伐者爲主[3] 曷爲不使
齊主之 與襄公之征齊也 曷爲與襄公之征齊 桓公死 竪刁[4]易牙[5]爭
權不葬 爲是故伐之也
  狄救齊
  秋 八月 丁亥 葬齊桓公
  冬 邢人狄人伐衛

1) 宋公會(송공회) : 송공은 송나라 양공(襄公)이고 회(會)는 모이다 인데 좌
   전(左傳)에는 이 글자가 없다.
2) 甗(언) : 제나라 땅 이름.
3) 伐者爲主(벌자위주) : 정벌을 받은 자는 주인이 되다의 뜻.
4) 竪刁(수조) : 수초(竪貂)이며 시인(寺人) 초(貂)이다. 제환공 후기의 내시.
5) 易牙(역아) : 곧 옹무(雍巫)이고 제환공 후기의 근신(近臣)이다.

19. 희공 19년 경진(庚辰)

가. 증(鄫)나라 군주를 제물로 쓰다

  19년 경진(庚辰) 봄, 왕력으로 3월에 송나라 사람이 등(滕)나

라 군주인 자작 영제(嬰齊)를 잡았다.

　여름인 6월에 송나라 사람과 조(曹)나라 사람과 주루(邾婁)나라 사람이 조(曹)나라의 남쪽에서 동맹을 맺었다. 증(鄫)나라 군주인 자작이 주루(邾婁)나라와 회합했다. 여기서 회맹(會盟)이라고 말을 한 것은 무엇인가? 뒤에 모인 것이다.

　기유(己酉)일에 주루(邾婁)나라 사람이 증(鄫)나라 군주인 자작을 잡아서 제사에 제물로 사용했다. 어느 곳에 사용했는가? 사제(社祭)의 신에게 사용했다. 그를 사제(社祭)의 신에게 사용했다는 것은 어찌된 것인가? 대개 그의 코, 곧 증나라 임금의 코를 두드려 코피를 빼서 사(社)에 피를 칠한 것이다.

　가을에 송나라 사람이 조(曹)나라를 포위했다.

　위(衛)나라 사람이 형(邢)나라를 정벌했다.

　겨울에 희공이 진(陳)나라 사람과 채(蔡)나라 사람과 초(楚)나라 사람과 정나라 사람이 회합하여 제나라에서 동맹을 맺었다.

　양(梁)나라가 멸망했다. 양나라는 정벌당한 것이 있지 않는데 여기서 양나라가 멸망했다고 한 것은 무슨 뜻인가? 스스로 멸망한 것이다. 그 스스로 멸망한 것이란 어떠한 것인가? 고기가 썩어 문드러진 것처럼 국가 내부가 부패되어 멸망한 것이다.

　　十有九年 春 王三月 宋人執滕子嬰齊[1]
　　夏 六月 宋人曹人邾婁人盟于曹南[2]
　　鄫子會盟于邾婁 ○其會盟何 後會[3]也
　　己酉 邾婁人執鄫子[4]用之[5] ○惡乎用之 用之社也 其用之社奈何 蓋叩其鼻以血社也[6]
　　秋 宋人圍曹
　　衛人伐邢
　　冬 公會陳人蔡人楚人鄭人 盟于齊
　　梁[7]亡 ○此未有伐者 其言梁亡何 自亡也 其自亡奈何 魚爛[8]而亡也

1) 滕子嬰齊(등자영제) : 등(滕)나라 선공(宣公)이며 영제는 그의 이름이다.
2) 曹南(조남) : 조나라 남쪽의 뜻.

3) 後會(후회) : 모임이 있은 뒤. 회맹한 뒤의 뜻.
4) 鄫子(증자) : 증나라 군주인 자작. 사성(姒姓)이며 노나라 양공(襄公) 6년에 거(莒)나라에게 멸망하다.
5) 用之(용지) : 제사에 제물로 쓰다.
6) 叩其鼻以血社也(고기비이혈사야) : 그의 코를 두드려서 코피를 빼 사제(社祭)에 피칠을 하다의 뜻.
7) 梁(양) : 나라 이름이다. 영성(嬴姓)이며 백작(伯爵)이다. 노나라 희공 19년에 진(秦)나라에게 멸망당했다.
8) 魚爛(어란) : 고기가 썩어 문드러지다. 또는 국가 내부가 부패되어 있다는 뜻.

20. 희공 20년 신사(辛巳)

가. 고(郜)나라 군주가 찾아오다

20년 신사(辛巳) 봄에 새로 남문(南門)을 지었다. 왜 이를 기록했는가? 책망한 것이다. 왜 이를 책망했는가? 문(門)이란 예부터 전하여오는 제도와 법규가 있기 때문이었다.

여름에 고(郜)나라 군주인 자작이 찾아왔다. 고(郜)나라 군주인 자작은 누구인가? 국가를 잃은 군주이다. 왜 이름을 기록하지 않았는가? 동성이고 형제와 같은 말로써 한 것이다.

5월 을사(乙巳)일에 서궁(西宮)에 재해(災害)가 발생했다. 서궁(西宮)이란 어디인가? 소침(小寢)이다. 소침이라면 왜 서궁(西宮)이라고 일렀는가? 서궁(西宮)이 있어야 동궁(東宮)도 있기 때문이다. 노자(魯子)가 말하기를 "서궁(西宮)이 있다고 하면 제후(諸侯)에게는 삼궁(三宮)이 있는 것이다."라고 했다. 서궁의 재해를 왜 기록했는가? 괴이한 일이라 기록했다.

정나라 사람이 활(滑)나라로 쳐들어갔다.

가을에 제(齊)나라 사람과 적(狄)나라 사람이 형(邢)나라에서 동맹을 맺었다.

겨울에 초(楚)나라 사람이 수(隨)나라를 정벌했다.

二十年 春 新作南門[1] ○何以書 譏 何譏爾 門有古常[2]也
　夏 郜[3]子來朝 ○郜子者何 失地之君也 何以不名 兄弟[4]辭也
　五月 乙巳 西宮災[5] ○西宮者何 小寢[6]也 小寢則曷爲謂之西宮 有西宮則有東宮矣 魯子曰 以有西宮 亦知諸侯之有三宮也 西宮災 何以書 記異也
　鄭人入滑[7]
　秋 齊人狄人盟于邢
　冬 楚人伐隨[8]

1) 南門(남문): 노나라 국도의 남문. 직문(稷門) 또는 고문(高門)이라고도 함.
2) 古常(고상): 옛날부터 상법(常法)이 있다. 옛부터 전해오는 법규가 있다.
3) 郜(고): 나라 이름. 문왕(文王)의 서자(庶子)를 봉한 나라. 송나라에 멸망함.
4) 兄弟(형제): 동성(同姓)의 형제 국가라는 뜻.
5) 西宮災(서궁재): 서궁에 재해가 발생했다. 서궁은 민공(閔公)의 제사를 모시는 사당이라 했다. 좌전(左傳)에서는 희공(僖公)의 별궁이고 재는 벼락이 떨어진 일이라 했다.
6) 小寢(소침): 옛날 천자나 제후가 거처하는 궁실을 침(寢)이라고 부르며, 중앙(中央)에 있는 것을 노침(路寢)이나 연침(燕寢) 또는 대침(大寢)이라고 부르고 동쪽과 서쪽에 있는 것을 소침(小寢)이라고 부르는 것이다.
7) 滑(활): 나라 이름이다. 희성(姬姓). 좌전에는 땅 이름이라 했다.
8) 隨(수): 나라 이름이다. 서주 초에 처음 봉해졌다. 희성(姬姓)이고 지금의 호북성(湖北省) 수현(隨縣) 일대이다.

21. 희공 21년 임오(壬午)

가. 제후들이 녹상(鹿上)에서 동맹을 맺었다

21년 임오(壬午) 봄에 적인(狄人)이 위(衛)나라를 침범했다.

송(宋)나라 사람과 제(齊)나라 사람과 초나라 사람이 녹상(鹿上)에서 동맹을 맺었다.

여름에 큰 가뭄이 들었다. 왜 이를 기록했는가? 재해라 기록한 것이다.

가을에 송나라 군주인 공작과 초나라 군주인 자작과 진(陳)나라 군주인 후작과 채(蔡)나라 군주인 후작과 정나라 군주인 백작과 허나라 군주인 남작과 조(曹)나라 군주인 백작이 곽(霍)에서 회합하고 송(宋)나라 군주인 공작을 잡고 송나라를 정벌했다. 누가 송나라 군주를 잡았는가? 초(楚)나라 군주인 자작(子爵)이 잡았다. 왜 초나라 군주인 자작이 잡았다고 말하지 않았는가? 이적(夷狄)이 중국의 제후를 잡은 것을 찬성하지 않았기 때문이었다.

겨울에 희공이 주루(邾婁)나라를 정벌했다.

초(楚)나라 사람이 의신(宜申)을 보내 전리품을 바치게 했다. 앞에서는 초나라 군주인 자작이라고 하고 여기서는 인(人)이라고 일컬은 것은 무슨 뜻인가? 폄하한 것이다. 왜 폄하한 것인가? 송나라 군주인 공작을 잡은 것 때문에 폄하한 것이다. 왜 송나라 군주인 백작을 잡아 폄하를 당하게 되었는가? 송나라 군주인 공작이 초나라 군주인 자작과 함께 하여 승거(乘車)의 회담을 기약했다. 이때 송(宋)나라의 공자 목이(公子目夷)가 간하여 말하기를 "초(楚)나라는 오랑캐 나라이다. 강력하면서도 의(義)가 없으니 군주께서는 병거(兵車)의 회담으로 가는 것을 청하십시오."라고 했다. 송나라 군주인 공작이 말하기를 "불가하다. 나는 함께 약속한 대로 승거(乘車)의 회담을 할 것이다. 이는 내가 약속한 것이니 내가 파기할 수가 없다. 불가하다고 이를 것이다."라고 했다. 마침내 승거(乘車)의 회담에 갔다.

초나라 사람이 과연 병거(兵車)를 숨겼다가 송나라 군주인 공작을 잡고 송나라를 정벌하였다.

송나라 군주인 공작이 공자 목이(公子目夷)에게 이르기를 "그대는 돌아가서 나라를 지켜라. 나라는 그대의 나라이다. 나는 그대의 말을 쫓지 않아서 이 지경에 이르렀다." 라고 했다. 공자 목이가 다시 말하기를 "군주께서는 비록 국가를 말씀하지 않았으나 국가는 진실로 신의 나라입니다." 라고 했다. 이에 돌아가서 수비하는 기계를 설치하여 국가를 지켰다. 초나라 사람이 송나라 사람에게 말하기를 "그대는 우리 초나라와 함께 하지 않겠는가? 나는 앞으로 그대의 군주를 죽일 것이다."라고 했다. 송나라 사람이 응답하여 말하기를 "사직의 신령에 의뢰하여 우리나라는 이미 군주가 있다."라고 했다. 초나라 사람이 비록 송나라 군주인 공작을 죽이려고 했으나 송나라를 얻지 못할 것 같아서 이에 송나라 공작을 석방했다.

송나라 군주인 공작이 잡혔다 석방되어 위(衛)나라로 달려갔다. 공자 목이가 아뢰어 말하기를 "국가는 군주가 지켜야 하거늘 군주께서는 왜 들어오지 않습니까?"라고 한 연후에 양공(襄公)을 영접하여 돌아갔다. 전리품은 어디에서 왔는가? 송나라에서 빼앗은 전리품이었다. 왜 송나라에서 빼앗은 전리품이라고 말하지 않았는가? 송나라의 양공(襄公)을 위하여 숨겨준 것이다. 이것은 포위했다는 말이다. 왜 그를 포위했다고 말하지 않았는가? 공자 목이를 위하여 숨겨준 것이다.

12월 계축(癸丑)일에 희공이 제후들과 회합하여 박(薄)에서 동맹을 맺고 송나라 군주인 공작을 풀어주었다. 잡기만 하고 풀어주었다는 말은 있지 않았는데 여기에서 송나라 군주인 공작을 풀어주었다고 말한 것은 무슨 뜻인가? 희공(僖公)이 참여하여 이를 해결했다는 것이다. 희공이 참여하여 이를 해결했다는 것은 무슨 뜻인가? 희공이 여기에 참가하여 이를 의논하여 풀어주게 한 것이었다.

二十有一年 春 狄侵衛
宋人齊人楚人盟于鹿上[1]
夏 大旱 ○何以書 記災也
秋 宋公楚子陳侯蔡侯鄭伯許男曹伯會于霍[2] 執宋公[3]以伐宋 ○執執之 楚子[4]執之 曷爲不言楚子執之 不與夷狄之執中國也

冬 公伐邾婁

楚人使宜申⁵⁾來獻捷 ◯此楚子也 其稱人何 貶 曷爲貶 爲執宋公貶 曷爲爲執宋公貶 宋公與楚子期以乘車之會⁶⁾ 公子目夷⁷⁾諫曰 楚夷國也 彊而無義 請君以兵車之會往 宋公曰 不可 吾與之約以乘車之會 自我爲之 自我墮之⁸⁾ 曰不可 終以乘車之會往 楚人果伏兵車執宋公以伐宋 宋公謂公子目夷曰 子歸守國矣 國子之國也 吾不從子之言 以至乎此 公子目夷復曰 君雖不言國 國固臣之國也 於是歸設守械而守國 楚人謂宋人曰 子不與我國 吾將殺子君矣 宋人應之曰 吾賴社稷之神靈 吾國已有君矣 楚人知雖殺宋公 猶不得宋國 於是釋宋公 宋公釋乎執 走之衛 公子目夷復曰 國爲君守之 君曷爲不入 然後逆襄公歸 惡乎捷 捷乎宋 曷爲不言捷乎宋 爲襄公諱也 此圍辭也 曷爲不言其圍 爲公子目夷諱也

十有二月 癸丑 公會諸侯盟于薄

釋宋公 ◯執未有言釋之者 此其言釋之何 公與爲爾也 公與爲爾奈何 公與議爾⁹⁾也

1) 鹿上(녹상) : 송나라 땅 이름이다. 원록(原鹿)이라고도 한다.
2) 霍(곽) : 송나라 지명이다. 좌전에는 우(盂)이고 곡량전(穀梁傳)에는 우(雩)로 되어 있다.
3) 執宋公(집송공) : 송나라 군주인 공작을 붙잡다. 곧 송나라 양공(襄公)이 덕을 갖추지 못하였으면서도 패자(覇者)가 되고자 하는 것을 제후들이 미워하여 그를 잡은 것이라고 곡량전에서는 밝히고 있다.
4) 楚子(초자) : 초나라 군주인 자작이며 당시의 초성왕(楚成王)이다. 이때부터 초나라를 자작으로 일컫다.
5) 宜申(의신) : 초나라의 대부.
6) 乘車之會(승거지회) : 보통의 수레를 타고 하는 회담.
7) 公子目夷(공자목이) : 자는 자노(子魯)이고 송나라 양공(襄公)의 서형(庶兄)이다. 당시 송나라 집정(執政)의 좌사(左師)였다.
8) 墮之(타지) : 약속의 파기.
9) 公與議爾(공여의이) : 희공이 참여하여 이를 의논한다. 곧 송나라 양공이 풀려나도록 힘썼다는 뜻.

22. 희공 22년 계미(癸未)

가. 주루(邾婁)나라와 승형(升陘)에서 싸웠다

22년 계미(癸未) 봄에 희공이 주루(邾婁)나라를 정벌하여 수구(須朐)를 빼앗았다.

여름에 송나라 군주인 공작과 위(衛)나라 군주인 후작과 허(許)나라 군주인 남작과 등(滕)나라 군주인 자작이 정나라를 정벌했다.

가을인 8월 정미(丁未)일에 주루(邾婁)나라 사람과 승형(升陘)에서 싸웠다.

겨울인 11월 초하루 기사(己巳)일에 송나라 군주인 공작이 초나라 사람과 홍강(泓江)에서 싸워 송나라 군사가 패전했다. 한편의 싸움에 날짜를 기록하고 여기에 또 삭(朔)을 말한 것은 무슨 뜻인가? '춘추(春秋)'에서는 말이 많더라도 덜어내지 않는 것이 정도(正道)에 합당한 것이다. 왜 이를 정도에 합당하다고 하는 것인가? 송나라 군주인 공작과 초나라 사람이 함께 약속을 하고 홍수(泓水)의 북쪽에서 싸웠다. 초나라 사람이 홍수(泓水)를 건너오는데 유사(有司)가 아뢰기를 "청컨대 홍수를 다 건너지 못하였을 때 출격해야 합니다." 라고 했다. 송나라 군주인 공작이 말하기를 "불가(不可)하다. 나는 듣건대 군자(君子)는 사람이 곤경에 처하면 급박하게 하지 않는다고 했다. 비록 국가를 잃는 처지에 있더라도 과인(寡人)은 차마 행하지 못한다." 라고 했다. 이미 건너서 진열을 갖추지 못했을 때 또 유사(有司)가 와서 아뢰어 말하기를 "청컨대 그들이 아직 진열을 갖추지 못했으니 공격해야 합니다." 라고 했다.

송나라 군주인 공작이 말하기를 "불가하다. 나는 들으니 군자(君子)는 대열을 이루지 않으면 북을 치지 않는다." 라고 했다. 이미 진열이 완성된 연후에 양공(襄公)이 북을 울렸는데 송나라의 군사가 대패했다. 그러므로 군자(君子)께서는 그들이 대오를 이루지 않았을 때 북을 울리지 않았고 대사(大事)에 임해서도 큰 예를 잃지 않은 것을 크게 여긴 것이다. 군주는 있는데 군주를 보좌할 신하가 없게 되면 비록 문왕(文王)이 전쟁을 하더라도 또한 이와 같은 현상을 벗어나지는 못할 것이다.

二十有二年 春 公伐邾婁 取須朐[1]
夏 宋公衛侯許男滕子伐鄭
秋 八月 丁未 及邾婁人戰于升陘[2]
冬十有一月 己巳朔 宋公及楚人戰于泓[3] 宋師敗績 ○偏戰者日爾 此其言朔何 春秋辭繁而不殺[4]者 正[5]也 何正爾 宋公與楚人期 戰于泓之陽 楚人濟泓而來 有司復曰 請迨其未畢濟而擊之 宋公曰 不可 吾聞之也 君子不厄人[6] 吾雖喪國之餘[7] 寡人不忍行也 旣濟 未畢陳[8] 有司[9]復曰 請迨其未畢陳而擊之 宋公曰 不可 吾聞之也 君子不鼓不成列[10] 已陳 然後襄公鼓之 宋師大敗 故君子大其不鼓不成列 臨大事而不忘大禮 有君而無臣[11] 以爲雖文王之戰 亦不過此也

1) 須朐(수구) : 나라 이름. 풍성(風姓)이고 태호(太皞)씨의 후예. 곧 주루(邾婁)나라의 부용국인 것 같다. 희공(僖公)의 어머니인 성풍(成風)은 수구국의 딸이다. 곡량전에는 수구(須句)로 되어 있고 좌전에는 주(邾)나라의 고을로 보았다.
2) 升陘(승형) : 노나라 땅 이름이다.
3) 泓(홍) : 물 이름이다.
4) 辭繁而不殺(사번이불쇄) : 언어가 번다한 것을 생략시키지 않는다는 뜻. 쇄(殺)는 성(省)의 뜻.
5) 正(정) : 정의(正義).
6) 不厄人(불액인) : 곤궁한 사람을 핍박하지 않는다는 뜻.
7) 喪國之餘(상국지여) : 국가를 잃은 염려의 뜻.
8) 陳(진) : 진(陣)의 뜻.
9) 有司(유사) : 송나라의 관원. 곧 대사마(大司馬) 공자 목이(公子目夷).

10) 不鼓不成列(불고불성열) : 대오가 이루어지지 않아서 북을 치지 않다의 뜻. 군대는 북을 쳐서 진격하고 북을 울려서 퇴각한다.
11) 有君而無臣(유군이무신) : 군주가 있는데 신하가 없다. 곧 그 군주를 보좌할 능력있는 신하가 없다는 뜻.

23. 희공 23년 갑신(甲申)

가. 초나라 사람이 진(陳)나라를 정벌하다

23년 갑신(甲申) 봄에 제(齊)나라 군주인 후작이 송나라를 정벌하여 민(緡)땅을 포위했다. 읍(邑)은 포위했다고 말하지 않는 것인데 여기에서 포위했다고 말한 것은 무슨 뜻인가? 거듭하고 거듭하여 겹쳐진 상처를 아파한 것이다.

여름인 5월 경인(庚寅)일에 송(宋)나라 군주인 공작 자보(玆父)가 세상을 떠났다. 왜 장례를 기록하지 않았는가? 모든 것을 숨긴 것이다.

가을에 초나라 사람이 진(陳)나라를 정벌했다.

겨울인 11월에 기(杞)나라 군주인 자작이 세상을 떠났다.

二十有三年 春 齊侯伐宋 圍緡[1] ○邑不言圍 此其言圍何 疾重故[2] 也
夏 五月 庚寅 宋公慈父[3] 卒 ○何以不書葬 盈乎諱也
秋 楚人伐陳[4]
冬 十有一月 杞子卒[5]

1) 緡(민) : 송나라의 땅 이름이다. 곡량전에는 민(閔)으로 되어 있다.
2) 疾重故(질중고) : 거듭된 상처를 아파한 것. 중고는 거듭된 상처와 같은 뜻.
3) 宋公慈父(송공자보) : 곧 송나라 양공(襄公)이다. B.C. 650년에 즉위하여 14년간 재위했다. 곡량전에는 자(慈)는 자(玆)로 되어 있다.
4) 楚人伐陳(초인벌진) : 송나라와 초나라가 쟁패(爭覇)하는데 진(陳)나라가 어느 때는 초나라와 친하고 어느 때는 송나라와 친하게 지냈다. 송나라 양공

이 죽게 되자 초나라가 진나라를 쳐 초(焦)와 이(夷)의 두 읍을 탈취함.
5) 杞子卒(기자졸) : 곧 기(杞)나라 성공(成公)이다. 기나라 혜공(惠公)의 아들이고 18년간 재위했다.

24. 희공 24년 을유(乙酉)

가. 천자(天子)가 정나라에서 지내다

24년 을유(乙酉) 봄, 왕력으로 정월이다.
여름에 적인(狄人)이 정(鄭)나라를 정벌했다.
가을인 7월이다.
겨울에 천자(天子)가 나와 정나라에서 지내게 되었다. 왕자(王者 : 天子)는 밖이라는 것이 없다. 그런데 이곳에서 출(出)이라고 말한 것은 무슨 뜻인가? 모친(母親)과 화목하지 못한 것이다. 노자(魯子)가 말하기를 "이 천자(天子)가 모친과 화목하지 못하다고 한 것은, 그 모든 것들이 이와 함께 했다는 것을 이른 것이다."라고 했다.
진(晉)나라 군주인 후작 이오(夷吾)가 세상을 떠났다.

二十有四年 春 王正月
夏 狄伐鄭[1]
秋 七月
冬 天王出居于鄭[2] ○王者無外 此其言出何 不能乎母也 魯子曰 是王也 不能乎母者 其諸此之謂與
晉侯夷吾卒[3]

1) 伐鄭(벌정) : 이때 주(周)의 양왕(襄王)은 정나라 문공(文公)이 제멋대로 주나라 사신을 구금하자 천자의 나라에서 정나라를 적인(狄人)으로 하여금 정벌하게 한 것이다.
2) 天子出居于鄭(천자출거우정) : 곡량전에서는 주(周)의 천자인 양왕(襄王)

이 아우 대(帶)의 일파에게 몰려 경사(京師)에서 나와 정(鄭)나라에서 거처하게 된 것을 말한다. 여기서는 어머니와 불화에서 일어난 일이라 했다.
3) 晉侯夷吾卒(진후이오졸) : 진(晉)나라 군주인 후작 이오이다. 곧 진나라 혜공(惠公)이다. 23년 9월에 세상을 떠났으나 그동안 그것을 숨겨왔던 것이다. 이후부터 진(晉)의 공자(公子) 중이(重耳)가 진나라의 임금이 되고 이 사람이 곧 진문공(晉文公)이며 패자(覇者)가 되었다.

25. 희공 25년 병술(丙戌)

가. 송나라에서 그의 대부를 죽이다

25년 병술(丙戌) 봄, 왕력으로 정월 병오(丙午)일에 위(衛)나라 군주인 후작 훼(燬)가 형(邢)나라를 멸망시켰다. 위(衛)나라 군주인 후작 훼(燬)라고 왜 이름을 기록했는가? 작위를 단절시킨 것이다. 왜 작위를 단절시킨 것인가? 동성(同姓)의 국가를 멸망시켰기 때문이었다.

여름인 4월 계유(癸酉)일에 위(衛)나라 군주인 후작 훼(燬)가 세상을 떠났다.

송(宋)나라의 탕백희(蕩伯姬)가 와서 며느리를 맞이했다. 송(宋)나라 탕백희(蕩伯姬)란 누구인가? 송나라 탕씨(蕩氏)의 어머니이다. 그가 며느리를 맞이했다고 말한 것은 무슨 뜻인가? 송나라와 노나라가 혼인을 맺은 형제라는 뜻이다. 그를 부인이라고 일컬은 것은 무슨 뜻인가? 시어머니가 존재한다는 말이다.

송(宋)나라에서 그 대부(大夫)를 죽였다. 왜 그 대부의 이름을 기록하지 않았는가? 송나라에 삼세(三世) 동안 대부(大夫)가 없었는데 그 이유는, 3대 동안 군주가 대부의 딸에게 장가를 들었기 때문이었다.

가을에 초(楚)나라 사람이 진(陳)나라를 포위하여 돈(頓)나라 군주인 자작을 돈나라로 들여보냈다. 왜 수(遂 : 드디어)라고 말하지 않았는가? 진(陳)나라를 포위하고 돈나라 군주를 들여보 낸 두 사건이었기 때문이다.

위(衛)나라 문공(文公)을 장사 지냈다.

겨울인 12월 계해(癸亥)일에 희공이 위(衛)나라 군주인 자작과 거(莒)나라의 경과 회합하여 조(洮)에서 동맹을 맺었다.

二十有五年 春 王正月 丙午 衛侯燬[1)]滅邢 ○衛侯燬何以名 絕 曷爲絕之 滅同姓[2)]也

夏 四月 癸西 衛侯燬卒

宋蕩伯姬[3)]來逆婦 ○宋蕩伯姬者何 蕩氏之母也 其言來逆婦何 兄弟辭也 其稱婦何 有姑[4)]之辭也

宋殺其大夫 ○何以不名 宋三世[5)]無大夫 三世內娶也

秋 楚人圍陳 納頓[6)]子于頓 ○何以不言遂 兩之也

葬衛文公

冬 十有二月 癸亥 公會衛子莒慶[7)]盟于洮[8)]

1) 衛侯燬(위후훼): 곧 위나라 문공(文公)이다. 훼는 그의 이름. 문공은 B.C. 659년에 즉위하여 14년간 재위하다.
2) 滅同姓(멸동성): 형(邢)나라는 주공단(周公旦)의 아들이 봉해졌고 위나라는 주무왕(周武王) 아우 강숙(康叔)이 봉해진 나라이므로 서로가 동성임.
3) 宋蕩伯姬(송탕백희): 송나라 탕(蕩)씨의 어머니인 백희이다. 송나라 환공(桓公)이 공자탕(公子蕩)을 낳았으며 그의 후대에 탕(蕩)씨로 성씨를 삼았다. 백희는 노나라 공실(公室)의 딸이다.
4) 姑(고): 시어머니. 곧 탕백희를 뜻한다.
5) 三世(삼세): 자보(慈父)와 왕신(王臣)과 처구(處臼)이다. 모두가 국내 대부의 딸에게 장가를 들었다.
6) 頓(돈): 나라 이름이다.
7) 莒慶(거경): 거나라의 대부.
8) 洮(조): 노나라 땅 이름이다.

26. 희공 26년 정해(丁亥)

가. 제나라 군사를 휴(嶲)까지 추격하다

26년 정해(丁亥) 봄, 왕력으로 정월 기미(己未)일에 희공이 거(莒)나라 군주인 자작과 위(衛)나라 영속(甯遫)과 회합하여 상(向)에서 동맹을 맺었다.

제나라 사람이 우리 노나라 서쪽 변방을 침범했는데 희공이 제나라 군사를 추격해 휴(嶲)까지 갔으나 미치지 못했다. 제나라 군사를 추격하여 휴까지 이르렀으나 미치지는 못했다고 말한 것은 무슨 뜻인가? 대단하게 여긴 것이다.

여름에 제(齊)나라 사람이 우리 노(魯)나라의 북쪽 변방을 정벌했다.

위(衛)나라 사람이 제나라를 정벌했다.

노(魯)나라의 공자(公子) 수(遂)가 초(楚)나라에 가서 군사의 동원을 요청했다. 걸사(乞師 : 군사의 동원 요청)란 비하(卑下)한 말이다. 왜 국외나 국내에서 똑같이 이러한 말을 쓰는 것인가? 군사를 중요하게 여기기 때문이다. 왜 군사를 중요하게 여기는 것인가? 군사가 출동하여 합당한 때에 돌아오지 못하면 전쟁에서는 합당한 승리를 하지 못하기 때문이다.

가을에 초나라 사람이 외(隗)나라를 멸망시키고, 외나라 군주인 자작을 데리고 돌아갔다.

겨울에 초나라 사람이 송(宋)나라를 정벌하여 민(緡)을 포위했다. 읍(邑)은 포위했다고 말하지 않는 것인데 여기에 그 읍(邑)을 포위했다고 말한 것은 무슨 뜻인가? 도중(道中)에서 군사를 사용한 것을 풍자한 것이다.

희공이 초나라 군사로써 제나라를 정벌하여 곡(穀)을 빼앗았다.

희공이 제나라를 정벌하는 일에서 돌아왔다. 이는 이미 곡(穀)

을 취한 것인데 왜 치벌(致伐)로써 했는가? 곡(穀)땅을 빼앗아 얻지 못했기 때문이다. 왜 곡 땅을 빼앗아 얻지 못했다고 했는가? 대답하기를 "노나라의 우환거리가 시작된 것이 반드시 이곳에서 부터 시작되었기 때문이다."라고 했다.

 二十有六年 春 王正月 己未 公會莒子[1]衛甯遫[2]盟于向[3]
 齊人侵我西鄙[4] 公追齊師至巂[5] 弗及[6] ○其言至巂弗及何 侈[7]也
 夏 齊人伐我北鄙
 衛人伐齊
 公子遂如楚乞師 ○乞者何 卑辭也 曷爲以外內同若辭 重師也 曷爲重師 師出不正反[8] 戰不正勝[9]也
 秋 楚人滅隗[10] 以隗子歸
 冬 楚人伐宋 圍緡 ○邑不言圍 此其言圍何 刺道用師[11]也
 公以楚師伐齊 取穀[12]
 公至自伐齊 ○此已取穀矣 何以致伐 未得乎取穀也 曷爲未得乎取穀 曰 患之起 必自此始也

1) 莒子(거자) : 거나라 군주인 자작. 곧 거(莒)의 자비공(玆丕公).
2) 衛甯遫(위영속) : 위나라 대부인 영속. 좌전에는 영장자(甯莊子)라 했다.
3) 向(상) : 거나라 땅 이름.
4) 西鄙(서비) : 서쪽의 변방.
5) 巂(휴) : 제나라 땅 이름. 좌전에는 휴(酅)로 되어 있다.
6) 弗及(불급) : 좌전에는 불급(不及)으로 되어 있다.
7) 侈(치) : 대(大)의 뜻.
8) 師出不正反(사출부정반) : 군사가 출동하여 일정한 기간에 돌아오지 않는다는 뜻. 반(反)은 반(返)과 같다.
9) 戰不正勝(전불정승) : 싸움에서의 올바른 승리가 아니다. 곧 일정한 기간에 승리를 하지 못하면 완전한 승리를 거둘 수 없다는 뜻.
10) 隗(외) : 좌전(左傳)이나 곡량전(穀梁傳)에는 모두 기(夔)로 되어 있다. 기(夔)는 나라 이름이다.
11) 刺道用師(자도용사) : 자(刺)는 풍자하다. 도용사는 노나라가 초나라에서

군사를 빌려오는데, 초나라가 중도에서 송나라를 정벌하는데 쓴 것을 풍자함.
12) 穀(곡) : 제나라 고을 이름.

27. 희공 27년 무자(戊子)

가. 기(杞)나라 군주가 찾아오다

27년 무자(戊子) 봄에 기(杞)나라 군주인 자작이 찾아왔다.
여름인 6월 경인(庚寅)일에 제나라 군주인 후작(侯爵) 소(昭)가 세상을 떠났다.
가을인 8월 을미(乙未)일에 제나라 효공(孝公)을 장사 지냈다.
을사(乙巳)일에 공자(公子) 수(遂)가 군사를 거느리고 기(杞)나라로 쳐들어갔다.
겨울에 초나라 사람과 진(陳)나라 군주인 후작과 채나라 군주인 후작과 정나라 군주인 백작과 허(許)나라 군주인 남작이 송(宋)나라를 포위했다. 여기에 초나라 사람은 초나라 군주인 자작인데 그를 인(人)이라고 일컬은 것은 무엇 때문인가? 폄하한 것이다. 왜 폄하를 했는가? 송나라 군주인 공작을 포로로 잡은 것에 대한 폄하였다. 그러므로 마침내 희공(僖公)의 편 속에 넣어서 폄하한 것이다.
12월 갑술(甲戌)일에 희공이 제후들과 회합하여 송나라에서 동맹을 맺었다.

二十有七年 春 杞子¹⁾來朝
夏 六月 庚寅 齊侯昭²⁾卒
秋 八月 乙未 葬齊孝公
乙巳 公子遂帥師入杞
冬 楚人³⁾陳侯蔡侯鄭伯許男圍宋 ○此楚子也 其稱人何 貶曷爲貶 爲執宋公貶 故終僖之篇貶也

十有二月 甲戌 公會諸侯盟于宋
1) 杞子(기자) : 기나라 군주인 자작이며 기나라 환공(桓公)으로 기나라 성공(成公)의 아들이며 이름은 고용(姑容)이고 7년간 재위했다.
2) 齊侯昭(제후소) : 곧 제나라 효공(孝公)이며 B.C. 642년에 즉위하여 10년 동안 재위하다.
3) 楚人(초인) : 다른 나라들은 다 군주가 나섰는데 초나라에서는 영윤(令尹)이 군사를 거느리고 송나라를 공격했으므로 초자(楚子)라고 쓰지 않았다고 좌전에서는 말하고 있다.

28. 희공 28년 기축(己丑)

가. 공자 매(公子買)가 위나라를 수비하다

28년 기축(己丑) 봄에 진(晉)나라 군주인 후작이 조(曹)나라를 침범했고, 또 진(晉)나라 군주인 후작이 위(衛)나라를 정벌했다. 왜 두 번이나 진(晉)나라 군주인 후작을 말했는가? 두 번이나 군사를 일으켜서 한 것은 아니었다. 그렇다면 왜 수(遂 : 이어서)라고 말하지 않았는가? 조(曹)나라는 침범하지 않았기 때문이다. 조나라를 침범하지 않았다면 그 조(曹)나라를 침범했다고 말한 것은 무엇 때문인가? 그 조나라를 침범하려는 의도가 있었기 때문이다. 그 조나라를 침범할 의도가 있었다면 왜 위(衛)나라를 정벌했는가? 진(晉)나라 군주인 후작이 장차 조나라를 침범하려면 위(衛)나라에서 길을 빌려야 했다. 그런데 위나라에서 말하기를 "확보할 수가 없다."고 했다. 곧바로 생각을 굳히고 위나라를 정벌한 것이다.

공자(公子) 매(買)가 위(衛)나라를 수비했다. 그런데 수비를 마치기 전에 그를 찔러 죽였다. 수비를 마치기 전이란 무슨 뜻인가? 수비를 마치기 전이라고 한 것은 노나라 국내에서 하는 말이다. 수비하러 가라고 시키지 않은 것이다. 수비하러 가라고 시키지 않았다면 그를 위(衛)나라를 수비하라고 말한 것은 무슨 뜻인가? 살해한 것이다. 살해했다면 왜 찔러 죽였다고 일렀는가? 노나라 국내에서 대부를 죽인 것을 숨겨서 찔러죽인 것이라고 이른 것이다.

초나라 사람이 위나라를 구원했다.

3월 병오(丙午)일에 진(晉)나라 군주인 후작이 조(曹)나라로 쳐들어가 조나라 군주인 백작을 잡아서 송(宋)나라 사람에게 넘겨주었다. 비(畀 : 넘겨주다)란 무슨 뜻인가? 준 것이다. 그를 송나라 사람에게 넘겨주었다고 말한 것은 무슨 뜻인가? 송나라에 주어서 심문하게 한 것이다. 조(曹)나라 군주인 백작의 죄가 어떤 것인가? 매우 사나운 사람이다. 그가 매우 사나운 것이란 무엇인가? 한 가지의 죄로써 말하기가 어려운 것이다.

여름인 4월 기사(己巳)일에 진(晉)나라 군주인 후작과 제나라 군사와 송나라 군사와 진(秦)나라 군사들이 초(楚)나라 사람과 성복(城濮)에서 싸웠는데 초나라 군사가 패배했다. 이는 큰 전쟁인데 왜 초나라에서는 지위가 낮은 자를 시켜서 싸웠는가? 초나라 영윤(令尹)인 자옥득신(子玉得臣)이었다. 자옥득신이라면 그를 인(人)이라고 일컬은 것은 무슨 뜻인가? 폄하한 것이다. 왜 폄하하였는가? 대부(大夫)는 군주와 짝이 되지 못하기 때문이었다.

초(楚)나라에서 그 대부 득신(得臣)을 죽였다.

위(衛)나라 군주인 후작이 초나라로 달아났다.

5월 계축(癸丑)일에 희공이 진나라 군주인 후작과 제나라 군주인 후작과 송나라 군주인 공작과 채나라 군주인 후작과 정나라 군주인 백작과 위나라 군주인 자작과 거(莒)나라 군주인 자작과 천토(踐土)에서 동맹을 맺었다.

진(陳)나라 군주인 후작이 회(會)에 갔다. 진나라 군주가 '회(會)에 갔다.'라고 말한 것은 무슨 뜻인가? 회맹(會盟)이 끝난 뒤에 겨우 도착했다는 뜻이다.

희공이 왕소(王所)에서 천자(天子)를 뵈었다. 왜 희공(僖公)이 경사(京師)에 갔다고 말하지 않았는가? 주(周)나라의 천자

(天子)가 천토(踐土)에서 있었기 때문이다. 천자(天子)가 이곳의 천토(踐土)에 있었다면 왜 천자가 이곳 천토에 있었다고 말하지 않았는가? 천자(天子)가 도착하는 것을 찬성하지 않았기 때문이었다.

6월에 위(衛)나라 군주인 후작이 정(鄭)나라에서 초(楚)나라를 거쳐서 다시 위(衛)나라로 돌아갔다.

위(衛)나라 원훤(元咺)이 진(晉)나라로 달아났다.

진(陳)나라 군주인 후작 관(款)이 세상을 떠났다.

二十有八年 春 晉侯侵曹[1] 晉侯伐衛[2] ○曷爲再言晉侯 非兩之[3]也 然則何以不言遂 未侵曹也 未侵曹 則其言侵曹何 致其意[4]也 其意侵曹 則曷爲伐衛 晉侯將侵曹 假塗[5]于衛 衛曰 不可得 則固[6] 將伐之也

公子買[7]戍衛 不卒戍[8] 刺之 ○不卒戍者何 不卒戍者 內辭也 不可使往也 不可使往 則其言戍衛何 遂公意也 刺之者何 殺之也 殺之則曷爲謂之刺 內諱殺大夫 謂之刺之也

楚人救衛

三月 丙午 晉侯入曹 執曹伯畀宋人 ○畀者何 與也 其言畀宋人何 與使聽之也 曹伯之罪何 甚惡也 其甚惡奈何 不可以一罪言[9]也

夏 四月 己巳 晉侯齊師宋師秦師及楚人戰于城濮[10] 楚師敗績 ○此大戰也 曷爲使微者 子玉得臣[11]也 子玉得臣則其稱人何 貶 曷爲貶 大夫不敵君也

楚殺其大夫得臣

衛侯出奔楚

五月 癸丑 公會晉侯齊侯宋公蔡侯鄭伯衛子[12]莒子盟于踐土[13] 陳侯如會[14] ○其言如會何 後會也

公朝于王所[15] ○曷爲不言公如京師 天子在是也 天子在是 則曷爲不言天子在是 不與致天子[16]也

六月 衛侯鄭自楚復歸于衛

衛元咺[17]出奔晉

陳侯款[18]卒

1) 侵曹(침조) : 조나라를 침공하다. 곧 진(晉)나라 중이(重耳)가 도망시에 서운했던 일로 침략한 것이다.
2) 伐衛(벌위) : 위(衛)나라를 정벌하다. 조나라를 침략하기 위하여 위나라에 길을 빌려 달라고 했는데 빌려주지 않아서 였다. 또 진나라 문공(文公)이 달아나 도망다닐 때의 서운한 감정도 있었다.
3) 非兩之(비양지) : 두 번의 일이 아니다. 곧 조나라를 침공하고 위나라를 정벌한 두 번의 일이 아니라는 뜻.
4) 致其意(치기의) : 그의 뜻을 이루다. 본래는 조나라를 침략하기 위한 것이 본래의 목적이었다는 뜻.
5) 假塗(가도) : 길을 빌리는 것.
6) 固(고) : 견지(堅持)하다.
7) 公子買(공자매) : 노나라의 대부이며 자총(子叢)이다.
8) 不卒戍(부졸수) : 수비의 임무를 마치기 전.
9) 不可以一罪言(불가이일죄언) : 한 가지의 죄로써 말할 수가 없다. 곧 위나라 군주인 공공(共公)이 죄가 많다는 뜻.
10) 城濮(성복) : 위(衛)나라 지명(地名)이다.
11) 得臣(득신) : 초(楚)나라 공자(公子) 옥(玉). 곧 자옥(子玉).
12) 衛子(위자) : 위(衛)나라 군주인 후작은 초나라로 달아나 있었고 그의 아우 숙무(叔武:虎)가 회합에 참가했으므로 위후(衛侯)라고 쓰지 않았다.
13) 踐土(천토) : 정(鄭)나라의 지명.
14) 陳侯如會(진후여회) : 진(陳)나라 군주인 후작. 곧 진목공(陳穆公)이 모임에 갔다는 뜻.
15) 王所(왕소) : 천자가 있는 곳. 곧 천자가 경사(京師)에 있지 않았기 때문에 왕소라고 했다.
16) 不與致天子(불여치천자) : 천자가 이르는 것을 찬성하지 않았다. 곧 제후들의 모임에 천자가 참석한 일을 즐겨하지 않았다는 뜻.
17) 元咺(원훤) : 위(衛)나라의 대부.
18) 陳侯款(진후관) : 곧 진(陳)나라 목공(穆公)이며 이름은 관(款)이다. B.C. 647년에 즉위하여 16년간 재위했다.

나. 위(衛)나라 후작을 잡아 경사(京師)로 보내다

가을에 기(杞)나라의 백희(伯姬)가 왔다.

공자 수(遂)가 제나라로 갔다.

겨울에 희공이 진(晉)나라 군주인 후작과 송나라 군주인 공작과 채나라 군주인 후작과 정나라 군주인 백작과 진(陳)나라 군주인 자작과 거(莒)나라 군주인 자작과 주루(邾婁)나라 군주인 자작과 진(秦)나라 사람과 온(溫)에서 회합했다.

천자(天子)가 하양(河陽)에서 사냥했다. 사냥을 한 것은 기록하지 않는 것인데 여기에 왜 기록했는가? 천자(天子)가 이곳에 또 다시 이르는 것을 찬성하지 않은 것이다. 노자(魯子)가 말하기를 온(溫) 땅은 가깝고 천토(踐土)의 땅은 멀기 때문이었다.

임신(壬申)일에 희공이 왕소(王所)에 가서 천자를 뵈었다. 그 날짜를 기록한 것은 무슨 뜻인가? 노나라 국내에서 기록한 것이었기 때문이다.

진(晉)나라 사람이 위(衛)나라 군주인 후작을 잡아서 경사(京師)로 보냈다. 귀지우(歸之于 : 압송(押送)해 보내다)란 무슨 뜻이며 귀우(歸于 : 보내다)란 무슨 뜻인가? 귀지우(歸之于)란 죄가 이미 정해진 것이며 귀우(歸于)란 죄가 결정되지 않은 것이다. 죄가 결정되지 않았다면 왜 방백(方伯 : 覇主)의 토벌을 받았는가? 귀지우(歸之于 : 압송해 보내다)란 천자(天子)의 주위에서 체포한 것이며 죄가 정해지지 않고 죄가 정해진 것을 이미 가히 알 수 있다. 귀우(歸于 : 보내다)는 천자의 주위에서 체포한 것이 아니기 때문에 죄가 정해지고 정해지지 않은 것을 알 수가 없는 것이다. 위(衛)나라 군주인 후작의 죄가 무엇인가? 숙무(叔武)를 죽인 것이다. 왜 그것을 기록하지 않았는가? 숙무(叔武)를 위하여 숨겨준 것이다. '춘추(春秋)'에서는 어진 사람을 위하여 숨겨주었다. 왜 숙무(叔武)를 어질다고 하는가? 국가를 사양했기 때문이다. 그가 국가를 사양한 것은 어찌된 것인가? 진(晉)나라 문공(文公)이 위나라 군주인 후작을 축출하고 숙무(叔武)를 세웠다. 숙무는 군주가 되기를 사양했으나, 만약에 다른 사람이 군주가 되면 위나라 군주가 돌아오지 못할까 두려워하였으므로 이에 자신이 군주가 되었다. 그런 연후에 천토(踐土)의 회맹에서 위나라 군주가 돌아오도록 하소연을 하였다. 이에 위나라 군주가 돌아오게 되었는데 돌아와서 말하기를 "숙무(叔武)가 나의 자리를 찬탈했다."라고 했다. 원훤(元咺)이 간하여 말하기를 "숙무(叔武)는 죄가 없습니다."라고 했는데 마침내 숙무(叔武)를 살해했다. 원훤(元咺)은 도망하여 달아났다. 진(晉)나라 군주인 후작을 인(人)이라고 일컬은 것은 무슨 뜻인가? 폄하한 것이다. 왜 폄하했는가? 위(衛)나라의 화근은 문공(文公)이 만든 것이다. 문공이 어떻게 만들었는가? 진(晉)나라 문공이 위나라 군주인 후작을 축출하고 숙무를 세워서 남의 형제들이 서로 의심하게 하고 어머니를 함께 한 아우를 죽이는 것을 방치하도록 만들었기 때문이다.

위(衛)나라의 원훤(元咺)이 진(晉)나라에서 다시 위(衛)나라로 돌아갔다. 자(自: 부터)란 무슨 뜻인가? 진(晉)나라에서 힘을 보태준 것이다. 이것은 그의 군주를 체포하였는데 거기에 자(自: 부터하다)라고 말한 것은 무슨 뜻인가? 숙무(叔武)가 죄가 없다는 것을 간하여 변명하게 한 것이다.

제후들이 드디어 허(許)나라를 포위했다.

조(曹)나라 군주인 백작 양(襄)이 다시 조(曹)나라로 돌아갔다. 드디어 제후들이 모여서 허나라를 포위하였다.

秋 杞伯姬[1] 來
公子遂如齊
冬 公會晉侯[2] 齊侯宋公蔡侯鄭伯陳子[3] 莒子邾婁子秦人 于溫[4]
天王狩于河陽[5] ○狩不書 此何以書 不與再致天子也 魯子曰 溫近而踐土遠也
壬申 公朝于王所 ○其日何 錄乎內[6]也
晉人執衛侯歸之于京師 ○歸之于者何 歸于者何 歸之于者 罪已

定矣 歸于者 罪未定也 罪未定則何以得爲伯討[7] 歸之于者 執之于天子之側者也 罪定不定 已可知矣 歸于者 非執之于天子之側者也 罪定不定未可知也 衛侯之罪何 殺叔武[8]也 何以不書 爲叔武諱也 春秋爲賢者諱 何賢乎叔武 讓國也 其讓國奈何 文公逐衛侯而立叔武 叔武辭立而他人立 則恐衛侯之不得反也 故于是己立 然後爲踐土之會 治反衛侯[9] 衛侯得反 曰 叔武簒我 元咺爭之曰 叔武無罪 終殺叔武 元咺走而出 此晉侯也 其稱人何 貶 曷爲貶 衛之禍 文公爲之也 文公爲之奈何 文公逐衛侯而立叔武 使人兄弟相疑 放乎殺母弟[10]者 文公爲之也

衛元咺自晉復歸于衛 ◯自者何 有力焉者[11]也 此執其君 其言自何 爲叔武爭也

諸侯遂圍許

曹伯襄[12]復歸于曹

遂會諸侯圍許

1) 杞伯姬(기백희) : 노나라 장공(莊公)의 딸이며 귀녕(歸寧)했다.
2) 晉侯(진후) : 좌전에는 진후 밑에 '제후(齊侯)'가 없다.
3) 陳子(진자) : 진(陳)나라 군주인 후작이 세상을 떠났으므로 그 뒤를 이은 공공(共公)이 회합에 참가했으나 아직 해를 넘기지 않아서 진후(陳侯)라 쓰지 않고 진자(陳子)라고 쓴 것이다.
4) 溫(온) : 옛 나라 이름. 원래는 소(蘇). 춘추시대에 주왕실(周王室)의 읍.
5) 河陽(하양) : 진(晉)나라의 지명.
6) 錄乎內(녹호내) : 위태로운 것을 노나라 국내에 기록하여 다시 실례하는 일이 없도록 한 것이다.
7) 伯討(백토) : 방백(方伯)의 토벌.
8) 叔武(숙무) : 곧 이숙(夷叔)이다. 위나라 성공(成公)의 아우이며 위후(衛侯)가 출분했을 때에 대리로 국정을 담당하고 위나라 후작을 대리하여 천토(踐土)의 회합에도 참가했다.
9) 治反衛侯(치반위후) : 위후(衛侯)가 돌아올 수 있도록 일을 다했다는 뜻.
10) 放乎殺母弟(방호살모제) : 어머니를 함께 한 아우를 살해하는 것을 방치하다의 뜻.

11) 有力焉者(유력언자) : 진(晉)나라에서 힘을 보태줌이 있다는 것.
12) 曹伯襄(조백양) : 조나라 군주인 백작 양(襄)이다. 성복(城濮)의 전쟁에서 진문공(晉文公)에 잡혀있던 군주였다.

29. 희공 29년 신묘(辛卯)

가. 가을에 큰 우박이 내리다

29년 경인(庚寅) 봄, 개(介)나라 갈로(葛盧)가 왔다. 개(介)나라의 갈로(葛盧)란 누구인가? 이적(夷狄)의 군주이다. 왜 조(朝)라고 말하지 않았는가? 오르고 내리며 읍하고 사양하는데 능하지 못하기 때문이었다.

희공이 허(許)나라를 포위하는 일에서 돌아왔다.

여름인 6월에 희공이 천자(天子)가 보낸 사람과 진(晉)나라 사람과 송(宋)나라 사람과 제나라 사람과 진(陳)나라 사람과 채나라 사람과 진(秦)나라 사람과 적적(翟狄)에서 동맹을 맺었다.

가을에 큰 우박이 내렸다.

겨울에 개(介)나라의 갈로(葛盧)가 왔다.

二十有九年 春 介¹⁾葛盧來 ◯介葛盧²⁾者何 夷狄之君也 何以不言朝 不能乎朝³⁾也
公至自圍許
夏 六月 公會王人⁴⁾晉人宋人齊人陳人蔡人秦人 盟于狄泉⁵⁾
秋 大雨雹
冬 介葛盧來

1) 介(개) : 동방의 이민족(異民族)인 동이족(東夷族)의 나라 이름. 성씨는 미상(未詳)이라 했다.
2) 葛盧(갈로) : 개(介)나라의 군주 호칭이다.
3) 不能乎朝(불능호조) : 오르고 내리고 읍하고 사양하는 예에 능하지 못함.

4) 王人(왕인) : 곧 왕자 호(王子虎)이다. 주(周) 천자국의 경사(京師)이다.
5) 狄泉(적천) : 낙양(洛陽)성 밖에 있는 땅 이름. 좌전(左傳)에는 적천(翟泉)으로 되어 있다.

30. 희공 30년 신묘(辛卯)

가. 적인(狄人)이 제나라를 침범하다

30년 신묘(辛卯) 봄인 왕력으로 정월이다.
여름에 적인(狄人)이 제나라를 침범했다.
가을에 위(衛)나라에서 대부 원훤(元咺)과 공자 하(瑕)를 죽였다. 위나라 후작이 위나라에 도착하지 않았는데 그의 나라에서 죽였다고 한 것은 무슨 뜻인가? 돌아오는 길에서 죽였다는 뜻이다.
위(衛)나라 군주인 후작 정(鄭)이 위나라로 돌아갔다. 이 위나라 군주가 그 대부를 죽였다고 했는데 그가 돌아갔다고 한 것은 무슨 뜻인가? 원훤(元咺)이 돌아온 것을 증오한 것이다. 왜 원훤이 돌아온 것을 미워하게 되었는가? 원훤이 군주를 섬기는 일이, 군주가 출국하게 되면 원훤은 위나라로 들어오고, 군주가 들어오게 되면 원훤은 출국하게 되어 신하가 되지 못했기 때문이었다.
진(晉)나라 사람과 진(秦)나라 사람이 정(鄭)나라를 포위했다.
개(介)나라 사람이 소(蕭)나라를 침범했다.
겨울에 천자가 태재(太宰)인 주공(周公)에게 예물을 가지고 노나라를 찾아오게 했다.
공자 수(遂)가 경사(京師)에 갔으며 이어서 진(晉)나라에도 갔다. 대부는 계속해서 가는 일이 없는데 여기서 수(遂)라고 말한 뜻은 무엇인가? 노나라 희공이 국정을 장악하지 못했기 때문이었다.

三十年 春 王正月
夏 狄侵齊

秋 衛殺其大夫元咺 及公子瑕[1] ○衛侯未至 其稱國以殺何 道殺[2]也
衛侯鄭歸于衛 ○此殺其大夫 其言歸何 歸惡乎元咺也 曷爲歸惡乎元咺 元咺之事君也 君出則己入[3] 君入則己出 以爲不臣[4]也
晉人秦人圍鄭[5]
介人侵蕭[6]
冬 天王使宰周公[7]來聘
公子遂[8]如京師 遂如晉 ○大夫無遂事 此其言遂何 公不得爲政爾

1) 公子瑕(공자하) : 곧 공자괄(公子适)이다.
2) 道殺(도살) : 길에서 죽이다. 곧 돌아오는 길에서 죽이다.
3) 君出則己入(군출즉기입) : 위(衛)나라 후작 정(鄭)이 진(晉)나라에서 체포되어 경사(京師)로 압송될 때 원훤이 진(晉)나라에서 위나라로 복귀하다는 뜻으로, 곧 진나라의 힘을 의지하여 돌아갔다는 뜻이다.
4) 不臣(불신) : 신하의 도리에 부합되지 않았다.
5) 晉人秦人圍鄭(진인진인위정) : 진(晉)나라 사람과 진(秦)나라 사람이 정나라를 포위하다. 이는 진나라 문공(文公)이 망명했을 때 정나라에서 문공을 푸대접한 것을 눈여겨보고 또 뒤에 회맹에 참여하지 않고 초(楚)나라와 친밀하게 지내므로 진(晉)과 진(秦)이 함께 공격한 것이다.
6) 蕭(소) : 나라 이름이다. 송나라의 부용국(附庸國)이다. 자성(子姓)이며 소숙대심(蕭叔大心)을 처음 봉하였다.
7) 宰周公(재주공) : 재는 재상(宰相)이다. 곧 주왕조의 모든 관리의 사무를 관장한다. 주공(周公)의 이름은 열(閱)이다.
8) 公子遂(공자수) : 곧 노나라의 동문양중(東門襄仲)이다.

31. 희공 31년 임진(壬辰)

가. 공자 수(公子遂)가 진(晉)나라에 가다

31년 임진(壬辰) 봄에 제수(濟水) 서쪽 땅을 차지했다. 어느 곳을 차지했는가? 조(曹)나라 땅을 차지했다. 왜 조(曹)나라의 땅을 차지했다고 말하지 않았는가? 동성(同姓)의 땅을 차지한 것을 숨긴 것이다. 여기서는 조나라를 정벌한 일이 있지 않았는데 나라의 땅을 차지했다고 말을 한 것은 무슨 뜻인가?

진(晉)나라 군주인 후작이 조(曹)나라 군주인 백작을 잡아 그가 탈취한 땅을 제후들에게 분배한 것이다. 진(晉)나라 군주인 후작이 조나라 군주인 백작을 잡아 그가 침략하여 빼앗은 땅을 제후들에게 골고루 나누어주었다면 왜 동성(同姓)의 땅을 빼앗은 것을 숨긴 것인가? 그가 조나라 백작을 잡은 시간이 오래 경과되었기 때문이다.

공자 수(遂)가 진(晉)나라에 갔다.

여름인 4월에 교제(郊祭)를 지내려고 4번이나 점을 쳤는데 불길하여 따르지 않았다. 이에 희생(犧牲)으로 쓰려던 가축들을 놓아주었다. 삼망(三望)의 제사는 그대로 지냈다. 왜 혹은 3번을 점친다고 말하고 혹은 네 번이나 점을 쳤다고 말을 하는가? 세 번 점을 치는 것은 예에 합당한 것이요, 네 번의 점을 치는 것은 예에 합당한 것이 아니다. 세 번의 점을 치는 것은 왜 예에 합당한 것이 되고 네 번의 점을 치는 것은 왜 예에 합당한 것이 아닌가? 길(吉)한 것을 구하는 도(道)는 세 번의 점을 치는 것이기 때문이다. 체제(禘祭)나 상제(嘗祭)는 점을 치지 않는데 교제(郊祭)는 왜 점을 치는 것입니까? 교제에 점을 치는 것은 합당한 것이 아니다. 교제에 점을 치는 것이 왜 예에 합당하지 않는 것입니까? 노나라의 교제는 예에 합당하지 않는 것이다. 노나라의 교제가 왜 예에 합당하지 않는 것입니까? 천자는 하늘에 제사를 지내고 제후는 토(土)에 제사를 하는 것이다. 천자가 방망(方望 : 사방의 신에게 제사)의 일이 있게 되면 통하지 않는 곳이 없어서 제후의 산천(山川)이 그의 봉내(封內)에 있지 않게 되면 제사지내지 않는다. 왜 혹은 '면생(免牲 : 희생을 놓아주다)'이라고 하고 혹은 '면우(免牛 : 소를 놓아주다)'라고 말을 하는 것입니까? 면생은 예에 맞는 것이요, 면우(免牛)는 예에 합당하지 않는 것이다. 면우(免牛)가 왜 예에 합당하지 않는 것인가? 손상된 것을 우(牛)라고 이르기 때문이다. 삼망(三望 : 세 번의 망제)이란 무엇인가? 망제(望祭)이다. 그렇다면 어디에 제사를 지내는가? 태산(泰山)과 황하(黃河)와 대해(大海 : 큰 바다)에 제사를 한다. 왜 태산과 황하와 대해(大海)에 제사를 지내는 것인가? 산천(山川)이란 백리(百里)를 윤택하게 하는 것이 있는 것이다. 주(周)나라 천자가 순서대로 제사를 하는데 촉석(觸石)할 때는 나오고, 부촌(膚寸)할 때는 합해져서 아침에 이르지 않더라도 천하에 두루 비를 내리게 하는 것은 오직 태산 뿐이다. 황하와 대해(大海)는 천리를 윤택하게 하는 것이다. 유(猶)란 무슨 뜻인가? 통달하여 중지하는 것이다. 왜 이를 기록했는가? 교제를 지내지 않고 망제(望祭)를 지낸 것을 책망한 것이다.

가을인 7월이다.

겨울에 기(杞)나라 백희(伯姬)가 와서 며느리감을 구했다. 백희가 와서 며느리감을 구했다고 한 것은 무슨 뜻인가? 형제로 여긴 말이다. 그 며느리라고 일컬은 것은 무슨 뜻인가? 시어머니가 있다는 말이다.

적인(狄人)이 위(衛)나라를 포위했다.

12월에 위(衛)나라가 도읍을 제구(帝丘)로 옮겼다.

三十有一年 春 取濟西田[1] ○惡乎取之 取之曹也 曷爲不言取之曹 諱取同姓之田也 此未有伐曹者 則其言取之曹何 晉侯執曹伯 班其所取侵地於諸侯也 晉侯執曹伯 班其所取侵地于諸侯 則何諱乎取同姓之田 久也

公子遂如晉

夏 四月 四卜郊[2]不從[3] 乃免牲[4] 猶三望[5] ○曷爲或言三卜 或言四卜 三卜禮也 四卜非禮也 三卜何 以禮 四卜何 以非禮 求吉之道三 禘嘗[6]不卜 郊何以卜 卜郊 非禮也 卜郊 何以非禮 魯郊 非禮也 魯郊何 以非禮 天子祭天[7] 諸侯祭土[8] 天子有方望之事 無所不通 諸侯山川有不在其封內者 則不祭也 曷爲或言免牲 或言免牛 免牲 禮也 免牛 非禮也 免牛何以非禮 傷者曰牛 三望者何 望祭也 然則曷祭 祭泰山河海 曷爲祭泰山河海 山川有能潤于百里者 天子秩而祭

之 觸石而出⁹⁾ 膚寸而合¹⁰⁾ 不崇朝¹¹⁾而遍雨乎天下者 唯泰山爾 河海
潤于千里 猶者何 通可以已也 何以書 譏不郊而望祭也
　秋 七月
　冬 杞伯姬來求婦 其言來求婦何 兄弟辭也 其稱婦何 有姑之辭也
　狄圍衛
　十有二月 衛遷于帝丘¹²⁾

1) 取濟西田(취제서전) : 제수 서쪽의 땅을 차지하다. 진(晉)나라에서 조(曹)나라 땅이던 제수 서쪽의 땅을 빼앗아 노나라에 주었다.
2) 四卜郊(사복교) : 교제(郊祭)를 지내려고 4번이나 거북점을 쳤다. 교제는 농사의 풍작(豊作)을 하늘에 비는 제사이다.
3) 不從(부종) : 불길(不吉)하여 따르지 않다의 뜻.
4) 免牲(면생) : 제사에 쓰려던 희생을 놓아 주다. 제사를 지내지 않았다의 뜻.
5) 三望(삼망) : 세 번의 망제(望祭). 곧 별에게 지내는 망제. 신에게 지내는 망제. 강에게 지내는 망제.
6) 禘嘗(체상) : 체제(禘祭)와 상제(嘗祭)이다. 체제는 천자나 제후가 종묘에 지내는 제사이고, 상제는 가을에 조상에게 올리는 제사의 하나이다.
7) 祭天(제천) : 교제(郊祭)이다.
8) 祭土(제토) : 사제(社祭)이다. 토지신.
9) 觸石而出(촉석이출) : 뜻이 자세하지 않다. 단 돌에서 운기(雲氣)가 솟아오르다의 뜻인 듯 하다.
10) 膚寸而合(부촌이합) : 뜻이 자세하지 않다. 부촌은 네 개의 손가락을 뜻한다고 했다. 곧 한 점 한 점이 모여서 오다의 뜻이라 했다.
11) 不崇朝(불숭조) : 아침에 이르지 않다.
12) 帝丘(제구) : 위나라의 땅 이름. 상구(商丘)라고도 한다.

32. 희공 32년 계사(癸巳)

가. 위(衛)나라가 적인(狄人)에 침범하다
32년 계사(癸巳) 봄, 왕력으로 정월이다.

여름인 4월 기축(己丑)일에 정(鄭)나라의 군주인 백작 첩(捷)이 세상을 떠났다.
위(衛)나라 사람이 적인(狄人)의 땅을 침범했다.
가을에 위(衛)나라 사람이 적인(狄人)과 동맹을 맺었다.
겨울인 12월 기묘(己卯)일에 진(晉)나라 군주인 후작 중이(重耳)가 세상을 떠났다.

三十有二年 春 王正月
夏 四月 己丑 鄭伯接[1]卒
衛人侵狄
秋 衛人及狄盟
冬 十有二月 己卯 晉侯重耳[2]卒

1) 鄭伯接(정백첩) : 곧 정나라 문공이며 첩은 이름이다. B.C. 672년에 즉위하여 45년간 재위하다. 곡량전에는 첩(捷)으로 되어 있다.
2) 晉侯重耳(진후중이) : 진(晉)나라 문공(文公)이며 중이는 그의 이름이다. B.C. 636년에 즉위하여 9년간 재위했다. 근왕(勤王)이란 호칭으로 불렸으며 중원의 제후들을 연합하여 초나라의 세력을 제지하고 제환공의 뒤를 이어 패주(覇主)가 되었다. 문공이 죽은 후에 진나라는 점점 쇠약해져서 끝내는 세 나라로 갈라지게 된다.

33. 희공 33년 갑오(甲午)

가. 국귀보(國歸父)가 노나라를 예방하다

33년 갑오(甲午) 봄인 왕력으로 2월에 진(秦)나라 사람이 활(滑)나라로 쳐들어갔다. 제나라 군주인 후작이 국귀보(國歸父)에게 노나라를 예방하게 했다.
여름인 4월 신사(辛巳)일에 진(晉)나라 사람과 강융(姜戎)이 진(秦)나라 군사를 효(殽)에서 쳐부수었다. 여기서 진(秦)나라라고 이른 것은 무슨 뜻인가? 이적(夷狄)이었기 때문이다. 왜 이적(夷狄)이라고 했는가? 진(秦)나라 군주인 백작(穆公)이 장차 정나라를 습격하려는데 백리자(百里子)와 건숙자(蹇叔子)가 간하여 말하기를 "천리 밖에 이르러 사람을 습격하고 망하지 않은 자가 없었습니다." 라고 했다. 진(秦)나라 군주인 백작이 노하여 말하기를 "너희 같은 나이라면 묘 위의 나무나 껴안고 있어야 하는 나이인데, 너희들이 어찌 알 것인가?" 라고 하고는 군사를 출동시키자 백리자와 건숙자가 그의 자식들을 전송하면서 일러 말하기를 "너희들이 죽게 된다면 반드시 효(殽) 땅의 우뚝 솟은 바위에서 하라! 이곳은 주(周)나라의 문왕(文王)이 바람과 비를 피하던 곳이다. 나는 장차 이곳에서 너희의 시신을 찾으리라!" 라고 했다. 아들들이 읍을 하자 군사들이 출발했다. 백리자와 건숙자가 그의 아들들을 따르면서 곡을 했다. 진(秦)나라 군주인 백작 목공이 노하여 말하기를 "너희들이 왜 우리의 군사가 출동하는데 곡을 하는가?" 라고 했다. 이들이 대답하여 말하기를 "신(臣)들은 감히 군주의 군사에게 곡을 하는 것이 아니고 신(臣)의 아들들에게 곡을 하는 것입니다." 라고 했다.

현고(弦高)란 정(鄭)나라의 대상인(大商人)이었는데 효(殽)에서 진(秦)나라 군대를 만났다. 현고가 정나라 군주인 백작의 명을 사칭하여 진(秦)나라 군사에게 위로의 음식을 접대했다. 여기서 진(秦)나라의 군대는 의론이 분분했다. 어떤 이는 정나라를 몰래 습격해야 한다고 하고 어떤 이들은 돌아가야 한다고도 했다. 여기서 강융(姜戎)을 언급한 것은 무슨 뜻인가? 강융(姜戎)은 작은 나라이다. 인(人)이라고 일컬은 것도 또한 작다는 뜻이다. 왜 강융이 작다는 것을 말했는가? 선진(先軫)이 이끌었기 때문이었다. 어떤 이는 이르기를 진(晉)나라의 양공(襄公)이 직접했다고 했다. 진(晉)나라의 양공이 직접했는데 그를 인(人)이라고 일컬은 것은 무슨 뜻인가? 폄하한 것이다. 왜 폄하하게 되었는가? 군주의 시신이 빈소에 있는데 군사를 출동시켜서 위험하여 장례도 치르지 못하기 때문이었다. 속임수의 전쟁은 날짜를 기록하지 않는데 이곳에서는 왜 날짜를 기록했는가? 진(秦)나라의 군대가 모두 소멸되었기 때문이다.

계사(癸巳)일에 진(晉)나라 문공(文公)을 장사 지냈다.

적인(狄人)이 제(齊)나라를 침범했다.

희공이 주(邾)나라를 정벌하여 자루(訾樓)를 점령했다.

가을에 공자 수(遂)가 군사를 거느리고 주(邾)나라를 정벌했다. 진(晉)나라 사람이 적인(狄人)을 기(箕)에서 쳐부수었다.

겨울인 10월에 희공이 제나라에 갔다. 12월에 희공이 제나라에서 돌아왔다.

을사(乙巳)일에 희공이 소침(小寢)에서 훙거(薨去)했다.

서리가 내려도 풀이 시들지 않았다. 오얏과 매실이 열매를 맺었다. 왜 이것을 기록했는가? 괴이한 일이라 기록했다. 왜 이러한 일이 괴이한 것인가? 제 계절이 아니었기 때문이다.

진(晉)나라 사람과 진(陳)나라 사람과 정나라 사람이 허(許)나라를 정벌했다.

三十有三年 春 王二月 秦人入滑[1]
齊侯使國歸父[2]來聘
夏 四月 辛巳 晉人及姜戎[3]敗秦于殽[4] ○其謂之秦何 夷狄之也 曷爲夷狄之 秦伯[5]將襲鄭 百里子與蹇叔子[6]諫 曰 千里而襲人 未有不亡者也 秦伯怒 曰 若爾之年者 宰上之木[7]拱矣 爾曷知 師出 百里子與蹇叔子送其子而戒之曰 爾卽死 必于殽之嶔巖 是文王之所辟風雨者也 吾將尸爾焉 里楫師而行 百里子與蹇叔子從其子[9]而哭之 秦伯怒 曰 爾曷爲哭吾師 對曰 臣非敢哭君師 哭臣之子也 弦高者 鄭商也 遇之殽 矯[10]以鄭伯之命而犒師焉 或曰 往矣 或曰 反矣 然而晉人與姜戎要之殽而擊之 匹馬隻輪無反者 其言及姜戎何 姜戎 微也 稱人 亦微者也 何言乎姜戎之微 先軫[11]也 或曰 襄公[12]親之 襄公親之 則其稱人何 貶 曷爲貶 君在乎殯而用師 危不得葬也 詐戰不日 此何以日 盡[13]也

癸巳 葬晉文公

狄侵齊
公伐邾婁 取叢[14]
秋 公子遂率師[15]伐邾婁
晉人敗狄于箕[16]
冬 十月 公如齊
十有二月 公至自齊
乙巳 公薨于小寢[17]
霣霜[18]不殺草 李梅實[19] ○何以書 記異也 何異爾 不時也
晉人陳人鄭人伐許

1) 滑(활) : 나라 이름이다. 희성(姬姓)이며 백작의 나라이다.
2) 國歸父(국귀보) : 제(齊)나라의 집정대부(執政大夫)이고 좌전에는 국장자(國莊子)라고 했다.
3) 姜戎(강융) : 강씨(姜氏) 성(姓)을 자처하는 융족(戎族).
4) 殽(효) : 산 이름. 지금의 효산(崤山)이다.
5) 秦伯(진백) : 곧 진(秦)나라 목공(穆公)이며 이름은 임호(任好). B.C. 659년 즉위.
6) 百里子與蹇叔子(백리자여건숙자) : 백리자는 백리해(百里奚)이다. 백리해와 건숙자는 진(秦)나라의 모신(謀臣)이다. 또 백리해는 본래 우(虞)나라 대부였는데 진(晉)나라에서 우(虞)나라를 멸망시킬 때 포로가 되었다가 뒤에 초(楚)나라로 달아났는데 초나라 사람이 잡아서 진(秦)나라 목공에게 양피(羊皮) 5장을 받고 바꾸었던 인물이며 진(秦)나라의 대부로 등용되어서 목공이 패자가 되는데 기여한 인물이다. 건숙자는 건숙(蹇叔)이라고 칭하고 같은 해에 진목공이 정나라를 습격할 때 건숙이 힘을 다해 간했는데 듣지 않고 출정했다가 실수를 하게 됐다.
7) 宰上之木(재상지목) : 분묘(墳墓) 위의 나무.
8) 嶔(금) : 우뚝 솟은 바위의 뜻.
9) 其子(기자) : 백리해의 아들 백리맹명(百里孟明)과 건숙자(蹇叔子)의 아들 서걸술(西乞術)과 백을병(百乙丙)의 세 사람을 뜻한다.
10) 矯(교) : 거짓으로 칭하다. 곧 사칭(詐稱)이다.
11) 先軫(선진) : 진(晉)나라 군사들의 우두머리. 곧 진나라의 대부이다.

12) 襄公(양공) : 진(晉)나라 양공이며 이름은 환(驩)이다. 문공(文公)의 아들이고 제25대 군주이며 7년간 재위했다.
13) 盡(진) : 진(秦)나라 군대를 전부 몰살시키다의 뜻.
14) 叢(총) : 주루(邾婁)나라의 도읍이다. 좌전과 공양전에는 자루(訾婁)로 되어 있다.
15) 師(사) : 곡량전(穀梁傳)에는 사(師)로 되어 있다.
16) 箕(기) : 진(晉)나라의 땅 이름이다.
17) 小寢(소침) : 정전(正殿)의 양편에 있는 편전(便殿).
18) 貫霜(운상) : 서리가 내리다.
19) 實(실) : 열매이다.

제6편 문공 시대(文公時代)
(재위 : 1년~18년까지)

시법(諡法)에 '백성을 사랑하고 예로써 대우하다'를 '문(文)'이라 했다.

문공 연표(文公年表)

국명 기원전	周 襄王	鄭 穆公	齊 昭公	宋 成公	晉 襄公	衛 成公	蔡 莊公	曹 共公	滕	陳 共公	杞 成公	薛	莒	邾 文公	許 僖公	小邾	楚 成王	秦 穆公	吳	越	魯 文公
626	26	2	7	11	2	9	19	27		6				41	29		47	34			1
625	27	3	8	12	3	10	20	28		7				42	30		穆王1	35			2
624	28	4	9	13	4	11	21	29		8				43	31		2	36			3
623	29	5	10	14	5	12	22	30		9				44	32		3	37			4
622	30	6	11	15	6	13	23	31		10				45	33		4	38			5
621	31	7	12	16	7	14	24	32		11				46	昭公1		5	39			6
620	32	8	13	17	靈公1	15	25	33		12				47	2		6	康公1			7
619	33	9	14	昭公1	2	16	26	34		13				48	3		7	2			8
618	頃王1	10	15	2	3	17	27	35		14				49	4		8	3			9
617	2	11	16	3	4	18	28	文公1		15				50	5		9	4			10
616	3	12	17	4	5	19	29	2		16				51	6		10	5			11
615	4	13	18	5	6	20	30	3	昭公	17				52	7		11	6			12
614	5	14	19	6	7	21	31	4		18				53	8		12	7			13
613	6	15	20	7	8	22	32	5		靈公1				定公1	9		莊王1	8			14
612	匡王1	16	懿公1	8	9	23	33	6		2				2	10		2	9			15
611	2	17	2	9	10	24	文侯1	7		文公1				3	11		3	10			16
610	3	18	3	文公1	11	25	2	8		4				5	12		4	11			17
609	4	19	4	2	12	26	3	9		5			季佗立	5	13		5	12			18

※ 등(滕) : 은공 원년과 문공 31년에 등나라 소공(昭公)이 조회를 들어 왔다고 기록하고 있다.

※ 거(莒) : 문공 18년에 거태자(莒太子) 복(僕)이 거나라 기공(紀公)을 시해하고, 그의 아들 계타(季佗)가 즉위했다고 기록하고 있다.

제6편 문공 시대(文公時代)

1. 문공(文公) 원년 을미(乙未)

가. 문공(文公)이 정월에 즉위하다

원년 을미(乙未) 봄, 왕력으로 정월에 문공(文公)이 즉위했다. 2월 계해(癸亥)일에 일식이 있었다.

천자가 숙복(叔服)을 보내 장례(葬禮)에 참석하게 했다. 그가 와서 장례에 참석하게 했다고 말한 것은 무슨 뜻인가? 장례에 참석하게 한 것은 예에 합당한 것이기 때문이었다.

여름인 4월 정사(丁巳)일에 우리의 군주 희공(僖公)을 장사지냈다.

천자가 모(毛)나라 군주인 백작을 보내 문공(文公)에게 제후의 명규(命圭)를 주게 했다. 석(錫)이란 무슨 뜻인가? 하사한 것이다. 명(命)이란 무슨 뜻인가? 우리 노나라 문공에게 의복을 더하여 준 것이다.

진(晉)나라 군주인 후작이 위(衛)나라를 정벌했다.

숙손득신(叔孫得臣)이 경사(京師)에 갔다.

위(衛)나라 사람이 진(晉)나라를 정벌했다.

가을에 공손오(公孫敖)가 진(晉)나라 군주인 후작을 척(戚)에서 만났다.

겨울인 10월 정미(丁未)일에 초나라의 세자(世子) 상신(商臣)이 그의 군주 곤(髡)을 시해했다.

제6편 문공 시대(文公時代)

공손오(公孫敖)가 제나라에 갔다.

元年 春 王正月 公¹⁾卽位
二月 癸亥 朔 日有食之
天王使叔服²⁾來會葬³⁾ ○其言來會葬何 會葬 禮也
夏 四月 丁巳 葬我君僖公
天王使毛伯⁴⁾來錫公命⁵⁾ ○錫者何 賜也 命者何 加我服⁶⁾也
晉侯伐衛
叔孫得臣⁷⁾如京師
衛人伐晉
秋 公孫敖⁸⁾會晉侯于戚⁹⁾
冬 十月 丁未 楚世子商臣¹⁰⁾弑其君髠¹¹⁾
公孫敖如齊

1) 公(공) : 공은 문공. 주(周) 양왕(襄王) 26년에 즉위하다. 이름은 흥(興)이다. 노세가(魯世家)에 따르면 문공(文公)의 이름은 흥(興)이고 희공(僖公)의 아들이다. 주(周)나라 양왕 26년에 즉위하고 시법(諡法)에 따라서 자혜(慈惠)하고 애민(愛民)함을 '문(文)'이라고 한다고 했다.

2) 叔服(숙복) : 왕자 호(王子虎)라고 했다. 복(服)은 자(字)이고 숙(叔)은 장유(長幼)의 칭호이다. 곡량전에는 주왕조(周王朝)의 내사(內史)라고 했다.

3) 會葬(회장) : 희공(僖公)의 장례에 참석하게 했다.

4) 毛伯(모백) : 모나라의 백작이며 이름은 위(衛)이다. 모나라는 주나라 기내(畿內)의 봉국이다.

5) 命(명) : 명규(命圭)이다. 천자가 새로 즉위한 제후에게 주는 작위(爵位)를 나타내는 패(牌).

6) 加我服(가아복) : 우리의 문공(文公)에게 의복을 증가했다의 뜻.

7) 叔孫得臣(숙손득신) : 노나라 환공(桓公)의 공자(公子)인 아(牙)의 손자 장숙(莊叔)이다.

8) 公孫敖(공손오) : 목백(穆伯)이라고 일컫고 노나라의 귀족이며 시임대부(時任大夫)이다. 장공의 아우인 공자 경보(公子慶父)의 아들이라 했다.

9) 戚(척) : 위(衛)나라 땅 이름.

10) 商臣(상신) : 초나라 성왕(成王)의 아들이다. 즉위하여 초나라 목왕(穆王)이 되었다.
11) 髡(곤) : 곧 초나라 성왕(成王)이다. 좌전에는 군(君)으로 되어 있다.

2. 문공 2년 병신(丙申)

가. 희공(僖公)의 신주를 만들었다

2년 병신(丙申) 봄, 왕력으로 2월 갑자(甲子)일에 진(晉)나라 군주인 후작과 진(秦)나라 군사가 팽아(彭衙)에서 싸워 진(秦)나라 군사가 패전했다.

정축(丁丑)일에 희공(僖公)의 신주(神主)를 만들었다. 희공(僖公)의 신주를 만들었다고 한 것은 무슨 뜻인가? 희공을 위하여 신주를 만들었다는 것이다. 왜 신주를 만들어 사용했는가? 우제(虞祭)의 신주는 뽕나무를 사용하고 소상(小祥:練)의 신주는 밤나무를 사용한다. 밤나무를 사용하는 것은 신주를 보관하기 때문이다. 희공의 신주를 만들었다는 것은 왜 기록했는가? 책망한 것이다. 왜 이를 책망한 것인가? 때가 되지 않아서였다. 그 때가 되지 않았다는 것은 무슨 뜻인가? 상복을 오래도록 입고자 하였으나 뒤에는 능히 하지 않았기 때문이었다.

3월 을사(乙巳)일에 진(晉)나라 처보(處父)와 맹세를 했다. 처보는 진(晉)나라의 양처보(陽處父)인데 왜 씨(氏)라고 하지 않았는가? 대부(大夫)와 함께 맹세한 것을 숨겨준 것이다.

여름인 6월에 공손오(公孫敖)가 송(宋)나라 군주인 공작과 진(陳)나라 군주인 후작과 정나라 군주인 백작과 진(晉)나라의 사곡(士穀) 등과 회합하여 수렴(垂歛)에서 동맹을 맺었다.

지난해 12월부터 비가 내리지 않아 가을인 7월까지 계속되었다. 왜 이를 기록했는가? 괴이한 일이라 기록했다. 대한(大旱: 큰 가뭄)은 재해로 기록하는데 이것도 또한 가뭄이거늘 왜 괴이한 일이라고 기록했는가?

　큰 가뭄의 시간이 짧은데도 재해가 발생했으므로 재해라고 기록했다. 여기서는 오랜 기간동안 비가 내리지 않았어도 재해가 없었으므로 괴이한 일이라 기록한 것이다.

　8월 정묘(丁卯)일에 태묘(太廟)에서 큰 제사를 지내 희공(僖公)을 먼저 군주인 민공(閔公)보다 높여서 합사(合祀)했다. 대사(大事)란 무엇을 뜻하는가? 대협(大祫: 크게 모셔 제사지내는 일)이다. 대협(大祫)이란 무슨 뜻인가? 합쳐서 제사하는 것이다. 그 합하여 제사하는 것은 어찌된 일인가? 묘(廟)를 헐은 신주를 태묘(太廟)에 진열하는 것이다. 묘(廟: 사당)를 헐지 않은 신주(神主)는 모두 올려서 태조(太祖)의 묘에서 함께 제사를 받는데 5년마다 다시 성대하게 제사를 지낸다. 제(躋)란 무엇인가? 올리는 것이다. 왜 희공(僖公)을 올렸다고 말한 것인가? 책망한 것이다. 왜 이를 책망한 것인가? 제사를 거꾸로 한 것이다. 그 제사를 거꾸로 지냈다는 것은 어찌된 것인가? 아버지 사당에 먼저 지내고 선조(先祖)에게는 뒤에 한 것을 뜻한다.

　겨울에 진(晉)나라 사람과 송나라 사람과 진(陳)나라 사람과 정나라 사람이 진(秦)나라를 정벌했다.

　공자 수(遂)가 제나라에 가서 납폐(納幣)했다. 납폐는 기록하지 않는 것인데 이곳에 왜 기록했는가? 책망한 것이다. 왜 이를 책망한 것인가? 상(喪)을 벗지 않았는데 장가든 것을 책망한 것이다. 장가드는 것은 3년의 밖에 있는 것이어늘 왜 상중(喪中)에 장가든 것을 책망했는가? 3년 상(喪)의 안에서는 혼인을 계획하지 않는 것이다. 노나라 장공(莊公)에게 길체(吉禘)를 지낸 것도 책망했다. 그렇다면 왜 제사를 지내지 않는다고 책망했는가? 3년의 은혜는 고통스럽게 여겨서 헛되게 더하는 것은 아니다. 사람의 마음마다 모두가 다 두고 있다. 사람의 마음마다 모두가 다 두고 있다면 왜 유독 장가드는 것을 책망했는가? 장가를 가는 것은 크게 길한 것이요, 항상 길한 것은 아니다. 그 길한 것이 되는 것은 자신이 주인이 되기 때문이다. 이러한 사람의 마음을 가진

자가 되었다면 이에 적당한 마음의 변화가 있어야 하기 때문이다.

　　二年 春 王二月 甲子 晉侯及秦師戰于彭衙[1] 秦師敗績
　　丁丑 作僖公主[2] ○作僖公主者何 爲僖公作主也 主者 曷用 虞[3] 主用桑 練[4] 主用栗 用栗者 藏主[5]也 作僖公主何以書 譏 何譏爾 不時[6]也 其不時奈何 欲久喪而後不能也
　　三月 乙巳 及晉處父[7]盟 ○此晉陽處父也 何以不氏 諱與大夫盟也
　　夏 六月 公孫敖會宋公陳侯鄭伯晉士穀[8]盟于垂斂[9]
　　自十有二月不雨 至于秋七月 ○何以書 記異也 大旱以災書 此亦旱也 曷爲以異書 大旱之日短而云災 故以災書 此不雨之日長而無災 故以異書也
　　八月 丁卯 大事[10]于大廟[11] 躋僖公[12] ○大事者何 大祫[13]也 大祫者何 合祭也 其合祭奈何 毀廟之主 陳于大祖 未毀廟之主 皆升[14] 合食于大祖 五年而再殷祭[15] 躋者何 升也 何言乎升僖公 譏 何譏爾 逆祀[16]也 其逆祀奈何 先禰[17]而後祖也
　　冬 晉人宋人陳人鄭人伐秦
　　公子遂如齊納幣 ○納幣不書 此何以書 譏 何譏爾 譏喪娶也 娶在三年之外 則何譏乎喪娶 三年之內不圖婚[18] 吉禘于莊公譏 然則曷爲不于祭焉譏 三年之恩疾[19]矣 非虛加之也 以人心爲皆有之 以人心爲皆有之 則曷爲獨於娶焉譏 娶者大吉也 非常吉也 其爲吉者 主於己 以爲有人心焉者 則宜於此焉變[20]矣

1) 彭衙(팽아) : 진(秦)나라 땅 이름이다.
2) 主(주) : 신주(神主).
3) 虞(우) : 우제(虞祭).
4) 練(연) : 소상(小祥).
5) 藏主(장주) : 신주(神主)를 감추어 두다. 곧 신주(神主)를 모시다의 뜻.
6) 不時(불시) : 신주를 제작하는 것이 제 때가 아니라는 것.
7) 晉處父(진처보) : 진(晉)나라의 처보는 진나라 대부인 양처보(陽處父)이다.
8) 士穀(사곡) : 사곡(士穀)이며 진(晉)나라의 사공(司空)이며 국가의 토지와 수리(水利) 공정을 담당하는 직책이다.

9) 垂斂(수렴) : 정(鄭)나라의 땅 이름. 좌전에는 수롱(垂隴)으로 되어 있다.
10) 大事(대사) : 큰 제사. 3년 상을 마치고 태조묘(太祖廟)에 합사(合祀)하는 제사를 말한다.
11) 太廟(태묘) : 노나라의 태조인 주공단(周公旦)을 모신 사당.
12) 躋僖公(제희공) : 희공(僖公)을 앞의 민공(閔公)보다 높여서 합사한 것.
13) 祫(협) : 조상의 신주를 천묘(遷廟)에 함께 모셔 제사지내는 일.
14) 升(승) : 밖으로부터 오는 것을 승(升)이라고 한다.
15) 殷祭(은제) : 성대한 제사.
16) 逆祀(역사) : 거꾸로 한 제사. 곧 순서가 반대로 된 제사의 뜻.
17) 禰(예) : 아버지 사당.
18) 三年之內不圖婚(삼년지내불도혼) : 3년상 안에는 혼인을 의논하지 않다.
19) 疾(질) : 고통의 뜻.
20) 變(변) : 변화하여 대단히 통곡하여 슬퍼함을 뜻한다.

3. 문공 3년 정유(丁酉)

가. 진(秦)나라가 진(晉)나라를 정벌하다

3년 정유(丁酉) 봄, 왕력으로 정월에 숙손득신(叔孫得臣)이 진(晉)나라 사람과 송나라 사람과 진(陳)나라 사람과 위(衛)나라 사람과 정(鄭)나라 사람들과 회합하여 침(沈)나라를 정벌하였는데 침나라가 무너졌다.

여름인 5월에 왕자(王子) 호(虎)가 세상을 떠났다. 왕자 호(王子虎)란 누구인가? 천자(天子)의 대부(大夫)이다. 외국(外國)의 대부가 세상을 떠난 것은 기록하지 않는 것인데 이곳에서는 왜 세상을 떠났다고 기록했는가? 새롭게 우리 노나라 희공의 장례에 사신으로 왔었기 때문이다.

진(秦)나라 사람이 진(晉)나라를 정벌했다.

가을에 초(楚)나라 사람이 강(江)나라를 포위했다.

송(宋)나라에 메뚜기가 비 오듯이 떨어졌다. 메뚜기가 비오듯이 떨어졌다는 것은 무엇을 뜻하는 것인가? 죽어서 떨어졌다는 뜻이다. 왜 이를 기록했는가? 괴이한 일이라 기록한 것이다. 외국의 괴이한 일은 기록하지 않는 것인데 여기에 왜 이를 기록했는가? 왕자(王者)의 후예이기 때문에 괴이한 일을 기록한 것이다.

겨울에 문공이 진(晉)나라에 갔다.

12월 기사(己巳)일에 문공과 진(晉)나라 군주인 후작이 동맹을 맺었다.

진(晉)나라 양처보(陽處父)가 군사를 거느리고 초(楚)나라를 정벌하여 강(姜)나라를 구원했다. 이 기록은 초(楚)나라를 정벌한 것인데 그에 강(江)나라를 구원했다고 말을 한 것은 무엇 때문인가? 속이기 위한 것이었다. 그 속이기 위한 것이란 무엇 때문인가? 초나라를 정벌한다고 한 것은 강(江)나라를 구원하기 위한 것이었다.

三年 春 王正月 叔孫得臣[1]會晉人宋人陳人衛人鄭人伐沈[2] 沈潰

夏 五月 王子虎[3]卒 ○王子虎者何 天子之大夫也 外大夫不卒 此何以卒 新使乎我也

秦人伐晉

秋 楚人圍江[4]

雨螽于宋 ○雨螽者何 死而墜也 何以書 記異也 外異不書 此何以書 爲王者之後記異也

冬 公如晉 十有二月 己巳 公及晉侯盟

晉陽處父帥師伐楚救江 ○此伐楚也 其言救江何 爲諼[5]也 其爲諼奈何 伐楚爲救江也

1) 叔孫得臣(숙손득신) : 노나라 대부 장숙(莊叔). 숙아(叔牙)의 손자이다.
2) 沈(침) : 나라 이름. 희성(姬姓)의 나라. 어떤 이는 사성(姒姓)이라고 했다.
3) 王子虎(왕자호) : 주왕실(周王室) 장왕(莊王)의 아들. 곧 숙복(叔服)이다.
4) 江(강) : 나라 이름이다. 영성(嬴姓)의 나라이다.
5) 諼(훤) : 속이다.

4. 문공 4년 무술(戊戌)

가. 초(楚)나라 사람이 강(江)나라를 멸망시키다

4년 무술(戊戌) 봄에 문공이 진(晉)나라에서 돌아왔다.
여름에 부강(婦姜)을 제나라에서 맞이했다. 그 '부강(婦姜)을 제(齊)나라에서 맞이했다'고 이른 것은 무슨 뜻인가? 혼례를 간략하게 한 것이다. 고자(高子)가 말하기를 "대부(大夫)의 딸에게 장가드는 자는 혼례를 간략하게 하는 것이다."라고 했다.
적인(狄人)이 제나라를 침범했다.
가을에 초(楚)나라 사람이 강(江)나라를 멸망시켰다.
진(晉)나라 군주인 후작이 진(秦)나라를 정벌했다.
위(衛)나라 군주인 후작이 영유(甯兪)에게 예물을 가지고 노나라를 찾아오게 했다.
겨울인 11월 임인(壬寅)일에 부인(夫人) 풍씨(風氏)가 훙거(薨去)했다.

四年 春 公至自晉
夏 逆婦姜[1]于齊 ○其謂之逆婦姜于齊何 略之[2]也 高子[3]曰 娶乎大夫者 略之也
狄侵齊
秋 楚人滅江
晉侯伐秦
衛侯使甯兪[4]來聘
冬 十有一月 壬寅 夫人風氏[5]薨

1) 婦姜(부강): 문공(文公)의 부인(夫人)이다.
2) 略之(약지): 혼례를 간략하게 치르다의 뜻.
3) 高子(고자): 공양학파(公羊學派)의 한 사람이다. 자세한 기록이 없다.

4) 甯兪(영유) : 영무자(甯武子)이며 위(衛)나라의 대부이다.
5) 風氏(풍씨) : 곧 성풍(成風)이다. 노나라 문공(文公)의 조모(祖母)이다.

5. 문공 5년 기해(己亥)

가. 공손오(公孫敖)가 진(晉)나라에 가다

5년 기해(己亥) 봄, 왕력으로 정월에 천자가 영숙(榮叔)에게 함(含)과 봉(賵)을 가지고 노나라에 오게 했다. 함(含)이란 무엇인가? 입 안에 넣는 구슬이다. 그런데 '함(含)과 봉(賵)을 가지고 노나라에 오게 했다.'고 말한 것은 무슨 뜻인가? 하나의 사신이 두 가지 물건을 가지고 왔다는 뜻이다. 두 가지 물건을 가지고 오는 것은 예에 알맞은 행동이 아니었다.

3월 신해(辛亥)일에 우리 소군(小君)인 성풍(成風)을 장사 지냈다. 성풍(成風)이란 누구인가? 희공(僖公)의 어머니이다.

천자가 모(毛)나라 군주인 백작을 노나라에 보내 장례에 참석하게 했다.

여름에 공손오(公孫敖)가 진(晉)나라에 갔다.

진(晉)나라 사람이 약(鄀)나라로 쳐들어갔다.

가을에 초(楚)나라 사람이 육(六)나라를 멸망시켰다.

겨울인 10월 갑신(甲申)일에 허(許)나라 군주인 남작 업(業)이 세상을 떠났다.

五年 春 王正月 王使榮叔[1]歸含[2]且賵[3] ○含者何 口實[4]也 其言歸含且賵何 兼之 兼之非禮也

三月 辛亥 葬我小君成風 ○成風者何 僖公之母也

王使召伯[5]來會葬

夏 公孫敖如晉

秦人入鄀[6]

秋 楚人滅六[7]
冬 十月 甲申 許男業[8] 卒

1) 榮叔(영숙) : 주왕조(周王朝)의 대부이다.
2) 舍(함) : 죽은 사람의 입에 넣어주는 쌀과 옥(玉).
3) 賵(봉) : 죽은 사람을 위하여 보내는 수레나 말 따위.
4) 口實(구실) : 입안에 넣는 구슬. 사람이 죽어 염할 때 넣는 구슬.
5) 召伯(소백) : 주왕조(周王朝)의 대부이다. 좌전과 곡량전에는 모두 '모백(毛伯)'으로 되어 있다. 소나라의 소공(召公)이다.
6) 鄀(약) : 나라 이름. 윤성(允姓)의 나라.
7) 六(육) : 나라 이름. 언성(偃姓)의 나라. 고요(皐陶)의 후손의 나라라 했다.
8) 許男業(허남업) : 허나라 군주인 남작이며 업(業)은 그의 이름이다. B.C. 655년에 즉위하여 32년간 재위하다.

6. 문공 6년 경자(庚子)

가. 진(晉)나라에서 양처보(陽處父)를 죽이다

6년 경자(庚子) 봄에 허(許)나라 희공(僖公)을 장사 지냈다.
여름에 계손행보(季孫行父)가 진(陳)나라에 갔다.
가을에 계손행보가 진(晉)나라에 갔다.
8월 을해(乙亥)일에 진(晉)나라 군주인 후작 환(驩)이 세상을 떠났다.
겨울인 10월에 공자 수(遂)가 진(晉)나라에 갔다.
진(晉)나라 양공(襄公)이 장례에 참여했다.
진(晉)나라에서 그 대부(大夫) 양처보(陽處父)를 죽였다.
진(晉)나라의 호야고(狐射姑)가 적인(狄人)의 나라로 달아났다. 진(晉)나라에서 그의 대부인 양처보(陽處父)를 죽였는데 호야고(狐射姑)가 왜 달아났는가? 호야고가 죽였기 때문이다. 호야고가 죽였다면 그를 국가를 일컬어서 죽였다고 한 것은 무슨 뜻인가? 군주가 말을 누설했기 때문이었다. 그가 누설한 말이 어떤 것인가? 군주인 진(晉)나라 양공(襄公)이 장차 호야고로 장군을 삼으려고 할 때 양처보가 간하여 말하기를 "호야고는 민중들이 기뻐하지 않으니 장수로 삼는 것은 불가합니다."라고 했다. 이에 장군으로 임명하지 않았다. 양처보가 나가자 호야고가 들어왔다. 군주가 호야고에게 말하기를 "양처보가 말하기를 호야고는 민중들이 기뻐하지 않아서 장군으로 삼는 것이 불가하다고 한다."고 했다. 이에 호야고가 화를 내고 나가서 조정에서 양처보를 찔러 죽이고 도망한 것이다.

윤월(閏月)을 조정에 고하지도 않고 오히려 종묘에는 참배했다. '불고월(不告月 : 초하루를 고하지 않다)'이란 무슨 뜻인가? 초하루를 고하지 않은 것이다. 왜 초하루를 고하지 않은 것인가? 하늘에는 이 달이 없기 때문이다. 윤달이란 것이 왜 하늘에는 이런 달이 없다고 일렀는가? 정상적인 달(月)이 아니기 때문이다. 유(猶)란 무슨 뜻인가? 통상적으로 그냥 그렇게 했다는 것이다.

六年 春 葬許僖公
夏 季孫行父[1]如陳
秋 季孫行父如晉
八月 乙亥 晉侯讙[2]卒
冬 十月 公子遂如晉[3] 葬晉襄公
晉殺其大夫陽處父
晉狐射姑出奔狄 ○晉殺其大夫陽處父 則狐射姑[4]曷爲出奔 射姑殺也 射姑殺 則其稱國以殺何 君漏言也 其漏言[5]奈何 君將使射姑將 陽處父諫曰 射姑民衆不說 不可使將 於是廢將 陽處父出 射姑入 君謂射姑曰 陽處父言曰 射姑民衆不說 不可使將 射姑怒 出刺陽處父於朝而走
閏月[6]不告月[7] 猶朝于廟 ○不告月者何 不告朔也 曷爲不告朔 天無是月也 閏月矣 何以謂之天無是月 非常月也 猶者何 通可以已也

1) 季孫行父(계손행보) : 계문자(季文子)이다. 노나라 환공의 아들인 공자 계우

(公子季友)의 손자. 선공(宣公) 때에 노나라 집정대부(執政大夫)가 됨. 이후부터 계손(季孫)씨의 가족들이 수대를 연속적으로 노나라 국정을 장악함.
2) 晉侯讙(진후환) : 곧 진나라 양공(襄公)이며 이름이 환이다. B.C. 627년에 즉위하여 7년간 재위하다.
3) 公子遂如晉(공자수여진) : 공자 수가 진나라에 갔다. 곧 진나라 양공의 장례에 참석하러 간 것이다.
4) 狐射姑(호야고) : 야고(夜姑)라고 한다. 진(晉)나라 상군(上軍)의 좌(佐)이며 호언(狐偃)의 아들이다. 좌전에는 호야고(狐夜姑)로 되어 있다.
5) 漏言(누언) : 비밀의 말을 누설하다의 뜻.
6) 閏月(윤월) : 윤달.
7) 告月(고월) : 매월 초하루에 군주가 종묘에 참배하여 담당관에게 그 달의 역(曆)을 읽어 일반인에게 알리게 하는 일. 문공(文公)은 윤달이라 하여 고월(告月)하지도 않고, 하지 않아도 될 종묘 참배만 했다는 뜻.

7. 문공 7년 신축(辛丑)

가. 문공이 주루(邾婁)나라를 정벌했다

7년 신축(辛丑) 봄에 문공이 주루(邾婁)나라를 정벌했다.
3월 갑술(甲戌)일에 수구(須朐)를 점령했다. 읍(邑)을 점령하면 날짜를 기록하지 않는 것인데 여기에는 왜 날짜를 기록했는가? 노나라 국내에서의 말이며 다른 사람들과 똑같이 하기 위하여 그렇게 한 것이다.
이어서 오(郚)에 성을 쌓았다.
여름인 4월에 송나라 군주인 공작 임신(壬臣)이 세상을 떠났다. 송나라 사람이 그의 대부(大夫)를 죽였다. 왜 이름을 쓰지 않았는가? 송(宋)나라에서는 3대(三代)째 대부(大夫)가 없는데, 이는 3대(三代)째 대부(大夫)의 딸에게 군주가 장가를 들었기 때문이다.

무자(戊子)일에 진(晉)나라 사람과 진(秦)나라 사람이 영호(令狐)에서 싸웠다. 진(晉)나라 선멸(先眜)이 진(秦)나라로 달아났다. 이것은 한쪽 편만의 싸움이었는데 왜 군사가 패퇴했다고 말하지 않았는가? 맞수였기 때문이다. 이 진(晉)나라 선멸(先眜)을 인(人)이라고 일컬은 것은 무엇 때문인가? 폄하한 것이다. 왜 폄하한 것인가? 두 마음을 품어서 멀리한 것이다. 그를 멀리하려 한 것은 왜 인가? 자신의 군사를 거느리고 진(秦)나라로 도망쳤기 때문이다. 왜 출(出 : 도망)이라고 말하지 않았는가? 계속해서 국경 밖에 있었기 때문이었다.

적인(狄人)이 우리 노나라의 서쪽 변방을 침범했다.

가을인 8월에 문공(文公)이 제후들과 진(晉)나라 대부(大夫)와 회합하여 호(扈)에서 동맹을 맺었다. 제후들을 왜 순서대로 나열하지 않았는가? 대부는 왜 이름을 기록하지 않았는가? 문공이 순서의 자격을 상실한 것이다. 문공이 순서의 자격을 상실했다는 것은 무슨 뜻인가? 노나라 문공이 늦게 도착하여 제후들이 문공과 함께 맹세를 하지 못하였는데 진(晉)나라 대부가 눈짓을 하여 문공과 함께 하여 맹세를 한 것이었다.

겨울에 서(徐)나라가 거(莒)나라를 정벌했다.

공손오(公孫敖)가 거(莒)나라에 가서 맹서하는 모임에 자리를 함께 했다.

七年 春 公伐邾婁
三月 甲戌 取須朐[1] ○取邑不日 此何以日 內辭也 使若他人然 遂城郚[2]
夏 四月 宋公王臣[3]卒
宋人殺其大夫[4] ○何以不名 宋三世無大夫 三世內娶也
戊子 晉人及秦人戰于令狐[5] 晉先眜以師奔秦[6] ○此偏戰也 何以不言師敗績 敵也 此晉先眜也 其稱人何 貶 曷爲貶 外[7]也 其外奈何 以師外也 何以不言出 遂在外也
狄侵我西鄙

秋 八月 公會諸侯晉大夫盟于扈[8] ○諸侯何以不序 大夫何以不名
公失序[9]也 公失序奈何 諸侯不可使與公盟 眣[10]晉大夫使與公盟也
冬 徐伐莒
公孫敖[11]如莒涖盟

1) 須朐(수구) : 노나라의 속국(屬國). 좌전에는 수구(須句)로 되어 있다.
2) 鄑(오) : 노나라의 고을 이름.
3) 王臣(왕신) : 송나라 성공(成公)의 이름이다. B.C. 636년에 즉위하여 17년 동안 재위했다. 곡량전에는 임신(壬臣)으로 되어 있다.
4) 宋人殺其大夫(송인살기대부) : 송나라 사람이 그 대부를 죽이다. 곧 송나라 소공(昭公)이 즉위하여 송나라가 어지러워지고 목공(穆公)과 양공(襄公)의 후예들이 소공을 공격하였는데 이때 대부인 공손고(公孫固)와 공손정(公孫鄭)을 죽인 일이다.
5) 令狐(영호) : 진(晉)나라의 지명.
6) 先眜奔秦(선멸분진) : 선멸이 진(秦)나라로 달아났다. 선멸은 진(晉)나라 대부이다. 좌전과 곡량전에는 선멸(先蔑)로 되어 있다.
7) 外(외) : 멀리하다. 곧 선멸이 두 마음을 가지고 있어서 멀리하다의 뜻.
8) 扈(호) : 정나라의 땅 이름.
9) 公失序(공실서) : 노나라 문공이 늦게 도착하여 배열의 순서의 자격을 상실했다는 뜻.
10) 眣(순) : 눈짓하다.
11) 公孫敖(공손오) : 목백(穆伯). 또는 맹목백(孟穆伯)이라 하고 노나라 대부.

8. 문공 8년 임인(壬寅)

가. 공자 수(遂)가 형옹(衡雍)에서 동맹하다

8년 임인(壬寅) 봄인 왕력으로 정월이다.
여름인 4월이다.
가을인 8월 무신(戊申)일에 천자(天子)가 붕어(崩御)했다.

겨울인 10월 임오(壬午)일에 공자 수(遂)가 진(晉)나라 조돈(趙盾)과 회합하여 형옹(衡雍)에서 동맹을 맺었다.

을유(乙酉)일에 공자 수(遂)가 이수(伊水)와 낙수(雒水)가에 사는 융족(戎族)과 회합하여 포(暴)에서 동맹을 맺었다.

공손오(公孫敖)가 경사(京師)에 갔는데 경사에는 이르지 않고 다시 와서 병술(丙戌)일에 거(莒)나라로 달아났다. 부지복(不至復: 도착하지 않고 돌아오다)이란 무슨 뜻인가? 도착하지 않고 다시 오다라는 것은 노나라의 국내의 말이다. 아예 가지 않았다는 것이다. 가지 않았는데 그 '경사에 갔다.'고 말한 것은 무슨 뜻인가? 문공(文公)의 의중에 따른 것이다. 왜 나갔다고 말하지 않았는가? 거나라로 달아나기 전에 이미 나라 밖에 있었던 것이다.

메뚜기 떼가 발생했다.

송나라 사람이 그 대부(大夫) 사마(司馬)를 죽였다.

송나라 사성(司城)이 도망해 왔다. 사마(司馬)란 누구이며 사성(司城)이란 누구인가? 모두가 관직을 거론한 것이다. 왜 모두 관직을 거론한 것인가? 송나라에는 3대(三代) 동안 대부(大夫)가 없는데 그것은 3대(三代) 동안 국내에서 대부의 딸을 군주의 부인(夫人)으로 삼았기 때문이었다.

八年 春 王正月
夏 四月
秋 八月 戊申 天王[1]崩
冬 十月 壬午 公子遂會晉趙盾[2]盟于衡雍[3]
乙酉 公子遂會伊雒戎[4]盟于暴[5]
公孫敖如京師[6] 不至復 丙戌 奔莒 ◯不至復者何 不至復者 內辭也 不可使往也 不可使往 則其言如京師何 遂公意也 何以不言出 遂在外也
螽[7]
宋人殺其大夫司馬[8]
宋司城[9]來奔 ◯司馬者何 司城者何 皆官擧也 曷爲皆官擧 宋三

世無大夫 三世內娶也
1) 天王(천왕) : 주(周)의 천자(天子)인 양왕(襄王)이다. B.C. 651년에 즉위하여 33년간 재위했다.
2) 趙盾(조돈) : 진(晉)나라의 대부이며 집정관(執政官)이었다.
3) 衡雍(형옹) : 정나라의 지명이다.
4) 伊雒戎(이낙융) : 이수(伊水)와 낙수(雒水)가의 융족(戎族)이다. 이수와 낙수의 일대에서 생활하는 종족.
5) 暴(포) : 정나라 지명이다.
6) 如京師(여경사) : 주(周)나라 양왕(襄王)이 세상을 떠나자 제후국들이 모두 사자(使者)를 보내서 조문을 했는데 이때 공손오가 문공(文公)의 명을 받들어 경사로 가서 조문함.
7) 蟓(종) : 곡량전(公羊傳)에는 종(螽)으로 되어 있다.
8) 司馬(사마) : 송나라의 관직 이름이다. 국가의 군사를 관장하는 최고의 직책. 당시의 대사마(大司馬)는 공자 앙(公子卬)이다.
9) 司城(사성) : 송나라의 관직 명칭. 사공(司空)에 해당하며 국가의 건축 사무의 최고 책임자.

9. 문공 9년 계묘(癸卯)

가. 모(毛)나라 군주가 금(金)을 요구하다

9년 계묘(癸卯) 봄에 모(毛)나라 군주인 백작이 와서 금(金)을 요구했다. 모(毛)나라 군주인 백작이란 누구인가? 천자(天子)의 대부이다. 왜 사(使 : 사신)라고 일컫지 않았는가? 상(喪)을 당하여 천자(天子)가 없었기 때문이다. 한 해를 넘겼는데 왜 천자가 없는 것인가? 즉위를 했으나 천자로 일컫지 않은 것이었다. 천자로 일컫지 않는데 왜 그가 즉위한 것을 아는 것인가? 제후도 한해를 넘겨서 즉위하고 또한 천자도 한 해를 넘기면 즉위하는 것을 아는 것이다. 천자는 3년상을 입은 연후에 천자로 일컫고 또한 제후도 그의 봉지(封地) 안에서는 3년 동안은 자(子)로 일컬어지는 것으로 알 수 있다. 한해를 넘기면 군주로 일컬어지는데 왜 그의 봉지(封地) 안에서는 3년 동안 자(子)로 일컬어지는 것인가? 백성들과 신하의 마음으로 따른다면 하루라도 군주가 없으면 불가한 것이고 끝마치고 시작하는 의(義)에 따른다면 한해라도 두 임금이 있을 수 없고 해를 비어서 군주가 없는 것은 불가한 것이다. 또 효자의 마음으로 따른다면 3년 동안은 차마 아버지의 지위에 오를 수가 없는 것이다. 모나라 군주인 백작이 와서 금(金)을 요구한 것은 무엇 때문에 기록했는가? 책망한 것이다. 왜 이를 책망한 것인가? 천자는 구하는 것이 없으며 금(金)을 구한 것은 예에 합당한 것이 아니었다. 그렇다면 이것은 천자가 시킨 것인가? 말하기를 "그렇지가 않다." 천자가 시키지 않았다면 왜 천자라고 이른 것인가? 천자는 구하는 것이 없으므로 이 '자(子 : 계승왕)'라고 이른 것이다. 주(周)나라 문왕(文王)의 체제를 계승하고 문왕(文王)의 법도를 지키고 문왕의 법도대로 하여 요구하는 것이 없어야 하는데, 금을 요구했으므로 이를 책망한 것이다.

 부인(夫人) 강씨(姜氏)가 제(齊)나라에 갔다.

 2월에 숙손득신(叔孫得臣)이 경사(京師)에 갔다.

 신축(辛丑)일에 양왕(襄王)의 장례에 참여했다. 천자(天子)의 장례는 기록하지 않는 것인데 여기서는 왜 기록했는가? 제때에 장례를 치르지 않을 때는 기록하고 시기가 지나서 장례를 치를 때만 기록하는 것이다. 우리 노나라에서 장례에 참석했으면 기록하는 것이다.

 진(晉)나라 사람이 그 대부(大夫) 선도(先都)를 죽였다.

 3월에 부인(夫人) 강씨(姜氏)가 제나라에서 돌아왔다.

 진(晉)나라에서 그 대부인 사곡(士穀)과 기정보(箕鄭父)를 죽였다.

 초(楚)나라 사람이 정(鄭)나라를 정벌했다.

 공자 수(遂)가 진(晉)나라 사람과 송나라 사람과 위(衛)나라 사람과 허나라 사람들과 회합하여 정나라를 구원했다.

여름에 적인(狄人)이 제(齊)나라를 침범했다.
가을인 8월에 조(曹)나라 군주인 백작 양(襄)이 세상을 떠났다.
9월 계유(癸酉) 일에 지진(地震)이 일어났다. 지진(地震)이란 무엇인가? 땅이 움직인 것이다. 왜 이를 기록했는가? 괴이한 일이라 기록했다.
겨울에 초(楚)나라 군주인 자작이 초(椒)에게 예물을 가지고 내방하게 했다. 초(椒)란 누구인가? 초(楚)나라 대부이다. 초나라에는 대부(大夫)가 없는데 여기에 왜 이를 기록했는가? 처음으로 대부를 둔 것이다. 처음으로 대부를 두었다면 왜 씨(氏)라고 하지 않았는가? 이적(夷狄)에게는 허락해 준 것으로 된 것이요 한 번에 만족하지는 못하는 것이다.
진(秦)나라 사람이 와서 희공(僖公)과 성풍(成風)의 수의(襚衣)를 바쳤다. 그 수의를 바친 것을 희공(僖公)과 성풍(成風)이라고 말한 것은 무슨 뜻인가? 한 번에 겸해서 했다는 뜻이다. 겸해서 한 것은 예에 합당한 절차가 아닌 것이다. 왜 '급성풍(及成風)'이라고 말하지 않았는가? 성풍(成風)을 존중한 것이다.
조(曹)나라의 공공(共公)을 장사 지냈다.

九年[1] 春 毛伯來求金[2] ○毛伯者何 天子之大夫也 何以不稱使 當喪未君也 踰年矣 何以謂之未君 卽位矣 而未稱王也 未稱王 何以知其卽位 以諸侯之踰年卽位 亦知天子之踰年卽位矣 以天子三年然後稱王 亦知諸侯于其封內三年稱子[3]也 踰年稱公矣 則曷爲于其封內三年稱子 緣民臣之心 不可一日無君 緣終始之義[4] 一年不二君 不可曠年無君 緣孝子之心 則三年不忍當[5]也 毛伯來求金[6]何以書 譏 何譏爾 王者無求 求金 非禮也 然則是王者與 曰 非也 非王者 則曷爲謂之王者 王者無求 曰 是子也 繼文王之體 守文王之法度 文王之法無求而求 故譏之也
夫人姜氏如齊
二月 叔孫得臣如京師
辛丑 葬襄王 ○王者不書葬 此何以書 不及時書 過時書 我有往者

則書
　　晉人殺其大夫先都[7]
　　三月 夫人姜氏至自齊
　　晉人殺其大夫士縠及箕鄭父[8]
　　楚人伐鄭
　　公子遂會晉人宋人衛人許人救鄭
　　夏 狄侵齊
　　秋 八月 曹伯襄[9]卒
　　九月 癸酉 地震 ○地震者何 動地也 何以書 記異也
　　冬 楚子使椒[10]來聘 ○椒者何 楚大夫也 楚無大夫 此何以書 始有大夫也 始有大夫 則何以不氏 許夷狄者 不一而足也
　　秦人來歸僖公成風之襚[11] ○其言僖公成風何 兼之 兼之非禮也 曷爲不言及成風 成風尊也 葬曹共公

1) 九年(구년) : 주(周)나라 경왕(頃王) 원년(元年)이며 B.C. 618년이다. 경왕의 이름은 임신(壬申)이고 6년간을 재위하다.
2) 求金(구금) : 주(周)나라 양왕(襄王)의 장례 비용에 쓰기 위해 금을 요구한 것.
3) 子(자) : 군주를 계승하는 아들의 뜻. 자(子)는 계부(繼父)의 말이라 했다.
4) 終始之義(종시지의) : 끝마치고 시작하는 의(義). 곧 군주가 죽고 계승하는 관계의 뜻.
5) 不忍當(불인당) : 차마 아버지의 자리를 담당하지 못하다. 곧 차지하지 못한다.
6) 毛伯來求金(모백래구금) : 모나라 군주인 백작이 와서 금(金)을 요구하다. 모백(毛伯)의 이름은 위(衛)이고 주나라 왕조의 경대부(卿大夫). 왕조의 기내(畿內)에 봉하여져 모백이라함. 금(金)은 곧 금(金) 옥(玉) 구(龜) 패(貝) 등. 당시에 공손오가 양왕의 상에 조문가다가 가지고 가던 예물을 가지고 거나라로 달아났으니 주왕조에서 장례에 쓸 금(金)을 요구한 것임.
7) 先都(선도) : 진(晉)나라의 대부이다.
8) 士縠及箕鄭父(사곡급기정보) : 사곡은 진나라 대부. 정기보도 진(晉)나라 대부이다. 진(晉)나라에서 먼저 5명의 대부를 죽였다. 곧 선도(先都)와 양익이(梁益耳)와 기정보(箕鄭父)와 사곡(士縠)과 궤득(蒯得) 등이다.
9) 曹伯襄(조백양) : 곧 조(曹)나라 군주인 백작 공공(共公)이며 양(襄)은 그

의 이름이다. B.C. 652년에 즉위하여 35년간 재위했다.
10) 椒(추) : 초(楚)나라 대부. 어떤 곳에는 숙(菽)으로 되어 있고 곡량전에는 추(萩)로 됨. 자월초(子越椒)인데 자월은 자(字)이고 초(椒)는 이름.
11) 襚(수) : 수의(襚衣). 죽은 사람에게 염할 때 입히는 옷.

10. 문공 10년 갑진(甲辰)

가. 여률(女栗)에서 동맹을 맺다

10년 갑진(甲辰) 봄, 왕력으로 3월 신묘(辛卯)일에 장손진(臧孫辰)이 세상을 떠났다.
여름에 진(秦)나라가 진(晉)나라를 정벌했다.
초(楚)나라에서 그 대부(大夫)인 의신(宜申)을 죽였다.
정월(正月)부터 비가 내리지 않았는데 가을인 7월에 이르렀다.
주(周)왕조의 소자(蘇子)와 여율(女栗)에서 동맹을 맺었다.
겨울에 적인(狄人)이 송나라를 침범했다.
초(楚)나라 군주인 자작과 채(蔡)나라 군주인 후작이 굴맥(屈貉)에서 군사를 주둔시켰다.

十年 春 王三月 辛卯 臧孫辰[1]卒
夏 秦伐晉
楚殺其大夫宜申[2]
自正月不雨 至于秋七月
及蘇子[3]盟于女栗[4]
冬 狄侵宋
楚子蔡侯次于屈貉[5]

1) 臧孫辰(장손진) : 노(魯)나라 집정대부(執政大夫)인 장문중(臧文仲)이다. 장손(臧孫)은 성씨이고 진(辰)은 이름이다.
2) 宜申(의신) : 초나라 대부이다. 성은 투(鬪)이고 자는 자서(子西)이다.

3) 蘇子(소자) : 여기서의 자(子)는 자작(子爵)이 아니다. 주왕조(周王朝)의 경사(卿士). 주(周)의 경왕(頃王)이 새로 등극하여 노나라와 화친을 위해 동맹을 맺었다.
4) 女栗(여율) : 지명(地名)이며 관(關)의 이름이다.
5) 屈貉(굴맥) : 관(關)의 이름. 곡량전(公羊傳)에는 굴이 궐(厥)로 되어 있다.

11. 문공 11년 을사(乙巳)

가. 조(曹)나라 군주가 찾아오다

11년 을사(乙巳) 봄에 초(楚)나라 군주인 자작이 권(圈)나라를 정벌했다.

여름에 숙팽생(叔彭生)이 진(晉)나라의 극결(郤缺)과 승광(承匡)에서 만났다.

가을에 조(曹)나라 군주인 백작이 찾아왔다.

공자 수(遂)가 송(宋)나라에 갔다.

적인(狄人)이 제(齊)나라를 침범했다.

겨울인 10월 갑오(甲午)일에 숙손득신(叔孫得臣)이 적인(狄人)을 함(鹹)에서 쳐부수었다. 적(狄)이란 누구인가? 장적(長狄)이다. 형제 세 사람이 있는데 한 사람은 제(齊)나라를 침범하고 한 사람은 노(魯)나라를 침범하고 한 사람은 진(晉)나라를 침범했다. 그 제나라를 침범한 자는 제나라의 대부인 왕자 성보(王子成父)가 죽였다. 그 노나라를 침범한 자는 노나라의 숙손득신(叔孫得臣)이 죽였다. 곧 그 진(晉)나라를 침범한 자는 어떠한지를 알지 못한다. 그들이 패(敗)했다고 말한 것은 무슨 뜻인가? 크게 여기기 위한 것이다. 그 날짜를 기록한 것은 무슨 뜻인가? 이 사건을 강조하기 위한 것이다. 그 땅 이름을 기록한 것은 무슨 뜻인가? 이 사건을 강조하기 위한 것이다. 왜 이를 기록했는가? 괴이한 일이라 기록했다.

十有一年 春 楚子伐圈[1]
夏 叔彭生[2] 會晉郤缺[3]于承匡[4]
秋 曹伯[5]來朝
公子遂如宋
狄侵齊
冬 十月 甲午 叔孫得臣敗狄于鹹[6] ◯狄者何 長狄[7]也 弟兄三人[8] 一者之齊[9] 一者之魯 一者之晉 其之齊者 王子成父[10]殺之 其之魯者 叔孫得臣殺之 則未知其之晉者也 其言敗何 大之也 其日何 大之也 其地何大之也 何以書 記異也

1) 圈(권) : 옛 나라 이름이다. 성씨는 자세하지 않다. 어떤 이는 기성(祁姓)이라고도 했다. 곡량전에는 군(麇)으로 되어 있다.
2) 叔彭生(숙팽생) : 노나라 대부이고 이름은 혜백(惠伯)이다. 좌전에는 숙중팽생(叔仲彭生)으로 되어 있다. 숙중혜백(叔仲惠伯)이라 한다.
3) 郤缺(극결) : 진(晉)나라 대부. 극성자(郤成子)라고 한다. 그의 아버지는 극예(郤芮)이고 일찍부터 기(冀)땅에 봉하여져 기결(冀缺)이라고도 한다.
4) 承匡(승광) : 송(宋)나라의 지명이다. 좌전에는 승광(承筐)으로 되어 있다.
5) 曹伯(조백) : 조(曹)나라 백작 문공(文公)이다. 이름은 수(壽)이다.
6) 鹹(함) : 노나라 땅 이름이다. 지금의 산동(山東) 거야현(巨野縣)남쪽이다.
7) 長狄(장적) : 장적(長翟)이며 춘추(春秋)시대 적인(狄人)의 일족이다.
8) 弟兄三人(제형삼인) : 아우와 형 세 사람. 곧 괴수(魁首)들이다.
9) 一者之齊(일자지제) : 한 사람은 제나라를 침략하다. 지(之)는 침략의 뜻.
10) 王子成父(왕자성보) : 제나라의 대부이다.

12. 문공 12년 병오(丙午)

가. 기(杞)나라 백작이 찾아오다

12년 병오(丙午) 봄, 왕력으로 정월에 성(盛)나라 군주인 백작이 도망해 왔다. 성(盛)나라 군주인 백작이란 누구인가? 국가를 잃은 군주이다. 왜 이름을 쓰지 않았는가? 형제 국가로 인정한 말이다.
 기(杞)나라 군주인 백작이 찾아왔다.
 2월 경자(庚子)일에 공녀(公女) 숙희(叔姬)가 세상을 떠났다. 이 숙희는 남에게 시집을 가지 않았는데 왜 세상을 떠났다고 기록했는가? 시집가는 것을 허락 받은 상태였기 때문이다. 부인(婦人)이 시집가는 것을 허락받으면 자(字)를 받고 비녀를 꽂으며 죽게 되면 성인(成人)의 상으로써 치르는 것이다. 그를 자(子)라고 일컬은 것은 무슨 뜻인가? 귀하게 여긴 것이다. 그를 귀하게 여긴 것은 무슨 뜻인가? 문공(文公)과 어머니를 함께 한 누이동생이기 때문이었다.
 여름에 초(楚)나라 사람이 소(巢)나라를 포위했다.
 가을에 등(滕)나라 군주인 자작이 찾아왔다.
 진(秦)나라 군주인 백작이 수(遂)을 노나라에 보내 예방하게 했다. 수(遂)란 누구인가? 진(秦)나라의 대부이다. 진(秦)나라에는 대부(大夫)가 없는데 여기에 왜 기록했는가? 진(秦)나라의 목공(穆公)을 현명하게 여겼기 때문이었다. 어떻게 목공을 현명하게 만들었는가? 임시변통을 능하게 한 것이었다. 그 임시변통을 능하게 했다는 것이 어떠한 것인가? 오직 교언(巧言)과 좋은 언변으로 말을 잘 가려서 하여 군자(君子)들로 하여금 쉽게 태만하게 하였는데 진(秦)나라 군주인 백작에게는 많이 둔 것 같이 하였다. 오직 한 사람이라도 전일하여 다른 기술은 없더라도 그 마음을 넓히고 넓혀서 능히 귀에 거슬리는 말을 용납하게 한다. 이러한 것은 행동하기는 어려운 것이다.
 겨울인 12월 무오(戊午)일에 진(晉)나라 사람과 진(秦)나라 사람이 하곡(河曲)에서 싸웠다. 이 싸움은 한쪽 편의 싸움이었다. 왜 군사가 패배했다고 말하지 않았는가? 대등한 상대였기 때문이었다. 왜 수지(水地)로 삼았는가? 하곡(河曲)이 넓어서 황하(黃河)는 천리인데 하나의 굽이를 이루었을 뿐이다.
 계손행보(季孫行父)가 군사를 거느리고 제(諸)와 운(運)에 성을 쌓았다.

十有二年 春 王正月 盛伯¹⁾來奔 ○盛伯者何 失地之君也 何以不名 兄弟辭也
杞伯來朝
二月 庚子 子叔姬²⁾卒 ○此未適人 何以卒 許嫁³⁾矣 婦人許嫁 字而筓之 死則以成人之喪治之 其稱子何 貴也 其貴奈何 母弟⁴⁾也
夏 楚人圍巢⁵⁾
秋 滕子來朝
秦伯使遂來聘 ○遂⁶⁾者何 秦大夫也 秦無大夫 此何以書 賢穆公也 何賢乎穆公 以爲能變也 其爲能變奈何 惟諓諓⁷⁾善竫言⁸⁾ 俾君子易怠 而況乎我⁹⁾多有之 惟一介斷斷¹⁰⁾焉無他技 其心休休¹¹⁾ 能有容¹²⁾ 是難¹³⁾也
冬 十有二月 戊午 晉人秦人戰于河曲¹⁴⁾ ○此偏戰也 何以不言師敗績 敵也 曷爲以水地 河曲疏矣 河千里而一曲也
季孫行父帥師 城諸及運¹⁵⁾

1) 盛伯(성백) : 성나라 백작. 곡량전에는 성백(郕伯)으로 되어 있다.
2) 子叔姬(자숙희) : 공양전과 곡량전은 문공과 어머니를 함께 한 자매라고 했고 좌전에는 문공의 딸이라고 했다.
3) 許嫁(허가) : 시집가는 것을 허락받았다의 뜻.
4) 母弟(모제) : 어머니를 함께 한 누이동생이란 뜻.
5) 巢(소) : 옛 나라 이름. 작은 나라이며 언성(偃姓)인데 일설에는 자성(子姓)이라고도 했다. 오(吳)와 초(楚) 사이의 작은 나라.
6) 遂(수) : 진(秦)나라 서걸술(西乞術). 대부이다. 곡량전에는 술(術)로 됨.
7) 諓諓(전전) : 말을 잘하는 모양. 또는 말이 유창한 모양.
8) 竫言(정언) : 고요한 말. 또는 가려진 말. 선택된 말.
9) 我(아) : 진(秦)나라의 목공을 뜻한다.
10) 斷斷(단단) : 전일한 모양.
11) 休休(휴휴) : 관용(寬容). 또는 기량대(氣量大)한 것. 일설에는 미대(美大)한 모양이라 했다.
12) 能有容(능유용) : 능히 어진 이의 귀에 거슬리는 말을 포용하다.
13) 是難(시난) : 이를 행하기가 어렵다의 뜻.

14) 河曲(하곡) : 진(晉)나라의 땅 이름.
15) 諸及運(제급운) : 제(諸)는 노나라 읍 이름. 운(運)은 좌전에는 운(鄆)으로 되어 있다. 노나라 땅 이름이다.

13. 문공 13년 정미(丁未)

가. 태실(太室)의 지붕이 무너지다

13년 정미(丁未) 봄, 왕력으로 정월이다.
여름인 5월 임오(壬午)일에 진(陳)나라 군주인 후작 삭(朔)이 세상을 떠났다.
주루(邾婁)나라 군주인 자작 거저(蘧篨)가 세상을 떠났다.
정월부터 가을인 7월에 이르기까지 비가 내리지 않았다.
세실(世室)의 지붕이 무너졌다. 세실(世室)이란 무엇인가? 노공(魯公)의 묘(廟 : 사당)이다. 주공(周公)은 태묘(太廟)라고 일컫는다. 노공(魯公)은 세실(世室)이라고 일컫는다. 군공(群公 : 모든 군주)은 궁(宮)이라고 일컫는다. 이 세실은 노공(魯公)의 묘(廟)이다. 왜 세실(世室)이라고 이르는 것인가? 세실 대대로 제사지내는 사당과 같은 것이며 대대로 헐지 않는 것이다. 주공(周公)을 왜 노나라에서 태묘(太廟)라고 일컫는 것인가? 노공(魯公)을 봉(封)한 것은 주공(周公)의 공로 때문이었다. 주공은 앞에서 배알하게 하고 노공(魯公)은 뒤에서 배알하게 했다. 대답하기를 "살아 있을 때는 주공(周公)을 봉양하고 죽어서도 주공(周公)을 주인으로 삼을 것이다."라고 했다. 그렇다면 주공의 노나라인가? 대답하기를 "노나라로 간 것이 아니다."라고 했다. 노공(魯公)을 봉하여 주공을 주인으로 삼은 것이다. 그렇다면 주공이 왜 노나라로 가지 않았는가? 주공이 천하를 주(周)나라에 하나가 되게 한 것이다. 노나라에서 주공(周公)을 제사하는데 어떤 희생으로 하는가? 주공에게는 흰 희생을 사용하고 노공(魯公)

에게는 붉은 송아지를 사용하고 여러 군주에게는 순색(純色)의 희생을 쓴다. 노나라에서 주공을 제사하는데 왜 성(盛)으로 하는 것인가? 주공은 성(盛)으로 하고 노공(魯公)은 도(燾)로 하고 뭇 군주들은 늠(廩)으로 한다. 세실(世室)의 지붕이 무너졌다는 것은 왜 기록했는가? 책망한 것이다. 왜 이를 책망했는가? 오래도록 수리하지 않았기 때문이었다.

겨울에 문공(文公)이 진(晉)나라에 갔다. 위(衛)나라 군주인 후작이 문공과 답(沓)에서 만났다.

적인(狄人)이 위(衛)나라를 침범했다.

12월 기축(己丑)일에 문공과 진(晉)나라 군주인 후작이 동맹을 맺었다. 문공이 진(晉)나라에서 돌아왔다. 정나라 군주인 백작이 비(斐)에서 문공을 만났다. 환(還)이란 무슨 뜻인가? 좋게 여긴 말이다. 왜 이를 좋게 여긴 말이라고 하는가? 처소로 돌아간 것이기 때문이다. 위(衛)나라 군주인 후작이 문공과 답(沓)에서 만났다는 것은 이곳에 이르러서 진(晉)나라 군주인 후작과 함께 맹세를 한 것이다. 다시 처소에서 돌아왔는데 이때 정나라 군주인 백작이 문공과 비(斐) 땅에서 회합했다. 그러므로 이를 좋게 여긴 것이다.

十有三年 春 王正月
夏 五月 壬午 陳侯朔[1]卒
邾婁子蘧篨[2]卒
自正月不雨 至秋七月
世室[3]屋壞 ○世室者何 魯公之廟[4]也 周公稱太廟[5] 魯公稱世室 群公稱宮[6] 此魯公之廟也 曷爲謂之世室 世室 猶世室也 世世不毀也 周公何以稱大廟于魯 封魯公以爲周公也 周公拜乎前 魯公 拜乎後 曰生以養周公 死以爲周公主 然則周公之魯乎 曰不之魯也 封魯公以爲周公主 然則周公曷爲不之魯 欲天下之一乎周也 魯祭周公 何以爲牲 周公用白牲[7] 魯公用騂犅[8] 群公不毛[9] 魯祭周公 何以爲盛[10] 周公盛 魯公燾[11] 群公廩[12] 世室屋壞何以書 譏 何譏爾 久不修也

冬 公如晉 衛侯會于沓[13]
狄侵衛
十有二月 己丑 公及晉侯盟 還自晉 鄭伯會公于斐[14] ○還者何 善辭也 何善爾 往黨[15] 衛侯會公于沓 至得與晉侯盟 反黨 鄭伯會公于斐 故善之[16]也

1) 陳侯朔(진후삭) : 곧 진(陳)나라의 공공(共公)이고 삭(朔)은 그의 이름이다. B.C. 631년에 즉위하여 18년간 재위하다.
2) 邾婁子蘧篨(주루자거저) : 주루(邾婁)나라 군주인 자작이며 문공(文公)이고 거저는 그의 이름이다.
3) 世室(태실) : 곡량전(穀梁傳)에는 태실(太室)이라 했다. 좌전에는 노나라 시조 주공의 사당이라 했다.
4) 魯公之廟(노공지묘) : 노공은 백금이며 주공단의 아들이다. 노(魯)나라에 처음으로 봉해진 임금이다. 그의 사당을 대실(大室)이라고 하고 혹은 세실(世室)이라고 한다.
5) 周公稱太廟(주공칭태묘) : 주공은 주공단(周公旦)이고 주(周)나라 무왕(武王)의 아우이며 숙단(叔旦)이라고도 일컬었다. 그의 채읍(采邑)이 주(周)에 있었으므로 주공(周公)이라고 했다. 일찍부터 무왕을 도와서 상(商)나라를 멸망시켰고 성왕(成王)이 즉위한 후에는 어린 성왕을 도와 섭정했다.
6) 群公稱宮(군공칭궁) : 그 밖의 임금들을 궁(宮)이라고 한다. 곧 그 밖의 노나라의 역대(歷代) 임금들을 뜻한다.
7) 白牲(백생) : 흰색의 가축. 소·양·돼지 등이다.
8) 騂犅(성강) : 붉은 송아지.
9) 不毛(불모) : 순색의 희생.
10) 盛(성) : 새로 나온 곡식이며 그릇에 담은 것. 일종의 제기.
11) 燾(도) : 덮다의 뜻이며 새로운 곡식을 담아서 덮은 제기.
12) 廩(름) : 곡식을 보관하는 창고라는 뜻이다.
13) 沓(답) : 위(衛)나라의 땅 이름이다.
14) 斐(비) : 정나라의 땅 이름. 비림(斐林) 또는 북림(北林)이라고도 함.
15) 黨(당) : 처소(處所).
16) 善之(선지) : 찬양하다. 좋게 여기다의 뜻.

14. 문공 14년 무신(戊申)

가. 신성(新城)에서 동맹을 맺다

14년 무신(戊申) 봄, 왕력으로 정월에 문공이 진(晉)나라에서 돌아왔다.

주루(邾婁)나라 사람이 우리 노나라의 남쪽 변방을 정벌했다.

숙팽생(叔彭生)이 군사를 거느리고 주루나라를 정벌했다.

여름인 5월 을해(乙亥)일에 제나라 군주인 후작 반(潘)이 세상을 떠났다.

6월에 문공이 송나라 군주인 공작과 진(陳)나라 군주인 후작과 위(衛)나라 군주인 후작과 정나라 군주인 백작과 허나라 군주인 백작과 조(曹)나라 군주인 백작과 진(晉)나라의 조돈(趙盾) 등과 회합하고, 계유(癸酉)일에 신성(新城)에서 동맹을 맺었다.

가을인 7월에 살별(혜성)이 반짝이면서 북두성(北斗星) 안으로 들어갔다. 패(孛 : 살별)란 무엇인가? 혜성이다. 그것이 북두성으로 들어갔다고 말한 것은 무슨 뜻인가? 북두성의 가운데 있다는 뜻이다. 왜 이러한 내용을 기록했는가? 괴이한 일이라 기록했다.

문공(文公)이 회합에서 돌아왔다.

진(晉)나라 사람이 접치(接菑)를 주루(邾婁)나라로 들여보냈으나 들어가지도 못했다. 납(納 : 들이다)이란 무엇인가? 들어 갔다는 말이다. 여기서 '불극납(弗克納 : 들어가지 못했다.)'이라고 말한 것은 무슨 뜻인가? 그 들어가지 못했다는 것을 크게 하기 위한 것이다. 왜 접치가 들어가지 못한 것을 크게 한 것인가? 진(晉)나라 극결(郤缺)이 군사를 거느리고 병거(兵車 : 革車) 8백승(八百乘 : 8백대)으로 접치(接菑)를 주루(邾婁)에 들여보내려고 군사력을 성대하게 하여 여유가 있는 듯이 들여보냈다. 이 때 주루(邾婁)나라 사람이 말하기를 "접치(接菑)는 진(晉)나라 여인의

출생이고 확저(玃且)는 제나라 여인의 출생이다. 그대가 손가락
으로 세어보면 접치는 명수(命數)가 사(四)이고 확저는 명수(命
數)가 육(六)이다. 그대가 대국(大國)으로써 압박하면 제(齊)나
라와 진(晉)나라의 자손 중에서 누가 될지는 알지 못하겠다. 귀
하다면 모두가 귀하다. 그러나 확저가 더 장성하다." 라고 했다. 극
결(郤缺)이 말하기를 "나의 힘으로라면 능히 들여보내지 아니치
못하겠으나 의(義)로는 그대들을 이기지 못하겠구나." 하고는 군
사를 이끌고 돌아갔다. 그러므로 군자(君子)께서는 그 '불극납
(弗克納 : 들여보내지 못하다)'을 크게 기록한 것이다. 이는 진
(晉)나라의 극결(郤缺)을 위한 것이었다. 그를 인(人)이라고 일
컬은 것은 무슨 뜻인가? 폄하한 것이다. 왜 이를 폄하한 것인가?
대부(大夫)가 멋대로 폐하고 군주를 두게 하는 것을 찬성하지 않
은 것이다. 왜 찬성하지 않았는가? 실제로는 찬성을 했고 문사(文
辭)로는 찬성하지 않은 것이다. 문사(文辭)로는 왜 찬성하지 않
았는가? 대부의 의(義)는 멋대로 폐하고 군주를 세울 수가 없기
때문이었다.

　9월 갑신(甲申)일에 공손오(公孫敖)가 제나라에서 세상을 떠났다
　제(齊)나라 공자 상인(公子商人)이 그의 군주인 사(舍)를 시
해했다. 사(舍)는 한해를 넘기지 못한 군주이다. 그런데 '그의 군
주인 사(舍)를 시해했다.'고 말한 것은 무슨 뜻인가? 자신이 즉
위시키고 자신이 죽였기 때문이었다. 죽은 군주를 세워주고 살아
있는 공자 상인(商人)을 천하게 여긴 것이다.

　송(宋)나라 자애(子哀)가 도망해 왔다. 송나라의 자애(子哀)
란 누구인가? 들어본 적이 없는 사람이었다.

　겨울에 선백(單伯)이 제나라에 갔다. 제나라 사람이 선백(單
伯)을 잡았다. 제나라 사람이 공녀(公女)인 숙희(叔姬)를 잡았
다. '집(執 : 잡았다)'이란 왜 혹은 행인(行人)이라 일컫고, 혹은
행인(行人)이라 일컫지 않는 것인가? 행인(行人)을 일컬어서 잡
은 것은 그 잡을 일이 있어서 붙잡은 것이고, 행인(行人)이라 일
컫지 않고 잡은 것은 개인적인 일 때문에 잡힌 것이다. 선(單)나

라 군주인 백작의 죄는 어떤 것이었는가? 길에서 음란한 행동을 한 것이었다. 누구와 음란한 행동을 했는가? 숙희(叔姬)와 음란한 행동을 한 것이다. 그렇다면 왜 제나라 사람이 선백(單伯)과 공녀인 숙희(叔姬)를 잡았다고 말하지 않았는가? 이는 노나라 국내의 말이다. 임무는 달리하였어도 죄는 같았기 때문이었다.

十有四年 春 王正月 公至自晉
邾婁人伐我南鄙
叔彭生帥師伐邾婁
夏 五月 乙亥 齊侯潘[1]卒
六月 公會宋公陳侯衛侯鄭伯許男曹伯晉趙盾癸酉同盟于新城[2]
秋 七月 有星孛[3]入于北斗[4] ○孛者何 彗星也 其言入于北斗何 北斗有中也 何以書 記異也
公至自會
晉人納接菑[5]于邾婁 弗克納[6] ○納者何 入辭也 其言弗克納何 大其弗克納也 何大乎其弗克納 晉郤缺[7]帥師 革車八百乘 以納接菑于邾婁 力沛若有餘 而納之 邾婁人言曰 接菑 晉出[8]也 貜且[9] 齊出也 子以其指[10] 則接菑也四 貜且也六 子以大國壓之 則未知齊晉孰有之也 貴則皆貴矣 雖然 貜且也長 郤缺曰 非吾力不能納也 義實不爾克也 引師而去之 故君子大其弗克納也 此晉郤缺也 其稱人何 貶 曷爲貶 不與大夫專廢置君也 曷爲不與 實與 而文不與 文曷爲不與 大夫之義 不得專廢置君也
九月 甲申 公孫敖卒于齊
齊公子商人[11]弒其君舍[12] ○此未踰年之君也 其言弒其君舍何 己立之 己殺之 成死者而賤生者也
宋子哀[13]來奔 ○宋子哀者何 無聞焉爾
冬 單伯[14]如齊 齊人執單伯 齊人執子叔姬[15] ○執者曷爲或稱行人[16] 或不稱行人 稱行人而執者 以其事執也 不稱行人而執者 以己執也 單伯之罪何 道淫也 惡乎淫 淫于子叔姬 然則曷爲不言齊人執單伯及子叔姬 內辭也 使若異罪然

1) 齊侯潘(제후반) : 제나라 소공(昭公). B.C. 632년에 즉위. 20년 간 재위.
2) 新城(신성) : 송(宋)나라 지명(地名). 지금의 하남성 상구(商丘) 남쪽.
3) 孛(패) : 살별. 곧 반짝이는 별이다.
4) 北斗(북두) : 북두칠성(北斗七星). 국자 모양으로 일곱 개 별로 구성됨.
5) 接菑(접치) : 좌전(左傳)과 곡량전(穀梁傳)의 경문에는 첩치(捷菑)로 되어 있다. 주루(邾婁)나라 문공의 서자(庶子)이며 진(晉)나라 여자 소생.
6) 弗克納(불극납) : 들여보내지 못했다의 뜻.
7) 郤缺(극결) : 진(晉)나라의 대부이며 극극(郤克)이라고도 한다.
8) 晉出(진출) : 진(晉)나라 여자의 소생(所生)이라는 것.
9) 貜且(확저) : 주루(邾婁)나라 문공의 아들이며 제나라 여자의 소생으로 뒤에 정공(定公)이 되어 40년간 재위했다.
10) 指(지) : 손가락으로 셈을 한다는 뜻.
11) 公子商人(공자상인) : 제나라 환공의 아들이고 그의 어머니는 밀희(密姬). 사(舍)를 죽이고 자립(自立)하여 제(齊)나라의 의공(懿公)이 됨.
12) 舍(사) : 제나라 소공(昭公)의 아들이다. 소공의 뒤를 이어 임금이 되었으나 1년을 넘기지 못하고 상인(商人)에게 살해되었다.
13) 宋子哀(송자애) : 송나라 고애(高哀)라고 했고 송나라 부용국인 소국(蕭國) 사람이라 했다. 공양씨(公羊氏)는 들은 바 없다 했다.
14) 單伯(선백) : 주(周)나라 왕실의 대부. 곡량전에는 노나라 대부라고 했다.
15) 子叔姬(자숙희) : 숙희(叔姬)라고 일컫고, 제나라 소공(昭公)의 부인(夫人)이고 사(舍)의 모친이다.
16) 行人(행인) : 사신으로 가는 사람을 뜻한다.

15. 문공 15년 기유(己酉)

가. 화손(華孫)이 와서 동맹을 맺다

15년 기유(己酉) 봄에 계손행보(季孫行父)가 진(晉)나라에 갔다.

3월에 송나라 사마(司馬) 화손(華孫)이 와서 동맹을 맺었다.

여름에 조(曹)나라 군주인 백작이 찾아왔다.

제나라 사람이 공손오(公孫敖)의 시체를 돌려보냈다. 왜 내(來)라고 말하지 않았는가? 노나라 국내에서의 말이다. 우리 노나라를 위협하여 공손오의 시체를 돌려 보냈는데, 대나무로 엮어 만든 수레에 실어서 보내 온 것이었다.

6월 초하루인 신축(辛丑)일에 일식이 있었는데 그때 북을 치고 희생을 바쳐 사제(社祭)를 지냈다.

선백(單伯)이 제나라에서 돌아왔다.

진(晉)나라 극결이 군사를 거느리고 채(蔡)나라를 정벌하고 무신(戊申)일에 채나라로 쳐들어갔다. '입(入：쳐들어감)'이라고 하면 벌(伐：정벌)을 말하지 않는 것인데 여기에서 벌(伐：정벌)이라고 말을 한 것은 무슨 뜻인가? 군대가 도착한 날짜이다. 그 날짜를 왜 기록했는가? 군대가 도착한 날이었기 때문이다.

가을에 제나라 사람이 와서 우리 노나라 서쪽 변방을 침범했다.

계손행보(季孫行父)가 진(晉)나라에 갔다.

겨울인 11월에 제후들이 호(扈)에서 동맹을 맺었다.

12월에 제나라 사람이 와서 공녀(公女) 숙희(叔姬)를 돌려보냈다. 내(來)라고 말을 한 것은 무슨 뜻인가? 가엾게 여긴 것이다. 숙희(叔姬)는 죄가 있는데 왜 이를 민망하게 여겼는가? 부모는 자식이 비록 죄가 있더라도 죄를 받게 하지 않고자 하는 것과 같은 것이다.

제나라 군주인 후작이 우리 노나라 서쪽 변방을 침범하고 이어서 조(曹)나라를 정벌하여 그 외곽으로 쳐들어갔다. 부(郛：외곽)라고 한 것은 무슨 뜻인가? 조(曹)나라의 높은 성까지 나아간 것이다. 외곽으로 들어간 것을 기록한 것인가? 대답하기를 "기록하지 않는 것이다." 라고 했다. 외곽으로 들어간 것을 기록하지 않는 것이라고 하면 여기에서는 그것을 왜 기록했는가? 우리 노나라를 두렵게 했기 때문이었다. 우리 노나라를 두렵게 한 것이란 무엇인가? 노나라 국내에서의 말이다. 그 실상은 우리 노나라가 불안해 한 것이다.

　　十有五年 春 季孫行父如晉[1]
　　三月 宋司馬華孫[2]來盟
　　夏 曹伯來朝
　　齊人歸公孫敖之喪[3] ○何以不言來 內辭也 脅我而歸之 筍將[4]而來也
　　六月 辛丑朔 日有食之 鼓[5]用牲于社
　　單伯至自齊
　　晉郤缺帥師伐蔡 戊申入蔡 ○入不言伐 此其言伐何 至之日[6]也 其日何 至之日也
　　秋 齊人侵我西鄙
　　季孫行父如晉[7]
　　冬 十有一月 諸侯盟于扈
　　十有二月 齊人來歸子叔姬 ○其言來何 閔之也 此有罪 何閔爾 父母之於子 雖有罪 猶若其不欲服罪然
　　齊侯侵我西鄙 遂伐曹 入其郛[8] ○郛者何 恢郭[9]也 入郛書乎 曰不書 入郛不書 此何以書 動我[10]也 動我者何 內辭也 其實我動焉爾

1) 季孫行父如晉(계손행보여진) : 좌전에서는 선백(單伯)과 숙희(叔姬)의 석방을 위하여 진(晉)나라에 중재를 구하기 위하여 갔다고 했다.
2) 華孫(화손) : 좌전에는 화우(華耦)라고 했다.
3) 喪(상) : 여기서는 시체이며 영구(靈柩)이다.
4) 筍將(순장) : 대나무로 엮은 수레에 보내다의 뜻.
5) 鼓(고) : 북을 치다.
6) 至之日(지지일) : 군대가 도착한 날.
7) 季孫行父如晉(계손행보여진) : 계손행보가 다시 진나라에 간 것은 제나라가 노나라의 국경을 침범하여 진(晉)나라에 급한 상황을 고하러 간 것이다.
8) 郛(부) : 곽(郭)과 같다. 외성곽(外城郭). 좌전에는 곽(郭)으로 되어 있다.
9) 恢郭(회곽) : 성의 외곽을 넓히다의 뜻.
10) 動我(동아) : 우리 노나라를 두렵게 만들다의 뜻.

16. 문공 16년 경술(庚戌)

가. 네 번째 고삭례(告朔禮)를 하지 않다

16년 경술(庚戌) 봄에 계손행보(季孫行父)가 제나라 군주인 후작을 양곡(陽穀)에서 만났으나 제나라 군주인 후작은 그와 동맹을 맺지 않았다. 여기서 '불급맹(弗及盟 : 맹세를 하지 못하다)'이라고 말을 한 것은 무슨 뜻인가? 계손행보가 제나라 군주인 후작과 함께 하여 맹세를 성취하지 못한 것이다.

여름인 5월에 문공(文公)이 네 번째 고삭례(告朔禮)를 행하지 않았다. 문공이 왜 네 번째 고삭례를 행하지 않았는가? 문공에게 질병이 있는 것이다. 왜 문공에게 질병이 있어서 고삭례를 행하지 않았다고 말하지 않는가? 본래는 문공에게 질병이 없었으면서 고삭례를 하지 않은 것이다. 그렇다면 왜 문공이 질병이 없는데 고삭례를 보지 않았다고 말을 하지 않았는가? 질병이 있었다면 오히려 가히 말했을 것이다. 질병이 없었으므로 가히 말하지 못한 것이다.

6월 무진(戊辰)일에 공자 수(遂)가 제나라 군주인 후작과 사구(師丘)에서 동맹을 맺었다.

가을인 8월 신미(辛未)일에 부인(夫人) 강씨(姜氏)가 훙거했다. 천대(泉臺)를 헐었다. 천대(泉臺)란 어떤 곳인가? 낭대(郎台)이다. 낭대(郎台)를 왜 천대(泉台)라고 이르는 것인가? 완성되지 않았을 때는 낭대(郎台)라고 했고 이미 완성되어서는 천대(泉台)가 되었다. 천대(泉台)를 헐은 것을 왜 여기에 기록했는가? 책망한 것이다. 왜 이를 책망한 것인가? 건축할 때에도 책망했으니 헐 때도 책망한 것이다. 선조(先祖)가 만들어 놓았는데 문공이 헐었으니 거주하지 않은 것만 같지 못했기 때문이었다.

초나라 사람과 진(秦)나라 사람과 파(巴)나라 사람이 용(庸)

나라를 멸망시켰다.
　겨울인 11월에 송나라 사람이 그의 군주 저구(杵臼)를 시해했다. 군주를 시해한 자들에게 왜 혹은 이름과 씨를 일컫고 혹은 이름이나 씨를 일컫지 않는 것인가? 대부(大夫)가 군주를 시해하면 이름이나 씨를 일컫고 지위가 낮은 자가 군주를 시해하면 모두 인(人)이라고 하는 것이다. 대부가 대부끼리 서로 죽이게 된 것은 인(人)이라고 일컫고 지위가 낮은 자가 대부를 죽인 것은 모두 도(盜)라고 일컫는 것이다.

　十有六年 春 季孫行父會齊侯于陽穀[1] 齊侯弗及盟 ○其言弗及盟何 不見與盟也
　夏 五月 公四不視朔[2] ○公曷爲四不視朔 公有疾也 何言乎公有疾不視朔 自是公無疾 不視朔也 然則曷爲不言公無疾不視朔 有疾猶可言也 無疾 不可言也
　六月 戊辰 公子遂及齊侯盟于犀丘[3]
　秋 八月 辛未 夫人姜氏[4]薨
　毁泉臺[5] ○泉臺者何 郎臺[6]也 郎臺則曷爲謂之泉臺 未成爲郎臺 旣成爲泉臺 毁泉臺何以書 譏 何譏爾 築之譏 毁之譏 先祖爲之 己毁之 不如勿居而已矣
　楚人秦人巴人[7]滅庸[8]
　冬 十有一月 宋人弑其君處臼[9] ○弑君者曷爲或稱名氏 或不稱名氏 大夫弑君稱名氏 賤者窮諸人 大夫相殺稱人 賤者[10]窮諸盜

1) 陽穀(양곡) : 제나라 땅 이름이다. 지금의 산동성 양곡현(陽谷縣)의 북쪽.
2) 公四不視朔(공사불시삭) : 문공이 정치에 염증을 내서 삭을 고하지 않았다. 문공(文公)이 2·3·4·5월 넉 달 동안을 초하루에 행하는 고삭례(告朔禮)를 행하지 않았다. 좌전에서는 질병이 있어서 보지 못했다고 했다.
3) 犀丘(서구) : 좌전(左傳)에는 처구(郪丘)로 곡량전은 사구(師丘)로 되어 있다. 제나라 땅 이름.
4) 夫人姜氏(부인강씨) : 성강(聲姜)이고 희공(僖公)의 부인이며 문공(文公)의 어머니.

5) 泉臺(천대) : 천궁(泉宮)의 대(臺). 낭(郞) 땅에 있다.
6) 郎臺(낭대) : 노나라 장공(莊公)이 낭(郞) 땅에 대(臺)를 건축한 것.
7) 巴人(파인) : 파나라 사람. 희성(姬姓)이며 자작(子爵)의 나라.
8) 庸(용) : 나라 이름. 상(商)나라의 제후국이며 일찍이 주무왕(周武王)이 벌주(伐紂)할 때 따랐다고 했다.
9) 處臼(처구) : 송(宋)나라 소공(昭公)의 이름이다. B.C. 619년 즉위하다. 곡량전에는 저구(杵臼)로 되어 있다.
10) 賤者(천자) : 사(士)를 이른다.

17. 문공 17년 신해(辛亥)

가. 제후들이 호(扈)에서 회합하다

17년 신해(辛亥) 봄에 진(晉)나라 사람과 위(衛)나라 사람과 진(陳)나라 사람과 정(鄭)나라 사람이 송(宋)나라를 정벌했다.
여름인 4월 계해(癸亥)일에 우리의 소군(小君)인 성강(聖姜)을 장사 지냈다. 성강(聖姜)이란 누구인가? 문공(文公)의 어머니이다.
제나라 군주인 후작이 우리 노나라의 서쪽 변방을 정벌했다.
6월 계미(癸未)일에 문공과 제나라 군주인 후작이 곡(穀)에서 동맹을 맺었다.
제후들이 호(扈)에서 회합했다.
가을에 문공이 곡(穀)에서 돌아왔다.
겨울에 공자 수(遂)가 제나라에 갔다.

十有七年 春 晉人衛人陳人鄭人伐宋[1]
夏 四月 癸亥 葬我小君聖姜[2] ○聖姜者何 文公之母也
齊侯伐我西鄙[3]
六月 癸未 公及齊侯盟于穀[4]

諸侯會于扈⁵⁾
秋 公至自穀
冬 公子遂如齊

1) 伐宋(벌송) : 송나라에서 임금을 시해한 일이 발생하자 진(晉)나라의 순림보(荀林父)와 위나라 공달(孔達)과 진(陳)나라의 공손영(公孫寧)과 정나라의 석초(石楚)가 각 나라의 임금의 명을 받아서 송나라를 공격하여 문공(文公)을 세우고 회군한 일.
2) 聖姜(성강) : 노나라 희공(僖公)의 부인(夫人). 곡량전에는 성강(聲姜)으로 되어 있다.
3) 西鄙(서비) : 좌전에는 북비(北鄙)로 되어 있다.
4) 穀(곡) : 제나라의 땅 이름.
5) 扈(호) : 정(鄭)나라의 땅 이름.

18. 문공 18년 임자(壬子)

가. 정축(丁丑)일에 문공(文公)이 훙거하다

18년 임자(壬子) 봄, 왕력으로 2월 정축(丁丑)일에 문공이 대하(臺下)에서 훙거(薨去)했다.

진(秦)나라 군주인 백작 앵(罃)이 세상을 떠났다.

여름인 5월 무술(戊戌)일에 제나라 사람이 그의 군주인 상인(商人)을 시해했다.

6월 계유(癸酉)일에 우리 군주인 문공을 장사 지냈다.

가을에 공자 수(遂)와 숙손득신(叔孫得臣)이 제나라에 갔다.

겨울인 10월에 복상(服喪)중인 군주가 세상을 떠났다. 자졸(子卒 : 복상중인 군주가 죽다)이란 누구를 이른 것인가? 공자(公子) 적(赤)을 이른 것이다. 왜 날짜를 쓰지 않았는가? 가엾게 여긴 것이다. 왜 이를 가엾게 여긴 것인가? 시해당한 것이다. 시해당했다면 왜 날짜를 기록하지 않았는가? 차마 말하지 못한 것이다.

부인(夫人) 강씨(姜氏)가 제나라로 갔다.

계손행보(季孫行父)가 제나라에 갔다.

거(莒)나라에서 그의 군주인 서기(庶其)를 시해했다. 국가를 일컬어서 시해했다고 한 것은 무슨 뜻인가? 국가를 일컬어서 시해했다고 한 것은 여러 사람이 함께 군주를 시해했다는 말이다.

十有八年¹⁾ 春 王二月 丁丑 公薨于臺下²⁾

秦伯罃³⁾卒

夏 五月 戊戌 齊人弑其君商人⁴⁾

六月 癸酉 葬我君文公

秋 公子遂叔孫得臣如齊

冬 十月 子卒⁵⁾ ○子卒者孰謂 謂子赤也 何以不日 隱之也 何隱爾 弑也 弑則何以不日 不忍言也

夫人姜氏⁶⁾歸于齊

季孫行父如齊

莒弑其君庶其⁷⁾ ○稱國以弑何 稱國以弑者 衆弑君之辭

1) 十有八年(십유팔년) : 곧 주(周)나라 광왕(匡王) 4년. B.C. 609년이다.
2) 臺下(대하) : 정침(正寢)이 아닌 다른 궁(宮)을 뜻한다.
3) 秦伯罃(진백앵) : 진(秦)나라 군주인 백작이고 그의 이름은 앵(罃)이다. 곧 진(秦)나라 강공(康公)이다. B.C. 620년에 즉위하여 12년간 재위하다.
4) 商人(상인) : 제나라 의공(懿公)이다. 자립(自立)하여 임금이 되다. 4년간 재위했다.
5) 子卒(자졸) : 문공(文公)의 태자로서 문공의 대를 이을 아들 악(惡)이 죽은 것을 뜻한다. 자(子)는 복상(服喪)중에 있는 군자를 뜻한다. 문공의 부인(夫人) 애강(哀姜)의 소생이다.
6) 姜氏(강씨) : 문공(文公)의 부인(夫人) 애강(哀姜)을 뜻한다.
7) 庶其(서기) : 거나라 기공(紀公)의 이름이다.

제7편 선공 시대(宣公時代)
(재위 : 1년~18년까지)

시법(諡法)에 '잘 묻고 두루 통달함'을 '선(宣)'이라 했다.

▨ 선공 연표(宣公年表)

국명 기원전	周 匡王	鄭 穆公	齊 惠公	宋 文公	晉 靈公	衛 成公	蔡 文侯	曹 文公	陳 靈公	杞 桓公	薛	莒 季佗	邾 定公	許 昭公	小邾	楚 莊王	秦 共公	吳	越	魯 宣公
608	5	20	1	3	13	27	4	10	6	29		1	6	14		6	1			1
607	6	21	2	4	14	28	5	11	7	30		2	7	15		7	2			2
606	定王 1	22	3	5	成公 1	29	6	12	8	31		3	8	16		8	3			3
605	2	靈公 1	4	6	2	30	7	13	9	32		4	9	17		9	4			4
604	3	襄公 1	5	7	3	31	8	14	10	33		5	10	18		10	桓公 1			5
603	4	2	6	8	4	32	9	15	11	34		6	11	19		11	2			6
602	5	3	7	9	5	33	10	16	12	35		7	12	20		12	3			7
601	6	4	8	10	6	34	11	17	13	36		8	13	21		13	4			8
600	7	5	9	11	7	35	12	18	14	37		9	14	22		14	5			9
599	8	6	10	12	景公 1	穆公 1	13	19	15	38		10	15	23		15	6			10
598	9	7	頃公 1	13	2	2	14	20	成公 1	39		11	16	24		16	7			11
597	10	8	2	14	3	3	15	21	2	40		16	17	25		17	8			12
596	11	9	3	15	4	4	16	22	3	41		13	18	26		18	9			13
595	12	10	4	16	5	5	17	23	4	42		14	19	27		19	10			14
594	13	11	5	17	6	6	18	宣公 1	5	43		15	20	28		20	11			15
593	14	12	6	18	7	7	19	2	6	44		16	21	29		21	12			16
592	15	13	7	19	8	8	20	3	7	45		17	22	30		22	13			17
591	16	14	8	20	9	9	景公 1	4	8	46		18	23	31		23	14			18

※ 설(薛) : 약간의 기록은 은공 원년과 희공 원년에 나와 있다.
※ 오(吳) : 약간의 기록은 은공 원년에 나와 있다.
※ 월(越) : 약간의 기록은 은공 원년에 나와 있다.

제7편 선공 시대(宣公時代)

1. 선공(宣公) 원년 계축(癸丑)

가. 정월에 선공(宣公)이 즉위하다

 원년 계축(癸丑) 봄, 왕력으로 정월에 선공(宣公)이 즉위했다. 시해된 군주의 뒤를 계승했을 때는 즉위(卽位)라고 말하지 않는 것인데 여기에서 즉위라고 말을 한 것은 무슨 뜻인가? 그 노(魯)나라 선공(宣公)의 마음을 나타낸 것이다.
 공자 수(遂)가 제나라에 가서 공녀(公女)를 맞이했다. 3월에 공자 수가 부인(夫人) 부강(婦姜)을 모시고 제나라에서 돌아왔다. 수(遂 : 공자 수)를 왜 공자(公子)라고 일컫지 않았는가? 한 가지 일에서 두 번 나타나게 되면 한 번은 이름만 쓰는 것이다. 부인(夫人)은 왜 강씨(姜氏)라고 일컫지 않았는가? 폄하한 것이다. 왜 폄하한 것인가? 상중(喪中)에 장가드는 것을 책망한 것이다. 상중(喪中)에 장가드는 것은 선공(宣公)인데 왜 부인(夫人)을 폄하하는 것인가? 국내에서는 선공(宣公)을 폄하할 방법이 없기 때문이다. 국내에서 선공을 폄하할 방법이 없다면 왜 부인(夫人)만을 폄하하는 것인가? 부인(夫人)은 선공과 일체가 되기 때문이다. 그를 부(婦)라고 일컬은 것은 무슨 뜻인가? 시어머니가 있다는 말이다.
 여름에 계손행보(季孫行父)가 제나라에 갔다.
 진(晉)나라에서 그 대부(大夫) 서갑보(胥甲父)를 위(衛)나라로 추방했다. 추방했다는 것은 무슨 뜻인가? 여기(위나라) 뿐이 갈 곳이 없는 것을 여기에서 이른 것과 같다. 그렇다면 왜 이를 말했는가? 예에 합당한 방법에 가까운 것이었다. 이러한 것이 예에 합당한 방법에 가깝다고 한 것은 어떤 것인가? 옛날에는 대부(大夫)가 이미 떠나게 되면 3년 동안의 추방을 기다려 주는 것이다. 군주가 추방시키는 것은 예에 합당한 것이 아니며 대부가 추방을 기다리는 것은 예에 합당한 것이다. 옛날에는 신하에게 대상(大喪 : 군주나 부모상)이 있게 되면 군주는 삼년 동안 그를 불러들이지 않고 이미 연제(練祭 : 小祥)를 지냈으면 피변(被弁)과 면류관을 하고 군사의 일에 복무한다. 군주가 부리는 것은 예에 합당하지 않은 것이다. 신하가 행하는 것은 예에 합당한 것이다. 민자건(閔子騫)이 요질(要絰)을 하고 공무에 복무했는데 일이 있은 후에 이르기를 "이와 같은 것들은 옛날의 도가 인정에 가깝지 않은 것이다."라고 하고 물러나서 관직을 바쳤다. 공자(孔子)께서 대개 이 일을 칭찬했다.

元年 春 王正月 公¹⁾卽位 ○繼弒君不言卽位 此其言卽位何 其意²⁾也

公子遂如齊逆女

三月 遂以夫人婦姜³⁾至自齊 ○遂何以不稱公子 一事而再見者 卒名⁴⁾也 夫人何以不稱姜氏 貶 曷爲貶 譏喪娶也 喪娶者公也 則曷爲貶夫人 內無貶于公之道也 內無貶于公之道 則曷爲貶夫人 夫人與公一體⁵⁾也 其稱婦何 有姑之辭也

夏 季孫行父如齊

晉放⁶⁾其大夫胥甲父⁷⁾于衛 ○放之者何 猶曰無去是云爾⁸⁾ 然則何言爾 近正⁹⁾也 此其爲近正奈何 古者大夫已去 三年待放 君放之 非也 大夫待放 正也 古者臣有大喪¹⁰⁾ 則君三年不呼其門 已練¹¹⁾可以弁冕 服金革之事 君使之 非也 臣行之 禮也 閔子 要絰¹²⁾而服事¹³⁾ 旣而曰 若此乎 古之道不卽人心¹⁴⁾ 退而致仕¹⁵⁾ 孔子蓋善之也

1) 公(공) : 공은 선공(宣公). 노나라 세가(世家)에 의하면 선공(宣公)의 이름

은 왜(倭)이고 문공(文公)의 아들 자적(子赤)의 서형(庶兄)이다. 주왕조(周王朝) 광왕(匡王) 5년에 즉위하였다. 시법(諡法)에는 '잘 묻고 두루 통달하다(善問周達))' 함을 선(宣)이라 한다고 했다. 18년간 재위했다.
2) 其意(기의): 선공(宣公)의 뜻을 나타냈다는 뜻.
3) 婦姜(부강): 시어머니가 있다는 뜻이다.
4) 卒名(졸명): 이름자로 끝마치다.
5) 一體(일체): 하나의 몸체. 곧 관계가 밀접하다는 뜻.
6) 放(방): 추방하다.
7) 胥甲父(서갑보): 진(晉)나라 대부. 잘못이 없는데 추방당했다.
8) 猶曰無去是云爾(유왈무거시운이): 위(衛)나라 밖에는 갈 곳이 없다는 뜻.
9) 近正(근정): 합당한 예에 가깝다의 뜻.
10) 大喪(대상): 군주의 상이나 부모(父母)의 상(喪).
11) 練(연): 소상(小祥).
12) 閔子要絰(민자요질): 공자의 제자 민자건(閔子騫)이 요질(要絰)을 하다. 민자건은 춘추시대 공자의 제자로 덕행에 뛰어난 제자. 이름은 손(損), 자건(子騫)은 자(字)이다. 효자로도 유명하다.
13) 服事(복사): 공무(公務)에 종사하는 것.
14) 不卽人心(불즉인심): 인정에 가깝지 않다는 뜻.
15) 致仕(치사): 관직을 그만두다의 뜻.

나. 제나라 군주를 평주(平州)에서 만나다

선공(宣公)이 제나라 군주인 후작을 평주(平州)에서 만났다. 공자 수(遂)가 제나라에 갔다.

6월에 제(齊)나라 사람이 제수(濟水) 서쪽의 땅을 차지했다. 외국에서 읍(邑)을 차지한 것은 기록하지 않는 것인데 이곳에 왜 이를 기록했는가? 제나라에 뇌물로 준 것이기 때문이었다. 왜 제나라에 뇌물을 주었는가? 공자 적(赤)이 시해되었기 때문에 제나라에 뇌물을 준 것이다.

가을에 주루(邾婁)나라 군주인 자작이 찾아왔다.

초나라 군주인 자작과 정나라 사람이 진(陳)나라를 침공하고 드디어 송(宋)나라를 침공했다.

진(晉)나라 조돈(趙盾)이 군사를 거느리고 진(陳)나라를 구원했다. 송(宋)나라 군주인 공작과 진(陳)나라 군주인 후작과 위(衛)나라 군주인 후작과 조(曹)나라 군주인 백작이 비림(斐林)에서 진(晉)나라 군사와 합류하여 정나라를 정벌했다. 이는 진(晉)나라 조돈(趙盾)의 군사인데 왜 조돈(趙盾)의 군사라고 말을 하지 않았는가? 군주는 대부(大夫)와는 회합을 하지 않는다는 말이었다.

겨울에 진(晉)나라 조천(趙穿)이 군사를 거느리고 유(柳)를 침공했다. 유(柳) 땅이란 어떤 곳인가? 천자(天子)의 고을이다. 왜 주(周)나라 천자와 관련시키지 않았는가? 천자(天子)를 정벌하는 것을 찬성하지 않은 것이다.

진(晉)나라 사람과 송나라 사람이 정나라를 정벌했다.

公會齊侯于平州[1]
公子遂如齊
六月 齊人取濟西田[2] ○外取邑不書 此何以書 所以賂齊[3]也 曷爲賂齊 爲弑子赤[4]之賂也
秋 郯婁子來朝
楚子鄭人侵陳 遂侵宋
晉趙盾 帥師救陳 宋公陳侯衛侯 曹伯會晉師于斐林[5] 伐鄭 ○此晉趙盾之師也 曷爲不言趙盾之師 君不會大夫之辭也
冬 晉趙穿[6]帥師侵柳[7] ○柳者何 天子之邑也 曷爲不繫乎周 不與伐天子也
晉人宋人伐鄭

1) 平州(평주) : 제나라의 땅 이름.
2) 濟西田(제서전) : 제수(濟水)의 서쪽 지방. 원래 노나라 소속의 토지였다.
3) 賂齊(뇌제) : 제나라에 뇌물로 주다. 곧 태자를 죽인 죄 때문에 제나라에 뇌물을 주었다는 뜻이 들어있다.

4) 子赤(자적) : 태자(太子) 적(赤)이다. 제나라의 외손(外孫)이다. 노(魯)나라 선공(宣公)이 자적(子赤)의 자리를 빼앗은 것이다.
5) 斐林(비림) : 정나라의 땅 이름이다. 북림(北林)이라고도 한다.
6) 趙穿(조천) : 진(晉)나라 대부(大夫)이고 조숙(趙夙)의 서손(庶孫)이며 조돈(趙盾)과는 숙백(叔伯)의 형제이다.
7) 柳(유) : 고을 이름. 좌전(左傳)이나 곡량전에는 숭(崇)으로 되어 있다. 나라 이름이며 진(秦)나라의 소국(小國)이라 했다.

2. 선공 2년 갑인(甲寅)

가. 을해(乙亥)일에 천자(天子)가 붕어하다

2년 갑인(甲寅) 봄인 왕력으로 2월 임자(壬子)일에 송나라의 화원(華元)이 군사를 거느리고 정나라의 공자 귀생(歸生)이 거느린 군사와 대극(大棘)에서 싸웠다. 송나라 군사가 패배했으며 송나라의 화원이 사로잡혔다.

진(秦)나라의 군사가 진(晉)나라를 정벌했다.

여름에 진(晉)나라 사람과 송나라 사람과 위나라 사람과 진(陳)나라 사람이 정(鄭)나라를 침공했다.

가을인 9월 을축(乙丑)일에 진(晉)나라의 조돈(趙盾)이 그 군주인 이호(夷獔)를 시해했다.

겨울인 10월 을해(乙亥)일에 천자(天子)가 붕어했다.

二年 春 王二月 壬子 宋華元[1]帥師 及鄭公子歸生[2]帥師 戰于大棘[3] 宋師敗績 獲[4]宋華元
　秦師伐晉
　夏 晉人宋人衛人陳人侵鄭
　秋 九月 乙丑 晉趙盾弑其君夷獔[5]
　冬 十月 乙亥 天王崩[6]

1) 華元(화원) : 송(宋)나라 대부(大夫). 화독(華督)의 증손이며 당시 송나라의 우사(右師)였으며 40여년 동안 집정했다.
2) 公子歸生(공자귀생) : 정나라 대부이며 정나라 목공(穆公)의 아들이다.
3) 大棘(대극) : 송나라 땅 이름.
4) 獲(획) : 포로.
5) 夷獔(이호) : 좌전(左傳)이나 곡량전에는 이고(夷皋)이며 진(晉)나라 영공(靈公)의 이름이다.
6) 天王崩(천왕붕) : 주(周)나라 천자(天子)인 광왕(匡王)이 붕어했다는 뜻. B. C. 612년에 즉위하여 6년간 재위하다.

3. 선공 3년 을묘(乙卯)

가. 광왕(匡王)을 장사 지내다

3년 을묘(乙卯) 봄, 왕력으로 정월에 교제(郊祭)에 희생으로 바칠 소의 입에 상처가 났다. 다른 소로 바꾸려고 점쳐서 희생을 정했는데 그 소가 죽었다. 이에 교제(郊祭)를 지내지 않았으나 세 번의 망제(望祭)는 그대로 지냈다. 그 '지(之)'라고 말을 한 것은 무슨 뜻인가? 태만하게 했다는 말이다. 왜 다시 점을 치지 않았는가? 희생을 기를 때는 두 번의 점을 쳐서 기르는데 천제(天帝)에 제사지내는 희생이 불길(不吉)하면 후직(后稷)의 희생을 옮겨서 점을 친다. 천제(天帝)의 희생은 3개월 동안 씻어서 궁(宮)에 있게 하고 후직의 희생은 오직 완전히 갖추어 있는가를 관찰한다. 교제(郊祭)의 희생은 왜 반드시 후직의 희생으로 제사를 지내는가? 천자(天子)는 반드시 그 시조인 후직(后稷)을 배향(配享)하는 것이다. 천자가 왜 반드시 그 시조인 후직을 배향(配享)하는 것인가? 내부로부터 나온 자들은 후직에 배향이 없으면 제사에서 예를 행하지 않는 것이며 밖으로부터 이르른 자들은 신주가 없으면 머물러서 제사를 흠향하지 못하는 것이기 때문이다.

천자(天子)인 광왕(匡王)을 장사 지냈다.
초나라 군주인 자작이 육혼(陸渾)의 융족(戎族)을 정벌했다.
여름에 초나라 사람이 정나라를 침범했다.
가을에 적적(赤狄)이 제나라를 침범했다.
송나라 군사가 조(曹)나라를 포위했다.
겨울인 10월 병술(丙戌)일에 정나라 군주인 백작 란(蘭)이 세상을 떠났다.
정나라의 목공(穆公)을 장사 지냈다.

三年[1] 春 王正月 郊牛[2]之口傷 改卜牛[3] 牛死 乃不郊 猶三望[4] ○ 其言之何 緩[5]也 曷爲不復卜 養牲養二卜 帝牲不吉[6] 則扳稷牲而卜之[7] 帝牲在于滌[8] 三月 於稷者 唯具是視[9] 郊則曷爲必祭稷 王者必以其祖配[10] 王者則曷爲必以其祖配 自內出者[11] 無匹不行[12] 自外至者 無主不止[13]

葬匡王
楚子伐賁渾戎[14]
夏 楚人侵鄭
秋 赤狄[15]侵齊
宋師圍曹
冬 十月 丙戌 鄭伯蘭[16]卒
葬鄭穆公

1) 三年(삼년) : 노나라 선공(宣公) 3년은 주(周)나라 정왕(定王) 원년. B.C. 606년이며 정왕(定王)의 이름은 유(瑜)이다.
2) 郊牛(교우) : 교제에 사용할 희생소 곧 농사의 풍작을 하늘에 비는 제사
3) 改卜牛(개복우) : 희생의 소를 바꾸기 위하여 점을 치다.
4) 三望(삼망) : 망은 산천(山川)에 제사하는 것. 산천에 세 번 망제를 지내다의 뜻. 곧 태산에 제사하고 황하(黃河)와 동해(東海)에 제사하다.
5) 緩(완) : 완만해지다. 곧 느슨해지다.
6) 帝牲不吉(제생불길) : 하늘에 제사지낼 희생이 좋지 않다는 뜻.
7) 扳稷牲而卜之(반직생이복지) : 후직(后稷)에게 제사지낼 희생을 이끌어 점

을 치다의 뜻. 후직(后稷)은 주(周)나라의 시조이며 기(棄)의 별명이다. 순(舜)임금 때 농사를 맡은 장관이며 대(邰)에 봉해지고 후직(后稷)이라고 불렀다. 별도의 성(姓)은 희씨(姬氏)이다.
8) 滌(조) : 희생을 씻는 곳. 곧 조궁(滌宮)이라고 했다. 궁(宮)은 뢰(牢)의 뜻.
9) 唯具是視(유구시시) : 오직 희생이 완비되어 재앙이 없는가를 잘 살피다.
10) 以其祖配(이기조배) : 조상인 후직(后稷)으로 배향(配享)하다의 뜻.
11) 自內出資(자내출자) : 주(周)나라 천자(天子)의 시조인 후직으로부터 나온 자들이란 뜻.
12) 無匹不行(무필불행) : 배향(配享)이 없으면 행하지 않다.
13) 自外至者無主不止(자외지자무주불지) : 천제(天帝)로부터 이르른 자는 신주(神主)가 없으면 머무를 곳이 없다는 뜻.
14) 陸賁戎(육분융) : 융족(戎族)의 한 갈래. 곡량전에는 육혼융(陸渾戎)으로 되어 있다.
15) 赤狄(적적) : 적인(狄人)의 한 갈래.
16) 鄭伯蘭(정백란) : 정나라 목공(穆公)이며 란은 그의 이름이다. B.C. 627년 즉위하여 22년간 재위했다.

4. 선공 4년 병진(丙辰)

가. 거(莒)나라의 상(向) 땅을 선공이 점령하다

4년 병진(丙辰) 봄, 왕력으로 정월에 선공(宣公)과 제나라 군주인 후작이 거(莒)나라와 담(郯)나라를 화평시키려 했으나 거나라 사람이 즐겨하지 않았다.

선공(宣公)이 거(莒)나라를 정벌하여 상(向)을 점령했다. 이는 거(莒)나라를 위한 화평이었는데 '불긍(不肯 : 즐겨하지 않다)'이라고 말을 한 것은 무슨 뜻인가? 상(向)을 점령하기 위한 말이었다.

진(秦)나라 군주인 백작 도(稻)가 세상을 떠났다.

여름인 6월 을유(乙酉)일에 정(鄭)나라의 공자 귀생(歸生)이 그의 군주인 이(夷)를 시해했다.
　적적(赤狄)이 제나라를 침공했다.
　가을에 선공이 제나라에 갔다.
　선공이 제나라에서 돌아왔다.
　겨울에 초나라의 군주인 자작이 정나라를 정벌했다.

　　四年 春 王正月 公及齊侯平莒及郯¹⁾ 莒人不肯²⁾ 公伐莒 取向³⁾ ○
此平莒也 其言不肯何 辭取向也
　秦伯稻⁴⁾卒
　夏 六月 乙酉 鄭公子歸生⁵⁾弑其君夷⁶⁾
　赤狄侵齊
　秋 公如齊
　公至自齊
　冬 楚子伐鄭

1) 平莒及郯(평거급담) : 거나라와 담나라를 화평시키다. 평은 화해시키다의 뜻.
2) 肯(긍) : 즐기다. 곧 받아들이다의 뜻.
3) 向(상) : 앞에서는 노나라 땅이라 했다.
4) 秦伯稻(진백도) : 진(秦)나라의 백작인 도(稻)는 곧 공공(共公)이다. B.C. 608년에 즉위하여 3년간 재위했다.
5) 公子歸生(공자귀생) : 자가(子家)이며 정나라 대부였다.
6) 其君夷(기군이) : 그의 임금 이(夷)이다. 곧 이는 정나라 영공(靈公)의 이름이며 목공(穆公)의 아들로 11년간 재위했다.

5. 선공 5년 정사(丁巳)

가. 봄에 선공이 제나라에 갔다
　5년 정사(丁巳) 봄에 선공이 제나라에 갔다.
　여름에 선공이 제나라에서 돌아왔다.

가을인 9월에 제나라의 고고(高固)가 와서 공녀(公女)인 숙희(叔姬)를 맞이했다.
  숙손득신(叔孫得臣)이 세상을 떠났다.
  겨울에 제나라의 고고(高固)와 공녀 숙희(叔姬)가 왔다. 왜 고고(高固)가 왔다고 말했는가? 숙희(叔姬)만 왔다고 말을 하고 고고(高固)가 왔다고 말을 하게 되면 옳지 않은 것이다. 자공양자(子公羊子)가 말하기를 "그 모든 것은 쌍쌍(雙雙)을 위하여 함께 이른다는 것을 위한 것인져!" 라고 했다.
  초나라 사람이 정나라를 정벌했다.

  五年 春 公如齊
  夏 公至自齊
  秋 九月 齊高固¹⁾ 來逆子叔姬
  叔孫得臣卒
  冬 齊高固及子叔姬來 ○何言乎高固之來 言叔姬之來 而不言高固之來 則不可²⁾ 子公羊子曰 其諸爲其雙雙而俱至者與
  楚人伐鄭

1) 高固(고고) : 고선자(高宣子)라고 일컫다. 제나라 대부이다. 자숙희(子叔姬)는 노나라 공녀이고 고고(高固)에게 시집을 갔다.
2) 不可(불가) : 옳지 않다. 곧 예(禮)에는 대부의 아내가 일년에 한 번씩 친정으로 돌아가는데 이때에는 대부인 남편을 대동하고 간다고 했다.

6. 선공 6년 무오(戊午)

가. 조돈(趙盾)과 손면(孫免)이 진(陳)나라를 침공하다
  6년 무오(戊午) 봄에 진(晉)나라 조돈(趙盾)과 위(衛)나라 손면(孫免)이 진(陳)나라를 침공했다. 조돈이 군주를 시해했다고 했는데 이곳에 그를 다시 나타낸 것은 무슨 이유인가? 몸소 군주를

시해한 자는 조천(趙穿)이다. 몸소 군주를 시해한 자가 조천이라는데 왜 조돈을 올려 놓았는가? 역적을 토벌하지 않았기 때문이다. 왜 역적을 토벌하지 않았다고 일렀는가? 진(晉)나라 사서(史書)에 동호(董狐)가 역적이라고 기록해서 말하기를 "진(晉)나라의 조돈이 그의 군주인 이호(夷獔)를 시해했다."라고 했다. 조돈이 말하기를 "하늘이여! 죄가 없도다! 나는 군주를 시해하지 않았는데 누가 나보고 군주를 시해했다고 이르는가?"라고 했다. 사관(史官)인 동호(董狐)가 말하기를 "그대가 인(仁)을 행하고 의(義)를 행하는 사람이라고 하는데 그대가 군주를 시해하지 않았다면 나라로 돌아와서 왜 역적을 토벌하지 아니하였는가? 이것이 군주를 시해한 것이 아니고 무엇이란 말인가?"라고 했다. 조돈이 나라로 돌아온 것은 어째서인가? 진(晉)나라의 영공(靈公)이 무도하였다. 그는 모든 대부(大夫)로 하여금 모두 조회에 들게 한 연후에 누대(樓臺) 위에 올라가 탄환(彈丸)을 쏘았다. 그 때 자신의 대부들이 탄환을 피해 지나가게 하였는데 그는 이를 즐기는 것이었다.

조돈(趙盾)이 이미 조회를 마치고 나가면서 여러 대부들과 외조(外朝)에 서있는데 어떤 사람이 삼태기를 메고 궁안의 작은 문에서 나오는 자가 있었다. 조돈이 말하기를 "저것은 무엇인가? 대저 삼태기가 왜 궁안의 작은 문에서 나오는 것인가?"라고 하며 불렀는데 이르지 않고 말하기를 "이 자는 대부(大夫)입니다. 살펴보려고 하신다면 나와서 살펴보십시오."라고 했다.

조돈이 나아가서 살펴보니 굳어있는 시체였으며, 죽은 사람이었다. 조돈이 말하기를 "이는 누구인가?"라고 했다. 대답하기를 "선재(膳宰)입니다. 곰 발바닥을 익히지 않아 군주께서 화가 나서 발로 차서 죽자 사지를 해체하여 나를 시켜서 버리라고 한 것입니다."라고 했다. 조돈이 말하기를 "희(嘻)라!"하고 달려서 들어가자 영공(靈公)이 조돈(趙盾)을 바라보고 깜짝 놀라 재배를 했다. 조돈이 머뭇거리며 뒤로 물러나 북면하고 재배(再拜)하고 머리를 땅에 조아리고 달려서 나왔다.

영공(靈公)이 마음 속으로 부끄럽게 여기고 죽이려고 하였다.

제7편 선공 시대(宣公時代) 291

　이에 용사(勇士) 아무개를 시켜서 찾아가서 죽이라고 하였다. 용사가 조돈의 대문(大門)에 들어가자 문을 지키는 문지기가 없었다. 그의 규문(閨門)으로 들어갔는데 규문을 지키는 자도 없었다. 그의 당(堂)에 올랐는데 당에도 사람이 없었고 엎드려서 그의 집안을 엿보니 바야흐로 저녁식사를 하는데, 그는 생선을 먹고 있었다. 용사가 말하기를 "희(噫 : 한숨쉬다)라! 그대는 진실로 인인(仁人)이로다. 그대의 당(堂)에 올라도 사람이 없으니 이는 그대의 평소 평이함이로다. 그대가 진(晉)나라의 중경(重卿 : 막중한 경)으로 생선을 저녁으로 먹고 있으니 이는 그대의 검소함이로다. 군주가 장차 나를 시켜서 그대를 죽이라고 했지만 나는 차마 그대를 죽일 수가 없구나! 비록 그러나 나 또한 가히 우리의 군주를 다시 볼 수가 없겠구나!" 라고 하고 드디어 목을 매어 죽었다.
　진(晉)나라 영공(靈公)이 이 소식을 듣고 더욱 노하였으며 더욱 더 죽이려는 마음이 심해졌다. 군중 속에서는 가라고 시킬 자가 없자 이에 궁안에 군사를 숨기고 조돈을 불러서 식사를 했다. 조돈의 수레 오른쪽의 무사인 기미명(祁彌明)이란 자는 나라의 역사(力士)인데 용감하게 조돈을 따라 들어와 당하(堂下)에 이르러서 있었다. 조돈이 이미 식사를 마치자 영공이 조돈에게 이르기를 "내 들으니 그대의 검이 대개 좋은 검이라고 한다. 그대는 나에게 보여주라. 나는 장차 관람할 것이다." 라고 했다. 조돈이 일어나서 장차 검을 올리는데 기미명이 아래에서 불러 말하기를 "조돈이 포식하고 나오는데 무슨 까닭으로 군주의 처소에서 칼을 뽑았는가?" 라고 하자 조돈이 눈치를 채고 계단을 뛰어넘어서 달렸다. 영공이 주구(周狗)를 두었는데 오(獒)라고 이른다. 오(獒)를 불러서 따라붙게 했는데 오(獒)가 또한 계단을 뛰어넘어 따랐다. 기미명이 맞이하여 짓밟아서 그의 목을 끊었다. 조돈이 돌아보고 말하기를 "군주의 개는 신(臣)의 개만 못합니다." 라고 했다. 그런 연후에 궁중(宮中)의 군사들이 북을 두드리고 일어났다. 북을 두드리며 달려오는 무리 속에서 조돈을 껴안아 수레에 태웠다. 조돈이 돌아보면서 말하기를 "내가 왜 그대에게 여기서 구원을 받게 되는 것인가?"라고 했다. 그가 말하기를 "그대가 어느날 폭상(暴桑)의 아래에서 나에게 음식을 주어 살려준 바가 있었다."라고 했다. 조돈이 말하기를 "그대의 이름이 누구인가?"라고 했다. 그가 말하기를 "우리는 군주가 무엇 때문에 군사를 숨겨 두었는가? 그대를 태우기 위해서였으리라! 왜 나의 이름을 묻는 것인가?"라고 했다. 조돈이 말을 몰아서 나가자 무리에 머물러있는 자도 없었다. 조천이 민중들이 기뻐하지 않는 것을 따라서 일어나 영공을 시해했다. 그런 연후에 조돈을 맞이하여 들어와 함께 조정에서 집권하고 진(晉)나라의 성공(成公)인 흑둔(黑臀)을 군주로 세웠다.

여름인 4월이었다.

가을인 8월에 메뚜기 떼가 일어났다.

겨울인 10월이다.

六年 春 晉趙盾衛孫免侵陳¹⁾ ○趙盾弑君 此其復見何 親弑君者 趙穿²⁾也 親弑君者趙穿 則曷爲加之趙盾 不討賊也 何以謂之不討賊 晉史³⁾書賊曰 晉趙盾弑其君夷獋 趙盾曰 天乎 無辜 吾不弑君 誰謂 吾弑君者乎 史曰 爾爲仁爲義人 弑爾君而復國⁴⁾不討賊 此非弑君而 何 趙盾之復國奈何 靈公爲無道 使諸大夫皆內朝⁵⁾ 然後處乎臺上 引彈而彈之 已趨而辟丸 是樂而已矣 趙盾已朝⁶⁾而出 與諸大夫立於 朝 有人荷畚⁷⁾ 自閨⁸⁾而出者 趙盾曰 彼何也 夫畚曷爲出乎閨 呼之 不至 曰 子大夫也 欲視之 則就而視之 趙盾就而視之 則赫然⁹⁾死人 也 趙盾曰 是何也 曰 膳宰¹⁰⁾也 熊蹯¹¹⁾不熟 公怒 以斗擊¹²⁾而殺之 支 解 將使我棄之 趙盾曰 嘻 趨而入 靈公望見趙盾 愬而再拜¹³⁾ 趙盾 逡巡¹⁴⁾ 北面再拜稽首 趨而出 靈公心怍焉 欲殺之 於是使勇士某者 往殺之 勇士入其大門 則無人門焉者 入其閨¹⁵⁾ 則無人閨焉者 上其 堂 則無人焉 俯而闚其戶 方食魚飧¹⁶⁾ 勇士曰 嘻 子誠仁人也 吾入 子之大門 則無人焉 入子之閨 則無人焉 上子之堂 則無人焉 是子 之易¹⁷⁾也 子爲晉國重卿 而食魚飧 是子之儉也 君將使我殺子 吾不 忍殺子也 雖然 吾亦不可復見吾君矣 遂刎頸而死 靈公聞之怒 滋¹⁸⁾ 欲殺之甚 衆莫可使往者 於是伏甲于宮中 召趙盾而食之 趙盾之車

右祁彌明者 國之力士也 仡然[19]從乎趙盾而入 放乎堂下而立 趙盾已食 靈公謂盾曰 吾聞子之劒 蓋利劒也 子以示我 吾將觀焉 趙盾起將進劒 祁彌明自下呼之 曰 盾食飽則出 何故拔劒於君所 趙盾知之 蹴階[20]而走 靈公有周狗[21] 謂之獒[22] 呼獒而屬之 獒亦蹴階而從之 祁彌明逆而踆[23]之 絶其頷 趙盾顧曰 君之獒 不若臣之獒也 然而宮中甲鼓而起 有起于甲中者 抱趙盾而乘之 趙盾顧曰 吾何以得此于子 曰 子某時所食活我于暴桑下者[24]也 趙盾曰 子名爲誰 曰 吾君孰爲介[25] 子之乘[26]矣 何問吾名 趙盾驅而出 衆無留之者 趙穿緣民衆不說 起弑靈公 然後迎趙盾而入 與之立于朝 而立成公黑臀[27]

夏 四月

秋 八月 螟

冬 十月

1) 侵陳(침진) : 진(陳)나라가 초(楚)나라에 붙어서 진(晉)나라에서 침략한 것이라 했다.
2) 趙穿(조천) : 진(晉)나라 대부이며 조돈(趙盾)의 동생이다.
3) 晉史(진사) : 진(晉)나라 사관(史官) 동호(董狐)이다.
4) 復國(복국) : 국가로 돌아오다.
5) 內朝(내조) : 주(周)나라 때 삼조(三朝)의 하나. 외조(外朝)가 하나이고 내조(內朝)가 둘이고, 내조(內朝)의 노문내(路門內)를 연조(燕朝)라고 한다.
6) 朝(조) : 외조(外朝)라고 했다.
7) 荷畚(하답) : 산더미를 이고 있다.
8) 閨(규) : 궁중 안의 작은 문.
9) 赫然(혁연) : 시체가 굳은 모양.
10) 膳宰(선재) : 관리 이름이다.
11) 熊蹯(웅번) : 곰 발바닥.
12) 摮(오) : 갑자기 머리와 목을 치다의 뜻.
13) 愬而再拜(색이재배) : 깜짝 놀라서 재배를 하다.
14) 逡巡(준순) : 머뭇거리면서 뒤로 물러나다.
15) 閨(규) : 내실(內室)의 뜻.
16) 飧(손) : 늦은 저녁밥.

17) 易(이) : 절약 또는 검소
18) 滋(자) : 더욱 더.
19) 仡然(흘연) : 용감한 모양.
20) 躇階(착계) : 계단을 건너 뛰다.
21) 周狗(주구) : 훈련시켜서 지시를 잘 따르는 사나운 개.
22) 獒(오) : 사나운 개.
23) 踐(준) : 짓밟다.
24) 子某時所食活我于暴桑下者(자모시소식활아우폭상하자) : 그대가 어느 때인가 나를 벌거벗은 뽕나무 밑에서 먹여 살려준 일. 일찍이 조돈이 수산(首山)에서 사냥할 때 예상(翳桑)에서 묵었다. 거기에서 영첩(靈輒)이라는 자가 굶주려 있는 것을 보고 무슨 병이냐고 물으니 그는 사흘동안 먹지 못했다고 했다. 그에게 밥을 먹이자 그는 반을 남겼다. 그 까닭을 묻자 그가 대답하기를 "나라에 3년 동안 봉사하느라 어머니가 계신 곳을 알지 못하나 지금은 어머니 계신 곳이 가까우니 이것을 어머니에게 전해 주십시오"라고 했다. 조돈이 그 밥을 다 먹게 하고 그를 위해 도시락과 밥과 고기를 담아서 전대에 넣어주었다. 그 뒤 영첩은 군주의 호위병이 되었는데 그가 그때 창자루를 거꾸로 대고 군주의 병사들을 막아 조돈을 죽음에서 면하게 해준 일. 〈좌전 선공 2년에 있다.〉
25) 吾君孰爲介(오군숙위개) : 우리의 군주가 누구를 위하여 갑옷 입은 군사를 숨겼는가의 뜻.
26) 之乘(지승) : 마차에 오르게 하다.
27) 成公黑臀(성공흑둔) : 진(晉)나라 성공(成公)의 이름이 흑둔이라는 뜻. 양공(襄公)의 아우이고 7년 동안 재위했다.

7. 선공 7년 기미(己未)

가. 손양부(孫良夫)가 노(魯)나라에 와서 동맹하다

7년 기미(己未) 봄에 위(衛)나라 군주인 후작이 손양부(孫良夫)에게 노(魯)나라에 와서 동맹을 맺게 했다.

여름에 선공이 제(齊)나라 군주인 후작과 만나 래(萊)나라를 정벌했다.
가을에 선공이 래(萊)나라를 정벌하는 일에서 돌아왔다.
큰 가뭄이 들었다.
겨울에 선공이 진나라 군주인 후작과 송나라 군주인 공작과 위(衛)나라 군주인 후작과 정나라 군주인 백작과 조(曹)나라 군주인 백작과 흑양(黑壤)에서 회합을 가졌다.

七年 春 衛侯使孫良夫[1]來盟
夏 公會齊侯伐萊[2]
秋 公至自伐萊
大旱
冬 公會晉侯宋公衛侯鄭伯曹伯于黑壤[3]

1) 孫良夫(손양부) : 위(衛)나라 대부이며 손항자(孫恒子)라고 일컫는다.
2) 萊(내) : 옛 나라 이름. 성은 강씨(姜氏)이다.
3) 黑壤(흑양) : 진(晉)나라 고을 이름. 황보(黃父)라고도 일컫다.

8. 선공 8년 경신(庚申)

가. 태묘(太廟)에 제사가 있었다

8년 경신(庚申) 봄에 선공이 회합에서 돌아왔다.
여름인 6월에 공자 수(遂)가 제나라로 가다가 황(黃)에 이르러 되돌아 왔다. 그 '지황내복(至黃乃復 : 황 땅에 이르러 되돌아왔다)'라고 말한 것은 무슨 뜻인가? 질병이 있어서였다. 왜 '질병이 있어서 이에 되돌아왔다.'고 말하지 않았는가? 책망한 것이다. 왜 이를 책망했는가? 대부(大夫)가 군주의 명령으로 나갔다가 부모의 상(喪)을 듣고도 천천히 행동하여 돌아오지 못한 것이다.
신사(辛巳)일에 태묘(太廟)에 제사가 있었다.

중수(仲遂 : 公子 遂)가 수(垂)에서 세상을 떠났다. 중수(仲遂)란 누구인가? 공자 수(遂)이다. 왜 공자(公子)라고 일컫지 않았는가? 폄하한 것이다. 왜 폄하했는가? 자적(子赤)을 시해했기 때문에 폄하한 것이다. 그렇다면 왜 그가 시해하지 않았다고 했는데 폄하한 것인가? 노나라 문공(文公)에게 죄가 없는 것은 자적(子赤)이 즉위하여 1년이 넘지 않아서 한해도 기록된 것이 없기 때문이었다.

임오(壬午)일에 지내지 않아야 할 역제(繹祭)를 지내면서 만무(萬舞)를 태묘 안에서 행했으나 피리는 불지 않았다. 역제(繹祭)란 무엇인가? 태묘에 제사지낸 다음날 지내는 제사이다. 만무(萬舞)는 무엇인가? 방패를 써서 추는 무(武)의 춤이다. 약(籥)이란 무엇인가? 피리를 들고 추는 문(文)의 춤이다. 그 만무(萬舞)는 행했으나 약무(籥舞)는 추지 않았다고 한 것은 무슨 뜻인가? 그 소리가 나는 것은 제거하고 그 소리가 없는 것은 두어서 그 마음에 이를 보존시킨 것이다. 그 마음속에 이를 보존시켰다고 한 것은 무엇인가? 그것이 불가하다는 것을 알게 하기 위한 것이었다. 유(猶)란 무슨 뜻인가? 통상적으로 중지해야 한다는 뜻이다.

무자(戊子)일에 부인(夫人) 웅씨(熊氏)가 훙거(薨去)했다.

진(晉)나라 군사와 백적(白狄)이 진(秦)나라를 정벌했다.

초(楚)나라 사람이 서(舒)나라와 요(蓼)나라를 멸망시켰다.

가을인 7월 갑자(甲子)일에 일식이 있었는데 개기식(皆旣蝕)이었다.

겨울인 10월 기축(己丑)일에 우리 노나라 소군(小君) 경웅(敬熊)을 장사 지내는데 비가 내려 장사를 지내지 못하고 다음날인 경인(庚寅)일 한낮에 장사를 지냈다. 경웅(敬熊)이란 누구인가? 선공(宣公)의 어머니이다. 일중이극장(日中而克葬)의 '이(而)'란 무슨 뜻인가? 어려워졌다는 뜻이다. 내(乃)란 무슨 뜻인가? 어려워졌다는 뜻이다. 왜 혹은 이(而)자를 말하고 혹은 내(乃)자를 말하는가? 내(乃)자는 이(而)보다 더 곤란했다는 뜻이다.

평양(平陽)에 성(城)을 쌓았다.

초(楚)나라 군사가 진(陳)나라를 정벌했다.

　八年 春 公至自會
　夏 六月 公子遂如齊 至黃[1] 乃復 ○其言至黃乃復何 有疾也 何言乎有疾乃復 譏 何譏爾 大夫以君命出 聞喪[2] 徐行而不反
　辛巳 有事于太廟[3]
　仲遂[4] 卒于垂[5] ○仲遂者何 公子遂也 何以不稱公子 貶 曷爲貶 爲弑子赤貶 然則曷爲不於其弑焉貶 於文則無罪[6] 於子則無年[7]
　壬午 猶繹[8] 萬入去籥[9] ○繹者何 祭之明日也 萬者何 干舞[10]也 籥者何 籥舞[11]也 其言萬入去籥何 去其有聲者 廢[12]其無聲者 存其心焉爾 存其心焉爾者何 知其不可而爲之也 猶者何 通可以已[13]也
　戊子 夫人熊氏[14]薨
　晉師白狄[15]伐秦
　楚人滅舒蓼[16]
　秋 七月 甲子 日有食之 旣[17]
　冬 十月 己丑 葬我小君頃熊[18] 雨不克葬 庚寅 日中[19]而克葬 ○頃熊者何 宣公之母也 而者何 難也 乃者何[20] 難也 曷爲或言而 或言乃 乃難乎而也
　城平陽[21]
　楚師伐陳

1) 黃(황) : 제나라 땅 이름.
2) 聞喪(문상) : 부모의 상을 듣다. 곧 부모의 상을 당하다.
3) 大廟(대묘) : 태묘(太廟)이며 주공(周公)의 묘이다.
4) 仲遂(중수) : 양중(襄仲)인 공자 수(公子遂)이다. 노나라 집정대부였다.
5) 垂(수) : 제나라 땅 이름.
6) 于文則無罪(우문즉무죄) : 문공(文公) 18년에 있어서는 죄가 없다는 뜻.
7) 于子則無年(우자즉무년) : 자적(子赤)이 즉위하여 한해를 넘기지 않았으므로 자적의 한해가 없다는 뜻.
8) 猶繹(유역) : 역은 역제(繹祭)이다. 큰 제사를 지낸 다음날 지내는 작은 제사의 이름. 큰 제사를 지낸 날 공자 수(公子遂)가 죽었으므로 역제는 지내지

않아야 할 것이란 말이다. 유는 중지해야 한다는 뜻.
9) 萬入去籥(만입거약) : 만은 무악(舞樂), 약(籥)은 피리. 무악을 태묘 안에서 행했으되 소리가 밖으로 나가는 것을 꺼려서 피리는 불지 않았다는 뜻이다.
10) 干舞(간무) : 방패를 가지고 추는 무(武)의 춤.
11) 籥舞(약무) : 피리를 가지고 추는 춤.
12) 廢(폐) : 치(置)의 뜻.
13) 已(이) : 정지의 뜻.
14) 夫人熊氏(부인웅씨) : 좌전에는 부인영씨(夫人嬴氏)로 되어 있으며 선공의 모친 경영(敬嬴)이라 했다.
15) 白狄(백적) : 적인(狄人)의 한 갈래.
16) 舒蓼(서요) : 서나라와 요나라이다. 곡량전에는 요(鄝)로 되어 있다. 서나라와 요나라는 남방(南邦) 서족(舒族)의 한 갈래라 했다.
17) 旣(기) : 개기식(皆旣蝕).
18) 頃熊(경웅) : 선공의 어머니이다. 좌전에는 '경영(敬嬴)'으로 되어 있다.
19) 日中(일중) : 한낮.
20) 乃者何(내자하) : 정공(定公) 15년 9월 하단의 '내극장(乃克葬)'을 말한 것.
21) 平陽(평양) : 노나라 땅 이름.

9. 선공 9년 신유(辛酉)

가. 노나라에서 근모(根牟)를 점령하다

9년 신유(辛酉) 봄, 왕력으로 정월에 선공이 제나라에 갔다.
선공이 제나라에서 돌아왔다.
여름에 중손멸(仲孫蔑)이 경사(京師)에 갔다.
제나라 군주인 후작이 래(萊)나라를 정벌했다.
가을에 노나라는 근모(根牟)를 점령했다. 근모(根牟)란 어디인가? 주루(邾婁)나라의 읍(邑)이다. 왜 주루나라와 관련시키지 않았는가? 신속하게 근모 땅을 점령한 것을 숨긴 것이다.

8월에 등(滕)나라 군주인 자작이 세상을 떠났다.

9월에 진(晉)나라 군주인 후작과 송나라 군주인 공작과 위(衛)나라 군주인 후작과 정나라 군주인 백작과 조(曹)나라 군주인 백작이 호(扈)에서 회합했다.

진(晉)나라 순임보(荀林父)가 군사를 거느리고 진(陳)나라를 정벌했다.

신유(辛酉)일에 진(晉)나라 군주인 후작 흑둔(黑臀)이 호(扈)에서 세상을 떠났다. 호(扈)란 어떤 땅인가? 진(晉)나라의 읍(邑)이다. 제후들은 그 자신의 봉지(封地) 안에서 세상을 떠나게 되면 땅 이름을 기록하지 않는 것인데 이곳에는 왜 땅 이름을 기록했는가? 회합에서 세상을 떠났으므로 땅 이름을 쓴 것이다. 그의 봉지(封地) 안을 벗어나지 않았으므로 회합이라고 말하지 않은 것이다.

겨울인 10월 계유(癸酉)일에 위(衛)나라 군주인 후작 정(鄭)이 세상을 떠났다.

송나라 사람이 등(滕)나라를 포위했다.

초(楚)나라 군주인 자작이 정나라를 정벌했다.

진(晉)나라 극결(郤缺)이 군사를 거느리고 정나라를 구원했다.

진(晉)나라에서 그 대부(大夫)인 설야(泄冶)를 죽였다.

九年 春 王正月 公如齊
公至自齊
夏 仲孫蔑[1]如京師
齊侯伐萊
秋 取根牟[2] ○根牟者何 邾婁之邑也 曷爲不繫乎邾婁 諱亟[3]也
八月 滕子[4]卒
九月 晉侯宋公衛侯鄭伯曹伯會于扈
晉荀林父[5]帥師伐陳
辛酉 晉侯黑臀[6]卒于扈 ○扈者何 晉之邑也 諸侯卒其封內不地 此何以地 卒于會 故地也 未出其地 故不言會也

冬 十月 癸酉 衛侯鄭[7]卒
宋人圍滕
楚子伐鄭
晉郤缺帥師救鄭
陳殺其大夫泄冶[8]

1) 仲孫蔑(중손멸) : 노나라 환공의 아들인 경보(慶父)의 후손이며 맹손(孟孫 : 仲孫)의 가족이라 했다.
2) 根牟(근모) : 주루(邾婁)나라 읍(邑). 곡량전에는 동이족(東夷族)의 땅이라 했다.
3) 亟(극) : 시기가 빠르다.
4) 滕子(등자) : 등나라 소공(昭公)이다.
5) 荀林父(순임보) : 진(晉)나라의 대부이다. 최초로 중행장(中行將)에 임명되어 시호를 '환(桓)'이라 하고 중행환자(中行桓子)라고 일컫는다.
6) 黑臀(흑둔) : 진(晉)나라 성공(成公)의 이름이다. B.C. 606년에 즉위하여 7년간 재위하다.
7) 衛侯鄭(위후정) : 위(衛)나라 성공(成公)의 이름이 정(鄭)이다. B.C. 634년에 즉위하여 35년간 재위하다.
8) 泄冶(설야) : 진(陳)나라 대부이다. 좌전에는 설야(洩冶)로 되어 있다.

10. 선공 10년 임술(壬戌)

가. 하징서(夏徵舒)가 그 군주를 시해하다

10년 임술(壬戌) 봄에 선공이 제나라에 갔다. 선공이 제나라에서 돌아왔다. 제나라 사람이 우리 노나라의 땅이었던 제수(濟水)의 서쪽 땅을 돌려주었다. 제(齊)나라에서 이미 차지했는데 그것을 '아(我 : 우리)'라고 말을 한 것은 무슨 뜻인가? 아(我)라고 말한 것은 우리 노나라와 끊어지지 않았다는 것이다. 왜 우리 노나라와 단절되지 않았다는 것인가? 제나라에서 이미 차지했다고 말했으나 그 실상은 제나라 것이 아니기 때문이었다.
 여름인 4월 병진(丙辰)일에 일식이 있었다.
 기사(己巳)일에 제나라 군주인 후작 원(元)이 세상을 떠났다.
 제나라의 최씨(崔氏)가 위(衛)나라로 달아났다. 최씨(崔氏)란 누구인가? 제나라의 대부이다. 그를 최씨(崔氏)라고 일컫는 것은 무슨 뜻인가? 폄하한 것이다. 왜 폄하한 것인가? 대대로 나라의 경(卿)을 하는 것을 책망한 것인데, 대대로 나라의 경(卿)을 지내는 것은 예에 합당한 것이 아니었다.
 선공(宣公)이 제나라에 갔다가 5월에 제나라에서 돌아왔다.
 계사(癸巳)일에 진(陳)나라의 하징서(夏徵舒)가 그의 군주인 평국(平國)을 시해했다.
 6월에 송나라의 군사가 등(滕)나라를 정벌했다.
 공손귀보(公孫歸父)가 제나라에 갔다. 제나라의 혜공(惠公)을 장사 지냈다.
 진(晉)나라 사람과 송나라 사람과 위(衛)나라 사람과 조(曹)나라 사람이 정나라를 정벌했다.
 가을에 천자(天子)의 막내 왕자가 노(魯)나라에 와서 예방하게 했다. 왕계자(王季子 : 천자의 막내 왕자)란 누구인가? 천자(天子)의 대부(大夫)이다. 그를 왕계자(王季子)라고 일컬은 것은 무슨 뜻인가? 귀하게 여긴 것이다. 그를 귀하게 여긴 것은 무슨 이유인가? 주(周)나라 천자와 어머니를 함께 한 아우이기 때문이었다.
 공손귀보(公孫歸父)가 군사를 거느리고 주루(邾婁)나라를 정벌하여 귀(繪) 고을을 점령했다.
 큰 홍수가 났다.
 계손행보(季孫行父)가 제나라에 갔다.
 겨울에 공손귀보가 제나라에 갔다.
 제나라 군주인 후작이 국좌(國佐)에게 노나라를 예방하게 했다.
 기근이 들었다. 왜 이를 기록했는가? 기근은 중대한 것이라 기록한 것이다.

초나라 군주인 자작이 정나라를 정벌했다.

　十年 春 公如齊 公至自齊 齊人歸我濟西田[1] ○齊已取之矣 其言我
何 言我者 未絶於我也 曷爲未絶于我 齊已言取之矣 其實未之齊也
　夏 四月 丙辰 日有食之
　己巳 齊侯元[2]卒
　齊崔氏[3]出奔衛 ○崔氏者何 齊大夫也 其稱崔氏何 貶 曷爲貶 譏
世卿 世卿非禮也
　公如齊
　五月 公至自齊
　癸巳 陳夏徵舒[4]弑其君平國[5]
　六月 宋師伐滕
　公孫歸父如齊 葬齊惠公
　晉人宋人衛人曹人伐鄭
　秋 天王使王季子[6]來聘 ○王季子者何 天子之大夫也 其稱王季子
何 貴也 其貴奈何 母弟也
　公孫歸父帥師伐邾婁 取蘱[7]
　大水
　季孫行父如齊
　冬 公孫歸父如齊
　齊侯使國佐[8]來聘
　饑[9] ○何以書 以重書也
　楚子伐鄭

1) 濟西田(제서전): 제수(濟水) 서쪽의 땅. 본래는 노(魯)나라의 땅이었으나 한때 제(齊)나라가 차지하고 있다가 도로 노나라에 돌려준 것이다.
2) 齊侯元(제후원): 제나라 군주인 후작 원(元)으로 곧 제나라 혜공(惠公)이며 B.C. 608년에 즉위하여 10년간 재위하다.
3) 崔氏(최씨): 최무자(崔武子)로 일컬어지며 최저(崔杼)이다. 대부였다.
4) 夏徵舒(하징서): 진(陳)나라의 대부. 하어숙(夏御叔)과 하희(夏姬)의 아들이며 진(陳)나라 대부.

5) 平國(평국) : 진(陳)나라 영공(靈公)의 이름이다.
6) 王季子(왕계자) : 천자의 막내 아들. 좌전에는 유강공(劉康公)이라 하고 곡량전에는 왕자(王子)라고 했다.
7) 蘈(귀) : 주루(邾婁)나라 땅 이름.
8) 國佐(국좌) : 국무자(國武子)이며 제나라 대부(大夫)이다.
9) 饑(기) : 기근(饑饉). 큰 홍수로 말미암아 흉년이 들었다.

11. 선공 11년 계해(癸亥)

가. 공손귀보(公孫歸父)가 거(莒)나라를 정벌하다

11년 계해(癸亥) 봄, 왕력으로 정월이다.

여름에 초(楚)나라 군주인 자작과 진(陳)나라 군주인 후작과 정나라 군주인 백작이 진릉(辰陵)에서 동맹을 맺었다.

공손귀보(公孫歸父)가 제나라 사람과 만나서 거(莒)나라를 정벌했다.

가을에 진(晉)나라 군주인 후작이 적인(狄人)과 찬함(欑函)에서 회합했다.

겨울인 10월 초나라 사람이 진(陳)나라의 하징서(夏徵舒)를 살해했다. 이는 초(楚)나라 군주인 자작이다. 그를 인(人)이라고 일컬은 것은 무슨 뜻인가? 폄하한 것이다. 왜 이를 폄하한 것인가? 제후가 외국의 죄있는 것을 토벌한 일을 찬성하지 않은 것이다. 외국에서 토벌한 것을 찬성하지 않는다는 것은 그 외국으로부터 토벌당한 것을 찬성하지 않은 것이다. 비록 국내에서 대부를 토벌하는 것이라도 또한 찬성하지 않을 것이다. 왜 찬성하지 않았는가? 실제적으로는 찬성하고 문사(文辭)에는 찬성하지 않은 것이다. 문사(文辭)는 왜 찬성해주지 않았는가? 제후의 의(義)는 마음대로 토벌을 할 수가 없기 때문이다. 제후의 의(義)에는 마음대로 토벌을 할 수가 없다고 하였는데 그 실제로는 찬성해주었다는 것은 무슨 뜻인가? 위로는 천자(天子)가 없고 아래로는 방백(方伯)이 없어 천하의 제후가 무도(無道)를 행하는 자가 있어서 신하가 군주를 시해하고 아들이 아버지를 시해했다면, 이는 힘으로 능히 토벌하는 것이니 이의 토벌을 옳게 여긴 것일 뿐이다.

정해(丁亥)일에 초나라 군주인 자작이 진(陳)나라로 들어갔다.

공손영(公孫寧)과 의행보(儀行父)를 진(陳)나라로 들어오도록 했다. 공손영과 의행보는 모두 대부(大夫)이다. 그들을 들어오도록 했다고 말을 한 것은 무슨 뜻인가? 진(陳)나라 영공(靈公)의 무리들을 함께 들여보낸 것이다.

十有一年 春 王正月
夏 楚子陳侯鄭伯盟于辰陵[1]
公孫歸父會齊人 伐莒
秋 晉侯會狄于欑函[2]
冬 十月 楚人殺陳夏徵舒[3] ○此楚子也 其稱人何 貶 曷爲貶 不與外討也 不與外討者 因其討乎外而不與也 雖內討亦不與也 曷爲不與 實與 而文不與 文曷爲不與 諸侯之義 不得專討也 諸侯之義不得專討 則其曰實與之何 上無天子 下無方伯 天下諸侯 有爲無道者 臣弑君 子弑父 力能討之 則討之可也
丁亥 楚子入陳[4]
納公孫甯儀行父于陳 ○此皆大夫也 其言納何 納公黨與也

1) 辰陵(진릉) : 진(陳)나라의 땅 이름.
2) 欑函(찬함) : 적인(狄人) 나라의 땅 이름.
3) 楚人殺陳夏徵舒(초인살진하징서) : 초나라 사람이 진(陳)나라의 하징서를 죽이다. 이때는 초나라가 이미 진(陳)나라와 맹세를 맺어서 진나라의 내정(內政)을 간섭하는 기회가 되었는데 하징서가 진나라의 영공을 시해하자 내란이 있어, 초나라에서 하징서를 죽이고 내란을 평정했다.
4) 楚子入陳(초자입진) : 초나라의 군주인 자작이 진(陳)나라에 들어가다. 곧 쳐들어가 죽은 하징서의 머리를 성문에 걸어 전시하고 진나라를 점령한 것.

12. 선공 12년 갑자(甲子)

가. 초(楚)나라가 정나라를 포위하다

12년 갑자(甲子) 봄에 진(陳)나라 영공(靈公)을 장사 지냈다. 이 진(陳)나라의 역적을 토벌한 자는 진(陳)나라의 신하나 자식들이 아니었다. 그런데 왜 장례치른 날짜를 기록했는가? 군자(君子 : 孔子)의 말씀이다. 초(楚)나라가 이미 토벌했으니 신하나 자식들이 비록 토벌하고자 했더라도 토벌할 수가 없었기 때문이다.

초(楚)나라 군주인 자작이 정나라를 포위했다.

여름인 6월 을묘(乙卯)일에 진(晉)나라의 순임보(荀林父)가 군사를 거느리고 초나라 군주인 자작과 필(邲)에서 싸웠는데 진(晉)나라 군사가 크게 패했다.

대부(大夫)는 군주와 대적하지 않는 것인데 여기에서는 이름과 씨(氏)를 일컬어서 초(楚)나라의 자작과 대적시킨 것은 무슨 뜻인가? 진(晉)나라를 찬성하지 않았고 초나라의 군주인 자작을 찬성하여 예로써 대접한 것이다. 왜 진(晉)나라를 찬성해주지 않고 초나라 군주인 자작을 찬성하여 예로써 대접해주었는가? 초(楚)나라 장왕(莊王)이 정나라를 정벌하여 황문(皇門 : 城門)에서 승리하고 성안의 번화한 노구(路衢)에까지 이르렀다. 정나라 군주인 백작 양공(襄公)이 웃옷을 벗고 한쪽 어깨를 드러내고 왼손에는 모정(茅旌)을 가지고 오른손에는 난도(鸞刀)를 가지고 초나라의 장왕(莊王)을 맞이하여 말하기를 "과인(寡人)이 선(善)이 없어서 변수(邊垂 : 변방)의 신하로 하늘의 재앙을 범하여 군왕(君王)으로 하여금 발끈하게 하여 욕되게 폐읍(敝邑)까지 이르게 하였으나, 군주께서 이 다친 사람들을 불쌍하게 여기시어 불모(不毛)의 땅을 주어 한 두 사람의 늙은이들을 거느리고 편안하게 살 수 있도록, 군왕께 명을 청하나이다." 라고 했다.

장왕(莊王)이 말하기를 "군주의 좋지 아니한 사람들이 왕래하면서 말들이 많았다. 이로써 과인(寡人)이 군주의 옥면(玉面 : 얼굴)을 보고자 하여 몰래 이 곳까지 이르렀다."라고 하고 장왕이 몸소 손으로 정기(旌旗)를 잡고 좌우로 군사를 이끌고 군사가 머무른 곳에서 7리(七里)를 후퇴하였다. 이에 장군 자중(子重)이 간하여 말하기를 "남영(南郢)에서 정나라까지는 서로 떨어져있는 것이 수천리 인데다 여러 대부들이 죽은 자가 수십인이며 그 밑의 심부름하는 종사자의 죽은 자가 수백인데 이제 군주께서는 정나라를 정벌하여 승리하시고 보유하지 않으신다면 백성과 신하의 힘을 상실한 것도 없어지는 것이 아니겠습니까?"라고 했다. 장왕이 말하기를 "옛날에, 물 마시는 그릇에 구멍이 뚫려 있지 않고 가죽이 좀먹지 않으면 사방으로 정벌하지 않는다고 했다. 이로써 군자(君子)는 예를 두텁게 하고 이익을 박하게 하여 그의 사람을 요구하고 그의 토지를 요구하지 않는 것이다. 항복을 와서 고했는데 사면하지 않는다면 자상하지 않는 것이다. 내가 마음쓰는 것을 자상하게 하지 않는다면 재앙이 나의 몸에 미쳐서 어느날엔가 재앙이 있게 될 것이다."라고 했다. 이윽고 진(晋)나라의 군사가 정(鄭)나라를 구원하려고 이르렀다. 진나라의 군진에서 말하기를 "싸우기를 청합니다."라고 했다. 장왕이 허락했다. 장군인 자중(子重)이 간하여 말하기를 "진(晋)나라는 대국(大國)입니다. 왕의 군사들은 오래전부터 피곤합니다. 군주께서는 청하는 싸움을 허락하지 마십시오."라고 했다. 장왕이 말하기를 "약한 자를 우리가 위협했는데 강한 자를 우리가 피하겠는가? 이는 과인(寡人)으로 하여금 천하에 설 수가 없게 되는 것이다."라고 하고 명령을 내려 군사를 돌려서 진(晋)나라 군사들을 맞이하였다. 장왕이 북을 쳐서 진(晋)나라 군사가 대패(大敗)했다. 진(晋)나라 군사들 가운데 달아난 자들은 배 안에서 손가락으로 한 움큼 밖에 안되어 보였다. 장왕이 말하기를 "희(嘻 : 한숨 쉬다)라! 우리 양쪽의 군주가 서로 좋아하지 않는다면 백성들이 무슨 죄가 있겠는가?" 라고 하고 명령을 내려서 군사를 돌이키자 진나라 군사들이 달아나기가 바빴다.
　가을인 7월이다.
　겨울인 12월 무인(戊寅)일에 초나라 군주인 자작이 소(蕭)나라를 멸망시켰다.
　진(晉)나라 사람과 송나라 사람과 위(衛)나라 사람과 조(曹)나라 사람이 청구(淸丘)에서 동맹을 맺었다.
　송나라 군사가 진(陳)나라를 정벌하자 위(衛)나라 사람이 진(陳)나라를 구원했다.

　　十有二年 春 葬陳靈公[1] ○討此賊者 非臣子也 何以書葬 君子辭也 楚已討之矣 臣子雖欲討之 而無所討也
　　楚子圍鄭
　　夏 六月 乙卯 晉荀林父帥師 及楚子戰于邲[2] 晉師敗績 ○大夫不敵君 此其稱名氏以敵楚子何 不與晉而與楚子爲禮也 曷爲不與晉而與楚子爲禮也 莊王[3]伐鄭 勝乎皇門[4] 放乎路衢[5] 鄭伯肉袒[6] 左執茅旌[7] 右執鸞刀[8] 以逆莊王 曰 寡人無良 邊垂[9]之臣 以干天禍 是以使君王沛焉 辱到敝邑[10] 君如矜[11]此喪人 錫之不毛之地 使帥一二耋老而綏焉 請唯君王之命 莊王曰 君之不令臣 交易爲言[12] 是以使寡人得見君之玉面[13] 而微[14]至乎此 莊王親自手旌[15] 左右撝軍 退舍七里 將軍子重諫曰 南郢[16]之與鄭 相去數千里 諸大夫死者數人 廝役扈養死者數百人 今君勝鄭而不有 無乃失民臣之力乎 莊王曰 古者杅不穿 皮不蠹 則不出於四方[17] 是以君子篤於禮而薄於利 要其人而不要其土 告從 不赦 不詳[18] 吾以不詳道民 災及吾身 何日之有 旣則晉師之救鄭者至 曰 請戰 莊王許諾 將軍子重諫曰 晉大國也 王師淹病[19]矣 君請勿許也 莊王曰 弱者 吾威之 彊者 吾辟之 是以使寡人無以立乎天下 令之還師 而逆晉寇 莊王鼓之 晉師大敗 晉衆之走者 舟中之指可掬矣[20] 莊王曰 嘻 吾兩君不相好 百姓何罪 令之還師 而佚[21]晉寇
　　秋 七月
　　冬 十有二月 戊寅 楚子滅蕭[22]

晉人宋人衛人曹人同盟于淸丘[23]
宋師伐陳 衛人救陳

1) 陳靈公(진영공) : 진(陳)나라의 영공이 하징서(夏徵舒)에게 피살되어 죽은 지 20개월이 지나서야 장사를 지냈다. 제후들은 죽은 지 5개월만에 장사를 지내는 것으로 많은 날짜를 초과한 것이다.
2) 邲(필) : 정나라 땅 이름이다.
3) 莊王(장왕) : 초나라의 장왕이며 이름은 여(旅)이고 목왕(穆王)의 아들이며 23년간 재위했다. 춘추시대 오패(五覇)의 한 사람.
4) 皇門(황문) : 정나라 수도의 성문 이름.
5) 路衢(노구) : 곧 큰 거리. 사통팔달의 거리.
6) 鄭伯肉袒(정백육단) : 정나라 군주인 백작 양공(襄公)이 한쪽 어깨를 들어내다. 18년간 재위했다.
7) 茅旌(모정) : 띠풀로 만든 기(旗).
8) 鸞刀(난도) : 방울이 달려있는 칼. 옛날에 제사를 지낼 때 희생을 가르는 칼.
9) 邊垂(변수) : 변방의 뜻.
10) 敝邑(폐읍) : 겸손하여 하는 말.
11) 矜(긍) : 불쌍히 여기다.
12) 君之不令臣交易爲言(군지불영신교액위언) : 군주의 신하들이 좋지 않아 왔다 갔다 하면서 나쁜 말들을 한다는 뜻.
13) 玉面(옥면) : 얼굴의 뜻.
14) 微(미) : 소(少)의 뜻.
15) 手旌(수정) : 손수 기를 잡다의 뜻.
16) 南郢(남영) : 초나라의 수도
17) 不出於四方(불출어사방) : 사방으로 정벌하러 나가지 않는다는 뜻.
18) 告從不赦不詳(고종불사불상) : 굴복을 고했는데 사면하지 않으면 상서롭지 못하다의 뜻.
19) 淹病(엄병) : 오래도록 피곤하다. 곧 오래도록 지쳤다는 뜻.
20) 舟中之指可掬矣(주중지지가국의) : 뱃속에 있는 것들을 두 손으로 가히 움켜쥐다의 뜻. 곧 하찮다는 뜻이다.
21) 佚(일) : 달아나다. 곧 도망치다의 뜻.

22) 蕭(소) : 송(宋)나라의 부용국(附庸國).
23) 淸丘(청구) : 위(衛)나라의 땅 이름이다.

13. 선공 13년 을축(乙丑)

가. 초(楚)나라에서 송나라를 정벌하다
13년 을축(乙丑) 봄에 제나라 군사가 위(衛)나라를 정벌했다.
여름에 초(楚)나라 군주인 자작이 송나라를 정벌했다.
가을에 메뚜기 떼가 일어났다.
겨울에 진(晉)나라에서 그 대부 선곡(先穀)을 죽였다.

十有三年 春 齊師伐衛[1]
夏 楚子伐宋
秋 螽
冬 晉殺其大夫先穀[2]

1) 伐衛(벌위) : 좌전(左傳)이나 곡량전에는 벌거(伐莒)로 되어 있다.
2) 先穀(선곡) : 어느 본에는 곡이 곡(穀)으로 되어 있기도 하다. 진(晉)나라 대부이며 죄가 없는데 죽임을 당했다. 선진(先軫)의 후예이다.

14. 선공 14년 병인(丙寅)

가. 공손귀보(公孫歸父)가 곡(穀)에서 회합하다
14년 병인(丙寅) 봄에 위(衛)나라에서 그 대부(大夫)인 공달(孔達)을 죽였다.
여름인 5월 임신(壬申)일에 조(曹)나라 군주인 백작 수(壽)가 세상을 떠났다.

진(晉)나라 군주인 후작이 정나라를 정벌했다.
가을인 9월에 초나라 군주인 자작이 송나라를 포위했다.
조(曹)나라 문공(文公)을 장사 지냈다.
겨울에 공손귀보(公孫歸父)가 제나라 군주인 후작과 곡(穀)에서 회합했다.

十有四年 春 衛殺其大夫孔達[1]
夏 五月 壬申 曹伯壽[2]卒
晉侯伐鄭
秋 九月 楚子圍宋
葬曹文公
冬 公孫歸父會齊侯于穀

1) 孔達(공달) : 위(衛)나라 대부이다. 목을 매어 자살했다.
2) 曹伯壽(조백수) : 조(曹)나라 문공(文公)이며 수(壽)는 그의 이름이다. B.C. 617년에 즉위하여 23년간 재위했다.

15. 선공 15년 정묘(丁卯)

가. 공손귀보가 송나라와 회합하다

15년 정묘(丁卯) 봄에 공손귀보(公孫歸父)가 초나라 군주인 자작과 송(宋)나라에서 회합했다.

여름인 5월에 송나라 사람이 초(楚)나라 사람과 화평을 이루었다. 외국의 화평은 기록하지 않는 것인데 이곳에는 왜 기록했는가? 그 자신들이 화평을 이룬 것을 대단하게 여긴 것이다. 왜 그 자신들이 화평을 이룬 것을 대단하게 여겼는가? 초(楚)나라의 장왕(莊王)이 송나라를 포위하여 오래되었는데도 함락되지 않고 군대는 7일치의 식량만이 남아 있었다. 이를 다 소모하고 승리하지 못하면 장차 철수하여 돌아가려고 하였다.

이에 사마자반(司馬子反)을 시켜서 흙으로 메꾼 토산(土山)에 올라가 송나라의 성 안을 엿보게 했다. 이때 송(宋)나라의 화원(華元)이 또한 흙으로 메운 토산(土山)에 올라와서 보고 있었다. 사마자반(司馬子反)이 말하기를 "그대의 나라는 상황이 어떠한가?"라고 물었다. 송나라의 화원(華元)이 말하기를 "고달프다."라고 했다. 자반이 말하기를 "얼마나 고달픈가?" 화원이 말했다. "자식을 서로 바꾸어서 잡아먹고 사람의 뼈를 쪼개서 밥을 짓는다." 사마자반이 말했다. "희(嘻 : 한숨 쉬다)라! 심하게 고달프구나. 비록 그러나 나는 들었다. 포위하는 자는 말을 재갈 물려서 곡식을 먹이고 살이 찐 자로 하여금 손님을 접대한다고 하는데 어찌하여 그대의 실정을 드러내는가?" 화원(華元)이 말했다. "나는 들었다. 군자(君子)는 남의 재앙을 보면 불쌍하게 여기고 소인(小人)은 남의 재앙을 보면 행복하게 여긴다고 했는데 내가 보기에 그대는 군자(君子)로 보인다. 이로써 사정을 그대에게 고하는 것이다." 사마자반이 말했다. "그렇다. 힘쓸지어다! 우리의 군대도 7일의 식량만이 있을 뿐이니 이 식량이 다하여도 이기지 못하면 장차 철군하여 돌아갈 것이다." 하며 읍을 하고 떠나 장왕에게 돌아갔다.

장왕이 말했다. "어떠하더냐?" 사마자반이 말했다. "고달픈 상황입니다." 장왕이 말했다. "어떻게 고달픈가?" 사마자반이 말했다. "자식을 바꾸어 잡아먹고 뼈를 쪼개서 밥을 하는 상태입니다." 장왕이 말했다. "희(嘻)라! 매우 고달프구나. 비록 그러나 우리는 지금 이곳을 빼앗은 연후에 돌아갈 것이다." 사마자반이 말했다. "불가합니다. 신(臣)이 이미 고했습니다. 군대의 식량이 7일치 뿐이라고…." 장왕이 노(怒)하여 말했다. "그대로 하여금 가서 살피라고 했거늘 그대는 왜 사실을 고했는가?" 사마자반이 말했다. "송나라는 소소한 것까지도 남의 신하를 속이지 않는 것이 있었는데 초(楚)나라로써 대답을 하지 않아야 합니까? 이로써 고했습니다." 장왕이 말했다. "알겠다! 군막을 수리하고 주둔한다. 비록 그러나 우리는 이 성을 취한 연후에 돌아가리라." 사마자반이 말했다. "그렇다면 군주께서는 청컨대 이곳에 머무르시고 신(臣)은 돌아가기를 청합니다." 장왕이 말했다. "그대가 나를 떠나 돌아간다면 나는 누구와 함께 이곳에 머무르겠는가? 나도 또한 그대를 따라서 돌아갈 것이다." 라고 하며 군대를 이끌고 떠나갔다. 그러므로 군자(君子)께서는 그 자신들이 화평을 이룬 것을 대단하게 여긴 것이다. 이것은 모두 대부들인데 그 인(人)이라고 일컬은 것은 무슨 뜻인가? 폄하한 것이다. 왜 폄하했는가? 화평을 이룬 것이 아래의 대부(大夫)에게 있었기 때문이었다.

十有五年 春 公孫歸父會楚子于宋

夏 五月 宋人及楚人平 ○外乎不書 此何以書 大其平乎己[1]也 何大乎其平乎己 莊王圍宋 軍有七日之糧爾 盡此不勝 將去而歸爾 於是使司馬子反[2]乘堙而窺宋城 宋華元亦乘堙[3]而出見之 司馬子反曰 子之國何如 華元曰 憊矣 曰 何如 曰 易子而食之[4] 析骸而炊之[5] 司馬子反曰 嘻 甚矣憊 雖然 吾聞之也 圍者 柑馬而秣之[6] 使肥者應客 是何子之情[7]也 華元曰 吾聞之 君子見人之厄[8]則矜[9]之 小人見人之厄則幸之 吾見子之君子也 是以告情于子也 司馬子反曰 諾 勉之矣 吾軍亦有七日之糧爾 盡此不勝 將去而歸爾 揖而去之 反于莊王 莊王曰 何如 司馬子反曰 憊矣 曰 何如 曰 易子而食之 析骸而炊之 莊王曰 嘻 甚矣憊 雖然 吾今取此 然後而歸爾 司馬子反曰 不可 臣已告之矣 軍有七日之糧爾 莊王怒 曰 吾使子往視之 子曷爲告之 司馬子反曰 以區區[10]之宋 猶有不欺人之臣 可以楚而無乎 是以告之也 莊王曰 諾 舍而止[11] 雖然 吾猶取此然後歸爾 司馬子反曰 然則君請處于此 臣請歸爾 莊王曰 子去我而歸 吾孰與處于此 吾亦從子而歸爾 引師而去之 故君子大其平乎己也 此皆大夫也 其稱人何 貶 曷爲貶 平者在下也

1) 平乎己(평호기) : 자신들이 화평하다의 뜻. 곧 당사자끼리 화평하다.
2) 司馬子反(사마자반) : 초나라 주장(主將)이며 공자 측(公子側)이다.
3) 堙(인) : 흙으로 메꾸어 쌓아올린 토성(土城).
4) 易子而食之(역자이식지) : 자식을 바꾸어서 잡아먹다의 뜻.

제7편 선공 시대(宣公時代) 313

5) 析骸而炊之(석해이찬지) : 뼈를 쪼개 밥을 지어 먹다. 곧 뼈로 불을 때다.
6) 柑馬而秣之(겸마이말지) : 말에 재갈을 채워 먹이다. 먹이는 것같이 보이는 것.
7) 是何子之情(시하자지정) : 왜 그대의 실정을 알려주는가?의 뜻.
8) 厄(액) : 곤고 재앙.
9) 矜(긍) : 불쌍히 여기다.
10) 區區(구구) : 소소한 것. 자질구레한 일.
11) 舍而止(사이지) : 군막을 수리하고 머무르다. 오래있을 것 같이 하다의 뜻.

나. 찰(札)이 소백(召伯)과 모백(毛伯)을 죽이다

6월 계묘(癸卯)일에 진(晉)나라 군사가 적적(赤狄)의 노씨(潞氏 : 노나라)를 멸망시키고 노씨의 군주인 자작 영아(嬰兒)를 데리고 돌아왔다. 노(潞)를 왜 자작(子爵)이라고 일컬었는가? 노(潞)의 군주인 자작이 선을 위하다가 몸소 멸망하는데 이르게 된 것이다. 이러한 것을 군자(君子)께서 가히 기록하지 않을 수가 없었다. 그의 행위가 이적(夷狄)의 풍속에서 떠났다고 하더라도 능히 중국과 합치되지는 못한 것이었다. 진(晉)나라 군사가 정벌하는데 중국(中國)에서 구제해주지 않았고 적인(狄人)의 도움도 있지 않아 이 때문에 멸망한 것이다.

진(秦)나라 사람이 진(晉)나라를 정벌했다.

왕자(王子) 찰(札)이 소백(召伯)과 모백(毛伯)을 죽였다. 왕자 찰(札)이란 누구인가? 주(周)나라 왕실의 서자(庶子) 가운데 장자(長子)라는 호칭이다.

가을에 메뚜기 떼가 일어났다.

중손멸(仲孫蔑)이 제나라의 고고(高固)를 모루(牟婁)에서 만났다.

처음으로 경작(耕作)하는 토지의 묘(畝)에 따라 세금을 거두었다. 초(初 : 처음)란 무슨 뜻인가? 시작이다. 세묘(稅畝 : 경작하는 묘)란 무엇인가? 묘(畝)를 밟아서 세금을 거둔 것이다. 초세묘(初稅畝)를 왜 기록했는가? 책망한 것이다. 왜 이를 책망했는가? 처음으로 이랑을 세어서 세금을 거둔 것을 책망한 것이다. 왜 처음으로 이랑을 세어서 세금을 거둔 것을 책망했는가? 옛부터 십일(什一)의 정전법(井田法)이었다. 옛날에는 왜 십일(什一)의 정전법을 사용했는가? 십일(什一)이란 천하의 치우치지 않은 올바른 것이다. 십일(什一)보다 많게 하는 것은 하(夏)나라의 걸왕(桀王)과 같은 횡포이고 십일(什一)보다 적게 하는 것은 대맥(大貉)이나 소맥(小貉)과 같은 미개인의 법이다. 십일(什一)이란 천하의 치우치지 않은 알맞은 법이다. 십일(什一)이 행해지면 백성들에게서 칭송하는 소리가 일어날 것이다.

겨울에 누리가 생겼다. 연생(蠡生 : 누리가 발생)이라고 말한 곳이 없는데 이곳에서는 그 연생(蠡生)이라고 말을 한 것은 무슨 뜻인가? 누리가 발생한 것은 기록하지 않는 것인데 이곳에서는 왜 이를 기록했는가? 다행으로 여긴 것이다. 다행으로 여긴 것이란 무슨 뜻인가? 재앙을 받은 것이 여기에 이른(누리가 발생한) 것과 같은 것을 이른 것이다. 재앙을 받은 것이 여기에 이르렀다는 것은 무슨 뜻인가? 노나라 선공(宣公)이 세금의 제도인 떳떳한 것을 바꾼 변화가 이에 응하여 하늘의 재앙이 있는 것이다. 그 모든 것이 이에 적당한 변화가 있는 것을 뜻한 것이다.

기근(饑饉)이 들었다.

六月 癸卯 晉師滅赤狄潞氏[1] 以潞子嬰兒[2]歸 ○潞何以稱子 潞子之爲善也 躬足以亡爾 雖然 君子不可不記也 離于夷狄 而未能合于中國 晉師伐之 中國不救 狄人不有 是以亡也
秦人伐晉
王札子[3]殺召伯毛伯[4] ○王札子者何 長庶之號[5]也
秋 蠡
仲孫蔑[6]會齊高固于牟婁[7]
初稅畝[8] ○初者何 始也 稅畝者何 履畝而稅也 初稅畝 何以書 譏何譏爾 譏始履畝而稅也 何譏乎始履畝而稅 古者什一[9]而藉[10] 古者曷爲什一而藉 什一者 天下之中正也 多乎什一 大桀小桀[11] 寡乎什

제7편 선공 시대(宣公時代) 315

一 大貉小貉¹²⁾ 什一者 天下之中正也 什一行而頌聲作矣

　冬 螽¹³⁾生 ○未有言螽生者 此其言螽生何 螽生不書 此何以書 幸之也 幸之者何 猶曰受之云爾 受之云爾者何 上變古易常¹⁴⁾ 應是而有天災 其諸則宜於此變焉¹⁵⁾矣

　饑

1) 潞氏(노씨) : 적적(赤狄)의 한 부족 국가. 노(潞)나라 군주의 작위(爵位)는 자작(子爵)이었다.
2) 潞子嬰兒(노자영아) : 노(潞)나라 군주인 자작 영아라는 뜻이다.
3) 王札子(왕찰자) : 곡량전에는 주(周)나라의 집정(執政)대신으로 천자의 전권을 마음대로 한다고 했다.
4) 召伯毛伯(소백모백) : 소백은 좌전에 소대공(召戴公)이며 주왕실(周王室)의 경(卿), 모백은 좌전에 모백위(毛伯衛)이며 주왕실의 대부.
5) 長庶之號(장서지호) : 주(周)나라 왕실의 서자(庶子) 가운데 장자(長子)의 존칭이다. 곧 천자(天子)의 서형(庶兄)이다.
6) 仲孫蔑(중손멸) : 노나라의 대부이며 노나라 환공(桓公)의 아들 경보(慶父)의 후손이다.
7) 牟婁(모루) : 기(杞)나라 땅 이름. 곡량전에는 경문에 무루(無婁)로 됨.
8) 初稅畝(초세묘) : 처음으로 묘(畝)에 세금을 거두다의 뜻. 이것이 중국에서 최초로 묘에서 세금을 거둔 시초가 되었다고 함. 묘는 토지 면적의 단위.
9) 什一(십일) : 10분의 1이라는 뜻.
10) 藉(적) : 적법(藉法) 또는 정전법(井田法)이다. 은(殷)나라 때부터 주(周)나라 때까지 이어오던 정전제(井田制)이다. 전지(田地) 사방(四方) 일리(一里)를 일컫다. 구백묘(九百畝)의 전지(田地)를 정자형(井字形)으로 구등분하여 주위의 여덟 집에 나누어 경작케하고, 중앙의 공전(公田)은 여덟 집이 공동으로 경작하여 그 수확을 국가에 바치는 제도.
11) 大桀小桀(대걸소걸) : 곧 하(夏)나라 폭군인 걸(桀)과 같은 것으로 대걸이나 소걸에 지나지 않는다는 뜻.
12) 大貉小貉(대맥소맥) : 큰 나라의 미개인이나 작은 나라의 미개인이라는 뜻. 곧 천하에서 제일 뒤쳐진 미개인이라는 뜻.
13) 螽(연) : 새끼 누리.

14) 上變古易常(상변고이상) : 상(上 : 선공)이 옛 쉬운 것들을 변화시켰다.
15) 變焉(변언) : 변화를 가져오다의 뜻.

16. 선공 16년 무진(戊辰)

가. 유우(留吁)나라를 멸망시키다

　16년 무진(戊辰) 봄, 왕력으로 정월에 진(晉)나라 사람이 적적(赤狄)인 갑씨(甲氏)나라와 유우(留吁)나라를 멸망 시켰다.
　여름에 성주(成周)의 선사(宣榭)에 불이 났다. 성주(成周)란 어디인가? 동주(東周)이다. 선사(宣榭)란 어떤 곳인가? 선공(宣公)의 사당이다. 왜 성주(成周)의 선사(宣榭)에 불이 났다고 말을 했는가? 악기(樂器)가 이곳에 보관되어 있기 때문이었다. 성주(成周)의 선사(宣榭)의 화재를 왜 기록했는가? 재앙이라 기록한 것이다. 밖의 재앙은 기록하지 않는 것인데 이곳에는 왜 이를 기록했는가? 새로운 주(周)나라의 왕조였기 때문이었다.
　가을에 담(郯)나라의 백희(伯姬)가 돌아왔다.
　겨울에 큰 풍작(豊作)이었다.

　十有六年 春 王正月 晉人滅赤狄甲氏 及留吁[1]
　夏 成周[2]宣榭災 ○成周者何 東周[3]也 宣榭[4]者何 宣宮[5]之榭也 何言乎成周宣榭災[6] 樂器藏焉爾 成周宣榭災 何以書 記災也 外災不書 此何以書 新周也
　秋 郯伯姬[7]來歸
　冬 大有年[8]

1) 甲氏及留吁(갑씨급유우) : 갑씨와 유우는 모두 적적(赤狄)의 한 부족들이다.
2) 成周(성주) : 낙양(洛陽). 곧 주(周)왕조.
3) 東周(동주) : 주(周)나라 평왕(平王)때부터 난왕(赧王)때까지의 시대. 낙양(洛陽)에 도읍하여 동쪽에 있었으므로 이름하다.

4) 宣榭(선사) : 강당식의 건축물이며 활쏘기를 연습하는 곳. 좌전에는 선무당(宣武堂), 강무대(講武臺) 일설에는 사당(射堂)의 제도 사는 사(射)와 같다고 했다. 곡량전에는 악기가 저장되어 있는 곳이라 했다.
5) 宣宮(선궁) : 주(周)나라 선왕(宣王)의 묘(廟)라고 했다.
6) 災(재) : 좌전의 경문(經文)에는 '화(火)'로 되어 있고 곡량전에는 재(災)로 되어 있다.
7) 郯伯姬(담백희) : 담나라로 시집간 노나라의 공녀. 버림받아서 돌아왔다고 함.
8) 大有年(대유년) : 큰 풍작(豊作).

17. 선공 17년 기사(己巳)

가. 선공이 단도(斷道)에서 동맹하다

17년 기사(己巳) 봄인 왕력으로 정월 경자(庚子)일에 허(許)나라 군주인 남작 석아(錫我)가 세상을 떠났다.

정미(丁未)일에 채(蔡)나라 군주인 후작 신(申)이 세상을 떠났다.

여름에 허(許)나라 소공(昭公)을 장사 지냈다.

채(蔡)나라 문공(文公)을 장사 지냈다.

6월 계묘(癸卯)일에 일식이 있었다.

기미(己未)일에 선공이 진(晉)나라 군주인 후작과 위(衛)나라 군주인 후작과 조(曹)나라 군주인 백작과 주루(邾婁)나라 군주인 자작과 회합하여 단도(斷道)에서 동맹을 맺었다.

가을에 선공이 회합에서 돌아왔다.

겨울인 11월 임오(壬午)일에 선공의 아우인 숙힐(叔肸)이 세상을 떠났다.

十有七年 春 王正月 庚子 許男錫我[1]卒
丁未 蔡侯申[2]卒

夏 葬許昭公
葬蔡文公
六月 癸卯 日有食之
己未 公會晉侯衛侯曹伯邾婁子 同盟于斷道³⁾
秋 公至自會
冬 十有一月 壬午 公弟叔肸⁴⁾卒

1) 許男錫我(허남석아) : 허나라 군주인 남작 석아(錫我)이다. 곧 허나라 소공(昭公). 석아는 이름이다. B.C. 621년 즉위하여 31년간 재위하다.
2) 蔡侯申(채후신) : 곧 채나라 문공(文公)이고 신은 이름이다. B.C. 617년 즉위하여 20년간 재위하다.
3) 斷道(단도) : 진(晉)나라 땅 이름이다.
4) 公弟叔肸(공제숙힐) : 선공(宣公)의 아우 숙힐(叔肸). 곧 선공과 동모제(同母弟)이고 힐이 이름이다.

18. 선공 18년 경오(庚午)

가. 주루(邾婁)나라 사람이 증(鄫)나라 군주를 죽이다

18년 경오(庚午) 봄에 진(晉)나라 군주인 후작과 위(衛)나라 세자(世子) 장(臧)이 제나라를 정벌했다.
선공이 기(杞)나라를 정벌했다.
여름인 4월이다.
가을인 7월에 주루(邾婁)나라 사람이 증(鄫)나라 군주인 자작을 증(鄫)나라에서 죽였다. 증(鄫)나라 군주인 자작을 증나라에서 죽였다는 것은 무슨 뜻인가? 잔인하게 도적이 죽였다는 뜻이다.
갑술(甲戌)일에 초나라 군주인 자작 여(旅)가 세상을 떠났다. 왜 장례를 치른 것을 기록하지 않는가? 오(吳)나라나 초(楚)나라 군주의 장례치른 것을 기록하지 않는 것은 그 왕(王)이라는 호(號)를 피하기 위해서이다.

공손귀보(公孫歸父)가 진(晉)나라에 갔다.
　겨울인 10월 임술(壬戌)일에 선공이 노침(路寢)에서 훙거(薨去)했다.
　공손귀보가 진(晉)나라에서 돌아와 성(檉)에 이르렀다가 다시 제나라로 달아났다. 환(還 : 돌아오다)이란 무슨 뜻인가? 좋게 한 말이다. 왜 이를 좋게 여긴 것인가? 귀보(歸父)가 진(晉)나라에 사신으로 갔다가 진(晉)나라에서 돌아와 정(檉)에 이르러 군주인 선공(宣公)이 훙거하고 가솔들이 쫓겨났다는 말을 듣고 제사 지낼 단에 장막을 치고 군주의 죽음에 곡을 하고, 성용(成踊)을 한 다음, 개(介)에게 사신 간 내용을 보고토록 하고 이곳에서 제나라로 달아난 것이다.

　十有八年 春 晉侯衛世子臧[1]伐齊
　公伐杞
　夏 四月
　秋 七月 邾婁人戕鄫子[2]于鄫 ○戕鄫子于鄫者何 殘賊而殺之也
　甲戌 楚子旅[3]卒 ○何以不書葬 吳楚之君不書葬 辟其號也
　公孫歸父如晉
　冬 十月 壬戌 公薨于路寢[4]
　歸父還自晉 至檉[5] 遂奔齊 ○還者何 善辭也 何善爾 歸父使於晉 還自晉 至檉 聞君薨家遣[6] 墠帷[7] 哭君成踊[8] 反命乎介[9] 自是[10] 走之齊

1) 衛世子臧(위세자장) : 위나라 세자이고 이름이 장이라는 뜻.
2) 戕鄫子(장증자) : 증(鄫)나라 군주를 죽이다. 장은 나라 밖의 사람이 다른 나라의 군주를 죽이는 경우에 쓰이는 말. 곡량전에는 증(繒)으로 되어 있다.
3) 楚子旅(초자여) : 초나라 장왕(莊王)이다. 22년간 재위했다.
4) 路寢(노침) : 천자(天子)나 제후가 정무를 보는 곳. 그 방.
5) 檉(정) : 송나라 땅 이름. 좌전에는 생(笙)으로 되어 있다.
6) 家遣(가견) : 가(家 : 집안)가 노(魯)나라에서 추방당하다의 뜻.
7) 墠帷(선유) : 제단에 장막을 치다.

8) 成踊(성용) : 죽음을 애도하는 마음에서 깡총깡총 뛰는 모습을 말한다.
9) 反命乎介(반명호개) : 개는 사신의 부사(副士), 개가 군주에게 사신간 일의 전말을 고하게 하는 것.
10) 是(시) : 곧 정(檉)의 땅이란 뜻.

제8편 성공 시대(成公時代)
(재위 : 1년~18년까지)

시법(諡法)에 '백성을 편안히 하고 정사를 세운 것'을 '성(成)'이라 했다.

▨ 성공 연표(成公年表)

국명 기원전	周 定王	鄭 襄公	齊 頃公	宋 文公	晉 景公	衛 穆公	蔡 景公	曹 宣公	滕 文公	陳 成公	杞 桓公	薛	莒 季佗	邾 定公	許 靈公	小邾	楚 共王	秦 桓公	吳 壽夢	越	魯 成公
590	17	15	9	21	10	10	2	5	10	9	47		19	24	32		1	15			1
589	18	16	10	22	11	11	3	6	11	10	48		20	25	靈公1		2	16			2
588	19	17	11	共公1	12	定公1	4	7	12	11	49		21	26	2		3	17			3
587	20	18	12	2	13	2	5	8	13	12	50		22	27	3		4	18			4
586	21	悼公1	13	3	14	3	6	9	14	13	51		23	28	4		5	19			5
585	簡王1	2	14	4	15	4	7	10	15	14	52		24	29	5		6	20	1		6
584	2	成公1	15	5	16	5	8	11	16	15	53		25	30	6		7	21	2		7
583	3	2	16	6	17	6	9	12	17	16	54		26	31	7		8	22	3		8
582	4	3	17	7	18	7	10	13	18	17	55		27	32	8		9	23	4		9
581	5	4	靈公1	8	19	8	11	14	19	18	56		28	33	9		10	24	5		10
580	6	5	2	9	厲公1	9	12	15	20	19	57		29	34	10		11	25	6		11
579	7	6	3	10	2	10	13	16	21	20	58		30	35	11		12	26	7		12
578	8	7	4	11	3	11	14	17	22	21	59		31	36	12		13	27	8		13
577	9	8	5	12	4	12	成公1	23	22	60			32	37	13		14	28	9		14
576	10	9	6	13	5	獻公1	16	2	24	23	61		吾子1	38	14		15	景公1	10		15
575	11	10	7	平公1	6	2	17	3	25	24	62		2	39	15		16	2	11		16
574	12	11	8	2	7	3	18	4	成公1	25	63		3	40	16		17	3	12		17
573	13	12	9	3	8	4	19	5	2	26	64		4	宣公1	17		18	4	13		18

※ 설(薛) : 희공 원년에 자세한 기록이 보인다.
※ 소주(小邾) : 희공 원년에 약간의 기록이 보인다.
※ 월(越) : 은공 원년과 소공 원년에 기록이 보인다.

제8편 성공 시대(成公時代)

1. 성공(成公) 원년 신미(辛未)

가. 정월에 성공(成公)이 즉위했다

 원년(元年) 신미(辛未) 봄, 왕력으로 정월에 성공(成公)이 즉위했다.
 2월 신유(辛酉)일에 우리 군주 선공(宣公)을 장사 지냈다.
 얼음이 얼지 않았다.
 3월에 구(丘)마다 갑사(甲士)를 내는 제도를 마련했다. 왜 이를 기록했는가? 책망한 것이다. 왜 이를 책망했는가? 노나라의 성공(成公)이 처음으로 구(丘)마다 갑사(甲士)를 내라고 시킨 것을 책망한 것이다.
 여름에 장손허(臧孫許)가 진(晉)나라 군주인 후작과 적극(赤棘)에서 동맹을 맺었다.
 가을에 천자(天子)의 군사가 무융족(貿戎族)의 땅에서 패전했다. 누가 패하였는가? 대개 진(晉)나라 군사가 패하였다. 어떤 이는 말하기를 "무융족(貿戎族)의 군사가 패했다."고 했다. 그렇다면 왜 진(晉)나라 군사가 패하였다고 말을 하지 않았는가? 왕자(王者：天子)의 군사는 상대할 자 없으며 감히 대적할 자가 없는 것이기 때문이다.
 겨울인 10월이다.

제8편 성공 시대(成公時代) 323

元年 春 王正月 公¹⁾卽位
二月 辛酉 葬我君宣公
無氷
三月 作丘甲²⁾ ○何以書 譏 何譏爾 譏始丘使也
夏 臧孫許³⁾及晉侯盟于赤棘⁴⁾
秋 王師敗績于貿戎⁵⁾ ○孰敗之 蓋晉敗之 或曰貿戎敗之 然則曷爲不言晉敗之 王者無敵 莫敢當也
冬 十月

1) 公(공) : 공은 성공(成公). 이름은 흑굉(黑肱)이고 선공(宣公)의 아들. 주나라 정왕(定王) 17년에 즉위하여 18년 간 재위. 시호법(諡號法)에 백성을 편안하게 하고 정치를 세우면 성(成)이라고 한다.
2) 丘甲(구갑) : 구(丘)는 행정 단위이다. 갑은 갑옷을 갖춘 갑사(甲士)이다. 구는 당시의 지방 행정 단위로 구부(九夫)가 정(井)이 되고 사정(四井)이 읍(邑)이 되고 사읍(四邑)이 구(丘)가 되는데 구는 1백40호이다. 구갑은 각각의 구마다 갑사 한 사람씩 내는 제도이다. '주례(周禮)' 참조.
3) 臧孫許(장손허) : 장선숙(臧宣叔)이며 장문중(臧文中)의 아들. 선공(宣公)이 만년에 노나라의 사구(司寇)로 임명하여 형사(刑事)를 담당케 했다.
4) 赤棘(적극) : 진(晉)나라 땅 이름.
5) 貿戎(무융) : 좌전(左傳)에는 모융(茅戎)으로 되고 융족의 한 갈래라 함.

2. 성공 2년 임신(壬申)

가. 제나라 군사가 대패(大敗)하다

2년 임신(壬申) 봄에 제나라 군주인 후작이 우리 노(魯)나라의 북쪽 변방을 정벌했다.
여름인 4월 병술(丙戌)일에 위(衛)나라의 손양부(孫良夫)가 군사를 거느리고 제나라 군사와 신축(新築)에서 싸워 위나라 군사가 패전했다.

6월 계유(癸酉)일에 계손행보(季孫行父)와 장손허(臧孫許)와 숙손교여(叔孫僑如)와 공손영제(公孫嬰齊) 등이 군사를 거느리고 진(晉)나라 극극(郤克)과 위(衛)나라 손양부(孫良夫)와 조(曹)나라 공자 수(公子手)와 만나서 제나라 군주인 후작과 안(鞍)에서 싸웠는데 제나라 군사가 대패(大敗)했다. 조(曹)나라에는 대부(大夫)가 없는데 공자 수(公子手)는 왜 여기에 기록했는가? 조나라가 노나라를 걱정해서였다.

가을인 7월에 제나라 군주인 후작이 국좌(國佐)에게 군진(軍陣)으로 가게 했다. 기유(己酉)일에 국좌(國佐)가 이르러 원루(袁婁)에서 동맹을 맺었다. 군주가 맹세에 참가할 때에는 대부를 사신으로 보내지 않는데 여기서 대부를 사신으로 보낸 것은 무슨 일인가? 제나라 경공(頃公)이 포로에서 달아났기 때문이었다. 제나라 경공(頃公)이 포로 신세에서 달아났다고 하는 것은 무슨 뜻인가? 제나라 군주인 후작 경공을 군사로써 포위하고 진(晉)나라 극극(郤克)이 마차에서 내려 창을 내던지고 뒤로 주춤 주춤 물러나 경공의 말 앞에서 재배를 하고 머리를 조아렸다. 봉축보(逢丑父)는 제나라 경공(頃公)의 거우(車右)였다. 얼굴과 눈이 제나라 경공(頃公)과 서로 같고 의복도 제나라 경공과 서로 같아 경공을 대신하여 왼쪽에 마주하여 있었다. 제나라 경공으로 하여금 마실 것을 가져오게 하여 경공이 마실 것을 가지고 이르자 봉축보가 말하였다. "새로 가서 맑은 것을 가져오라." 제나라 경공이 이를 이용하여 달아나 돌아오지 않았다. 봉축보가 말하기를 "우리는 사직(社稷)의 신령의 힘의 도움으로 우리 군주는 이미 벗어났다."라고 했다. 진(晉)나라의 극극(郤克)이 말하기를 "삼군(三軍)을 속이는 자는 그의 법이 어떤 것인가?"라고 했다. 봉축보가 말하기를 "법으로 처단하라." 이에 극극이 봉축보를 베었다. 기유(己酉)일에 제나라 국좌(國佐)가 이르러 원루(袁婁)에서 동맹을 맺었다.

왜 군진(軍陣)에서 동맹을 하지 않고 원루(袁婁)에서 동맹을 하였는가? 이의 전쟁이 있기 전에는 진(晉)나라의 극극(郤克)과 노나라의 장손허(臧孫許)가 동시에 제나라를 방문했다. 소동(蕭同)나라의 질자(姪子)란 제나라 군주의 어머니이다. 높은 발판 위에서 뛰면서 외국에서 오는 손님들을 엿보았다. 그 손님들이 어떤 이는 절뚝발이이고 어떤 이는 애꾸눈인데, 이에 제나라에서는 절뚝발이는 절뚝발이가 영접을 하고 애꾸눈인 자는 애꾸눈을 가진 자가 영접을 했다. 두 사람의 대부(大夫)가 제나라 후작을 보고 나오는데 서로 더불어 대궐문이 한쪽은 닫히고 한쪽은 열렸는데 안과 밖으로 의지하여 말을 나누고 한참 있은 연후에 서로 떠나갔다. 이때 제나라 사람들이 모두 말했다. "우환의 발단이 반드시 이곳에서부터 시작될 것이다." 진(晉)나라와 노나라의 두 대부가 돌아가서 서로 함께 하여 군사를 이끌고 안(鞍)에서 싸웠는데 제나라 군사가 대패했다.

   제나라 군주인 후작이 국좌에게 군진(軍陣)으로 가게 했다. 극극(郤克)이 말했다. "우리에게는 기(紀)나라 군주인 후작의 언(甗:시루)를 주고 노나라와 위(衛)나라에게는 빼앗은 땅을 돌려주고 제나라의 경작하는 자들은 밭두둑이 동서(東西)로 나게 하고 또 소동(蕭同)의 질자(姪子)를 인질로 삼는다면 우리는 그대를 놓아주리라." 라고 했다. 국좌가 말했다. "우리가 기나라 후작의 언(甗)을 진(晉)나라에 주는 것도 허락한다. 노(魯)나라와 위(衛)나라의 빼앗은 토지를 돌려주는 것을 허락한다. 경작하는 자로 하여금 밭고랑을 동서로 하는 것은 이는 제나라의 토지이고 소동(蕭同)나라의 질자(姪子)는 제나라 군주의 어머니이다. 제나라 군주의 어머니는 진(晉)나라 군주의 어머니와 같다. 이것은 불가한 일이다. 한 번 싸워서 승리하지 못하면 다시 싸움을 청하고 두 번 싸워서도 승리하지 못하면 세 번 싸움을 청하고 세 번 싸움을 청하여 승리하지 못하더라도 제나라 자식들이 다할 때까지 싸울 것이다. 왜 반드시 소동(蕭同)의 질자(姪子)를 인질로 삼으려 하는 것인가?" 라고 하고는 읍을 하고 떠나가려 했다. 이에 진(晉)나라의 극극(郤克)이 노나라와 위나라의 사신에게 눈짓을 하여 그의 말로써 맹세를 청하는 것으로 삼은 연후에 원루(袁

婁)에 이르러 함께 맹세를 맺었다.

　二年 春 齊侯[1]伐我北鄙
　夏 四月 丙戌 衛孫良夫[2]帥師 及齊師戰于新築[3] 衛師敗績
　六月 癸酉 季孫行父[4]臧孫許[5] 叔孫僑如[6] 公孫嬰齊[7] 帥師 會晉郤克[8] 衛孫良夫 曹公子手[9]及齊侯戰于鞌[10] 齊師敗績 ○曹無大夫 公子手何以書 憂內[11]也
　秋 七月 齊侯使國佐[12]如師 己酉 及國佐盟于袁婁[13] ○君不 使乎大夫 此其行使乎大夫何 佚獲[14]也 其佚獲奈何 師還[15]齊侯 晉郤克 投戟逡巡再拜稽首馬前 逢丑父[16]者 頃公之車右[17]也 面目與頃公相似 衣服與頃公相似 代頃公當左 使頃公取飲 頃公操飲而至 曰 革取淸[18]者 頃公用是佚而不反 逢丑父曰 吾賴社稷之神靈 吾君已免矣 郤克曰 欺三軍者 其法奈何 曰法斬 於是斬逢丑父 已酉 及齊國佐盟于袁婁 曷爲不盟于師 而盟于袁婁 前此者 晉郤克與臧孫許同時而聘于齊 蕭同姪子[19]者 齊君之母也 踊于棓[20]而闚客 則客或跛或眇[21] 於是使跛者迓跛者 使眇者迓眇者 二大夫出 相與踦閭[22]而語 移日 然後相去 齊人皆曰 患之起 必自此始 二大夫歸 相與率師爲鞌之戰 齊師大敗 齊侯使國佐如師 郤克曰 與我紀侯之甗[23] 反魯衛之侵地 使耕者東畝[24] 且以蕭同姪子爲質 則吾舍子矣 國佐曰 與我紀侯之甗 請諾 反魯衛之侵地 請諾 使耕者東畝 是則土齊[25]也 蕭同姪子者 齊君之母也 齊君之母 猶晉君之母也 不可 請戰 壹戰不勝 請再 再戰不勝 請三 三戰不勝 則齊國盡子之有也 何必以蕭同姪子爲質 揖而去之 郤克眣魯衛之使 使以其辭而爲之請 然後許之 逮于袁婁而與之盟

1) 齊侯(제후) : 제나라 경공(頃公)이며 이름은 무야(無野). 17년간 재위했다.
2) 孫良夫(손양부) : 손자(孫子)라고 일컫고 손항자(孫桓子)이며 위나라 대부.
3) 新築(신축) : 위(衛)나라의 땅 이름.
4) 季孫行父(계손행보) : 노나라의 대부.
5) 臧孫許(장손허) : 노나라의 대부.
6) 叔孫僑如(숙손교여) : 노나라 숙손득신의 아들.

7) 公孫嬰齊(공손영제) : 노나라 대부.
8) 郤克(극극) : 극백(郤伯)이라 일컫다. 극자(郤子) 또는 극헌자(郤獻子)라고 하고 진(晉)나라 대부.
9) 公子手(공자수) : 공자 수(公子首)로 좌전에는 되어 있다. 조(曹)나라 대부.
10) 안(鞍) : 제나라 땅 이름.
11) 憂內(우내) : 노나라 국내를 근심하다.
12) 國佐(국좌) : 빈미인(賓媚人)또는 국무자(國武子). 제나라 상경(上卿).
13) 袁婁(원루) : 제나라의 땅 이름.
14) 佚獲(일획) : 포로로 있다가 도망치다.
15) 師還(사환) : 군사로 에워싸다. 곧 포위하다.
16) 逢丑父(봉축보) : 제나라의 대부.
17) 車右(거우) : 참마(驂馬)를 일컫다. 옛날의 수레에는 수레 한 대에 3인(三人)이 타는데 높은 이는 왼쪽에 있고 운전자는 중앙(中央)에 있고 오른쪽에 탄 사람을 거우(車右)라고 한다. 곁말의 뜻.
18) 革取淸(혁취청) : 다시 맑은 물을 가져오다의 뜻.
19) 蕭同侄子(소동질자) : 소동(蕭同)나라의 군주 질자(侄子)가 제나라 군주의 어머니라는 뜻. 좌전(左傳)에서는 소(蕭)나라의 군주인 동숙(同叔)의 딸이라 했다.
20) 棓(봉) : 높은 곳에 오르기 위한 널판.
21) 客或跛或眇(객혹피혹묘) : 객(客 : 손님)들이 어떤 이는 절름발이고 어떤 이는 애꾸눈이라는 뜻.
22) 踦閭(기려) : 한쪽 문짝이 열리고 한쪽 문짝이 닫히는데 한쪽 문짝에서 안에 한 사람이 의지하고 한 사람은 바깥쪽에서 의지하여 대화를 한다는 뜻.
23) 紀侯之甗(기후지언) : 기(紀)나라 후작의 시루. 12말 8되가 들어가는 큰 솥. 보정(寶鼎). 곧 기나라의 국보급 솥. 기나라는 B.C. 690년에 제나라가 멸망시켰다. 기나라의 솥은 청동(靑銅)으로 만들었다고도 하고 도토(陶土)로 만들었다고도 했다. 상하의 양층이 있고 상층은 시루가 되어 원형이고 밑은 허다한 자그마한 구멍이 있어 음식물을 찌는데 사용한다. 아래 부분은 솥이 되어 원형으로 세 발이 달려 있어서 불 위에 올려놓고 불사른다고 했다.
24) 耕者東畝(경자동묘) : 경작자의 밭 이랑을 모두 동서쪽으로 내라는 뜻.

25) 土齊(토제) : 진나라가 제나라 땅을 진나라의 토지로 삼으려는 뜻.

나. 문양(汶陽) 땅을 점령하다

8월 임오(壬午)일에 송나라 군주인 공작 포(鮑)가 세상을 떠났다.

경인(庚寅)일에 위(衛)나라 군주인 후작 속(遫)이 세상을 떠났다.

문양(汶陽)땅을 점령했다. 문양(汶陽) 땅이란 어떤 곳인가? 제나라가 안(鞍)의 싸움에서 패배한 뇌물이었다.

겨울에 초나라 군사와 정나라 군사가 위(衛)나라를 침공했다.

11월에 성공이 초나라 공자(公子) 영제(嬰齊)를 촉(蜀)에서 만났다.

병신(丙申)일에 성공이 초나라 사람과 진(秦)나라 사람과 송나라 사람과 진(陳)나라 사람과 위(衛)나라 사람과 정나라 사람과 제나라 사람과 조(曹)나라 사람과 주루(邾婁)나라 사람과 설(薛)나라 사람과 증(鄫)나라 사람들과 촉(蜀)에서 동맹을 맺었다. 이곳에서 '성공과 초나라 사람'이란 초나라 공자 영제(公子嬰齊)인데 그를 인(人)이라고 일컬은 것은 무슨 뜻인가? 이는 공자 영제가 노나라 성공(成公)과 맹세를 맺을 자격이 없는 것을 한 번 폄하한 것이다.

八月 壬午 宋公鮑[1]卒
庚寅 衛侯遫[2]卒
取汶陽田[3] ○汶陽田者何 鞍之賂也
冬 楚師鄭師侵衛
十有一月 公會楚公子嬰齊[4]于蜀
丙申 公及楚人秦人宋人陳人衛人鄭人齊人曹人邾婁人薛人鄫人盟于蜀 ○此楚公子嬰齊也 其稱人何 得一貶焉爾

1) 宋公鮑(송공포) : 송나라 군주인 공작 포는 곧 송나라 문공(文公)이다. B.C.

610년에 즉위하여 22년간 재위했다.
2) 衛侯遬(위후속) : 위나라 군주인 후작 속(遬)은 곧 위나라 목공(穆公)이다. B.C. 599년 즉위하여 11년간 재위했다. 좌전에는 속(速)으로 되어 있다.
3) 汶陽田(문양전) : 노나라 땅이었는데 제나라가 점령하고 있었다.
4) 公子嬰齊(공자영제) : 초나라 대부(大夫)이며 자중(子重)이라고 일컫다. 당시 영윤(令尹)이었다.

3. 성공 3년 계유(癸酉)

가. 신궁(新宮)에서 화재가 나다

3년 계유(癸酉) 봄인 왕력으로 정월에 성공이 진(晉)나라 군주인 후작과 송나라 군주인 공작과 위(衛)나라 군주인 후작과 조(曹)나라 군주인 백작과 회합하여 정나라를 정벌했다.

신해(辛亥)일에 위(衛)나라 목공(穆公)을 장사 지냈다.

2월에 성공이 정나라를 정벌하는 일에서 돌아왔다.

갑자(甲子)일에 신궁(新宮)에 화재가 나서 사흘동안 곡(哭)을 했다. 신궁(新宮)이란 어떤 곳인가? 노나라 선공(宣公)의 묘(廟 : 사당)이다. 선공의 사당이라면 왜 신궁(新宮)이라고 이르는 것인가? 차마 곧바로 선공(宣公)의 묘(廟)라고 말할 수가 없기 때문이었다. 그에 3일 동안을 곡했다고 말한 것은 무슨 뜻인가? 사당에 화재가 발생하여 3일 동안 곡을 한 것은 예에 합당한 것이다. 신궁(新宮)의 화재를 무엇 때문에 기록했는가? 재앙이라 기록을 한 것이다.

을해(乙亥)일에 송나라 문공(文公)을 장사 지냈다.

여름에 성공이 진(晉)나라에 갔다.

정(鄭)나라 공자 거질(公子去疾)이 군사를 거느리고 허(許)나라를 정벌했다.

성공이 진(晉)나라에서 돌아왔다.

가을에 숙손교여(叔孫僑如)가 군사를 이끌고 극(棘)땅을 포위했다. 극(棘)이란 어디인가? 문양(汶陽) 땅 안에서 노나라에 복종하지 않은 하나의 읍(邑)이었다. 그곳을 포위했다고 말한 것은 무슨 뜻인가? 노나라 성공(成公)의 명령을 따르지 않은 것이다.

크게 기우제를 지냈다.

진(晉)나라의 극극(郤克)과 위(衛)나라의 손양부(孫良夫)가 장구여(牆咎如)를 정벌했다.

겨울인 11월에 진나라 군주인 후작이 순경(荀庚)에게 노나라를 예방하게 했다.

위(衛)나라 군주인 후작이 손양부에게 노나라를 예방하게 했다.

병오(丙午)일에 순경(荀庚)과 동맹을 맺었다.

정미(丁未)일에 손양부(孫良夫)와 동맹을 맺었다. 이것은 빙문(聘問)한 것인데 이들과 동맹했다고 말을 한 것은 무슨 뜻인가? 빙문인데 동맹이라고 말을 한 것은 지난날의 맹세를 다시 확인한 것이었다.

정나라가 허(許)나라를 정벌했다.

三年 春 王正月 公會晉侯宋公衛侯曹伯伐鄭
辛亥 葬衛穆公[1]
二月 公至自伐鄭
甲子 新宮災[2] 三日哭 ○新宮者何 宣公之宮也 宣宮則曷爲謂之新宮 不忍言[3]也 其言三日哭何 廟災三日哭 禮也 新宮災 何以書 記災也
乙亥 葬宋文公[4]
夏 公如晉
鄭公子去疾[5]率師伐許
公至自晉
秋 叔孫僑如率師圍棘[6] ○棘者何 汶陽之不服邑也 其言圍之何 不聽也
大雩

晉郤克衛孫良夫伐將咎如[7]
冬 十有一月 晉侯使荀庚來聘
衛侯使孫良夫來聘
丙午 及荀庚盟
丁未 及孫良夫盟 ○此聘也 其言盟何 聘而言盟者 尋舊盟[8]也
鄭伐許

1) 衛繆公(위목공) : 곡량전에는 목공(穆公)으로 되어 있다.
2) 新宮災(신궁재) : 군주가 사망하시면 27개월 동안 종묘 제사와 똑같이 지내는 곳.
3) 不忍言(불인언) : 차마 말할 수가 없다. 곧 효자의 애통한 심정을 이해하여 정직하게 말할 수 없었다는 뜻.
4) 宋文公(송문공) : 좌전에는 송나라 문공(文公) 때부터 호화 장례가 시작되었다고 했다.
5) 公子去疾(공자거질) : 정나라 대부. 자량(子良)이고, 집정대부(執政大夫).
6) 棘(극) : 노나라 땅. 당시 노나라 땅이었는데 그 고을 사람들이 노나라에 복종하지 않았기 때문에 노나라 군사가 포위한 것이다. 문양(汶陽) 땅의 고을.
7) 將咎如(장구여) : 적적(赤狄)의 한 갈래. 곡량전에는 장(牆)으로 되어 있고 좌전에는 장(廧)으로 되어 있다.
8) 尋舊盟(심구맹) : 옛날의 맹세를 다시 확인하다.

4. 성공 4년 갑술(甲戌)

가. 기(杞)나라 군주인 백작이 찾아오다

4년 갑술(甲戌) 봄에 송(宋)나라 군주인 공작이 화원(華元)에게 노나라를 예방하게 했다.

3월 임신(壬申)일에 정나라 군주인 백작 견(堅)이 세상을 떠났다.

기(杞)나라 군주인 백작이 찾아왔다.

여름인 4월 갑인(甲寅)일에 장손허(臧孫許)가 세상을 떠났다.
성공이 진(晉)나라에 갔다.
정나라 양공(襄公)을 장사 지냈다.
가을에 성공이 진(晉)나라에서 돌아왔다.
겨울에 운(運)에 성(城)을 쌓았다.
정나라 군주인 백작이 허(許)나라를 정벌했다.

四年 春 宋公使華元來聘
三月 壬申 鄭伯堅[1]卒
杞伯來朝[2]
夏 四月 甲寅 臧孫許卒
公如晉
葬鄭襄公
秋 公至自晉
冬 城運[3]
鄭伯伐許

1) 鄭伯堅(정백견) : 정나라 군주인 백작 견(堅)은 정나라 양공(襄公)이다. B.C. 604년에 즉위하여 18년간 재위하다.
2) 杞伯來朝(기백래조) : 기(杞)나라 군주인 백작이 찾아온 것은 숙희(叔姬)를 돌려보낸데 대한 설명을 하러 온 것이다.
3) 運(운) : 노나라 땅 이름이다. 곡량전의 경문에는 운(鄆)으로 되어 있다.

5. 성공 5년 을해(乙亥)

가. 순수(荀首)를 곡(穀)에서 만나다

5년 을해(乙亥) 봄, 왕력으로 정월에 기(杞)나라에서 숙희(叔姬)가 돌아왔다.
중손멸(仲孫蔑)이 송(宋)나라에 갔다.

여름에 숙손교여(叔孫僑如)가 진(晉)나라의 순수(荀首)를 곡(穀)에서 만났다.

양산(梁山)이 무너졌다. 양산(梁山)이란 어떤 산인가? 황하(黃河) 위에 있는 산(山)이다. 양산(梁山)이 무너진 것을 왜 여기에 기록했는가? 괴이한 일이라 기록했다. 왜 이를 기록했는가? 여기에 따른 재해가 너무 컸기 때문이다. 왜 양산이 무너진 재앙이 컸다고 했는가? 양산이 무너져내려 황하(黃河)가 막혀 3일 동안 흐르지 못했기 때문이다. 밖의 괴이한 일을 기록하지 않는 것인데 이곳에서는 왜 이를 기록했는가? 천하를 위하여 괴이한 일을 기록한 것이다.

가을에 홍수가 났다.

겨울인 11월 기유(己酉)일에 천자가 붕어했다.

12월 기축(己丑)일에 성공은 진(晉)나라 군주인 후작과 제나라 군주인 후작과 송나라 군주인 공작과 위(衛)나라 군주인 후작과 정나라 군주인 백작과 조나라 군주인 백작과 주루(邾婁)나라 군주인 자작과 기(杞)나라 군주인 백작과 충뢰(蟲牢)에서 동맹을 맺었다.

　　五年 春 王正月 杞叔姬來歸
　　仲孫蔑如宋[1]
　　夏 叔孫僑如會晉荀秀于穀[2]
　　梁山[3]崩 〇梁山者何 河上之山也 梁山崩 何以書 記異也 何異爾 大也 何大爾 梁山崩 壅河三日不汛[4] 外異不書 此何以書 爲天下記異也
　　秋 大水
　　冬 十有一月 己酉 天王[5]崩
　　十有二月 己丑 公會晉侯齊侯宋公衛侯鄭伯曹伯邾婁子杞伯同盟于蟲牢[6]

1) 仲孫蔑如宋(중손멸여송) : 중손멸이 송나라에 가다. 지난해에 송나라에서 화원을 보내온 데에 대한 답례로 노나라에서 사신을 보내 빙문한 것이다. 곧 맹헌자(孟獻子)이기도 하다.

2) 會晉荀秀于穀(회순수우곡) : 순수를 곡땅에서 만나다. 곧 순수가 진나라 군주의 부인이 된 공녀를 제나라에서 맞이해 가는데 숙손교여가 곡땅으로 가서 식량을 가져다 주게 되어 만난 것이다. 좌전에는 순수(荀首)로 되어 있다.
3) 梁山(양산) : 진(晉)나라의 산 이름.
4) 沜(류) : 고문(古文)의 류(流)이다.
5) 天王(천왕) : 주(周)나라 정왕(定王)이며 이름은 유(瑜)이고 주나라 광왕(匡王)의 아우이며 21년간 재위했다.
6) 蟲牢(충뢰) : 정나라의 땅 이름.

6. 성공 6년 병자(丙子)

가. 신사(辛巳)일에 무궁(武宮)을 세우다

6년 병자(丙子) 봄, 왕력으로 정월에 성공이 회합에서 돌아왔다.
2월 신사(辛巳)일에 무궁(武宮)을 세웠다. 무궁(武宮)이란 어떤 곳인가? 무공(武公)의 사당이다. 입(立 : 세우다)이란 무슨 뜻인가? 입(立 : 세우다)이란 세운 것이 적당하지 않다는 뜻이다. 무궁(武宮)을 세운 것은 예의에 합당한 방법이 아니었다.
전(鄟)땅을 정벌하여 점령했다. 전(鄟) 땅이란 어떤 곳인가? 주루(邾婁)나라의 읍(邑)이었다. 왜 주루(邾婁)나라에 관련시키지 않았는가? 너무 신속하게 빼앗은 것을 숨긴 것이다.
위(衛)나라의 손양부(孫良夫)가 군사를 거느리고 송나라를 침공했다.
여름인 6월에 주루(邾婁)나라 군주인 자작이 찾아왔다.
공손영제(公孫嬰齊)가 진(晉)나라에 갔다.
임신(壬申)일에 정나라 백작 비(費)가 세상을 떠났다.
가을에 중손멸(仲孫蔑)과 숙손교여(叔孫僑如)가 군사를 거느리고 송나라를 침공했다.
초(楚)나라의 공자(公子) 영제(嬰齊)가 군사를 거느리고 정

제8편 성공 시대(成公時代) 335

나라를 정벌했다.
　겨울에 계손행보(季孫行父)가 진(晉)나라에 갔다.
　진(晉)나라의 난서(欒書)가 군사를 거느리고 정(鄭)나라를 침범했다.

　　六年[1] 春 王正月 公至自會
　　二月 辛巳 立武宮[2] ○武宮者何 武公之宮也 立者何 立者不宜立也 立武宮 非禮也
　　取鄟[3] ○鄟者何 邾婁之邑也 曷爲不繫于邾婁 諱亟也
　　衛孫良夫率師侵宋
　　夏 六月 邾婁子來朝
　　公孫嬰齊[4]如晉
　　壬申 鄭伯費[5]卒
　　秋 仲孫蔑叔孫僑如率[6]師侵宋
　　楚公子嬰齊[7]率師伐鄭
　　冬 季孫行父如晉
　　晉欒書[8]率師侵鄭[9]

1) 六年(육년) : 주(周)나라 간왕(簡王) 원년이며 간왕의 이름은 이(夷)이다.
2) 武宮(무궁) : 노나라 무공(武公)의 사당이라 했다. 곡량씨도 똑같이 보았다. 단 좌전에는 누구의 사당인지 불분명하여 여러 설이 있다고 했다. 일설에는 궁전(宮殿) 이름이라고도 했다.
3) 鄟(전) : 옛나라 이름. 주루국(邾婁國)의 일개 읍이라고 했다.
4) 公孫嬰齊(공손영제) : 이는 노나라의 공손영제이며 자숙성백(子叔聲伯)이라고 일컫는다.
5) 鄭伯費(정백비) : 정나라 백작인 비(費)는 곧 정나라 도공(悼公)이며 B.C. 586년에 즉위하여 2년간 재위했다.
6) 率(솔) : 곡량전 경문에는 솔(帥)로 되어 있다.
7) 公子嬰齊(공자영제) : 초나라 대부인 자중(子重)이다.
8) 欒書(난서) : 진(晉)나라의 대부이다. 난무자(欒武子)라고 일컫는다.
9) 侵鄭(침정) : 좌전과 곡량전에는 구정(救鄭)으로 되어 있다.

7. 성공 7년 정축(丁丑)

가. 오(吳)나라가 담(郯)나라를 정벌하다

7년 정축(丁丑) 봄, 왕력으로 정월에 생쥐가 교제(郊祭)에 바칠 소의 뿔을 갉아 먹었다. 점을 쳐서 다른 소로 바꾸었는데 또 그 소의 뿔을 갉아먹었다. 이에 그 소를 놓아주었다.

오(吳)나라가 담(郯)나라를 정벌했다.

여름인 5월에 조(曹)나라 군주인 백작이 찾아왔다.

교제를 지내지 않았으나 삼망(三望)의 제사는 전과 같이 지냈다.

가을에 초(楚)나라 공자영제(公子嬰齊)가 군사를 이끌고 정나라를 정벌했다. 성공이 진(晉)나라 군주인 후작과 제(齊)나라 군주인 후작과 송나라 군주인 공작과 위(衛)나라 군주인 후작과 조(曹)나라 군주인 백작과 거(莒)나라 군주인 자작과 주루(邾婁)나라 군주인 자작과 기(杞)나라 군주인 백작 등과 회합하여 정나라를 구원했다. 8월 무진(戊辰)일에 마릉(馬陵)에서 동맹을 맺었다.

성공이 회합에서 돌아왔다.

오(吳)나라가 주래(州來)로 쳐들어갔다.

겨울에 크게 기우제를 지냈다.

위(衛)나라 손임보(孫林父)가 진(晉)나라로 달아났다.

七年 春 王正月 鼷鼠[1] 食郊牛角 改卜牛[2] 鼷鼠又食其角 乃免牛 吳[3] 伐郯[4]
夏 五月 曹伯來朝
不郊 猶三望
秋 楚公子嬰齊率[5] 師伐鄭
公會晉侯齊侯宋公衛侯曹伯莒子邾婁子杞伯 救鄭 八月 戊辰 同盟于馬陵[6]

公至自會
吳入州來[7]
冬 大雩
衛孫林父[8]出奔晉

1) 鼷鼠(혜서) : 생쥐.
2) 改卜牛(개복우) : 소를 다시 점쳐서 희생을 고르는 일.
3) 吳(오) : 오(吳)나라가 나타나는 것은 '춘추'에 이곳이 처음이다. 일명(一名)은 구오(句吳)라고도 한다. 희성(姬姓)이고 주나라 시조(始祖)인 태왕(太王)의 아들 태백(太伯)을 봉한 나라이다. 국도(國都)는 강소(江蘇)의 소주(蘇州)였다. 춘추의 후기에 국력이 신장되었다.
4) 郯(담) : 나라 이름이다.
5) 率(솔) : 곡량전의 경문에는 솔(帥)로 되어 있다.
6) 馬陵(마릉) : 위나라 땅 이름.
7) 州來(주래) : 초(楚)나라의 고을.
8) 孫林父(손임보) : 위(衛)나라 손문자(孫文子)이며 손양부(孫良夫)의 아들.

8. 성공 8년 무인(戊寅)

가. 진(晉)나라에서 그의 대부들을 죽이다

8년 무인(戊寅) 봄에 진(晉)나라의 군주인 후작이 한천(韓穿)으로 하여금 노(魯)나라에 와서 문양(汶陽) 땅을 거론하여 제(齊)나라에 돌려주게 했다. 내언(來言)이란 무슨 뜻인가? 노나라 국내에서 쓰는 말이다. 진(晉)나라에서 우리 노나라를 위협하여 우리에게 돌려주게 한 것이다. 왜 우리로 하여금 돌려주라고 하였는가? 안(鞍)의 싸움에서 제나라 군사가 대패(大敗)하고 제나라 군주인 후작이 돌아간 후부터, 전쟁에서 죽은 사람을 위로하고 전쟁에서 상처입은 자를 찾아 살피느라 7년 동안 술을 마시지 않았고 육식을 하지 않았다. 진(晉)나라 군주인 후작이 이러한 사실을 듣고 말하기를 "희(噫)라! 어찌하여 사람의 군주된 자로 하여금 7년 동안 술을 마시지 않고 육식을 하지 않으며 빼앗긴 땅을 돌려주기를 청한단 말인가!"라고 했다.

진(晉)나라의 난서(欒書)가 군사를 거느리고 채(蔡)나라를 침공했다.

공손영제(公孫嬰齊)가 거(莒)나라에 갔다.

송나라 군주인 공작이 화원(華元)에게 노나라를 예방하게 했다.

여름에 송나라 군주인 공작이 공손수(公孫壽)를 시켜서 노나라에 와서 납폐(納幣)하게 했다. 납폐는 기록하지 않는 것인데 이곳에는 왜 기록하였는가? 백희(伯姬)를 기록하기 위한 것이었다.

진(晉)나라에서 그의 대부 조동(趙同)과 조괄(趙括)을 죽였다.

가을인 7월에 천자가 소백(召伯)에게 노나라에 와서 성공(成公)에게 공명(公命)을 하사하게 했다. 여기에 천자(天子)라고 일컬은 것은 무슨 뜻인가? 성공(成公)의 원년(元年)은 왕력으로 정월과 합치하는 것이었다. 그 나머지인 왕정월(王正月)이나 칭왕(稱王)이나 모두가 동일한 것으로, 천왕(天王)이라 일컫고 천자(天子)라고 일컫는 것도 모두 상통하는 것이다.

겨울인 10월 계묘(癸卯)일에 기(杞)나라의 숙희(叔姬)가 세상을 떠났다.

진(晉)나라 군주인 후작이 사섭(士燮)에게 노나라를 예방하게 했다.

숙손교여(叔孫僑如)가 진(晉)나라의 사섭과 제나라 사람과 주루(邾婁)나라 사람과 회동하여 담(郯)나라를 정벌했다.

위(衛)나라 사람이 와서 잉첩(媵妾)이 되었다. 잉(媵)은 기록하지 않는 것인데 이곳에는 왜 이를 기록했는가? 송(宋)나라에 시집간 백희(伯姬)를 위해 기록한 것이다.

八年 春 晉侯使韓穿[1]來言汶陽之田[2] 歸之于齊 ◯來言者何 內辭也 脅我使我歸之也 曷爲使我歸之 鞌之戰 齊師大敗 齊侯歸 弔死視疾 七年不飮酒 不食肉 晉侯聞之 曰 噫 奈何使人之君 七年不飮

酒 不食肉 請皆反其所取侵地
　晉欒書帥師侵蔡
　公孫嬰齊如莒
　宋公使華元來聘[3]
　夏 宋公使公孫壽來納幣[4] ○納幣不書 此何以書 錄伯姬也
　晉殺其大夫趙同趙括[5]
　秋 七月 天子使召伯來錫公命[6] ○其稱天子何 元年 春 王正月 正也 其餘皆通矣
　冬 十月 癸卯 杞叔姬[7]卒
　晉侯使士燮[8]來聘
　叔孫僑如會晉士燮齊人邾婁人伐郯
　衛人來媵[9] ○媵不書 此何以書 錄伯姬也
1) 韓穿(한천) : 진(晉)나라 대부이다.
2) 汶陽之田(문양지전) : 지난날에 제나라가 침입하여 점령한 노나라 땅이었다. 안(鞍)의 전투에서 진나라가 노나라에 돌려주라고 했던 땅이었다.
3) 華元來聘(화원내빙) : 화원이 빙문오다. 곧 송나라 공공(共公)의 부인을 맞이하기 위하여 보낸 것. 좌전에는 공희(共姬)를 맞이하여 보냈다고 했다. 공희는 백희(伯姬)라고 일컫고 목강(穆姜)의 소생이고 선공(宣公)의 딸이며 성공(成公)의 손아래 누이였다. 뒤에 송나라 공공의 부인이 되었다.
4) 納幣(납폐) : 결혼 절차의 하나. 송(宋)나라에서는 노나라의 공녀(公女) 백희(伯姬)를 맞이하기 위하여 납폐를 한 것이다.
5) 趙同趙括(조동조괄) : 두 사람 다 진(晉)나라 조씨(趙氏)의 후예들이다. 모두가 선조의 공업만을 믿고 국정에 간여하여 모반한다는 죄명으로 처단되었다. 죄가 없이 죽었다.
6) 錫公命(석공명) : 석은 사(賜)의 뜻이다. 곧 성공이 장차 천자를 뵈러 올 때 가지고 오는 규옥(圭玉)을 내리는 일. 본래는 불러서 주는 것이 상례이다. 공양전이나 곡량전에는 모두가 주왕(周王)이 자신을 파견하여 노나라 임금에게 작위와 의복 등을 내리는 일이라고 했다.
7) 杞叔姬(기숙희) : 기나라의 백작이 쫓아낸 노나라의 공녀(公女)이다.
8) 士燮(사섭) : 진나라 대부. 사회(士會 : 范武子)의 아들이다. 범문자(范文

子)라고도 일컫는다.
9) 媵(잉) : 잉첩(媵妾). 한 나라의 공녀(公女)가 다른 나라의 부인(夫人)으로 시집가게 되면 동성인 세 나라에서 잉첩을 보내 그 부인을 따라가게 하는데 그 여자를 말한다. 여기서는 노나라의 공녀(公女)인 백희(伯姬)가 송나라로 시집가는데 따라가는 여자를 뜻한다.

9. 성공 9년 기유(己酉)

가. 백희(伯姬)가 송나라로 시집가다

9년 기유(己酉) 봄, 왕력으로 정월에 기(杞)나라 군주인 백작이 와서 숙희(叔姬)의 시체를 맞이하여 돌아갔다. 왜 기나라 군주인 백작이 와서 숙희(叔姬)의 시체(喪)을 맞이하여 돌아갔는가? 이는 노나라 국내에서 사용한 말이다. 노나라에서 기나라 환공(桓公)을 위협하여 숙희의 시체를 맞이하여 돌아가게 한 것이다.

성공(成公)이 진(晉)나라 군주인 후작과 제나라 군주인 후작과 송나라 군주인 공작과 위(衛)나라 군주인 후작과 정나라 군주인 백작과 조(曹)나라 군주인 백작과 거(莒)나라 군주인 자작과 기(杞)나라 군주인 백작 등과 포(蒲)에서 동맹을 맺었다.

성공이 회합에서 돌아왔다.

2월에 백희(伯姬)가 송나라로 시집을 갔다.

여름에 계손행보가 송나라에 가서 공녀(公女)를 송나라의 공가(公家)로 들여보냈다. 치녀(致女 : 여자를 보내주다)란 말이 있지 않았는데 이곳에 치녀(致女)라고 말을 한 것은 무슨 뜻인가? 백희(伯姬)를 위해 기록해 둔 것이다.

진(晉)나라 사람이 와서 잉첩(媵妾)이 되어 따라갔다. 잉(媵)은 기록하지 않는 것인데 이곳에 왜 이를 기록했는가? 송나라로 시집간 백희(伯姬)를 위해 기록해둔 것이다.

가을인 7월 병자(丙子)일에 제나라 군주인 후작 무야(無野)가

제8편 성공 시대(成公時代) 341

세상을 떠났다.
　진(晉)나라 사람이 정나라 군주인 백작을 잡았다.
　진(晉)나라 난서(欒書)가 군사를 거느리고 정나라를 정벌했다.
　겨울인 11월에 제나라 경공(頃公)을 장사 지냈다.
　초나라 공자(公子) 영제(嬰齊)가 군사를 거느리고 거(莒)나라를 정벌하여 경신(庚申)일에 거(莒)나라가 궤멸되었다.
　초나라 사람이 운(運)으로 쳐들어갔다.
　진(秦)나라 사람과 백적(白狄)이 진(晉)나라를 정벌했다.
　정나라 사람이 허(許)나라를 포위했다.
　중성(中城)에 성을 쌓았다.

九年 春 王正月 杞伯來逆叔姬之喪¹⁾以歸 ○杞伯曷爲來逆叔姬之喪以歸 內辭也 脅而歸之也
公會晉侯齊侯宋公衛侯鄭伯曹伯莒子杞伯同盟于蒲²⁾
公至自會
二月 伯姬歸于宋
夏 季孫行父如宋致女³⁾ ○未有言致女者 此其言致女何 錄伯姬也
晉人來媵 ○媵不書 此何以書 錄伯姬也
秋 七月 丙子 齊侯無野⁴⁾卒
晉人執鄭伯⁵⁾
晉欒書帥師伐鄭
冬 十有一月 葬齊頃公
楚公子嬰齊帥師伐莒 庚申 莒潰
楚人入運⁶⁾
秦人白狄伐晉
鄭人圍許
城中城⁷⁾

1) 喪(상) : 시체(屍體)로 풀이된다.
2) 蒲(포) : 위나라의 지명.
3) 如宋致女(여송치녀) : 송나라에 가서 공녀를 들여보내다. 곧 공녀(公女)인

노나라의 백희(伯姬)를 송나라 공실(公室)로 들여보냈다는 뜻.
4) 齊侯無野(제후무야) : 제나라 경공(頃公). B.C. 598년에 즉위. 17년 간 재위.
5) 執鄭伯(집정백) : 정나라의 성공(成公)이다.
6) 運(운) : 동운(東運)이며 일찍이 노나라 땅이었으나 거나라에서 탈취해갔다. 좌전과 곡량전에는 운(鄆)으로 되어 있다.
7) 中城(중성) : 노나라 땅 이름이다.

10. 성공 10년 경진(庚辰)

가. 불길(不吉)하여 교제(郊祭)를 지내지 않다

10년 경진(庚辰) 봄에 위(衛)나라 군주인 후작의 아우 흑배(黑背)가 군사를 거느리고 정(鄭)나라를 침공했다.

여름인 4월에 교제(郊祭) 지낼 날을 다섯 번 점쳤으나 모두 불길하여 이에 교제를 지내지 않았다. 여기에 '교제(郊祭)를 지내지 않았다.'고 말한 것은 무슨 뜻인가? 희생을 놓아주지 않았으므로 '내불교(乃不郊 : 이에 교제를 지내지 않았다)'라고 말한 것이다.

5월에 성공이 진(晉)나라 군주인 후작과 제나라 군주인 후작과 송(宋)나라 군주인 공작과 위(衛)나라 군주인 후작과 조(曹)나라 군주인 백작 등과 회합하여 정(鄭)나라를 정벌했다.

제나라 사람이 와서 잉첩(媵妾)이 되었다. 잉(媵 : 잉첩)은 기록하지 않는 것인데 이 곳에 왜 기록했는가? 송나라로 시집간 백희(伯姬)를 위하여 기록한 것이다. 세 나라에서 잉(媵)이 온 것은 예에 합당한 것이 아니었다. 왜 모두가 백희(伯姬)의 언사(言辭)를 말하여 기록했는가? 부인(婦人)들이 많은 것을 포용한 넓은 도량을 표시한 것이다.

병오(丙午)일에 진(晉)나라 군주인 후작 누(獳)가 세상을 떠났다.

가을인 7월이다.

성공이 진(晉)나라에 갔다.

十年 春 衛侯之弟黑背¹⁾ 率師侵鄭
夏 四月 五卜郊²⁾ 不從 乃不郊 ◯其言乃不郊何 不免牲 故言乃不郊也
五月 公會晉侯齊侯宋公衛侯曹佰 伐鄭
齊人來媵³⁾ ◯媵不書 此何以書 錄伯姬也 三國來媵 非禮也 曷爲
皆以錄伯姬之辭言之 婦人以衆多爲侈也
丙午 晉侯獳⁴⁾卒
秋 七月
公如晉⁵⁾

1) 黑背(흑배) : 위(衛)나라 자숙흑배(子叔黑背). 위나라 정공(定公)의 아우.
2) 五卜郊(오복교) : 교제(郊祭)를 지내려고 다섯 번이나 점을 치다.
3) 齊人來媵(제인래잉) : 제나라 공녀(公女)인 여자가 와서 송(宋)나라로 시 집가는 백희(伯姬)를 따라 잉첩이 되어 갔다는 이야기인데, 제나라는 노나 라 공실과는 이성(異姓)인 강씨(姜氏)이므로 예가 아니었다는 뜻이다.
4) 晉侯獳(진후누) : 진나라 후작인 누(獳)는 곧 진나라 경공(景公)이다. B.C. 599년에 즉위하여 19년 동안 재위했다.
5) 公如晉(공여진) : 성공이 진(晉)나라 경공(景公)이 죽은데 문상하러 간 것. 좌전과 곡량전에는 이 글자 아래에 '동시월(冬十月)'의 문장이 있다.

11. 성공 11년 신사(辛巳)

가. 계손행보(季孫行父)가 진(晉)나라에 가다

11년 신사(辛巳) 봄, 왕력으로 3월에 성공이 진(晉)나라에서 돌아왔다.

진(晉)나라 군주인 후작이 극주(郤州)를 보내 예방하게 했으며 기축(己丑)일에 극주와 동맹을 맺었다.

여름에 계손행보(季孫行父)가 진(晉)나라에 갔다.

가을에 숙손교여(叔孫僑如)가 제나라에 갔다.

겨울인 10월이다.

十有一年 春 王三月 公至自晉
晉侯使郤州[1]來聘 己丑 及郤州盟
夏 季孫行父如晉[2]
秋 叔孫僑如如齊
冬 十月

1) 郤州(극주) : 극극(郤克)의 형제이며 고성숙(苦成叔)이라고 일컫다. 좌전과 곡량전에는 극주(郤犫)로 되어 있다.
2) 如晉(여진) : 노나라에서 다시 계손행보를 파견하여 진(晉)나라에서 온데 대한 답례와 맹세를 한 것에 대한 답방이었다.

12. 성공 12년 임오(壬午)

가. 성공이 사택(沙澤)에서 회합을 갖다

12년 임오(壬午) 봄에 주공(周公)이 진(晉)나라로 달아났다. 주공(周公)이란 누구인가? 주(周)나라 천자(天子)의 삼공(三公)가운데 한 사람이다. 왕자(王者)에게는 밖이라는 것이 없는데 이곳에서 '출(出:나가다)'이라고 말한 것은 무슨 뜻인가? 그의 사사로운 토지에서부터 달아났다는 뜻이다.

여름에 성공이 진(晉)나라 군주인 후작과 위(衛)나라 군주인 후작과 사택(沙澤)에서 회합했다.

가을에 진(晉)나라 사람이 적인(狄人)을 교강(交剛)에서 쳐부수었다.

겨울인 10월이다.

十有二年 春 周公[1]出奔晉 ○周公者何 天子之三公也 王者無外 此其言出何 自其私土[2]而出也
夏 公會晉侯衛侯于沙澤[3]
秋 晉人敗狄于交剛[4]

冬 十月

1) 周公(주공) : 이름은 초(楚)이고 주공열(周公閱)의 후예이며 주왕실의 대부이다.
2) 私土(사토) : 자신의 봉지(封地). 곧 나라이다.
3) 沙澤(사택) : 진(晉)나라의 땅 이름. 또는 위나라의 땅 이름이라고 했다. 좌전과 곡량전의 경문에는 쇄택(瑣澤)으로 되어 있다.
4) 交剛(교강) : 어느 나라 지명인지 분명하지가 않다고 했다.

13. 성공 13년 계미(癸未)

가. 극기(郤錡)가 군사를 요청하다

13년 계미(癸未) 봄에 진(晉)나라 군주인 후작이 극기(郤錡)를 보내 군사를 내줄 것을 요청하게 했다.
3월에 성공이 경사(京師)에 갔다.
여름인 5월에 성공은 경사(京師)에서부터 했다. 이어서 진(晉)나라 군주인 후작과 송나라 군주인 공작과 위나라 군주인 후작과 정나라 군주인 백작과 조나라 군주인 백작과 주루(邾婁)나라 사람과 등나라 사람 등과 회합하여 진(秦)나라를 정벌했다. 앞에서 '자경사(自京師 : 경사에서부터)'라고 말한 뜻은 무엇인가? 노나라의 성공이 길을 바꾸어 행한 것이다. 성공이 길을 바꾸어서 행한 이유가 무엇인가? 감히 천자를 배알하지 않고 지나칠 수가 없어서였다.
조나라 군주인 백작 여(廬)가 군중(軍中)에서 세상을 떠났다.
가을인 7월에 성공이 진(秦)나라를 정벌하는 일에서 돌아왔다.
겨울에 조(曹)나라 선공(宣公)을 장사 지냈다.

十有三年 春 晉侯使郤錡[1]來乞師
三月 公如京師[2]
夏 五月 公自京師 遂會晉侯齊侯宋公衛侯鄭伯曹伯邾婁人滕人

伐秦 ○其言自京師何 公鑿行也 公鑿行奈何 不敢過天子也
曹伯廬³⁾卒于師
秋 七月 公至自伐秦
冬 葬曹宣公

1) 郤錡(극기) : 극극(郤克)의 아들이며 구백(駒伯)이라고 일컫다.
2) 公如京師(공여경사) : 성공이 경사에 갔다. 곧 성공이 주왕실을 배반하지 않았다는 뜻이라 했다.
3) 曹伯廬(조백여) : 조나라 군주인 백작 여(廬)는 곧 조선공(曹宣公)이다. B.C. 594년에 즉위하여 17년간 재위함. 좌전의 경문에는 노(盧)로 되어 있다.

14. 성공 14년 갑신(甲申)

가. 숙손교여가 제나라 공녀를 맞이하다

14년 갑신(甲申) 봄, 왕력으로 정월에 거(莒)나라 군주인 자작(子爵) 주(朱)가 세상을 떠났다.

여름에 위(衛)나라 손임보(孫林父)가 진(晉)나라에서 위나라로 돌아갔다.

가을에 숙손교여(叔孫僑如)가 제나라에 가서 제나라의 공녀(公女)를 맞이했다.

정나라의 공자 희(公子喜)가 군사를 거느리고 허(許)나라를 정벌했다.

9월에 교여(僑如 : 叔孫僑如)가 군주의 부인(夫人) 부강(婦姜)씨를 모시고 제나라에서 돌아왔다.

겨울인 10월 경인(庚寅)일에 위(衛)나라 군주인 후작 장(臧)이 세상을 떠났다.

진(秦)나라 군주인 백작이 세상을 떠났다.

十有四年 春 王正月 莒子朱¹⁾卒

夏 衛孫林父自晉歸于衛
秋 叔孫僑如[2]如齊逆女[3]
鄭公子喜[4]率師伐許
九月 僑如以夫人婦姜氏[5]至自齊
冬 十月 庚寅 衛侯臧[6]卒
秦伯[7]卒

1) 莒子朱(거자주) : 거나라 군주인 자작 주(朱)는 거구공(渠丘公)이며 일명 계타(季佗)이다. B.C. 608년에 즉위하여 32년간 재위하다.
2) 叔孫僑如(숙손교여) : 선백(宣伯).
3) 逆女(역녀) : 제나라의 공녀(公女)를 성공(成公)의 부인으로 맞이하다.
4) 公子喜(공자희) : 정나라 자한(子罕)이며 정나라 목공(穆公)의 아들로 낙희(樂喜)라고도 한다.
5) 婦姜氏(부강씨) : 노나라 성공(成公)의 부인이며 제나라의 공녀(公女)이다. 제나라 군주의 성(姓)은 강씨(姜氏)이다.
6) 衛侯臧(위후장) : 위나라 정공(定公)이다.
7) 秦伯(진백) : 진(秦)나라 환공(桓公). B.C. 603년에 즉위. 27년 간 재위.

15. 성공 15년 을유(乙酉)

가. 척(戚) 땅에서 동맹을 맺다

15년 을유(乙酉) 봄, 왕력으로 2월에 위(衛)나라 정공(定公)을 장사 지냈다.

3월 을사(乙巳)일에 중영제(仲嬰齊)가 세상을 떠났다. 중영제(仲嬰齊)란 누구인가? 공손영제(公孫嬰齊)이다. 공손영제(公孫嬰齊)를 왜 중영제(仲嬰齊)라고 이른 것인가? 형의 계승을 위함이었다. 형의 계승을 위했다면 왜 중영제(仲嬰齊)라고 이른 것인가? 남의 후계자가 된 자로 그의 아들이 된 것이다. 남의 후계자가 된 자로 그의 아들이 되었다면 그를 중(仲)이라고 일컫는 것은 무엇 때문인가? 손자는 왕부(王父 : 할아버지)로써 씨(氏)를 삼는 것이다. 그렇다면 영제(嬰齊)가 누구의 후예인가? 공손귀보(公孫歸父)의 후예이다. 공손귀보가 진(晉)나라로 사신을 갔다가 돌아오지 않았는데 어찌하여 공손귀보의 후예인가? 당시에 노나라의 숙중혜백(叔仲惠伯)이 문공(文公)의 태자인 적(赤)을 보좌하고 있었다. 문공이 죽고 태자 적(赤)은 어렸다. 공자 수(公子遂)가 숙중혜백에게 말했다. "군주는 어린데 어떻게 하면 되겠습니까? 진실로 그대의 생각과 함께 하겠습니다." 숙중혜백이 말했다. "그대가 돕고 노부(老夫 : 숙중혜백)가 감싸 안으면 누가 어린 군주가 있다고 하겠는가?" 공자 수가 그와 같이 일을 도모하는 것이 불가한 것을 알고 물러나 숙중혜백을 살해했으며 공자 적(赤 : 태자)을 죽이고 선공(宣公)을 세웠다. 선공이 죽고 성공(成公)이 어려서 장선숙(臧宣叔)이 성공을 보좌했다. 군주가 죽자 곡을 하지 않고 노나라의 여러 대부들을 소집하여 물어 말했다. "옛날에 숙중혜백의 사건을 누가 만들었는가?" 모든 대부들이 모두 함께 대답하여 말했다. "양중(襄仲 : 公子遂)이 그렇게 한 것이다." 이에 귀보(歸父)의 가(家)를 추방한 연후에 군주의 곡을 했다. 이에 공손귀보가 진(晉)나라에 사신을 갔다 진(晉)나라에서 돌아와 정(檉) 땅에 이르러 군주가 훙거하고 자신의 가솔이 추방되었다는 소식을 들었다. 이에 흙단을 쌓아놓고 장막을 치고 군주에게 곡을 하고 성용(成踊)을 한 다음, 개(介)에게 사신의 임무를 고하게 하고 이때부터 제나라로 달아났다. 이후 노나라 사람들이 서서히 공손귀보가 후예가 없음을 상심하여 이에 영제(嬰齊)를 후예로 삼은 것이었다.

十有五年 春 王二月 葬衛定公

三月 乙巳 仲嬰齊[1]卒 ○仲嬰齊者何 公孫嬰齊也 公孫嬰齊 則曷爲謂之仲嬰齊 爲兄後也 爲兄後 則曷爲謂之仲嬰齊 爲人後者 爲之子也 爲人後者 爲其子 則其稱仲何 孫以王父[2]字爲氏也 然則嬰齊孰後 後歸父[3]也 歸父使于晉而未反 何以後之 叔仲惠伯[4] 傅子赤[5]者也 文公死子幼 公子遂[6]謂叔仲惠伯曰 君幼 如之何 願與子慮之

叔仲惠伯曰 吾子相之 老夫抱之 何幼君之有 公子遂知其不可與謀
退而殺叔仲惠伯 弒子赤而立宣公 宣公死 成公幼 臧宣叔[7]者相也
君死不哭 聚諸大夫而問焉 曰 昔者叔仲惠伯之事 孰爲之 諸大夫皆
雜然曰 仲氏[8]也 其然乎 於是遣歸父之家 然後哭君 歸父使乎晉 還
自晉 至檉 聞君薨家遣[9] 壇帷哭君成踊 反命于介 自是走之齊 魯人
徐[10]傷歸父之無後也 於是使嬰齊後之也

1) 仲嬰齊(중영제) : 노나라 공손 수(公孫遂)의 아들이다. 곧 공손(公孫) 영제
(嬰齊)이며 공손귀보(公孫歸父)의 아우이다.
2) 王父(왕부) : 할아버지. 곧 조부(祖父).
3) 歸父(귀보) : 공손 귀보(公孫歸父). 공자 수(公子遂)의 아들.
4) 叔仲惠伯(숙중혜백) : 노나라 문공(文公)때 태자 적(赤)의 스승. 노나라 대부.
5) 子赤(자적) : 태자(太子)인 적(赤)이며 문공(文公)의 아들이다.
6) 公子遂(공자수) : 양중(襄仲)이며 공손귀보의 아버지이다. 문공의 집정대부.
7) 臧宣叔(장선숙) : 장문중(臧文仲)의 아들. 노나라 대부이며 선공(宣公)때
사구(司寇)였다.
8) 仲氏(중씨) : 곧 양중(襄仲)이며 공자 수(公子遂)이다.
9) 遣(견) : 국내에서 축출하다.
10) 徐(서) : 모두 함께 서서히의 뜻.

나. 조(曹)나라 군주를 잡아 경사(京師)로 보내다

계축(癸丑)일에 성공은 진(晉)나라 군주인 후작과 위나라 군
주인 후작과 정나라 군주인 백작과 조(曹)나라 군주인 백작과 송
나라 세자 성(成)과 제나라 국좌(國佐)와 주루(邾婁)나라 사람
등과 회합하여 척(戚)에서 동맹을 맺었다.

진(晉)나라 군주인 후작이 조(曹)나라 군주인 백작을 잡아서
경사(京師)로 보냈다.

성공(成公)이 척(戚)의 회합에서 돌아왔다.

여름인 6월에 송나라 군주인 공작 고(固)가 세상을 떠났다.

초(楚)나라 군주인 자작이 정나라를 정벌하였다.

가을인 8월 경진(庚辰)일에 송나라 공공(共公)을 장사 지냈다.
송(宋)나라의 화원(華元)이 진(晉)나라로 달아났다. 송나라의 화원이 진(晉)나라에서 송나라로 돌아갔다.
송나라에서 그 대부(大夫)인 산(山)을 죽였다.
송나라의 어석(魚石)이 초(楚)나라로 달아났다.
겨울인 11월에 숙손교여(叔孫僑如)는 진(晉)나라의 사섭(士燮)과 제나라의 고무구(高無咎)와 송나라의 화원(華元)과 위(衛)나라의 손임보(孫林父)와 정나라 공자(公子) 추(鰌)와 주루(邾婁)나라 사람 등과 만나서 오(吳)나라와 종리(鍾離)에서 회합했다. 왜 특별히 오(吳)나라와 회합했다고 했는가? 오나라를 멀리하기 위한 것이었다. 왜 오나라를 멀리하려고 한 것인가? 춘추(春秋)에서는 노나라를 안으로 여기고 모든 제후국들을 외국으로 여기며 모든 제후국들을 안으로 여기고 이적(夷狄)들을 외국으로 여겼다. 왕자(王者:天子)는 천하를 하나로 하고자 하는데 왜 국내와 국외(國外)의 언사(言辭)로 구분하였는가? 가까운 곳에서부터 시작하는 것을 말한 것이다.
허(許)나라가 도읍을 섭(葉)으로 옮겼다.

癸丑 公會晉侯衛侯[1]鄭伯曹伯宋世子成[2]齊國佐邾婁人 同盟于戚[3]
晉侯執曹伯[4]歸之于京師
公至自會
夏 六月 宋公固[5]卒
楚子伐鄭
秋 八月 庚辰 葬宋共公
宋華元出奔晉[6]
宋華元自晉歸于宋
宋殺其大夫山[7]
宋魚石[8]出奔楚
冬 十有一月 叔孫僑如 會晉士燮 齊高無咎 宋華元 衛孫林父 鄭公子鰌 邾婁人 會吳于鍾離[9] ○曷爲殊會吳 外吳也 曷爲外也 春秋

內其國而外諸夏[10] 內諸夏而外夷狄 王者欲一乎天下 曷爲以外內之
辭言之 言自近者始也
　　許遷于葉[11]
1) 衛侯(위후) : 위나라 헌공(獻公)이고 이름은 간(衎)이다. 정공(定公)의 아들이고 33년간 재위했다.
2) 宋世子成(송세자성) : 송나라 태자(太子) 자성(子成)이다. 뒤에 송나라의 평공(平公)이 되다. 송나라의 공공(共公)이 중병으로 참여하지 못하게 되자 그의 태자인 자성이 참가했다.
3) 戚(척) : 위나라 땅 이름.
4) 執曹伯(집조백) : 조(曹)나라 군주인 백작 성공(成公)이다. 조나라의 선공(宣公)이 세상을 뜨자 태자를 죽이고 스스로 임금이 되어 잡힌것이다.
5) 宋公固(송공고) : 송나라 군주인 공작 고(固)는 송나라 공공(共公)이다. B.C. 588년에 즉위하여 13년간 재위하다.
6) 華元出奔晉(화원출분진) : 화원이 진(晉)나라로 달아나다의 뜻. 자세한 내용은 좌전 15년의 기록에 자세히 나온다.
7) 大夫山(대부산) : 탕택(蕩澤). 자는 자산(子山). 이때 송나라 사마(司馬)였다.
8) 魚石(어석) : 송나라의 좌사(左師)이며 탕택(蕩澤)의 일당.
9) 鍾離(종리) : 초나라의 고을 이름.
10) 諸夏(제하) : 주(周)나라 천자국에서 봉해진 모든 제후국들.
11) 葉(섭) : 초나라 고을이다.

16. 성공 16년 병술(丙戌)

가. 정월에 비가 내려 나무가 얼다

　16년 병술(丙戌) 봄, 왕력으로 정월에 비가 내려 나무가 얼었다. 비가 내려 나무가 얼었다고 한 것은 무슨 뜻인가? 겨울에 하늘에서 비가 내려 나무가 적셔져 얼은 것이다. 왜 이러한 것을 기록하였는가? 괴이한 일이라 기록했다.

여름인 4월 신미(辛未)일에 등(滕)나라 군주인 자작이 세상을 떠났다.

정나라의 공자 희(喜)가 군사를 거느리고 송나라를 침공했다.

6월 초하루인 병인(丙寅)일에 일식(日蝕)이 있었다.

진(晉)나라 군주인 후작이 난염(欒黶)을 노나라에 보내 군사의 출동을 요청하게 했다.

갑오(甲午)일인 그믐날이다. 그믐날이란 무슨 뜻인가? 어두었다는 것이다. 왜 이를 기록했는가? 괴이한 일이라 기록했다.

진(晉)나라 군주인 후작이 초나라 군주인 자작과 정나라 군주인 백작의 연합군과 언릉(鄢陵)에서 싸워 초나라 군주인 자작과 정나라 군사의 연합군이 패전했다. 패(敗)란 군사를 일컫는 것인데 초(楚)나라는 왜 사(師: 군사)를 일컫지 않았는가? 초나라 공왕이 부상했기 때문이다. 초나라 공왕이 부상했다는 것은 무슨 뜻인가? 화살에 상처를 입었기 때문이었다. 그렇다면 왜 초나라 군사가 패배했다고 말하지 않았는가? 군사가 패했다고 했으면 된 것이지 이러한 말을 기록할 필요가 없었기 때문이다.

초나라에서 그의 대부(大夫)인 공자 측(側)을 죽였다.

가을에 성공이 진(晉)나라 군주인 후작과 제나라 군주인 후작과 위(衛)나라 군주인 후작과 송나라의 화원(華元)과 주루(邾婁)나라 사람과 사수(沙隨)에서 회합했으나 진(晉)나라의 군주는 성공(成公)을 만나지 않았다. 성공이 사수(沙隨)의 회합에서 돌아왔다. '불견공(不見公: 진(晉)나라 군주가 성공을 만나지 않았다)'이라고 한 것은 무슨 뜻인가? 성공이 보자고 하였으나 보지 못한 것이다. 성공이 보기를 희망하였으나 만나주지 않은 것은 노나라의 대부(大夫)가 잡혀있는데 어떻게 하여 사수의 회합에 이르렀겠는가? 부끄럽지 않게 하기 위해서였다. 왜 부끄럽지 않게 하기 위하였는가? 성공(成公)이 너무 어렸기 때문이었다.

성공이 윤(尹)나라 군주인 자작과 진(晉)나라 군주인 후작과 제나라 국좌(國佐)와 주루(邾婁)나라 사람 등과 회합하여 정나라를 정벌했다.

조(曹)나라 군주인 백작이 경사(京師)에서 돌아왔다. 잡혔다 풀려난 자는 이름을 기록하는 것인데 조나라 군주인 백작은 왜 이름을 기록하지 않았는가? 또 조(曹)나라로 복귀했다고 말하지 않은 것은 무슨 뜻인가? 너무 쉽게 했기 때문이다. 그 너무 쉽게 했다는 것은 무슨 뜻인가? 대부인 공자 희(公子喜)가 때맞춰 국내에 있었기 때문이었다. 공자 희가 때맞춰 국내에 있었는데 왜 너무 쉬웠다는 것인가? 공자 희(公子喜)는 어진 사람이다. 국내에서는 그 국가를 편안하게 하고 대기하며 밖으로는 모든 경사(京師)의 사람들을 설득하여 오해를 풀어서 풀려나게 했다. 그렇다면 '자경사(自京師: 경사로부터 하다)'라고 말한 것은 무슨 뜻인가? 대단히 쉽게 돌아왔다는 것을 뜻한 것이다. 조나라 군주인 백작을 석방해 주어도 어려움이 없다는 것을 뜻한 것이다.

十有六年 春 王正月 雨木氷 ○雨木氷者何 雨而木氷也 何以書 記異也
夏 四月 辛未 滕子[1]卒
鄭公子喜[2]帥師侵宋
六月 丙寅朔 日有食之
晉侯使欒黶[3]來乞師
甲午 晦[4] ○晦者何 冥也 何以書 記異也
晉侯及楚子鄭伯戰于鄢陵[5] 楚子鄭師敗績 ○敗者稱師 楚何以不稱師 王痍[6]也 王痍者何 傷乎矢也 然則何以不言師敗績 末[7]言爾
楚殺其大夫公子側[8]
秋 公會晉侯齊侯衛侯宋華元邾婁人于沙隨[9] 不見公[10] 公至自會 ○不見公者何 公不見見也 公不見見 大夫執 何以致會 不恥也 曷爲不恥 公幼也
公會尹子[11]晉侯齊國佐邾婁人伐鄭
曹伯歸自京師 ○執而歸者名 曹伯何以不名 而不言復歸于曹何 易也 其易奈何 公子喜[12]時在內也 公子喜時在內 則何以易 公子喜時者仁人也 內平其國而待之 外治[13]諸京師而免之 其言自京師何

言甚易也 舍是無難矣
1) 滕子(등자) : 등나라 문공(文公)이라 했다.
2) 公子喜(공자희) : 곡량전에는 모두 공손희(公孫喜)로 되어 있다. 정나라 대부.
3) 欒黶(난염) : 난서(欒書)의 아들이며 난환자(欒桓子)라고 일컫는다.
4) 晦(회) : 그믐날. 그믐날이 어두었다는 뜻.
5) 鄢陵(언릉) : 정나라의 땅 이름.
6) 王痍(왕이) : 초나라 공왕(共王)이 화살에 눈을 상했다는 뜻.
7) 末(말) : 무(無)의 뜻.
8) 公子側(공자측) : 초나라의 자반(子反)이며 사마(司馬)의 직책으로 언릉의 전투에서 중군의 장수였다. 교전시에 왕이 모의하기 위하여 불렀는데 자반이 술에 취하여 왕을 만나지 못하고 초군이 패한 책임을 지고 자살했다.
9) 沙隨(사수) : 송(宋)나라의 땅 이름.
10) 不見公(불견공) : 성공이 만나보지 못했다. 곧 만나보려고 했으나 못 만나보았다는 것. 좌전에는 진(晉)나라 군주가 성공을 만나지 않았다는 뜻이라 했다. 노나라가 언릉의 싸움에 참가하지 않았기 때문이라 했다.
11) 尹子(윤자) : 윤(尹)나라 무공(武公). 주(周)나라 대부이며 작위는 자작.
12) 公子喜(공자희) : 조(曹)나라 대부(大夫).
13) 治(치) : 경사(京師)의 송사를 다스려서 빨리 돌아오도록 하다.

나. 계손행보(季孫行父)가 초구(苕丘)에 갇히다

9월에 진(晉)나라 사람이 계손행보(季孫行父)를 잡았다가 초구(苕丘)에서 석방해 주었다. 잡았다 석방해 주었다는 말이 있지 아니한데 여기 초구(苕丘)에서 석방했다고 말을 한 것은 무슨 뜻인가? 어진 이로 여긴 것이다. 말하기를 "초구 땅에 있는 것을 슬피 여긴 것이다." 잡힌 자를 어진 이로 여겼다는 말을 한 적이 없는데 이곳에서 인(仁)이라고 한 것은 무슨 뜻인가? 노나라 성공(成公)을 대신하여 잡혀 있었기 때문이었다. 그 노나라 성공을 대신하여 잡혀있다는 것은 무슨 뜻인가? 이보다 앞선 언릉의 싸움에 진(晉)나라 사람이 군사를 요청하러 왔는데 참여하지 않았기 때

문이었다. 성공이 진(晉)나라 후작과의 회합에서 장차 성공을 잡
으려고 했다. 이때 계손행보(季孫行父)가 말했다. "이것은 신(臣)
의 죄입니다." 이에 계손행보를 잡은 것이다. 그후 노나라 성공이
장차 진(晉)나라의 여공(厲公)과 회합에서, 기일에 당도하지 못
하여 장차 성공을 잡으려고 했다. 이때에도 계손행보가 말했다. "신
하에게 죄가 있는데 그의 군주를 잡고 자식에게 죄가 있는데 그의
아버지를 잡는다면 이는 송사를 듣는데 가장 큰 것을 잃게 되는 것
입니다. 지금 이것은 신하의 죄인데 신하의 죄는 풀어주고 신하의
군주를 잡는다면 나는 송사(訟事)에서의 실수로 종묘의 부끄러움
이 될까 두렵습니다." 이에 계손행보를 붙잡은 것이다.

겨울인 10월 을해(乙亥)일에 숙손교여(叔孫僑如)가 제나라로
달아났다.

12월 을축(乙丑)일에 계손행보와 진(晉)나라의 극주(郤州)가
호(扈)에서 동맹을 맺었다.

성공이 회합에서 돌아왔다.

을유(乙酉)일에 공자(公子) 언(偃)을 죽였다.

九月 晉人執季孫行父 舍之于招丘[1] ○執未可言舍之者 此其言舍
之何 仁之也 曰在招丘悕[2]矣 執未有言仁之者 此其言仁之何 代公
執也 其代公執奈何 前此者 晉人來乞師而不與 公會晉侯 將執公 季
孫行父曰 此臣之罪也 於是執季孫行父 成公將會厲公 會不當期[3]
將執公 季孫行父曰 臣有罪 執其君 子有罪 執其父 此聽[4]失之大者
也 今此臣之罪也 舍臣之身而執臣之君 吾恐聽失之爲宗廟羞也 於
是執季孫行父

冬 十月 乙亥 叔孫僑如出奔齊[5]

十有二月 乙丑 季孫行父及晉郤州盟于扈[6]

公至自會

乙西 刺公子偃[7]

1) 招丘(초구) : 진(晉)나라의 땅 이름.
2) 悕(희) : 슬퍼하다.

3) 會不當期(회부당기) : 회합의 시간에 당도하지 않다.
4) 聽(청) : 소송하는데 있어서의 판단.
5) 叔孫僑如出奔齊(숙손교여출분제) : 숙손교여가 제나라로 달아나다. 곧 노나라의 여러 대부들이 성공을 위하여 그를 축출하려고 했다. 뒤에 숙손교여가 제나라에서 성맹자(聲孟子)와 간통을 했는데 그가 스스로 자신의 죄를 알고 또 위나라로 달아났다.
6) 扈(호) : 정나라 땅 이름.
7) 刺公子偃(자공자언) : 성공(成公)의 서제(庶弟)이다. 당시 목강(穆姜)이 계손행보를 제거하고자 할 때 성공을 대하여 말하기를 공자 언이나 공자 저가 마땅이 임금이 되어야 한다고 했다.

17. 성공 17년 정해(丁亥)

가. 가릉(柯陵)에서 동맹을 맺다

17년 정해(丁亥) 봄에 위(衛)나라의 북궁괄(北宮括)이 군사를 거느리고 정나라를 침공했다.

여름에 성공이 윤(尹)나라 군주인 자작과 선(單)나라 군주인 자작과 진(晉)나라 군주인 후작과 제나라 군주인 후작과 송나라 군주인 공작과 위(衛)나라 군주인 후작과 조(曹)나라 군주인 백작과 주루(邾婁)나라 사람 등과 회합하여 정나라를 정벌했다.

6월 을유(乙酉) 일에 가릉(柯陵)에서 동맹을 맺었다.

가을에 성공이 회합에서 돌아왔다.

제(齊)나라의 고무구(高無咎)가 거(莒)나라로 달아났다.

9월 신축(辛丑) 일에 교제(郊祭)를 지냈다. 용(用 : 지내다)이란 무슨 뜻인가? 용(用)이란 교제를 지낸 것이 적당하지 않았다는 뜻이다. 9월은 교제(郊祭)를 지내는 때가 아니다. 그렇다면 교제(郊祭)는 어느때 지내는 것인가? 교제는 정월(正月) 상순(上旬)에 신(辛)일에 지내는 것이다. 어떤 이는 말하기를 "후직(后

稷)에게 먼저 제사를 한 연후에 교제(郊祭)를 지내는 것이다."
라고 했다.
  진(晉)나라 군주인 후작이 순앵(旬罃)을 보내서 군사를 내줄
것을 요청하게 했다.
  겨울에 성공(成公)이 선(單)나라 군주인 자작과 진(晉)나라
군주인 후작과 송나라 군주인 공작과 위(衛)나라 군주인 후작과
조(曹)나라 군주인 백작과 제나라 사람과 주루(邾婁)나라 사람
들과 회합하여 정나라를 정벌했다.
  11월에 성공이 정나라 정벌에서 돌아왔다.
  임신(壬申)일에 공손영제(公孫嬰齊)가 이진(貍軫)에서 세상
을 떠났다. 공손영제가 세상을 떠난 것은 11월 임신일이 아니었는
데 왜 여기에 11월 임신일로 기록했는가? 군주의 명을 기다린 연
후에 대부의 죽음을 기록했기 때문이었다. 왜 군주의 명을 기다린
연후에 대부의 죽음을 기록하는 것인가? 이 앞에서도 공손영제가
진(晉)나라로 달아났을 때였다. 성공이 진(晉)나라 군주인 후작
과 회동할 때 진(晉)나라에서 성공을 체포하려 했다. 이때 영제가
성공에게 사면을 청하자 성공이 허락하여 돌아와 대부(大夫)가 되
었다. 돌아오는데 이진(貍軫)에 이르러 세상을 떠난 것이다. 군주
의 명이 없었다면 감히 대부(大夫)로 세상을 떠나지 못했을 것이
다. 성공이 정나라의 정벌에서 이르러 말하기를 "내 진실로 허락
하여 돌아와 대부가 되었다."라고 한 연후에 세상을 떠난 것이다.
  12월 초하루인 정사(丁巳)일에 일식이 있었다.
  주루(邾婁)나라 군주인 자작 확저(玃且)가 세상을 떠났다.
  진(晉)나라에서 그 대부(大夫)인 극기(郤錡)와 극주(郤州)
와 극지(郤至)를 죽였다.
  초(楚)나라 사람이 서용(舒庸)나라를 멸망시켰다.

十有七年 春 衛北宮結[1]率師侵鄭
夏 公會尹子單子[2]晉侯齊侯宋公衛侯曹伯邾婁人伐鄭
六月 乙酉 同盟于柯陵[3]

秋 公至自會
齊高無咎⁴⁾出奔莒
九月 辛丑 用郊⁵⁾ ○用者何 用者不宜用也 九月 非所用郊也 然則郊曷用 郊用正月上辛 或曰 用然後郊⁶⁾
晉侯使荀罃⁷⁾來乞師
冬 公會單子晉侯宋公衛侯曹伯齊人邾婁人伐鄭⁸⁾ 十有一月 公至自伐鄭
壬申 公孫嬰齊卒于貍軫⁹⁾ ○非此月日也 曷爲以此月日卒之 待君命然後卒大夫 曷爲待君命然後卒大夫 前此者 嬰齊走之晉 公會晉侯 將執公 嬰齊爲公請 公許之反爲大夫歸 至于貍軫而卒 無君命不敢卒大夫 公至 曰 吾固許之反爲大夫 然後卒之
十有二月 丁巳朔 日有食之
邾婁子籧且¹⁰⁾卒
晉殺其大夫 郤錡郤州郤至¹¹⁾
楚人滅舒庸¹²⁾

1) 北宮結(북궁결) : 위(衛)나라 성공(成公)의 증손(曾孫)이며 북궁의자(北宮懿子)라고 일컫다. 곡량전(穀梁傳)의 경문에는 괄(括)로 되어 있다.
2) 尹子單子(윤자선자) : 윤(尹)나라 자작과 선(單)나라 자작은 주(周)왕조의 경(卿)이다.
3) 柯陵(가릉) : 정나라의 땅 이름이다.
4) 高無咎(고무구) : 제나라의 대부. 내란(內亂)으로 거(莒)나라로 달아났다.
5) 用郊(용교) : 교제를 거행하다의 뜻. 교제는 봄에 지내는 제사이다.
6) 用然後郊(용연후교) : 먼저 후직(后稷)의 제사를 지낸 후에 교제(郊祭)를 한다는 뜻.
7) 荀罃(순앵) : 진나라 대부(大夫).
8) 伐鄭(벌정) : 이는 곧 가릉(柯陵)의 맹세 후에 제후들이 함께 한 행동이다.
9) 貍軫(이진) : 노나라 땅 이름이라 했다. 좌전에는 이신(貍脤)으로 되어 있으며 자세하지 않다고 했다. 곡량전에는 이진(貍辰)으로 되어 있다.
10) 籧且(확저) : 주루(邾婁)나라의 정공(定公)이다. B.C. 614년에 즉위하다.
11) 郤錡郤州郤至(극기극주극지) : 세 사람의 극씨이며 모두 진(晉)나라의 대

부였다. 이 세 극씨가 살해되자 진(晋)나라 내란의 단서가 되었다.
12) 舒庸(서용) : 남쪽의 모든 서(舒)의 우두머리 나라. 서용은 나라 이름이다.

18. 성공 18년 무자(戊子)

가. 진(晋)나라 사개(士匄)가 찾아오다

18년 무자(戊子) 봄, 왕력으로 정월에 진(晋)나라에서 그 대부(大夫)인 서동(胥童)을 죽였다.
경신(庚申)일에 진(晋)나라에서 그의 군주인 주포(州蒲)를 시해했다.
제(齊)나라에서 그의 대부(大夫)인 국좌(國佐)를 죽였다.
성공(成公)이 진(晋)나라에 갔다.
여름에 초(楚)나라 군주인 자작과 정나라 군주인 백작이 송나라를 정벌했다. 송(宋)나라의 어석(魚石)이 다시 팽성(彭城)으로 쳐들어갔다.
성공(成公)이 진(晋)나라에서 돌아왔다.
진(晋)나라 군주인 후작이 사개(士匄)로 하여금 노(魯)나라를 예방하게 했다.
가을에 기(杞)나라 군주인 백작이 찾아왔다.
8월에 주루(邾婁)나라 군주인 자작이 찾아왔다.
사슴을 기르는 동산을 축조(築造)했다. 왜 이를 기록했는가? 책망한 것이다. 왜 이를 책망한 것인가? 노나라에 이미 동산이 있는데 또 새로 축조했기 때문이다.
기축(己丑)일에 성공(成公)이 노침(路寢 : 正寢)에서 훙거했다.
겨울에 초나라 사람과 정나라 사람이 송나라를 침공했다.
진(晋)나라 군주인 후작이 사팽(士彭)에게 노(魯)나라에 와서 군사 출동을 요청하게 했다.
12월에 중손멸(仲孫蔑)이 진(晋)나라 군주인 후작과 송나라 군주인 공작과 위(衛)나라 군주인 후작과 주루(邾婁)나라 군주인 자작과 제나라의 최저(崔杼) 등과 회합하여 허정(虛朾)에서 동맹을 맺었다.

정미(丁未)일에 우리 군주인 성공(成公)을 장사 지냈다.

十有八年 春 王正月 晉殺其大夫胥童[1]
庚申 晉弒其君州蒲[2]
齊殺其大夫國佐
公如晉
夏 楚子鄭伯伐宋 宋魚石[3]復入于彭城
公至自晉
晉侯使士匄來聘
秋 杞伯來朝
八月 邾婁子來朝
築鹿囿[4] ○何以書 譏 何譏爾 有囿矣 又爲也
己丑 公薨于路寢[5]
冬 楚人鄭人侵宋
晉侯使士彭[6]來乞師
十有二月 仲孫蔑會晉侯宋公衛侯邾婁子齊崔杼同盟于虛朾[7]
丁未 葬我君成公

1) 胥童(서동) : 서극(胥克)의 아들이며 당시 진(晉)나라의 경(卿)이었다.
2) 州蒲(주포) : 진(晉)나라 여공(厲公)의 이름이다.
3) 魚石(어석) : 송(宋)나라의 좌사(左師)이다.
4) 鹿囿(녹유) : 사슴을 기르는 동산.
5) 路寢(노침) : 정전(正殿).
6) 士彭(사팽) : 사회(士會)의 아들. 체계(彘季)라고 일컫는다. 곡량전 경문에는 방(魴)으로 되어 있다.
7) 虛朾(허정) : 송나라의 땅 이름.

제9편 양공 시대(襄公時代)
(재위 : 1년~31년까지)

시법(諡法)에 '국가의 일에 공로가 있는 것'을 '양(襄)'이라 했다.

양공 연표(襄公年表)

국명\기원전	周	鄭	齊	宋	晉	衛	蔡	曹	滕	陳	杞	薛	莒	邾	許	小邾	楚	秦	吳	越	魯
	簡王	成公	靈公	平公	悼公	獻公	景公	成公	成公	成公	桓公		黎比公	宣公	靈公		共王	景公	壽夢		襄公
572	14	13	10	4	1	5	20	6	3	27	65		5	2	18		19	5	14		1
571	靈王1	14	11	5	2	6	21	7	4	28	66		6	3	19		20	6	15		2
570	2	僖公1	12	6	3	7	22	8	5	29	67		7	4	20		21	7	16		3
569	3	2	13	7	4	8	23	9	6	30	68		8	5	21		22	8	17		4
568	4	3	14	8	5	9	24	10	7	哀公1	69		9	6	22		23	9	18		5
567	5	4	15	9	6	10	25	11	8	2	70		10	7	23		24	10	19		6
566	6	5	16	10	7	11	26	12	9	3	孝公1		11	8	24		25	11	20		7
565	7	簡公1	17	11	8	12	27	13	10	4	2		12	9	25		26	12	21		8
564	8	2	18	12	9	13	28	14	11	5	3		13	10	26		27	13	22		9
563	9	3	19	13	10	14	29	15	12	6	4		14	11	27		28	14	23		10
562	10	4	20	14	11	15	30	16	13	7	5		15	12	28		29	15	24		11
561	11	5	21	15	12	16	31	17	14	8	6		16	13	29	穆公1	30	16	25		12
560	12	6	22	16	13	17	32	18	15	9	7		17	14	30	2	31	17	諸樊1		13
559	13	7	23	17	14	18	33	19	16	10	8		18	15	31	3	康王1	18	2		14
558	14	8	24	18	15	陽公1	34	20	17	11	9		19	16	32	4	2	19	3		15
557	15	9	25	19	平公1	2	35	21	18	12	10		20	17	33	5	3	20	4		16
556	16	10	26	20	2	3	36	22	19	13	11		21	18	34	6	4	21	5		17
555	17	11	27	21	3	4	37	23	20	14	12		22	悼公1	35	7	5	22	6		18
554	18	12	28	22	4	5	38	武公1	21	15	13		23	2	36	8	6	23	7		19
553	19	13	莊公1	23	5	6	39	2	22	16	14		24	3	37	9	7	24	8		20
552	20	14	2	24	6	7	40	3	23	17	15		25	4	38	10	8	25	9		21
551	21	15	3	25	7	8	41	4	24	18	16		26	5	39	11	9	26	10		22
550	22	16	4	26	8	9	42	5	25	19	17		27	6	40	12	10	27	11		23

국명 기원전	周 靈王	鄭 簡公	齊 莊公	宋 平公	晉 平公	衛 獻公	蔡 景公	曹 武公	滕 成公	陳 哀公	杞 文公	薛	莒 犂比公	邾 悼公	許 靈公	小邾	楚 穆公	秦 康公	吳 景公	越 諸樊	魯 襄公
549	23	17	5	27	9	10	43	6	26	20	1		28	7	41		13	11	28	12	24
548	24	18	6	28	10	11	44	7	27	21	2		29	8	42		14	12	29	13	25
547	25	19	景公1	29	11	12	45	8	28	22	3		30	9	43		15	13	30	餘祭1	26
546	26	20	2	30	12	獻公1	46	9	29	23	4		31	10	悼公1		16	14	31	2	27
545	27	21	3	31	13	2	47	10	30	24	5		32	11	2		17	15	32	3	28
544	景王1	22	4	32	14	3	48	11	31	25	6		33	12	3	陳散1	18		33	4	29
543	2	23	5	33	15	襄公1	49	12	32	26	7		34	13	4		19	2	34	夷昧1	30
542	3	24	6	34	16	2	靈公1	13	33	27	8		35	14	5		20	3	35	2	31

※소주(小邾) : 양공 7년에 목공이 조회에 들다.
※설(薛) : 희공 원년에 자세한 기록이 보인다.
※오(吳) : 군주가 세 번이나 바뀌다.
※월(越) : 은공 원년과 소공 원년에 기록이 보인다.

제9편 양공 시대(襄公時代)

1. 양공(襄公) 원년 기축(己丑)

가. 정월에 양공(襄公)이 즉위하다

원년(元年) 기축(己丑) 봄, 왕력으로 정월에 양공이 즉위했다. 중손멸(仲孫蔑)이 진(晉)나라의 난염(欒黶)과 송(宋)나라의 화원(華元)과 위(衛)나라의 영식(甯殖)과 조(曹)나라 사람과 거(莒)나라 사람과 주루(邾婁)나라 사람과 등(滕)나라 사람과 설(薛)나라 사람 등과 회합하여 송나라의 팽성(彭城)을 포위했다. 송나라 대부인 화원(華元)이 왜 제후와 더불어 송나라 팽성(彭城)을 포위했는가? 송(宋)나라를 토벌하기 위해서였다. 그가 송나라를 토벌하려고 하는 것은 무슨 뜻인가? 좌사(左師)인 어석(魚石)이 초(楚)나라로 달아났으며 초나라가 어석(魚石)을 위해 송나라를 정벌하고 팽성을 탈취하여 어석(魚石)에게 봉해 주었다. 좌사인 어석의 죄가 어떤 것인가? 팽성으로 들어간 것이 죄가 된 것이다. 초나라가 이미 빼앗았는데 왜 송나라와 관계를 시켰는가? 제후가 제멋대로 봉하는 것을 찬성하지 않은 것이다.

여름에 진(晉)나라의 한궐(韓厥)이 군사를 거느리고 정나라를 정벌했다.

중손멸(仲孫蔑)이 제나라 최저(崔杼)와 조(曹)나라 사람과 주루(邾婁)나라 사람과 기(杞)나라 사람 등과 회합하여 합(合)에 군사를 주둔시켰다.

가을에 초(楚)나라 공자(公子) 임부(壬夫)가 군사를 거느리고 송나라를 침공했다.

9월 신유(辛酉)일에 천자(天子)가 붕어했다.

주루(邾婁)나라 군주인 자작이 찾아왔다.

겨울에 위(衛)나라 군주인 후작이 공손표(公孫剽)에게 노나라를 예방하게 했다.

진(晉)나라 군주인 후작이 순앵(荀罃)을 사신으로 보내 우리 노나라를 예방하게 했다.

元年 春 王正月 公¹⁾卽位
仲孫蔑會晉欒黶宋華元衛甯殖²⁾曹人莒人邾婁人滕人薛人圍宋彭城 ○宋華元曷爲與諸侯圍宋彭城 爲宋誅也 其爲宋誅奈何 魚石走之楚 楚爲之伐宋 取彭城以封魚石 魚石之罪奈何 以入是爲罪也 楚已取之矣 曷爲繫之宋 不與諸侯專封也
夏 晉韓屈³⁾帥師伐鄭
仲孫蔑會齊崔杼曹人邾婁人杞人 次于合⁴⁾
秋 楚公子壬夫⁵⁾帥師侵宋
九月 辛酉 天王⁶⁾崩
邾婁⁷⁾子來朝
冬 衛侯使公孫剽⁸⁾來聘
晉侯使荀罃⁹⁾來聘

1) 公(공) : 공은 양공(襄公). 노(魯)나라 세가(世家)에 양공(襄公)의 이름은 오(午)이고 성공(成公)의 아들이며 정사(定姒)의 소생이다. 주(周)나라 간왕(簡王) 14년인 B.C. 572년에 즉위하여 31년 간 재위. 즉위할 때의 나이는 겨우 4세였다. 시호는 '국가의 일에 공로가 있는 것'이란 뜻으로 양(襄)이라 했다.
2) 甯殖(영식) : 영혜자(甯惠子)라고 칭하며 위(衛)나라 대부(大夫)이다.
3) 韓屈(한굴) : 한헌자(韓獻子)라 일컫고 진(晉)나라 경대부(卿大夫). 곡량전 경문에는 궐(厥)로 됨. 진(晉)나라와 초나라가 필(邲)에서 싸울 때 사마(司馬)가 되었다. 진(晉)나라가 제나라와 안(鞌)에서 싸울 때 제후(齊侯)를 사로잡았다. 진나라 도공(悼公)이 즉위한 뒤에는 진나라 집정대신이었다.

4) 合(합) : 정(鄭)나라 지명. 곡량전의 경문(經文)에는 증(鄫)으로 되어 있다.
5) 壬夫(임부) : 자신(子辛)이라 일컫다. 초나라 공실(公室)의 공자(公子).
6) 天王(천왕) : 주간왕(周簡王). 이름은 이(夷). B.C. 585년에 즉위. 14년 간 재위.
7) 邾婁子(주루자) : 주(周)나라 선공(宣公)이다. 양공(襄公)이 새로 즉위하였으므로 축하 사절로 왔다.
8) 公孫剽(공손표) : 자숙(子叔)이라 일컫다. 위나라 대부(大夫)이다. 양공의 즉위를 축하하러 왔다.
9) 荀罃(순앵) : 진(晉)나라 대부이며 축하의 사절로 왔다.

2. 양공 2년 경인(庚寅)

가. 부인(夫人) 강씨(姜氏)가 훙거하다

2년 경인(庚寅) 봄, 왕력으로 정월에 천자인 간왕(簡王)을 장사 지냈다.

정(鄭)나라 군사가 송(宋)나라를 정벌했다.

여름인 5월 경인(庚寅)일에 부인(夫人) 강씨(姜氏)가 훙거(薨去)했다.

6월 경진(庚辰)일에 정나라 군주인 백작 곤(睔)이 세상을 떠났다.

진(晉)나라 군사와 송나라 군사와 위(衛)나라의 영식(甯殖)이 정나라를 침공했다.

가을인 7월에 중손멸(仲孫蔑)이 진(晉)나라 순앵(荀罃)과 송(宋)나라 화원(化元)과 위(衛)나라 손임보(孫林父)와 조(曹)나라 사람과 주루(邾婁)나라 사람 등과 척(戚)에서 회합했다.

기축(己丑)일에 우리의 소군(小君) 제강(齊姜)을 장사 지냈다. 제강(齊姜)이란 누구인가? 제강(齊姜)이나 목강(穆姜) 중에서 누가 선공(宣公)의 부인이고, 누가 성공(成公)의 부인(夫人)인지를 알지 못하겠노라?

숙손표(叔孫豹)가 송나라에 갔다.
　겨울에 중손멸이 진(晉)나라 순앵(荀罃)과 제나라 최저(崔杼)와 송나라 화원과 위나라 손임보(孫林父)와 조(曹)나라 사람과 주루(邾婁)나라 사람과 등(滕)나라 사람과 설(薛)나라 사람과 소주루(小邾婁)나라 사람 등과 척(戚)에서 회합하고 이어 호뢰(虎牢)에서 성을 쌓았다. 호뢰(虎牢)란 어떤 곳인가? 정(鄭)나라의 읍(邑)이다. 그 곳에 성(城)을 쌓았다고 말을 한 것은 무슨 뜻인가? 이곳을 빼앗았다는 뜻이다. 빼앗았다면 왜 빼앗았다고 말하지 않았는가? 중국의 제후국들을 위해 숨겨준 것이다. 왜 중국의 제후국들을 위하여 숨긴 것인가? 정나라가 상(喪)을 입은 기간에 정벌한 것을 숨긴 것이다. 왜 정(鄭)나라와 관계를 시키지 않았는가? 중국을 위하여 숨긴 것이다. 대부(大夫)에게 제멋대로 하는 일이 없는데 이곳에서 수(遂)라고 말을 한 것은 무슨 뜻인가? 대부에게 나쁜 것이 돌아가게 한 것이다.
　초(楚)나라에서 그 대부(大夫)인 공자 신(申)을 죽였다.

　二年[1] 春 王正月 葬簡王
　鄭師伐宋
　夏 五月 庚寅 夫人姜氏[2]薨
　六月 庚辰 鄭伯睔[3]卒
　晉師宋師衛甯殖侵鄭
　秋 七月 仲孫蔑會晉荀罃宋華元衛孫林父曹人邾婁人 于戚
　己丑 葬我小君齊姜 ○齊姜者何 齊姜與繆姜 則未知其爲宣夫人與 成夫人與
　叔孫豹[4]如宋
　冬 仲孫蔑會晉荀罃齊崔杼宋華元衛孫林父曹人邾婁人滕人薛人小邾婁[5]人于戚 遂城虎牢[6] ○虎牢者何 鄭之邑也 其言城之何 取之也 取之則曷爲不言取之 爲中國諱 曷爲爲中國諱 諱伐喪也 曷爲不繫乎鄭 爲中國諱也 大夫無遂事 此其言遂何 歸惡乎大夫也
　楚殺其大夫公子申[7]

1) 二年(이년) : 주(周)나라 영왕(靈王) 원년이며 B.C. 571년이다. 영왕의 이름은 설심(泄心)이다.
2) 夫人姜氏(부인강씨) : 양공(襄公)의 어머니이며 제강(齊姜)이라 일컫는다.
3) 鄭伯睔(정백곤) : 정나라 성공(成公). B.C. 584년에 즉위. 14년 간 재위.
4) 叔孫豹(숙손표) : 목숙(穆叔)이라 일컫고 노나라 종실의 일원이다.
5) 小邾婁(소주루) : 나라 이름. 곡량전 경문에는 소주(小邾)로 되어 있음.
6) 虎牢(호뢰) : 땅 이름. 본래 정나라 소속이었으나 뒤에 진(晉)나라가 탈취함.
7) 公子申(공자신) : 초(楚)나라 우사마(右司馬). 그가 작은 나라의 뇌물을 받고 자중(子重)과 자신(子辛)을 핍박하자 초나라 사람이 그를 죽였다.

3. 양공 3년 신묘(辛卯)

가. 양공(襄公)이 진(晉)나라에서 돌아오다

3년 신묘(辛卯) 봄에 초(楚)나라의 공자 영제(嬰齊)가 군사를 거느리고 오(吳)나라를 정벌했다.
양공이 진(晉)나라에 갔다.
여름인 4월 임술(壬戌)일에 진(晉)나라 군주인 후작과 장저(長樗)에서 동맹을 맺었다.
양공이 진(晉)나라에서 돌아왔다.
6월에 양공이 선(單)나라 군주인 자작과 진(晉)나라 군주인 후작과 송나라 군주인 공작과 위(衛)나라 군주인 후작과 정나라 군주인 백작과 거(莒)나라 군주인 자작과 주루(邾婁)나라 군주인 자작과 제나라 세자 광(光)이 회합하고 기미(己未)일에 계택(雞澤)에서 동맹을 맺었다.
진(陳)나라 군주인 후작이 원교(袁僑)에게 회합에 가게 했다. 원교(袁僑)를 회합에 가게 했다고 말한 것은 무슨 뜻인가? 회맹이 끝난 뒤에 도착했다는 뜻이다.
무인(戊寅)일에 노나라의 숙손표(叔孫豹)와 제후들의 대부

(大夫)들이 진(陳)나라의 원교(袁僑)와 동맹을 맺었다. 왜 특별히 진(陳)나라의 원교가 이르렀다고 했는가? 제후의 대부들이 원교와 함께 맹세하기 위해서였다.

가을에 양공이 회합에서 돌아왔다.

겨울에 진(晉)나라의 순앵이 군사를 거느리고 허(許)나라를 정벌했다.

三年 春 楚公子嬰齊[1]帥師伐吳[2]

公如晉[3]

夏 四月 壬戌 公及晉侯盟于長樗[4]

公至自晉

六月 公會單子晉侯宋公衛侯鄭伯莒子邾婁子齊世子光 己未 同盟于雞澤[5]

陳侯使袁僑[6]如會 ○其言如會何 後會也

戊寅 叔孫豹及諸侯之大夫 及陳袁僑盟 ○曷爲殊及陳袁僑 爲其與袁僑盟也

秋 公至自會

冬 晉荀罃帥師伐許

1) 公子嬰齊(공자영제) : 선대부영제(先大夫嬰齊)라고 일컫다. 좌윤(左尹) 자중(子重)이고 영윤(令尹) 자중이라고 하며 초나라 장왕(莊王)의 아우이며 초나라의 정경(正卿)이다.
2) 伐吳(벌오) : 오나라를 정벌하다. 좌씨전에 초나라의 자중(子重 : 嬰齊)이 오나라를 정벌했는데 오나라를 정벌하기 위해 정예군을 선발하여 구자(鳩玆)에서 싸워 승리했고 형산(衡山)까지 쳐들어가게 했다. 이 싸움의 여파로 자중이 끝에는 홧병이 나서 죽게 되었다.
3) 公如晉(공여진) : 양공이 이때의 나이는 7세에 불과했다. 곧 군주가 되어 처음으로 패주(覇主)에게 인사를 간 것이다.
4) 長樗(장저) : 진(晉)나라의 땅 이름. 진나라 국도의 부근에 있다.
5) 雞澤(계택) : 진(晉)나라의 땅 이름이다.
6) 袁僑(원교) : 진(陳)나라의 대부이며 원도도(袁濤塗)의 4세손이라 했다.

4. 양공 4년 임진(壬辰)

가. 부인(夫人) 익씨(弋氏)가 훙거했다

4년 임진(壬辰) 봄, 왕력으로 3월 기유(己酉)일에 진(陳)나라 군주인 후작 오(午)가 세상을 떠났다.

여름에 숙손표(叔孫豹)가 진(晉)나라에 갔다.

가을인 7월 무자(戊子)일에 부인(夫人) 익씨(弋氏)가 훙거했다.

진(陳)나라 성공(成公)을 장사 지냈다.

8월 신해(辛亥)일에 우리의 소군(小君)인 정익(定弋)을 장사 지냈다. 정익(定弋)이란 누구인가? 양공(襄公)의 어머니이다.

겨울에 양공이 진(晉)나라에 갔다.

진(陳)나라 사람들이 돈(頓)을 포위했다.

四年 春 王三月 己酉 陳侯午[1]卒
夏 叔孫豹如晉
秋 七月 戊子 夫人弋氏[2]薨
葬陳成公
八月 辛亥 葬我小君定弋 ○定弋者 襄公之母也
冬 公如晉
陳人圍頓

1) 陳侯午(진후오) : 진(陳)나라 성공(成公). B.C. 598년에 즉위. 30년 간 재위.
2) 夫人弋氏(부인익씨) : 정익(定弋). 곡량전에는 익이 사(姒)로 되어 있다.

5. 양공 5년 계사(癸巳)

가. 초나라에서 임부(壬夫)를 죽이다

5년 계사(癸巳) 봄에 양공이 진(晉)나라에서 돌아왔다.

여름에 정나라 군주인 백작이 공자(公子) 발(發)에게 노나라를 예방하게 했다.

숙손표(叔孫豹)와 증(鄫)나라의 세자 무(巫)가 진(晉)나라에 갔다. 노나라 이외에 제후국간의 서로 왕래하는 것은 본래 기록하지 않는 것이다. 그런데 이곳에 왜 이를 기록하였는가? 이는 숙손표가 증(鄫)나라의 세자 무를 인솔하여 함께 진(晉)나라에 갔기 때문이었다. 숙손표가 왜 증나라 세자 무를 인솔하여 함께 진(晉)나라에 갔는가? 대개 노나라 양공과 증나라 세자 무가 외종(外從) 형제들이었기 때문이다. 거(莒)나라가 장차 증(鄫)나라를 멸망시키려 하는 것으로 숙손표와 증나라의 세자 무가 함께 하여 진(晉)나라에 가서 위태함을 알린 것이다. 거나라가 장차 멸망시키려 하는데 왜 서로 함께 하여 가서 진(晉)나라에 위태함을 알리려 한 것인가? 이는 거나라의 여인을 증나라 군주가 취하였는데 거나라에서 그를 증나라의 정식 부인으로 삼고자 한바, 대개 그것은 거나라 여인이 난 아들을 후계자로 세우려고 했기 때문이었다.

중손멸(仲孫蔑)과 위(衛)나라의 손임보(孫林父)가 선도(善稻)에서 오(吳)나라와 회합했다.

가을에 크게 기우제를 지냈다.

초(楚)나라에서 그 대부(大夫)인 공자 임부(壬夫)를 죽였다.

양공(襄公)이 진(晉)나라 군주인 후작과 송나라 군주인 공작과 진(陳)나라 군주인 후작과 위(衛)나라 군주인 후작과 정나라 군주인 백작과 조(曹)나라 군주인 백작과 거(莒)나라 군주인 자작과 주루(邾婁)나라 군주인 자작과 등(滕)나라 군주인 자작과 설나라 군주인 백작과 제나라 세자 광(光)과 오(吳)나라 사람과 증(鄫)나라 사람 등과 척(戚)에서 회합했다. 오(吳)나라를 왜 인(人)이라고 일컬었는가? 오인(吳人) 증인(鄫人)이라고 이른 것은 서로 통하지 아니한 것이다.

양공이 회합에서 돌아왔다.

겨울에 진(陳)나라를 수비(守備)했다. 누가 수비했는가? 제후들이 수비했다. 왜 제후들이 수비했다고 말하지 않았는가? 각각의 제후들이 떠나고 이르는 것을 차례대로 하지 않았으므로 우리의 노나라만을 말한 것이다.

초나라 공자 정(貞)이 군사를 거느리고 진(陳)나라를 정벌했다.

양공이 진(晉)나라 군주인 후작과 송나라 군주인 공작과 위(衛)나라 군주인 후작과 정나라 군주인 백작과 조나라 군주인 백작과 거(莒)나라 군주인 자작과 주루(邾婁)나라 군주인 자작과 등(滕)나라 군주인 자작과 설(薛)나라 군주인 백작과 제나라 세자 광(光) 등과 회합하고 진(陳)나라를 구원했다.

12월에 양공이 진(陳)나라를 구원하는 일에서 돌아왔다.

신미(辛未)일에 계손행보(季孫行父)가 세상을 떠났다.

五年 春 公至自晉
夏 鄭伯使公子發[1]來聘
叔孫豹鄫世子巫[2]如晉 ○外相如不書 此何以書 爲叔孫豹率而與之俱也 叔孫豹則曷爲率而與之俱 蓋舅出[3]也 莒將滅之[4] 故相與往殆[5]乎晉也 莒將滅之 則曷爲相與往殆乎晉 取後乎莒也 其取後乎莒奈何 莒女有爲鄫夫人者 蓋欲立其出也
仲孫蔑衛孫林父會吳于善稻[6]
秋 大雩
楚殺其大夫公子壬夫[7]
公會晉侯宋公陳侯衛侯鄭伯曹伯莒子邾婁子滕子薛伯齊世子光吳人鄫人于戚 ○吳何以稱人 吳鄫人云則不辭
公至自會
冬 戍陳 ○執戍之 諸侯戍之 曷爲不言諸侯戍之 離至[8]不可得而序 故言我也
楚公子貞[9]帥師伐陳
公會晉侯宋公衛侯鄭伯曹伯莒子邾婁子滕子薛伯齊世子光 善救陳[10]
十有二月 公至自救陳
辛未 季孫行父卒

1) 鄭伯使公子發(정백사공자발) : 정나라 백작은 정나라 희공(僖公)이고 이름은 운(惲)이다. 공자 발은 정나라 공실(公室)의 한 사람이다. 자국(子國)이며 자산(子産)의 아버지.
2) 鄫世子巫(증세자무) : 증나라 태자 무(巫).
3) 舅出(구출) : 외가에서 나오다. 곧 외사촌 형제라는 뜻.
4) 莒將滅之(거장멸지) : 거나라가 장차 증(鄫)나라를 멸망시키려고 하다.
5) 殆(태) : 소송(訴訟). 곧 위태함을 알리다의 뜻. 태는 이(理)와 같다.
6) 善稻(선도) : 오(吳)나라 땅 이름. 좌전 경문에는 선도(善道)로 되어 있다.
7) 公子壬夫(공자임부) : 당시 초나라 영윤(令尹)임. 자신(子辛)이라 일컫다.
8) 離至(이지) : 분리되어 이르다. 곧 순서가 없이 이르다의 뜻.
9) 公子貞(공자정) : 자양(子襄)으로 일컫는다. 공자임부(公子壬夫)가 살해된 후 초나라의 영윤(令尹)이 되었다.
10) 善救陳(선구진) : 초나라가 진(陳)나라를 정벌할 때 양공이 중국을 구원하고 이적(夷狄)을 물리쳤으므로 잘 구원했다고 했다.

6. 양공 6년 갑오(甲午)

가. 거(莒)나라에서 증(鄫)나라를 멸망시키다

6년 갑오(甲午) 봄인 왕력으로 3월 임오(壬午)일에 기(杞)나라 군주인 백작 고용(姑容)이 세상을 떠났다.
여름에 송(宋)나라의 화약(華弱)이 노(魯)나라로 도망왔다.
가을에 기(杞)나라의 환공(桓公)을 장사 지냈다.
등(滕)나라 군주인 자작이 찾아왔다.
거(莒)나라 사람이 증(鄫)나라를 멸망 시켰다.
겨울에 숙손표가 주루(邾婁)나라에 갔다.
12월에 제나라 군주인 후작이 내(萊)나라를 멸망 시켰다. 왜 래(萊)나라 군주가 도망했다고 말하지 않았는가? 나라가 멸망하고 군주는 몸을 던져서 순국(殉國)했으니 정도에 합당한 것이었다.

六年 春 王三月 壬午 杞伯姑容¹⁾卒
夏 宋華弱²⁾來奔
秋 葬杞桓公
滕子來朝
莒人滅鄫³⁾
冬 叔孫豹如邾婁
季孫宿如晉
十有二月 齊侯滅萊⁴⁾ ○曷爲不言萊君出奔 國滅君死之 正也

1) 杞伯姑容(기백고용) : 기(杞)나라 환공(桓公)이다.
2) 華弱(화약) : 송(宋)나라의 사마(司馬).
3) 莒人滅鄫(거인멸증) : 좌전(左傳)에서는 증(鄫)나라가 멸망한 것은 증나라
   가 거나라에 보낸 재물을 믿고 방심하고 있었기 때문이라 했다.
4) 萊(내) : 나라 이름. 강성(姜姓)이며 자작(子爵)의 나라이다.

7. 양공 7년 을미(乙未)

가. 소주루(小邾婁)의 군주가 찾아오다

7년 을미(乙未) 봄에 담(郯)나라 군주인 자작이 찾아왔다.
여름인 4월에 교제(郊祭)지낼 날을 세 번이나 점을 쳤으나, 다 불길(不吉)하여 희생으로 쓸 소를 놓아주었다.
소주루(小邾婁)나라 군주인 자작이 찾아왔다.
비(費)에 성(城)을 쌓았다.
가을에 계손숙(季孫宿)이 위(衛)나라에 갔다.
8월에 메뚜기 떼가 일어났다.
겨울인 10월에 위(衛)나라 군주인 후작이 손임보(孫林父)에게 노나라를 예방하게 했다. 임술(壬戌)일에 손임보와 맹세를 했다.
초나라 공자 정(貞)이 군사를 거느리고 진(陳)나라를 포위했다.
12월에 양공이 진(晉)나라 군주인 후작과 송나라 군주인 공작

과 진(陳)나라 군주인 후작과 위(衛)나라 군주인 후작과 조(曹)나라 군주인 백작과 거(莒)나라 군주인 자작과 주루(邾婁)나라 군주인 자작 등과 위(鄍)에서 회합했다.

 정나라 군주인 백작 곤원(髡原)이 회합에 갔으나 제후들을 만나보지 못하고 병술(丙戌)일에 조(操)에서 세상을 떠났다. 조(操)란 어떤 곳인가? 정나라의 읍이다. 제후가 그의 봉지(封地) 안에서 세상을 뜨게 되면 죽은 곳의 지명을 기록하지 않는 것인데 이곳에서는 왜 지명을 기록했는가? 가엾게 여긴 것이다. 왜 이를 가엾게 여긴 것인가? 시해되었기 때문이다. 누가 시해했는가? 그 대부가 시해했다. 왜 그 대부가 시해했다고 말하지 않았는가? 중국을 위하여 숨긴 것이다. 왜 중국을 위하여 숨긴 것인가?

 정나라 군주인 백작이 장차 제후들과 위(鄍)에서 회합할 때 그의 대부가 간하여 말하기를 "중국으로 복귀하지 못할 바에는 초나라와 함께함만 같지 못합니다."라고 했다. 정나라 군주인 백작이 말하기를 "불가하다."라고 했다. 그의 대부가 말하기를 "중국이 의(義)를 앞세우면서 우리가 상을 당했을 때 정벌을 했고, 중국이 강력하다고 하지만 초나라만 같지 못합니다."라고 했다. 그리고 이에 시해했다. 정나라 군주인 백작 곤원(髡原)이라고 왜 이름을 거론했는가? 정나라 희공(僖公)이 상처를 입고 정나라로 돌아가려고 하였으나 머무르는 곳에 이르지 못하고 세상을 떠난 것이다. 제후들을 만나보지 못했는데 '여회(如會)'라고 말을 한 것은 무슨 뜻인가? 이는 정나라의 희공(僖公)이 중원(中原)의 제후국과 합류할 의사가 진실로 있었기 때문이었다.

 진(陳)나라 군주인 후작이 도망해 돌아갔다.

七年 春 郯[1] 子來朝
夏 四月 三卜郊 不從 乃免牲
小邾婁子來朝
城費[2]
秋季孫宿如衛

八月 螽
冬 十月 衛侯使孫林父來聘 壬戌 及孫林父盟
楚公子貞帥師圍陳
十有二月 公會晉侯宋公陳侯衛侯曹伯莒子邾婁子 于鄬[3]
鄭伯髡原如會[4] 未見諸侯 丙戌 卒于操[5] ○操者何 鄭之邑也 諸侯卒其封內不地 此何以地 隱之也 何隱爾 弒也[6] 孰弒之 其大夫弒之 曷爲不言其大夫弒之 爲中國諱也 曷爲爲中國諱 鄭伯將會諸侯于鄬 其大夫諫曰 中國不足歸也 則不若與楚 鄭伯曰 不可 其大夫曰 以中國爲義 則伐我喪 以中國爲彊 則不若楚 於是弒之 鄭伯髡原何以名 傷而反 未至乎舍而卒也 未見諸侯 其言如會何 致其意也
陳侯逃歸[7]

1) 郯(담) : 나라 이름이다. 소호(少昊)씨의 후예를 봉한 나라였다. 기성(己姓).
2) 費(비) : 노나라 땅 이름. 노나라 희공(僖公)이 공자 계우(公子季友)에게 하사하여, 이후 노나라 계씨(季氏)의 봉지(封地)가 되었다.
3) 鄬(위) : 정나라 땅 이름.
4) 髡原如會(곤원여회) : 곤원이 회합에 가다. 곤원은 정나라 희공(僖公). B.C. 570년에 즉위하여 5년 간 재위. 여회는 앞에서 위(鄬) 땅의 모임에 갔다는 뜻.
5) 操(조) : 정나라 땅 이름. 좌전의 경문에는 조(鄵)로 되어 있다.
6) 弒也(시야) : 정나라의 자사(子駟)가 도적을 시켜서 죽이게 했다는 뜻.
7) 陳侯逃歸(진후도귀) : 진(陳)나라 군주인 후작은 제후들의 회합에서 몰래 도망하여 갔다는 뜻이다.

8. 양공 8년 병신(丙申)

가. 양공(襄公)이 진(晉)나라에 가다

8년 병신(丙申) 봄, 왕력으로 정월에 양공이 진(晉)나라에 갔다. 여름에 정나라 희공(僖公)을 장사 지냈다. 역적을 토벌하지 아니하고 왜 장례를 치렀다고 기록했는가? 중국의 각 제후국들을 위하여 숨긴 것이다.
  정(鄭)나라 사람이 채(蔡)나라를 침공하여 채나라 공자 섭(燮)을 체포했다. 이것은 침략한 것인데 공자 섭을 체포했다고 말을 한 것은 무슨 뜻인가? 침략하고 체포했다고 말을 한 것은 적당히 움켜잡은 것이었다.
  계손숙(季孫宿)이 진(晉)나라 군주인 후작과 정나라 군주인 백작과 제나라 사람과 송나라 사람과 위(衛)나라 사람과 주루(邾婁)나라 사람 등과 형구(邢丘)에서 회합했다.
  양공(襄公)이 진(晉)나라에서 돌아왔다.
  거(莒)나라 사람이 우리 노나라의 동쪽 변방을 정벌했다.
  가을인 9월에 크게 기우제를 지냈다.
  겨울에 초(楚)나라의 공자 정(貞)이 군사를 거느리고 정(鄭)나라를 정벌했다.
  진나라 군주인 후작이 사개(士匃)에게 노나라를 예방하게 했다.

  八年 春 王正月 公如晉
  夏 葬鄭僖公 ○賊未討 何以書葬 爲中國諱也
  鄭人侵蔡 獲蔡公子燮[1] ○此侵也 其言獲何 侵而言獲者 適得之也
  季孫宿會晉侯鄭伯齊人宋人衛人邾婁人 于邢丘[2]
  公至自晉
  莒人伐我東鄙[3]
  秋 九月 大雩
  冬 楚公子貞[4]帥師伐鄭
  晉侯使士匃[5]來聘

1) 公子燮(공자섭) : 채(蔡)나라의 사마(司馬)이다. 곡량전 경문에는 공자 습(公子溼)으로 되어 있다.
2) 邢丘(형구) : 진(晉)나라의 땅 이름이다.
3) 伐我東鄙(벌아동비) : 거(莒)나라가 증(鄫)나라를 멸망시킨 후 노나라에서 증나라의 서부 토지를 탈취한 땅을 침범하여 노나라와 국경을 획정하려고 획책한 싸움이다.

4) 公子貞(공자정) : 초나라 자낭(子囊)이다.
5) 士匃(사개) : 진(晉)나라의 범선자(范宣子)이다.

9. 양공 9년 정유(丁酉)

가. 송(宋)나라에 화재(火災)가 발생하다

9년 정유(丁酉) 봄에 송나라에 화재(火災)가 있었다. 왜 혹은 재(災)라 말하고 혹은 화(火)라고 말하는가? 큰 것을 재(災)라 이르고 작은 것을 화(火)라고 이른다. 그렇다면 노나라 내에서는 무엇때문에 화(火)라고 말하지 않았는가? 노나라 국내에서 화(火)라고 말하지 않은 것은 심한 것이었다. 왜 이를 기록했는가? 재앙이라 기록했다. 외국의 재앙은 기록하지 않는 것인데 이 곳에 왜 기록했는가? 왕자(王者)의 후예로써 재앙이라 기록을 한 것이다.

여름에 계손숙(季孫宿)이 진(晉)나라에 갔다.

5월 신유(辛酉)일에 부인(夫人) 강씨(姜氏)가 훙거(薨去)했다.

가을인 8월 계미(癸未)일에 우리의 소군(小君) 목강(繆姜)을 장사 지냈다.

겨울에 양공이 진(晉)나라 군주인 후작과 송나라 군주인 공작과 위나라 군주인 후작과 조나라 군주인 백작과 거(莒)나라 군주인 자작과 주루(邾婁)나라 군주인 자작과 등(滕)나라 군주인 자작과 설(薛)나라 군주인 백작과 기(杞)나라 군주인 백작과 소주루(小邾婁)나라의 군주인 자작과 제나라 세자 광(光) 등과 회합하여 정나라를 정벌했다.

12월 기해(己亥)일에 희(戲)에서 동맹을 맺었다.

초나라 군주인 자작이 정나라를 정벌했다.

九年 春 宋火[1] ○曷爲或言災 或言火 大者曰災 小者曰火 然則內何以不言火 內不言火者 甚之也 何以書 記災也 外災不書 此何以

書 爲王者之後記災也
　夏 季孫宿如晉
　五月 辛酉 夫人姜氏[2] 薨
　秋 八月 癸未 葬我小君繆姜[3]
　冬 公會晉侯宋公衛侯曹伯莒子邾婁子滕子薛伯杞伯小邾婁子齊世子光 伐鄭 十有二月 己亥 同盟于戲[4]
　楚子伐鄭

1) 宋火(송화) : 송나라에 화재가 있었다. 곡량전의 경문에는 재(災)로 되어 있다. 좌전에 자세한 내용이 기록되어 있다.
2) 夫人姜氏(부인강씨) : 선공(宣公)의 부인 목강(穆姜)이라 했다.
3) 繆姜(목강) : 곡량전 경문에는 목강(穆姜)으로 되어 있다.
4) 戲(희) : 정나라 땅 이름.

10. 양공 10년 무술(戊戌)

가. 오(吳)나라의 사(柤)에서 회합하다

　10년 무술(戊戌) 봄에 양공이 진(晉)나라 군주인 후작과 송나라 군주인 공작과 위나라 군주인 후작과 조(曹)나라 군주인 백작과 거(莒)나라 군주인 자작과 주루(邾婁)나라 군주인 자작과 등(滕)나라 군주인 자작과 설(薛)나라 군주인 백작과 기(杞)나라 군주인 백작과 소주루(小邾婁)나라 군주인 자작과 제나라 세자 광(光) 등과 모여서 오(吳)나라의 사(柤)에서 회합했다.
　여름인 5월 갑오(甲午)일에 드디어 픱양(偪陽)을 멸망시켰다.
　양공이 회합에서 돌아왔다.
　초(楚)나라의 공자 정(貞)과 정나라의 공손(公孫) 첩(輒)이 군사를 거느리고 송나라를 정벌했다.
　진(晉)나라 군사가 진(秦)나라를 정벌했다.
　가을에 거(莒)나라 사람이 우리 노나라의 동쪽 변방을 정벌했다.

양공이 진(晉)나라 군주인 후작과 송나라 군주인 공작과 위(衛)나라 군주인 후작과 조(曹)나라 군주인 백작과 거(莒)나라 군주인 자작과 주루(邾婁)나라 군주인 자작과 제(齊)나라 세자 광(光)과 등(滕)나라 군주인 자작과 설(薛)나라 군주인 백작과 기(杞)나라 군주인 백작과 소주루(小邾婁)나라 군주인 자작 등과 회합하여 정나라를 정벌했다.
 겨울에 도적이 정나라의 공자 비(斐)와 공자 발(發)과 공손 첩(輒)을 죽였다.
 정나라의 호뢰(虎牢)를 수비했다. 누가 수비했는가? 제후들이 수비했다. 왜 제후들이 수비했다고 말하지 않았는가? 제후들이 순서없이 도착하여 수비하였으므로 우리 노나라만 말한 것이다. 제후들이 이미 빼앗았는데 왜 정나라와 관련시켰는가? 제후들이 일방적인 주인을 두지 않았으므로 도리어 정나라와 관계시킨 것이다.
 초나라의 공자 정(貞)이 군사를 거느리고 정나라를 구원했다.
 양공이 정나라를 정벌하는 일에서 돌아왔다.

十年 春 公會晉侯宋公衛侯曹伯莒子邾婁子滕子薛伯杞伯小邾婁子齊世子光會吳于柤[1]
 夏 五月 甲午 遂滅偪陽[2]
 公至自會
 楚公子貞鄭公孫輒[3]帥師伐宋
 晉師伐秦[4]
 秋 莒人伐我東鄙
 公會晉侯宋公衛侯曹伯莒子邾婁子齊世子光滕子薛伯杞伯小邾婁子 伐鄭
 冬 盜殺鄭公子斐[5]公子發[6]公孫輒
 戍鄭虎牢[7] ○孰戍之 諸侯戍之 曷爲不言諸侯戍之 離至不可得而序 故言我也 諸侯已取之矣 曷爲繫之鄭 諸侯莫之主有 故反繫之鄭
 楚公子貞帥師救鄭
 公至自伐鄭

1) 柤(사) : 초나라의 땅 이름.
2) 偪陽(핍양) : 곡량전의 경문(經文)에는 부양(傅陽)으로 되어 있다. 나라 이름이며 운성(妘姓)이다. 또 좌전에는 운성(妘姓)의 나라. 동이족(東夷族)의 작은 나라 이름. 진(晉)나라와 오(吳)나라 사이의 교통 요지라고 했다.
2) 公孫輒(공손첩) : 정나라 대부이며 자이(子耳)라고 일컫는다.
4) 晉師伐秦(진사벌진) : 진(晉)나라의 순앵(荀罃)이 군사를 이끌고 진(秦)나라를 공격한 일.
5) 公子斐(공자비) : 좌전 경문에는 공자비(公子騑)로 되어 있다. 이는 자사(子駟)이며 정나라 목공(穆公)의 아들. 당시에 정나라의 집정(執政)이었다.
6) 公子發(공자발) : 정나라 목공의 아들. 자국(子國)이라 일컫고 대부이다.
7) 虎牢(호뢰) : 본래 정나라 땅 이름.

11. 양공 11년 기해(己亥)

가. 노나라에서 삼군(三軍)을 편성하다

11년 기해(己亥) 봄, 왕력으로 정월에 삼군(三軍)을 편성했다. 삼군이란 어떤 것인가? 상중하의 삼경(三卿)을 설치했다는 것이다. 작삼군(作三軍 : 삼군을 편성)이란 왜 이를 기록했는가? 책망한 것이다. 왜 이를 책망한 것인가? 옛날부터 상경(上卿)과 하경(下卿)에 상사(上士)와 하사(下士)뿐이었기 때문이다.

여름인 4월에 네 번이나 교제를 지낼 날짜를 점쳤으나 길(吉)하지 않아서 교제를 지내지 않았다.

정나라의 공손사지(公孫舍之)가 군사를 거느리고 송나라를 침공했다.

양공이 진(晉)나라 군주인 후작과 송나라 군주인 공작과 위(衛)나라 군주인 후작과 조(曹)나라 군주인 백작과 제나라 세자 광(光)과 거(莒)나라 군주인 자작과 주루(邾婁)나라 군주인 자작과 등(滕)나라 군주인 자작과 설(薛)나라 군주인 백작과 기

(杞)나라 군주인 백작과 소주루(小邾婁)나라 군주인 자작 등과 회합하여 정나라를 정벌했다.

　가을인 7월 기미(己未)일에 경성(京城) 북쪽에서 동맹을 맺었다.

　양공이 정나라를 정벌하는 일에서 돌아왔다.

　초나라 군주인 자작과 정나라 군주인 백작이 송나라를 정벌했다.

　양공이 진(晉)나라 군주인 후작과 송나라 군주인 공작과 위(衛)나라 군주인 후작과 조(曹)나라 군주인 백작과 제나라 세자 광(光)과 거(莒)나라 군주인 자작과 주루(邾婁)나라 군주인 자작과 등(滕)나라 군주인 자작과 설(薛)나라 군주인 백작과 기나라 군주인 백작과 소주루(小邾婁)나라 군주인 자작 등과 회합하여 정나라를 정벌하고 소어(蕭魚)에서 회합했다. 이 회합은 정(鄭)나라를 정벌하기 위한 것이었는데 '소어(蕭魚)에서 회합했다.'고 말을 한 것은 무슨 뜻인가? 대개는 정나라 간공(簡公)이 이 회합에 참가하여 함께하고자 했기 때문이었다.

　양공이 회합에서 돌아왔다.

　초나라 사람이 정나라의 행인(行人) 양소(良霄)를 잡았다.

　겨울에 진(秦)나라 사람이 진(晉)나라를 정벌했다.

　十有一年 春 王正月 作三軍¹⁾ ○三軍者何 三卿²⁾也 作三軍 何以書 譏 何譏爾 古者上卿下卿上士下士

　夏 四月 四卜郊 不從 乃不郊

　鄭公孫舍之³⁾帥師侵宋

　公會晉侯宋公衛侯曹伯齊世子光莒子邾婁子滕子薛伯杞伯小邾婁子伐鄭

　秋 七月 己未 同盟于京城北⁴⁾

　公至自伐鄭

　楚子鄭伯伐宋

　公會晉侯宋公衛侯曹伯齊世子光莒子邾婁子滕子薛伯杞伯小邾婁子伐鄭 會于蕭魚⁵⁾ ○此伐鄭也 其言會于蕭魚何 蓋鄭與會爾

　公至自會

楚人執鄭行人良霄[6]
冬 秦人伐晉

1) 作三軍(작삼군) : 삼군(三軍)을 편성하다. 노(魯)나라는 본래 상군(上軍)과 하군(下軍)의 이군(二軍)이었으나 이때 상군·중군·하군의 삼군(三軍)을 두었다. 일군(一軍)은 1만2천5백인이다.
2) 三卿(삼경) : 상경(上卿)·중경(中卿)·하경(下卿)을 뜻한다. 곧 삼군(三軍)에서 상군(上軍)과 중군(中軍)과 하군(下軍)을 상경(上卿)·중경(中卿)·하경(下卿)이 각각 담당하는 것을 뜻한다.
3) 公孫舍之(공손사지) : 자전(子展). 공손 희(公孫喜)의 아들. 정나라 대부.
4) 京城北(경성북) : 좌전 경문에는 박성(亳城)으로 됨. 박성은 정나라 땅 이름.
5) 蕭魚(소어) : 정(鄭)나라 땅 이름이다.
6) 行人良霄(행인양소) : 행인은 나라의 사명(辭命)을 전달하는 관직 이름. 양소는 정나라 대부이며 공손첩(公孫輒)의 아들이다. 백유(伯有)라고 일컫다.

12. 양공 12년 경자(庚子)

가. 거(莒)나라에서 태(台)고을을 포위하다

12년 경자(庚子) 봄, 왕력으로 3월에 거(莒)나라 사람이 우리 노나라 동쪽 변방을 정벌하여 태(台)고을을 포위했다. 읍(邑)은 포위했다고 말하지 않는 것인데 이곳에 '태(台)읍'을 포위했다고 말을 한 것은 무슨 뜻인가? 정벌을 하고 포위했다고 말을 한 것은 읍(邑)을 취했다는 말이다. 정벌하고 포위했다고 말을 하지 않은 것은 읍(邑)을 취하지 않았다는 말이다.

계손숙이 군사를 거느리고 태고을을 구원하고 곧바로 운(運)으로 쳐들어갔다. 대부(大夫)에게는 마음대로 하는 일이 없는데 여기서 계손숙에게 '수(遂)'라고 말을 한 것은 무슨 뜻인가? 양공(襄公)이 정권(政權)을 완전히 장악하지 못했기 때문이었다.

여름에 진(晉)나라 군주인 후작이 사방(士魴)에게 노나라를 예방하게 했다.
　가을인 9월에 오(吳)나라 군주인 자작 승(乘)이 세상을 떠났다.
　겨울에 초나라 공자 정(貞)이 군사를 거느리고 송나라를 침공했다.
　양공이 진(晉)나라에 갔다.

　十有二年 春 王三月 莒人伐我東鄙 圍台[1] ○邑不言圍 此其言圍何 伐而言圍者 取邑之辭也 伐而不言圍者 非取邑之辭也
　季孫宿帥師救台 遂入運[2] ○大夫無遂事 此其言遂何 公不得爲政爾
　夏 晉侯使士魴來聘[3]
　秋 九月 吳子乘[4]卒
　冬 楚公子貞 帥師侵宋
　公如晉

1) 台(태) : 곡량전 경문에는 태(邰)로 되어 있다. 노나라 땅 이름. 지금의 산동성 비현(費縣) 동남.
2) 運(운) : 거(莒)나라의 고을.
3) 士魴來聘(사방내빙) : 곡량전 경문에는 방이 팽(彭)으로 되어 있다. 곧 사방이 노나라가 출병하여 정나라 정벌에 참가한 것에 대한 사례로 내방함.
4) 吳子乘(오자승) : 오나라 군주인 자작 승(乘). 곧 오나라 왕 수몽(壽夢)이며 일명 승(乘)이라고도 한다. B.C. 585년에 즉위하여 25년 간 재위했다.

13. 양공 13년 신축(辛丑)

가. 여름에 시(郚)나라를 정벌하다
　13년 신축(辛丑) 봄에 양공이 진(晉)나라에서 돌아왔다.
　여름에 시(郚)나라를 차지했다. 시(郚)나라란 어떤 곳인가? 주루(邾婁)의 고을이다. 왜 주루(邾婁)와 관련시키지 않았는가?

너무 신속하게 취한 것을 숨긴 것이다.
　가을인 9월 경진(庚辰)일에 초나라 군주인 자작 심(審 : 공왕)이 세상을 떠났다.
　겨울에 방(防)에 성을 쌓았다.

　十有三年 春 公至自晉
　夏 取邿¹⁾ ○邿者何 邾婁之邑也 曷爲不繫乎邾婁 諱亟也
　秋 九月 庚辰 楚子審²⁾卒
　冬 城防

1) 邿(시) : 작은 나라 이름. 임성(妊姓). 좌전과 곡량전의 경문에는 시(詩)로 되어 있으며 주루(邾婁)의 성읍(城邑)이라고 했다.
2) 楚子審(초자심) : 초나라 공왕(共王). B.C. 590년에 즉위. 31년 간 재위.

14. 양공 14년 임인(壬寅)

가. 거(莒)나라에서 동쪽 변방을 침략하다

　14년 임인(壬寅) 봄, 왕력으로 정월에 계손숙(季孫宿)과 숙노(叔老)가 진(晉)나라 사개(士匄)와 제나라 사람과 송나라 사람과 위(衛)나라 사람과 정나라 공손채(公孫囆)와 조(曹)나라 사람과 거(莒)나라 사람과 주루(邾婁)나라 사람과 등(滕)나라 사람과 설(薛)나라 사람과 기(杞)나라 사람과 소주루(小邾婁)나라 사람 등과 회합하고 또 오(吳)나라와 상(向)에서 회합했다.
　2월 초하루인 을미(乙未)일에 일식이 있었다.
　여름인 4월에 숙손표(叔孫豹)가 진(晉)나라 순언(荀偃)과 제나라 사람과 송나라 사람과 위(衛)나라 북궁결(北宮結)과 정나라 공손채와 조나라 사람과 거나라 사람과 주루(邾婁)나라 사람과 등나라 사람과 설나라 사람과 기(杞)나라 사람과 소주루(小邾婁)나라 사람 등과 회합하여 진(秦)나라를 정벌했다.

제9편 양공 시대(襄公時代) 385

  기미(己未)일에 위(衛)나라 군주인 후작이 제나라로 달아났다.
  거(莒)나라 사람이 우리 노나라의 동쪽 변방을 침공했다.
  가을에 초(楚)나라의 공자 정(貞)이 군사를 거느리고 오(吳)나라를 정벌했다.
  겨울에 계손숙(季孫宿)이 진(晉)나라 사개(士匄)와 송나라 화열(華閱)과 위(衛)나라 손임보(孫林父)와 정나라 공손채와 거(莒)나라 사람과 주루(邾婁)나라 사람 등과 척(戚)에서 회합했다.

  十有四年 春 王正月 季孫宿叔老[1]會晉士匄齊人宋人衛人鄭公孫囆[2]曹人莒人邾婁人滕人薛人杞人小邾婁人 會吳于向
  二月 乙未 朔 日有食之
  夏 四月 叔孫豹會晉荀偃齊人宋人衛北宮結鄭公孫囆曹人莒人邾婁人滕人薛人杞人小邾婁人伐秦
  己未 衛侯衎[3]出奔齊
  莒人侵我東鄙
  秋 楚公子貞帥師伐吳
  冬 季孫宿會晉士匄宋華閱[4]衛孫林父鄭公孫囆莒人邾婁人 于戚

1) 叔老(숙노) : 노나라 대부. 숙힐(叔肸)의 손자이며 자숙영제(子叔嬰齊)의 아들이며 자숙제자(子叔齊子)라고 했다.
2) 公孫囆(공손채) : 자교(子蟜)이며 공자언(公子偃)의 아들이다. 이때 정나라의 사마(司馬)가 되었다.
3) 衛侯衎(위후간) : 곧 위나라 헌공(獻公)이다.
4) 華閱(화열) : 송나라 대부. 화원(華元)의 아들이고 당시 좌사(左師)에 임명됨.

15. 양공 15년 계묘(癸卯)

가. 계손숙과 공손표가 외곽 성을 쌓다

  15년 계묘(癸卯) 봄에 송나라 군주인 공작이 향술(向戌)에게 노나라를 예방하게 했다.
  2월 기해(己亥)일에 향술(向戌)과 유(劉)에서 동맹을 맺었다.
  유하(劉夏)가 제나라에서 왕후를 맞이했다. 유하란 누구인가? 천자의 대부이다. 유(劉)란 무엇인가? 읍(邑)이다. 그를 유(劉)라고 일컫는 것은 무엇 때문인가? 읍(邑)으로써 씨(氏)를 삼은 것이다. 외국에서 여자를 맞이하는 것은 기록하지 않는 것인데 이곳에서는 왜 기록했는가? 우리 노나라를 거쳐서 갔기 때문이다.
  여름에 제(齊)나라 군주인 후작이 우리 노(魯)나라 북방의 변경을 정벌하여 성읍(城邑)을 포위하자 양공이 성읍을 구원하기 위하여 우(遇)에 이르렀다. 양공이 성읍(成邑)을 구원하기 위하여 '우(遇)에 이르렀다.'고 말한 것은 무슨 뜻인가? 이곳에서 양공(襄公)이 더 이상 전진하지 못했다는 뜻이다.
  계손숙(季孫叔)과 공손표(公孫豹)가 군사를 거느리고 성읍(城邑)의 외곽 성을 쌓았다.
  가을인 8월 정사(丁巳)일에 일식이 있었다.
  주루(邾婁)나라 사람이 우리 노나라의 남쪽 변방을 정벌했다.
  겨울인 11월 계해(癸亥)일에 진(晉)나라 군주인 후작 주(周)가 세상을 떠났다.

　　十有五年 春 宋公使向戌來聘
　　二月 己亥 及向戌[1]盟于劉[2]
　　劉夏[3]逆王后于齊 ○劉夏者何 天子之大夫也 劉者何 邑也 其稱劉何 以邑氏也 外逆女不書 此何以書 過我也
　　夏 齊侯伐我北鄙 圍成[4]
　　公救成 至遇[5] ○其言至遇何 不敢進也
　　季孫宿 叔孫豹 帥師城成郛[6]
　　秋 八月 丁巳 日有食之
　　邾婁人伐我南鄙
　　冬 十有一月 癸亥 晉侯周[7]卒

1) 向戌(향술) : 송나라의 집정대부(執政大夫). 이때 좌사(左師)에 임명됨.

2) 劉(유) : 노나라의 땅 이름.
3) 劉夏(유하) : 유정공(劉政公). 하(夏)는 그의 이름이다.
4) 成(성) : 성(郕)이며 노(魯)나라 맹씨(孟氏)의 봉읍(封邑)이다.
5) 遇(우) : 노나라 지명.
6) 郛(부) : 외곽 성(外郭城)
7) 晉侯周(진후주) : 진(晉)나라 도공(悼公). B.C. 572년에 즉위. 15년 간 재위.

16. 양공 16년 갑진(甲辰)

가. 각 나라의 대부들이 모여 동맹을 맺다

16년 갑진(甲辰) 봄, 왕력으로 정월에 진(晉)나라 군주인 도공(悼公)을 장사 지냈다.

3월에 양공(襄公)이 진(晉)나라 군주인 후작과 송나라 군주인 공작과 위(衛)나라 군주인 후작과 정나라 군주인 백작과 조(曹)나라 군주인 백작과 거(莒)나라 군주인 자작과 주루(邾婁)나라 군주인 자작과 설(薛)나라 군주인 백작과 기(杞)나라 군주인 백작과 소주루(小邾婁)나라 군주인 자작 등과 격량(溴梁)에서 회합했다.

무인(戊寅)일에 각 나라 대부들이 모여 동맹을 맺었는데 제후들이 모두 이 곳에 있었다. 여기서 대부들이 모여 동맹을 맺었다고 말한 것은 무슨 뜻인가? 믿음이 대부에게 있었기 때문이다. 왜 믿음이 대부들에게 있다고 말을 했는가? 두루 천하의 대부(大夫)들을 깎아내린 것이다. 왜 두루 천하의 대부들을 깎아 내렸는가? 군주를 혹이 늘어진 것처럼 그렇게 여겼기 때문이었다.

진(晉)나라 사람이 거(莒)나라 군주인 자작과 주루(邾婁)나라 군주인 자작을 체포해서 돌아갔다.

제나라 군주인 후작이 우리 노(魯)나라의 북쪽 변경을 정벌했다.

여름에 양공이 회합에서 돌아왔다.

5월 갑자(甲子)일에 지진(地震)이 일어났다.

숙노(叔老)가 정나라 군주인 백작과 진(晉)나라의 순언(荀偃)과 위(衛)나라의 영식(甯殖)과 송(宋)나라 사람 등과 회합하여 허(許)나라를 정벌했다.

가을에 제나라 군주인 후작이 우리 노(魯)나라의 북쪽 변경을 정벌하여 성(成) 땅을 포위했다.

크게 기우제를 지냈다.

겨울에 숙손표(叔孫豹)가 진(晉)나라에 갔다.

十有六年 春 王正月 葬晉悼公
三月 公會晉侯宋公衛侯鄭伯曹伯莒子邾婁子薛伯杞伯小邾婁子于溴梁[1]
戊寅 大夫盟[2] ○諸侯皆在是 其言大夫盟何 信在大夫也 何言乎信在大夫遍刺天下之大夫也 曷爲遍刺天下之大夫 君若贅旒[3]然
晉人執莒子邾婁子 以歸[4]
齊侯伐我北鄙
夏 公至自會
五月 甲子 地震
叔老會鄭伯晉荀偃衛甯殖宋人 伐許
秋 齊侯伐我北鄙 圍成[5]
大雩
冬 叔孫豹如晉

1) 溴梁(격량) : 땅 이름이다. 황하(黃河)의 물줄기이다.
2) 大夫盟(대부맹) : 각 나라의 대부들이 맹세를 했다. 곧 노나라에서 숙손표와 진나라의 순언과 송나라의 향술(向戌)과 위(衛)나라 영식(甯殖)과 정나라 공손채(公孫囆)와 소주루(小邾婁)나라의 대부 등이 맹세를 했고 제나라의 대부 고후(高厚)는 도망하여 돌아간 사건.
3) 贅旒(췌류) : 혹이 늘어진 것. 곧 실권이 없이 자리만 지키는 것을 뜻한다.
4) 執莒子邾婁子以歸(집거자주루자이귀) : 거나라 군주인 자작 이비공(犁比公)과 주루(邾婁)나라 군주인 자작 선공(宣公)을 체포하여 돌아갔다는 뜻.
5) 成(성) : 좌전의 경문(經文)에는 성(郕)으로 되어 있다.

17. 양공 17년 을사(乙巳)

가. 제나라가 조(洮)를 포위하다

17년 을사(乙巳) 봄, 왕력으로 2월 경오(庚午)일에 주루(邾婁)나라 군주인 자작 한(瞯)이 세상을 떠났다.

송(宋)나라 사람이 진(陳)나라를 정벌했다.

여름에 위(衛)나라의 석매(石買)가 군사를 거느리고 조(曹)나라를 정벌했다.

가을에 제나라 군주인 후작이 우리 노(魯)나라의 북쪽 변경을 정벌하여 조(洮)를 포위했다.

제(齊)나라의 고후(高厚)가 군사를 거느리고 우리 노나라의 북쪽 변경을 정벌하여 방(防)을 포위했다.

9월에 크게 기우제를 지냈다.

송나라의 화신(華臣)이 진(陳)나라로 달아났다.

겨울에 주루(邾婁)나라 사람이 우리 노나라의 남쪽 변경을 정벌했다.

十有七年 春 王二月 庚午 邾婁子瞯[1]卒
宋人伐陳
夏 衛石買[2]帥師伐曹
秋 齊侯伐我北鄙 圍洮[3]
齊高厚[4]帥師伐我北鄙 圍防[5]
九月 大雩
宋華臣[6]出奔陳
冬 邾婁人伐我南鄙

1) 邾婁子瞯(주루자한) : 주루(邾婁)나라 자작인 한이며 선공(宣公). B.C. 573년에 즉위하여 18년간 재위함. 좌전의 경문에는 경(牼)으로 되어 있다.

2) 石買(석매) : 위나라 대부이며 석공자(石共子)라 일컫다. 석직(石稷)의 아들.
3) 洮(조) : 노나라 땅 이름. 곡량전의 경문에는 도(桃)로 되어 있다.
4) 高厚(고후) : 제나라 대부.
5) 防(방) : 노나라 장씨(臧氏)의 채읍(采邑).
6) 華臣(화신) : 송(宋)나라 대부이다. 화열(華閱)의 아우.

18. 양공 18년 병오(丙午)

가. 행인(行人) 석매(石買)를 체포하다

18년 병오(丙午) 봄에 백적(白狄)이 찾아왔다. 백적이란 누구인가? 이적(夷狄)의 군주이다. 왜 조(朝)라고 말하지 않았는가? 백적이 중국의 제후국을 찾아오는 예법에 능하지 못하였기 때문이었다.
　여름에 진(晉)나라 사람이 위(衛)나라 행인(行人) 석매(石買)를 체포했다.
　가을에 제나라 군사가 우리 노나라의 북쪽 변경을 정벌했다.
　겨울인 10월에 양공이 진(晉)나라 군주인 후작과 송나라 군주인 공작과 위(衛)나라 군주인 후작과 정나라 군주인 백작과 조(曹)나라 군주인 백작과 거(莒)나라 군주인 자작과 주루(邾婁)나라 군주인 자작과 등나라 군주인 자작과 설(薛)나라 군주인 백작과 기(杞)나라 군주인 백작과 소주루(小邾婁)나라 군주인 자작 등과 회합하여 함께 제나라의 도읍을 포위했다.
　조(曹)나라 군주인 백작 부추(負芻)가 군중(軍中)에서 세상을 떠났다.
　초나라 공자 오(午)가 군사를 거느리고 정나라를 정벌했다.

　十有八年 春 白狄¹⁾來 ○白狄者何 夷狄之君也 何以不言朝 不能朝也
　夏 晉人執衛行人石買
　秋 齊師²⁾伐我北鄙

冬 十月 公會晉侯宋公衛侯鄭伯曹伯莒子邾婁子滕子薛伯杞伯小
邾婁子 同圍齊 曹伯負芻[3]卒于師
　楚公子午[4]帥師伐鄭
1) 白狄(백적) : 적인(狄人)의 일개 부족.
2) 齊師(제사) : 곡량전의 경문(經文)에는 제후(齊侯)로 되어 있다.
3) 負芻(부추) : 조(曹)나라 성공(成公). B.C. 577년에 즉위. 23년 간 재위.
4) 公子午(공자오) : 초나라 영윤(令尹)이며 자경(子庚)이라고 일컫는다.

19. 양공 19년 정미(丁未)

가. 축아(祝阿)에서 동맹을 맺다

19년 정미(丁未) 봄, 왕력으로 정월에 제후들이 축아(祝阿)에서 동맹을 맺었다.

진(晉)나라 사람이 주루(邾婁)나라 군주인 자작을 체포했다.

양공이 제(齊)나라를 정벌하는 일에서 돌아왔다. 이곳의 양공이 돌아왔다고 한 것은 제나라를 함께 포위했는데 왜 제나라의 정벌에서 돌아왔다고 했는가? 제나라를 함께 포위하지 않은 것이다. 제나라를 포위하지 않았는데 그 제나라를 포위했다고 말을 한 것은 무슨 뜻인가? 제나라를 저지한 것이다. 왜 제나라를 억제한 것인가? 그들이 신속하게 정벌을 일삼기 때문이었다. 어떤 이가 말하기를 "그들이 교만하여 그 제나라의 세자가 제후들의 위에 처하려고 했다."라고 했다.

주루(邾婁)나라 땅을 점령하기를 곽수(漷水)부터 했다. 주루나라 땅을 점령하기를 곽수(漷水)로부터 했다고 말을 한 것은 무슨 뜻인가? 곽수(漷水)로 경계를 삼은 것이다. 왜 곽수로부터 경계를 삼았다고 말을 했는가? 노나라와 주루나라가 본래는 곽수로부터 경계를 삼아 남쪽은 주루국에 속했기 때문이었다.

계손숙(季孫宿)이 진(晉)나라에 갔다.

조(曹)나라의 성공(成公)을 장사 지냈다.

여름에 위(衛)나라의 손임보(孫林父)가 군사를 거느리고 제(齊)나라를 정벌했다.
　가을인 7월 신묘(辛卯)일에 제나라 군주인 후작 원(瑗)이 세상을 떠났다.
　진(晉)나라의 사개(士匃)가 군사를 거느리고 제나라를 침공하여 곡(穀)에 이르렀다가 제나라 군주인 후작이 세상을 떠났다는 소식을 듣고 곧 돌아갔다. 환(還 : 돌아가다)이란 무슨 뜻인가? 좋게 여긴 말이다. 왜 이를 좋게 여긴 것인가? 그 상을 당한 나라를 정벌하지 않은 것을 대단하게 여긴 것이다. 이는 군주에게 명을 받아서 제나라를 정벌했는데, 왜 그가 상(喪)을 당했다고 정벌하지 않은 것을 대단하게 여긴 것인가? 대부가 군주의 명령을 받고 출정하였으면 나아가고 물러나는 것이 대부에게 있기 때문이다.
　8월 병진(丙辰)일에 노나라의 중손멸(仲孫蔑)이 세상을 떠났다.
　제나라에서 그 대부(大夫)인 고후(高厚)를 죽였다.
　정(鄭)나라에서 그 대부인 공자 희(喜)를 죽였다.
　겨울에 제(齊)나라 영공(靈公)을 장사 지냈다.
　서쪽 외곽에 성을 쌓았다.
　노나라의 숙손표(叔孫豹)가 진(晉)나라의 사개(士匃)와 가(柯)에서 만났다.
　무성(武城) 고을에 성(城)을 쌓았다.

　十有九年 春 王正月 諸侯盟于祝阿[1]
　晉人執邾婁子[2]
　公至自伐齊 ○此同圍齊也 何以致伐 未圍齊也 未圍齊 則其言圍齊何 抑齊也 曷爲抑齊 爲其亟伐也 或曰 爲其驕蹇 使其世子處乎諸侯之上也
　取邾婁田 自潨水[3] ○其言自潨水何 以潨爲竟也 何言乎以潨爲竟 潨移也
　季孫宿如晉
　葬曹成公

夏 衛孫林父帥師伐齊
秋 七月 辛卯 齊侯瑗[4]卒
晉士匄帥師侵齊 至穀 聞齊侯卒 乃還 ○還者何 善辭也 何善爾
大其不伐喪也 此受命乎君而伐齊 則何大乎其不伐喪 大夫以君命
出 進退在大夫也
八月 丙辰 仲孫蔑卒
齊殺其大夫高厚[5]
鄭殺其大夫公子喜[6]
冬 葬齊靈公
城西郛
叔孫豹會晉士匄于柯[7]
城武城[8]

1) 盟于祝阿(맹우축아) : 제나라 땅인 축아에서 맹세를 하다. 좌전에는 독양(督揚)이라고도 한다 했다.
2) 執邾婁子(집주루자) : 주루(邾婁)나라 군주인 자작을 체포하다. 주루나라 군주가 제나라의 지시를 받아 노나라를 누차 침범하여 진(晉)나라가 체포했다.
3) 澤水(곽수) : 사수(泗水)의 지류이다. 지금은 남사하(南沙河)라고 한다.
4) 齊侯瑗(제후원) : 곧 제나라 영공(靈公)이다. B.C. 581년에 즉위하여 28년간 재위했다. 원(瑗)은 곡량전의 경문에는 환(環)으로 되어 있다.
5) 高厚(고후) : 제나라 대부인데 좌전에는 최저(崔杼)가 죽였다고 했는데 실상은 제나라장공(莊公)이 시켜서 죽였다고 했다.
6) 公子喜(공자희) : 자공(子孔). 곡량전 경문에는 공자가(公子嘉)로 됨.
7) 柯(가) : 땅 이름이다.
8) 武城(무성) : 노나라 땅 이름.

20. 양공 20년 무신(戊申)

가. 중손속(仲孫遬)이 주루(邾婁)나라를 정벌하다

20년 무신(戊申) 봄, 왕력으로 정월 신해(辛亥)일에 중손속(仲

孫邀)이 거(莒)나라 사람과 만나 상(向)에서 맹약했다.

여름인 6월 경신(庚申)일에 양공은 진(晉)나라 군주인 후작과 제나라 군주인 후작과 송나라 군주인 공작과 위(衛)나라 군주인 후작과 정나라 군주인 백작과 조나라 군주인 백작과 거나라 군주인 자작과 주루(邾婁)나라 군주인 자작과 등나라 군주인 자작과 설나라 군주인 백작과 기나라 군주인 백작과 소주루(小邾婁)나라 군주인 자작 등과 회합하여 전연(澶淵)에서 동맹을 맺었다.

가을에 양공이 회합에서 돌아왔다.

중손속(仲孫遬)이 군사를 거느리고 주루(邾婁)나라를 정벌했다.

채(蔡)나라에서 그 대부(大夫)인 공자 섭(燮)을 죽였고 채나라 공자 이(履)가 초(楚)나라로 달아났다.

진(陳)나라 군주인 후작의 아우 광(光)이 초나라로 달아났다.

숙노(叔老)가 제나라에 갔다.

겨울인 10월 초하루 병진(丙辰)일에 일식이 있었다.

계손숙(季孫叔)이 송(宋)나라에 갔다.

二十年 春 王正月 辛亥 仲孫遬[1]會莒人盟于向[2]

夏 六月 庚申 公會晉侯齊侯宋公衛侯鄭伯曹伯莒子邾婁子滕子薛伯杞伯小邾婁子 盟于澶淵[3]

秋 公至自會

仲孫遬帥師伐邾婁

蔡殺其大夫公子燮[4]

蔡公子履[5]出奔楚

陳侯之弟光[6]出奔楚

叔老如齊

冬 十月 丙辰朔 日有食之

季孫宿如宋

1) 仲孫遬(중손속) : 맹장자(孟莊子)라고 일컫다. 노나라 환공의 아들 경보(慶父)의 후손. 곡량전 경문에는 속(遬)이 속(速)으로 되어 있다. 아래도 동일.
2) 向(상) : 본래는 나라 이름. 거나라의 고을 이름.

3) 澶淵(전연) : 위(衛)나라 호택(湖澤)의 이름이다.
4) 公子燮(공자섭) : 곡량전의 경문에는 공자 습(公子濕)으로 되어 있다. 곧 채(蔡)나라 장공(莊公)의 아들이다.
5) 公子履(공자이) : 공자 습(公子濕)의 동모(同母)의 아우.
6) 陳侯之弟光(진후지제광) : 진(陳)나라 군주의 아우 광(光). 좌전에는 황(黃)으로 됨. 공자 황이 달아나려 할 때 도읍 안에서 소리를 질러 말하기를 "경씨(慶氏)들은 무도하여 진(陳)나라를 독단하려 하고 군주를 멸시하여 그 친족을 제거한다. 그들이 5년 안에 멸망하지 않으면 하늘은 없는 것이다."라고 했다.

21. 양공 21년 기유(己酉)

가. 난영(欒盈)이 초나라로 달아나다

21년 기유(己酉) 봄, 왕력으로 정월에 양공이 진(晉)나라에 갔다. 주루(邾婁)나라의 서기(庶其)가 주루나라의 칠(漆)과 여구(閭丘)땅을 가지고 노(魯)나라로 도망해 왔다. 주루(邾婁)나라 서기(庶其)란 누구인가? 주루(邾婁)나라의 대부(大夫)이다. 주루 나라에는 대부가 없는데 왜 이곳에 이를 기록했는가? 땅을 중요하게 여겼기 때문이었다.

여름에 양공이 진(晉)나라에서 돌아왔다.

가을에 진(晉)나라의 난영(欒盈)이 초(楚)나라로 달아났다.

9월 초하루인 경술(庚戌)일에 일식이 있었다.

겨울인 10월 초하루 경진(庚辰)일에 일식이 있었다.

조(曹)나라 군주인 백작이 노(魯)나라를 찾아왔다.

양공이 진(晉)나라 군주인 후작과 제나라 군주인 후작과 송나라 군주인 공작과 위(衛)나라 군주인 후작과 정나라 군주인 백작과 조(曹)나라 군주인 백작과 거(莒)나라 군주인 자작과 주루(邾婁)나라 군주인 자작 등과 상임(商任)에서 회합을 가졌다.

11월 경자(庚子)일에 공자(孔子)가 탄생했다.

二十有一年 春 王正月 公如晉¹⁾

邾婁庶其²⁾以漆閭丘³⁾來奔 ○邾婁庶其者何 邾婁大夫也 邾婁無大夫 此何以書 重地也

夏 公至自晉

秋 晉欒盈⁴⁾出奔楚

九月 庚戌朔 日有食之

冬 十月 庚辰朔 日有食之

曹伯來朝

公會晉侯齊侯宋公衛侯鄭伯曹伯莒子邾婁子 于商任⁵⁾

○十有一月 庚子 孔子生⁶⁾

1) 公如晉(공여진) : 양공이 진(晉)나라에 가다. 곧 진(晉)나라에서 노나라가 주루(邾婁)나라 땅을 취득하도록 방해해준 것에 대한 답방(答訪)이었다.
2) 庶其(서기) : 주루(邾婁)나라의 대부.
3) 漆閭丘(칠여구) : 칠과 여구는 주루(邾婁)나라의 땅 이름이다.
4) 欒盈(난영) : 진(晉)나라의 공족대부(公族大夫)이며 난염(欒黶)의 아들이며 난회자(欒懷子)라고 일컫는다. 자세한 내용은 좌전에 있다.
5) 商任(상임) : 땅 이름이다.
6) 孔子生(공자생) : 공자의 이름은 구(丘). 이 경문(經文)의 글자가 진실성에 의문이 있다. 좌전 경문에는 이 글자가 없고 곡량전에는 '십유일월(十有一月)'의 네 글자가 없다. '사기(史記)' 공자세가(孔子世家)의 기록에 공자(孔子)는 노나라 양공 22년, B.C. 551년에 태어났다고 했다. 일반적으로 사기의 설을 따른다.

22. 양공 22년 경술(庚戌)

가. 초나라에서 그의 대부를 죽이다

22년 경술(庚戌) 봄, 왕력으로 정월에 양공이 회합에서 돌아왔다. 여름인 4월이다.

가을인 7월 신유(辛酉)일에 숙노(叔老)가 세상을 떠났다.
 겨울에 양공이 진(晉)나라 군주인 후작과 제나라 군주인 후작과 송(宋)나라 군주인 공작과 위(衛)나라 군주인 후작과 정나라 군주인 백작과 조(曹)나라 군주인 백작과 거(莒)나라 군주인 자작과 주루(邾婁)나라 군주인 자작과 등나라 군주인 자작과 설나라 군주인 백작과 기(杞)나라 군주인 백작과 소주루(小邾婁)나라 군주인 자작 등과 사수(沙隨)에서 회합했다.
 양공이 회합에서 돌아왔다.
 초(楚)나라에서 그 대부(大夫)인 공자 추서(追舒)를 죽였다.

二十有二年 春 王正月 公至自會
夏 四月
秋 七月 辛酉 叔老卒
冬 公會晉侯齊侯宋公衛侯鄭伯曹伯莒子邾婁子滕子薛伯杞伯小邾婁子 于沙隨[1] 公至自會
楚殺其大夫公子追舒[2]

1) 沙隨(사수) : 땅 이름. 현 하남성(河南省) 영릉(寧陵) 부근의 지명.
2) 公子追舒(공자추서) : 자남(子南)이며 초나라의 영윤(令尹)이다. 자세한 내용은 좌전에 기록이 있다.

23. 양공 23년 신해(辛亥)

가. 초하루에 일식(日蝕)이 일어나다
 23년 신해(辛亥) 봄, 왕력으로 2월 계유(癸酉)일인 초하루에 일식(日蝕)이 있었다.
 3월 기사(己巳)일에 기(杞)나라 군주인 백작 개(匃)가 세상을 떠났다.
 여름에 주루(邾婁)나라 비아(鼻我)가 우리 노나라로 도망해 왔다. 주루(邾婁)나라 비아(鼻我)란 누구인가? 주루나라의 대부이다. 주루나라에는 대부(大夫)가 없는데 이곳에 이를 왜 기록했는가? 주루나라는 노나라와 가까운 관계로 기록했다.

기(杞)나라의 효공(孝公)을 장사 지냈다.

진(陳)나라에서 그 대부인 경호(慶虎)와 경인(慶寅)을 죽였다.

진(陳)나라 군주인 후작의 아우 광(光)이 초(楚)나라에서 진(陳)나라로 돌아갔다.

진(晉)나라의 난영(欒盈)이 다시 진(晉)나라로 들어가 곡옥(曲沃)으로 들어갔다. 곡옥(曲沃)이란 어떤 곳인가? 진(晉)나라의 읍(邑)이다. 그가 '진(晉)나라로 들어가 곡옥(曲沃)으로 들어갔다.'고 말한 것은 무슨 뜻인가? 이는 난영이 장차 진(晉)나라로 들어가려는데 진(晉)나라 사람이 받아들이지 않아서 곡옥(曲沃)으로 말미암아서 진(晉)나라로 들어간 것이었다.

가을에 제(齊)나라 군주인 후작이 위(衛)나라를 정벌하고 이어서 진(晉)나라를 정벌했다.

8월에 노(魯)나라의 숙손표(叔孫豹)가 군사를 거느리고 진(晉)나라를 구원하여 진나라 옹유(雍渝)에 주둔했다. 왜 먼저 구원했다고 말을 하고 뒤에 주둔했다고 말을 했는가? 먼저 양공(襄公)의 명령을 진나라에 통보했기 때문이었다.

기묘(己卯)일에 노나라 중손속(仲孫遬)이 세상을 떠났다.

겨울인 10월 을해(乙亥)일에 노(魯)나라의 장손흘(臧孫紇)이 주루(邾婁)나라로 달아났다.

진(晉)나라 사람이 난영(欒盈)을 죽였다. 왜 그의 대부(大夫)를 죽였다고 말하지 않았는가? 이때는 진(晉)나라의 대부가 아니었기 때문이었다.

제(齊)나라 군주인 후작이 거(莒)나라를 습격했다.

二十有三年 春 王二月 癸酉朔 日有食之
三月 己巳 杞伯匄¹⁾卒
夏 邾婁鼻我²⁾來奔 ○邾婁鼻我者何 邾婁大夫也 邾婁無大夫 此

何以書 以近書也
　葬杞孝公
　陳殺其大夫慶虎及慶寅[3]
　陳侯之弟光 自楚歸于陳
　晉欒盈復入于晉 入于曲沃[4] ○曲沃者何 晉之邑也 其言入于晉入于曲沃何 欒盈將入晉 晉人不納 由乎曲沃而入也
　秋 齊侯伐衛 遂伐晉 八月 叔孫豹帥師救晉 次于雍渝[5] ○曷爲先言救而後言次 先通君命也
　己卯 仲孫遫卒
　冬 十月 乙亥 臧孫紇出奔邾婁[6]
　晉人殺欒盈 ○曷爲不言殺其大夫 非其大夫[7]也
　齊侯襲莒

1) 杞伯匄(기백개) : 기(杞)나라 효공(孝公). B.C. 566년 즉위. 17년 간 재위.
2) 鼻我(비아) : 주루(邾婁)나라 대부. 곡량전 경문에는 비아(畁我)로 되어 있다.
3) 慶虎及慶寅(경호급경인) : 경호와 경인은 진(陳)나라 대부. 초나라에 반기를 들고 성을 쌓았는데 성에 사고가 발생하여 공인(工人)들을 처벌하자 일꾼들이 경호와 경인을 죽였다.
4) 曲沃(곡옥) : 새로 쌓은 성의 이름. 곡옥은 진(晉)나라의 별도(別都).
5) 雍渝(옹유) : 진(晉)나라 땅 이름. 좌전 경문에는 옹유(雍楡)로 되어 있다.
6) 臧孫紇出奔邾婁(장손흘출분주루) : 장손흘이 주루(邾婁)나라로 달아나다. 좌전에 상세한 내용이 있다.
7) 非其大夫(비기대부) : 진(晉)나라에서 대부(大夫)로 인정하지 않은 것이다. 곧 역적을 처단한 것이다.

24. 양공 24년 임자(壬子)

가. 중손갈(仲孫羯)이 제나라를 침공하다

24년 임자(壬子) 봄에 노(魯)나라의 숙손표(叔孫豹)가 진

(晉)나라에 갔다.
　노나라 중손갈(仲孫羯)이 군사를 거느리고 제나라를 침공했다.
　여름에 초(楚)나라 군주인 자작이 오(吳)나라를 정벌했다.
　가을인 7월 초하루 갑자(甲子)일에 일식이 있었는데 개기식(皆旣蝕)이었다.
　제나라의 최저(崔杼)가 군사를 거느리고 거(莒)나라를 정벌했다.
　홍수가 났다.
　8월 초하루인 계사(癸巳)일에 일식이 있었다.
　양공이 진(晉)나라 군주인 후작과 송(宋)나라 군주인 공작과 위(衛)나라 군주인 후작과 정(鄭)나라 군주인 백작과 조(曹)나라 군주인 백작과 거(莒)나라 군주인 자작과 주루(邾婁)나라 군주인 자작과 등나라 군주인 자작과 설(薛)나라 군주인 백작과 기(杞)나라 군주인 백작과 소주루(小邾婁)나라 군주인 자작 등과 진의(陳儀)에서 회합했다.
　겨울에 초(楚)나라 군주인 자작과 채(蔡)나라 군주인 후작과 진(陳)나라 군주 후작과 허(許)나라 군주인 남작 등이 정(鄭)나라를 정벌했다.
　양공이 회합에서 돌아왔다.
　진(陳)나라의 겸의구(鍼宜咎)가 초나라로 달아났다.
　숙손표(叔孫豹)가 경사(京師)에 갔다.
　큰 기근(饑饉)이 들었다.

二十有四年 春 叔孫豹如晉¹⁾
仲孫羯²⁾帥師侵齊
夏 楚子伐吳³⁾
秋 七月 甲子朔 日有食之 旣⁴⁾
齊崔杼帥師伐莒
大水
八月 癸巳朔 日有食之
公會晉侯宋公衛侯鄭伯曹伯莒子邾婁子滕子薛伯杞伯小邾婁子

제9편 양공 시대(襄公時代) 401

  于陳儀[5]
   冬 楚子蔡侯陳侯許男 伐鄭[6]
   公至自會
   陳鍼宜咎[7]出奔楚
   叔孫豹如京師
   大饑
1) 如晉(여진) : 진(晉)나라 난씨(欒氏)의 난이 평정된 것을 축하하기 위해 갔다.
2) 仲孫羯(중손갈) : 중손속(仲孫速)의 아들이며 맹효백(孟孝伯)이라고 일컫고 노나라 맹손씨(孟孫氏)의 계승인이다.
3) 楚子伐吳(초자벌오) : 초나라가 수군(水軍)으로 오(吳)나라를 공격했으나 전공을 거두지 못하고 돌아간 일.
4) 旣(기) : 개기일식(皆旣日蝕). 개기식(皆旣蝕).
5) 陳儀(진의) : 땅 이름. 형(邢)나라 땅이었다. 좌전과 곡량전에는 이의(夷儀)로 되어 있다.
6) 伐鄭(벌정) : 초나라에서 자신의 부용국인 진(陳)과 채(蔡)와 허(許)나라를 소집하여 정나라를 침략하다.
7) 鍼宜咎(겸의구) : 진(陳)나라의 경호(慶虎), 경인(慶寅)과 함께 한 당(黨).

25. 양공 25년 계축(癸丑)

가. 최저(崔杼)가 노나라를 침공하다

 25년 계축(癸丑) 봄에 제(齊)나라의 최저(崔杼)가 군사를 거느리고 우리 노(魯)나라의 북쪽 변방을 정벌했다.
 여름인 5월 을해(乙亥)일에 제(齊)나라의 최저(崔杼)가 그 군주인 광(光)을 시해(弑害)했다.
 양공이 진(晉)나라 군주인 후작과 송나라 군주인 공작과 위(衛)나라 군주인 후작과 정나라 군주인 백작과 조(曹)나라 군주인 백작과 거(莒)나라 군주인 자작과 주루(邾婁)나라 군주인 자작과 등(滕)나라 군주인 자작과 설(薛)나라 군주인 백작과 기(杞)나라 군주인 백작과 소주루(小邾婁)나라 군주인 자작 등과 진의(陳儀)에서 회합했다.

6월 임자(壬子)일에 정나라의 공손사지(公孫舍之)가 군사를 거느리고 진(陳)나라로 쳐들어갔다.

가을인 8월 기사(己巳)일에 제후들이 중구(重丘)에서 동맹을 맺었다.

양공이 회합에서 돌아왔다.

위(衛)나라 군주인 후작이 진의(陳儀)로 들어갔다. 진의란 어떤 곳인가? 위나라의 하나의 읍이다. 왜 위나라로 들어갔다고 말하지 않았는가? 군주를 속여서 시해하려고 했기 때문이었다.

초(楚)나라의 굴건(屈建)이 군사를 거느리고 서구(舒鳩)를 멸망시켰다.

겨울에 정(鄭)나라 공손채(公孫囆)가 군사를 거느리고 진(陳)나라를 정벌했다.

12월에 오(吳)나라 군주인 자작 알(謁:諸樊)이 초(楚)나라를 정벌하여 소(巢) 땅을 공격하다가 세상을 떠났다. '소(巢) 땅을 공격하다가 세상을 떠났다.'고 한 것은 무슨 뜻인가? 소(巢) 땅의 성문으로 들어가 세상을 떠난 것이다. 소 땅의 성문으로 들어가서 세상을 떠났다고 한 것은 무슨 뜻인가? 소 땅의 성문 안으로 들어가서 죽은 것이다. 오(吳)나라 군주인 자작 알(謁)은 왜 이름을 기록하였는가? 상처를 입고 돌아와 머무르는 막사에 이르지 못하고 세상을 떠났기 때문이었다.

二十有五年 春 齊崔杼帥師 伐我北鄙[1]
夏 五月 乙亥 齊崔杼弑其君光[2]
公會晉侯宋公衛侯鄭伯曹伯莒子邾婁子滕子薛伯杞伯小邾婁子于陳儀
六月 壬子 鄭公孫舍之[3]帥師入陳
秋 八月 己巳 諸侯同盟于重丘[4]

公至自會
衛侯入于陳儀 ◯陳儀者何 衛之邑也 曷爲不言入于衛 譏君以弑也
楚屈建⁵⁾帥師滅舒鳩⁶⁾
冬 鄭公孫囆⁷⁾ 帥師伐陳
十有二月 吳子謁⁸⁾伐楚 門于巢⁹⁾卒 門于巢卒者何 入門乎巢而卒也 入門乎巢而卒者何 入巢之門而卒也 吳子謁何以名 傷而反 未至乎舍而卒也

1) 伐我北鄙(벌아북비) : 우리의 북쪽 변방을 침공했다. 곧 24년에 중손갈(仲孫羯)이 제나라를 침공한데 대한 보복으로 제나라의 최저(崔杼)가 군사를 이끌고 와서 침공했다.
2) 其君光(기군광) : 그의 군주인 광(光)은 제나라 장공(莊公). 제나라 장공(莊公)이 즉위한 뒤부터 행동이 방탕하고 사특한 행동을 거리낌없이 행했다. 최저는 오래 전부터 권력을 찬탈할 마음을 가지고 있었는데, 장공이 최저의 아내인 당강(棠姜)과 간통 하고 있었으므로 최저가 그것을 빌미로 하여 죽임.
3) 公孫舍之(공손사지) : 정(鄭)나라의 집정대부(執政大夫). 자전(子展).
4) 重丘(중구) : 제나라의 땅 이름.
5) 屈建(굴건) : 초나라의 영윤(令尹).
6) 舒鳩(서구) : 서인(舒人)의 한 갈래이다. 서구는 초나라의 소속이었으나 이때 서구가 초나라를 배반했으므로 굴건이 서구를 멸망시켰다.
7) 公孫囆(공손채) : 정(鄭)나라의 집정대부(執政大夫)이며 자서(子西)라고 일컫다. 곡량전의 경문에는 공손하(公孫夏)로 되어 있다.
8) 吳子謁(오자알) : 오(吳)나라 군주인 자작 알(謁). 자(字)는 제번(諸樊).
9) 巢(소) : 언성(偃姓)이며 일설에는 서인(舒人)이 건립한 나라라고 했다.

26. 양공 26년 갑인(甲寅)

가. 순오(荀吳)가 노나라를 예방오다

26년 갑인(甲寅) 봄, 왕력으로 2월 신묘(辛卯)일에 위(衛)나라의 영희(甯喜)가 그의 군주인 표(剽)를 시해했다.
  위(衛)나라의 손임보(孫林父)는 척(戚)으로 들어갔다가 나라를 배반했다.
  갑오(甲午)일에 위나라 군주인 후작 간(衎)이 다시 위나라로 돌아갔다. 이때는 군주를 속여서 시해한 것이다. 그가 다시 위나라로 돌아갔다고 말을 한 것은 무슨 뜻인가? 위(衛)나라의 상공(殤公)인 표(剽)를 헐뜯은 것이다. 왜 위나라 상공 표를 헐뜯은 것이라고 하는가? 위나라 상공 표가 군주가 되자 이에 위나라 사람들이 기뻐하지 않았다. 그렇다면 왜 상공 표를 세웠다고 말하지 않았는가? 표(剽)를 세웠다고 말하지 않은 것은 위나라 헌공(獻公)을 헐뜯기 위한 것이었다.
  여름에 진(晉)나라 군주인 후작이 순오(荀吳)에게 우리 노나라에 와서 예방하게 했다.
  양공이 진(晉)나라 사람과 정(鄭)나라 양소(良霄)와 송나라 사람과 조(曹)나라 사람 등과 전연(澶淵)에서 회합했다.
  가을에 송나라 군주인 공작이 그의 세자인 좌(痤)를 죽였다.
  진(晉)나라 사람이 위(衛)나라 영희(甯喜)를 체포했다. 영희(甯喜)를 체포한 것은 죄가 있어서 였는데 왜 방백(方伯)이 토벌을 했다고 하지 않았는가? 영희를 체포한 것은 그의 죄로써 체포한 것이 아니기 때문이었다.
  8월 임오(壬午)일에 허(許)나라 군주인 남작 영(甯)이 초나라에서 세상을 떠났다.
  겨울에 초나라 군주인 자작과 채나라 군주인 후작과 진(陳)나라 군주인 후작이 정나라를 정벌했다.
  허(許)나라의 영공(靈公)을 장사 지냈다.

　二十有六年 春 王二月 辛卯 衛甯喜[1]弑其君剽
衛孫林父入于戚以叛[2]
　甲午 衛侯衎[3]復歸于衛 ○此譾君以弑也 其言復歸何 惡剽也 曷爲惡剽 剽之立 於是未有說也 然則曷爲不言剽之立 不言剽之立者

以惡衛侯也
　夏 晉侯使荀吳[4]來聘
　公會晉人鄭良霄宋人曹人 于澶淵
　秋 宋公殺其世子痤[5]
　晉人執衛甯喜 ○此執有罪 何以不得爲伯討 不以其罪執之也
　八月 壬午 許男甯[6]卒于楚
　冬 楚子蔡侯陳侯 伐鄭[7]
　葬許靈公

1) 甯喜(영희) : 위(衛)나라 집정대부(執政大夫)였으며 영식(甯殖)의 아들이다. 도자(悼子)라고 일컫다.
2) 以叛(이반) : 배반하다. 손임보(孫林父)가 척(戚)의 땅을 가지고 진(晉)나라로 도망하여,위나라를 배반했다.
3) 衎(간) : 위(衛)나라 헌공(獻公)의 이름이다.
4) 荀吳(순오) : 진(晉)나라 중행목자(中行穆子)이며 진나라 대부. 위(衛)나라의 손임보(孫林父)가 진(晉)나라로 도망하여 영희(甯喜)가 임금을 시해한 사건을 설명하였다. 이때 진나라의 평공(平公)이 이 일로 인하여 제후들을 소집하여 정벌하려는데 순오(荀吳)를 노나라에 파견하여 출병을 요청함.
5) 世子痤(세자좌) : 송(宋)나라 태자 좌(痤)이다. 곧 송(宋)나라 평공(平公)의 태자이다. 곡량전에는 좌(座)로 되어 있다.
6) 許南甯(허남영) : 허나라 군주인 남작 영(甯). 곧 허나라의 영공(靈公)이다.
7) 伐鄭(벌정) : 정나라를 정벌하다. 이는 허(許)나라 영공(靈公)의 청(請)에 의하여 정벌하다.

27. 양공 27년 을묘(乙卯)

가. 숙손표(叔孫豹)가 제후들과 동맹을 맺다

27년 을묘(乙卯) 봄에 제나라 군주인 후작이 경봉(慶封)을 노나라에 보내 예방하게 했다.

여름에 숙손표(叔孫豹)가 진(晉)나라의 조무(趙武)와 초(楚)나라의 굴건(屈建)과 채(蔡)나라의 공손 귀생(公孫歸生)과 위(衛)나라의 석악(石惡)과 진(陳)나라의 공환(孔瑗)과 정나라의 양소(良霄)와 허(許)나라 사람과 조(曹)나라 사람 등과 송(宋)나라에서 회합했다.

위(衛)나라에서 그 대부(大夫)인 영희(甯喜)를 죽였다.

위(衛)나라 군주인 후작의 아우 전(鱄)이 진(晉)나라로 달아났다. 위(衛)나라에서 그의 대부 영희(甯喜)를 살해했는데 위(衛)나라 군주인 후작의 아우 전(鱄)이 왜 진(晉)나라로 달아났는가? 영희를 살해했기 때문에 달아난 것이다. 왜 영희가 살해되었기 때문에 달아났는가? 위(衛)나라 영식(甯殖)과 손임보(孫林甫)가 위(衛)나라 군주인 후작 헌공(獻公)을 축출하고 공손표(公孫剽)인 상공(殤公)을 세웠다. 영식(甯植)이 병이 들어 장차 죽으려 할 때 영희(甯喜)에게 말하기를 "헌공(獻公)을 내쫓은 것은 나의 뜻이 아니었다. 손임보(孫林父)가 한 것이다. 나는 곧 죽을 것이니 너는 능히 헌공(獻公)을 받아들이겠느냐?"라고 했다. 영희가 대답하여 말하기를 "그렇게 하겠습니다."라고 했다.

영식(甯植)이 죽자 영희(甯喜)가 대부(大夫)가 되었다. 이에 사람을 시켜 헌공(獻公)에게 이르기를 "공(公 : 헌공)을 축출한 자는 우리 영씨(甯氏)가 아니고 손임보(孫林父)가 했습니다. 우리는 공(公 : 헌공)을 받아들이고자 하는데 어떻게 생각하십니까?"라고 했다. 헌공이 말하기를 "그대가 진실로 나를 받아들인다면 나는 그대와 맹세를 청합니다." 라고 했다. 영희가 말하기를 "맹세까지는 할 것이 없으나 청컨대 공자 전(公子鱄)에게 약속을 하십시오"라고 했다.

헌공(獻公)이 공자 전(公子鱄)에게 말하기를 "영씨(甯氏)들이 장차 나를 받아들이겠다는데 내가 함께 맹세를 하자고 했더니 그들이 말하여 이르기를 '맹세까지는 필요가 없고 청컨대 공자 전으로 하여금 약속하게 하라.'고 한다. 그대(동생)가 진실로 나를 위한다면 함께 약속을 하라." 라고 했다.

공자 전이 사양하여 말하기를 "대저 굴레를 지고 쇠못탕을 잡은 자가 군주를 따라서 동서남북에 있는데 이는 신이 하찮은 일에 엎드리는 것입니다. 만약에 말을 약속하고 믿음이 된다면 신(臣)은 하찮은 일에 감히 함께 엎드리지 못하겠습니다."라고 했다. 헌공이 노(怒)하여 말하기를 "나를 쫓아낸 자는 영씨(甯氏)와 손씨(孫氏: 孫林父)가 아니라 무릇 여기에 있었구나!"라고 했다. 공자 전이 부득이 하여 함께 약속을 했다. 이미 약속이 이루어져서 헌공이 돌아오게 되자 영희(甯喜)를 죽였다. 이에 공자 전이 그의 처자를 이끌고 진(晉)나라로 떠났다. 장차 황하(黃河)를 건널 때 그의 아내와 아들을 이끌고 함께 맹세하여 말하기를 "진실로 위(衛)나라 땅을 밟게 되고 위나라 곡식을 먹게 된다면 저 꿩을 갈라서 죽임을 보는 것과 같을 것이다."라고 했다.

가을인 7월 신사(辛巳)일에 숙손표(叔孫豹)가 제후들의 대부들과 송(宋)나라에서 동맹을 맺었다. 왜 다시 숙손표를 말하였는가? 제후들이 위태해진 것이다. 왜 제후들이 위태해졌다고 하는가? 위(衛)나라의 석악(石惡)이 이곳에 있었기 때문이다. 말하기를 "악인의 무리들이 이곳에 있었기 때문이다."라고 했다.

겨울인 12월 을해(乙亥)일인 초하루에 일식이 있었다.

二十有七年 春 齊侯使慶封來聘[1]
夏 叔孫豹會晉趙武[2]楚屈建[3]蔡公孫歸生衛石惡[4]陳孔瑗[5]鄭良霄 許人曹人 于宋
衛殺其大夫甯喜[6] 衛侯之弟鱄[7]出奔晉 ○衛殺其大夫甯喜 則衛侯之弟鱄 曷爲出奔晉 爲殺甯喜出奔也 曷爲爲殺甯喜出奔 衛甯殖[8]與孫林父逐衛侯而立公孫剽[9] 甯殖病將死 謂喜曰 黜[10]公者非吾意也 孫氏爲之 我卽死 女能固納公乎 喜曰 諾 甯殖死 喜立爲大夫 使人謂獻公曰 黜公者非甯氏也 孫氏爲之 吾欲納公 何如 獻公曰 子苟欲納我 吾請與子盟 喜曰 無所用盟 請使公子鱄約之 獻公謂公子鱄曰 甯氏將納我 吾欲與之盟 其言曰 無所用盟 請使公子鱄約之 子固爲我與之約矣 公子鱄辭 曰 夫負羈縶[11] 執鈇鑕[12] 從君東西南北

則是臣僕庶孼[13]之事也 若夫約言爲信 則非臣僕庶孼之所敢與也 獻公怒 曰 黜我者非甯氏與孫氏 凡在爾 公子鱄不得已而與之約 已約歸至 殺甯喜 公子鱄挈其妻子而去之 將濟于河 攜其妻子 而與之盟 曰 苟有履衛地食衛粟者 昧雉彼視[14]

　秋 七月 辛巳 豹及諸侯之大夫盟于宋 ○曷爲再言豹 殆諸侯也 曷爲殆諸侯 爲衛石惡在是也 曰 惡人之徒在是[15]矣

　冬 十有二月 乙亥朔 日有食之

1) 慶封來聘(경봉내빙) : 경봉이 와서 예방하다. 곧 제나라의 최저(崔杼)가 제나라 장공(莊公)을 시해한 뒤에 공자 저구(公子杵臼)를 세워서 군주를 삼았는데, 이가 제나라 경공(景公)이다. 경공이 즉위한 뒤에는 노나라와 우호를 다지기 위하여 내방한 것이다.
2) 晉趙武(진조무) : 진(晉)나라의 집정(執政)대부이다.
3) 楚屈建(초굴건) : 초나라의 영윤(令尹)인 자목(子木)이다.
4) 石惡(석악) : 도자(悼子)라고 일컫다. 위(衛)나라 대부이다.
5) 陳孔瑗(진공원) : 진(陳)나라의 공원. 곡량전에는 공환(孔奐)으로 되어 있다.
6) 甯喜(영희) : 위나라 헌공(獻公)이 다시 즉위한 뒤에 영희가 전권(全權)을 행사하는 것을 보고 몰래 공손면여(公孫免餘)를 시켜서 영희와 우재곡(右宰谷)을 살해하게 했다.
7) 鱄(전) : 공자 전(公子鱄)이며 자선(子鮮)이라고도 한다. 위(衛)나라 헌공(獻公)의 어머니를 함께 한 아우이다.
8) 甯殖(영식) : 영혜자(甯惠子)이며 영희의 아버지이다.
9) 公孫剽(공손표) : 위(衛)나라 상공(殤公)이며 자숙(子叔)이라 일컫다.
10) 黜(출) : 내쫓다. 곧 군주의 자리에서 쫓아내다의 뜻.
11) 羈縶(기칩) : 말의 굴레. 멍에의 일종이다.
12) 鈇鑕(부질) : 부는 도끼. 질은 머리를 자르는데 쓰는 쇠못탕.
13) 庶孼(서얼) : 천한 사람들의 뜻.
14) 昧雉彼視(매치피시) : 꿩을 갈라 죽이는 이것을 보는 것과 같다는 뜻. 매(昧)는 할(割)의 뜻.
15) 惡人之徒在是(악인지도재시) : 악인의 무리가 이곳에 있다. 곧 위나라 헌공(獻公)과 그의 신하 석악(石惡)의 배신행위를 지적한 것.

28. 양공 28년 병진(丙辰)

가. 제나라 경봉(慶封)이 도망해 오다

28년 병진(丙辰) 봄에 얼음이 얼지 않았다.
여름에 위(衛)나라의 석악(石惡)이 진(晉)나라로 달아났다.
주루(邾婁)나라 군주인 자작이 찾아왔다.
가을인 8월에 크게 기우제를 지냈다.
중손갈(仲孫羯)이 진(晉)나라에 갔다.
겨울에 제(齊)나라의 경봉(慶封)이 노나라로 도망해 왔다.
11월에 양공(襄公)이 초(楚)나라로 갔다.
12월 갑인(甲寅)일에 천자(天子)가 붕어했다.
을미(乙未)일에 초나라 군주인 자작 소(昭)가 세상을 떠났다.

二十有八年 春 無冰
夏 衛石惡[1]出奔晉
邾婁子來朝
秋 八月 大雩
仲孫羯如晉
冬 齊慶封來奔[2]
十有一月 公如楚
十有二月 甲寅 天王崩[3]
乙未 楚子昭卒[4]

1) 石惡(석악) : 위(衛)나라의 대부(大夫).
2) 慶封來奔(경봉내분) : 제나라의 경봉(慶封)이 도망해 오다. 경봉은 제나라의 당국(當國)으로 사냥과 술을 즐겼다. 그는 제나라의 귀족인 난씨(欒氏), 고씨(高氏), 진씨(陳氏), 포씨(鮑氏) 등의 네 집안이 함께 공격을 받아서 노나라로 도망해왔다가 뒤에 또 오나라로 달아났다.

3) 天王崩(천왕붕) : 주(周)나라 영왕(靈王)이 붕어하다. B.C. 571년에 즉위하여 27년 간 재위했다.
4) 楚子昭卒(초자소졸) : 초(楚)나라 자작인 소(昭)가 졸하다. 곧 초나라 강왕(康王)이며 B.C. 559년에 즉위하여 15년간 재위했다.

29. 양공 29년 정사(丁巳)

가. 혼(闇)이 여제(餘祭)를 시해하다

29년 정사(丁巳) 봄, 왕력으로 정월에 양공은 초(楚)나라에 머물러 있었다.

여름인 5월에 양공이 초(楚)나라에서 돌아왔다.

경오(庚午)일에 위나라 군주인 후작 간(衎)이 세상을 떠났다.

혼(闇)이 오(吳)나라 군주인 자작 여제(餘祭)를 시해했다. 혼(闇)이란 누구인가? 궁(宮)의 문지기이며 형벌을 받은 사람이다. 형벌을 받은 사람인데 왜 궁의 문지기로 삼았는가? 형벌을 받은 사람은 궁의 문지기로 적당한 사람이 아니었다. 군자(君子)는 형벌 받은 사람을 가까이 하지 아니한다. 형벌 받은 사람을 가까이 하는 것은 죽음을 가벼이 여기는 도(道)이다.

노나라의 중손갈(仲孫羯)이 진(晉)나라의 순영(荀盈)과 제나라 고지(高止)와 송(宋)나라 화정(華定)과 위(衛)나라 세숙제(世叔齊)와 정나라 공손단(公孫段:伯石)과 조(曹)나라 사람과 거(莒)나라 사람과 주루(邾婁)나라 사람과 등(滕)나라 사람과 설(薛)나라 사람과 소주루(小邾婁)나라 사람 등과 회합하여 기(杞)나라에 성(城)을 쌓았다.

진(晉)나라 군주인 후작이 사앙(士鞅)에게 노(魯)나라를 예방하게 했다.

기(杞)나라 군주인 자작이 노나라에 와서 동맹을 맺었다.

오(吳)나라 군주인 자작이 찰(札)에게 노나라를 예방하게 했다. 오(吳)나라에는 군주도 없고 대부(大夫)도 없는데 이곳에는 왜 군주도 있고 대부(大夫)도 있게 한 것인가? 계찰(季札)을 현명한 사람으로 여겼기 때문이었다. 왜 계찰(季札 : 季子)를 현명하게 여겼는가? 나라를 사양했기 때문이었다. 그가 나라를 사양했다는 것은 무슨 뜻인가? 알(謁)이나 여제(餘祭)나 이매(夷昧)는 계자(季子 : 季札)와 함께 어머니를 함께 한 네 형제들이다. 계자(季子)가 가장 어리면서도 재주가 있어서 형제들이 모두 사랑했으며, 형제들이 뜻을 함께 하여 세워서 군주로 삼으려고 했다.
　알(謁)이 말하기를 "지금은 이와 같이 일이 코앞에 닥쳤으니 계자(季子)와 나라를 함께 해야 하는데 계자가 오히려 받지 않으니 청컨대 자식들에게 주지 말고 동생들에게 주어서 형제들이 번갈아 임금이 되고 마지막으로 계자(季子)에게 바치자."라고 했다. 형제 네 사람이 모두 말하기를 "그렇게 합시다." 라고 했다.
　그러므로 모두 군주가 된 자는 모두가 죽음을 가볍게 여기는 것으로 용맹을 삼고 음식을 먹으면서는 반드시 빌어 말하기를 "하늘이 진실로 오(吳)나라를 두었다면 신속하게 나의 몸에 허물이 있도록 하시오."라고 했다. 이런 연고로 알(謁)이 죽자 여제(餘祭)가 군주가 되었고 여제가 죽자 이매(夷昧)가 군주가 되고 이매가 죽으면 나라는 계자(季子)에게 가는 것이 당연했으나 이때 계자가 사신으로 나가서 돌아오지 않고 국내에 없게 되었다.
　요(僚)란 서자(庶子) 가운데 제일 나이가 많았다. 요가 군주의 자리에 올랐는데, 계자(季子)가 사신에서 돌아와 나라에 이르자 요를 군주로 인정해 주었다. 합려(闔廬)가 말하기를 "선군(先君)께서는 아들에게 나라를 주지 않았고 아우에게 주었는데 이것은 대저 계자(季子) 때문이었다.
　장차 선군(先君)의 명령과 함께 하여 따르는 것이라면 나라는 계자(季子)에게 가는 것이 마땅한 것이며 만약 선군(先君)의 명령과 함께 하여 따르는 것이 아니라면 내가 즉위하는 것이 마땅하다. 요(僚)가 어떻게 군주가 된단 말인가?"라고 했다.
　이에 전제(專諸)로 하여금 요(僚)를 찔러 죽이게 했으며 나라를 계자(季子)에게 바쳤다. 계자(季子)가 받지 아니하고 말하기를 "너가 우리의 군주를 시해했으니 내가 이 나라를 받는다면 이는 내가 너의 찬탈한 것과 함께 하는 것이다. 너가 나의 형을 살해하고 내가 또 너를 살해하면 이는 아버지와 아들이나 형제들이 서로 죽이어 몸이 마치도록 중지됨이 없을 것이다." 라고 하고 연릉(延陵)으로 떠나가 종신토록 오(吳)나라로 들어가지 않았다.

그러므로 군자(君子)께서는 그 의를 위하여 나라를 받지 않고 그 인을 위하여 살해하지 않았으므로 계자(季子)를 현명하게 여겼는데 오(吳)나라에 군주가 있고 대부가 있는 것이 어쨌다는 것인가? 계자(季子)가 신하가 되었다면 군주가 있는 것이 마땅한 것이다.

찰(札)이란 누구인가? 오(吳)나라의 계자(季子)의 이름이다. '춘추(春秋)'에서는 현명한 자는 이름을 기록하지 않는 것인데 이곳에서 왜 계자의 이름을 기록했는가? 이적(夷狄)을 허락해 주는 것은 하나로써 만족하지는 못하는 것이다. 계자(季子)가 현명하다고 하였는데 왜 계자에게만 부족한 것으로 삼았는가? 남의 신하된 것을 허락할 때는 반드시 신하의 도리로서 하고 남의 자식된 것을 허락할 때에는 반드시 자식의 도리로서 하기 때문이었다.

가을인 9월에 위(衛)나라 헌공(獻公)을 장사 지냈다.

제(齊)나라의 고지(高止)가 북연(北燕)나라로 달아났다.

겨울에 중손갈(仲孫羯)이 진(晉)나라에 갔다.

二十有九年[1] 春 王正月 公在楚 ◯何言乎公在楚 正月以存[2]君也
夏 五月 公至自楚
庚午 衛侯衎[3]卒
閽[4]弑吳子餘祭[5] ◯閽者何 門人也 刑人也 刑人則曷爲謂之閽 刑人非其人也 君子不近刑人 近刑人則輕死之道也
仲孫羯會晉荀盈[6]齊高止[7]宋華定[8]衛世叔齊[9]鄭公孫段[10]曹人莒人邾婁人滕人薛人小邾婁人城杞[11]
晉侯使士鞅[12]來聘

杞子來盟

吳子使札來聘[13] ○吳無君 無大夫 此何以有君 有大夫 賢季子也 何賢乎季子 讓國也 其讓國奈何 謁也 餘祭也 夷昧也 與季子 同母者四 季子弱而才 兄弟皆愛之 同欲立之以爲君 謁曰 今若是迮[14]而與季子國 季子猶不受也 請無與子而與弟 弟兄迭爲君 而致國乎季子 皆曰 諾 故諸爲君者皆輕死爲勇 飮食必祝 曰 天苟有吳國 尙速有悔於子身[15] 故謁也死 餘祭也立 餘祭也死 夷昧[16]也立 夷昧也死 則國宜之季子者也 季子使而亡焉 僚[17]者長庶也 卽之 季子使而反 至而君之爾 闔廬[18]曰 先君之所以不與子國 而與弟者 凡爲季子故也 將從先君之命與 則國宜之季子者也 如不從先君之命與 則我宜立者也 僚焉得爲君乎 於是使專諸刺僚[19] 而致國乎季子 季子不受 曰 爾弑吾君 吾受爾國 是吾與爾爲簒也 爾殺吾兄 吾又殺爾 是父子兄弟相殺 終身無已也 去之延陵[20] 終身不入吳國 故君子以其不受爲義 以其不殺爲仁 賢季子 則吳何以有君有大夫 以季子爲臣 則宜有君者也 札者何 吳季子之名也 春秋賢者不名 此何以名 許夷狄者 不壹而足也 季子者所賢也 曷爲不足乎季子 許人臣者必使臣 許人子者必使子也

秋 九月 葬衛獻公
齊高止出奔北燕[21]
冬 仲孫羯如晉

1) 二十九年(이십구년) : 주(周)나라 경왕(景王) 원년이다. B.C. 544년이며 경왕의 이름은 귀(貴)이다.
2) 存(존) : 상념(想念)하다.
3) 衛侯衎(위후간) : 위나라 헌공(獻公)이다. B.C. 576년에 즉위하여 18년간 재위했다. 헌공이 무례하여 대부들에게 죄를 얻어서 축출되어 제나라에 있다가 12년 후에 위나라에서 대부 영희가 상공(殤公)을 죽이고 헌공의 복위를 받아들여 3년간 재위했다. 전후를 합하면 21년이다.
4) 閽(혼) : 대궐문을 지키는 문지기. 임금의 명을 전달하는 내시(內侍)의 뜻.
5) 吳子餘祭(오자여제) : 오(吳)나라 군주인 자작 여제(餘祭)이다. 오(吳)나라 왕 제번(諸樊)의 아우이며 제번이 죽은 뒤에 즉위하여 왕(王)이 되다.

6) 荀盈(순영) : 진(晉)나라 대부이며 지백(知伯)이라고 일컫다.
7) 高止(고지) : 제나라 대부. 고후(高厚)의 아들이며 일명 고자용(高子容).
8) 華定(화정) : 송(宋)나라의 사도(司徒)이며 화비수(華費遂)라고 일컫다.
9) 世叔齊(세숙제) : 위나라의 공족이며 위문자(衛文子)라고 일컫다. 곡량전의 경문에는 세숙의(世叔儀)로 되어 있다.
10) 公孫段(공손단) : 백석(伯石)이라고 일컫고 뒤에 정나라의 집정대부(執政大夫)가 되었다.
11) 城杞(성기) : 기나라에 성을 쌓다. 곧 진(晉)나라 평공(平公)의 모친(母親)은 기(杞)나라의 공녀(公女)이다. 그러므로 기나라의 성이 훼손되어 평공이 제후의 대부들을 소집하여 성을 쌓게 한 것이다.
12) 士鞅(사앙) : 범헌자(范獻子). 범숙(范叔)이라고 일컫다. 범앙(范鞅). 사약(士弱) 또는 사장자(士莊子)이며 진(晉)나라 상경이다.
13) 使札來聘(사찰내빙) : 찰을 시켜서 노나라를 예방하게 하다. 찰은 곧 계찰(季札) 또는 공자 찰(公子札)이며 오왕(吳王) 제번(諸樊)의 아우. 임금의 자리를 사양하여 현명한 명성이 있었다. 또 음악에 정통(精通)했다. 처음에 연릉(延陵)에 봉함을 받은 것으로 연릉계자(延陵季子)라고 일컫다. 뒤에 다시 주래(州來)에 봉함을 받고 연주래계자(延州來季子)라고 일컫다.
14) 迮(책) : 닥치다. 곧 창졸간에.
15) 尙速有悔於子身(상속유회어자신) : 신속하게 나의 몸에 허물이 있기를 노력하다. 곧 빨리 죽도록 노력한다는 뜻.
16) 夷昧(이매) : 오(吳)나라 군주인 자작 구여(句余)이다. 여제(餘祭)의 아우이며 17년간 재위하다.
17) 僚(료) : 왕료(王僚)이다. 이매(夷昧)의 아들. 12년간 재위하다.
18) 闔廬(합려) : 제번(諸樊)의 아들. 이름은 광(光)이다. 오공자 광(吳公子光)이라고 한다. 19년간 재위했다.
19) 使專諸刺僚(사전제자료) : 전제로 하여금 료를 찔러 죽이게 하다. 전제는 당읍(堂邑) 사람이다.
20) 延陵(연릉) : 땅 이름. 계찰(季札)의 봉읍(封邑)이다.
21) 北燕(북연) : 희성(姬姓)의 나라. 통상적으로 연(燕)나라를 뜻한다.

30. 양공 30년 무오(戊午)

가. 채(蔡)나라 세자가 군주를 시해하다

30년 무오(戊午) 봄인 왕력으로 정월에 초(楚)나라 군주인 자작이 위파(薳頗)에게 노나라를 예방하게 했다.

여름인 4월에 채(蔡)나라의 세자 반(般)이 그의 군주인 고(固)를 시해(弑害)했다.

5월 갑오(甲午)일에 송(宋)나라에 화재(火災)가 일어났다. 백희(伯姬)가 세상을 떠났다.

천자(天子)가 그의 아우인 연부(年夫)를 죽였다.

주왕조(周王朝)의 왕자 하(瑕)가 진(晉)나라로 달아났다.

가을인 7월에 노(魯)나라의 숙궁(叔弓)이 송나라에 가서 공희(共姬)를 장사 지냈다. 외국의 부인(夫人)을 장사지내는 것은 기록하지 않는 것인데 이곳에 왜 이를 기록했는가? 가엾게 여긴 것이다. 왜 이를 가엾게 여긴 것인가? 송(宋)나라의 화재 때에 백희(伯姬)가 세상을 떠난 것이다. 그 시호로 일컬은 것은 무슨 뜻인가? 현명했기 때문이었다. 왜 공희를 현명하다고 했는가? 송(宋)나라에 화재가 발생했는데 백희(伯姬)가 안에 있었다. 유사(有司)가 아뢰어 말하기를 "불이 치솟습니다. 청컨대 나가셔야 합니다." 백희가 말하기를 "불가(不可)하다. 나는 들으니 부인(婦人)이 밤에 밖을 나갈 때에는 부모(傅母)가 나타나지 않으면 당(堂)을 내려가지 않는다고 했다. 부(傅)는 왔건만 모(母)가 이르지 않았구나." 하고는 불에 휩싸여 죽었다.

정(鄭)나라 양소(良霄)가 허(許)나라로 달아났다가 허나라에서 다시 정나라로 들어가자 정나라 사람이 양소를 죽였다.

겨울인 10월에 채나라 경공(景公)을 장사 지냈다. 역적을 토벌하지 않았는데 왜 장례를 치루었다고 기록했는가? 군자(君子 :

孔子)께서 중원의 제후들을 위하여 숨긴 설법(說法)이었다.
 진(晉)나라 사람과 제나라 사람과 송나라 사람과 위(衛)나라 사람과 정나라 사람과 조(曹)나라 사람과 거(莒)나라 사람과 주루(邾婁)나라 사람과 등(滕)나라 사람과 설(薛)나라 사람과 기(杞)나라 사람과 소주루(小邾婁)나라 사람 등이 전연(澶淵)에서 회합했는데 그것은 송나라의 화재 때문이었다.
 송(宋)나라의 화재 때문이었다고 한 것은 무슨 뜻인가? 제후들이 전연(澶淵)에서 회합한 것이 대저 송나라의 화재 때문이었다는 뜻이다. 회합에서 모이는 목적을 말하지 않는 것인데 여기에서 그 모인 목적을 말한 것은 무슨 뜻인가? 백희(伯姬)를 기록하기 위해서였다.
 제후들이 서로 재물들을 취합한 것은 송나라에서 상실된 것들을 가름하기 위한 것이었다. 말하기를 "죽은 자는 다시 살아날 수가 없으나 너의 재물은 복원한다."고 했다. 이것은 큰일인데 왜 미천한 자를 시켜서 위한 것인가? 실상은 경대부(卿大夫)들이었다. 경대부(卿大夫)들이라면서 인(人)이라고 일컬은 것은 무슨 뜻인가? 폄하한 것이다. 왜 이를 폄하한 것인가? 경대부(卿大夫)들이 제후들을 근심한다는 것이 격에 맞지 않았기 때문이었다.

  三十年 春 王正月 楚子使薳頗¹⁾來聘
  夏 四月 蔡世子般²⁾弒其君固
  五月 甲午 宋災 伯姬卒³⁾
  天王殺其弟年夫⁴⁾
  王子瑕⁵⁾奔晉
  秋 七月 叔弓⁶⁾如宋 葬宋共姬⁷⁾ ◯外夫人不書葬 此何以書 隱之也 何隱爾 宋災 伯姬卒焉 其稱諡⁸⁾何 賢也 何賢爾 宋災伯姬存焉 有司復曰 火至矣 請出 伯姬曰 不可 吾聞之也 婦人夜出 不見傅母⁹⁾不下堂 傅至矣 母未至也 逮¹⁰⁾乎火而死
  鄭良霄¹¹⁾出奔許 自許入于鄭 鄭人殺良霄
  冬 十月 葬蔡景公 ◯賊未討 何以書葬 君子辭也

晉人齊人宋人衛人鄭人曹人莒人邾婁人滕人薛人杞人小邾婁人
會于澶淵 宋災故⁽¹²⁾ ○宋災故者何 諸侯會于澶淵 凡爲宋災故也 會
未有言其所爲者 此言所爲何 錄伯姬也 諸侯相聚 而更⁽¹³⁾宋之所喪
曰 死者不可復生 爾財復矣 此大事也 曷爲使微者 卿也 卿則其稱
人何 貶 曷爲貶 卿不得憂諸侯也

1) 蘧頗(위파) : 초나라 대부이며 자(字)는 자탕(子蕩)이다. 좌전에는 위파(蘧
   罷)로 되어 있다.
2) 世子般(세자반) : 채(蔡)나라의 태자이며 이름은 반(般)이다. 채나라의 경
   공(景公)이 태자를 위하여 아내를 초나라에서 장가들게 했는데 그의 아들 며
   느리와 사통(私通)하자 태자가 경공을 죽였다.
3) 伯姬卒(백희졸) : 노(魯)나라 선공(宣公)의 딸이며 성공(成公)의 누이인데
   송(宋)나라 공공(共公)에게 시집을 가서 공희(共姬)라고 일컫다. 송나라의
   공공(共公)이 성공(成公) 15년에 세상을 떠났으므로 이때는 공희가 34년을
   홀로 지냈다. 좌전의 경문에는 백희(伯姬) 앞에 송(宋)자가 있다.
4) 年夫(연부) : 주왕조(周王朝) 경왕(景王)의 동생이며 왕실의 대부인 담괄
   (儋括)이 연부를 왕으로 세우려고 해서였다. 좌전에는 영부(佞夫)로 됨.
5) 王子瑕(왕자하) : 주왕조(周王朝)의 대부(大夫)인 담괄(儋括)이 난을 일으
   켰으나 반란이 평정되자 달아난 것이다.
6) 叔弓(숙궁) : 노나라 대부인 노숙(老叔)의 아들이며 자숙자(子叔子)로 경
   자(敬子)라고 일컫다.
7) 共姬(공희) : 좌전 경문에는 공희의 앞에 송(宋)자가 있다. 곧 백희(伯姬).
8) 諡(시) : 죽은 후에 받는 칭호 공희(共姬)는 백희의 시호이다.
9) 傅母(부모) : 부는 귀족의 자녀들에게 글을 가르치는 여관(女官)이다. 모
   (母)는 보모(保母)이며 귀족의 자녀들을 위하여 요리나 생활을 보호해주는
   여관(女官)이다.
10) 逮(체) : 급(及)과 같다.
11) 良霄(양소) : 정나라 대부이며 백유(伯有)라고 일컫다.
12) 宋災故(송재고) : 양공 30년 5월 갑오(甲午)일에 송나라 궁정(宮廷)에 발
    생한 화재를 뜻한다.
13) 更(경) : 보상(補償)하다.

31. 양공 31년 기미(己未)

가. 양공(襄公)이 초궁(楚宮)에서 훙거하다

31년 기미(己未) 봄, 왕력으로 정월이다.
여름인 6월 신사(辛巳)일에 양공이 초궁(楚宮)에서 훙거했다.
가을인 9월 계사(癸巳)일에 자야(子野)가 세상을 떠났다.
기해(己亥)일에 중손갈(仲孫羯)이 세상을 떠났다.
겨울인 10월에 등(滕)나라 군주인 자작이 와서 장례에 참석했다.
계유(癸酉)일에 우리 노나라 군주인 양공을 장사 지냈다.
11월에 거(莒)나라 사람이 그의 군주인 밀주(密州)를 시해했다.

三十有一年 春 王正月
夏 六月 辛巳 公薨于楚宮[1]
秋 九月 癸巳 子野卒[2]
己亥 仲孫羯卒
冬 十月 滕子來會葬
癸酉 葬我君襄公
十有一月 莒人弒其君密州[3]

1) 楚宮(초궁) : 양공(襄公)이 건립한 별관(別館)이다.
2) 子野卒(자야졸) : 자야는 양공의 첩인 호녀(胡女) 경귀(敬歸)의 소생, 양공이 후계로 삼으려는 아들이었는데 양공이 죽은 후 슬퍼함이 과도하여 죽음.
3) 密州(밀주) : 거(莒)나라 여비공(黎比公)의 이름이다. 자(字)는 매주서(買朱鉏)이다.

제10편 소공 시대(昭公時代)
(재위 : 1년~32년까지)

시법(謚法)에 '위의(威儀)가 있고 공명한 것'을 '소(昭)'라고 한다.

🔲 소공 연표(昭公年表)

국명\기원전	周 景王	鄭 簡公	齊 景公	宋 平公	晉 平公	衛 襄公	蔡 靈公	曹 武公	滕 成公	陳 哀公	杞 文公	薛 獻公	莒 展輿	邾 悼公	許 悼公	小邾	楚 郟敖	秦 景公	吳 夷昧	越	魯 昭公
541	4	25	7	35	17	3	2	14	34	28	9		1	15	6	21	4	36	3	소공5년에 처음으로 경에 나온다	1
540	5	26	8	36	18	4	3	15	35	29	10		2	16	7	22	靈王1	37	4		2
539	6	27	9	37	19	5	4	16	36	30	11	3	莊公1		8	23	2	38	5		3
538	7	28	10	38	20	6	5	17	悼公1	31	12	4		9	24	3	39	6		4
537	8	29	11	39	21	7	6	18	2	32	13	5	3	10	25	4	40	7		5
536	9	30	12	40	22	8	7	19	3	33	14	6	4	11	26	5	哀公1	41	8		6
535	10	31	13	41	23	9	8	20	4	34	平公1	7	5	12	27	6	2	9			7
534	11	32	14	42	24	靈公1	9	21	5	35	2	8	6	13	28	7	3	10			8
533	12	33	15	43	25	2	10	22	6	멸망	3	9	7	14	29	8	4	11			9
532	13	34	16	44	3	11	23	7		4	8	15	30	9	5	12					10
531	14	35	17	元公1	昭公1	4	12	24	8		5	11	9	16	31	10	6	13			11
530	15	36	18	2	2	5	平公1	25	9		6	12	10	17	2	11	7	14			12
529	16	定公1	19	3	3	6	2	26	10		7	13	11	18	33	12	8	15			13
528	17	2	20	4	4	7	3	27	11	惠公1	8	郟公1	12	19	34	平王1	9	16			14
527	18	3	21	5	5	8	4	平公1	12	2	9		2	13	20	35	2	10	17		15
526	19	4	22	6	6	9	5	2	13	3	10		3	14	21	36	3	11	王僚1		16
525	20	5	23	7	頃公1	10	6	3	14	4	11		4	15	22	37	4	12	2		17
524	21	6	24	8	2	11	7	4	15	5	12		5	16	23	38	5	13	3		18
523	22	7	25	9	3	12	8	悼公1	16	6	13		6	17	24	39	6	14	4		19
522	23	8	26	10	4	13	9	2	17	7	14		7	期1	40	7	15	5			20
521	24	9	27	11	5	14	悼公1	3	18	8	15		8	19	2	41	8	16	6		21
520	25	10	28	12	6	15	2	19	9	16		9	20	3	42	9	17	7			22
519	敬王1	11	29	13	7	16	3	5	20	10	17		共公1	21	4	43	10	18	8		23

기원전	周 昭王	鄭 定公	齊 景公	宋 元公	晉 頃公	衛 靈公	蔡 昭公	曹 悼公	滕 悼公	陳 惠公	杞 平公	薛 獻公	莒 共公	邾 莊公	許 男斯	楚 平公	秦 哀公	吳 王僚	越	魯 昭公
518	2	12	30	14	8	17	1	6	21	11	18		2	22	5	11	19	9		24
517	3	13	31	15	9	18	2	7	22	12	悼公1		3	23	6	12	20	10		25
516	4	14	32	景公1	10	19	3	8	23	13	2		郯公	24	7	13	21	11		26
515	5	15	33	2	11	20	4	9	24	14	3			25	8	昭王1	22	12		27
514	6	16	34	3	12	21	5	聲公1	25	15	4			26	9	2	23	閶廬1		28
513	7	獻公1	35	4	13	22	6	2	26	16	5			27	10	3	24	2		29
512	8	2	36	5	14	23	7	3	頃公1	17	6	獻公卒		28	11	4	25	3		30
511	9	3	37	6	定公1	24	8	4	2	18	7	襄公1		29	12	5	26	4		31
510	10	4	38	7	2	25	9	5	3	19	8	2		30	13	6	27	5		32

※ 주(周) : 경왕(景王)이 소공 22년에 붕어하고 왕맹(王猛)이 즉위했으나, 그 해에 붕어하고 왕실의 서열 다툼이 있었으며, 경왕(敬王)이 즉위하다. 소공 23년에는 윤씨(尹氏)가 왕자 조(王子朝)를 세웠다. 소공 26년에 경왕이 성주(成周)로 입성하자 왕자 조가 초나라로 도망했다.

※ 채(蔡) : 소공 11년에 채영공을 초나라에서 죽이고 채나라를 멸망시켰다. 소공 13년에 초나라에서 다시 채후(蔡侯)를 봉했다.

※ 진(陳) : 소공 8년에 초나라가 진(陳)나라를 멸망시키다. 소공 13년에 초 평왕이 진나라를 다시 제후로 봉하다.

※ 설(薛) : 소공 31년에 기록이 보인다.

※ 월(越) : 소공 5년에 월나라가 초나라와 함께 오(吳)나라를 공격하다.

제10편 소공 시대(昭公時代)

1. 소공(昭公) 원년 경신(庚申)

가. 정월에 소공(昭公)이 즉위(卽位)하다

원년(元年) 경신(庚申) 봄, 왕력으로 정월에 소공(昭公)이 즉위했다.

노(魯)나라의 숙손표(叔孫豹)가 진(晉)나라의 조무(趙武)와 초나라의 공자 위(圍)와 제나라의 국작(國酌)과 송(宋)나라의 향술(向戌)과 위(衛)나라의 석악(石惡)과 진(陳)나라의 공자 초(招)와 채(蔡)나라의 공손귀생(公孫歸生)과 정(鄭)나라의 헌호(軒虎)와 허(許)나라 사람과 조(曹)나라 사람 등과 괵(漷)나라에서 회합했다. 여기에서 진(陳)나라 군주인 후작의 아우 초(招)를 왜 제(弟 : 아우)라고 일컫지 않았는가? 폄하한 것이다. 왜 이를 폄하한 것인가? 진(陳)나라 세자 언사(偃師)를 죽여서 폄하한 것이다. '춘추(春秋)'의 소공(昭公) 8년에 말하기를 "진(陳)나라 군주인 후작의 아우 초(招)가 진(陳)나라 세자 언사(偃師)를 죽였다."라고 했다. 대부끼리 서로 죽인 것을 인(人)이라고 일컫는데 이 곳에서 그의 이름과 씨(氏)를 일컬어서 죽였다고 한 것은 무슨 뜻인가? 장차 이로부터 말미암아 군주를 시해하려 한 것을 말한 것이다. 현재 공자 초(招)가 이로부터 말미암아 군주를 시해하려 했다는데, 언사(言詞)가 왜 몸소 시해한 자와 똑같이 인정하여 말하는 것인가? 군주나 부모를 장차 시해할 것을 기도한 일이 없었기 때문이다. 시해할 것을 기도했다면 반드시 처벌했을 것이다. 그렇다면 왜 그가 시해하지 않았는데 폄하했는가? 몸소 시해한 연후에는 그 죄악이 태심한 것이다. '춘추(春秋)'에서는 폄하하고 단절함을 기다리지 않아도, 죄악이 드러나는 자는 폄하하고 단절치 않고 죄악이 드러나게 한다. 폄하하고 단절한 연후에 죄악이 드러나는 자는 폄하하고 단절하여서 그 죄악을 드러내는 것이다. 지금의 진나라 공자 초(招)의 죄가 이미 무거운데 왜 다시 여기에서 폄하했는가? 초(招)가 죄가 있음을 나타낸 것이다. 왜 공자 초가 죄가 있는 것을 나타냈는가? 초(楚)나라가 공자 초를 토벌한다는데 의탁하여 진(陳)나라를 멸망시켰기 때문이었다.

3월에 운(運) 땅을 점령했다. 운(運)이란 어떤 곳인가? 노나라의 읍(邑)이다. 그 읍(邑)을 점령했다고 말한 것은 무슨 뜻인가? 명령을 듣지 않았기 때문이었다.

여름에 진(秦)나라 군주인 백작의 아우 겸(鍼)이 진(晉)나라로 달아났다. 진(秦)나라에는 대부(大夫)가 없는데 이곳에 왜 이를 기록했는가? 겸(鍼)이 진(晉)나라에서 관직을 가졌기 때문이었다. 왜 진(晉)나라에서 관직을 가졌다고 했는가? 천승(千乘)의 큰 나라를 두었는데 진(秦)나라 경공(景公)이 어머니를 함께 한 아우를 포용하지 못하였으므로 군자(君子)께서는 진(晉)나라로 달아났다고 기록한 것이다.

6월 정사(丁巳)일에 주루(邾婁)나라 군주인 자작 화(華)가 세상을 떠났다.

진(晉)나라의 순오(荀吳)가 군사를 거느리고 적인(狄人)을 태원(太原)에서 쳐부수었다. 이곳은 대로(大鹵)인데 왜 대원(大原)이라고 이르는 것인가? 지물(地物)은 중국을 따르고 읍(邑)이나 인명(人名)은 주인을 따르는 것이다. 원(原)이란 무엇인가? 땅이 위로 솟아 평탄한 평야를 이룬 것을 원(原)이라고 이르고 땅이 아래로 평탄하여 평야를 이룬 것을 습(隰)이라고 이른다.

가을에 거(莒)나라 거질(去疾)이 제나라에서 거나라로 들어갔다. 거나라의 전(展)이 오(吳)나라로 달아났다.

노나라 숙궁(叔弓)이 군사를 거느리고 와서 운(鄆) 땅의 경계를 정했다. 운(鄆) 땅의 경계를 정했다고 한 것은 무슨 뜻인가? 운 땅이 거(莒)나라와 경계가 되었기 때문이었다. 거나라와 경계가 된 곳에 왜 군사를 거느리고 갔는가? 거나라를 위협하기 위해서였다.

주루(邾婁)나라 도공(悼公)을 장사 지냈다.

겨울인 11월 기유(己酉)일에 초(楚)나라 군주인 자작 권(卷)이 세상을 떠났다.

초나라의 공자 비(比)가 진(晉)나라로 달아났다.

元年[1] 春 王正月 公[2] 卽位

叔孫豹會晉趙武楚公子圍[3]齊國酌[4]宋向戌[5]衛石惡[6]陳公子招[7]蔡公孫歸生[8]鄭軒虎[9]許人曹人于漷[10] ○此陳侯之弟招也 何以不稱弟 貶 曷爲貶 爲殺世子偃師貶 曰 陳侯之弟招 殺陳世子偃師 大夫相殺稱人 此其稱名氏以殺何 言將自是弑君也 今將爾 詞曷爲與親弑者同 君親無將 將而必誅焉 然則曷爲不於其弑焉貶 以親者弑 然後其罪惡甚 春秋不待貶絶而罪惡見者 不貶絶以見罪惡也 貶絶然後罪惡見者 貶絶以見罪惡也 今招之罪已重矣 曷爲復貶乎此 蓋招之有罪也 何著乎招之有罪 言楚之託乎討招以滅陳也

三月 取運[11] ○運者何 內之邑也 其言取之何 不聽也

夏 秦伯之弟鍼[12]出奔晉 ○秦無大夫 此何以書 仕諸晉也 曷爲仕諸晉 有千乘之國 而不能容其母弟 故君子謂之出奔也

六月 丁巳 邾婁子華[13]卒

晉荀吳[14]帥師敗狄于大原[15] ○此大鹵也 曷爲謂之大原 地物從中國 邑人名 從主人 原者何 上平曰原 下平曰隰

秋 莒去疾[16]自齊入于莒

莒展[17]出奔吳

叔弓帥師疆運田 ○疆運田者何 與莒爲竟[18]也 與莒爲竟 則曷爲帥師而往 畏莒也

葬邾婁悼公

冬 十有一月 己酉 楚子卷[19]卒

楚公子比[20]出奔晉

1) 元年(원년) : 주경왕(周景王) 4년. B.C. 541년이다.
2) 公(공) : 공은 소공(昭公). 노(魯)나라 세가(世家)에 소공(昭公)의 이름은 조(稠)이고 양공(襄公)의 아들이다. 그의 어머니는 양공의 첩으로 호녀(胡女) 경귀(敬歸)의 시종의 소생이라 했다. 주경왕(周景王) 4년, B.C. 541년에 즉위하여 32년 간 재위했다. 시호는 '위의가 있고 공명한 것'을 소(昭)라고 한다 했다.
3) 公子圍(공자위) : 초(楚)나라 영윤(令尹)이고 초나라 공왕의 아들이다.
4) 國酌(국약) : 제나라 대부이며 국자(國子)라고 일컫다. 곡량전 경문에는 국약(國弱)으로 되어 있다.
5) 宋向戌(송향술) : 송나라 향술은 합좌사(合左師)라고 일컫고 송나라의 집정대부(執政大夫)였다.
6) 石惡(석악) : 위(衛)나라 대부이며 제자(齊子)라고 일컫다. 좌전과 곡량전에는 제악(齊惡)으로 되어 있다.
7) 公子招(공자초) : 진(陳)나라 애공(哀公)의 동생.
8) 公孫歸生(공손귀생) : 채(蔡)나라 대부(大夫)이며 자가(子家)라고 일컫다.
9) 軒虎(헌호) : 정나라 대부이며 자피(子皮)라고 일컫다. 곡량전의 경문에는 한호(罕虎)로 되어 있다.
10) 漷(곽) : 좌전의 경문에는 곽(郭)으로 되어 있다.
11) 運(운) : 춘추시대에 운은 동운(東鄆)과 서운(西鄆)이 있었다고 했다. 좌전과 곡량전의 경문에는 운(鄆)으로 되어 있다.
12) 鍼(겸) : 진(秦)나라 환공(桓公)의 아들이며 경공(景公)의 아우이며 후자(后子)라고 일컬었다.
13) 邾婁子華(주루자화) : 주나라 군주인 자작 화(華)는 곧 주(邾)나라의 도공(悼公)이다. B.C. 556년에 즉위하여 16년간 재위했다.
14) 荀吳(순오) : 진(晉)나라 대부이며 중행목자(中行穆子)이다.
15) 大原(대원) : 태원(太原)이며 좌전의 경문에는 대로(大鹵)로 되어 있다.
16) 去疾(거질) : 거(莒)나라 여비공(黎比公)의 장자(長子)이다.
17) 莒展(거전) : 좌전의 경문에는 거전여(莒展輿)로 되어 있다.
18) 竟(경) : 경(境)과 같다.

19) 楚子卷(초자권) : 초나라 군주인 자작 권(卷)이며 초나라 영윤(令尹)인 공자 위(公子圍)가 죽였다. 좌전의 경문에는 초자균(楚子麇)으로 되어 있다.
20) 公子比(공자비) : 자간(子干)이라고 일컫고 초나라의 공족(公族)이다.

2. 소공 2년 신유(辛酉)

가. 소공(昭公)이 진(晉)나라에 가다가 돌아오다

 2년 신유(辛酉) 봄에 진(晉)나라 군주인 후작이 한기(韓起)를 보내 노나라를 예방하게 했다.
 여름에 노나라의 숙궁(叔弓)이 진(晉)나라에 갔다.
 가을에 정나라에서 그 대부(大夫) 공손흑(公孫黑)을 죽였다.
 겨울에 소공(昭公)이 진(晉)나라로 가다가 황하(黃河)가에 이르러 돌아왔다. 황하가에 이르렀다가 돌아왔다고 말한 것은 무슨 뜻인가? 감히 나아가지 못한 것이다.
 노나라의 계손숙(季孫宿)이 진(晉)나라에 갔다.

 二年 春 晉侯使韓起[1]來聘
 夏 叔弓如晉
 秋 鄭殺其大夫公孫黑[2]
 冬 公如晉[3] 至河 乃復 ○其言至河乃復何 不敢進也
 季孫宿如晉

1) 韓起(한기) : 한선자(韓宣子)라고 일컫다. 조무(趙武)의 뒤를 이어서 진(晉)나라의 집정(執政)대부가 되다.
2) 公孫黑(공손흑) : 자석(子晳)이라 일컫다.
3) 公如晉(공여진) : 소공이 진(晉)나라에 가려고 황하에 이르렀는데 진(晉)나라의 평공(平公)이 자신의 정실 배우자가 아니라며 오는 것을 사절한다고 하여 진나라에 가지 못한 것이다.
4) 著有疾(저유질) : 질병이 있다는 것을 나타낸 것이다.

3. 소공 3년 임술(壬戌)

가. 숙궁(叔弓)이 등나라에 가다

3년 임술(壬戌) 봄, 왕력으로 정월 정미(丁未)일에 등(滕)나라 군주인 자작 천(泉)이 세상을 떠났다.
여름에 노나라 숙궁(叔弓)이 등나라에 갔다.
5월에 등나라의 성공(成公)을 장사 지냈다.
가을에 소주루(小邾婁)나라 군주인 자작이 찾아왔다.
8월에 크게 기우제(祈雨祭)를 지냈다.
겨울에 많은 우박이 내렸다.
북연(北燕)나라 군주인 백작 관(款)이 제나라로 달아났다.

三年 春 王正月 丁未 滕子泉[1]卒
夏 叔弓如滕
五月 葬滕成公
秋 小邾婁子[2]來朝
八月 大雩
冬 大兩雹
北燕伯款[3]出奔齊

1) 滕子泉(등자천) : 등나라 군주인 자작 천(泉)이다. 곧 등나라 성공(成公)이며 곡량전(公羊傳)의 경문에는 천(泉)이 원(原)으로 되어 있다.
2) 小邾婁子(소주루자) : 소주루(小邾婁)나라의 목공(穆公)이다. 성은 조씨(曹氏)이며 본래는 예(郳)나라이다. 소주루(小邾婁)로 고쳐 불렀다.
3) 北燕伯款(북연백관) : 북연의 군주는 간공(簡公)이다. 좌전에는 북연의 간공이 내시를 총애하여 대부들을 제거하려고 하자 대부 비(比)가 간공의 총신들을 살해했다. 간공이 두려움을 느껴서 제나라로 달아난 것이라 했다.

4. 소공 4년 계해(癸亥)

가. 정월에 큰 우박이 내리다

4월 계해(癸亥) 봄, 왕력으로 정월에 많은 눈이 내렸다.

여름에 초나라 군주인 자작과 채나라 군주인 후작과 진(陳)나라 군주인 후작과 정나라 군주인 백작과 허(許)나라 군주인 남작과 서(徐)나라 군주인 자작과 등나라 군주인 자작과 돈(頓)나라 군주인 자작과 호(胡)나라 군주인 자작과 침(沈)나라 군주인 자작과 소주루(小邾婁)나라 군주인 자작과 송나라 세자 좌(佐)와 회이(淮夷) 등이 신(申)에서 회합했다.

초나라 사람이 서(徐)나라 군주인 자작을 체포했다.

가을인 7월에 초나라 군주인 자작과 채나라 군주인 후작과 진(陳)나라 군주인 후작과 허나라 군주인 남작과 돈(頓)나라 군주인 자작과 호(胡)나라 군주인 자작과 침(沈)나라 군주인 자작과 회이(淮夷) 등이 오(吳)나라를 정벌했다. 제나라 경봉(慶封)을 체포하여 죽였다. 이는 오나라를 정벌한 것이다. 제나라 경봉을 체포하여 죽였다고 말한 것은 무슨 뜻인가? 제나라를 위하여 주살(誅殺)한 것이다. 그 일을 제나라를 위하여 주살한 것이란 무슨 뜻인가? 경봉이 오나라로 달아나자 오나라에서 방(防) 땅에 봉해주었다. 그렇다면 왜 방(防) 땅을 정벌했다고 말하지 않았는가? 제후들이 제멋대로 봉한 것을 찬성하지 않았기 때문이다. 경봉의 죄는 어떤 것인가? 제나라 군주를 위협하고 제나라를 어지럽게 한 것이었다.

이어서 여(厲)나라를 멸망시켰다.

9월에 노나라가 증(鄫)나라를 차지했다. 여기서 증(鄫)나라를 차지했다는 것은 무슨 뜻인가? 증나라를 멸망시켰다는 뜻이다. 멸망시켰으면서 그것을 차지했다고 말한 것은 무슨 뜻인가? 노나라 국내의 대악(大惡)을 숨긴 것이다.

겨울인 12월 을묘(乙卯)일에 노나라 숙손표(叔孫豹)가 세상을 떠났다.

四年 春 王正月 大雨雪[1]
夏 楚子蔡侯陳侯鄭伯許男徐子滕子頓子胡子沈子小邾婁子宋世子佐淮夷 會于申[2]
楚人執徐子
秋 七月 楚子蔡侯陳侯許男頓子胡子沈子淮夷[3]伐吳 執齊慶封殺之 ○此伐吳也 其言執齊慶封何 爲齊誅也 其爲齊誅奈何 慶封走之吳 吳封之於防[4] 然則曷爲不言伐防 不與諸侯專封也 慶封之罪何 脅齊君而亂齊國也
遂滅厲[5]
九月 取鄫[6] ○其言取之何 滅之也 滅之則其言取之何 內大惡 諱也
冬 十有二月 乙卯 叔孫豹卒

1) 雪(설) : 눈. 좌전의 경문에는 박(雹)으로 되어 있다.
2) 申(신) : 본래 서주(西周) 초에 봉해진 제후국. 강씨(姜氏). 초나라에 의해 멸망함. 신에서의 모임은 초나라가 처음으로 패자가 되어 제후를 소집한 것.
3) 淮夷(회이) : 이인(夷人)의 한 부족국가.
4) 防(방) : 오(吳)나라 땅 이름. 좌전에는 주방(朱方)으로 되어 있다.
5) 厲(려) : 좌전에는 뢰(賴)로 되어 있다. 나라 이름. 자작(子爵)의 나라이다.
6) 鄫(증) : 나라 이름. 사성(姒姓)의 국가. 곡량전에는 증(繒)으로 되어 있다.

5. 소공 5년 갑자(甲子)

가. 노나라에서 중군(中軍)을 폐지하다

5년 갑자(甲子) 봄, 왕력으로 정월에 노(魯)나라에서 중군(中軍)을 폐지했다. 중군(中軍)을 폐지했다는 것은 무슨 뜻인가? 옛날의 제도(制度)로 돌아간 것이다. 그렇다면 왜 삼경(三卿)을 폐지했다고 말하지 않았는가? 오경(五卿) 가운데 또한 중경(中卿)이 있고 삼경(三卿) 가운데에도 중경(中卿)이 있기 때문이었다.

초(楚)나라에서 그의 대부 굴신(屈申)을 죽였다.

소공(昭公)이 진(晉)나라에 갔다.

여름에 거(莒)나라 모이(牟夷)가 모루(牟婁)와 방(防)과 자(玆)땅을 가지고 노나라로 도망해 왔다. 거(莒)나라의 모이(牟夷)란 누구인가? 거(莒)나라의 대부이다. 거나라에는 대부(大夫)가 없는데 여기에 이를 왜 기록했는가? 토지를 중히 여겼기 때문이다. 여기서 '급방자내분(及防玆來奔)'이라고 말을 한 것은 무슨 뜻인가? 사읍(私邑 : 防과 玆)으로써 공읍(公邑 : 牟婁)을 차례할 수가 없는 것이기 때문이었다.

가을인 7월에 소공(昭公)이 진(晉)나라에서 돌아왔다.

무진(戊辰)일에 노나라 숙궁(叔弓)이 군사를 거느리고 거(莒)나라 군사를 분천(濆泉)에서 쳐부수었다. 분천이란 어떤 곳인가? 직천(直泉)이다. 직천이란 무엇인가? 용천(涌泉)이다.

진(秦)나라 군주인 백작이 세상을 떠났다. 왜 군주의 이름을 기록하지 않았는가? 진(秦)나라는 오랑캐이다. 적자(嫡子)의 이름을 숨기기 때문이었다. 그 이름을 기록한 것들은 왜인가? 적자(嫡子)를 얻게 되면 기록하는 것이다.

겨울에 초나라 군주인 자작과 채나라 군주인 후작과 진(陳)나라 군주인 후작과 허나라 군주인 남작과 돈(頓)나라 군주인 자작과 심(沈)나라 군주인 자작과 서(徐)나라 사람과 월(越)나라 사람이 오(吳)나라를 정벌했다.

五年 春 王正月 舍中軍[1] ○舍中軍者何 復古也 然則曷爲不言三卿 五亦有中 三亦有中

楚殺其大夫屈申[2]

公如晉

夏 莒牟夷[3]以牟婁及防玆[4]來奔 ○莒牟夷者何 莒大夫也 莒無大夫 此何以書 重地也 其言及防玆來奔何 不以私邑累公邑也

秋 七月 公至自晉
戊辰 叔弓帥師敗莒師于濆泉⁵⁾ ○濆泉者何 直泉也 直泉者何 涌泉也
秦伯⁶⁾卒 ○何以不名 秦者 夷也 匿嫡之名⁷⁾也 其名何⁸⁾ 嫡得之⁹⁾也
冬 楚子蔡侯陳侯許男頓子沈子徐人越¹⁰⁾人 伐吳

1) 舍中軍(사중군) : 중군(中軍)을 폐지하다. 노나라는 원래 상하(上下) 이군(二軍)이었는데 양공(襄公) 11년에 중군(中軍)을 증설했다. 이를 계씨(季氏)와 맹씨(孟氏)와 숙손씨(叔孫氏)가 나누어 장악했다.
2) 屈申(굴신) : 초나라 왕이, 오(吳)나라와 내통한 혐의가 있다고 하여 굴신을 죽였다.
3) 牟夷(모이) : 거(莒)나라의 대부이다.
4) 牟婁及防玆(모루급방자) : 모루는 모이(牟夷)의 봉지(封地). 방(防)과 자(玆)는 거나라의 땅 이름.
5) 濆泉(분천) : 노나라 땅 이름. 노나라와 거(莒)나라의 경계선에 있다. 좌전의 경문에는 분천(賁泉)으로 되어 있다.
6) 秦伯(진백) : 진(秦)나라 경공(景公)이다.
7) 匿嫡之名(익적지명) : 적자가 태어나면 이름을 짓지 않고 사방의 국경에서 용맹한 자를 가려서 적자로 삼는다는 뜻.
8) 其名何(기명하) : 그 이름을 적은 것. 곧 춘추(春秋)의 노나라 문공 18년과 선공 4년에 군주 사망시 이름을 적어 놓았다.
9) 嫡得之(적득지) : 적자(嫡子)를 얻어서 세우면 군주가 된다는 뜻.
10) 越(월) : 나라 이름. 사성(姒姓)이다. 하(夏)나라 소강(少康)의 서자(庶子)인 무여(無餘)를 회계(會稽)에 봉했다.

6. 소공 6년 을축(乙丑)

가. 계손숙(季孫宿)이 진(晉)나라에 가다

6년 을축(乙丑) 봄, 왕력으로 정월에 기(杞)나라 군주인 백작 익고(益姑)가 세상을 떠났다.

진(秦)나라 경공(景公)을 장사 지냈다.
여름에 노나라 계손숙(季孫宿)이 진(晉)나라에 갔다.
기(杞)나라 문공(文公)을 장사 지냈다.
송(宋)나라의 화합비(華合比)가 위(衛)나라로 달아났다.
가을인 9월에 크게 기우제를 지냈다.
초나라 위파(薳頗)가 군사를 거느리고 오(吳)나라를 정벌했다.
겨울에 노나라 숙궁(叔弓)이 초나라에 갔다.
제나라 군주인 후작이 북연(北燕)을 정벌했다.

六年 春 王正月 杞伯益姑[1]卒
葬秦景公
夏 季孫宿如晉
葬杞文公
宋華合比出奔衛
秋 九月 大雩
楚薳頗帥師伐吳
冬 叔弓如楚
齊侯伐北燕[2]

1) 杞伯益姑(기백익고) : 곧 기나라 문공(文公)이다. B.C. 549년에 즉위하여 13년간 재위하다.
2) 伐北燕(벌북연) : 제나라에서 북연(北燕)의 간공(簡公)을 들여보내려고 정벌에 나선 것이다.

7. 소공 7년 병인(丙寅)

가. 소공(昭公)이 초(楚)나라에 가다

7년 병인(丙寅) 봄, 왕력으로 정월에 노(魯)나라는 제(齊)나라와 화평을 맺었다.
3월에 소공이 초(楚)나라에 갔다.

노나라의 숙손사(叔孫舍)가 제나라에 가서 맹서하는 일에 임석했다.
여름인 4월 초하루인 갑진(甲辰)일에 일식이 있었다.
가을인 8월 무진(戊辰)일에 위(衛)나라 군주인 후작 악(惡)이 세상을 떠났다.
9월에 소공이 초나라에서 돌아왔다.
겨울인 11월 계미(癸未)일에 계손숙(季孫叔)이 세상을 떠났다.
12월 계해(癸亥)일에 위(衛)나라 양공(襄公)을 장사지냈다.

七年 春 王正月 暨齊平[1]
三月 公如楚
叔孫舍[2]如齊莅盟
夏 四月 甲辰朔 日有食之
秋 八月 戊辰 衛侯惡[3]卒
九月 公至自楚
冬 十有一月 癸未 季孫宿卒
十有二月 癸亥 葬衛襄公

1) 暨齊平(기제평) : 제나라와 평화의 조약을 협의하여 달성시키다. 곧 화평의 조약을 맺다.
2) 叔孫舍(숙손사) : 숙손표(叔孫豹)의 아들. 노나라 숙손씨의 후계자이다. 곡량전의 경문에는 착(婼)으로 되어 있다. 아래도 동일하다.
3) 衛侯惡(위후악) : 위나라 군주인 후작 악(惡)은 위나라 양공(襄公)이며 B.C. 543년 즉위하여 9년간 재위했다.

8. 소공 8년 정묘(丁卯)

가. 행인(行人) 간징사(干徵師)를 죽이다

8년 정묘(丁卯) 봄에 진(陳)나라 군주인 후작의 아우 초(招)가 진(陳)나라 세자 언사(偃師)를 죽였다.

여름인 4월 신축(辛丑)일에 진(陳)나라 군주인 후작 익(溺)이 세상을 떠났다.

노나라 숙궁(叔弓)이 진(晉)나라에 갔다.

초(楚)나라 사람이 진(陳)나라의 행인(行人) 간징사(干徵師)를 잡아서 죽였다.

진(陳)나라 공자 유(留)가 정(鄭)나라로 달아났다.

가을에 노(魯)나라는 홍(紅)에서 크게 군사 연습을 행했다. 수(蒐 : 봄의 사냥)란 무엇인가? 전차와 보병(步兵)을 검열하는 군사 훈련이다. 왜 이를 기록했는가? 대개 드물게 하기 때문에 이곳에 기록한 것이다.

진(陳)나라 사람이 그의 대부(大夫)인 공자 과(過)를 죽였다.

크게 기우제를 지냈다.

겨울인 10월 임오(壬午)일에 초(楚)나라 군사가 진(陳)나라를 멸망시키고 진나라 공자 초(招)를 잡아서 월(越)나라로 추방했다. 진(陳)나라 공원(孔瑗)을 죽였다.

진(陳)나라 애공(哀公)을 장사 지냈다.

八年 春 陳侯之弟招 殺陳世子偃師[1]
夏 四月 辛丑 陳侯溺[2] 卒
叔弓如晉
楚人執陳行人于徵師[3] 殺之
陳公子留[4] 出奔鄭
秋 蒐于紅[5] ○蒐者何 簡車徒也 何以書 蓋以罕書也
陳人殺其大夫公子過[6]
大雩
冬 十月 壬午 楚師滅陳 執陳公子招 放之于越[7] 殺陳孔瑗[8]
葬陳哀公

1) 招殺陳世子偃師(초살진세자언사) : 초(招)가 진나라 세자 언사를 죽이다. 초는 진(陳)나라 애공(哀公)의 동모(同母)의 아우로 이때 진(陳)나라 사도(司徒)가 됨. 언사는 애공의 원비(元妃) 소생 아들이며 태자로 세웠다.

2) 陳侯溺(진후익) : 진(陳)나라 군주인 후작 익(溺)이며 곧 진나라 애공(哀公)이다. B.C 568년에 즉위하여 35년간 재위하다. 좌전에는 아우인 공자 초(公子招)가 태자를 죽이자 스스로 목매달아 죽었다고 했다.
3) 行人干徵師(행인간징사) : 행인은 벼슬 이름이다. 간징사는 진(陳)나라 대부이며 당시 행인으로써 초(楚)나라에 사신으로 갔다가 죽게 되었다.
4) 公子留(공자유) : 진(陳)나라 애공(哀公)의 두번째 비(妃)에서 태어난 아들.
5) 蒐于紅(수우홍) : 홍 땅에서 군사 연습을 하다. 수는 봄의 사냥으로 군사 훈련을 뜻한다.
6) 公子過(공자과) : 공자 초(公子招)를 방조하여 태자 언사(偃師)를 죽이는 데 합류하고 공자 유(留)를 임금으로 세웠다. 이에 그 죄로 죽임을 당했다.
7) 放之于越(방지우월) : 방(放)은 유방(流放)시키다. 월은 나라 이름이다. 사성(姒姓)이며 선조는 하대(夏代) 소강(少康)의 아들 무여(無餘)였다. 수도는 회계(會稽)이다.
8) 孔瑗(공원) : 진(陳)나라 대부. 곡량전의 경문에는 환(奐)으로 되어 있다.

9. 소공 9년 무진(戊辰)

가. 낭(郞)에 짐승을 기르는 유(囿)를 만들다

9년 무진(戊辰) 봄에 노(魯)나라 숙궁(叔弓)이 초(楚)나라 군주인 자작을 진(陳)나라에서 만났다.
허(許)나라가 이(夷) 땅으로 옮겼다.
여름인 4월에 진(陳)나라에 화재가 났다. 진(陳)나라는 이미 멸망했는데 여기에 진(陳)나라의 화재를 언급한 것은 무슨 뜻인가? 진(陳)나라를 보존시킨 것이다. 말하기를 "진(陳)나라를 보존시켜서 비통하게 여긴 것이다"라고 했다. 왜 진(陳)나라를 보존시키려고 했는가? 남의 나라를 멸망시키고 남의 죄인을 포획하고 남의 역적을 죽이고 남의 나라 군주를 장사 지냈는데, 이와 같은 초나라의 행위 때문에 진(陳)나라를 보존시켜서 멸망한 것을 비통하게 여기게 한 것이었다.
　가을에 노나라 중손확(仲孫貜)이 제나라에 갔다.
　겨울에 노나라는 낭(郎)에서 짐승을 기르는 유(囿)를 만들었다.

　九年 春 叔弓會楚子于陳
　許遷于夷[1]
　　夏 四月 陳火[2] ○陳已滅矣 其言陳火何 存陳也 曰存陳悕矣 曷爲
存陳 滅人之國 執人之罪人 殺人之賊 葬人之君 若是則陳存悕矣
　　秋 仲孫貜[3]如齊
　　冬 築郎囿[4]

1) 夷(이) : 허나라의 땅 이름이며 허나라의 수도를 옮긴 것이다. 이땅은 초나라
　　에 가깝다. 초나라에 순종하겠다는 뜻을 보인 것이다.
2) 火(화) : 좌전의 경문에는 재(災)로 되어 있다.
3) 仲孫貜(중손확) : 맹희자(孟僖子)라고 일컫고 노나라 대부이다.
4) 郎囿(낭유) : 낭 땅에 짐승을 기르는 동산을 만들다의 뜻.

10. 소공 10년 기사(己巳)

가. 난시(欒施)가 우리 노나라로 도망해 오다
　10년 기사(己巳) 봄, 왕력으로 정월이다.
　여름에 제나라 난시(欒施)가 우리 노나라로 도망해 왔다.
　가을인 7월에 노나라 계손은여(季孫隱如)와 숙궁(叔弓)과 중손확(仲孫貜)이 군사를 거느리고 거(莒)나라를 정벌했다.
　무자(戊子)일에 진(晉)나라 군주인 후작 표(彪)가 세상을 떠났다.
　9월에 노나라 숙손사(叔孫舍)가 진(晉)나라에 갔다.
　진(晉)나라 평공(平公)을 장사 지냈다.
　12월 갑자(甲子)일에 송나라 군주인 공작 술(戌)이 세상을 떠났다.

十年 春 王正月
夏 晉欒施[1]來奔
秋 七月 季孫隱如[2]叔弓仲孫貜 帥師伐莒
戊子 晉侯彪[3]卒
九月 叔孫舍如晉
葬晉平公
十有二月 甲子 宋公戌[4]卒

1) 晉欒施(진난시) : 난시는 제나라 혜공(惠公)의 후손이다. 자는 자기(子旗)이며 자아(子雅)의 아들이다.
2) 季孫隱如(계손은여) : 계평자(季平子)라고 일컫고 계손숙(季孫宿)의 손자이다. 곡량전의 경문에는 계손의여(季孫意如)로 되어 있다.
3) 晉侯彪(진후표) : 진(晉)나라 평공(平公). B.C. 557년 즉위. 25년 간 재위.
4) 宋公戌(송공술) : 송나라 평공(平公)이며 B.C. 575년에 즉위하여 44년간 재위했다. 술(戌)은 곡량전의 경문에는 성(成)으로 되어 있다.

11. 소공 11년 경오(庚午)

가. 비포(比浦)에서 군사 훈련을 하다

11년 경오(庚午) 봄, 왕력으로 정월에 노(魯)나라 숙궁(叔宮)이 송나라에 갔다.

송나라 평공(平公)을 장사 지냈다.

여름인 4월 정사(丁巳)일에 초나라 군주인 자작 건(虔)이 채(蔡)나라 군주인 후작 반(般)을 유인하여 신(申)에서 죽였다. 초(楚)나라 군주인 자작 건(虔)이라고 왜 이름을 기록하였는가? 초나라 군주의 작위를 단절시킨 것이다. 왜 단절시키려 한 것인가? 그 채나라 군주를 유인하여 토벌했기 때문이다. 이것은 역적을 토벌한 것인데 비록 유인하였다고는 하지만 왜 단절시킨다는 것인가? 악한 마음을 품고 불의(不義)를 토벌한 것을 군자(君子 : 孔

제10편 소공 시대(昭公時代) 437

子)께서는 찬성하지 않은 것이다.
 초나라 공자 기질(棄疾)이 군사를 거느리고 채(蔡)나라를 포위했다.
 5월 갑신(甲申)일에 노나라 군주의 부인 귀씨(歸氏)가 훙거했다.
 비포(比浦)에서 크게 군사 훈련을 했다. 크게 군사훈련(大蒐)을 했다는 것은 무슨 일인가? 전차(戰車)와 보병을 검열한 것이다. 왜 이를 기록했는가? 대개 이러한 일은 드물게 하는 일이라 기록한 것이다.
 노나라의 중손확(仲孫玃)이 주루(邾婁)나라 군주인 자작과 만나 침상(侵祥)에서 동맹을 맺었다.
 가을에 노나라 계손은여(季孫隱如)는 진(晉)나라 한기(韓起)와 제나라 국작(國酌)과 송나라 화해(華亥)와 위(衛)나라 북궁타(北宮佗)와 정나라 헌호(軒虎)와 조(曹)나라 사람과 기(杞)나라 사람과 굴은(屈銀)에서 회합했다.
 9월 기해(己亥)일에 우리 노나라의 소군(小君) 제귀(齊歸)를 장사 지냈다. 제귀(齊歸)란 누구인가? 노나라 소공(昭公)의 어머니이다.
 겨울인 11월 정유(丁酉)일에 초나라 군사가 채(蔡)나라를 멸망시키고 채나라의 세자 유(有)를 잡아 데리고 가서 그를 죽여 산신(山神)의 희생(犧牲)으로 썼다. 이는 즉위하여 1년을 넘기지 못한 군주였다. 그를 세자(世子)라고 일컬은 것은 무슨 뜻인가? 채나라 영공(靈公)을 군주로 여기지 않았고 그의 아들 유(有)가 아들로써 지위를 계승하지 못했기 때문이었다. 영공을 군주로 여기지 않는다고 왜 그의 아들 유(有)가 성취하지 못한다는 것인가? 처벌받은 군주의 아들은 군주가 되지 못하는 것이다. 화가 미치는 것은 아니다. 계승을 하지 못할 뿐이다. 어디에 사용했다는 것인가? 방어하는데 사용했다는 것이다. 그 방어하는데 사용했다는 것은 무엇을 뜻하는 것인가? 대개 그의 시체로 담을 쌓는데 사용했다는 것이다.

十有一年 春 王正月[1] 叔弓如宋

葬宋平公

夏 四月 丁巳 楚子虔誘蔡侯般[2] 殺之于申[3] ○楚子虔何以名 絶
曷爲絶之 爲其誘封[4]也 此討賊[5]也 雖誘之 則曷爲絶之 懷惡而討不
義 君子不予[6]也

楚公子棄疾[7]帥師圍蔡

五月 甲申 夫人歸氏[8]薨

大蒐于比蒲[9] ○大蒐者何 簡車徒也 何以書 蓋以罕書也

仲孫貜會邾婁子盟于侵祥[10]

秋 季孫隱如會晉韓起齊國酌宋華亥衛北宮佗鄭軒虎曹人杞人于
屈銀[11]

九月 己亥 葬我小君齊歸 ○齊歸者何 昭公之母也

冬 十有一月 丁酉 楚師滅蔡 執蔡世子有[12]以歸 用之[13] ○此未踰
年之君也 其稱世子何 不君靈公 不成其子[14]也 不君靈公 則曷爲不
成其子 誅君之子不立 非怒也無繼也[15] 惡乎用之 用之防也 其用之
防奈何 蓋以築防也

1) 王正月(왕정월) : 곡량전의 경문에는 왕이월(王二月)로 되어 있다.
2) 蔡侯般(채후반) : 채(蔡)나라 영공(靈公)이다. 영공이 일찍이 경공(景公)을
   죽이고 자립(自立)했다.
3) 申(신) : 본래는 나라 이름. 강성(姜姓)이다. 뒤에 초나라의 읍(邑)이 된다.
4) 封(봉) : 토(討)자의 오자(誤字)라고 했다.
5) 此討賊(차토적) : 이는 역적을 토벌한 것이다. 곧 초나라가 채(蔡)나라 후작
   반(般)이 아버지를 죽이고 군주에 오른 것을 토벌했기 때문이다.
6) 君子不予(군자불여) : 군자는 공자(孔子). 불여는 찬성하지 않았다의 뜻.
7) 公子棄疾(공자기질) : 초(楚)나라 영왕(靈王)의 아우이며 뒤에 초나라 평
   왕(平王)이 되었다.
8) 歸氏(귀씨) : 소공(昭公)의 어머니이며 제귀(齊歸)이다. 호(胡)나라의 공
   녀(公女)이며 성이 귀씨(歸氏)이다.
9) 比浦(비포) : 노나라 땅 이름.
10) 侵祥(침상) : 노나라 땅 이름. 곡량전에는 침상(祲祥)으로 되어 있다.

11) 屈銀(굴은) : 땅 이름. 곡량전의 경문에는 궐은(厥銀)으로 되어 있다.
12) 世子有(세자유) : 곡량전의 경문에는 세자우(世子友)로 되어 있다.
13) 用之(용지) : 담을 쌓는데 재료로 썼다고 했다. 곡량전에는 희생(犧牲)으로 썼다는 뜻.
14) 不成其子(불성기자) : 군주를 이어서 자작으로 일컬어지는 것이 성립되지 않는다는 뜻.
15) 非怒也無繼也(비노야무계야) : 화란 옮겨지는 것이 아니어서 계승을 할 수는 없다는 뜻.

12. 소공 12년 신미(辛未)

가. 소공이 황하에 이르렀다 돌아오다

12년 신미(辛未) 봄에 제(齊)나라 고언(高偃)이 군사를 거느리고 북연(北燕) 나라 군주인 백작을 양(陽)으로 들여보냈다. 백우양(伯于陽)이란 어떤 사람인가? 이는 제나라의 공자 양생(陽生)이다. 공자(孔子)께서 말씀하시기를 "나는 이 해를 알 것이다."라고 했다. 곁에 있는 자가 말하기를 "그대가 진실로 아는 것이라면 왜 바로 고치지 않는 것인가?" 라고 했다. 공자께서 말씀하시기를 "그대는 무엇을 알지 못하는가? 춘추(春秋)는 신뢰하는 역사이다. 그 질서라면 제(齊)나라의 환공(桓公)과 진(晉)나라의 문공(文公)이고 그의 회합이라면 회담을 주관한 자를 위주로 한 것이다. 그의 문장에서는 구(丘 : 공자)의 죄가 있을 뿐이다."라고 했다.

3월 임신(壬申)일에 정나라 군주인 백작 가(嘉)가 세상을 떠났다.

여름에 송나라 군주인 공작이 화정(華定 : 華椒의 손자)을 보내 노나라를 예방하게 했다.

소공(昭公)이 진(晉)나라에 가기 위해 황하(黃河)에 이르렀다가 곧 돌아왔다.
　5월에 정(鄭)나라 간공(簡公)을 장사 지냈다.
　초(楚)나라에서 그의 대부인 성연(成然)을 죽였다.
　가을인 7월이다.
　겨울인 10월에 공자 정(整)이 제나라로 달아났다.
　초나라 군주인 자작이 서(徐)나라를 정벌했다.
　진(晋)나라가 선우(鮮虞)를 정벌했다.

　十有二年 春 齊高偃[1]帥師 納北燕伯于陽[2] ○伯于陽者何[3] 公子陽生[4]也 子曰[5] 我乃知之矣 在側者曰 子苟知之 何以不革 曰 如[6]爾所不知何 春秋之信史也 其序 則齊桓晉文 其會 則主會者爲之也 其詞 則丘有罪焉爾
　三月 壬申 鄭伯嘉[7]卒
　夏 宋公使華定[8]來聘
　公如晉 至河乃復
　五月[9] 葬鄭簡公
　楚殺其大夫成然[10]
　秋 七月
　冬 十月 公子整[11]出奔齊
　楚子伐徐
　晉伐鮮虞[12]

1) 高偃(고언) : 제(齊)나라 대부(大夫)이다.
2) 陽(양) : 땅 이름. 좌전에는 당(唐)과 같은 땅이라 했다.
3) 伯于陽者何(백우양자하) : 백우양이란 무엇인가? 하고 이는 사람 이름이라고 했는데 잘못이라고 했다.
4) 公子陽生(공자양생) : 제나라 도공(悼公)이라 했다.
5) 子曰(자왈) : 공자(孔子)를 뜻한다.
6) 如(여) : 내(奈)와 같다.
7) 鄭伯嘉(정백가) : 곧 정나라 간공(簡公)이다. B.C. 565년에 즉위하여 36년간 재위했다.

8) 華定(화정) : 송나라에 원공(元公)이 즉위하여 인사 사절로 노나라에 왔다. 송(宋)나라 사마(司馬)이다.
9) 五月(오월) : 좌전 경문에는 유월(六月)로 되어 있다.
10) 成然(성연) : 초나라 영윤(令尹)인 자옥(子玉)의 손자. 자(字)는 웅(熊)이며 어떤 곳에는 호(虎)로 되어 있다. 좌전 경문에는 성웅(成熊)으로 됨.
11) 公子憖(공자정) : 자중(子仲)이라 일컫고 노나라 공실의 공족이다. 곡량전의 경문에는 공자은(公子憖)으로 되어 있다.
12) 鮮虞(선우) : 백적(白狄)이 세운 나라.

13. 소공 13년 임신(壬申)

가. 숙궁(叔宮)이 군사로 비(費) 땅을 포위하다

13년 임신(壬申) 봄에 노나라 숙궁(叔宮)이 군사를 거느리고 비(費)를 포위했다.

여름인 4월에 초(楚)나라의 공자 비(比)가 진(晉)나라에서 초나라로 돌아가 그의 군주 건(虔)을 간계(乾溪)에서 시해했다. 여기서 그의 군주를 시해했다고 했는데 '귀(歸)'라고 말을 한 것은 무슨 뜻인가? 귀국하여 군주를 시해하고 자립했는데도 싫어함이 없었다. 귀국하여 군주를 시해하고 자립(自立)하였는데도 싫어하는 것이 없었다는 것은 무슨 뜻인가? 초(楚)나라의 영왕(靈王)이 무도(無道)하여 간계(乾溪)에 대(台)를 세우는데 3년 동안 이루지 못하자, 초나라의 공자 기질(公子棄疾)이 공자 비(公子比)를 위협하여 세운 연후에 간계(乾溪)의 역사(役事)하는 곳에 명령을 내려 말하기를 "공자 비(公子比)가 이미 군주가 된 후에 돌아온 자들은 그의 전리(田里)를 회복시켜 주지 않을 것이다."라고 하자 군중들이 공사를 중지하고 떠나갔다. 이에 영왕(靈王)이 목을 매어 죽었다.

초나라 공자 기질(棄疾)이 공자 비(比)를 죽였다. 공자 비가 이미 즉위했는데 그를 공자 비라고 일컬은 것은 무슨 뜻인가? 그의 본 마음이 군주가 되고자 하지 않은 것이다. 그의 본 마음이 군주가 되기를 마땅하게 여기지 않았는데 왜 그에게 시해했다고 덮어씌웠는가? 공자 비의 의(義)는 죽음을 맹세하더라도 즉위하지 않았어야 마땅한 것이다. 대부끼리 서로 죽이는 것을 인(人)이라고 일컫는데 여기에서 이름과 씨(氏)를 일컬어 시해했다고 한 것은 무슨 뜻인가? 장차 이로부터 군주가 되고자 했다는 것을 말한 것이다.

가을에 소공(昭公)이 유(劉)나라 군주인 자작과 진(晉)나라 군주인 후작과 제나라 군주인 후작과 송나라 군주인 공작과 위(衛)나라 군주인 후작과 정나라 군주인 백작과 조(曹)나라 군주인 백작과 거(莒)나라 군주인 자작과 주루(邾婁)나라 군주인 자작과 등(滕)나라 군주인 자작과 설나라 군주인 백작과 기나라 군주인 백작과 소주루(小邾婁)나라 군주인 자작 등과 평구(平丘)에서 회합했다.

8월 갑술(甲戌)일에 제후들이 평구에서 동맹을 맺었으나 소공은 동맹에 참여하지 않았다.

진(晉)나라 사람이 노나라의 계손은여(季孫隱如)를 체포하여 데리고 돌아갔다.

소공(昭公)이 제후들의 회합에서 돌아왔다. 소공이 동맹에 참여하지 않은 것이란 무슨 뜻인가? 소공이 동맹에 참여하여 함께 함을 나타내지 않은 것이다. 소공이 동맹에 참여하여 함께 한 것을 나타내지 않은 것은, 노나라의 대부(大夫)가 체포되어 있었는데 무엇 때문에 회합에 이르러야 하겠는가? 치욕스럽지 않게 하기 위한 것이었다. 왜 치욕스럽지 않게 하였는가? 제후들이 드디어 혼란해지고 진(陳)나라와 채(蔡)나라를 초나라에서 봉해 돌려주니 군자(君子)께서는 부끄러워하여 찬성하지 않은 것이다.

채(蔡)나라 군주인 후작 여(廬)가 채나라로 돌아갔다.

진(陳)나라 군주인 후작 오(吳)가 진(陳)나라로 돌아갔다. 채(蔡)나라와 진(陳)나라는 모두가 멸망한 나라들이었다. 그들이 '귀(歸:돌아오다)'라고 말을 한 것은 무슨 뜻인가? 제후가 제멋대로 제후를 봉한 것을 찬성하지 않은 것이었다.

　겨울인 10월에 채(蔡)나라 영공(靈公)을 장사 지냈다.

　소공이 진(晉)나라에 가기 위해 황하(黃河)에 이르렀다가 곧 되돌아왔다.

　오(吳)나라가 주래(州來)를 멸망 시켰다.

　十有三年 春 叔弓帥師圍費[1]

　夏 四月 楚公子比[2] 自晉歸于楚 弑其君虔[3] 于乾谿[4] ○此弑其君 其言歸何 歸無惡於弑立也 歸無惡於弑立者何 靈王爲無道 作乾谿之臺 三年不成 楚公子棄疾脅比而立之 然後令於乾谿之役 曰 比已立矣 後歸者不得復其田里 衆罷而去之 靈王經[5]而死

　楚公子棄疾弑公子比 比已立矣 其稱公子何 其意不當也 其意不當 則曷爲加弑焉爾 比之義宜乎效死不立 大夫相殺稱人 此其稱名氏以弑何 言將自是爲君也

　秋 公會劉子晉侯齊侯宋公衛侯鄭伯曹伯莒子邾婁子滕子薛伯杞伯小邾婁子于平丘[6] 八月 甲戌 同盟于平丘 公不與盟

　晉人執季孫隱如[7]以歸 公至自會 公不與盟者何 公不見與盟也 公不見與盟 大夫執 何以致會 不恥也 曷爲不恥 齊侯遂亂 反陳蔡 君子不恥不與焉

　蔡侯廬[8]歸于蔡 陳侯吳[9]歸于陳 ○此皆滅國也 其言歸何 不與諸侯專封也

　冬 十月 葬蔡靈公

　公如晉至河 乃復

　吳滅州來

1) 費(비) : 노나라의 읍. 희공(僖公) 원년에 공자 계우(公子季友)를 봉해주었으며 이후부터 계손(季孫)의 영지(領地)가 되었다. 그런데 소공 12년에 계손씨의 가신 남괴(南蒯)가 공자 은과 합세하여 계평자(季平子)를 제거하려다 발각되어서 두 사람이 제나라로 도망쳤다.
2) 公子比(공자비) : 자간(子干)이라 일컬으며 초나라 대부.
3) 虔(건) : 초나라 영왕(靈王) 이름.

4) 乾溪(간계) : 초나라 땅 이름.
5) 經(경) : 스스로 목메어 죽다의 뜻.
6) 平丘(평구) : 땅 이름.
7) 執季孫隱如(집계손은여) : 계손은여를 체포하다. 곧 노나라가 주루(邾婁)나라와 거(莒)나라를 자주 침략하였는데, 실상은 계손씨가 주도하여 하였으므로 진(晉)나라에서 두 나라의 하소연을 들어서 체포함.
8) 蔡侯廬(채후여) : 채(蔡)나라 평공(平公)이며 태자 우(友)의 아들.
9) 陳侯吳(진후오) : 진(陳)나라 혜공(惠公)이며 태자 언사(偃師)의 아들이다.

14. 소공 14년 계유(癸酉)

가. 거(莒)나라 군주인 거질(去疾)이 죽다

14년 계유(癸酉) 봄에 은여(隱如 : 季孫意如)가 진(晉)나라에서 돌아왔다.
3월에 조(曹)나라 군주인 백작 등(滕)이 세상을 떠났다.
여름인 4월이다.
가을에 조(曹)나라 무공(武公)을 장사 지냈다.
8월에 거(莒)나라 군주인 자작 거질(去疾)이 세상을 떠났다.
겨울에 거(莒)나라에서 그 나라 공자인 의회(意恢)를 죽였다.

十有四年 春 隱如至自晉
三月 曹伯滕¹⁾卒
夏 四月
秋 葬曹武公
八月 莒子去疾²⁾卒
冬 莒殺其公子意恢³⁾

1) 曹伯滕(조백등) : 곧 조(曹)나라의 무공(武公)이며 등은 이름이다. 일작(一作) 승(勝)이라고도 한다. B.C. 554년에 즉위하여 27간 재위했다.

2) 莒子去疾(거자거질) : 곧 거(莒)나라 저구공(著丘公)이며 거질은 이름이다.
   교공(郊公)이라 한다. B.C. 540년에 즉위하여 13년간 재위했다.
3) 公子意恢(공자의회) : 거나라 공자(公子)이다.

15. 소공 15년 갑술(甲戌)

가. 제사를 지내는데 숙궁(叔弓)이 죽다

  15년 갑술(甲戌) 봄인 왕력으로 정월에 오(吳)나라 군주인 자작 이매(夷昧)가 세상을 떠났다.
  2월 계유(癸酉)일에 노(魯)나라 무공(武公)의 사당에 제사가 있었다. 피리부는 악인(樂人)들이 사당으로 들어가 제사에 참여한 숙궁(叔弓)이 죽어서 음악을 중지하고 제사를 마쳤다. 여기서 '거악졸사(去樂卒事 : 음악을 중지하고 제사를 마치다)'라고 말을 한 것은 무슨 뜻인가? 예에 합당한 처사였기 때문이었다. 군주가 사당에 제사가 있는데 대부(大夫)의 상(喪)을 듣게 되면 음악을 연주시키지 않고 제사의 일을 마치는 것이다. 대부가 제사를 지내는데 군주의 상(喪)을 듣게 되면 제주(祭主)의 자리를 타인에게 대신시키고 가는 것이다. 대부가 제사를 지내는데 대부(大夫)의 상을 듣게 되면 시동(尸童)의 일을 끝마치고 가는 것이다.
  여름에 채나라 소오(昭吳)가 정(鄭)나라로 달아났다.
  6월 초하루인 정사(丁巳)일에 일식(日蝕)이 있었다.
  가을에 진(晉)나라 순오(荀吳)가 군사를 거느려 선우(鮮虞)나라를 정벌했다.
  겨울에 소공(昭公)이 진(晉)나라에 갔다.

十有五年 春 王正月 吳子夷昧[1]卒
  二月 癸酉 有事于武宮[2] 籥入[3] 叔弓卒 去樂卒事 ○其言去樂卒事 何 禮也 君有事于廟 聞大夫之喪 去樂 卒事 大夫聞君之喪 攝主而

往⁴⁾ 大夫聞大夫之喪 尸事畢而往
　夏 蔡昭吳⁵⁾奔鄭
　六月 丁巳朔 日有食之
　秋 晉荀吳帥師 伐鮮虞
　冬 公如晉

1) 吳子夷昧(오자이매) : 오(吳)나라 군주인 자작 이매이며 곧 오나라 왕(王) 여매(餘昧)이다. 곡량전의 경문에는 이말(夷末)로 되어 있다.
2) 有事于武宮(유사우무궁) : 유사는 제사 의식이 있다. 무궁은 노나라 무공(武公)의 사당이다. 성공(成公) 6년에 건립했다.
3) 籥入(약입) : 음악이 들어가다. 약은 피리이며 음악을 뜻한다. 관악기의 하나.
4) 攝主而往(섭주이왕) : 제주(祭主)를 대신 세워 놓고 간다라는 뜻.
5) 昭吳(소오) : 채나라의 대부. 채나라를 회복시킨 공신. 곡량전의 경문에는 소(昭)는 조(朝)로 되어 있고 밑에는 출(出)자가 있다.

16. 소공 16년 을해(乙亥)

가. 계손은여(季孫隱如)가 진(晉)나라에 가다

　16년 을해(乙亥) 봄에 제나라 군주인 후작이 서(徐)나라를 정벌했다.
　초나라 군주인 자작이 융만(戎蠻)의 군주인 자작을 유인하여 그를 죽였다. 초(楚)나라 군주인 자작은 왜 이름을 기록하지 않았는가? 이적(夷狄)끼리 서로 유인한 것이므로 군자(君子 : 孔子)께서 증오하지 않은 것이다. 왜 미워하지 않았는가? 증오하지 않은 것 같지만 이에 실상은 증오한 것이었다.
　여름에 소공이 진(晉)나라에서 돌아왔다.
　가을인 8월 기해(己亥)일에 진(晉)나라 군주인 후작 이(夷)가 세상을 떠났다.
　9월에 크게 기우제(祈雨祭)를 지냈다.

노나라 계손은여(季孫隱如)가 진(晉)나라에 갔다.
겨울인 10월에 진(晉)나라 소공(昭公)을 장사 지냈다.

十有六年 春 齊侯伐徐
楚子誘戎曼¹⁾子殺之 ○楚子何以不名 夷狄相誘 君子不疾也 曷爲
不疾 若不疾 乃疾之也
夏 公至自晉
秋 八月 己亥 晉侯夷²⁾卒
九月 大雩
季孫隱如如晉
冬 十月 葬晉昭公

1) 戎蠻(융만) : 수령(首領)은 가(嘉)인데 초나라에서 유인하여 죽이고 그의
   아들을 수령으로 세움. 곡량전 경문에는 만(曼)이 만(蠻)으로 되어 있다.
2) 晉侯夷(진후이) : 진(晉)나라 소공(昭公). B.C. 531년에 즉위. 6년 간 재위.

17. 소공 17년 병자(丙子)

가. 담(郯)나라 군주가 찾아오다

17년 병자(丙子) 봄에 소주루(小邾婁)나라 군주인 자작이 노(魯)나라를 찾아왔다.
여름인 6월 초하루 갑술(甲戌)일에 일식이 있었다.
가을에 담(郯)나라 군주인 자작이 노나라를 찾아왔다.
8월에 진(晉)나라 순오(荀吳)가 군사를 거느리고 분혼(賁渾)의 융(戎)을 멸망시켰다.
겨울에 혜성이 방수(房宿)와 심수(心宿)와 미수(尾宿) 자리에 나타났다. 패(孛)란 무엇인가? 혜성(彗星)이다. 그것을 대진(大辰)이라고 말을 한 것은 무슨 뜻인가? 대진(大辰)의 자리에 있었기 때문이다. 대진(大辰)이란 무엇인가? 대화(大火 : 火星)

이다. 대화(大火)로써 대진(大辰)을 삼는 것은 벌성(伐星)으로 대진(大辰)을 삼는 것이다. 북진(北辰)이란 또한 대진(大辰)이라고 한다. 왜 이를 기록했는가? 괴이한 일이라 기록한 것이다.
초나라 사람이 오(吳)나라와 장안(長岸)에서 싸웠다. 돌발적인 전쟁은 전쟁이라고 기록하지 않는 것인데 이 곳에 '전(戰)'이라고 말한 뜻은 무엇인가? 대등한 상대끼리의 싸움이었기 때문이다.

十有七年 春 小邾婁子來朝
夏 六月 甲戌朔 日有食之
秋 郯子[1]來朝
八月 晉荀吳帥師滅賁渾戎[2]
冬 有星孛[3]于大辰[4] ○孛者何 彗星也 其言于大辰何 在大辰也 大辰者何 大火也 大火爲大辰 伐爲大辰 北辰亦爲大辰 何以書 記異也
楚人及吳戰于長岸[5] ○詐[6]戰不言戰 此其言戰何 敵[7]也

1) 郯子(담자) : 담(郯)나라 군주인 자작이다. 담나라는 소호(少昊)씨의 후예라고 했다.
2) 賁渾戎(분혼융) : 융인(戎人)의 한 갈래이다. 좌전의 경문에는 육혼지융(陸渾之戎)이라 했고 곡량전의 경문에는 육혼융(陸渾戎)이라 했다.
3) 星孛(성패) : 혜성(彗星).
4) 大辰(대진) : 28수(二十八宿)의 방(房), 심(心), 미(尾)의 별자리.
5) 長岸(장안) : 초나라의 지명(地名)이다.
6) 詐(사) : 작(乍)과 통하고 돌연(突然)의 뜻.
7) 敵(적) : 대등한 상대끼리 싸우는 것. 곧 맞장뜨다의 뜻.

18. 소공 18년 정축(丁丑)

가. 허(許)나라가 수도를 백우(白羽)로 옮기다

18년 정축(丁丑) 봄, 왕력으로 3월에 조(曹)나라 군주인 백작

수(須)가 세상을 떠났다.
　여름인 5월 임오(壬午)일에 송(宋)나라와 위(衛)나라와 진(陳)나라와 정(鄭)나라에 화재가 있었다. 왜 이를 기록했는가? 괴이한 일이라 기록했다. 왜 이를 괴이한 일이라고 했는가? 괴이하게도 같은 날에 함께 화재가 났기 때문이었다. 외국의 괴이한 일은 기록하지 않는 것인데 이곳에서 왜 이것을 기록했는가? 천하를 위하여 괴이한 일을 기록해 놓은 것이다.
　6월에 주루(邾婁)나라 사람이 우(鄅)나라로 쳐들어갔다.
　가을에 조(曹)나라 평공(平公)을 장사 지냈다.
　겨울에 허(許)나라가 백우(白羽)로 옮겼다.

　十有八年 春 王三月 曹伯須[1]卒
　夏 五月 壬午 宋衛陳鄭災 ○何以書 記異也 何異爾 異其同日而俱災也 外異不書 此何以書 爲天下記異也
　六月 邾婁人入鄅[2]
　秋 葬曹平公
　冬 許遷于白羽[3]

1) 曹伯須(조백수) : 조(曹)나라 평공(平公)이다. B.C. 527년에 즉위하여 4년간 재위했다.
2) 鄅(우) : 옛 나라 이름. 성씨는 운(妘)씨. 계양(啓陽)에 있었다. 춘추의 말에 노나라에 통합되었다.
3) 白羽(백우) : 허나라 땅 이름. 허나라가 수도를 옮긴 곳.

19. 소공 19년 무인(戊寅)

가. 기묘(己卯)일에 지진이 일어났다
　19년 무인(戊寅) 봄에 송나라 군주인 공작이 주루(邾婁)나라를 정벌했다.

여름인 5월 무진(戊辰)일에 허(許)나라 세자 지(止)가 그 군주 매(買)를 시해했다.

기묘(己卯)일에 지진이 일어났다.

가을에 제나라 고발(高發)이 군사를 거느리고 거(莒)나라를 정벌했다.

겨울에 허(許)나라 도공(悼公)을 장사 지냈다. 역적을 토벌하지 않고 왜 장례를 치루었다고 기록했는가? 시해라고 계산되지 않았기 때문이다. 왜 시해라고 계산되지 않았다는 것인가? 허나라의 세자 지(止)가 약을 받들어 올렸는데 약을 먹고 죽었기 때문이다. 세자 지가 약을 받들어 올렸는데 약을 먹고 살해되었다면 왜 이를 시해되었다고만 올렸는가? 자식의 도리를 다하지 않은 것을 책망한 것이다. 그 자식의 도리를 다하지 않았다고 책망한 것은 무엇 때문인가? 대답하기를 "증자(曾子)의 제자인 악정자춘(樂正子春)이 부모의 질병을 살피듯 하여 다시 한 숟갈의 밥을 올릴 때도 탈연(脫然)히 낫는 듯이 하고 다시 한 숟갈을 덜 때에는 탈연히 낫는 듯이 했다. 또 한 벌의 옷을 올릴 때에도 탈연히 낫는 듯이 하고 또 한 벌의 옷을 덜어낼 때에도 탈연히 낫는 듯이 했다. 세자 지(止)가 약을 받들어 올려서 약을 마시고 죽었다는 것은, 이는 군자께서 시해했다고 올린 것이다." 라고 했다. 말하기를 "허(許)나라 세자 지(止)가 그 군주인 매(買)를 시해했다고 한 것은, 이는 군자(君子)께서 세자 지(止)의 죄를 다스린 것이다. 허나라 도공(悼公)을 장사지냈다고 한 것은, 이는 군자(君子)께서 세 가지의 죄를 사면해준 것이다. 사면하여 바로잡은 것은 허나라 세자 지(止)의 죄를 면제해준 말이다.

十有九年 春 宋公伐邾婁[1]
夏 五月 戊辰 許世子止弒其君買
己卯 地震
秋 齊高發[2]師師伐莒
冬 葬許悼公 ◯賊未討 何以書葬 不成于弒也[3] 曷爲不成于弒 止

進藥而藥殺也⁴⁾ 止進藥而藥殺 則曷爲加弒焉爾 譏子道之不盡也 其
譏子道之不盡奈何 曰 樂正子春⁵⁾之視疾也 復加一飯 則脫然愈⁶⁾ 復
損一飯 則脫然愈 復加一衣 則脫然愈 復損一衣 則脫然愈 止進藥
而藥殺 是以君子加弒焉爾 曰 許世子止 弒其君買 是君子之聽止⁷⁾
也 葬許悼公 是君子之赦止也 赦止者 免止之罪辭也

1) 宋公伐邾婁(송공벌주루) : 지난해에 주루(邾婁)나라가 우(鄅)나라를 정벌
   하여 우나라 군주를 포로로 잡았다. 우(鄅)나라 군주의 부인은 송(宋)나라
   향술(向戌)의 딸이다. 이에 향술의 아들 향송(向宋)이 출병을 청하여 주루
   나라를 정벌했다.
2) 高發(고발) : 제나라의 대부이며 고씨(高氏)의 후예이다.
3) 不成于弒也(불성우시야) : 시해했다는 것이 계산되지 않았다는 뜻.
4) 止進藥而藥殺也(지진약이약살야) : 허나라 세자 지(止)가 약을 아버지인 군
   주에게 올렸는데 그 약을 마시고 허도공(許悼公)인 매(買)가 죽었다는 뜻.
5) 樂正子春(악정자춘) : 증자(曾子)의 제자이며 효(孝)로써 이름을 날렸다.
6) 脫然愈(탈연유) : 탈연은 질병이 깨끗이 낫는 듯한 모양. 유는 질병이 낫다.
7) 聽止(청지) : 세자 지(止)의 죄를 다스리다의 뜻.

20. 소공 20년 기묘(己卯)

가. 도적이 위(衛)나라 군주 첩(輒)을 죽이다

20년 기묘(己卯) 봄인 왕력으로 정월이다.

여름에 조(曹)나라 공손 회(會)가 몽(鄸)에서 송(宋)나라로
달아났다. 달아난 것에는 자(自)자를 쓴 것이 없는데 여기에 자
(自)자를 말한 것은 무슨 뜻인가? 배반하였기 때문이었다. 배반
했다면 왜 그를 배반했다고 말하지 않았는가? 공자(公子) 희시
(喜時)의 후예를 위하여 숨겨준 것이다. '춘추(春秋)'에서는 현
명한 자를 위하여 숨겨주는데 왜 공자 희시(喜時)를 현명하다고
여겼는가? 나라를 사양했기 때문이다. 그가 나라를 양보했다는

것은 무슨 뜻인가? 노나라 성공(成公) 18년조에 보면 조(曹)나라의 군주인 백작 여(廬)가 군중(軍中)에서 세상을 떠났는데 이때 공자 희시(喜時)가 따라가는 것을 알지 못하고 공자 부추(負芻)가 함께 따라갔다. 혹은 국내의 임시 정무를 주관한다고 하고 혹은 군사를 주관한다고도 했다. 공자 희시는 공자 부추가 임시로 정무를 주관하는 것을 보고 멈칫 멈칫하면서 뒤로 물러났다. 공자 희시를 현명하다고 했다면 왜 공손회(公孫會)를 위하여 숨겼는가? 군자(君子)께서는 선(善)을 선으로 여기는 것은 오래도록 하고 악을 미워하는 것은 짧게 했다. 악을 미워하는 것은 그 자신에게 중지하고 선을 선하게 여기는 것은 자손(子孫)에게까지 미치도록 했다. 현명한 자의 자손이므로 군자(君子:孔子)께서는 숨긴 것이다.

가을에 도적이 위(衛)나라 군주인 후작의 형 첩(輒)을 죽였다. 어머니를 함께 한 형(兄)을 형(兄)이라고 일컫는다. 형(兄)인데 왜 즉위시키지 않았는가? 질병이 있었기 때문이었다. 무슨 질병이 있었는가? 아주 사나운 질병이었다.

겨울인 10월에 송(宋)나라 화해(華亥)와 향녕(向甯)과 화정(華定)이 진(陳)나라로 달아났다.

11월 신묘(辛卯)일에 채(蔡)나라 후작 여(廬)가 세상을 떠났다.

二十年 春 王正月

夏 曹公孫會¹⁾ 自鄸²⁾出奔宋 ○奔未有言自者 此其言自何 畔³⁾也 畔則曷爲不言其畔 爲公子喜時⁴⁾之後諱也 春秋爲賢者諱 何賢乎公子喜時 讓國也 其讓國奈何 曹伯廬卒于師 則未知公子喜時從與 公子負芻從與 或爲主於國 或爲主於師 公子喜時見公子負芻之當主也 逡巡而退 賢公子喜時 則曷爲爲會諱 君子之善善也長 惡惡也短 惡惡止其身 善善及子孫 賢者子孫 故君子爲之諱也

秋 盜殺衛侯之兄輒⁵⁾ ○母兄稱兄 兄何以不立 有疾也 何疾爾 惡疾也

冬 十月 宋華亥向甯華定⁶⁾出奔陳

十有一月 辛卯 蔡侯廬[7]卒

1) 公孫會(공손회) : 조(曹)나라의 공손. 조(曹)나라 선공(宣公)의 동모(同母)의 아우이며 공손 희시(公孫喜時)의 후손이다.
2) 鄸(몽) : 곡량전의 경문에는 초(楚)으로 되어 있으며 조나라 땅 이름이다.
3) 畔(반) : 배반하다.
4) 公子喜時(공자희시) : 좌전에는 공자 흔시(公子欣時)로 되어 있다. 조나라 백작 여(廬)와 어머니를 같이 한 아우.
5) 輒(첩) : 위(衛)나라 영공(靈公)과 어머니를 같이 한 형. 공맹칩(公孟縶)이다. 사나운 질병이 있었다.
6) 華亥向甯華定(화해향녕화정) : 세 사람 모두 송나라의 귀족이며, 향녕은 권력을 장악하고 있었다.
7) 蔡侯廬(채후여) : 채(蔡)나라 평공(平公). B.C. 530년에 즉위. 9년 간 재위.

21. 소공 21년 경진(庚辰)

가. 소공(昭公)이 황하에 이르렀다 되돌아오다

21년 경진(庚辰) 봄, 왕력으로 3월에 채(蔡)나라 평공(平公)을 장사 지냈다.

여름에 진(晉)나라의 군주인 후작이 사앙(士鞅)에게 노나라를 예방하게 했다.

송(宋)나라 화해(華亥)와 향녕(向甯)과 화정(華定)이 진(陳)나라에서 송나라의 남리(南里)로 들어가 반란을 일으켰다. 송나라의 남리(南里)란 어디인가? 이는 제(齊)나라 사람들이 말하는 인제(因諸 : 감옥)와 같은 그런 곳과 같은 것을 뜻한다.

가을인 7월 초하루 임오(壬午)일에 일식이 있었다.

8월 을해(乙亥)일에 숙좌(叔痤)가 세상을 떠났다.

겨울에 채나라 군주인 후작 주(朱)가 초나라로 달아났다.

소공(昭公)이 진(晉)나라에 가다가 황하에 이르러 되돌아왔다.

二十有一年 春 王三月 葬蔡平公
夏 晉侯使士鞅來聘
宋華亥向甯華定自陳入于宋南里以畔[1] ○宋南里者何 若曰 因諸者然
秋 七月 壬午 朔 日有食之
八月 乙亥 叔痤[2]卒
冬 蔡侯朱[3] 出奔楚
公如晉 至河乃復

1) 畔(반) : 곡량전에는 반(叛)으로 되어 있다.
2) 叔痤(숙좌) : 자숙(子叔)이라 일컫다. 곡량전의 경문에는 첩(輒)으로 됨.
3) 蔡侯朱(채후주) : 채나라 평공(平公)의 아들이다. 곡량전의 경문에 주(朱)는 동(東)으로 되어 있다. 즉위한 후 대부(大夫)들과 불화(不和)하여 그의 군주의 자리를 잃고 초나라로 달아났다.

22. 소공 22년 신사(辛巳)

가. 주(周)의 경왕(景王)이 붕어하다

22년 신사(辛巳) 봄에 제나라 군주인 후작이 거(莒)나라를 정벌했다.

송나라 화해(華亥)와 향녕(向甯)과 화정(華定) 등이 송나라의 남리(南里)에서 초나라로 달아났다.

노나라에서는 창간(昌奸)에서 크게 군사 훈련을 했다.

여름인 4월 을축(乙丑)일에 천자(天子)가 붕어(崩御)했다.

6월에 노나라의 숙앙(叔鞅)이 경사(京師)에 갔다.

경왕(景王)의 장사를 지냈다.

주(周)나라 왕실(王室)이 어지러워졌다. 왜 주(周)나라 왕실(王室)이 어지러워졌다고 말했는가? 밖의 제후국들에까지는 미치지 않았다는 것을 언급한 것이다.

유(劉)나라 군주인 자작과 선(單)나라 군주인 자작이 새로 천자가 된 맹(猛)을 모시고 황(皇)에서 지냈다. 그를 왕맹(王猛)이라고 일컬은 것은 무슨 뜻인가? 천자의 나라를 담당했다는 뜻이다.

가을에 유(劉)나라 군주인 자작과 선(單)나라 군주인 자작이 새로 천자가 된 맹(猛)을 모시고 왕성으로 들어갔다. 왕성(王城)이란 어떤 곳인가? 서주(西周)를 말한 것이다. 그 입(入)이라고 말을 한 것은 무슨 뜻인가? 찬탈했다는 말이다.

겨울인 10월에 왕자(王子) 맹(猛)이 세상을 떠났다. 이는 한해를 넘기지 못한 천자이다. 그를 왕자 맹졸(王子猛卒)이라고 일컫는 것은 무슨 뜻인가? 천자의 지위를 담당한 것을 찬성해주지 않은 것이다. 천자의 지위를 담당한 것을 찬성해주지 않은 것은 아버지가 죽으면 자식이 계승하고 형이 죽으면 아우에게 미치는 당연한 이치의 말을 찬성해주지 않은 것이다.

12월 초하루인 계유(癸酉)일에 일식이 있었다.

二十有二年 春 齊侯伐莒
宋華亥向甯華定自宋南里出奔楚
大蒐于昌奸[1]
夏 四月 乙丑 天王[2]崩
六月 叔鞅[3]如京師
葬景王
王室亂 ○何言乎王室亂 言不及外也
劉子單子[4]以王猛居于皇[5] 其稱王猛何 當國也
秋 劉子單子以王猛入于王城 ○王城者何 西周也 其言入何 簒辭也
冬 十月 王子猛卒 ○此未踰年之君也 其稱王子猛卒何 不與當也 不與當者 不與當父死子繼 兄死弟及之辭也
十有二月 癸酉朔 日有食之

1) 昌奸(창간) : 노나라 땅 이름이다. 곡량전에는 창간(昌間)으로 되어 있다.
2) 天王(천왕) : 곧 주(周)나라 경왕(景王)이며 이름은 귀(貴)이다. B.C. 544년에 즉위하여 25년간 재위했다. 경왕이 죽은 뒤에 주왕실이 다투어 태자(太

子)를 세우려고 하여 내란이 일어났다.
3) 叔鞅(숙앙) : 숙궁(叔弓)의 아들. 노나라 대부이다.
4) 劉子單子(유자선자) : 유자는 유나라의 헌공(獻公) 유지(劉摯)의 사자(嗣子)이며 이름은 적(狄)이다. 선자는 선나라 목공(穆公) 선기(單旗)이다.
5) 皇(황) : 땅 이름이다.

23. 소공 23년 임오(壬午)

가. 거(莒)나라 군주가 도망해 오다

23년 임오(壬午) 봄, 왕력으로 정월에 노나라 숙손사(叔孫舍)가 진(晉)나라에 갔다.

계축(癸丑)일에 노나라 숙앙(叔鞅)이 세상을 떠났다.

진(晉)나라 사람이 우리 노나라의 행인(行人)인 숙손사(叔孫舍)을 체포했다.

진(晉)나라 사람이 교(郊)를 포위했다. 교(郊)란 어떤 곳인가? 천자의 읍(邑)이다. 왜 주(周)나라와 관련시키지 않았는가? 천자(天子)의 땅을 정벌하는 것을 찬성하지 않은 것이다.

여름인 6월에 채(蔡)나라 군주인 후작 동국(東國)이 초나라에서 세상을 떠났다.

가을인 7월에 거(莒)나라 군주인 자작 경여(庚輿)가 노나라로 도망해 왔다.

무진(戊辰)일에 오(吳)나라가 돈(頓)나라와 호(胡)나라와 심(沈)나라와 채(蔡)나라와 진(陳)나라와 허(許)나라 등의 군사를 계보(雞父)에서 쳐부수었다. 호나라 군주인 자작 곤(髡)과 심(沈)나라 군주인 자작 영(盈)이 전사했다. 진(陳)나라 하설(夏齧)을 죽였다. 이는 일방적인 전쟁인데 왜 갑작스런 전쟁의 언사로 말하게 되었는가? 이적(夷狄)인 오(吳)나라로 하여금 중국의 제후국들을 주도한 것을 찬성하지 않은 것이다. 그렇다면 왜 중국이 주관했다고 하지 않았는가? 중국의 제후국들도 또한 천자를 무시하고 있어 새로운 이적(夷狄)이기 때문이었다. 여기서 '멸(滅)과 획(獲)'이라고 쓴 것은 무슨 뜻인가? 군주와 신하를 분별한 것이다. 군주가 지위에서 죽는 것을 멸(滅)이라고 이르고 살아서 잡히는 것을 획(獲)이라고 이른다. 대부가 함께 살고 함께 죽는 것을 획(獲)이라고 이른다. 이적(夷狄)이 중국을 주도한 것을 찬성하지 않았다면 그 진(陳)나라의 하설(夏齧)을 죽였다고 한 것은 무슨 뜻인가? 오(吳)나라를 조금은 높여 준 것이었다.

천자(天子)가 적천(狄泉)에서 살았다. 이는 3년이 안되었는데 경왕(景王)을 천왕(天王)이라고 일컬은 것은 무슨 뜻인가? 천자(天子)가 있다는 것을 나타낸 것이다. 윤씨(尹氏)가 왕자 조(王子朝)를 세웠기 때문이다.

윤씨(尹氏)가 왕자 조(朝)를 천자로 세웠다.

8월 을미(乙未)일에 지진(地震)이 일어났다.

겨울에 노나라 소공(昭公)이 진(晉)나라에 가는데 황하(黃河)에 이르러 소공이 병이 나서 곧 돌아왔다. 왜 소공(昭公)이 병이 있어서 이에 돌아왔다고 말을 했는가? 진(晉)나라에서의 수치스러운 것을 감소시킨 것이었다.

二十有三年 春 王正月 叔孫舍[1]如晉
癸丑 叔鞅卒
晉人執我行人叔孫舍
晉人圍郊[2] ○郊者何 天子之邑也 曷爲不繫于周 不與伐天子也
夏 六月 蔡侯東國卒于楚
秋 七月 莒子庚輿[3]來奔
戊辰 吳敗頓胡沈蔡陳許之師于雞父[4] 胡子髡 沈子楹[5]滅 獲陳夏齧[6] ○此偏戰也 曷爲以詐戰之辭言之 不與夷狄之主中國也 然則曷爲不使中國主之 中國亦新夷狄也 其言滅獲何 別君臣也 君死于位曰滅 生得曰獲 大夫生死皆曰獲 不與夷狄之主中國 則其言獲陳夏齧何 吳少進也

天王居于狄泉⁷⁾ ○此未三年 其稱天王何 著有天子也
尹氏⁸⁾立王子朝⁹⁾
八月 乙未 地震
冬 公如晉¹⁰⁾ 至河 公有疾 乃復 ○何言乎公有疾乃復 殺恥也

1) 叔孫舍(숙손사) : 곡량전의 경문에는 숙손착(叔孫婼)으로 되어 있다.
2) 晉人圍郊(진인위교) : 진(晉)나라 사람이 교(郊)를 포위했다. 교는 주읍(周邑)이다. 천자(天子)의 읍(邑)이라 했다.
3) 庚輿(경여) : 거나라의 공공(共公). 포학무도했다.
4) 雞父(계보) : 곡량전의 경문에는 계보(雞甫)로 되어 있다. 초나라 땅 이름.
5) 沈子楹(심자영) : 곡량전의 경문에는 심자영(沈子盈)으로 되어 있고 좌전의 경문에는 심자영(沈子逞)으로 되어 있다.
6) 夏齧(하설) : 진(陳)나라의 대부 하징서의 후예이다.
7) 狄泉(적천) : 땅 이름. 택읍(澤邑)이라고도 한다.
8) 尹氏(윤씨) : 윤(尹)땅에 봉해진 윤어(尹圉)이다. 주(周)나라의 대부이며 윤문공(尹文公)이라고 일컫다. 윤씨가 왕자 조를 데리고 윤지(尹地)로 들어갔는데, 유나라 자작과 선나라 자작이 공격하자 윤씨가 공격하여 쳐부수었다. 이때 왕자 조가 윤씨의 보호 아래에 있어서 왕성으로 진입한 것이다.
9) 王子朝(왕자조) : 경왕(景王)의 서장자(庶長子).
10) 如晉(여진) : 숙손착이 진(晉)나라에 잡혀있어서 가려고 한 것이다.

24. 소공 24년 계미(癸未)

가. 중손확(仲孫貜)이 세상을 떠나다

24년 계미(癸未) 봄, 왕력으로 2월 병술(丙戌)일에 노나라의 중손확(仲孫貜)이 세상을 떠났다.
노나라의 숙손사(叔孫舍)가 진(晉)나라에서 돌아왔다.
여름인 5월 초하루 을미(乙未)일에 일식이 있었다.
가을인 8월에 크게 기우제(祈雨祭)를 지냈다.

정유(丁酉)일에 기(杞)나라 군주인 백작 욱리(郁釐)가 세상을 떠났다.
겨울에 오(吳)나라가 소(巢)나라를 멸망 시켰다.
기(杞)나라 평공(平公)을 장사 지냈다.

二十有四年 春 王二月 丙戌 仲孫貜卒
叔孫舍至自晉
夏 五月 乙未朔 日有食之
秋 八月 大雩
丁酉 杞伯鬱釐[1]卒
冬 吳滅巢
葬杞平公

1) 郁釐(욱리) : 기(杞)나라 평공(平公). B.C. 535년에 즉위하여 18년 간 재위.

25. 소공 25년 갑신(甲申)

가. 관욕(鸜鵒)이라는 새가 둥지를 틀고 살다

25년 갑신(甲申) 봄에 노(魯)나라 숙손사(叔孫舍)가 송(宋)나라에 갔다.
여름에 노나라 숙예(叔倪)가 진(晉)나라 조앙(趙鞅)과 송나라 악세심(樂世心)과 위(衛)나라 북궁희(北宮喜)와 정나라 유길(游吉)과 조(曹)나라 사람과 주루(邾婁)나라 사람과 등(滕)나라 사람과 설(薛)나라 사람과 소주루(小邾婁)나라 사람과 황보(黃父)에서 회합했다.
관욕(鸜鵒)이라는 새가 노나라에 와서 둥지를 틀고 살았다. 왜 이를 기록했는가? 괴이한 일이라 기록했다. 왜 이를 괴이한 일이라고 했는가? 중국(中國)에 있는 새가 아니며 본래는 구멍 속에서 사는 것인데 또 집을 짓고 살았기 때문이었다.

가을인 7월 처음 신일(辛日)에 크게 기우제를 지냈고 끝 신일(辛日)에 또 기우제를 지냈다. 또 기우제를 지냈다는 것은 무슨 뜻인가? 또 지냈다는 것은 기우제가 아니고 기우제에 모인 군중들을 모아서 권력이 강해진 계씨(季氏)를 내쫓은 것이었다.

9월 기해(己亥)일에 소공(昭公)이 제나라로 달아나 양주(楊州)에 머물렀다.

제나라 군주인 후작이 야정(野井)에서 소공을 위로했다. 제나라 군주가 소공(昭公)을 위문했다고 한 것은 무슨 뜻인가? 소공이 장차 계씨(季氏)를 죽이려고 자가구(子家駒)에게 고하여 말했다. "계씨(季氏)가 무도(無道)하여 노나라의 공실(公室)을 참람한 지가 오래되었다. 내가 살해코자 하는데 어찌하면 되겠는가?"

자가구(子家駒)가 대답했다. "제후들이 천자를 참칭하고 대부들이 제후를 참칭한 지가 오래되었습니다." 소공이 말했다. "내가 무엇을 참칭했습니까?" 자가구가 말했다. "제후들이 양관(兩觀)의 문을 설치하고 대로(大路)를 타고 주간(朱干)을 하고 옥척(玉戚)을 하여 대하(大夏)로 춤을 추게 하고 팔일(八佾)로써 대무(大武)를 추게 하는데, 이것들은 모두 천자가 행하는 예입니다. 또 대저 소와 말에 유루(維婁)를 하고 자신에게 굽신거리는 자만이 따릅니다. 계씨(季氏)가 민중을 얻은 지가 오래되었는데 군주께서는 많이 수고로움을 받은 것이 없습니다." 소공이 자가구의 말에 따르지 않고 마침내 계씨를 죽이려다 실패하고 제나라로 달아난 것이다.

제나라 군주인 후작이 소공(昭公)을 야정(野井)에서 위로하여 말했다.

"어찌해야 군주가 노나라의 사직(社稷)으로 갈 것인가?"

소공이 말했다.

"나라를 잃은 사람이 선하지도 못하고 재주도 없어서 노나라의 사직(社稷)을 지키는 것을 잃어서 집사(執事)에게 부끄럽게 되었습니다." 재배를 하고 이마를 땅에 대었다.

제나라 경공(景公)이 자가구(子家駒)에게 경하(慶賀)하여 말했다.

"그대가 군주를 대난(大難)에서 면하게 해준 것을 경하합니다."
자가구(子家駒)가 말했다.
"신(臣 : 자가구)이 착하지 못하고 재주도 없어서 군주께서 대난(大難)에 빠지게 했는데 군주께서는 부질(鈇鑕)을 더하여 죽음을 내리지를 차마 하지 않으셨습니다." 라고 하고 제나라 경공에게 재배를 올리고 머리를 땅에 대었다.
제나라 대부인 고자(高子)가 단사(簞食 : 밥)와 네 가지의 마른 육포(肉脯)를 함께 가지고 오고 제나라의 국자(國子 : 대부)가 호장(壺漿 : 음료수)을 가지고 와서 말했다.
"우리의 과군(寡君)께서는, 노나라 군주께서 밖에 계시다는 소식을 듣고 익힌 밥과 익힌 고기를 올리지 못하고 감히 구량(糗糧 : 말린 밥)을 따르는 자들에게 이르도록 했습니다."
소공이 대답하여 말했다.
"제나라 군주께서는 우리 선군(先君)을 잊지 않으시고 나라 잃은 상인(喪人 : 소공)에게까지 연이어 대례(大禮)를 주시고 계십니다." 이어 고자(高子)와 국자(國子)에게 재배하고 머리를 조아렸으며 자신의 옷으로 그것들을 받았다.
제나라 대부인 고자(高子)가 말했다.
"한 사내가 상서롭지 못하여 군주에게 대례(大禮)를 욕보이게 했습니다."
소공(昭公)이 대개 제사를 지내고 음식을 맛보지 않았다.
제나라 경공(景公)이 말했다.
"과인(寡人)이 부전(不腆 : 후하지 않음)한 선군(先君)의 의복이 있는데 감히 입지 못하였고 부전(不腆)한 선군(先君)의 그릇들이 있는데 감히 사용치 못하였는데 감히 이를 사용하여 예(禮)를 행하기를 청하나이다."
소공이 대답했다.
"상인(喪人 : 나라를 잃음)이 선치 못하고 재주도 없어서 노나라의 사직(社稷)을 지키는 것을 잃고 집사(執事)들을 부끄럽게 하였는데 감히 욕되게 대례(大禮)를 행할 수 있겠습니까? 감히 사양하겠습니다."

제나라 경공(景公)이 말했다.

"과인(寡人)이 부전(不腆)한 선군(先君)의 의복이 있는데 감히 사용을 하지 못하였으며 부전한 선군의 기물이 있는데 감히 사용하지 못했습니다. 감히 굳이 사용하여 예를 행하시기를 청합니다."

소공이 대답하여 말했다.

"우리의 종묘는 노나라에 있으며 선군(先君)의 의복도 있어서 본래부터 능히 입었으며 선군의 기물도 있는데 능히 가지고 나오지를 못했습니다. 감히 굳이 사양하겠습니다."

경공이 말했다.

"과인이 부전한 선군의 의복이 있는데 감히 입지 못하였고 부전한 선군의 기물이 있는데 감히 사용하지 못했습니다. 청컨대 이를 사용하여 따르는 자들을 대접하는데 사용하기를 청합니다."

소공이 대답했다.

"상인(喪人)이 그 무엇을 더 칭(稱)할 수가 있겠습니까?"

경공이 말했다.

"누가 군주에게 일컬을 수가 없다고 하겠습니까?"

소공이 이에 교연(嗷然 : 엉엉 울다)이 곡을 하고 모든 대부들이 모두 곡을 했다. 곡(哭)이 끝나자 사람으로써 담을 치고 수레 뚜껑으로 자리를 삼고 말의 안장으로 궤(几)를 삼아서 예를 행하여 서로 접견하였다. 공자(孔子)께서 말을 했다. "그 예(禮)와 그의 언사(言辭)들을 족히 나타낼 만한 것들이었다."

겨울인 10월 무진(戊辰)일에 숙손사가 세상을 떠났다.

11월 기해(己亥)일에 송나라 군주인 공작 좌(佐)가 곡극(曲棘)에서 세상을 떠났다. 곡극(曲棘)이란 어디인가? 송(宋)나라의 읍(邑)이다. 제후가 그의 봉지(封地) 안에서 죽게 되면 지명을 쓰지 않은 것인데 이곳에는 왜 지명을 기록했는가? 노나라 내에서 우려(憂慮)한 것이다.

12월에 제나라 군주인 후작이 운(鄆)을 점령했다. 외국에서 읍

(邑)을 탈취한 것은 기록하지 않는 것인데 이곳에 왜 이를 기록했는가? 소공(昭公)을 위하여 빼앗은 것이기 때문이었다.

   二十有五年 春 叔孫舍如宋
   夏 叔倪[1]會晉趙鞅宋樂世心[2]衛北宮喜鄭游吉[3]曹人邾婁人滕人薛人小邾婁人于黃父[4]
   有鸜鵒[5]來巢 ○何以書 記異也 何異爾 非中國之禽也 宜穴又巢也
   秋 七月 上辛[6] 大雩 季辛[7] ○又雩 又雩者何 又雩者 非雩也 聚衆以逐季氏也
   九月 己亥[8] 公孫[9]于齊 次于楊州[10]
   齊侯[11]唁公于野井[12] ○唁公者何 昭公將弒季氏 告子家駒[13] 曰 季氏爲無道 僭于公室久矣 吾欲弒之 何如 子家駒曰 諸侯僭於天子 大夫僭於諸侯久矣 昭公曰 吾何僭矣哉 子家駒曰 設兩觀[14] 乘大路[15] 朱干 玉戚[16] 以舞大夏[17] 八佾以舞大武[18] 此皆天子之禮也 且夫牛馬維婁[19] 委己者也 而柔焉[20] 季氏得民衆久矣 君無多辱焉 昭公不從其言 終弒之而敗焉 走之齊 齊侯唁公于野井 曰 奈何君去魯國之社稷 昭公曰 喪人不佞[21] 失守魯國之社稷 執事以羞 再拜顙 慶子家駒曰 慶子免君於大難矣 子家駒曰 臣不佞 陷君于大難 君不忍加之以鈇鑕 賜之以死 再拜顙 高子[22] 執簞食[23] 與四脡脯[24] 國子[25] 執壺漿[26] 曰 吾寡君聞君在外 餕饔[27]未就 敢致糗[28]于從者 昭公曰 君不忘吾先君 延及喪人 錫之以大禮 再拜稽首 以衽受[29] 高子曰 有夫不祥 君無所辱大禮 昭公蓋祭而不嘗 景公曰 寡人有不腆先君之服 未之敢服 有不腆[30]先君之器 未之敢用 敢以請 昭公曰 喪人不佞失守魯國之社稷 執事以羞 敢辱大禮 敢辭 景公曰 寡人有不腆先君之服 未之敢服 有不腆先君之器 未之敢用 敢固以請 昭公曰 以吾宗廟之在魯也 有先君之服 未之能以服 有先君之器 未之能以出 敢固辭 景公曰 寡人有不腆先君之服 未之敢服 有不腆先君之器 未之敢用 請以饗乎從者 昭公曰 喪人其何稱 景公曰 孰君而無稱 昭公於是噭然而哭 諸大夫皆哭 旣哭以人爲菑[31] 以幦[32]爲席 以鞍爲几 以遇禮相見 孔子曰 其禮與其辭足觀矣

冬 十月 戊辰 叔孫舍卒
十有一月 己亥 宋公佐卒于曲棘[33] ○曲棘者何 宋之邑也 諸侯卒 其封內不地 此何以地 憂內也
十有二月 齊侯取運[34] ○外取邑不書 此何以書 爲公取之也

1) 叔倪(숙예) : 노나라 대부. 좌전 경문(經文)에는 숙예(叔詣)로 되어 있다.
2) 樂世心(악세심) : 송나라 대부(大夫)이며 동문우사(桐門右師)로 일컫다. 곡량전의 경문에는 악대심(樂大心)으로 되어 있다.
3) 游吉(유길) : 정나라 경(卿)이며 자태숙(子太叔)이라고 일컫다.
4) 黃父(황보) : 진(晉)나라 땅 이름.
5) 鸛鵒(관욕) : 새 이름. 곡량전의 경문에는 구욕(鸜鵒)으로 되어 있다.
6) 上辛(상신) : 상순(上旬)에 들어 있는 신(辛)일.
7) 季辛(계신) : 하순(下旬)에 들어 있는 신(辛)일.
8) 己亥(기해) : 곡량전의 경문에는 을해(乙亥)로 되어 있다.
9) 孫(손) : 손(遜)과 같다. 곧 달아나다의 뜻.
10) 楊州(양주) : 지명(地名)이며 제나라와 노나라의 국경지대의 땅. 곡량전의 경문에는 양주(陽州)로 되어 있다.
11) 齊侯(제후) : 제나라의 경공(景公).
12) 野井(야정) : 제나라 땅 이름.
13) 子家駒(자가구) : 자가의백(子家懿伯). 자가자(子家子)라고도 일컫다. 노나라 대부이며 장공(莊公)의 현손(玄孫).
14) 兩觀(양관) : 천자의 대문(台門). 제후는 내궐(內闕)이 일관(一觀)이다.
15) 大路(대로) : 대로(大輅)이며 천자가 타는 수레의 이름이다.
16) 朱干玉戚(주간옥척) : 주간은 붉은색으로 꾸민 방패. 옥척은 옥(玉)으로 꾸민 도끼.
17) 大夏(대하) : 하우(夏禹)씨의 음악 이름.
18) 八佾以舞大武(팔일이무대무) : 팔일로써 대무를 춤추다. 팔일은 천자가 사용하는 무악(舞樂)이며 여덟 줄에 여덟 명으로 64명이 늘어서서 추는 춤. 대무는 주(周)나라 무왕(武王)의 무악으로 천자가 사용하는 것.
19) 維婁(유루) : 말을 매는 곳을 유(維), 소를 매는 곳을 루(婁)라고 한다.
20) 委己者也而柔焉(위기자야이유언) : 자신을 맡기어 순종하다. 곧 따르는 자.

21) 喪人不佞(상인불영) : 나라를 잃은 사람이 선하지 못하다의 뜻.
22) 高子(고자) : 제나라 대부 고강(高强)이다.
23) 簞食(단사) : 그릇에 들은 밥.
24) 四脡脯(사정포) : 네 가지의 마른 고기. 곧 육포(肉脯).
25) 國子(국자) : 제나라 대부. 국약(國弱)이며 국경자(國景子)라고 일컫다.
26) 壺漿(호장) : 음료수이다.
27) 餕饔(준옹) : 준은 익힌 밥. 옹은 익힌 고기.
28) 糗(구) : 건량(乾糧). 말린 식량.
29) 衽受(임수) : 옷으로 받다. 곧 상(裳)을 벌려서 받다.
30) 不腆(부전) : 두텁지 아니한 예물. 곧 겸손의 말로 쓰는 용어.
31) 甾(치) : 담의 뜻.
32) 幦(멱) : 수레의 뚜껑.
33) 曲棘(곡극) : 송나라의 땅 이름.
34) 運(운) : 노나라 땅 이름. 곡량전의 경문에는 운(鄆)으로 되어 있다.

26. 소공 26년 을유(乙酉)

가. 소공(昭公)이 운(運) 땅에 거주하다

26년 을유(乙酉) 봄, 왕력으로 정월에 송(宋)나라 원공(元公)을 장사 지냈다.
3월에 소공이 제(齊)나라에서 돌아와 운(運)에 거주했다.
여름에 소공이 성(成)을 포위했다.
가을에 소공이 제나라 군주인 후작과 거(莒)나라 군주인 자작과 주루(邾婁)나라 군주인 자작과 기(杞)나라 군주인 백작 등과 전릉(鄟陵)에서 맹약했다.
소공이 회합에서 돌아와 운(運)에 거주했다.
9월 경신(庚申)일에 초나라 군주인 자작 거(居)가 세상을 떠났다.
겨울인 10월에 천자(天子)가 성주(成周)로 들어갔다. 성주(成

周)란 어떤 곳인가? 동주(東周)이다. 그 천자(天子)가 들어간 것을 '입(入)'이라고 말한 것은 무슨 뜻인가? 천자의 지위를 찬탈했다는 혐의를 두지 않은 것이다.

윤씨(尹氏)와 소(召)나라 군주인 백작과 모(毛)나라 군주인 백작이 왕자 조(朝)와 함께 초(楚)나라로 달아났다.

二十有六年 春 王正月 葬宋元公
三月 公至自齊 居于運
夏 公圍成[1]
秋 公會齊侯莒子邾婁子杞伯 盟于鄟陵[2]
公至自會 居于運
九月 庚申 楚子居[3] 卒
冬 十月 天王入于成周[4] ○成周者何 東周也 其言入何 不嫌也
尹氏[5] 召伯毛伯[6] 以王子朝奔楚

1) 成(성): 노(魯)나라 맹씨(孟氏)의 봉읍(封邑)이다.
2) 鄟陵(전릉): 땅 이름. 어떤 이는 제나라 땅 이름이라고 했다.
3) 楚子居(초자거): 초(楚)나라 평왕(平王). B.C. 528년에 즉위. 13년 간 재위.
4) 成周(성주): 서주(西周)시대 주공단(周公旦)이 건설한 곳. 낙읍(洛邑)을 뜻한다.
5) 尹氏(윤씨): 윤어(尹圉)이다.
6) 召伯毛伯(소백모백): 소백(召伯)과 모백(毛伯)은 주(周)왕조의 대부.

27. 소공 27년 병술(丙戌)

가. 주루(邾婁)나라 쾌(快)가 도망해 오다

27년 병술(丙戌) 봄에 소공이 제나라에 갔다.
소공이 제나라에서 돌아와 운(運)땅에 거처했다.
여름인 4월에 오(吳)나라에서 그 군주 요(僚)를 시해했다.

초(楚)나라에서 그 대부(大夫)인 극완(郤宛)을 죽였다.

가을에 진(晉)나라의 사앙(士鞅)과 송(宋)나라 악기리(樂祁犁)와 위(衛)나라의 북궁희(北宮喜)와 조(曹)나라 사람과 주루(邾婁)나라 사람과 등(滕)나라 사람이 호(扈)에서 회합했다.

겨울인 10월에 조나라 군주인 백작 오(午)가 세상을 떠났다.

주루(邾婁)나라 쾌(快)가 노나라로 도망해 왔다. 주루(邾婁)나라의 쾌(快)란 누구인가? 주루나라의 대부이다. 주루나라에는 대부가 없는데 이곳에 왜 이를 기록했는가? 노나라와 가까운 이웃이었기 때문에 기록한 것이다.

소공이 제나라에 갔다.

소공이 제나라에서 돌아와 운(運)에 거처했다.

二十有七年 春 公如齊 公至自齊 居于運
夏 四月 吳弒其君僚[1]
楚殺其大夫郤宛[2]
秋 晉士鞅宋樂祁犁[3]衛北宮喜[4]曹人邾婁人滕人 會于扈
冬 十月 曹伯午[5]卒
邾婁快[6]來奔 ○邾婁快者何 邾婁之大夫也 邾婁無大夫 此何以書 以近書也
公如齊 公至自齊 居于運

1) 吳弒其君僚(오시기군요) : 오나라에서 그의 임금인 요를 시해하다. 곧 요(僚)는 오왕(吳王) 수몽(壽夢)의 셋째 아들 이멸(夷昧)의 아들이다. 수몽에게 네 아들이 있는데 장자가 제번(諸樊)이고 차자가 여제(餘祭)이고 삼자(三子)가 이멸(夷昧)이고 넷째가 계찰(季札)이다.
2) 郤宛(극완) : 초나라의 자악(子惡)이라 일컫다. 곡량전의 경문에는 극완(郤宛)으로 되어 있다. 극완이 비무극(費無極)의 모함으로 죽었다.
3) 樂祁犁(악기리) : 송나라 사성(司城)이며 자양(子梁)이라고 일컫다.
4) 北宮喜(북궁희) : 위나라의 북궁정자(北宮貞子)이다.
5) 曹伯午(조백오) : 조나라 도공(悼公). B.C. 523년 즉위하여 9년 간 재위했다.
6) 邾婁快(주루쾌) : 주루(邾婁)나라에서 경(卿)의 명을 받은 사람이라 했다.

28. 소공 28년 정해(丁亥)

　가. 소공이 진(晉)나라 간후(乾侯)에서 머물다
　28년 정해(丁亥) 봄, 왕력으로 3월에 조(曹)나라 도공(悼公)을 장사 지냈다.
　소공(昭公)이 진(晉)나라에 가서 간후(乾侯)에 머물렀다.
　여름인 4월 병술(丙戌)일에 정(鄭)나라 군주인 백작 영(甯)이 세상을 떠났다.
　6월에 정나라 정공(定公)을 장사 지냈다.
　가을인 7월 계사(癸巳)일에 등(滕)나라 군주인 자작 영(甯)이 세상을 떠났다.
　겨울에 등(滕)나라 도공을 장사 지냈다.

　二十有八年 春 王三月 葬曹悼公
　公如晉 次于乾侯[1]
　夏 四月 丙戌 鄭伯甯[2] 卒
　六月 葬鄭定公
　秋 七月 癸巳 滕子甯[3] 卒
　冬 葬滕悼公

1) 乾侯(간후) : 진(晉)나라의 땅 이름.
2) 鄭伯甯(정백녕) : 정나라 정공(定公). B.C. 529년에 즉위. 16년 간 재위.
3) 滕子甯(등자녕) : 등나라 도공(悼公). B.C. 538년에 즉위. 24년 간 재위.

29. 소공 29년 무자(戊子)

　가. 운(運) 땅이 공격받아 무너지다
　29년 무자(戊子) 봄에 소공이 간후(乾侯)에서 돌아와 운(運)

에서 거처했다.
　제나라 군주인 후작이 고장(高張)에게 노(魯)나라에 와서 소공을 위로하게 했다.
　소공이 진(晉)나라에 가서 간후(乾侯)에 머물렀다.
　여름인 4월 경자(庚子)일에 숙예(叔倪)가 세상을 떠났다.
　가을인 7월이다.
　겨울인 10월에 운(運)이 공격을 받아 완전히 무너졌다. 읍(邑)은 궤(潰 : 무너지다)라고 말하지 않는 것인데 이 곳에 궤(潰)라고 말한 뜻은 무엇인가? 외성(外城 : 바깥성)이었기 때문이다. 왜 외성(外城)이 되었는가? 소공이 이 곳에 존재하고 있었기 때문이다.

　　二十有九年 春 公至自乾侯 居于運
　　齊侯使高張來唁公
　　公如晉 次于乾侯
　　夏 四月 庚子 叔倪卒
　　秋 七月
　　冬 十月 運潰[1] ○邑不言潰 此其言潰何 郛[2]之也 曷爲郛之 君存焉爾

1) 運潰(운궤) : 운(運)땅 사람들이 흩어져서 소공(昭公)을 배반했다는 뜻.
2) 郛(부) : 외성(外城)을 쌓은 것이다.

30. 소공 30년 기축(己丑)

가. 진(晉)나라의 군주 거질(去疾)이 죽다

　30년 기축(己丑) 봄, 왕력으로 정월에 소공(昭公)이 간후(乾侯)에 있었다.
　여름인 6월 경진(庚辰)일에 진(晉)나라 군주인 후작 거질(去疾)이 세상을 떠났다.
　가을인 8월에 진(晉)나라 경공(頃公)을 장사 지냈다.

겨울인 12월에 오(吳)나라가 서(徐)나라를 멸망시켰다.
서나라 군주인 자작 장우(章禹)가 초나라로 달아났다.

三十年 春 王正月 公在乾侯 中國不存公 存公故也
夏 六月 庚辰 晉侯去疾[1]卒
秋 八月 葬晉頃公
冬 十有二月 吳滅徐 徐子章禹[2]奔楚

1) 晉侯去疾(진후거질) : 곧 진(晉)나라 경공(頃公)이다. B.C. 525년에 즉위하여 14년 간 재위했다.
2) 章禹(장우) : 서(徐)나라 군주의 이름이다. 좌전과 곡량전에는 장우(章羽)로 되어 있다.

31. 소공 31년 경인(庚寅)

가. 순역(荀櫟)이 간후의 소공을 위로하다

31년 경인(庚寅) 봄, 왕력으로 정월에 소공이 간후(乾侯)에 있었다.
노나라의 계손은여(季孫隱如)가 진(晉)나라 순역(荀櫟)을 적력(適歷)에서 만났다.
여름인 4월 정사(丁巳)일에 설나라 군주인 백작 곡(穀)이 세상을 떠났다.
진(晉)나라 군주인 후작이 순역에게 간후(乾侯)에서 노나라 소공을 위로하게 했다.
가을에 설(薛)나라 헌공(獻公)을 장사 지냈다.
겨울에 주루(邾婁)나라 대부 흑궁(黑弓)이 람(濫)땅을 가지고 노나라로 도망해 왔다. 글에 왜 주루(邾婁)나라가 없는 것인가? 남(濫) 땅으로 통용되기 때문이다. 왜 남(濫) 땅으로 통하는 것인가? 현명한 이의 자손은 땅을 둔 것이 당연하기 때문이다. 현명한 이란 누구를 이르는가? 숙술(叔術)을 이르는 것이다. 왜 숙술(叔術)을 현명하다고 하는가? 나라를 사양했기 때문이다. 그가 나라를 사양했다는 것이 어떤 것인가?

주루(邾婁)나라 안공(顏公) 때에 당하여 주루나라의 여자가 노나라 군주의 부인(夫人)이 된 자가 있었는데, 그가 무공(武公)인지 의공(懿公)인지는 알지 못한다. 노나라의 효공(孝公)이 어렸을 때, 주루나라의 안공(顏公)이 노나라의 궁중에서 아홉 공주와 음란한 행위를 하여 이로 인하여 도적을 불러들이게 되었다. 그가 노(魯)나라 공자(公子)인지 주루(邾婁)나라 공자(公子)인지는 알지 못하겠다. 또 장씨(臧氏)의 어머니는 효공(孝公)을 길렀다. 군주가 어릴 때에는 당연히 길러주는 자가 있게 되는데, 그는 대부(大夫)의 첩(妾)이었는지 사(士)의 아내인지 장씨(臧氏)였는지는 알지 못하겠다. 왜 이런 일을 하게 되었는가?

군주를 길러주는 여인이 반드시 그의 아들도 데리고 들어와서 같이 기르는 조건으로 입양하게 되었다. 이때 장씨(臧氏)의 어머니가 역적이 들어왔다는 소식을 듣고 그의 아들로 효공과 바꾸어서 효공을 안고 자신의 자식을 놓아두고 달아났다. 역적들이 궁 안에 이르러 효공의 침실로 나아가 누워 있는 아이를 시해했다. 신하에는 포광보(鮑廣父)와 양매자(梁買子)란 자가 있었는데, 역적들이 있다는 소식을 듣고 달려가 보니 장씨(臧氏)의 어미가 말하기를 "공(公 : 효공)은 죽지 않았고 여기에 있습니다. 내가 나의 아들로 공(公)과 바꾸어 놓았습니다."라고 했다. 이에 효공(孝公)을 업고 주(周)나라 천자(天子)에게 하소연을 하였다. 천자(天子)께서는 안공(顏公)이 주살된 것을 대신하여 숙술(叔術)을 세워 주었다. 효공(孝公)은 노나라로 돌아왔다.

안부인(顏夫人)이란 구영(嫗盈)의 딸이며 나라의 미인이었다. 그가 말하기를 "우리의 안공(顏公)을 죽인 자를 죽이는 자가 있다면 나는 그의 아내가 되리라."라고 했다. 숙술(叔術)이 안공(顏公)을 죽인 자를 죽이고 아내로 삼았다. 오래지않아서 숙술과 안부인 사이에서 아들이 태어났는데 그의 이름을 우(盱)라고 했다. 하보(夏父)는 안부인이 안공(顏公)과 함께 살 때 태어난 아이였다.
  우(盱)가 어렸을 때는 모두가 사랑했는데 식사를 할 때에는 반드시 두 아들을 그의 옆에 앉히고 식사를 했다. 이때 진귀한 음식이 있으면 우(盱)가 반드시 먼저 족(足 : 발)을 취했다. 하보(夏父)가 말했다. "지금부터는 사람에게는 족이 없는데 우(盱)는 여유가 있다." 이에 숙술(叔術)이 깨달았다. 숙술이 말했다. "희(嘻)라! 이것으로부터 진실로 너의 나라이다." 라고 하고 일어나서 하보(夏父)에게 나라를 주었다. 하보(夏父)가 받고 절반을 나누어 주었다. 숙술이 말했다. "불가하다." 3분의 1로 나누어주었다. 숙술이 말했다. "불가하다." 4분의 1을 주었다. 숙술이 말했다. "불가하다." 5분의 1을 주었다. 이런 연후에 받았다.
  공호자(公扈子)란 주루(邾婁)나라의 부형(父兄)이다. 주루나라의 옛날 일을 숙달하고 있었다. 그가 말했다. "어찌 사람의 나라에 현명하기가 이와 같은 사람이 있는 것인가? 안공(顏公)을 주벌할 때에 천자(天子)께서도 죽었거늘 숙술(叔術)이 일어나서 하보(夏父)에게 나라를 바쳤네." 이때에 당하여 주루나라 사람들은 항상 주나라 병사들의 피해를 입었다. 말하기를 "무슨 까닭으로 우리의 천자(天子)를 죽였는가?"라고 했다.
  통람(通濫 : 땅으로 통하다)이라 하고 문장에는 왜 주루나라가 없는가? 천하에는 주루나라 말고는 남(濫) 땅이 있지 아니하다. 천하에 남 땅이 있지 아니한데 '이람내분(以濫來奔)'이라고 말을 한 것은 무슨 뜻인가? 숙술(叔術)이란 현명한 대부이다. 숙술과 주루나라의 관계를 단절시키려해도 숙술을 위하여 단절시키지 못하고 단절시키지 못하면 대대로 대부가 되는 것이다. 대부의 의는 대대로 대부되는 것을 얻지 못하는 것으로 이에 유추하여 통하게 한 것이다.
  12월 초하루인 신해(辛亥)일에 일식이 있었다.

    三十有一年 春 王正月 公在乾侯

季孫隱如會晉荀櫟[1]于適歷[2]
夏 四月 丁巳 薛伯穀卒
晉侯使荀櫟唁公于乾侯
秋 葬薛獻公
冬 黑弓[3]以濫[4]來奔 ○文何以無邾婁 通濫也 曷爲通濫 賢者子孫宜有地也 賢者孰謂 謂叔術[5]也 何賢乎叔術 讓國也 其讓國奈何 當邾婁顏之時[6] 邾婁女有爲魯夫人者 則未知其爲武公與 懿公與 孝公幼 顏淫九公子[7]于宮中 因以納賊[8] 則未知其爲魯公子與 邾婁公子與 臧氏之母 養公者也 君幼則宜有養者 大夫之妾 士之妻 則未知臧氏之母者 曷爲者也 養公者必以其子入養 臧氏之母聞有賊 以其子易公 抱公以逃 賊至湊公寢而弒之 臣有鮑廣父 與梁買子者 聞有賊 趨而至 臧氏之母曰 公不死也 在是 吾以吾子易公矣 於是負孝公之周愬天子 天子爲之誅顏而立叔術 反孝公于魯 顏夫人者 嫗盈女[9]也 國色[10]也 其言曰 有能爲我殺殺顏者[11] 吾爲其妻 叔術爲之殺殺顏者 而以爲妻 有子焉 謂之盱 夏父者 其所爲有於顏者也 盱幼而皆愛之 食必坐二子於其側而食之 有珍怪之食 盱必先取足焉 夏父曰 以來 人未足 而盱有餘 叔術覺[12]焉 曰 嘻 此誠爾國也夫 起而致國于夏父 夏父受而中分之 叔術曰 不可 三分之 叔術曰 不可 四分之 叔術曰 不可 五分之 然後受之 公扈子者 邾婁之父兄也 習乎邾婁之故 其言曰 惡有言人之國賢若此者乎 誅顏之時 天子死 叔術起而致國于夏父 當此之時 邾婁人常被兵於周 曰 何故死吾天子 通濫 則文何以無邾婁 天下未有濫也 天下未有濫 則其言以濫來奔何 叔術者 賢大夫也 絶之則爲叔術 不欲絶 不絶則世大夫也 大夫之義不得世 故於是推而通之也
　十有二月 辛亥朔 日有食之
1) 荀櫟(순역) : 진(晉)나라 대부. 좌전의 경문에는 순역(荀躒)으로 되어 있다.
2) 適歷(적역) : 진(晉)나라 땅 이름.
3) 黑弓(흑궁) : 주루(邾婁)나라의 대부이다.
4) 濫(람) : 주루(邾婁)나라의 땅이다.
5) 叔術(숙술) : 주루(邾婁)나라 안공(顏公)의 아우. 어떤 이는 군공자(群公

子)의 하나라 했다.
6) 邾婁顔之時(주루안지시) : 주루나라 안공(顔公)의 때.
7) 九公子(구공자) : 9명의 공주(公主).
8) 納賊(납적) : 도적들을 들이다. 곧 역적들이 들어오다.
9) 嫗盈女(구영녀) : 구영의 딸. 곧 어떤 늙은이인 영(盈)씨의 딸이라 했다.
10) 國色(국색) : 나라의 미인의 칭호.
11) 殺顔子(살안자) : 안공(顔公)을 죽인 자. 곧 포광보(鮑廣父)와 양매자(梁買子)라 했다. 두 사람 다 노나라 대부.
12) 覺(각) : 깨닫다. 곧 둘이 자라면 나라를 가지고 다툴 것이라는 것을 깨닫다.

32. 소공 32년 신묘(辛卯)

가. 오(吳)나라가 월(越)나라를 정벌하다

32년 신묘(辛卯) 봄, 왕력으로 정월에 소공이 간후(乾侯)에 있으면서 감(闞)을 점령했다. 감(闞)이란 어떤 곳인가? 주루(邾婁)나라의 읍(邑)이다. 왜 주루나라와 관련짓지 않았는가? 신속하게 점령한 것을 숨긴 것이다.

여름에 오(吳)나라가 월(越)나라를 정벌했다.

가을인 7월이다.

겨울에 노나라 중손하기(仲孫何忌)는 진(晉)나라 한불신(韓不信)과 제나라 고장(高張)과 송(宋)나라 중기(仲幾)와 위(衛)나라 세숙신(世叔申)과 정나라 국참(國參)과 조(曹)나라 사람과 거(莒)나라 사람과 주루(邾婁)나라 사람과 설나라 사람과 기(杞)나라 사람과 소주루(小邾婁)나라 사람과 회합을 갖고 성주(成周)에 성을 쌓았다.

12월 기미(己未)일에 노나라의 소공이 간후(乾侯)에서 훙거했다.

三十有二年 春 王正月 公在乾侯
取闞[1] ◯闞者何 邾婁之邑也 曷爲不繫乎邾婁 諱亟也
夏 吳伐越[2]
秋 七月
冬 仲孫何忌[3]會晉韓不信[4]齊高張[5]宋仲幾衛世叔申[6] 鄭國參曹人
莒人邾婁人薛人杞人小邾婁人城成周
十有二月 己未 公薨于乾侯

1) 取闞(취감): 감을 점령하다. 감은 노나라 땅이었다.
2) 吳伐越(오벌월): 오나라가 월나라를 정벌하다. 이때부터 오나라가 월나라를 정벌하기 시작한 것이다.
3) 仲孫何忌(중손하기): 중손확(仲孫玃)의 아들. 맹의자(孟懿子)라고 일컫는다.
4) 韓不信(한불신): 백음(伯音)이라고 일컫다.
5) 高張(고장): 고언(高偃)의 아들이다.
6) 世叔申(세숙신): 위나라 세숙의(世叔儀)의 아들이다. 곡량전의 경문에는 태숙신(太叔申)으로 되어 있다.

제11편 정공 시대(定公時代)
(재위 : 1년~15년까지)

시법(諡法)에 '백성을 편안히 하려는 큰 꿈이 있는 것'을 '정(定)'이라 한다.

▨ 정공 연표(定公年表)

국명 기원전	周 敬王	鄭 獻公	齊 景公	宋 景公	晉 定公	衛 靈公	蔡 昭侯	曹 隱公	滕 頃公	陳 惠公	杞 悼公	薛 襄公	莒 郊公	邾 莊公	許 許斯	小邾	楚 昭王	秦 哀公	吳 闔廬	越 允常	魯 定公
509	11	5	39	8	3	26	10	1	4	20	9	3		31	14		7	28	6		1
508	12	6	40	9	4	27	11	2	5	21	10	4		32	15		8	29	7		2
507	13	7	41	10	5	28	12	3	6	22	11	5		33	16		9	30	8		3
506	14	8	42	11	6	29	13	4	7	23	12	6	隱公1		17		10	31	9		4
505	15	9	43	12	7	30	14	靖公1	8	懷公1	僖公1	7		2	18		11	32	10		5
504	16	10	44	13	8	31	15	2	9	2	2	8		3	19		12	33	11		6
503	17	11	45	14	9	32	16	3	10	3	3	9		4	元公1		13	34	12		7
502	18	12	46	15	10	33	17	4	11	4	4	10		5	2		14	35	13		8
501	19	13	47	16	11	34	18	伯陽1	12	閔公1	5	11		6	3		15	36	14		9
500	20	聲公1	48	17	12	35	19	2	13	2	6	12		7	4		16	惠公1	15		10
499	21	2	49	18	13	36	20	3	14	3	7	13	比1	8	5		17	2	16		11
498	22	3	50	19	14	37	21	4	15	4	8	14	2	9	6		18	3	17		12
497	23	4	51	20	15	38	22	5	16	5	9		10	7			19	4	18		13
496	24	5	52	21	16	39	23	7	17	6	10	1	惠公1	11	8		20	5	19	句踐1	14
495	25	6	53	22	17	40	24	7	18	7	11	2	2	12	9		21	6	夫差1	2	15

※ 기(杞) : 정공 4년에 기도공(杞悼公)이 죽고 아들 은공(隱公)이 위에 올랐으나 이 해 7월에 동생 우(遇)가 은공을 죽이고 위에 올랐다.

※ 설(薛), 거(莒)는 기록이 불분명하고 월(越)은 윤상(允常)으로부터 발흥(發興)하기 시작하여 처음으로 경(經)에 등재되다.

※ 허(許) : 정공 6년에 정(鄭)나라가 허(許)나라를 멸망시키다.

제11편 정공 시대(定公時代)

1. 정공(定公) 원년 임진(壬辰)

가. 소공(昭公)의 시신을 간후(乾侯)에서 옮기다

　원년(元年) 임진(壬辰) 봄, 왕력이다. 정공(定公)은 왜 정월(正月)이 없는 것인가? 정월(正月)이란 즉위(卽位)를 올바르게 한 것이다. 정공(定公)이 정월이 없는 것은, 정공이 즉위한 뒤에 했기 때문이다. 즉위하는 것을 왜 뒤에 했는가? 소공(昭公)이 밖에 있어서 들어올 것인가 들어오지 못할 것인가를 가히 알지 못했기 때문이었다. 왜 들어올 것인가 들어오지 못할 것인가를 알지 못했는가? 계씨(季氏)가 있기 때문이었다. 정공(定公)이나 애공(哀公)의 역사는 미묘한 언사가 많아서 주인인 정공이나 애공이 그의 경문을 읽고 그 전문(傳文)의 뜻을 묻더라도 자신들이 죄과가 있는지 없는지를 알지 못했을 것이다.
　3월에 진(晉)나라 사람이 송(宋)나라 중기(仲幾)를 주(周)의 경사(京師)에서 체포했다. 중기(仲幾)의 죄가 어떤 것인가? 성(城)을 덮는 작업을 하지 않은 것이다. 그것을 '우경사(于京師)'라고 말을 한 것은 무슨 뜻인가? 방백(方伯)의 토벌이었기 때문이다. 방백이 토벌했는데 왜 인(人)이라고 일컬었는가? 폄하한 것이다. 왜 폄하한 것인가? 대부(大夫)가 제멋대로 체포한 것을 찬성하지 않은 것이다. 왜 찬성을 하지 않았는가? 실제로는 찬성을 해주고 문장(文章)으로만 찬성하지 않은 것이다. 문장으로는 왜 찬성하지 않은 것인가? 대부의 의(義)는 제멋대로 체포할 수가 없는 것이기 때문이었다.

여름인 6월 계해(癸亥)일에 소공(昭公)의 시신이 간후(乾侯)에서 운반되어 왔다.

6월인 무진(戊辰)일에 정공(定公)이 즉위(卽位)했다. 계해(癸亥)일에 소공의 시신이 간후(乾侯)에서 이르렀다면 왜 무진(戊辰)일 이후에 즉위하였는가? 양쪽의 기둥 사이로 관(棺)을 바로 한 연후에 즉위한 것이다. 자심자(子沈子)가 말하기를 "군주를 국가에서 정한 연후에 즉위한다."고 했다. 즉위의 날짜는 기록하지 않은 것인데 이곳에는 왜 날짜를 기록했는가? 노나라 국내를 위하여 기록한 것이다.

가을인 7월 계사일에 우리의 군주 소공(昭公)을 장사 지냈다.

9월에 크게 기우제를 지냈다.

양공(煬公)의 사당을 지었다. 양궁(煬宮)이란 어떤 곳인가? 양공(煬公)의 궁(宮)이다. 입(立)이란 무슨 뜻인가? 입(立)이란 건립한 것이 마땅하지 않았다는 뜻이다. 양공의 궁을 건립한 것은 예에 합당한 것이 아니었다.

겨울인 10월에 서리가 내려 콩이 말라죽었다. 왜 이를 기록했는가? 괴이한 일이라 기록했다. 이것은 콩이 말라죽은 재앙이다. 왜 이 괴이한 일을 기록했는가? 보통의 재앙보다 큰 괴이한 일이었기 때문이었다.

元年[1] 春 王 ○定[2] 何以無正月 正月者 正卽位也 定無正月者 卽位後也 卽位何以後 昭公在外 得入不得入 未可知也 曷爲未可知 在季氏也 定哀多微辭[3] 主人習其讀而問其傳 則未知己之有罪焉爾

三月 晉人執宋仲幾[4]于京師 ○仲幾之罪何 不蓑城[5]也 其言于京師何 伯討也 伯討則其稱人何 貶 曷爲貶 不與大夫專執也 曷爲不與 實與 而文不與 文曷爲不與 大夫之義 不得專執也

夏 六月 癸亥 公之喪至自乾侯

戊辰 公卽位 ○癸亥 公之喪至自乾侯 則曷爲以戊辰之日 然後卽

位 正棺於兩楹之間 然後卽位 子沈子⁶⁾曰 定君乎國 然後卽位 卽位
不日 此何以日 錄乎內也
　秋 七月 癸巳 葬我君昭公
　九月 大雩
　立煬宮⁷⁾ ○煬宮者何 煬公之宮也 立者何 立者不宜立⁸⁾也 立煬宮
非禮也
　冬 十月 隕霜殺菽⁹⁾ ○何以書 記異也 此災菽也 曷爲以異書 異大
乎災也

1) 元年(원년) : 주(周)나라 경왕(敬王) 11년. B.C. 509년이다.
2) 定(정) : 정은 정공(定公). 노세가(魯世家)에 정공(定公)의 이름은 송(宋)이고 양공(襄公)의 아들이며 소공(昭公)의 아우이다. 주(周) 경왕(景王) 11년에 즉위하여 15년간 재위했다. 시호법에는 '백성을 편안히 하려는 큰 꿈이 있는 것'을 정(定)이라 한다고 했다.
3) 定哀多微辭(정애다미사) : 정공(定公)과 애공(哀公)의 시대에는 은밀하게 숨기는 말이 많다는 뜻.
4) 仲幾(중기) : 송(宋)나라의 대부.
5) 不蓑城(불사성) : 성(城)을 덮지 않았다는 뜻.
6) 沈子(심자) : 전국시대(戰國時代) 사람이며 공양학설을 전수한 사람. 곡량전에도 거론되어 있다.
7) 煬宮(양궁) : 양공(煬公)의 사당. 노나라 개국 군주인 백금(伯禽)의 아들.
8) 不宜立(불의입) : 세우는 것이 적당하지 않다는 뜻.
9) 菽(숙) : 콩 종류를 총칭하다.

2. 정공 2년 계사(癸巳)

가. 치문(雉門)의 양쪽 다락을 높이다

2년 계사(癸巳) 봄, 왕력으로 정월이다.
여름인 5월 임진(壬辰)일에 치문(雉門)과 그 양쪽의 높은 다

락에 화재가 났다. 여기서 치문(雉門)과 양관(兩觀)에 화재가 났다고 말을 한 것은 무슨 뜻인가? 양관(兩觀)을 숨긴 것이다. 그렇다면 왜 치문의 화재가 양관(兩觀)에 이르렀다고 말하지 않았는가? 화재가 발생한 곳이 양관이었다. 당시의 화재가 양관에서 발생했다면 왜 뒤에 언급을 했는가? 은밀하게 숨겨서 큰 곳에 이르지 않게 한 것이다. 왜 이를 기록했는가? 재앙이라 기록한 것이다.

가을에 초나라 사람이 오(吳)나라를 정벌했다.

겨울인 10월에 치문(雉門)과 그 양쪽의 높은 다락을 새로 지었다. 이것을 신작(新作 : 새로 짓다)이라고 말한 뜻은 무엇인가? 크게 수리한 것이다. 옛 것을 수리하는 것은 기록하지 않는 것인데 여기서는 왜 이를 기록했는가? 책망한 것이다. 왜 이를 책망한 것인가? 국가의 공공적인 업무에 힘쓰지 않은 것을 책망한 것이다.

二年 春 王正月
夏 五月 壬辰 雉門及兩觀[1]災 ○其言雉門及兩觀災何 兩觀微也 然則曷爲不言雉門災及兩觀 主災者兩觀也 時災者兩觀 則曷爲後言之 不以微及大也 何以書 記災也
秋 楚人伐吳
冬 十月 新作雉門及兩觀 ○其言新作之何 脩大也 脩舊不書 此何以書 譏 何譏爾 不務乎公室也

1) 雉門及兩觀(치문급양관) : 치문은 노나라 수도의 남문(南門). 양관은 남문 양쪽의 문루(門樓). 법령 같은 것을 걸어 백성이 쉽게 볼 수 있도록 하는 곳.

3. 정공 3년 갑오(甲午)

가. 중손하기(仲孫何忌)가 주루(邾婁)나라와 맹약하다

3년 갑오(甲午) 봄, 왕력으로 정월에 정공(定公)이 진(晉)나라에 가다가 황하(黃河)에 이르러서 되돌아왔다.

3월 신묘(辛卯)일에 주루(邾婁)나라 군주인 자작 천(穿)이 세상을 떠났다.
여름인 4월이다.
가을에 주루(邾婁)나라 장공(莊公)을 장사 지냈다.
겨울에 노나라 중손하기(仲孫何忌)가 주루(邾婁)나라 군주인 자작과 지(枝)에서 맹약(盟約)했다.

三年 春 王正月 公如晉 至河乃復[1]
三月[2] 辛卯 邾婁子穿[3] 卒
夏 四月
秋 葬邾婁莊公
冬 仲孫何忌及邾婁子盟于枝[4]

1) 至河乃復(지하내복) : 황하에 이르러 이에 다시 돌아왔다. 왜 돌아왔는지 설명이 없다.
2) 三月(삼월) : 좌전 경문에는 이월(二月)로 되어 있다.
3) 邾婁子穿(주루자천) : 주루(邾婁)나라 장공(莊公)이며 B.C. 540년에 즉위하여 34년간 재위했다.
4) 枝(지) : 좌전과 곡량전에는 발(拔)로 되어 있다. 담나라 땅 이름.

4. 정공 4년 을미(乙未)

가. 공손생(公孫姓)이 심(沈)나라 군주를 죽이다

4년 을미(乙未) 봄, 왕력으로 2월 계사(癸巳)일에 진(陳)나라 군주인 후작 오(吳)가 세상을 떠났다.
3월에 정공이 유(劉)나라 군주인 자작과 진(晉)나라 군주인 후작과 송나라 군주인 공작과 채나라 군주인 후작과 위(衛)나라 군주인 후작과 진(陳)나라 군주인 아들과 정나라 군주인 백작과 허나라 군주인 남작과 조나라 군주인 백작과 거나라 군주인 자작과 주루(邾婁)나라 군주인 자작과 돈(頓)나라 군주인 자작과 호(胡)나라 군주인 자작과 등나라 군주인 자작과 설나라 군주인 백작과 기나라 군주인 백작과 소주루(小邾婁)나라 군주인 자작과 제나라 국하(國夏)와 소릉(召陵)에서 회합하여 초나라를 침공했다.

여름인 4월 경진(庚辰)일에 채나라 공손생(公孫姓)이 군사를 거느리고 심(沈)나라를 멸망시키고 심나라 군주인 자작 가(嘉)를 데리고 돌아가서 그를 죽였다.

5월에 정공(定公)이 제후들과 호유(浩油)에서 맹약했다.

기(杞)나라 군주인 백작 무(戊)가 회합 도중에 세상을 떠났다.

6월에 진(陳)나라 혜공(惠公)을 장사 지냈다.

허(許)나라가 용성(容城)으로 도읍을 옮겼다.

가을인 7월에 정공이 회합에서 돌아왔다.

유(劉)나라 군주 권(卷)이 세상을 떠났다. 유(劉)나라 군주인 권(卷)이란 누구인가? 천자 나라의 대부이다. 외국의 대부가 졸(卒)한 것은 기록하지 않는 것인데 이곳에는 왜 졸(卒)이라고 기록했는가? 3월의 회합을 노나라에서 주관했기 때문이었다.

기(杞)나라 도공(悼公)을 장사 지냈다.

초(楚)나라 사람이 채(蔡)나라를 포위했다.

진(晉)나라 사앙(士鞅)과 위(衛)나라 공어(孔圉)가 군사를 거느리고 선우(鮮虞)를 정벌했다.

유(劉)나라 문공을 장사 지냈다. 외국의 대부는 장례치른 것을 기록하지 않는 것인데 이곳에 왜 이를 기록했는가? 우리의 노나라가 3월의 회합을 주관했기 때문에 기록한 것이다.

四年 春 王二月 癸巳 陳侯吳[1]卒
三月 公會劉子[2]晉侯宋公蔡侯衛侯陳子[3]鄭伯許男曹伯莒子邾婁子頓子胡子滕子薛伯杞伯小邾婁子齊國夏 于召陵[4] 侵楚
夏 四月 庚辰 蔡公孫歸姓 帥師滅沈[5] 以沈子嘉歸 殺之
五月 公及諸侯盟于浩油[6]
杞伯戊[7]卒于會

六月 葬陳惠公
許遷于容城[8]
秋 七月 公至自會
劉卷[9]卒 ○劉卷者何 天子之大夫也 外大夫不卒 此何以卒 我主之也[10]
葬杞悼公
楚人圍蔡
晉士鞅衛孔圉[11]帥師伐鮮虞[12]
葬劉文公 ○外大夫不書葬 此何以書 錄我主也

1) 陳侯吳(진후오) : 진(陳)나라 혜공(惠公). B.C. 533년에 즉위. 28년 간 재위.
2) 劉子(유자) : 유헌공(劉獻公)의 서자인 백분(伯盆)이며 유문공(劉文公).
3) 陳子(진자) : 진(陳) 회공(懷公)인데 혜공(惠公)의 상으로 즉위하지 못했기 때문에 자(子)라고 했다.
4) 召陵(소릉) : 초나라 땅 이름.
5) 滅沈(멸심) : 심나라가 제후들이 연합하여 초(楚)나라를 정벌하는데 참가하지 않아서 제후들이 채나라에 부탁하여 심나라를 멸망시키라고 해서였다.
6) 浩油(고유) : 땅 이름이다. 좌전과 곡량전에는 고유(臯鼬)로 되어 있다.
7) 杞伯戊(기백무) : 기(杞)나라 도공(悼公). B.C. 517년에 즉위하여 12년간 재위했다. 좌전과 곡량전에는 성(成)으로 되어 있다.
8) 容城(용성) : 땅 이름.
9) 劉卷(유권) : 유(劉)나라 문공(文公) 백분(伯盆)을 말한다.
10) 我主之也(아주지야) : 우리(노나라)가 3월의 회합을 주관했기 때문이라는 것.
11) 孔圉(공어) : 곡량전의 경문에는 공어(孔圄)로 되어 있다.
12) 鮮虞(선우) : 나라 이름. 백적(白狄)의 일족이다.

나. 오(吳)나라와 초(楚)나라가 싸우다
　겨울인 11월 경오(庚午)일에 채(蔡)나라 군주인 후작이 오(吳)나라 군주인 자작과 함께 초나라 사람과 백거(柏擧)에서 싸워 초나라 군사를 쳐부수었다. 오(吳)나라를 왜 자작(子爵)이라고 일컬었는가? 이적(夷狄)인데도 중국(中國)을 걱정해서였다. 그 오(吳)나라가 중국(中國)을 근심한다는 것은 어찌된 일인가? 오자서(伍子胥)의 아버지인 오사(伍奢)가 초나라에 죽임을 당했다. 오자서가 활을 옆에 끼고 초나라를 떠나서 오(吳)나라의 합려(闔閭)를 면담하기를 요구했다. 합려가 말했다. "선비로서 최고이고 용력으로서도 최고이다! 장차 너를 위하여 군사를 일으켜서 초나라에 복수토록 할 것이다." 오자서가 아뢰어 말했다. "제후는 필부(匹夫)를 위하여 군사를 일으키지 않는 것입니다. 또 신(臣)은 들었습니다. 군주를 섬기는 것을 부모를 섬기듯이 한다고 말입니다. 군주의 의(義)를 망가뜨리면서 아버지의 원수를 갚는 것을 신(臣)은 하지 않을 것입니다." 이에 합려가 초나라를 공벌하려는 계획을 중지시켰다.

이때 채(蔡)나라 소공(昭公)이 초나라를 방문했다. 그는 아름다운 갖옷을 가지고 있었는데 이것을 초나라 낭와(囊瓦)가 요구했다. 채나라 소공이 갖옷을 주지 않자 채나라 소공을 남영(南郢)에 구금하였다. 수년 후에야 귀국하게 되었는데 그는 돌아오면서 황하(黃河)의 신(神)에게 빌었다. "천하의 제후들이 진실로 초나라를 정벌할 자가 있다면 과인이 청하여 제일 선봉대에 서리라." 초나라 사람이 이 소리를 듣고 화가 나서 군사를 일으켜 낭와를 장군으로 삼아서 채나라를 정벌했다. 채나라에서는 오(吳)나라에 구원을 요청했다. 오자서가 아뢰었다. "채나라가 죄가 있지 않고 초나라 사람이 무도했습니다. 군주께서 중국을 근심하는 마음을 가지고 계시다면 이 때가 좋은 기회입니다." 이에 오나라에서 군사를 일으켜 채나라를 구원했다.

말하기를 "군주를 섬기는 것을 아버지 섬기는 것과 같이 한다는 것은, 이는 가히 복수를 위한 것이 아니고 무엇이란 말입니까?"라고 했다. 대답하기를 "아버지가 죽을 죄가 아닌데 죽임을 당하게 된 것을 자식이 복수하는 것은 옳은 일이다. 아버지가 죄를 받아서 죽임을 당했다면 자식이 복수하는 것은 칼날을 밀고 당기는 끝없는 복수의 복수만 낳을 뿐이다. 복수의 피해가 제거되지 않게 되면 벗과 벗이 서로 보호하여 서로 먼저 복수하지 못하게 하는 것이 옛날의 도리였다."라고 했다.

초(楚)나라의 낭와(囊瓦)가 정(鄭)나라로 달아났다.

경진(庚辰) 일에 오(吳)나라 군사가 초나라로 쳐들어갔다. 오(吳)나라를 왜 자작(子爵)이라고 일컫지 않았는가? 이적(夷狄)으로 돌아갔기 때문이었다. 그가 이적(夷狄)으로 돌아갔다는 것은 무슨 뜻인가? 군주가 군주의 거실을 놓아두고 남의 거실로 들어가고 대부가 대부의 거실을 놓아두고 초나라 대부의 거실로 들어갔으며 대개 초나라 왕의 어머니를 아내로 삼았기 때문이었다.

冬 十有一月 庚午 蔡侯以吳子及楚人 戰于伯莒[1] 楚師敗績 ○吳何以稱子 夷狄也而憂中國 其憂中國奈何 伍子胥父誅乎楚[2] 挾弓而去楚 以干闔廬[3] 闔廬曰 士之甚 勇之甚 將爲之興師而復讐于楚 伍子胥復曰 諸侯不爲匹夫興師 且臣聞之 事君猶事父也 虧君之義 復父之讐 臣不爲也 於是止 蔡昭公朝乎楚 有美裘焉 囊瓦[4]求之 昭公不與 爲是拘昭公於南郢[5] 數年然後歸之 於其歸焉 用事乎河[6] 曰 天下諸侯苟有能伐楚者 寡人請爲之前列 楚人聞之怒 爲是興師 使囊瓦將而伐蔡 蔡請救于吳 伍子胥復曰 蔡非有罪也 楚人爲無道 君如有憂中國之心 則若時可矣 於是興師而救蔡 曰 事君猶事父也 此其爲可以復讐奈何 曰 父不受誅 子復讐可也 父受誅 子復讐 推刃之道也 復讐不除害 朋友相衛 而不相迿 古之道也

楚囊瓦出奔鄭[7]

庚辰 吳入楚[8] ○吳何以不稱子 反夷狄也 其反夷狄奈何 君舍于君室[9] 大夫舍于大夫室 蓋妻楚王之母也

1) 伯莒(백거) : 초나라 땅 이름. 곡량전의 경문에는 백거(伯擧)이고 좌전의 경문에는 백거(柏擧)로 되어 있다.
2) 子胥父誅乎楚(자서부주호초) : 자서는 오자서(伍子胥)이며 이름은 원(員)이다. 그는 초나라 대부 오원(伍奢)의 둘째 아들이다. 초평왕(楚平王) 7년 (B.C. 522년)에 오사가 직언을 하다가 피살되고 자서는 도망하여 송나라에서 정나라로 갔다가 오(吳)나라로 들어갔다. 뒤에 오나라 합려를 도와 오왕 요

(僚)를 살해하고 합려의 장수가 되었다. 부차(夫差)와 소원해지고 자살하다.
3) 闔廬(합려) : 합려(闔閭)라고도 한다. 이름은 광(光), 오왕(吳王) 제번(諸樊)의 아들이다. 일설에는 이매(夷昧)의 아들이라고도 한다. 자객을 시켜서 왕인 요(僚)를 죽이고 자립(自立)했다.
4) 囊瓦(낭와) : 초나라의 영윤(令尹). 채나라와 오나라가 초나라를 공격할 때 초나라의 주장(主將)이었다.
5) 南郢(남영) : 초나라의 수도.
6) 用事乎河(용사호하) : 황하(黃河)의 수신에게 소원을 빌다.
7) 囊瓦出奔鄭(낭와출분정) : 낭와가 오나라 군대의 공격을 받아 패배하자, 초나라에 있을 명분이 없어져서 정나라로 도망한 것이다.
8) 吳入楚(오입초) : 좌전의 경문에는 오입영(吳入郢)으로 되어 있다.
9) 君舍于君室(군사우군실) : 군주가 자신의 궁궐을 버리고 남의 나라 군주의 궁궐로 들어가다. 곧 무례한 행동을 한다는 뜻.

5. 정공 5년 병신(丙申)

가. 월(越)나라가 오(吳)나라로 쳐들어가다

5년 병신(丙申) 봄, 왕력으로 3월 초하루인 신해(辛亥)일에 일식이 있었다.

여름에 노(魯)나라에서 채(蔡)나라로 곡식을 보냈다. 누가 보냈는가? 제후들이 보낸 것이었다. 왜 제후들이 보냈다고 말하지 않았는가? 순서없이 이르러 그것의 순서를 정할 수가 없어서였다. 그러므로 우리 노나라만을 말한 것이다.

월(越)나라가 오(吳)나라로 쳐들어갔다. 우월(于越)이란 무슨 뜻이며 월(越)이란 어디인가? 우월(于越)이라고 한 것은 그의 이름이 통일되지 않았기 때문이다. 월(越)이란 능히 그 나라 이름이 하나로 통일된 명칭이다.

6월 병신(丙申)일에 노나라 계손은여(季孫隱如)가 세상을 떠났다.

가을인 7월 임자(壬子)일에 노나라 숙손불감(叔孫不敢)이 세상을 떠났다.

겨울에 진(晉)나라 사앙(士鞅)이 군사를 거느리고 선우(鮮虞)를 포위했다.

　五年 春 王正月[1] 辛亥 朔 日有食之
　夏 歸粟于蔡[2] ◯執歸之 諸侯歸之 曷爲不言諸侯歸之 離至不可得而序 故言我也
　於越入吳 ◯於越者何 越者何 於越者 未能以其名通也 越者 能以其名通也
　六月 丙申 季孫隱如卒
　秋 七月 壬子 叔孫不敢卒
　冬 晉士鞅帥師圍鮮虞

1) 正月(정월) : 좌전의 경문에는 삼월(三月)로 되어 있다.
2) 歸粟于蔡(귀속우채) : 귀는 궤(饋)와 같다. 곧 채나라에 곡식을 보내다. 좌전에는 채나라의 기근을 구제한 것이라 했다.

6. 정공 6년 정유(丁酉)

가. 정공이 정(鄭)나라를 침공하다

6년 정유(丁酉) 봄, 왕력으로 정월 계해(癸亥)일에 정나라 유속(游遬)이 군사를 거느려 허(許)나라를 멸망시키고 허나라 군주인 남작 사(斯)를 데리고 돌아갔다.

2월에 정공(定公)이 정나라를 침공했다.

정공이 정나라를 침공하는 일에서 돌아왔다.

여름에 노나라 계손사(季孫斯)와 중손하기(仲孫何忌)가 진(晉)나라에 갔다.

가을에 진(晉)나라 사람이 송(宋)나라 행인(行人) 악기리(樂

祁犁)를 체포했다.
　겨울에 중성(中城)을 쌓았다.
　노(魯)나라 계손사(季孫斯)와 중손기(仲孫忌：仲孫何忌)가 군사를 거느리고 운(運)을 포위했다. 여기의 중손하기(仲孫何忌)는 왜 중손기(仲孫忌)라고 했는가? 두 개의 이름을 책망한 것이다. 두 개의 이름을 가지고 있는 것은 예에 합당한 것이 아니다.

　　六年 春 王正月 癸亥 鄭游遫[1]帥師滅許 以許男斯歸
　　二月 公侵鄭
　　公至自侵鄭
　　夏 季孫斯[2]仲孫何忌[3]如晉
　　秋 晉人執宋行人樂祁犁[4]
　　冬 城中城[5]
　　季孫斯仲孫忌 帥師圍運 ◯此仲孫何忌也 曷爲謂之仲孫忌 譏二名 二名非禮也

1) 游遫(유속)：정나라 대부이며 대숙(大叔)의 아들이다.
2) 季孫斯(계손사)：계손의여(季孫意如) 아들이며 계환자(季桓子)라고도 함.
3) 仲孫何忌(중손하기)：맹의자(孟懿子)이다.
4) 樂祁犁(악기리)：악기(樂祁)라고 일컫다. 송나라 대부이다.
5) 中城(중성)：노나라 국도의 내성(內城).

7. 정공 7년 무술(戊戌)

　가. 위(衛)나라 북궁결(北宮結)을 제나라에서 체포하다
　7년 무술(戊戌) 봄, 왕력으로 정월(正月)이다.
　여름인 4월이다.
　가을에 제나라 군주인 후작과 정나라 군주인 백작이 함(鹹)에서 동맹을 맺었다.

제나라 사람이 위(衛)나라의 행인 북궁결(北宮結)을 체포하고 위나라를 침공했다.
　제나라 군주인 후작과 위나라 군주인 후작이 사택(沙澤)에서 동맹을 맺었다.
　크게 기우제(祈雨祭)를 지냈다.
　제나라 국하(國夏)가 군사를 거느리고 우리 노나라의 서쪽 변방을 정벌했다.
　9월에 크게 기우제를 지냈다.
　겨울인 10월이다.

　　七年 春 王正月
　　夏 四月
　　秋 齊侯鄭伯盟于鹹[1]
　　齊人執衛行人北宮結[2] 以侵衛
　　齊侯衛侯盟于沙澤[3]
　　大雩
　　齊國夏帥師伐我西鄙
　　九月 大雩
　　冬 十月

1) 鹹(함) : 위나라 땅 이름.
2) 行人北宮結(행인북궁결) : 행인(行人) 벼슬의 북궁결은 위나라 대부(大夫).
3) 沙澤(사택) : 땅 이름이다. 좌전의 전문(傳文)에는 쇄(瑣)로 되어 있다. 곡량전에는 사(沙)로 되어 있다.

8. 정공 8년 기해(己亥)

가. 정공(定公)이 제나라를 두 번이나 침공하다

　8년 기해(己亥) 봄, 왕력으로 정월에 정공(定公)이 제나라를 침공했다.
 정공이 제나라를 침공하는 일에서 돌아왔다.
 2월에 정공이 제나라를 침공했다.
 3월에 정공이 제나라를 침공하는 일에서 돌아왔다.
 조(曹)나라 군주인 백작 노(露)가 세상을 떠났다.
 여름에 제(齊)나라 국하(國夏)가 군사를 거느리고 우리 노나라의 서쪽 변방을 정벌했다.
 정공이 진(晉)나라 군사를 와(瓦)에서 만났다. 정공이 와에서 돌아왔다.
 가을인 7월 무진(戊辰)일에 진(陳)나라 군주인 후작 유(柳)가 세상을 떠났다.
 진(晉)나라 조앙(趙鞅)이 군사를 거느리고 정나라를 침공하고 이어서 위(衛)나라를 침공했다.
 조(曹)나라 정공(靖公)을 장사 지냈다.
 9월에 진(陳)나라 회공(懷公)을 장사 지냈다.
 노나라의 계손사(季孫斯)와 중손하기(仲孫何忌)가 군사를 거느리고 위(衛)나라를 침공했다.
 겨울에 위(衛)나라 군주인 후작과 정나라 군주인 백작이 곡복(曲濮)에서 동맹을 맺었다.

　　八年 春 王正月 公侵齊[1] 公至自侵齊
　　二月 公侵齊 三月 公至自侵齊
　　曹伯露[2]卒
　　夏 齊國夏帥師伐我西鄙
　　公會晉師于瓦[3] 公至自瓦
　　秋 七月 戊辰 陳侯柳[4]卒
　　晉趙鞅[5]帥師侵鄭 遂侵衛
　　葬曹靖公
　　九月 葬陳懷公
　　季孫斯仲孫何忌 帥師侵衛

冬 衛侯鄭伯盟于曲濮[6]

1) 侵齊(침제) : 이는 지난해에 제나라가 노나라를 침공한 데에 대한 보복 차원의 정벌이다.
2) 曹伯露(조백로) : 조나라 정공(靖公). B.C. 505년에 즉위. 4년 간 재위.
3) 瓦(와) : 위나라의 땅 이름이다.
4) 陳侯柳(진후류) : 진(陳)나라 회공(懷公). B.C. 505년에 즉위. 4년 간 재위.
5) 趙鞅(조앙) : 곡량전의 경문에는 사앙(士鞅)으로 되어 있다.
6) 曲濮(곡복) : 위나라 땅이다. 곡량전에는 곡포(曲浦)로 되어 있다.

나. 노나라에서 위(衛)나라를 정벌하다

 선대의 군주인 소공(昭公)을 종묘에 모셔 제사지내기로 했다. 종사(從祀 : 종묘에 모셔 제사하다)란 무슨 뜻인가? 순서에 따라서 제사를 모시는 것이다. 문공(文公)이 역사(逆祀 : 거꾸로 제사)를 했는데 간하다 떠나간 자가 세 사람이었다. 정공(定公)께서 순서에 따라서 제사를 지내자 예로써 간하지 않고 떠나간 자가 다섯 사람이나 되었다.
 도적이 보물인 옥(玉)과 큰 활을 훔쳐갔다. 도적(盜)이란 누구를 이르는 것인가? 양호(陽虎)를 이르는 것이다. 양호란 무엇을 하는 자인가? 계씨(季氏)의 재(宰 : 家宰)였다. 계씨의 재(宰)라면 미천한 자인데 어찌하여 국가의 보물을 도둑질했는가? 양호는 계씨(季氏)를 멋대로 했고 계씨는 노나라를 제멋대로 했다. 양호가 계손(季孫)을 구속했다. 맹씨(孟氏)와 숙손씨(叔孫氏)가 번갈아 가며 식사를 넣어 주었다. 잠깐 동안에 계손이 그의 식기 바닥에 손톱으로 글자를 새겼다. 이르기를 "모월 모일에 장차 나를 포보(浦圃)에서 죽이려 하고 있다. 힘이 있어 능히 나를 구하려면 이곳으로 오라."고 했다. 그 날이 되어서 그 시각에 나왔다. 임남(臨南)이란 양호의 생질이었는데 수레를 운전했다. 그가 수레에 오르려는데 계손(季孫)이 임남에게 이르기를 "계씨(季氏)는 대대로 자손이 있는데, 그대는 가히 우리에게 죽음을 면하지

못할 것이 아니겠는가?"라고 했다. 임남이 이르기를 "힘이 있어
도 부족한데 신(臣)이 어찌 감히 힘쓰지 않겠는가?"라고 했다. 양
월(陽越)이란 양호의 종제(從弟)였다. 계손의 우거(右車)가 되
었다. 모든 양씨(陽氏)를 따르는 자들은 모두 거수(車數)가 10
승(十乘)이나 되었다. 맹구(孟衢)에 이르러 임남이 책을 던져서
떨어뜨렸다. 양월이 내려서 책(策)을 취하고 임남이 말에 재갈
을 채워서 알려 맹씨(孟氏)에게 말미암았다. 양호가 발각하고 쫓
아서 활을 쏘았는데 화살이 장문(莊門)에 꽂혔다. 그러나 군사들
이 금여(琴如)에서 일어났다. 계손을 죽이려다 성공하지 못하고
도리어 물러나 교외에 머물게 되었다. 모두가 기뻐하며 휴식을 하
게 되었다. 어떤 이가 말하기를 "천승(千乘)의 주인을 죽이는데
죽이지 못하고 이곳에 머무르는 것이 가한가?"라고 했다. 양호
(陽虎)가 말하기를 "대저 어린아이가 나라를 가졌을 따름이니 장
부(丈夫)가 어떻게 할 것인가?"라고 했다. 한참 있다가 말하기를
"그 사람이구나! 그 사람이야!" 하고 급히 수레를 준비시켜서 수
레에 탔는데 공렴처보(公斂處父)가 군사를 거느리고 이르렀다.
근심한 연후에 겨우 위기를 면했다. 이로부터 양호(陽虎)는 진
(晉)나라로 달아났다. 보배들은 어떤 것들인가? 반백(半白)인
대장(大璋)과 수놓은 줌통에 천 근이나 되는 대궁(大弓)과 가에
청색으로 두른 천년의 대구갑(大龜甲)이었다.

從祀先公[1] ◯從祀者何 順祀也 文公逆祀[2] 去者三人[3] 定公順祀
叛者五人[4]
盜竊寶玉大弓 ◯盜者孰謂 謂陽虎也 陽虎者 曷爲者也 季氏之
宰[5]也 季氏之宰 則微者也 惡乎得國寶而竊之 陽虎專季氏 季氏專
魯國 陽虎拘季孫 孟氏與叔孫氏迭而食之 眡[6]而鋑其板 曰某月某日
將殺我于蒲圃[7] 力能救我則於是 至乎日若時而出 臨南[8]者 陽虎之
出[9]也 御之 於其乘焉 季孫謂臨南曰 以季氏之世世有子[10] 子可以不
免我死乎 臨南曰 有力不足 臣何敢不勉 陽越者 陽虎之從弟[11]也 爲
右[12] 諸陽之從者 車數十乘 至于孟衢[13] 臨南投策而墜之 陽越下取

策 臨南騕馬[14] 而由乎孟氏 陽虎從而射之 矢著于莊門 然而甲起於
琴如[15] 弒不成 却反舍于郊 皆說然息 或曰 弒千乘之主 而不克舍此
可乎 陽虎曰 夫孺子得國而已 如丈夫何 睋而曰 彼哉彼哉 趣駕[16] 既
駕 公斂處父帥師而至 慬然[17] 後得免 自是走之晉 寶者何 璋判白[18]
弓繡質[19] 龜靑純[20]

1) 從祀先公(종사선공) : 순서에 따른 제사를 뜻한다. 곧 노나라 소공(昭公)의 제사를 종묘에서 모신다는 뜻. 문공(文公)은 역사(逆祀)를 했는데 정공(定公)이 순서로 돌아왔다는 뜻.
2) 文公逆祀(문공역사) : 내용이 문공 2년 8월조에 자세히 나와 있다.
3) 去者三人(거자삼인) : 불가하다고 예로 간하다 듣지 않자 떠나간 이가 세 사람이 있다는 뜻.
4) 叛者五人(반자오인) : 예로써 간하지 않고 떠나간 자가 5인이라는 뜻.
5) 季氏之宰(계씨지재) : 계손(季孫)씨의 가재(家宰)라는 뜻.
6) 睋(아) : 잠깐. 오래지 않아의 뜻. 아(俄)와 통하다.
7) 浦圃(포위) : 노나라 땅 이름.
8) 臨南(임남) : 좌전에는 임초(林楚)로 되어 있다. 노나라 대부이다.
9) 出(출) : 처남의 뜻인데 여기서는 자매의 아들을 뜻한다 했다. 곧 생질(甥姪).
10) 世世有子(세세유자) : 대대로 아들이 있다. 곧 자손이 계속 이어진다는 뜻.
11) 宗制(종제) : 당형제(堂兄弟).
12) 爲右(위우) : 계손거우(季孫車右)가 되다.
13) 孟衢(맹구) : 맹손씨 문전(門前)의 큰 거리.
14) 騕馬(송마) : 말에 재갈을 물려서 달리게 하다.
15) 甲起于琴如(갑기우금여) : 군사가 금여에서 일어나다. 금여는 땅 이름이다.
16) 趣駕(취가) : 급히 수레에 탈 수 있도록 준비하다.
17) 慬然(근연) : 근심하는 모양.
18) 璋判白(장판백) : 반백(半白)의 대장(大璋). 대장(大璋)은 옥 그릇의 이름. 옛날에 조빙(朝聘)이나 제사나 상례나 장례 때 발병(發兵)하는 표시의 상서로운 신표. 대장(大璋) 중장(中璋) 변장(邊璋) 아장(牙璋) 등이 있다.
19) 弓繡質(궁수질) : 줌통에 무늬를 놓은 것. 큰 것은 천 근이나 된다고 했다.
20) 龜靑純(구청순) : 청색으로 가선을 두른 대구갑(大龜甲).

9. 정공 9년 경자(庚子)

가. 노나라에서 보옥과 큰 활을 다시 찾다

9년 경자(庚子) 봄, 왕력으로 정월이다.

여름인 4월 무신(戊申)일에 정나라 군주인 백작 채(囆)가 세상을 떠났다.

노나라에서 보옥과 큰 활을 되찾았다. 왜 이를 기록했는가? 국가의 보배이기 때문이었다. 잃었을 때도 기록하고 찾았을 때도 기록하는 것이다.

6월에 정나라 헌공(獻公)을 장사 지냈다.

가을에 제나라 군주인 후작과 위나라 군주인 후작이 진(晉)나라의 오씨(五氏)에서 머물렀다.

진(秦)나라 군주인 백작이 세상을 떠났다.

겨울에 진(秦)나라 애공(哀公)을 장사 지냈다.

九年 春 王正月
夏 四月 戊申 鄭伯囆[1]卒
得寶玉大弓[2] ○何以書 國寶也 喪之書 得之書
六月 葬鄭獻公
秋 齊侯衛侯 次于五氏[3]
秦伯[4]卒
冬 葬秦哀公

1) 鄭伯囆(정백채) : 정나라 헌공(獻公). B.C. 513년에 즉위. 13년 간 재위.
2) 得寶玉大弓(득보옥대궁) : 양호(陽虎)가 도망하여 외국에 있을 때 노나라에 돌려주었다고 좌전에 쓰여 있다.
3) 次于五氏(차우오씨) : 오씨에 머물다. 오씨는 진나라의 땅이름.
4) 秦伯(진백) : 진(秦)나라 애공(哀公). B.C. 536년에 즉위. 36년 간 재위.

10. 정공 10년 신축(辛丑)

가. 정공이 협곡(頰谷)에서 회합을 갖다

10년 신축(辛丑) 봄인 왕력으로 3월에 제나라와 화평을 맺었다. 여름에 정공이 제나라 군주인 후작과 협곡(頰谷)에서 회합했다. 정공이 협곡에서 돌아왔다.

진(晉)나라 조앙(趙鞅)이 군사를 거느리고 위나라를 포위했다.

제나라 사람이 노나라에 와서 운(運)과 훤(讙)과 귀음(龜陰) 땅을 돌려주었다. 제나라 사람이 왜 노나라에 와서 운(運)과 훤(讙)과 귀음(龜陰)의 땅을 돌려주었는가? 공자(孔子)께서 계손(季孫)에게 가서 행동하는데 3개월 동안 어기지 않았다. 제나라 사람이 이를 위하여 와서 돌려준 것이다.

노나라 숙손주구(叔孫州仇)와 중손하기(仲孫何忌)가 군사를 거느리고 후(郈)를 포위했다.

가을에 숙손주구와 중손하기가 군사를 거느리고 비(費)를 포위했다.

송나라 악대심(樂大心)이 조(曹)나라로 달아났다.

송나라 공자 지(池)가 진(陳)나라로 달아났다.

겨울에 제나라 군주인 후작과 위나라 군주인 후작과 정나라 유속(游遬)이 안(鞍)에서 회합했다.

노나라 숙손주구(叔孫州仇)가 제나라에 갔다.

제나라 군주인 공작의 아우 진(辰)과 송나라 중타(仲佗)와 석구(石彄)가 진(陳)나라로 달아났다.

十年 春 王三月 及齊平[1]
夏 公會齊侯于頰谷[2] 公至自頰谷
晉趙鞅帥師圍衛

齊人來歸運讙龜陰田 ○齊人曷爲來歸運讙龜陰田 孔子行乎季孫
三月不違 齊人爲是來歸之
　　叔孫州仇仲孫何忌帥師圍郈
　　秋 叔孫州仇仲孫何忌帥師圍費[3]
　　宋樂世心出奔曹
　　宋公子池[4]出奔陳
　　冬 齊侯衛侯鄭游遫[5]會于鞍[6]
　　叔孫州仇如齊
　　齊公[7]之弟辰 暨宋仲佗石彄[8] 出奔陳

1) 齊平(제평) : 정공(定公) 8년부터 노나라가 많이 제나라를 침범하고 제나라 또한 노나라를 많이 침범하였는데 노나라가 제나라를 침범한 것은 진(晉)나라의 명에 의해서 부득이하게 한 것이다. 이때는 제나라의 국력이 점점 강해지고 진(晉)나라는 약해지자 노나라가 시세에 순응하여 제나라와 강화를 맺었다.
2) 頰谷(협곡) : 좌전의 경문에는 협곡(夾谷)으로 되어 있다.
3) 費(비) : 곡량전의 경문에는 후(郈)로 되어 있다.
4) 公子池(공자지) : 송(宋)나라 경공(景公)의 서제(庶弟). 곡량전에는 지(地)로 되어 있다.
5) 游遫(유속) : 곡량전의 경문에는 유속(游速)으로 되어 있다.
6) 鞍(안) : 땅 이름이다. 곡량전의 경문에는 안보(安甫)으로 되어 있다.
7) 齊公(제공) : 송공(宋公)의 오자(誤字)라 했다.
8) 辰暨宋仲佗石彄(진기송중타석구) : 진(辰)은 공자 지(池)의 동모(同母) 아우. 중타는 중기(仲幾)의 아들. 석구(石彄)는 저사단(褚師段)의 아들. 좌전 경문에는 송(宋)자가 없다.

11. 정공 11년 임인(壬寅)

가. 숙선(叔還)이 정나라에서 맹약에 임석하다

11년 임인(壬寅) 봄에 송(宋)나라 군주인 공작의 아우 진(辰)

과 중타(仲佗)와 석구(石彄)와 공자 지(池)가 진(陳)나라에서 소(蕭)로 들어가 반란을 일으켰다.
  여름인 4월이다.
  가을에 송(宋)나라 악대심(樂大心)이 조(曹)나라에서 소(蕭)나라로 들어갔다.
  겨울에 노나라는 정나라와 화평을 맺었다.
  노나라의 숙선(叔還)이 정나라에 가서 맹약하는 일에 임석했다.

  十有一年 春 宋公之弟辰及仲佗石彄公子池自陳入于蕭[1] 以叛
  夏 四月
  秋 宋樂世心 自曹入于蕭
  冬 及鄭平[2]
  叔還[3]如鄭涖盟

1) 蕭(소) : 송나라의 땅 이름이다.
2) 鄭平(정평) : 정나라와 화평하다의 뜻.
3) 叔還(숙선) : 숙궁(叔弓)의 증손. 일설에는 숙예(叔詣)의 증손이라고 했다.

12. 정공 12년 계묘(癸卯)

  가. 노나라에서 비(費)의 성을 무너뜨리다
  12년 계묘(癸卯) 봄에 설(薛)나라 군주인 백작 정(定)이 세상을 떠났다.
  여름에 설(薛)나라 양공(襄公)을 장사 지냈다.
  노나라 숙손주구(叔孫州仇)가 군사를 거느리고 후읍(郈邑)의 성(城)을 무너뜨렸다.
  위(衛)나라의 공맹구(公孟彄)가 군사를 거느리고 조(曹)나라를 정벌했다.
  노나라 계손사(季孫斯)와 중손하기(仲孫何忌)가 군사를 거느리고 비(費)성을 무너뜨렸다. 왜 군사를 거느리고 후읍(郈邑)을 무너뜨리고 군사를 거느리고 비성(費城)을 무너뜨렸다고 했는가? 공자(孔子)께서 계손(季孫)씨 밑의 관직에 있으면서 3개월 동안 실수가 없었기 때문이었다. 말하기를 "대부의 가(家)마다 군사를 숨기지 못하고 읍(邑)에는 백치(百雉)의 성(城)을 없앴다." 라고 했다. 이때에 군사를 거느리고 후성을 무너뜨리고 군사를 거느리고 비성을 무너뜨렸다. 치(雉)란 무슨 뜻인가? 오판(五板)을 도(堵)라고 하고 오도(五堵)를 치(雉)라고 하고 백치(百雉)를 성(城)이라고 한다.

가을에 크게 기우제를 지냈다.

겨울인 10월 계해(癸亥)일에 정공(定公)이 제나라 군주인 후작과 황(黃)에서 만나 동맹을 맺었다.

11월 초하루인 병인(丙寅)일에 일식(日蝕)이 있었다.

정공(定公)이 황(黃)에서 돌아왔다.

12월에 정공이 성(成)을 포위했다.

정공이 성(成)을 포위하는 일에서 돌아왔다.

十有二年 春 薛伯定[1]卒
夏 葬薛襄公
叔孫州仇帥師墮郈[2]
衛公孟彄[3]帥師伐曹
季孫斯仲孫何忌 帥師墮費[4] ◯曷爲帥師墮郈 帥師墮費 孔子行乎季孫 三月不違 曰 家不藏甲 邑無百雉之城 於是帥師墮郈 帥師墮費 雉者何 五板而堵 五堵而雉 百雉而城
秋 大雩
冬 十月 癸亥 公會晉侯[5]盟于黃[6]
十有一月 丙寅 朔 日有食之
公至自黃
十有二月 公圍成[7] 公至自圍成

1) 薛伯定(설백정) : 설나라 양공(襄公). B.C. 510년에 즉위. 13년 간 재위.

2) 墮郈(휴후) : 후성(郈城)을 무너뜨리다. 곧 당시 노나라에 삼환(三桓)씨가 각각의 사읍(私邑)을 가지고 있음. 계손씨(季孫氏)가 비(費)땅을, 맹손씨(孟孫氏)가 성(成)땅을, 숙손씨(叔孫氏)가 후(郈)땅을 가지고 있었다.
3) 公孟彄(공맹구) : 위나라 대부이며 공맹지(公孟縶)의 아들이다.
4) 墮費(휴비) : 비를 무너뜨리다. 비는 계손씨의 봉읍이다.
5) 晉侯(진후) : 곡량전의 경문에는 제후(齊侯)로 되어 있다.
6) 黃(황) : 제나라 땅 이름.
7) 圍成(위성) : 성(成)땅을 포위하다. 성땅은 맹손씨의 봉읍이다.

13. 정공 13년 갑진(甲辰)

가. 사연(蛇淵)에 동산을 축조(築造)하다

13년 갑진(甲辰) 봄에 제나라 군주인 후작이 수하(垂瑕)에 군사를 주둔시켰다.

여름에 사연(蛇淵)에 동물을 기르는 동산을 축조(築造)했다.

노나라는 비포(比蒲)에서 크게 군사 훈련을 행했다.

위(衛)나라 공맹구(公孟彄)가 군사를 거느리고 조(曹)나라를 정벌했다.

가을에 진(晉)나라 조앙(趙鞅)이 진양(晉陽)으로 들어가서 진나라에 반항했다.

겨울에 진(晉)나라 순인(荀寅)과 사길석(士吉射)이 조가(朝歌)로 들어가서 반항했다.

진(晉)나라의 조앙(趙鞅)이 진나라의 도읍으로 돌아왔다. 이는 반역이었는데 그를 귀(歸)라고 말한 것은 무슨 뜻인가? 땅을 가지고 국가를 안정시켰기 때문이었다. 그가 땅을 가지고 국가를 안정시켰다는 것은 무슨 뜻인가? 진(晉)나라의 조앙(趙鞅)이 진양(晉陽)의 군대를 취하고 순인(荀寅)과 사길석(士吉射)을 축출했기 때문이었다. 순인(荀寅)과 사길석(士吉射)이란 무엇을 하는 자들인가? 군주의 측근에 있는 악인(惡人)들이었다. 이는 군주의 측근에 있는 악인들을 축출했는데 왜 반역이라고 말을 했는가? 군주의 명령이 없이 했기 때문이었다.

설(薛)나라에서 그 군주인 비(比)를 시해(弑害)했다.

十有三年 春 齊侯¹⁾衛侯次于垂瑕²⁾
夏 築蛇淵囿³⁾
大蒐于比蒲⁴⁾
衛公孟彄帥師伐曹
秋 晉趙鞅⁵⁾入于晉陽⁶⁾以叛
冬 晉荀寅⁷⁾士吉射⁸⁾入于朝歌⁹⁾以叛
晉趙鞅歸于晉¹⁰⁾ ○此叛也 其言歸何 以地正國也 其以地正國奈何 晉趙鞅取 晉陽之甲 以逐荀寅與士吉射 荀寅與士吉射者 曷爲者也 君側之惡人也 此逐君側之惡人 曷爲以叛言之 無君命也
薛弑其君比

1) 齊侯(제후) : 곡량전 경문에는 제후(齊侯) 밑에 위후(衛侯) 두 글자가 없다.
2) 垂瑕(수하) : 제나라 땅 이름. 곡량전 경문에는 수가(垂葭)로 되어 있다.
3) 蛇淵囿(사연유) : 사연은 노나라 땅 이름. 유는 동산, 공원.
4) 比蒲(비포) : 노나라 땅 이름.
5) 趙鞅(조앙) : 조간자(趙簡子)라고 일컫다. 혹은 조맹(趙孟)이라고 일컫고 당시 진(晉)나라의 경(卿)이다.
6) 晉陽(진양) : 조앙(趙鞅)의 봉읍.
7) 荀寅(순인) : 진(晉)나라 대부.
8) 士吉射(사길석) : 범길석(范吉射), 범소자(范昭子)라고 칭하고 사앙(士鞅)의 아들이다.
9) 朝歌(조가) : 위나라 땅 이름.
10) 趙鞅歸于晉(조앙귀우진) : 한씨(韓氏)와 위씨(魏氏)가 진 정공(晉定公)을 고동(鼓動)시켜서 범씨(范氏)와 순씨(荀氏)를 축출하고 또 조앙을 돌아오도록 청한 것이다.

14. 정공 14년 을사(乙巳)

가. 북궁결(北宮結)이 노나라로 도망해 오다

14년 을사(乙巳) 봄에 위(衛)나라의 공숙수(公叔戍)가 노나라로 도망해 왔다.

진(晋)나라 조양(趙陽)이 송나라로 달아났다.

3월 신사(辛巳)일에 초나라 공자 결(結)과 진(陳)나라 공손타인(公孫佗人)이 군사를 거느려 돈(頓)나라를 멸망시키고 돈나라 군주인 자작 장(牂)을 데리고 돌아갔다.

여름에 위(衛)나라 북궁결(北宮結)이 노나라로 도망해 왔다.

5월에 월(越)나라가 오(吳)나라 군사를 취리(醉李)에서 쳐부수었다.

오(吳)나라 군주인 자작 광(光)이 세상을 떠났다.

정공이 제나라 군주인 후작과 위(衛)나라 군주인 후작과 견(堅)에서 회합했다.

정공이 회합에서 돌아왔다.

가을에 제나라 군주인 후작과 송나라 군주인 공작이 조(洮)에서 만났다.

천자(天子)가 석상(石尙)을 시켜 사제(社祭) 지낸 고기를 보냈다. 석상이란 누구인가? 천자의 사(士)이다. 신(脹)이란 무엇인가? 도마 위에 올려놓은 고기이다. 날 것을 신(脹)이라고 이르고 익힌 고기를 번(燔)이라고 이른다.

위(衛)나라의 세자 괴외(蒯聵)가 송(宋)나라로 달아났다.

위나라의 공맹구(公孟彄)가 정(鄭)나라로 달아났다.

송나라 군주인 공작의 아우 진(辰)이 소(蕭)나라로 도망해 왔다.

노나라가 비포(比蒲)에서 크게 군사 훈련을 행했다.

주루(邾婁)나라 군주인 자작이 노나라에 와서 정공을 만났다.

노나라에서 거보(莒父)와 소(霄)에 성을 쌓았다.

十有四年 春 衛公叔戍¹⁾來奔
晉趙陽²⁾出奔宋
三月 辛巳 楚公子結陳公子佗人³⁾帥師滅頓 以頓子牂⁴⁾歸
夏 衛北宮結來奔
五月 於越敗吳于醉李⁵⁾
吳子光⁶⁾卒
公會齊侯衛侯于堅⁷⁾ 公至自會
秋 齊侯宋公會于洮⁸⁾
天王使石尙來歸脤⁹⁾ ○石尙者何 天子之士也 脤者何 俎實¹⁰⁾也 腥曰脤 熟曰燔¹¹⁾
衛世子蒯聵¹²⁾出奔宋
衛公孟彄出奔鄭
宋公之弟辰 自蕭來奔
大蒐于比蒲
邾婁子來會公
城莒父及霄¹³⁾

1) 公叔戍(공숙수) : 공숙문자(公叔文子)라고 일컫고 위문자(衛文子)이다.
2) 晉趙陽(진조양) : 좌전의 경문에는 위조양(衛趙陽)으로 되어 있다. 또 조양은 공숙수(公叔戍)의 도당이라고 했다.
3) 公子佗人(공자타인) : 곡량전의 경문에는 공손타인(公孫佗人)으로 되어 있다.
4) 牂(장) : 곡량전의 경문에는 장(牂)으로 되어 있다.
5) 醉李(취리) : 오나라의 땅 이름. 곡량전에는 취리(檇李)로 되어 있다.
6) 吳子光(오자광) : 곧 오왕(吳王) 합려(闔廬)이다.
7) 堅(견) : 위나라의 땅 이름. 곡량전에는 견(牽)으로 되어 있다.
8) 洮(조) : 땅 이름.
9) 脤(신) : 사제(社祭)에 제물을 올린 고기.
10) 俎實(조실) : 제사 때 적대(炙臺)에 올린 고기.
11) 燔(번) : 제사 때 쓰는 익힌 고기.

12) 蒯聵(괴외) : 위(衛)나라 태자. 자세한 내용은 좌전에 있다.
13) 莒父及霄(거보급소) : 거보와 소는 모두 노나라 성읍(城邑)이다.

15. 정공 15년 병오(丙午)

가. 정공(定公)이 고침(高寢)에서 훙거했다

15년 병오(丙午) 봄, 왕력으로 정월에 주루(邾婁)나라 군주인 자작이 노(魯)나라를 찾아왔다.

생쥐가 교제(郊祭)에 쓸 희생인 소를 물어서 소가 죽었다. 다시 점을 쳐서 소를 정했다. 왜 생쥐가 물어뜯은 곳을 말하지 않았는가? 소의 이곳 저곳을 물어뜯은 것이었다.

2월 신축(辛丑)일에 초(楚)나라 군주인 자작이 호(胡)나라를 멸망시키고 호(胡)나라의 군주인 자작 표(豹)를 데리고 돌아갔다.

여름인 5월 신해(辛亥)일에 교제(郊祭)를 지냈다. 왜 여름인 5월에 교제(郊祭)를 지냈는가? 세 번 점을 쳐서 옮겨진 것이다.

임신(壬申)일에 정공(定公)이 고침(高寢)이라는 궁전에서 훙거했다.

정나라 헌달(軒達)이 군사를 거느리고 송나라를 정벌했다.

제나라 군주인 후작과 위(衛)나라 군주인 후작이 군사를 거저(籧篨)에 주둔시켰다.

주루(邾婁)나라 군주인 자작이 정공(定公)의 장례에 참석하러 달려왔다. 주루(邾婁)나라의 자작이 정공의 장례에 참석하기 위해 달려왔다고 말은 한 것은 무슨 뜻인가? 장례에 참석하는데 헐레벌떡 온 것은 예의에 합당한 것이 아니었다.

가을인 7월 임신(壬申)일에 사씨(姒氏)가 세상을 떠났다. 사씨(姒氏)란 누구인가? 애공(哀公)의 어머니이다. 왜 부인(夫人)이라고 일컫지 않았는가? 애공(哀公)이 슬퍼하여 군주로 즉위하지 않은 상황이었다.

8월 초하루인 경진(庚辰)일에 일식(日蝕)이 있었다.

9월에 등(滕)나라 군주인 자작이 노나라에 와서 정공(定公)의 장례에 참석했다.

정사(丁巳)일에 우리 군주 정공(定公)의 장례일이었는데 비가 내려서 장례를 치르지 못했다. 무오(戊午)일 저녁에 정공의 장례를 지냈다.

신사(辛巳)일에 정공(定公)의 부인 사씨(姒氏)를 장사 지냈다. 정공(定公)의 부인 사씨(姒氏)는 왜 장례를 치루었다고 기록했는가? 한해를 넘기지 못한 군주라도 자식을 두게 되면 묘(廟: 사당)가 있고 묘(廟)가 있으면 장례를 기록하는 것이다.

겨울에 칠(漆)에 성(城)을 쌓았다.

十有五年 春 王正月 邾婁子來朝
鼷鼠食郊牛 牛死 改卜牛 ○曷爲不言其所食 漫也
二月 辛丑 楚子滅胡[1] 以胡子豹歸
夏 五月 辛亥 郊[2] ○曷爲以夏五月郊 三卜之運也
壬申 公薨于高寢[3]
鄭軒達[4]帥師伐宋
齊侯衛侯次于蘧篨[5]
邾婁子來奔喪 ○其言來奔喪何 奔喪 非禮也
秋 七月 壬申 姒氏[6]卒 ○姒氏者何 哀公之母也 何以不稱夫人 哀未君也
八月 庚辰 朔 日有食之
九月 滕子來會葬
丁巳 葬我君定公 雨不克葬 戊午 日下昃[7] 乃克葬
辛巳 葬定姒 ○定姒何以書葬 夫踰年之君也 有子則廟 廟則書葬
冬 城漆[8]

1) 滅胡(멸호): 호나라를 멸망시키다. 진(晉)나라의 패권(覇權)이 쇠락해지고 초(楚)나라가 점점 강성해져서 주위의 작은 나라를 합병시키는데 작년에는 돈(頓)나라를 멸망시키고 이번에 호(胡)나라도 멸망시켜서 패자(覇者)가

되려는 야심을 가졌다.
2) 郊(교) : 교제(郊祭)이다. 본래는 정월에 거행하려 했는데 교제를 지낼 소를 생쥐가 뿔을 갉아 먹어서 죽게 되어 다시 점을 쳐서 희생소를 정했다. 이에 다시 3개월 동안 길러서 사용하게 되면 이 교제는 5월에나 거행하게 되는 것이다. 그래서 불경스러움이 이보다 큰 것이 없다고 했다.
3) 高寢(고침) : 궁궐 이름이다. 제후의 침(寢)이 세 곳이 있다. 중간적(中間的)인 것이 고침(高寢)이라고 이르고, 좌면(左面)에 있는 것은 좌로침(左路寢)이 되고 우면(右面)에 있는 것은 우로침(右路寢)이라고 이른다. 고침은 처음 봉해진 임금이 사용하는 것이며 군주의 자리를 계승한 자는 좌로침이나 우로침을 사용하는 것이다.
4) 軒達(헌달) : 정(鄭)나라의 대부 자영제(子嬰齊)의 아들이다. 곡량전의 경문에는 한달(罕達)이라고 했다.
5) 蘧篨(거저) : 땅 이름이다. 곡량전의 경문에는 거저(渠蒢)로 되어 있다.
6) 姒氏(사씨) : 정공(定公)의 부인(夫人)이며 애공(哀公)의 어머니이다. 곡량전과 좌전의 경문에는 익씨(弋氏)로 되어 있다. 아래도 동일하다.
7) 昃(측) : 곡량전 경문에는 직(稷)으로 됨. 태양이 서쪽으로 기운 때.
8) 漆(칠) : 노나라 땅 이름이다.

제12편 애공 시대(哀公時代)
(재위 : 1년~26년까지)

시법(諡法)에 '공손하고 인자한데 요절한 것'을 '애(哀)'라고 한다.

▨ 애공 연표(哀公年表)

국명 기원전	周 敬王	鄭 聲公	齊 景公	宋 景公	晉 定公	衛 靈公	蔡 昭公	曹 伯陽	滕 頃公	陳 閔公	杞 僖公	薛 惠公	莒 郊公	邾 隱公	許 元公	小邾	楚 昭王	秦 惠公	吳 夫差	越 句踐	魯 哀公
494	26	7	54	23	18	41	25	8	19	8	12	3		13	10		22	7	2	3	1
493	27	8	55	24	19	42	26	9	20	9	13	4		14	11		23	8	3	4	2
492	28	9	56	25	20	出1	27	10	21	10	14	5		15	12		24	9	4	5	3
491	29	10	安孺7	26	21	2	28	11	隱公1	11	15	6		16	13		25	悼1	5	6	4
490	30	11	悼1	27	22	3	成侯1	12	2	12	16	7		17	14		26	2	6	7	5
489	31	12	2	28	23	4	2	13	3	13	17	8		18	15		27	3	7	8	6
488	32	13	3	29	24	5	3	14	4	14	18	9		19	16		惠王1	4	8	9	7
487	33	14	4	30	25	6	4	15	5	15	閔公1	10			17		2	5	9	10	8
486	34	15	5	31	26	7	5	멸망	6	16	2	11			18		3	6	10	11	9
485	35	16	6	32	27	8	6		7	17		12			19		4	7	11	12	10
484	36	17	簡公1	33	28	9	7		졸	18					20		5	8	12	13	11
483	37	18	2	34	29	10	8			19					21		6	9	13	14	12
482	38	19	3	35	30	11	9			20					22		7	10	14	15	13
481	39	20	4	36	31	莊公1	10			21							8	11	15	16	14
480	40	21	平公1	37	32	2	11			22							9	12	16	17	15
479	41	22	2	38	33	3	12			멸망							10	13	17	18	16
478	42	23	3	39	34	起1	13										11	14	18	19	17
477	43	24	4	40	35		14										12	15	19	20	18
476	44	25	5	41	36	出1	15										共公1		20	21	19
475	元王1	26	6	42	37	出公後2	16										2	멸망		22	20
474	2	27	7	43	出公1	3	17										3			23	21
473	3	28	8	44	2	4	18										4			24	22
472	4	29	9	45	3	5	19										5			25	23

국명\기원전	周 元王	鄭 聲公	齊 平公	宋 景公	晉 出公	衛 出公後	蔡 聲公	曹	滕	陳	杞	薛	邾	許	小邾	楚 共公	秦	吳 句踐	越	魯 哀公
471	5	30	10	46	4	6	1									21		26		24
470	6	31	11	47	5	7	2									22		27		25
469	7	32	12	48	6	8	3									23		28		26
468	貞定1	33	13	49	7	9	4									24		29		悼公1

※주(周) : 경왕(敬王) 41년에 공자 졸하다.
※제(齊) : 전상(田常)이 애공 14년에 간공을 죽이고 동생 평공(平公)을 세워서 국권(國權)을 마음대로 하고 이 때부터 전씨(田氏) 나라가 되다.
※조(曹) : 애공 9년에 송(宋)나라에 멸망하다.
※등(滕) : 은공이 졸한 후 연대가 불확실하다.
※거(莒) : 단 교공만 기록되어 있을 뿐, 자세한 내력이 없다.
※설(薛) : 혜공이 졸한 후 후대가 미상하다.
※주(邾) : 애공 10년에 주자 익(益)이 도망오다. 그후 후계가 미상하다.
※허(許) : 애공 13년에 원공이 죽고 후대가 미상하다.

제12편 애공 시대(哀公時代)

1. 애공(哀公) 원년 정미(丁未)

가. 생쥐가 교제(郊祭)의 소를 물어뜯다

원년 정미(丁未) 봄, 왕력으로 정월에 애공(哀公)이 즉위했다.

초나라 군주인 자작과 진(陳)나라 군주인 후작과 수(隨)나라 군주인 후작과 허나라 군주인 남작 등이 채나라를 포위했다.

생쥐가 교제(郊祭)에 쓸 희생(犧牲)소를 물어 다른 소를 점쳐서 바꾸었다.

여름인 4월 신사(辛巳)일에 교제(郊祭)를 지냈다.

가을에 제나라 군주인 후작과 위(衛)나라 군주인 후작이 진(晉)나라를 정벌했다.

겨울에 노나라 중손하기(仲孫何忌)가 군사를 거느리고 주루(邾婁)나라를 정벌했다.

　元年 春 王正月 公[1] 卽位
　楚子陳侯隨[2]侯許男 圍蔡[3]
　鼷鼠食郊[4]牛 改卜牛
　夏 四月 辛巳 郊
　秋 齊侯衛侯伐晉
　冬 仲孫何忌帥師 伐邾婁

1) 公(공) : 공은 애공(哀公). 이름은 장(將)이고 정공(定公)의 아들이다. 주

(周)나라 경왕(敬王) 26년, B.C. 494년에 즉위하여 14년에 서쪽의 사냥에서 기린을 얻기까지 춘추(春秋)의 기록을 끝마치다. 즉위 후 26년 동안 재위했다. 시호는 '공손하고 인자한데 요절한 것'을 애(哀)라고 한다 했다.
2) 隨(수) : 나라 이름. 희성(姬姓)이고 후작의 나라이다.
3) 圍蔡(위채) : 채나라를 포위하다. 자세한 내용은 좌전에 기재되어 있다.
4) 郊(교) : 교제(郊祭)를 말한다. 노나라에서 교제를 지내는 것이 이 뒤에는 지내지 않았다. 춘추의 기록도 이후는 없다.

2. 애공 2년 무신(戊申)

가. 채(蔡)나라가 주래(州來)로 옮겨가다

2년 무신(戊申) 봄, 왕력으로 2월에 노나라 계손사(季孫斯)와 숙손주구(叔孫州仇)와 중손하기(仲孫何忌)가 군사를 거느리고 주루(邾婁)나라를 정벌하여 곽수(漷水) 동쪽의 땅과 기수(沂水) 서쪽의 땅을 점령했다.
계사(癸巳)일에 노나라 숙손주구와 중손하기가 주루(邾婁)나라 군주인 자작과 구역(句繹)에서 맹약했다.
여름인 4월 병자(丙子)일에 위(衛)나라 군주인 후작 원(元)이 세상을 떠났다.
등(滕)나라 군주인 자작이 노(魯)나라를 찾아왔다.
진(晉)나라 조앙(趙鞅)이 군사를 거느리고 위(衛)나라의 세자(世子) 괴외(蒯瞶)를 척(戚)으로 들여보냈다. 척(戚)이란 어떤 곳인가? 위(衛)나라의 읍(邑)이다. 왜 위(衛)나라로 들어갔다고 말하지 않았는가? 아버지는 자식을 두었으나 자식은 아버지를 둔 도리를 얻지 못한 것이다.
가을인 8월 갑술(甲戌)일에 진(晉)나라 조앙(趙鞅)이 거느리는 군사가 정(鄭)나라 헌달(軒達)이 거느린 군사와 율(栗)에서 싸워 정나라 군사가 크게 패했다.

겨울인 10월에 위(衛)나라 영공(靈公)을 장사 지냈다.
11월에 채(蔡)나라가 주래(州來)로 옮겨갔다.
채(蔡)나라에서 그 대부(大夫)인 공자 사(駟)를 죽였다.

二年 春 王二月 季孫斯叔孫州仇仲孫何忌帥師伐邾婁 取漷[1]東田 及沂[2]西田
癸巳 叔孫州仇仲孫何忌及邾婁子盟于句繹[3]
夏 四月 丙子 衛侯元[4]卒
滕子來朝
晉趙鞅帥師 納衛世子蒯聵于戚[5] ○戚者何 衛之邑也 曷爲不言入于衛 父有子 子不得有父也
秋 八月 甲戌 晉趙鞅帥師 及鄭軒達帥師 戰于栗[6] 鄭師敗績
冬 十月 葬衛靈公
十有一月 蔡遷于州來
蔡殺其大夫公子駟[7]

1) 漷(곽) : 곽수(漷水)이며 강 이름이다.
2) 沂(기) : 기수(沂水). 이는 서쪽의 기수(沂水)를 뜻한다고 했다.
3) 句繹(구역) : 주루(邾婁)나라 땅 이름.
4) 衛侯元(위후원) : 위나라의 영공(靈公)이다. B.C. 534년에 즉위하여 42년간 재위했다. 그 뒤에 괴외(蒯聵)의 아들 첩(輒)이 군주가 되어 계승하였다.
5) 戚(척) : 진(晉)나라 땅 이름.
6) 栗(율) : 위나라 산언덕 이름. 곡량전의 경문(經文)에는 철(鐵)로 되어 있다.
7) 公子駟(공자사) : 공자 사(駟)가 채나라가 주래(州來)로 수도를 옮기는 것을 반대했다.

3. 애공 3년 기유(己酉)

가. 갑오(甲午)일에 지진이 일어나다

3년 갑오(甲午) 봄에 제(齊)나라 국하(國夏)와 위(衛)나라 석만고(石曼姑)가 군사를 거느리고 진(晉)나라 척(戚)을 포위했다. 제나라 국하(國夏)가 왜 위(衛)나라 석만고(石曼姑)와 함께 군사를 거느리고 척(戚)을 포위했다고 했는가? 방백(方伯)으로써 토벌한 것이었다. 이것을 방백(方伯)의 토벌이라고 한 것은 어찌된 것인가? 석만고가 위(衛)나라 영공(靈公)의 명을 받아서 첩(輒)을 세웠다. 석만고가 신하의 의(義)로서 진실로 괴외(蒯聵)를 막은 것이다. 첩(輒)이란 무엇하는 자인가? 괴외(蒯聵)의 아들이다. 그렇다면 왜 괴외를 세우지 않고 첩을 군주로 세웠는가? 괴외가 아버지에게 무도(無道)하였기 때문이다. 위나라 영공이 무도한 자식인 괴외를 쫓아내고 첩을 세웠다. 그렇다면 첩이 의(義)로써는 가히 즉위할 수 있는 것인가? 대답하기를 "할 수 있는 것이다." 그 즉위할 수 있다는 것은 무슨 뜻인가? 아버지의 명령에 따라서 왕부(王父 : 할아버지)의 명령을 사양할 수 없었기 때문이다. 왕부(王父)의 명령으로써 아버지의 명령을 사양하는 것은, 이는 아버지로써 자식에게 행하게 할 수 있는 것이다. 집안의 일로써 왕사(王事 : 공무)를 사양할 수가 없고 왕사(王事)로써는 가정의 일을 사양할 수 있는 것이니, 이것은 군주가 백성들에게 행하게 하는 것들이다.

여름인 4월 갑오(甲午)일에 지진이 일어났다.

5월 신묘(辛卯)일에 노나라 환궁(桓宮)과 희궁(僖宮)에 화재가 일어났다. 이는 모두 묘(廟)를 헐었는데 여기에 화재가 일어났다고 말을 한 것은 무슨 뜻인가? 다시 세운 것이다. 왜 그를 다시 세웠다고 말을 하지 않았는가? 춘추(春秋)에는 이미 기재하여 나타낸 것은 다시 나타내지 않기 때문이다. 왜 '급(及)'이라고 말하지 않았는가? 대등하기 때문이다. 왜 기록했는가? 재앙이라 기록한 것이다.

노나라 계손사(季孫斯)와 숙손주구(叔孫州仇)가 군사를 거느리고 계양(啓陽)에 성을 쌓았다.

송(宋)나라 악곤(樂髡)이 군사를 거느리고 조(曹)나라를 정벌했다.

가을인 7월 병자(丙子)일에 계손사(季孫斯)가 세상을 떠났다.
채(蔡)나라 사람이 그 대부(大夫)인 공손렵(公孫獵)을 오(吳)나라로 추방했다.
겨울인 10월 계묘(癸卯)일에 진(秦)나라 군주인 백작이 세상을 떠났다.
노나라 숙손주구와 중손하기가 군사를 거느리고 주루(邾婁)나라를 포위했다.

　　三年 春 齊國夏衛石曼姑[1]帥師圍戚[2] ○齊國夏曷爲與衛石曼姑帥師圍戚 伯討也 此其爲伯討奈何 曼姑受命乎靈公而立輒 以曼姑之義 爲固可以距之也 輒者曷爲者也 蒯聵之子也 然則曷爲不立蒯聵而立輒 蒯聵爲無道 靈公逐蒯聵而立輒 然則輒之義可以立乎 曰 可 其可奈何 不以父命辭王父命 以王父命辭父命 是父之行乎子也 不以家事辭王事 以王事辭家事 是上之行乎下也
　　夏 四月 甲午 地震
　　五月 辛卯 桓宮[3]僖宮[4]災 ○此皆毀廟也 其言災何 復立也 曷爲不言其復立 春秋見者不復見也 何以不言及 敵也 何以書 記災也
　　季孫斯叔孫州仇 帥師城開陽[5]
　　宋樂髡帥師伐曹
　　秋 七月 丙子 季孫斯卒
　　蔡人放其大夫公孫獵于吳
　　冬 十月 癸卯 秦伯[6]卒
　　叔孫州仇仲孫何忌帥師圍邾婁

1) 石曼姑(석만고) : 위나라 대부이며 위나라 영공이 세상을 떠날 때, 새로운 임금인 첩(輒)을 받들라고 위탁을 받았다.
2) 圍戚(위척) : 척땅을 포위하다. 곧 위나라에서 동의하지 않았는데 괴외가 국경으로 들어오려고 하므로 위나라 첩이 파병하여 구축(驅逐)했는데, 이때 제나라는 위나라와 우호의 관계에 있어서 발병하여 지원했다.
3) 桓宮(환궁) : 환공(桓公)의 사당.
4) 僖宮(희궁) : 희공(僖公)의 사당.

5) 開陽(개양) : 노나라의 땅 이름. 곡량전 경문에는 계양(啓陽)으로 되어 있다.
6) 秦伯(진백) : 진(秦)나라 혜공(惠公). B.C. 500년에 즉위. 10년 간 재위.

4. 애공 4년 경술(庚戌)

가. 신축(辛丑)일에 포사(蒲社)에 화재가 났다

4년 경술(庚戌) 봄, 왕력으로 2월 경술(庚戌)일에 도적이 채(蔡)나라 군주인 후작 신(申)을 시해했다. 군주를 시해한 자는 미천한 사(士)이니 궁극적으로 는 '제인(諸人)'이라고 해야 하는데 이곳에서 그를 도둑이 시해했다고 일컬은 것은 무슨 뜻인가? 천하고 천한 사람인 사(士)이다. 천하고 천한 사(士)란 누구를 이르는 것인가? 범죄인을 이른 것이다.

채나라 공손진(公孫辰)이 오(吳)나라로 달아났다.

진(秦)나라 혜공(惠公)을 장사 지냈다.

송나라 사람이 소주루(小邾婁)나라 군주인 자작을 잡았다.

여름에 채(蔡)나라에서 그 대부(大夫)인 공손생(公孫姓)과 공손곽(公孫霍)을 죽였다.

진(晉)나라 사람이 융만(戎蠻)의 군주인 자작 적(赤)을 잡아서 초나라에 넘겼다. 적(赤)이란 누구인가? 융만나라 군주인 자작의 이름이다. 그를 초나라에 돌려주었다고 말한 것은 무슨 뜻인가? 자북궁자(子北宮子)가 말하기를 "방백(方伯)인 진(晉)나라를 피하여 경사(京師)와 같은 초나라로 넘긴 것이다."라고 했다.

노나라에서 서쪽 외곽에 성을 쌓았다.

6월 신축(辛丑)일에 포사(蒲社)에 화재가 일어났다. 포사(蒲社)란 어떤 곳인가? 망한 나라의 사직이다. 사(社)란 봉토(封土)인데 그곳에 화재가 났다고 말을 한 것은 무슨 뜻인가? 망한 나라의 사직을 덮어가려서 그 위를 가리고 그 아래에는 땔나무를 놓아두는 것이다. 포사(蒲社)의 화재를 왜 기록했는가? 재앙이라 기록한 것이다.

　가을인 8월 갑인(甲寅)일에 등(滕)나라 군주인 자작 결(結)이 세상을 떠났다.

　겨울인 12월에 채(蔡)나라 소공(昭公)을 장사 지냈다.

　등(滕)나라 경공(頃公)을 장사 지냈다.

　　四年 春 王三月[1] 庚戌 盜殺蔡侯申[2] ○弑君賤者窮諸人 此其稱盜 以弑何 賤乎賤者也 賤乎賤者孰謂 謂罪人也
　　蔡公孫辰出奔吳
　　葬秦惠公
　　宋人執小邾婁子
　　夏 蔡殺其大夫公孫歸姓[3] 公孫霍
　　晉人執戎曼子赤[4] 歸于楚 ○赤者何 戎曼子之名也 其言歸于楚何 子北宮子曰 辟伯晉而京師楚也
　　城西郛
　　六月 辛丑 蒲社[5] 災 ○蒲社者何 亡國之社也 社者封也 其言災何 亡國之社蓋揜之 揜其上而柴其下 蒲社災 何以書 記災也
　　秋 八月 甲寅 滕子結[6] 卒
　　冬 十有二月 葬蔡昭公
　　葬滕頃公

1) 三月(삼월) : 곡량전의 경문에는 이월(二月)로 되어 있다.
2) 殺蔡侯申(살채후신) : 채나라 후작 신(申)을 죽이다. 채후신은 곧 채나라 소공(昭公)이다. B.C. 518년에 즉위하여 28년간 재위했다. 곡량전의 경문에는 살(殺)은 시(弑)로 되어 있다.
3) 公孫歸姓(공손귀생) : 곡량전의 경문에는 공손생(公孫姓)으로 되어 있다.
4) 戎曼子赤(융만자적) : 융만은 북방의 오랑캐. 자는 자작. 적은 그의 이름이다. 곡량전의 경문에는 융만(戎蠻)으로 되어 있다.
5) 蒲社(포사) : 포는 은(殷)나라 때의 국도(國都). 사(社)는 토지의 신에게 제사지내는 사당. 좌전과 곡량전에는 박사(亳社)로 되어 있다.
6) 滕子結(등자결) : 등나라 경공(頃公). B.C. 510년에 즉위. 20년 간 재위.

5. 애공 5년 신해(辛亥)

가. 윤달에 제나라 경공(景公)을 장사 지내다

5년 신해(辛亥) 봄에 노나라에서 비(比)에 성을 쌓았다.

여름에 제나라 군주인 후작이 송(宋)나라를 정벌했다.

진(晉)나라 조앙(趙鞅)이 군사를 거느리고 위(衛)나라를 정벌했다.

가을인 9월 계유(癸酉)일에 제나라 군주인 후작 처구(處臼)가 세상을 떠났다.

겨울에 노(魯)나라 숙선(叔還)이 제나라에 갔다.

윤달에 제나라 경공(景公)을 장사 지냈다. 윤달은 기록하지 않는 것인데 이곳에서는 왜 이를 기록했는가? 상례(喪禮)에서는 윤달의 수로 계산한다. 상례에서는 왜 윤달의 수로 계산하는가? 상례에서는 날짜를 감소시키기 때문이다.

五年 春 城比[1]
夏 齊侯伐宋
晉趙鞅帥師伐衛
秋 九月 癸酉 齊侯處臼[2]卒
冬 叔還如齊
閏月[3] 葬齊景公 ○閏不書 此何以書 喪以閏數也 喪曷爲以閏數 喪數略也

1) 比(비) : 어느 본(本)에는 비(芘)로 되어 있고 비(庇)로도 되어 있다. 좌전과 곡량전에는 비(毗)로 되어 있다.
2) 齊侯處臼(제후처구) : 곧 제나라 경공(景公)이다. B.C. 547년에 즉위하여 58년간 재위했다. 공양전의 경문에는 처(處)가 저(杵)로 되어 있다.
3) 閏月(윤월) : 윤달. 제후는 5개월에 장사를 지내는데, 경공이 9월에 졸했으면

다음해 2월에 장사를 지내야 하는데 당겨서 장사를 치렀다.

6. 애공 6년 임자(壬子)

가. 국하(國夏)와 고장(高張)이 도망해 오다

  6년 임자(壬子) 봄에 노나라에서 주루(邾婁)나라의 하(葭)에 성을 쌓았다.
  진(晉)나라 조앙이 군사를 거느리고 선우(鮮虞)를 정벌했다.
  오(吳)나라가 진(晉)나라를 정벌했다.
  여름에 제나라의 국하(國夏)와 고장(高張)이 노나라로 도망해 왔다.
  노나라의 숙선(叔還)이 사(柤)에서 오(吳)나라와 회합했다.
  가을인 7월 경인(庚寅)일에 초(楚)나라 군주인 자작 진(軫)이 세상을 떠났다.
  제(齊)나라 양생(陽生)이 제나라로 들어갔다.
  제나라의 진걸(陳乞)이 그의 군주인 사(舍)를 시해했다. 시해하고 자신이 즉위시킨 자인데 당국(當國)의 언사(言辭)로써 말하지 않고, 이곳에서 그를 당국(當國)의 언사로 말한 것은 무슨 뜻인가? 속임수가 되는 것이다. 이것이 속임수가 된다는 것은 무엇을 뜻하는 것인가? 제나라 경공(景公)이 진걸(陳乞)에게 이르기를 "군주님을 위하여 즐거운 것이라면 세우시고자 하면 세우시고 세우고자 하지 않으시면 세우지 않겠습니다. 군주께서 세우고자 하시면 신도 청하여 세울 것입니다."라고 했다. 양생(陽生)이 진걸(陳乞)에게 이르기를 "나는 들으니 그대는 장차 나를 세우고자 아니한다고 합니다."라고 했다. 진걸이 말하기를 "대저 천승(千乘)의 군주는 장차 정실의 아들을 폐하고 정실이 아닌 이를 세우고자 하여 정실의 아들을 죽이고자 합니다. 내가 그대를 세우고자 아니하는 것은 그대를 살리려고 하는 것입니다. 달아나십시오."라고 했다. 옥절(玉節)을 주어서 달아나게 했다. 제나라 경공(景公)이 죽자 사(舍)를 세웠는데 진걸이 사람을 보내서 양생(陽生)을 맞이하여 그 집안에 편안하게 모셨다.

경공(景公)의 상을 벗고 모든 대부들이 조정에 있는데 진걸이 말했다. "상(常)의 어미가 어숙(魚菽)의 제사가 있을 때 진실로 여러 대부들에게 오셔서 화해하기를 청했습니다." 여러 대부들이 말했다. "좋습니다." 이에 모두가 진걸의 집에 모여 앉았다. 진걸이 말했다. "나에게 좋은 갑옷을 둔 것이 있습니다. 청한다면 보여드리겠습니다." 여러 대부들이 모두 말했다. "그것을 보고 싶습니다." 이에 역사(力士)가 거대한 자루를 들어서 집안의 중류(中霤: 낙숫물 떨어지는 곳)에 이르게 했다. 대부들이 가서 보고 모두 안색이 변하고 깜짝 놀랐다. 열어보니 공자 양생(公子陽生)이었다. 진걸이 말했다. "이 분이 군주이십니다." 모든 대부들이 부득이하여 멈칫멈칫하면서 북면하고 재배를 올리고 머리를 땅에 조아려 군주로 섬겼다. 이로부터 가서 사(舍)를 시해한 것이다.

겨울에 중손하기(仲孫何忌)가 군사를 거느리고 주루(邾婁)나라를 정벌했다.

송나라 향소(向巢)가 군사를 거느려 조(曹)나라를 정벌했다.

六年 春 城邾婁葭¹⁾
晉趙鞅帥師伐鮮虞²⁾
吳伐陳³⁾
夏 齊國夏及高張來奔
叔還會吳于柤
秋 七月 庚寅 楚子軫⁴⁾卒
齊陽生⁵⁾入于齊
齊陳乞弑其君舍⁶⁾ ○弑而立者⁷⁾ 不以當國之辭言之 此其以當國之辭言之何 爲諼⁸⁾也 此其爲諼奈何 景公謂陳乞曰 吾欲立舍 何如 陳乞曰 所樂乎爲君者 欲立之則立之 不欲立則不立 君如欲立之 則臣請立之 陽生謂陳乞曰 吾聞子蓋將不欲立我也 陳乞曰 夫千乘之

主 將廢正而立不正 必殺正者 吾不立子者 所以生子者也 走矣 與之玉節而走之 景公死而舍立 陳乞使人迎陽生于諸⁹⁾其家 除景公之喪¹⁰⁾ 諸大夫皆在朝 陳乞曰 常之母¹¹⁾ 有魚菽之祭¹²⁾ 願諸大夫之化我¹³⁾也 諸大夫皆曰 諾 於是皆之陳乞之家 坐 陳乞曰 吾有所爲甲 請以示焉 諸大夫皆曰 諾 於是使力士擧巨囊而至于中霤 諸大夫見之 皆 色然而駭 開之則闖然 公子陽生也 陳乞曰 此君也已 諸大夫不得已皆逡巡北面 再拜稽首而君之爾 自是往弑舍
冬 仲孫何忌帥師伐邾婁
宋向巢¹⁴⁾帥師伐曹

1) 邾婁葭(주루하) : 주루(邾婁)나라의 하(葭)이며 땅 이름이라 했다. 곡량전의 경문에는 하(瑕)로 되어 있다.
2) 伐鮮虞(벌선우) : 선우(鮮虞) 사람이 일찍부터 제나라와 위나라가 함께 진(晉)나라 범씨(范氏)를 구조해준 것으로, 조앙이 정벌하여 보복한 것이다.
3) 伐陳(벌진) : 애공(哀公) 원년에 초나라가 채나라를 정벌할 때 진(晉)나라가 참여한 것으로, 오(吳)나라가 채나라를 위하여 보복한 것이다.
4) 楚子軫(초자진) : 초(楚)나라 소왕(昭王). B.C. 515년에 즉위. 27년 간 재위.
5) 陽生(양생) : 제나라 경공(景公)의 아들. 일찍부터 노나라에 도망해 와 있었다. 뒤에 진걸(陳乞)이 제나라로 맞아들여 즉위했으며 이가 도공(悼公)이다.
6) 舍(사) : 유자(孺子). 안유자(晏孺子)이며 제(齊) 경공 총첩(寵妾)의 아들. 경공이 사망한 후 임금이 되었다. 곡량전의 경문에는 도(荼)로 되어 있다.
7) 弑而立者(시이입자) : 진걸(陳乞)이 사(舍)를 시해하고 양생(陽生)을 군주로 세운 것.
8) 諼(훤) : 속이다.
9) 于諸(우제) : 안치(安置)의 뜻.
10) 除景公之喪(제경공지상) : 제나라 경공의 상을 기일내에 벗다.
11) 常之母(상지모) : 진걸의 아들이 상(常)이다. 곧 자신의 아내라는 뜻.
12) 魚菽之祭(어숙지제) : 물고기와 콩을 차려놓은 제사. 곧 변변치 못한 제수로 겸손을 뜻한다.
13) 化我(화아) : 자신과의 화해. 평소의 거만함을 뉘우친다는 뜻으로 겸손의 말.
14) 向巢(향소) : 송(宋)나라의 대부이다.

7. 애공 7년 계축(癸丑)

가. 오(吳)나라와 증(鄫)에서 회합하다

7년 계축(癸丑) 봄에 송나라 황원(皇瑗)이 군사를 거느리고 정(鄭)나라를 침공했다.

진(晉)나라 위만다(魏曼多)가 군사를 거느리고 위(衛)나라를 침공했다.

여름에 애공(哀公)이 오(吳)나라와 증(鄫)에서 회합했다.

가을에 애공이 주루(邾婁)나라를 정벌했다. 8월 기유(己酉)일에 애공이 주루(邾婁)나라로 들어가 주루나라 군주인 자작 익(益)을 데리고 왔다. 입(入 : 들어가다)은 벌(伐 : 정벌)이라고 말하지 않는 것인데, 이곳에 벌(伐)이라고 말을 한 것은 무슨 뜻인가? 노나라 국내에서의 숨기는 말이다. 별도의 사람이 주루나라를 침입하여 들어가서 주루나라 군주인 자작 익을 데리러 온 것처럼 한 것이다. 주루나라 군주인 자작 익(益)이라고 이름을 기록한 것은 무슨 뜻인가? 군주의 지위를 단절시킨 것이다. 왜 군주의 지위를 단절시킨 것인가? 포로이기 때문이다. 왜 그를 포로라고 말하지 않았는가? 노나라 국내의 대악(大惡)을 숨겨 준 것이다.

송(宋)나라 사람이 조(曹)나라를 포위했다.

겨울에 정(鄭)나라 사홍(駟弘)이 군사를 거느리고 조(曹)나라를 구원했다.

七年 春 宋皇瑗[1]帥師侵鄭
晉魏曼多[2]帥師侵衛
夏 公會吳于鄫[3]
秋 公伐邾婁 八月 己酉 入邾婁 以邾婁子益[4]來 ○入不言伐 此其言伐何 內辭也 若使他人然[5] 邾婁子益何以名絶 曷爲絶之 獲也 曷爲不言其獲 內大惡[6]諱也

宋人圍曹
冬 鄭駟弘[7]帥師救曹

1) 皇瑗(황원) : 송나라 황보충석(皇父充石)의 8세손. 당시 송나라의 경(卿)이 었다.
2) 魏曼多(위만다) : 위양자(魏襄子)라고 일컫다. 위서(魏舒)의 손자. 일찍부터 한불신(韓不信)과 함께 하여 범씨(范氏)를 축출했다. '사기(史記)'에는 위치(魏侈)로 되어 있다.
3) 鄫(증) : 땅 이름. 본래는 나라 이름이었으나 거(莒)나라가 멸망시켰다.
4) 益(익) : 주루(邾婁)나라 군주인 은공(隱公)의 이름. 장공(莊公)의 아들이다.
5) 若使他人然(약사타인연) : 다른 사람을 시켜서 한 것처럼 한 것이다의 뜻.
6) 大惡(대악) : 제후를 사로잡은 것은 대악(大惡)이라는 뜻.
7) 駟弘(사홍) : 정환자(鄭桓子)라고 일컫다.

8. 애공 8년 갑인(甲寅)

가. 제나라에서 훤(讙) 땅과 단(僤) 땅을 점령하다

8년 갑인(甲寅) 봄, 왕력으로 정월에 송나라 군주인 공작이 조(曹)나라로 쳐들어가서 조(曹)나라 군주인 백작 양(陽)을 데리고 돌아갔다. 조나라 군주인 백작 양(陽)이라고 이름을 기록한 것은 무슨 뜻인가? 군주의 지위를 단절시킨 것이다. 왜 군주의 지위를 단절시킨 것인가? 멸망했기 때문이다. 왜 그를 멸망했다고 말하지 않았는가? 같은 성씨(姓氏)의 멸망을 숨긴 것이다. 왜 같은 성씨의 멸망을 숨긴 것인가? 힘으로 능히 구원해 줄 수 있었는데 구원하지 않았기 때문이다.

오(吳)나라가 우리 노(魯)나라를 정벌했다.

여름에 제나라 사람이 노나라의 훤(讙)과 단(僤)을 점령했다. 외국에서 읍(邑)을 점령한 것은 기록하지 않는 것인데 이곳에는 왜 이를 기록했는가? 제나라에 준 뇌물이기 때문이었다. 왜 제나라에 뇌물을 주어야 했는가? 주루(邾婁)나라의 군주인 자작 익

(益)을 데려왔기 때문이었다.
　노나라에서 주루(邾婁)나라 군주인 자작 익(益)을 주루나라로 돌려보냈다.
　가을인 7월이다.
　겨울인 12월 계해(癸亥)일에 기(杞)나라 군주인 백작 과(過)가 세상을 떠났다.
　제나라 사람이 훤(讙)과 단(僤)을 노나라에 돌려주었다.

　八年 春 王正月 宋公入曹 以曹伯陽[1]歸 ○曹伯陽何以名 絶 曷爲絶之 滅也 曷爲不言其滅 諱同姓之滅也 何諱乎同姓之滅 力能救之而不救也
　吳伐我
　夏 齊人取讙及僤[2] ○外取邑不書 此何以書 所以賂齊也 曷爲賂齊 爲以邾婁子益來也
　歸邾婁子益于邾婁
　秋 七月
　冬 十有二月 癸亥 杞伯過[3]卒
　齊人歸讙及僤

1) 曹伯陽(조백양) : 곧 조(曹)나라 군주이다. 이때 조나라가 멸망했다. B.C. 501년에 즉위하여 15년간 재위했다.
2) 讙及僤(훤급단) : 훤 땅과 단 땅. 모두 노나라 땅 이름. 좌전과 곡량전에는 단(闡)은 천(闡)으로 되어 있다.
3) 杞伯過(기백과) : 기(杞)나라 희공(僖公). B.C. 504년에 즉위. 18년 간 재위.

9. 애공 9년 을묘(乙卯)

가. 송나라에서 정나라를 정벌하다
　9년 을묘(乙卯) 봄, 왕력으로 2월에 기(杞)나라 희공(僖公)을 장사 지냈다.

송(宋)나라 황원(皇瑗)이 군사를 거느리고 정나라 군사를 옹구(雍丘)에서 모두 잡았다. 여기서 취(取 : 모두 잡았다)라고 말을 한 것은 무슨 뜻인가? 쉽게 했다는 뜻이다. 그 군사를 잡는데 쉽게 했다는 것은 무슨 뜻인가? 송나라 군대가 기습하여 속임수를 썼기 때문이었다.
　여름에 초나라 사람이 진(陳)나라를 정벌했다.
　가을에 송나라 군주인 공작이 정나라를 정벌했다.
　겨울인 10월이다.

　九年 春 王二月 葬杞僖公
　宋皇瑗帥師取鄭師于雍丘[1] ○其言取之何 易也 其易奈何 詐之也[2]
　夏 楚人伐陳
　秋 宋公伐鄭
　冬 十月

1) 雍丘(옹구) : 송나라의 땅 이름.
2) 詐之也(사지야) : 함정에 빠뜨리고 기습하여 속임수로 이긴 것.

10. 애공 10년 병진(丙辰)

가. 주루(邾婁)나라 군주가 도망해 오다
　10년 병진(丙辰) 봄, 왕력으로 2월에 주루(邾婁)나라 군주인 자작 익(益)이 노나라로 도망해 왔다.
　애공(哀公)이 오(吳)나라와 회합하고 제나라를 정벌했다.
　3월 무술(戊戌)일에 제나라 군주인 후작 양생(陽生)이 세상을 떠났다.
　여름에 송나라 사람이 정나라를 정벌했다.
　진(晉)나라 조앙(趙鞅)이 군사를 거느리고 제나라를 침공했다.
　5월에 애공이 제나라를 정벌하는 일에서 돌아왔다.
　제(齊)나라 도공(悼公)을 장사 지냈다.

위(衛)나라 공맹구(公孟彄)가 제나라에서 위나라로 돌아갔다.
설(薛)나라 군주인 백작 인(寅)이 세상을 떠났다.
가을에 설(薛)나라 혜공(惠公)을 장사 지냈다.
겨울에 초나라 공자 결(結)이 군사를 거느려 진(陳)나라를 정벌했다. 오(吳)나라가 진(陳)나라를 구원했다.

十年 春 王二月 邾婁子益來奔[1]
公會吳伐齊
三月 戊戌 齊侯陽生[2]卒
夏 宋人伐鄭
晉趙鞅帥師侵齊
五月 公至自伐齊
葬齊悼公
衛公孟彄 自齊歸[3]于衛
薛伯寅[4]卒
秋 葬薛惠公
冬 楚公子結[5]帥師伐陳 吳救陳

1) 益來奔(익래분) : 주루(邾婁)나라 은공(隱公)이 도망해 오다. 은공은 제나라의 생질이다. 먼저는 노나라에 망명해 있다가 뒤에는 제나라에 망명했다. 다시 노나라로 도망해 왔다.
2) 陽生(양생) : 곧 제나라의 도공(悼公)이다. B.C. 488년에 즉위하여 4년간 재위했다.
3) 公孟彄自齊歸(공맹구자제귀) : 정공(定公) 14년에 위나라의 공맹구가 정나라로 달아났다가 다시 또 제나라에 이르렀다. 위나라 대부.
4) 薛伯寅(설백인) : 곧 설(薛)나라 혜공(惠公)이다. 곡량전의 경문에는 설백이(薛伯夷)으로 되어 있다.
5) 公子結(공자결) : 초나라의 자기(子期)라고 일컫는다. 초나라 소왕(昭王)의 형이며 초나라 대부.

11. 애공 11년 정사(丁巳)

가. 오(吳)나라와 함께 제나라를 정벌하다

11년 정사(丁巳) 봄에 제나라 국서(國書)가 군사를 거느리고 우리 노(魯)나라를 정벌했다.

여름에 진(陳)나라 원파(袁頗)가 정나라로 달아났다.

5월에 애공(哀公)이 오(吳)나라와 회합하여 제나라를 정벌했다.

갑술(甲戌)일에 제나라 국서(國書)가 군사를 거느리고 오(吳)나라와 애릉(艾陵)에서 싸웠다. 제나라 군사가 크게 패했고, 오나라는 제나라 국서를 잡아 죽였다.

가을인 7월 신유(辛酉)일에 등(滕)나라 군주인 자작 우모(虞母)가 세상을 떠났다.

겨울인 11월에 등나라 은공(隱公)을 장사 지냈다.

위(衛)나라 세숙제(世叔齊)가 송(宋)나라로 달아났다.

十有一年 春 齊國書帥師伐我[1]
夏 陳袁頗[2]出奔鄭
五月 公會吳伐齊 甲戌 齊國書帥師 及吳戰于艾陵[3]
齊師敗績 獲齊國書
秋 七月 辛酉 滕子虞母卒[4]
冬 十有一月 葬滕隱公
衛世叔齊[5]出奔宋

1) 國書帥師伐我(국서솔사벌아) : 애공 10년 3월에 노나라에서 오(吳)나라를 따라 제나라를 정벌한 것으로 제나라에서 다시 와서 보복한 것이다. 이때 노나라에서 제나라 군대를 격파하지 못했다.
2) 袁頗(원파) : 진(陳)나라 대부이며 일찍부터 사도(司徒)를 맡고 있었다. 그는 교만하고 방자하며, 군주만을 따라서 공적인 것을 가탁하여 사적인 것만

을 탐내 진(陳)나라 사람들이 축출했다. 곡량전의 경문에는 원파(轅頗)로 되어 있다.
3) 艾陵(애릉) : 제나라 지명이다.
4) 縢子虞母(등자우모) : 등나라 군주인 자작 우모이며 곧 등나라 은공(隱公)이다. B.C. 490년에 즉위하여 7년 간 재위했다.
5) 世叔齊(세숙제) : 태숙질(太叔疾)이라고 일컫다. 위나라 대부이다.

12. 애공 12년 무오(戊午)

가. 토지의 세법(稅法)을 실시하다

12년 무오(戊午) 봄에 노(魯)나라에서 토지 세법(土地稅法)을 시행했다. 왜 이를 기록했는가? 책망한 것이다. 왜 이를 책망한 것인가? 처음으로 토지를 사용하는 토지 세법을 시행한 것을 책망한 것이다.
여름인 5월 갑진(甲辰) 일에 소공(昭公)의 부인(夫人)인 맹자(孟子)가 세상을 떠났다. 맹자(孟子)란 누구인가? 소공(昭公)의 부인이다. 그를 맹자(孟子)라고 일컬은 것은 무슨 뜻인가? 동성(同姓)에 장가든 것을 숨긴 것이며 대개 오(吳)나라의 딸이었다.
애공(哀公)이 오(吳)나라와 탁고(橐皐)에서 회합했다.
가을에 애공이 위(衛)나라 군주인 후작 및 송(宋)나라 황원(皇瑗)과 운(運)에서 회합했다.
송(宋)나라 향소(向巢)가 군사를 거느리고 정나라를 정벌했다.
겨울인 12월에 메뚜기 떼가 일어났다. 왜 이를 기록했는가? 괴이한 일이라 기록했다. 왜 이를 괴이한 일이라고 하는가? 메뚜기 떼가 일어날 때가 아닌데 일어났기 때문이었다.

十有二年 春 用田賦[1] ○何以書 譏 何譏爾 譏始用田賦也
夏 五月 甲辰 孟子[2]卒 ○孟子者何 昭公之夫人也 其稱孟子何 諱

娶同姓³⁾ 蓋吳女也
　公會吳于橐皐⁴⁾
　秋 公會衛侯宋皇瑗于運⁵⁾
　宋向巢帥師伐鄭
　冬 十有二月 螽 何以書 記異也 何異爾 不時也

1) 用田賦(용전부) : 가가호호(家家戶戶)에서 가지고 있는 모든 토지의 수량
   에 따라서 군용물자를 납부하는 세금제도이다.
2) 孟子(맹자) : 노나라 소공(昭公)의 부인(夫人)이며 오(吳)나라의 딸이다.
   오나라는 같은 희성(姬姓)이다.
3) 娶同姓(취동성) : 동성에 장가들다. 오(吳)나라는 태백(泰伯)의 후예로 희
   성(姬姓)이다.
4) 橐皐(탁고) : 오나라의 땅 이름.
5) 運(운) : 오나라의 땅 이름. 좌전과 곡량전에는 운(隕)으로 되어 있다.

13. 애공 13년 기미(己未)

가. 월(越)나라가 오(吳)나라로 쳐들어가다

　13년 기미(己未) 봄에 정(鄭)나라 헌달(軒達)이 군사를 거느리고 송나라 군사를 암(嵒)에서 잡았다. 송나라 군사를 암(嵒)에서 '취(取 : 잡았다)'라고 말을 한 것은 무슨 뜻인가? 손쉽게 잡았다는 뜻이다. 그들을 손쉽게 잡았다는 것은 무슨 뜻인가? 송나라 군대가 한 것처럼 몰래 습격하여 붙잡아 돌아온 것이다.
　여름에 허(許)나라 군주인 남작 술(戌)이 세상을 떠났다.
　애공(哀公)이 진(晉)나라 군주인 후작과 오(吳)나라 군주인 자작과 황지(黃池)에서 회합했다. 오(吳)나라를 왜 자작(子爵)이라고 일컬었는가? 오(吳)나라가 회합을 주관했기 때문이다. 오나라가 회합을 주관했다면 왜 먼저 진(晉)나라 군주인 후작을 기록했는가? 이적(夷狄)의 나라로 하여금 중국의 제후들을 주관하

는 것을 찬성하지 않았기 때문이었다. 그를 '급오자(及吳子)'라고 말한 것은 무슨 뜻인가? 노나라의 애공(哀公)이 두 사람의 방백(方伯)과 회담했다는 말이다. 이적의 나라가 중국의 제후국을 주관하는 것을 찬성하지 않았는데 왜 두 사람의 방백(方伯)과 회담한 말이라고 하는 것인가? 오나라를 중요하게 여겼기 때문이다. 왜 오나라를 중요하게 여겼는가? 오나라가 이곳에 있게 되면 천하의 제후들이 감히 이르지 않을 수가 없었기 때문이었다.

초나라 공자 신(申)이 군사를 거느리고 진(陳)나라를 정벌했다.

월(越)나라가 오(吳)나라로 쳐들어갔다.

가을에 애공(哀公)이 회합에서 돌아왔다.

진(晉)나라 위다(魏多)가 군사를 거느리고 위(衛)나라를 침공했다. 여기서 진(晉)나라의 위만다(魏曼多)를 왜 진(晉)나라의 위다(魏多)라고 이른 것인가? 두 개의 이름을 책망한 것이다. 두 개의 이름을 가진 것은 예에 합당한 것이 아니다.

허(許)나라 원공(元公)을 장사 지냈다.

9월에 메뚜기 떼가 일어났다.

겨울인 11월에 혜성(慧星)이 동쪽 하늘에 나타났다. 패(孛)란 무엇인가? 혜성(慧性)이다. 그 혜성이 동방(東方)에 나타났다고 말을 한 것은 무슨 뜻인가? 아침에 동쪽 하늘에 나타났다는 뜻이다. 왜 이를 기록했는가? 괴이한 일이라 기록했다.

도적이 진(陳)나라 하구부(夏彄夫)를 죽였다.

12월에 메뚜기 떼가 일어났다.

十有三年 春 鄭軒達帥師 取宋師于嵒¹⁾ ○其言取之何 易也 其易奈何 詐反²⁾也

夏 許男戌³⁾卒

公會晉侯及吳子于黃池⁴⁾ ○吳何以稱子 吳主會也 吳主會 則曷爲先言晉侯 不與夷狄之主中國也 其言及吳子何 會兩伯之辭也 不與夷狄之主中國 則曷爲以會兩伯之辭言之 重吳也 曷爲重吳 吳在是則天下諸侯莫敢不至也

楚公子申⁵⁾帥師伐陳

於越入吳

秋 公至自會

晉魏多⁶⁾帥師侵衛 ○此晉魏曼多也 曷爲謂之晉魏多 譏二名 二名非禮也

葬許元公

九月 螽

冬 十有一月 有星孛于東方⁷⁾ ○孛者何 彗星也 其言于東方何 見于旦也 何以書 記異也

盜殺陳夏彄夫⁸⁾

十有二月 螽

1) 嵒(암) : 岩(암)과 같은 자이며 땅 이름이다.
2) 詐反(사반) : 속여서 습격하고 돌아오다의 뜻.
3) 許男戌(허남술) : 허(許)나라 원공(元公). B.C. 504년에 즉위. 22년 간 재위.
4) 黃池(황지) : 땅 이름이다.
5) 公子申(공자신) : 자서(子西)라고 일컫다. 초나라 대부이다.
6) 魏多(위다) : 곡량전의 경문에는 위만다(魏曼多)로 되어 있다.
7) 有星孛于東方(유성패우동방) : 날이 새어 다른 별들이 보이지 않을 때 동쪽 하늘에 혜성(彗星)이 나타나서 보였다는 뜻.
8) 夏彄夫(하구부) : 진(陳)나라 대부이다. 곡량전의 경문에는 하구부(夏區夫)로 되어 있다.

14. 애공 14년 경신(庚申)

가. 수렵(狩獵)하여 기린(麒麟)을 잡다

14년 경신(庚申) 봄에 서쪽 지방에서 수렵(狩獵)하여 기린(麒麟)을 잡았다. 왜 이를 기록한 것인가? 괴이한 일이라 기록했다. 왜 이를 괴이한 일이라고 하는가? 중국(中國)에서 사는 짐승이 아니기 때문이었다. 그렇다면 누가 수렵(狩獵 : 사냥)한 것이었는가? 땔나무를 하는 나무꾼이었다. 땔나무를 하는 나무꾼이었다면 미천한 자인데 왜 수(狩 : 사냥)로써 말한 것인가? 위대하게 하기 위해서였다. 왜 위대하게 여기려고 했는가? 기린을 잡은 것을 크게 여긴 것이다. 왜 기린을 잡은 것을 크게 여기려고 한 것인가? 기린이란 어진 짐승이다. 중국에 왕자(王者 : 聖王)가 있게 되면 이르게 되고, 왕자(王者)가 없게 되면 이르지 않는 짐승이다.

이 짐승을 고하는 자가 있어 말하기를 "노루가 있는데 뿔이 있는 짐승이다."고 했다. 공자(孔子)가 말했다. "누구를 위하여 왔는가? 누구를 위하여 왔는가?" 소매를 돌려서 얼굴을 닦고 흐르는 눈물을 앞깃으로 닦았다. 제자인 안연(顏淵)이 죽었다.

공자께서 말했다.

"슬프다! 하늘이 나를 상하게 하는구나!"

자로(子路)가 죽자 공자께서 말했다.

"슬프다! 하늘이 나를 단절시키는구나!"

서쪽의 사냥에서 기린이 잡히자 공자가 말했다.

"나의 도(道)가 다했구나!"

춘추(春秋)는 왜 은공(隱公)에서 시작했는가? 공자의 고조(高祖)께서 들은 바의 기록이기 때문이다. 이때는 보는 것도 기이한 말이요, 듣는 것도 기이한 말이요, 전해듣는 것들도 기이한 말이었다. 왜 애공(哀公) 14년에 끝을 냈는가? 말하기를 "갖추어진 것이다."

군자(君子 : 孔子)께서 왜 춘추(春秋)를 만들었는가? 어지러운 세상을 다스리고 모든 것을 바른대로 돌리는데는 춘추(春秋)와 가까운 것이 없다.

잘 알지 못하겠다. '춘추'가 어려운 세상을 다스리고 모든 것을 바른 곳으로 돌리는 데 함께 한다는 것이나, 모든 군자들이 도(道)를 즐기고 요순(堯舜)의 도와 함께 하는 것이나, 이 모든 것이 이를 즐기는 데 있지 않겠는가? 이는 요순만이 군자(君子)를 알 수 있기 때문이다. '춘추'를 제작한 의의는 뒤의 성인(聖人)을 기다리고 군자를 위한다 하더라도 또한 이를 즐기는 데 있을 뿐이다.

十有四年[1] 春 西狩獲麟[2] ○何以書 記異也 何異爾 非中國之獸也 然則孰狩之 薪采者也 薪采者 則微者也 曷爲以狩言之 大之[3]也 曷 爲大之 爲獲麟大之也 曷爲獲麟大之 麟者 仁獸也 有王者則至[4] 無 王者則不至 有以告者 曰 有麕[5]而角者 孔子曰 孰爲爲來哉 孰爲來 哉 反袂拭面 涕沾袍[6] 顔淵[7]死 子曰 噫 天喪予 子路[8]死 子曰 噫 天 祝[9]予 西狩獲麟 孔子曰 吾道窮矣 春秋何以始乎隱 祖之所逮聞也 所見異辭 所聞異辭 所傳聞異辭 何以終乎哀十四年 曰 備矣 君子 曷爲爲春秋 撥[10]亂世 反諸正 莫近諸春秋 則未知其爲是與 其諸君 子樂道堯舜之道與 末不亦樂乎 堯舜之知君子也 制春秋之義 以俟 後聖 以君子之爲 亦有樂乎此[11]也

1) 十有四年(십유사년) : 이 해는 주(周)나라 경왕(敬王) 39년이며 B.C. 481년 이다. '춘추'의 경문이 14년에 이르러 중지되었다. 공양전과 곡량전은 모두 가 14년에서 중지되었다. 좌전만이 애공 27년까지 기록되어 있다.
2) 西狩獲麟(서수획린) : 수는 사냥하다. 수렵하다. 수렵은 옛날에 군대를 검열 하는 하나의 방식이었다. 좌전에는 숙손씨(叔孫氏)의 수레를 간수하는 사람 의 아들인 서상(鉏商)이 기린을 잡았는데, 그것이 무엇인지 모르고 상서롭 지 못하게 여겨 사냥터를 지키는 사람에게 주었다고 했다.
3) 大之(대지) : 크게 보이기 위한 것.
4) 有王者則至(유왕자즉지) : 성왕(聖王)이 있게 되면 이르르다.
5) 麕(균) : 노루.
6) 袍(포) : 옷의 소매.
7) 顔淵(안연) : 공자의 제자 안회(顔回)이며 자는 자연(子淵). 학문을 즐기고 안빈락도(安貧樂道)했다. 후세에는 복성공(復聖公)으로 일컬어지다.
8) 子路(자로) : 공자의 제자 중유(仲由)이며 자는 자로(子路)이다. 또는 계로 (季路)라고도 한다.
9) 祝(축) : 단(斷)의 뜻.
10) 撥(발) : 치(治)와 같다.
11) 亦有樂乎此(역유락호차) : 그 모든 제왕들이 꿰뚫어 즐겨서 멸하지 않고 해와 달과 이름을 함께 행하여 종식되지 않는다는 뜻.

원문자구색인(原文字句索引)

〔가〕

假塗于衛/223
假滅國者道/175
家不藏甲/499
家亦可乎/109
可以楚而無乎/312
却反舍于郊/494
刻桓宮桷/141
刻桓宮桷非禮也/141
簡車徒也/78,433,438
曷爲皆官擧/254
曷爲皆以錄伯姬之辭言之/343
曷爲繫諸人王人耳/114
曷爲繫之宋/364
曷爲繫之鄭/379
曷爲繫之齊外之也/160
曷爲繫之許/67
曷爲國之/80,105,175
曷爲歸惡乎元咺/230
曷爲歸獄僕人鄧扈樂/159
曷爲待君命然後卒大夫/358
曷爲大鄭伯之惡/35
曷爲大之/57,200,531
曷爲獨褒乎此/34
曷爲錄焉爾/105
曷爲賂齊/283,522
曷爲慢之化我也/78
曷爲末言爾/94,177
曷爲未可以吉/94
曷爲未可以稱宮廟/162
曷爲未可知/479
曷爲未得乎取穀/219
曷爲未絶于我/302
曷爲反之桓/32
曷爲伐敗復讐也/120
曷爲病之/117
曷爲不繫于郭國之也/175

曷爲不繫于周/457
曷爲不繫于邾婁/335
曷爲不繫乎鄭/366
曷爲不繫乎周/283
曷爲不繫乎邾婁/384,475
曷爲不繫乎邾婁國之也/80,105
曷爲不繫乎邾婁諱亟也/299
曷爲不告朔/250
曷爲不盟于師而盟于袁婁/326
曷爲不復卜/286
曷爲不使齊主/205
曷爲不成乎弑/450
曷爲不言降吾師辟之也/117
曷爲不言公如京師/223
曷爲不言及成風/258
曷爲不言其大夫弑/375
曷爲不言其滅/144,522
曷爲不言其復立/513
曷爲不言其所食漫也/505
曷爲不言其圍/211
曷爲不言其獲/122,520
曷爲不言納衛侯朔/113
曷爲不言萊君出奔/183
曷爲不言殺其大夫/399
曷爲不言徐莒脅之/197
曷爲不言城衛滅也/172
曷爲不言入于衛/403,511
曷爲不言入于鄭末言爾/94
曷爲不言狄滅之/168,172
曷爲不言齊滅之/109,203
曷爲復言齊師宋師曹師/168
曷爲不言諸侯歸之/488
曷爲不言諸侯戍之/371,379
曷爲不言趙盾之師/283

曷爲不言捷乎宋/211
曷爲不言楚子執之/210
曷爲不言取之曹/232
曷爲不言桓公城之/173,197
曷爲不與/168,173,197,269,304,479
曷爲不與公復讐/120
曷爲不與滅/183
曷爲不與晉而與楚子爲禮也/307
曷爲不足乎季子/413
曷爲郛之/469
曷爲不疾/447
曷爲不恥/443
曷爲不恥公幼也/353
曷爲復貶乎此/423
曷爲使微者/223
曷爲使微者卿也/417
曷爲使微者公也/120
曷爲使我歸之/338
曷爲使我主之/102
曷爲使虞首惡/175
曷爲使衛主之/147
曷爲仕諸晉/423
曷爲序乎大國之上/175
曷爲序乎諸侯之上/187
曷爲先救而後言次/399
曷爲先言王而後言正月/32
曷爲先言隕而後言石/202
曷爲先言六而後言鷁/202
曷爲先言次/168
曷爲先言築微/147
曷爲城杞滅也/197
曷爲殊及陳袁儒/368
曷爲帥師墮郈/499
曷爲殊會吳外吳也/350
曷爲殊會王世子/183
曷爲深之畏齊也/120
曷爲惡劇/404

曷爲抑齊/392
曷爲與襄公之征齊/205
曷爲外也/350
曷爲畏齊也/120
曷爲外之/160
曷爲爲季子諱殺/154
曷爲爲恭/67
曷爲爲久/117
曷爲殺寗喜出奔/407
曷爲爲隱諱/69
曷爲爲中國諱/366,375
曷爲謂之大原/423
曷爲謂之世室/265
曷爲謂之寔來慢之也/78
曷爲謂之仲孫忌/489
曷爲謂之晉魏多/529
曷爲爲執宋公貶/211
曷爲爲桓公諱/168,172,197
曷爲以官氏/36
曷爲以國氏/119
曷爲以國氏當國也/48
曷爲以叛言之/501
曷爲以詐戰之辭言之/457
曷爲以狩言之大也/531
曷爲以水地/263
曷爲以外內同若辭重師也/219
曷爲以外內之辭言之/351
曷爲以異書/244,480
曷爲以二日辛之慨也/76
曷爲以臧孫辰之私行/147
曷爲夷狄之/236
曷爲以此月日辛之/358
曷爲以夏五月郊/505
曷爲者也/473,501
曷爲葬之/111
曷爲再言晉侯/223
曷爲再言豹/408
曷爲絶之/217,438
曷爲絶之滅也/522
曷爲絶之犯命也/114

원문자구색인 533

曷爲絶之賤也/79
曷爲絶之獲也/122,520
曷爲祭泰山河海/232
曷爲尊屈完/180
曷爲存陳/435
曷爲從外/90
曷爲重師/219
曷爲衆殺之/144
曷爲重吳/528
曷爲直稱晉侯以殺/183
曷爲出奔晉/407
曷爲就吾徵者而盟公也/137
曷爲親來獻戎捷威我也/152
曷爲稱字褒之也/34
曷爲託始焉爾/39,40
曷爲殆諸侯/408
曷爲通濫/473
曷爲逼刺天下之大夫/388
曷爲貶/150,297,417,479
曷爲貶君在乎殯而用師/236
曷爲貶譏喪娶/281
曷爲貶譏世卿/44,302
曷爲貶譏以妾與妻也/187
曷爲貶大夫不敵君也/223
曷爲貶不與大夫專廢置君也/269
曷爲貶不與外討也/304
曷爲貶與公也/102,171
曷爲貶與弒公也/48
曷爲貶外也/252
曷爲貶爲殺世子偃師貶曰/423
曷爲貶衛之禍/227
曷爲貶爲執宋公貶/211
曷爲貶隱之罪人也/62
曷爲貶疾始滅也/39
曷爲貶平者在下也/312
曷爲褎/34
曷爲或言歸/94
曷爲或言免牲/232
曷爲或言崩或言薨/43
曷爲或言三卜/232
曷爲或言奉師/51
曷爲或言而或言乃/297
曷爲或言災/377
曷爲或言致會/114
曷爲或言侵/122

曷爲或言會/34
曷爲獲麟大之/531
曷爲後日恃外也/90
敢固辭/463
敢固以請/463
敢辱大禮敢辭/463
敢以請/463
闞者何/475
敢致糗于從者/463
甲戌齊國書師師/525
甲戌之日亡/76
甲戌晉侯詭諸卒/189
甲戌楚子旅卒/319
甲午祠兵/117
甲午衛侯衎復歸于衛/404
甲午晦/353
甲子新宮災/330
疆運田者何/423
姜戎微也/371
疆而無義/211
江人黃人也/189
江人黃人者何/175
疆者吾威之/307
降之者何取之也/150
介葛盧來/228
介葛盧者何/228
蓋改葬也/107
蓋叩其鼻以血社也/206
蓋郭公也/141
皆官擧也/254
蓋舅出也/371
蓋鄧與會爾/71
蓋利劍也/293
改卜牛/336,509
改卜牛牛死/286
蓋不以寡犯衆也/183
皆色然而駭/519
皆說然息/494
皆習戰也/117
蓋吳女也/527
皆曰諾/413
蓋欲立其出也/371
蓋以操之爲己蹙矣/150
蓋以築防也/438
蓋以竿書也/433,438
介人侵蕭/230
蓋酌之也/187
皆莊公之母弟也/145
蓋鄭與會爾/381
開之則闐然/519

蓋晉敗之/323
蓋妻楚王之母也/486
蓋招之有罪也/423
蓋通于下/44
皆何以名/80
皆何以稱人/94
蓋獻之也/175
蓋虐于齊滕女之先至者也/187
莒慶來逆叔姬/145
莒慶者何/145
去其有聲者/297
莒挈有何/171
莒大夫也/145,171,429
去樂卒事/445
莒牟夷者何/429
莒無大夫/145,171,429
莒弒其君庶其/277
莒女有爲鄫夫人者/371
居于運/467
莒人滅鄫//373
莒人聞之曰/171
莒人伐杞/48
莒人伐我東郡/376
莒人伐我東鄙圍台/383
莒人不肯/288
莒人弒其君密州/418
莒人逐之/171
莒人侵我東鄙/385
去者三人/493
莒子朱卒/346
莒將滅之/371
莒展出奔吳/423
去之延陵/413
乞盟者何/187
乞者何卑辭也/219
乞者何不從其言/175
見使守衛朔/96
見用幣非禮也/141
結言而退/73
兼之非禮/36,248,258
景公死而舍立/519
景公曰/463
頃公用是佚而不反/326
景公謂陳乞曰/518
頃公歠飮而至曰/326
頃公之車右也/326
慶封走之吳/428
慶封之罪何/428
卿不得憂諸侯也/417

慶父聞之曰嘻/171
慶父弒君/159
慶父弒二君/162
慶父也存/154
京師者何/83
庚申莒潰/341
庚申晉弒其君州蒲/360
庚午衛侯衎卒/412
敬而不黷/81
庚寅我入邴/59
庚寅衛侯遫卒/328
庚寅日中而克葬/297
慶子家駒曰/463
慶父免君於大難矣/463
京者何大也/83
庚辰大雨雪/60
庚辰吳入楚/486
卿則其稱人何貶/417
繼文王之體/257
癸未葬宋繆公/46
癸巳叔孫州仇仲孫何忌及邾婁子盟于句繹/511
癸巳葬晉文公/29
癸巳葬蔡桓侯/97
癸巳陳夏徵舒弒其君平國/302
季孫斯叔孫州仇/513
季孫斯叔孫州仇仲孫何忌帥師伐邾婁/511
季孫斯卒/513
季孫斯仲孫忌/489
季孫斯仲孫何忌/491,499
季孫宿帥師救台遂入運/383
季孫宿叔孫老會晉士匃齊人宋人衛人鄭公孫蠆曹人莒人邾婁人滕人薛人杞人小邾婁人/385
季孫宿叔孫豹/386
季孫宿如宋/394
季孫宿如晉/373,392,425
季孫宿卒/432
季孫宿會晉侯鄭伯齊人宋人衛人鄭婁人于邢丘/376
季孫謂臨南曰/493
季孫隱如如晉/447
季孫隱如卒/488
季孫隱如會晉荀櫟

于適歷/473
季孫行父及晉郤州盟于扈/355
季孫行父帥師/263
季孫行父如齊/277,302
季孫行父如晉/272
季孫行父曰/355
季孫行父臧孫許叔孫僑如公孫嬰師師/326
季孫行父會齊侯于陽穀/274
繼弒君/168
繼弒君不言即位/67,281
繼弒君不言即位執繼/159
季辛又雩/463
季氏得民衆久矣/463
季氏爲無道/463
季氏專魯國/493
季氏之孑也/200
季氏之孑則微者/200
季氏之宰/493
季氏之宰也/493
癸酉葬我君襄公/418
季子起而治之/145
季子待之以偏戰/171
季子來歸/159
繼子般也/159
季子不受曰/413
季子使而亡焉/413
季子使而反/413
季子殺母兄何善爾/154
季子弱而才/413
季子曰/171
季子曰般也存/154
季子曰夫何敢/154
季子猶不受也/413
季子者所賢也/413
季子之遏惡奈何/154
季子之遏惡也/154
季子至而不變也/159
季子至而授之以國政/154
季子治內難以正/171
季子和藥而飲之/154
繫諸人也/114
繫之外廐爾/175
繫之齊也/160
繫之許也/67
癸丑公會晉侯衛侯鄭伯曹伯宋世子成齊國佐邾婁人/350

癸丑叔鞅卒/457
癸丑葬我小君文姜/137
季姬歸于鄫/200
故君子大居正/46
故君子大其不鼓不成列/213
故君子大其弗克納也/269
故君子大其平乎已也/312
故君子謂之出奔也/423
故君子爲之諱也/203,452
故君子以其不受爲義/413
考宮者何/52
故譏之也/257
故母亦不繆於夫人也/41
故反繫之鄭/379
故凡隱之立/32
故不言會也/299
故不爲之諱本惡也/193
故不有其正月也/64
故使衛主之也/147
故相與往殆乎晉也莒將滅之/371
故善之也/266
故謁也死/413
故於是復請至于陳/145
故於是先攻孔父之家/69
故於是推而通之也/473
故言伐也/122
故言我也/371,379,488
故言次也/122
鼓用牲于社/142,150,272
鼓用牲于社于門/143
故于是已立/227
故爲之諱本惡也/193
故爲桓祭其母也/52
考繪入室也/52
故以異書也
故以二日卒之也/76
故以災書/244
顧而執濤塗/180
故以桓母之喪告于諸侯/36
古人之有權者/87
古人之討/181
告子家駒曰/463
古者曷爲什一而藉/314
古者大夫已去/281
古者不穿/73
古者上卿下卿上士下士/381

古者臣有大喪/281
古者什一而藉/314
高子曰/247,463
古者有明天子/109
高子者何/162
郜子者何/208
古者鄭國處于留/87
古者諸侯必有會聚之事/109
古者周公/181
古者杅不穿/307
故將去紀侯者/109
故將壹譏而已/111
告糴譏也/147
告糴者何請糴也/147
故諸爲君者皆輕死爲勇/413
故終其身不氏/59
告從不赦不詳/307
故終隱之篇貶也/62
故終僖之篇貶也/220
古之道不卽人心/281
古之道也/486
故擇其重者而譏焉/111
曲棘者何/464
哭臣之子之/236
曲沃者何/399
公爲四不視朔/274
公爲與大夫盟/119
公爲與微者盟/119
公爲爲遠而觀魚/50
公救戍至遇/386
公及戎盟于唐/40,71
公及鄭伯盟于越/67
公及大夫盟于曁/119
公及齊侯盟于穀/275
公及齊侯宋公陳侯衛侯鄭伯許男曹伯會王世子于首戴/183
公及齊侯遇于穀/139
公及齊侯鄭伯入許/64
公及齊侯平莒及郯/288
公及邾婁儀父盟于眛/97
公及晉侯盟/246,266
公及晉侯盟于長樗/368
公怒以斗擎而殺之支解/292
公斂處父帥師而至/494

公伐莒取向/288
公伐杞/319
公伐邾婁取須朐/213
公伐邾婁取義/237
孔父可謂義形於色矣/69
公不見見/353
公不見見也/353
公不見與盟/443
公不見與盟也/443
公不見要也/84
孔父仇牧皆累也/192
公不得爲政爾/230,383
公不死也在是/473
孔父生而存/69
孔父荀息皆累也/125
公不與盟/443
公不與盟者何/443
公夫人姜氏遂如齊/98
孔父正色而立於朝/69
公孫歸父帥師伐邾婁取蘱/302
公孫歸父如齊/302,319
公孫歸父會齊人伐莒/304
公孫歸父會楚子于宋/312
公孫嬰齊/348
公孫嬰齊如莒/339
公孫嬰齊如晉/335
公孫嬰齊則曷爲謂之仲嬰齊/348
公孫敖帥師及諸侯之大夫救徐/200
公孫敖如莒蒞盟/253
公孫敖如京師不至復/254
公孫敖如齊/241
公孫敖卒于齊/269
公孫于齊/463
公孫慈帥師會齊人宋人衛人鄭人許人曹人侵陳/181
公孫慈卒/202
公狩于郞/74
公失序奈何/253
公失序也/253
公與爲爾奈何/211
公與爲爾也/211
公如齊/302,467
公如晉/332,343,360,368,383429,468
公如晉至河乃復/440,443,454

公如晉次于乾侯/469
公曰同非吾子/102
公曰庸得若是乎/154
攻廧則郭救之如之何/175
公有疾乃復/458
公有疾也/274
公以楚師伐齊取穀/219
恐人犯之故營之/143
孔子蓋善之也/281
公子慶父/159
公子慶父公子牙/145
公子慶父公子牙公子友/145
公子慶父弒閔公/171
公子慶父也/159
公子慶父如齊/155
公子慶父出奔莒/162
公子驅卒/53
公子買戍衛/223
公子目夷諫曰/211
公子目夷復曰/211
公子不可以入/171
公子負芻從輿/452
孔子生/396
公子遂及齊侯盟于犀丘/274
公子遂也/297
公子遂如京師遂如晉/230
公子遂如宋/261
公子遂如齊/226,283
公子遂如齊納幣/244
公子遂如齊逆女/281
公子遂如晉/232
公子遂如楚乞師/219
公子遂謂叔仲惠伯曰/348
公子遂知其不可與謀/349
公子遂會晉人宋人衛人許人救鄭/258
公子遂會晉趙盾盟于衡雍/254
公子牙今將爾/154
公子牙卒/154
公子陽生也/440,519
孔子曰/463,531
公子友帥師/171
公子友如齊/185
公子益師卒/37
公子縶不得已而與之約/408
公子縶辭/407

公子縶挈其妻子而去之/408
孔子行乎季孫/497,499
公子翬恐若其言聞乎桓/48
公子翬如齊逆女/73
公子翬謟乎隱公/48
公子喜時見公子負芻之當主也/452
公子喜時者仁人也/353
公子喜時在內/353
公子喜時在內也/353
公張之/50
公將平國而反之桓/32
公在乾侯/470,472,475
公在外也/139
公弟叔肸卒/318
公朝于王所/223
公之喪至自乾侯/479
公至曰/358
公至自乾侯居于運/469
公至自救陳/371
公至自伐鄭/358,379,381
公至自伐齊/219,392
公至自瓦/491
公至自圍成/499
公至自圍許/228
公至自會/138,139,237,288,299,302,467
公至自會居于運/466
公至自會/269,330,360,368,376,384
公至自侵鄭/489
公至自侵齊/491
公至自頰谷/496
公至自黃/499
公至自會/269,335,337,341,350,353,355,371,379,381,397,401,403,443,503
公至自會居于運/466
公釐行奈何/346
公釐行也/346
共處其所而請與奈何/187
公追齊師至嶲弗及/219
公則易爲不言公/120,137
公敗宋師于菅/62
公敗宋師于乘丘/122
公敗齊師于郚/124
公敗齊師于長勺/122
公何以不言及夫人/98

公何以不言即位/102,159,168
公何以不言即位/32
公許之反爲大夫歸/358
公扈子者/473
公會莒子衛甯遫盟于向/219
公會杞伯姬于洮/145
公會紀侯莒子盟于𣪠蛇/89
公會紀侯鄭伯/90
公會宋公燕人盟于穀丘/89
公會宋公于闞/87
公會宋公于龜/89
公會宋公于虛/89
公會宋公于夫童/87
公會宋公蔡侯衛侯于曹/95
公會吳伐齊/524
公會吳于橐皋/527
公會王人齊侯宋公衛侯許男曹伯陳世子款鄭世子華盟于洮/187
公會衛子莒慶盟于洮/217
公會尹子晉侯齊國佐衛人伐鄭/353
公會鄭伯于曹/92
公會齊人宋人邾婁人救鄭/147
公會齊紀侯盟于黃/97
公會諸侯盟于薄/211
公會諸侯盟于宋/221
公會齊侯盟于艾/55
公會齊侯盟于扈/139
公會齊侯宋公陳侯于侈伐鄭/94
公會齊人宋人陳人衛人鄭人許人曹人于鹹/196
公會齊侯宋公陳侯衛侯鄭伯許男曹伯侵蔡蔡潰/180
公會齊侯宋公陳侯衛侯鄭伯許男曹伯滑伯滕子同盟于幽/130
公會齊侯宋公陳侯衛侯鄭伯許男邢侯曹伯于淮/202
公會齊侯于溴/98
公會齊侯于城濮/146

公會齊侯于贏/73
公會齊侯于平州/283
公會齊侯于鄗/94
公會齊侯于護/73
公會齊侯衛侯于堅/503
公會齊侯鄭伯于中丘/62
公會晉師于瓦/491
公會晉人鄭良霄宋人曹人于澶淵/405
公會晉侯/355,358
公會晉侯及吳子于黃池/528
公會晉侯盟于黃/499
公會晉侯宋公衛侯鄭伯曹伯莒子邾婁子滕子薛伯杞伯小邾婁子于陳儀/401
公會晉侯宋公衛侯鄭伯曹伯莒子邾婁子滕子薛伯杞伯小邾婁子于陳儀/402
公會晉侯宋公衛侯鄭伯曹伯莒子邾婁子滕子薛伯齊世子光/371
公會晉侯宋公衛侯曹伯莒子邾婁子齊世子光滕子薛伯杞伯小邾婁子伐鄭/379
公會晉侯宋公衛侯曹伯伐鄭/330
公會晉侯宋公衛侯曹伯齊世子光莒子邾婁子滕子薛伯杞伯小邾婁子伐鄭/381
公會晉侯宋公陳侯衛侯鄭伯曹伯莒子邾婁子滕子薛伯齊世子光吳人鄫人于戚/371
公會晉侯宋公陳侯衛侯曹伯莒子邾婁子于鄂/375
公會晉齊侯宋公衛侯鄭伯曹伯莒子杞伯同盟于蒲/341
公會晉齊宋公衛侯鄭伯曹伯莒子邾婁子滕子薛伯杞伯小邾婁子/394
公會晉侯齊侯宋公衛

侯鄭伯曹伯莒子邾
婁子于商任/396
公會晉侯齊侯宋公衛
侯鄭伯曹伯邾婁子
杞伯同盟于蟲牢/333
公會晉侯齊侯宋公
衛侯曹伯莒子邾
婁子杞伯救鄭/336
公會晉侯齊侯宋公
蔡侯鄭伯衛子莒
子盟于踐土/223
公薨于乾侯/475
公薨于臺下/277
公薨于路寢/154,319
公薨于齊/98
公薨于楚宮
公薨何以不地/64
公薨何以不地隱之也/162
過時書/257
過時而不日/46
過時而日隱之也/46
過我也/386
寡人不忍行也/213
寡人死之/109
寡人有不腆先君之服/463
寡人之生則不若死矣/127
寡人請爲之前列/486
寡乎什一/314
郭公者何/141
潞移也/392
郭之邑也/175
管子顧曰/128
管子曰/128
管子進曰/128
貫澤之會/189
曠年無君/162
蒯聵爲無道/513
蒯聵之子也/513
交易爲言/307
郊用正月上辛/358
郊牛之口傷/286
郊者何/457
郊則易爲必祭稷/286
郊何以卜/232
求吉之道三/232
求金非禮也/257
九年春紀季姜歸于
京師/83
九年春毛伯來求金/257
九年春宋火/377

九年春叔弓會楚子
于陳/435
九年春王三月丁丑/189
九年春王二月/523
九年春王正月/341,495
九年春王正月公如齊/299
九年春齊人殺無知/119
九年春天王使南季
來聘/60
仇牧可謂不畏彊禦矣/125
仇牧聞君弒/125
仇牧苟息皆累也/69
久無正也/79
求賻非禮也/44
救不言次/168
九世猶可以復讎乎/109
嫗盈女也國色也/473
九月甲申/269
九月庚戌朔/396
九月庚申/466
九月庚午朔/150
九月癸酉地震/258
九月考仲之宮/52
九月公至自楚/432
九月公至自會/200,203
九月公敗邾婁師于纆/171
九月僑如以夫人婦
姜氏至自齊/347
九月及宋人盟于宿/37
九月紀履緰來逆女/40
九月己亥/438,463
九月大雩/389,447,480,490
九月滕子來會葬/505
九月戊申朔/183
九月戊辰/189
九月夫人姜氏孫于
邾婁/162
九月非所用郊也/358
九月宋人執鄭祭仲/87
九月叔孫舍如晉/436
九月辛卯公及莒人
盟于包來/59
九月辛酉天王崩/364
九月辛丑用郊/358
九月衛人殺州吁于濮/49
九月入杞/71
九月葬陳懷公/491
九月丁卯子同生/79
九月齊人取子糾殺之/120
九月齊侯送姜氏于讙/73

九月螟/529
九月晉人執季孫行父/355
九月晉侯宋公衛侯鄭
伯曹伯會于扈/299
九月取鄆/428
苟有履衛地食衛粟者/408
求車非禮也/94
求平陰之道也/143
國可以存易亡/87
國固臣之國也/211
國君以國爲體/109
國一體也/109
國君何以爲一體/109
國滅君死之正也/373
國不若氏/122
國曰潰/180
國爲君守之/211
國已滅矣/122
國人莫不知/159
國人莫知/32
國子之國也/211
國子執壺漿曰/463
國佐曰/326
國之力士也/293
國何以可/109
君曷爲不入/211
群公不毛/265
群公子之舍/104
群公稱宮/265
君既服南夷矣/180
君漏言也/250
君無多辱焉/463
君無所尊大禮/463
君放之非也/281
君不圖與/128
君不忍吾先君/463
君不使乎大夫/326
君不忍加之以鈇鑕/463
君不會大夫之辭也/283
君死不哭/349
君舍于君室/486
君死于位行減/457
君使之非也/281
君已知之矣/154
君死乎位行減/144
君殺大夫之辭也/185
君殺正而立不正/193
君嘗訊臣矣臣對曰/193
君雖不言國/211
君弒臣不討賊非臣也/64

君弒則子何以不言
卽位隱之也/102
君臣之義也/154
君臣用臣之謀/175
君若贅旒然/388
君如矜此喪人/307
君如欲立之/518
君如有憂中國之心/486
君謂射姑曰/250
君有事于廟/445
君幼如之何/348
君幼則宜有養者/473
軍有七日之糧爾/312
君入則己出/230
君曷爲爲春秋/531
君子見人之厄則矜之/312
君子不鼓不成列/213
君子不近刑人/412
君子不厄人/213
君子不予也/438
君子不爲也/87
君子不疾也/447
君子不恥不與焉/443
君子之爲/98,307,416
君子修之曰/116
君子疑焉/76
君者以君可以爲社
稷宗廟主也/46
君子之善善也長/452
君子之惡惡也疾始/203
君子之爲國也/147
君子之祭也/81
君子辟內難/145
君將不言帥師/51
君將使射姑將/250
君將使我殺子/292
君前臣名也/119
君存焉爾/80,105,175,469
君存稱世子/154
君之不令臣/307
君之始年也/32
君之槩不若子之槩也/293
君之意何如/127
君請勿自敵也/141
君請勿許也/175,307
君出則己入/230
君側之惡人也/501
君則其稱師何/168
君親無將/154,423
君必死國必亡/87

원문자구색인 537

君何求乎/128	近刑人則輕死之道也/412	其禮一也/117	杞叔姬來歸/333
君何喪焉/175	今君勝鄭而不有/307	其漏言奈何/250	紀叔姬卒/149
君何憂焉/154,175	今君之恥/109	紀履緰者何/40	杞叔姬卒/339
君許諾/128	今君逐君之二子/46	己立之/269	譏始丘使也/323
君獲不言師敗績也/200	今紀無罪/109	其名何徵國也/112	譏始忌省也/137
君薨稱子某/155	今將爾/423	其名何嫡得之也/430	起弑靈公/293
屈完者何/180	今將爾季子不免/159,162	己卯仲孫遬卒/399	譏始不三年也
弓繡質/494	今此臣之罪也/355	己卯地震/450	譏始不親迎也/40
躬足以亡爾/314	今招之罪已重矣/423	己卯晦震夷伯之廟/200	其恃外奈何/90
宮之奇果諫/175	及公子瑕/230	己未公會晉侯衛侯	譏始用田賦也/526
權者何權者反於經/87	及其大夫孔父/69	曹伯邾婁子/318	其實未之齊也/302
權之所設/87	及其大夫仇牧/125	己未同盟于雞澤/368	其實夫人外公也/98
潰者何下叛上也/180	及其大夫荀息/192	祁彌明逆而踆之/293	其實我動焉爾/272
貴大夫也/137	及沂西田/511	祁彌明自下呼之/293	其甚惡奈何/223
歸無惡於弑立也/443	及蘇子盟于女栗/259	己未衛侯衎出奔齊/385	其心休休/263
歸無惡於弑立者何/443	及宋人衛人伐邾婁/97	其反夷狄奈何/486	其讓國奈何/227,452,473
歸反爲大夫於宋/125	及我欲之/34	杞伯曷爲來逆叔姬	其讓國奈何謁/413
歸父使于晉而未反/348	及吳戰于艾陵/525	之喪以歸/341	其讓乎我奈何/114
歸父還自晉/319	及猶汲汲也/34	杞伯匄卒/398	其禦外難以正奈何/171
歸惡乎元咺也/230	及者累也/34,69,125,192	杞伯姑容卒/373	其去樂卒事何禮也/445
歸獄僕人鄧扈樂/159	及鄭公子歸生師師/284	杞伯過卒/522	其救江何爲諼也/246
歸于者/227	及鄭師伐宋/89	杞伯來逆叔姬之喪	其言歸于楚何/515
歸于者罪未定也/227	及鄭軒達帥師/511	以歸/341	其言歸于鄂何隱之也/125
歸于者何/226	及齊高傒盟于防/137	杞伯來朝/145,263,332	其言歸何/41,87,230,
貴者無後/80	及齊師戰于乾時/120	杞伯戊卒于會/483	443,501
歸者出入無惡/94	及齊師戰于新築/326	杞伯益姑卒/431	其言歸含且瞶何兼之/248
歸郯婁子益于郯婁/522	及齊師戰于奚/97	杞伯姬來朝其子/183	其言及姜戎何/236
歸于之者/226,227	及鄧婁人戰于升陘/213	其法奈何/326	其言及防玆來奔何/429
歸之于者何/226	及陳袁僑盟/368	其服罪奈何/107	其言及吳子何/528
歸之于齊/338	及晉處父盟/244	譏父老代近政也/76	其言吉何/162
龜青純/494	及楚子戰于邲/307	暨不得已也/34	其言納何/304
貴則皆貴矣/269	及向戌盟于劉/386	紀父母之於子/83	其言乃不郊何/343
貴則其稱人何/114	矜之者何/189	其不時奈何/244	其言大夫盟何/388
葵丘之會/189	饑/302,315	其不食其言奈何/192	其言逃歸不盟者何/183
糾者何公子糾也/119	其可奈何/513	其不畏疆禦奈何/125	其言來求婦何/233
郤缺曰/269	其兼言之何/64	其不日可以始乎此/127	其言來歸何喜之也
郤克眹魯衛之使/326	紀季者何/107	己巳及齊侯宋公衛	其言來盟者何/177
郤克曰/326	既哭以人爲菑/463	侯燕人戰/90	其言來奔喪何/505
郤錡郤州郤至/358	其貴奈何/120	其辭成矣/82,83	其言來逆婦何/217
郤反舍于汶水之上/171	其貴奈何母弟也/263,302	棄師之道也/162	其言來朝其子何內
棘者何汶陽之不服	其譏子道之不盡奈	其詞則丘有罪焉爾/440	辭也/183
邑也/330	何曰/451	己殺之/269	其言來何/36,145,180
克之者何殺之也/35	其難奈何/141	欺三軍者/326	其言來何閔之也/272
根牟者何/299	其代公執奈何/355	其序則齊桓晉文/440	其言來會葬何/241
懂然後得免/494	其大夫諫曰/375	其成使乎我奈何/82	其言梁亡何自亡也/206
僅有年也/73	紀大夫也/40	既成爲泉臺/274	其言萬入去籥何/297
僅有年亦足以當喜乎/73	其大夫曰/375	其所爲有於顏者也/473	其言盟于師/180
僅逮是月也/202	其道也爲之改築者也/104	暨宋仲佗石彄出奔陳/497	其言減獲何/457
近許也此邑也/67	其得罪于天子奈何/96	其受賂奈何/175	其言伐之何/119
	其禮與其辭足觀矣/463	紀叔姬歸于鄂/125	其言伐取之何易也/62

其言復歸何/404
其言不肯何/288
其言弗克納何/269
其言弗及盟何/274
其言弗遇何/84
其言界宋人何/223
其言三日哭何/330
其言城之何取之也/366
其言孫于齊何念母也/102
其言弑其君舍何/269
其言弑其君之子奚齊何/189
其言新作之何/481
其言我何/59,302
其言如會何/368,375
其言如會何後會也/223
其言曰/407
其言曰有能爲我殺殺顏者/473
其言于京師何/479
其言于大辰何/448
其言于東方何見于日也/529
其言祉于門何/143
其言于莊公何/162
其言濟西何大之也/133
其言圍之何不聽也/330
其言六月雨何/177
其言以璧假之何易之也/67
其言以妾爲妻奈何/187
其言日何難也/141
其言入于北斗何/269
其言入于晉入于曲沃何/399
其言入何/455,466
其言入何難也/59,141
其言入何篡辭也/114,119
其言自京師何/346,353
其言自潞水何/392
其言自何爲叔武爭也/227
其言災何/515
其言何復立也/513
其言朝公何/139
其言朝何/64,83
其言從王伐鄭何/76
其言至遇何/386
其言至河乃復何/425
其言之何緩也/286
其言至黃乃復何有

疾也/297
其言至崙弗及何侈也/219
其言陳火何/435
其言執齊慶封何/428
其言執之何/183
其言次于郎何/107
其言次于郎何伐也/122
其言次于陘何有侯也/180
其言追何/133
其言取之何減之也/428
其言取之何不聽也/423
其言取之何易/177,523,528
其雄門及兩觀災何/481
其言敗何大之也/261
其言惠公仲子何兼之/36
其言桓公何追命也/104
其言會盟何後會也/206
其言會伐宋何後會也/129
其言會于蕭魚何/381
其言獲何/376
其言僖公成風何兼之/258
其餘皆通矣/339
其餘大國稱侯/52
其與弑公奈何/48,102
其餘從同同/111
其易奈何/62,127,353
其易奈何詐反也/528
其易奈何詐之也/523
其逆祀奈何/244
其然乎/349
記/175
其外奈何/252
其用之防奈何/438
其用之社奈何/206
其憂中國奈何/486
其爲吉者主於己/244
其爲能變奈何/263
其爲宋誅奈何/364
其威我奈何/152
其爲齊誅奈何/428
其爲尊卑也微/32
其謂之郜鼎何/71
其爲知權奈何/87
其謂之逆婦姜于齊何略之也/247
其謂之秦何/236
其爲諼奈何/246
己酉及國佐盟于袁婁/326
暨猶暨暨也/34

己酉邾婁人執鄫子用之/206
其意不當/443
其意不當也/443
其意也何/175
其義形於色奈何/69
其意侵曹/223
譏二名/489,529
既而不可及/159,162
既而曰若此乎/281
其以地正國奈何/501
起而致國于夏父/473
其日何難也/59
其日何大之也/261
其日何錄乎內也/226
其日何至之日也/272
其佚獲奈何/326
其立之非也/49
譏子道之不盡也/451
杞子來盟/413
杞子來朝/220
其自亡奈何/206
紀子伯莒子盟于密/41
紀子伯者何/41
既者何盡也/73
既葬稱子/155
記災也/330,515
其正我奈何/162
其諸君子樂道堯舜之道與/531
既濟未畢陳/213
其諸侍御有不在側者與/175
其諸公仲孫與/160
其諸爲其雙雙而俱至者與/289
其諸以病桓乎/79
其諸此之謂與/215
其諸則宜於此變焉矣/315
器從名/71
其之魯者/261
器之與人何/71
杞之邑也/48
其之齊者/261
其地何當國也/35
其地何大之也/57,261
其賤奈何外淫也/79
己丑公薨于路寢/360
己丑及郕州盟/7
己丑葬我小君齊姜/366

其築之何以禮/104
其取之何內辭也/120
其取後乎莒奈何/371
亟則瀆/81
既則晉師之救鄭者至/307
其稱季友何賢也/202
其稱季子何賢也/159
其稱公子何/443
其稱國以殺何/185
其稱國以殺何道殺也/230
其稱劉何/386
其稱孟子何/526
其稱武氏子何譏/44
其稱婦何/217,233,281
其稱世子何/438
其稱世子何復正也/94
其稱王季子何貴也/302
其稱王猛何/455
其稱王子猛卒何/455
其稱尹氏何貶/44
其稱夷伯何大之也/200
其稱諡何賢也/416
其稱人何/49,220,328
其稱人何貶/150,211,227,252,269,304,312
其稱仍叔之子何譏/76
其稱子糾何貴也/120
其稱子何/168
其稱子何貴也/263
其稱宰渠伯糾何/75
其稱田何/67
其稱弟何/56
其稱天王何/458,339
其稱崔氏何貶/302
其稱侯朝何/80
其辟軍之道奈何/180
己必死趨而救之皆死焉/69
器何以從名/71
其合祭奈何/244
己亥仲孫羯卒/418
其或日或不日/43
其會不致也之也/127,138
其會則主會者爲之也/440
旗獲而過我也/152
紀侯大去其國/109
紀侯之不誅/109
紀侯之弟也/107
紀侯譖之/109
吉禘于莊公/162

원문자구색인　539

吉禘于莊公譏/244

〔나〕

諾勉之矣/312
欒盈將入晉/399
南郢之與鄭/307
南夷與北狄交/180
納公黨與也/304
納公孫甯儀行父于陳/304
納頓子于頓/217
納北燕伯于陽/440
納于大廟非禮也/71
納衛世子蒯聵于戚/511
納者何入辭也/119,269
納幣不書/137,244,339
郎臺則曷爲謂之泉臺/274
郎亦近矣/90
囊瓦求之/486
郎猶可以地也/90
郎者何吾近邑也/85
郎何以地/90
內其國而外諸夏/351
內難者何/145
乃難乎而也/297
內大惡諱/62,69
內大惡諱也/39,428,520
來盟于我也/177
乃免牲/232,374
乃免牛/336
內無貶于公之道/281
內無貶于公之道也/281
乃不郊/286,381
內不言戰/85,89,90
內不言敗/120
內辭也/341,520
來言者何內辭也/338
乃者何難也/297
內諸夏而外夷狄/351
內之邑也/56
乃疾之也/447
內平其國而待之/353
奈何去魯國之社稷/463
奈何使人之君/338
內諱奔謂之孫/102
內諱殺大夫/223
念母以首事/102

念母者所善也/102
魯公鬻群公廩/265
魯公拜乎後/265
魯公用騂犅/265
魯公之廟也/265
魯公稱世室/265
魯郊非禮也/232
魯郊何以非禮/232
老夫抱之/349
魯人不與/171
魯人徐傷歸父之無後也/349
魯人至今以爲美談/162
魯一生一及/154
魯子曰/107,183,208,226
魯子曰是王也/215
魯子曰我貳者/139
潞子之爲善也/314
魯祭周公/265
魯朝宿之邑也/67
路寢者何正寢也/154
潞子何以稱子/314
魯侯之力/114
魯侯之美惡乎至/125
魯侯之美也/125
魯侯之淑/125
錄伯姬也/339,341,343,417
錄我主也/484
錄乎內也/480
雷電擊夷伯之廟者也/200
能有容是難也/263

〔다〕

多乎什一/314
單伯者何/102
單伯至自齊/272
單伯之罪何道淫也/269
殷脩云乎/141
段者何鄭伯之弟也/35
丹桓宮楹非禮也/139
譚子奔莒/122
當國/35,119,455
當喪未君也/44
當喪未君也踰年矣/257
當時而不日正也/46
當時而日/46
棠者何濟上之邑也/51

當邾婁顏之時/473
當此之時/473
大去者何滅也/109
大桀小桀/314
代頃公當左/326
大季子之獲也/171
代公執也/355
大國言齊宋/175
待君命然後卒大夫/358
大歸曰來歸/145
大饑/401
大其未至而豫禦之也/133
大其不伐喪也/393
大其弗克納也/269
大其爲中國追也/133
大其平乎己也/312
大貉小貉/315
待無麥然後書無苗/116
大無麥禾/147
大夫待放正也/281
大夫來曰聘/64
大夫越竟事/82,134, 230,366,383
大夫聞之喪/445
大夫聞大夫之喪/446
大夫不書葬/145
大夫不敵君/307
大夫舍于大寢/486
大夫相殺稱人/274, 423,443
大夫生死皆曰獲/457
大夫弑君稱名氏/274
大夫曰卒/43
大夫越竟逆女非禮也/145
大水以君命出/297,393
大夫之義/269,479
大夫之義不得世/473
大夫之妻也/141
大夫之妾/473
大夫詞/353
大夫執何以致會/443
大夫僭於諸侯久矣/463
大夫何以不名/253
大事者何大祫也/244
大省者何災省也/137
大水/141,302,400
大蒐比蒲/438,501,503
大蒐于昌奸/455
大蒐者何/438
大閱者何/78

大雩/76,330,388,433,490
大雨雪/428
大雩者何旱祭也/76
大雨震電/60
大有年何以書/73
大一統也/32
大者曰災/377
大災者何/135
大鄭伯之惡也/35
待之以初也/80
大辰者何/448
大瘠/135
大瘠者何痢也/135
大豐年也/73
大旱/295
大旱以災書/244
大旱之日短而云災/244
大陷于沛澤之中/180
大祫者何合祭也/244
大火也/448
大火爲大辰/448
徒歸于叔爾也/125
濤塗謂桓公曰/180
濤塗之罪何/180
盜殺陳夏齧夫/529
盜殺蔡侯申/515
盜者執謂/493
徒葬於齊爾/111
徒葬乎叔爾/150
盜竊寶玉大弓/493
塗出于宋/87
督將弑殤公/69
瀆則不敬/81
突歸于鄭/87
突何以名/87
突何以名奪正也/94
冬十月/130,293
冬公如晉/446
冬吳滅巢/459
冬十有一月/529
冬十月新作雉門及兩觀/481
冬介葛盧來/228
冬莒殺其公子意恢/444
冬季孫宿會晉士匄宋華閱衛孫林父鄭公孫囆莒人邾婁人于戚/385
冬季孫行父如晉/335
冬公及齊人狩于郜/111

冬公及齊侯遇于魯濟/150
冬公伐邾婁/211
冬公孫歸父如齊/302
冬公孫歸父會齊侯于穀/310
冬公如齊納幣/137
冬公如晉/246,266,369
冬公如晉至河/458
冬公如晉至河乃復/425
冬公子遂如齊/276
冬公子友如齊/196
冬公子友如齊莅盟/177
冬公子友如陳/143
冬公至自唐/71
冬公至自伐鄭/184
冬公次于郎/107
冬公會單子晉侯宋公衛侯曹伯齊人邾婁人伐鄭/358
冬公會齊人宋人陳人蔡人伐衛/113
冬公會齊盟于柯/127
冬公會齊侯于邢/60
冬公會陳人蔡人楚人鄭人盟于齊/206
冬公會晉侯宋公衛侯鄭伯曹伯于黑壤/295
冬公會晉侯宋公衛侯曹伯莒子邾婁子滕子薛伯杞伯小邾婁子齊世子光伐鄭/378
冬公會晉侯齊侯宋公衛侯鄭伯曹伯莒子邾婁子滕子薛伯杞伯小邾婁子于沙隨/397
冬公會晉侯齊侯宋公蔡侯鄭伯陳子莒子邾婁子秦人于溫/226
冬及鄭平/498
冬旣見無麥禾矣/147
冬杞伯姬來/145
冬杞伯姬來求婦/233
冬紀侯來朝/79
冬單麋/132
冬單伯如齊/269
冬單伯會齊侯宋公衛侯鄭伯于鄄/129
冬大雨雹/426

冬大雩/337
冬大雨雹/193
冬大有年/316
冬盜殺鄭公子斐公子發公孫輒/379
同盟于柯陵/357
同盟于京城北/381
同盟于斷道/318
同盟于馬陵/336
同盟于幽/145
同盟于戚/350
同盟于平丘/443
同盟于戲/378
同盟者何同欲也/130
冬不雨/152
冬夫人姜氏會齊侯于穀/116
冬徐伐莒/253
冬城防/384
冬城運/332
冬城中城/489
冬城漆/505
冬城向/95
冬宋人伐曹/200
冬宋人取長葛/55
冬叔弓如楚/431
冬叔孫豹如邾婁/373
冬叔孫豹如晉/388
冬叔還如齊/516
冬戍陳/371
冬十月/67,91,133,323, 344,345,490,523
冬十月甲申/249
冬十月甲午/261
冬十月庚寅/347
冬十月庚辰朔/396
冬十月癸卯/339
冬十月癸卯秦伯卒/513
冬十月癸酉/300
冬十月癸亥/499
冬十月公如齊/237
冬十月公子遂如齊/250
冬十月公子整出奔齊/440
冬十月公會晉侯宋公衛侯鄭伯曹伯莒子邾婁子滕子薛伯杞伯小邾婁子同圍齊/391
冬十月己丑/297
冬十月滕子來會葬/418

冬十月戊辰/464
冬十月伯姬歸于紀/41
冬十月丙戌/286
冬十月丙辰朔/394
冬十月不雨/176
冬十月朔/97
冬十月宋萬出奔陳/126
冬十月宋華亥向甯華定出奔陳/452
冬十月王子猛卒/455
冬十月雨雪/82
冬十月運潰/469
冬十月隕霜殺菽/480
冬十月衛侯使孫林父來聘/375
冬十月乙未子般卒/154
冬十月乙亥/104,355,399
冬十月乙亥天王崩/284
冬十月壬戌/319
冬十月壬午/62,171, 254,433
冬十月子卒/277
冬十月葬衛靈公/511
冬十月葬晉昭公/447
冬十月葬蔡景公/416
冬十月葬蔡靈公/443
冬十月丁未/241
冬十月齊師滅譚/122
冬十月曹伯午卒/467
冬十月天王入于成周/466
冬十月楚人殺陳夏徵舒/304
冬有二月/46,49,87,106, 130,136,149,181,202,515,527
冬十有二月癸亥/217,522
冬十有二月癸亥朔/144
冬十有二月己卯/234
冬十有二月己丑/98
冬十有二月戊午/263
冬十有二月丙寅/307
冬十有二月無駭卒/59
冬十有二月丙午/85
冬十有二月辛巳/53
冬十有二月吳滅徐/470
冬十有二月乙卯/428
冬十有二月乙亥/203
冬十有二月乙亥朔/408
冬十有二月丁未天王崩/187
冬十有二月丁巳/92

冬十有二月丁丑/195
冬十有二月祭伯來/37
冬十有一月/89,94,139, 272,274,331,341,350,525
冬十有一月壬辰公薨/64
冬十有一月庚午/486
冬十有一月癸未/117,432
冬十有一月癸亥/386
冬十有一月己巳朔/213
冬十有一月己酉/423
冬十有一月杞子卒/214
冬十有一月已酉天王崩/333
冬十有一月壬午/318
冬十有一月壬寅/247
冬十有一月丁酉/438
動我者何內辭也/272
冬蜂生/315
冬曰狩/74
冬曰烝/81
冬王姬歸于齊/124
同欲立之以爲君/413
冬衛侯使公孫剽來聘/364
冬衛侯鄭伯盟于曲濮/492
冬有星孛于大辰/448
冬戎侵曹/141
冬葬滕悼公/468
冬葬齊靈公/393
冬葬曹宣公/346
冬葬曹昭公/185
冬葬秦哀公/495
冬葬許悼公/450
冬狄侵宋/259
冬鄭公孫囆/403
冬鄭駟弘帥師救曹/521
東征則西國怨/181
冬齊慶封來奔/409
冬齊高固及子叔姬來/289
冬齊高子來盟/162
冬齊人來歸衛寶/114
冬齊人伐戎/135
冬齊人宋人陳人伐我西鄙/134
冬齊仲孫來/159
冬齊侯使其弟年來聘/73
冬齊侯衛侯鄭游遬會于鞍/497
冬曹伯使其世子射姑來朝/83
冬州公如曹/76

원문자구색인 541

冬郕婁人伐我南鄙/389　冬楚子蔡侯陳侯許　萬入去籥/297　武宮者何/335
東周也/466　　　　　　男頓子沈子徐人　萬者何干舞也/297　無乃失民臣之力乎/307
冬浚洙/120　　　　　　越人伐吳/430　　末亦不樂乎/531　無累者乎曰有/125
冬仲孫羯如晉/413　　冬楚子蔡侯陳侯許　末有成也/55　　　無麥苗/116
冬仲孫蔑會晉荀罃　　　男伐鄭/401　　　末言爾/353　　　無苗則曷爲先言無麥/116
齊崔杼宋華元衛孫　　冬築郎囿/435　　　亡國之社蓋揜之/515　無聞焉爾/41,92,269
林父曹人邾婁人　　　冬築徴/147　　　　亡國之社也/515　無冰/92,323,409
滕人薛人小邾婁　　　冬許遷于白羽/449　亡人以自存/87　　無所不通/232
人于戚/366　　　　　冬邢人狄人伐衛/205　昧雉彼視/408　　　無所用盟/407
冬仲孫何忌及邾婁　　冬黑弓以濫來奔/473　孟氏與叔孫氏迭而　無所出也/122
子盟于枝/482　　　　得見乎公矣/73　　　　食之/493　　　無時焉可也/71
冬仲孫何忌帥師伐　　得紀侯鄭伯/90　　　盟于牡丘/200　　戊申納于大廟/71
邾婁/509,519　　　　得寶玉大弓/495　　　盟于召陵/180　　戊申衛州吁弑其君完/48
冬仲孫何忌會晉韓　　得意致會/114　　　　盟于召陵何/180　戊申入蔡/272
不信齊高張宋仲　　　得一貶焉爾/328　　　盟于狄泉/228　　武氏子來求賻/44
幾衛世叔申鄭國　　　得入不得入/479　　　盟于剸陵/466　　武氏子者何/44
參曹人莒人邾婁　　　得罪于天子也/96　　　盟于澶淵/394　　無易樹子/177
人薛人杞人小邾　　　登來之也/50　　　　　孟子者何/526　　戊午日下昃乃克葬/505
婁人城成周/475　　　登來之者何/50　　　　面目與頑公相似/326　無王者則不至/531
冬晉里克弑其君之　　滕不書/341,343　　　　免牲禮也/232　　無王者則先叛/180
子奚齊/189　　　　　滕子結卒/515　　　　免牛非禮也/232　無以妾爲妻/177
冬晉士鞅帥師圍鮮虞/488　滕子來朝/69,373,511　免牛何以非禮/232　戊寅大夫盟/388
冬晉殺其大夫先縠/309　　滕子甯卒/468　　　免止之罪辭也/451　戊寅大夫宗婦覿用幣/141
冬晉荀罃帥師伐許/111　　滕子虞母卒/525　　　減其可減/111　　戊寅叔孫彘及諸侯
冬晉荀寅士吉射入　　滕子泉卒/426　　　　減同姓也/217　　　之大夫/368
于朝歌以叛/501　　　滕侯薛侯來朝/64　　　滅不言入/122　　無子不廟/155
冬秦人伐晉/382　　　鄧侯吾離來朝/80　　　滅人之國/435　　戊子夫人熊氏薨/297
冬晉人宋人陳人鄭　　滕侯卒/56　　　　　　滅者亡國之善辭也/183　戊子晉人及秦人戰
人伐秦/244　　　　　　　　　　　　　　　滅者上下之同力者也/183　　于令狐/252
冬晉人執曹公/183　　　　〔라〕　　　　　　昧者何地期也/34　戊子晉侯彪卒/436
冬晉趙穿帥師侵柳/283　　　　　　　　　　滅之則其言取之何/428　無障谷無貯粟/177
冬蔡侯朱出奔楚/454　擗幹而殺之/102　　　蝝/53,59,114　　　無主不止/286
冬蔡侯肸卒/198　　　　　　　　　　　　名不若字/122　　戊辰公卽位癸亥/479
冬天王使凡伯來聘/57　　　　〔마〕　　　　命者何加我服也/104,241　戊辰叔弓帥師敗莒
冬天王使宰周公來聘/230　　　　　　　　　母貴則子何以貴/32　　　師于濆泉/108
冬天王出居于鄭/215　馬出之內廄/175　　　牟婁者何/32　　戊辰吳敗頓胡沈蔡陳
冬楚公子結帥師伐　　莫敢當也/323　　　　毛伯來求金何以書譏/257　　許之師于雞父/457
陳吳救陳/524　　　　莫近諸春秋/531　　　毛伯者何/257　　無疾不可言也/274
冬楚公子貞/383　　　莫重乎其舅甥狩也/111　母不通也/40　　　無匹不行/286
冬楚公子貞帥師伐鄭/376　莫重乎其以喪至也/171　母欲立之已殺之/35　無駭帥師入極/39
冬楚鄭師侵衛/328　　曼姑受命乎靈公而　　母以子貴/32　　無駭者何/39
冬楚人伐宋圍緡/219　　　立輒/513　　　　母弟稱弟/56　　文昜爲不與/168,173,
冬楚人伐隨/208　　　萬怒搏閔公/125　　　母兄稱兄/56,452　　　　197,269,304,479
冬楚人伐黃/194　　　萬臂摮仇牧碎其首/125　廟災三日哭禮也/330　文姜者何/137
冬楚人鄭人侵宋/360　萬嘗與世公戰/125　　廟則書葬/155,505　文公死子幼/348
冬楚人陳侯蔡侯鄭　　萬曰甚矣/125　　　　繆公曰/46　　　文公逆祀/493
伯許男圍宋/220　　　　　　　　　　　　　武公之宮/335　　文公爲之奈何/227
冬楚子伐鄭/288　　　　　　　　　　　　　繆公逐其二子公馮/46　文公爲之/227
冬楚子使椒來聘/258　　　　　　　　　　　無君命不敢卒大夫/358　文公之母也/275
冬楚子蔡侯陳侯鄭伐/405　　　　　　　　　無君命也/501　　文公之享國也短/193

文公逐衛侯而立叔武/227
聞君薨家遣/319,349
聞其碩然/202
聞大夫之喪/445
磑汶陽田者何/328
文王之法無求而求/257
門于巢卒/403
門于巢卒者何/403
門有古常也/208
聞有賊趨而至/473
聞齊侯卒乃還/393
文何以無紑婁/473
未可以稱宮廟也/162
未可知也/479
未見諸侯/375
美見乎天下/193
微國也/64
微國則其稱侯何不嫌也/56
未能以其名通也/112,488
美大之之辭也/50
未得乎師也/147
未得乎取穀也/219
美未見乎天下/193
未三年也/162
未成為郎臺/274
美惡不嫌同辭/56
未圍齊也/392
未圍齊則其言圍齊何/392
未踰年之君也/155
未有不亡者/236
未有言螽生者/315
未有言致女者/341
未有言喜有正者/79
未之敢服/463
未之敢用/463
未之能以服/463
未之能以出/463
未至乎舍而卒也/375,403
未出其地/299
未侵曹也/223
未侵曹則其言侵曹何/223
未稱王何以知其即位/257
未毀廟之主皆升/244
閔公矜此婦人/125
閔子要絰而服事/281

〔바〕

班其所取侵地於諸侯也/232
班其所取侵地于諸侯也/232
反魯衛之侵地/326
反魯衛之侵地請諾/326
叛盟也/181
反命于介/349
反命乎介/319
反袂拭面/531
反于莊王/312
反夷狄也/486
叛者九國/189
叛者五人/493
般之之辱爾/159
反陳蔡/443
畔則曷為不言其畔/452
反孝公于魯/473
撥亂世反諸正/531
方食魚飧/292
防於此乎前此矣/40,52
放之于越/433
放之者何/281
放乎堂下而立/293
放乎殺母弟者/227
百金之魚/50
百里子與蹇叔子諫曰/236
百里子與蹇叔子送其子而戒之曰/236
百里子與蹇叔子從其子而哭之/236
百姓安子/48
百姓何罪/307
伯于陽者何/440
白狄者何/390
白雉而城/499
伯討也/479,513
伯討則其稱人何貶/479
伯姬歸于杞/143
伯姬曰不可/416
伯姬者何內女也/41
伯姬卒/416
伯姬卒焉/416
伐不日此何以日/147
伐我北鄙/402

伐為大辰/448
伐而不言圍者/383
伐而言納者/119
伐而言圍者/383
伐者為主/147,205
伐楚為救江也/246
伐則其言次何/122
凡伯者何/57
凡為季子故也/413
凡為宋災故也/417
凡在爾/408
邊垂之臣/307
別君臣也/457
丙戌公會鄭伯盟于武父/89
丙戌奔莒/254
丙戌衛侯晉卒/89
丙戌卒于操/375
丙申公及楚人秦人陳人衛人鄭人齊人曹人邾婁人薛人鄶人盟于蜀/328
丙午及荀庚盟/331
丙午晉侯㠟卒/343
邴者何鄭湯沐之邑也/59
賓者何/494
賓則吾賓也雖然/175
卜郊非禮也/232
卜郊何以言者/232
服金革之事/281
服東夷且歸/180
封詭公以爲周公也/265
封魯公以爲周公主/265
賵者蓋以馬/36
賵者何喪事有賵/36
逢丑父曰/326
逢丑父者/326
不可曠年無君/257
不可使盟/183
不可使盟也/183
不可使往/223,254
不可使往也/223,254
不可使入/141
不可使將/250
不可勝譏/111
不可以並立乎天下/109
不可以一罪言也/223
復加一飯/451
復加一衣/451
不可一日無君/257

不敢過天子也/346
不敢勝天子也/114
不敢進也/386,425
不見公/353
不見公者何/353
不見傅母不下堂/416
不見與盟/274
不告朔也/250
復古也/429
不告月者何/250
不郊猶三望/336
不君靈公/438
復歸者出惡歸無惡/94
不及事也/36,168
不及事何/168
不及時書/257
不及時而不日慢葬也/46
不及時而日渴葬也/46
不能朝也/390
不能乎母/215
不能乎母者/215
不能乎朝也/228
夫畚曷爲出乎閨/292
不當國雖在外/35
不得不去紀也/109
不得意致伐/114
不得專封/173,197
不得專封也/168,197
不得專執也/479
不得專討也/304
不得專廢置君也/269
不得則襄公曷爲之/109
不得必其時也/43
不免牲故言乃不郊也/343
父母之於子/73
父母之於子雖有罪/272
不廟則不書葬/155
不務乎公室也/481
父不受誅/486
不復言師/168
復父之讐/486
不薑城也/479
不死于曹君者也/144
不書葬以爲無臣子/64
不書葬以爲弒不繫乎臣子也/64
不成其子也/438
不成于弒也/450
不召而至者/189
復損一飯/451

원문자구색인 543

復損一衣/451
不脩其師而執濤塗/181
復讐不除害/486
不受辭/134
復讐者/111
復讐者在下也/120
父受誅子復讐/486
不修春秋曰/116
不崇朝而遍雨乎天下者/233
不視朔也/274
不食肉/339
不言剝之立者/404
不與公復讐也/120
不與念母也/102
不與當父死子繼/455
不與當也/455
不與當者/455
不與大夫專執也/479
不與滅也/183
不如勿居而已矣/274
不如勿當而已矣/92
不與伐天子也/283,457
不與外討者/304
不與夷狄之主中國/457,528
不與夷狄之主中國也/457,528
不與夷狄之執中國也/57,210
不與夷狄之獲中國也/122
不與再致天子/226
不與諸侯專封也/168,173,197,364,428,443
不與晉而與楚子爲禮也/307
不與致天子也/223
不亦病乎/193
不欲立則不立/518
不欲絕/473
不爲不吉也/109
夫踰年之君也/505
父有子/511
夫孺子得國而已/494
不以家事辭王事/513
俯而闚其戶/292
不以其罪執之也/405
不以當國之辭言之/518
不以微及大也/481
不以父命辭王父命/513

不以私邑累公邑也/429
不以爲國獄/154
夫人姜氏歸于齊/277
夫人姜氏如莒/134,135
夫人姜氏如齊/257
夫人姜氏入/141
夫人姜氏至自齊/73
夫人姜氏饗齊侯于祝丘/109
夫人姜氏會齊侯于郜/106
夫人姜氏薨/136,274,366,378
夫人姜氏薨于夷/170
婦人皆在側/125
夫人固在齊矣/102
夫人歸氏薨/438
夫人不僂/141
夫人氏之喪至自齊/171
婦人夜出/416
不忍言也/64,277,330
夫人與公一體也/281
夫人外也/98
夫人外者何內辭也/98
婦人謂嫁曰歸/41
婦人以衆多爲侈也/343
夫人弋氏薨/369
夫人子氏者何/41
夫人子氏薨/41
夫人譖公於齊侯/102
夫人風氏薨/247
夫人何以不稱姜氏貶/102,171,187,281
婦人許嫁/263
婦人許嫁字而笄/189
夫人薨于夷/171
不一而足也/258
不壹而足也/413
復入者出無惡入有惡/94
傅于赤者也/348
郜者何恢郜也/272
不絕則世大夫也/473
不卒戌者內辭也/223
不卒戌刺之/223
不卒戌者也/223
父卒子未命也/44
不從乃不郊/343
不從吾言/154
不即罪爾/96
不至復者內辭也/254
不至復者何/254

傅至矣母未至也/416
夫千乘之主/518
膚寸而合/233
不恥也/443
不稱行人而執者/269
不探其情而誅焉/159
不討賊也/292
不通者蓋因而臣之也/122
不貶絕以見罪惡也/423
不害人以行權/87
不嫌也/466
北斗有中也/269
北面而哭/171
北面再稽首趣而出/292
北燕伯款出奔齊/426
北辰亦爲大辰/448
奔未有言自者/452
奔喪非禮也/505
焚之者何樵之也/80
濆泉者何/430
奔則曷爲不言奔/37
朋友相衛/486
俾君子易怠/263
非其大夫/399
非其意也/168
非怒也無繼也/438
非伯討也/180
非使來朝/198
非師之罪也/117
比三君死/162
非常吉/244
非常月也/291
非相爲賜/175
非臣子也/307
非兩之也/223
非吾力不能納也/269
非王者則曷爲謂之王者/257
非雨則曷爲謂之如雨/116
非有卽爾/71
比已立矣/443
畀者何與也/223
非將殺之逐之也/111
中國之禽也/463
非中國之獸也/531
比之義宜乎欬死不立/443
非執之于天子之側者也/227
非此月日也/358
非取邑之辭也/383

非彼然我然也/139
非虛加之也/244
濱海而東/180
聘禮大夫受命/134
聘而言盟者/331

〔사〕

詞曷爲與親弒者同/154,423
使頃公取飲/326
使耕者東畝/326
射姑怒/250
射姑民衆不說/250
射姑殺也/250
射姑殺則其稱國以殺何/250
射姑入/250
舍孔父仇牧無累者乎曰有/192
舍孔父荀息/125
使公子彭生送之/102
使公子奚斯入請/171
舍仇牧荀息無累者乎/69
事君猶事父也/486
辭窮者何無母也/40
使其世子處乎諸侯之上也/392
使囊瓦將而伐蔡/486
四年春公至自晉/247
四年春宋公使華元來聘/332
四年春王三月庚戌/515
四年春王三月己酉/369
四年春王二月/48,109
四年春王二月癸巳/483
四年春王正月/180,288,428
四年春正月/74
肆大省/137
肆大省何以書譏/137
使來請己也
沙鹿崩何以書記異也/198
沙鹿者何/198
司馬子反曰/312
司馬子反曰不可/312
司馬子反曰憊矣/312
司馬子反曰嘻/312

司馬者何/254	舍之于招丘/355	三年春王正月丁未/426	三月戊戌/524
使眣者迮眣者/326	賜之以死/463	三年春正月/73	三月丙午/223
死毋相哭/46	赦止者/451	三年春齊國夏衛石曼	三月不違/497
辭無所貶/87	士之妻則未知臧氏	姑帥師圍戚/513	三月不違曰/499
祠兵者何/117	之母者/473	三年春楚公子嬰齊	三月夫人姜氏至自齊/258
四卜非禮也/232	舍此無累者乎/69,125	帥師伐吳/368	三月夫人孫于齊/102
四卜何以非禮/232	舍此無累者乎曰有/192	三望者何望祭也/232	三月宋司馬華孫來盟/272
士不及茲四者/81	師次于郎/117	三卜禮也/232	三月宋人遷宿/122
師不正故也/181	師出不正反/219	三卜之運/505	三月遂以夫人婦姜
使肥者應客/312	辭取向也/288	三卜何以禮/232	至自齊/281
舍死亡無所設/87	死則以成人之喪治	三世內娶也/217,252,255	三月辛卯/482
使死者反生/193	之/189,263	三十年春王正月/150,	三月辛巳/503
辭殺子糾也/120	使託若以疾死然/154	229,416,470	三月辛亥/248
師喪分焉/109	士何如則可謂之信矣/193	三十有三年春王二月/236	三月乙未天王崩/94
司城者何/254	師還齊侯/326	三十有二年春城小穀/154	三月乙巳/244,348
使帥一二耋老而綏焉/307	朔有事則書/202	三十有二年春王正	三月壬申/332
四時具然後爲年/55	朔在前也/43	月/234,475	三月壬申公子季友卒/202
舍是無難矣/354	散舍諸宮中/125	三十有一年春/151,232	三月壬申鄭伯嘉卒/440
使弒子般/159	山川有能潤于百里者/232	三十有一年春王正	三月作丘甲/323
舍臣之身而執臣之君/355	殺公子牙/159,162	月/418,472	三月葬衛宣公/91
姒氏者/505	殺未踰年君之號也/189	三亦有中/429	三月鄭伯使宛來歸邴/59
使我爲媒可/82	殺世子母弟直稱君	三曰充君之庖/75	三月曹伯滕卒/444
使我主之也/102	者甚之也/183	三月甲戌取須朐/252	三月晉人執宋仲幾
使若異罪然/269	殺叔武也/227	三月庚戌天王崩/43	于京師/479
使若衆然/119	殺甯喜/408	三月癸酉/60	三月取運/423
使若他人然/252	殺人以自生/87	三月公及邾婁儀父	三日哭/330
廝役扈養死者數百人/307	殺人之賊/435	盟于眛/34	喪易爲以閏數/516
士曰不祿/43	殺之于申/438	三月公如京師/345	相去數千里/307
史曰爾爲仁爲義人/292	殺之則曷爲謂之克/35	三月公如楚/432	殤公知孔父死/69
使虞首惡也/175	殺之則曷爲謂之刺/223	三月公自齊居于運/466	上其堂則無人焉/292
使以其辭而爲之請/326	殺陳孔瑗/433	三月公至自侵齊/491	上無天子/109,168,
死以周公主/265	殺陳世子偃師/423,433	三月公會劉子晉侯	172,173,197,304
舍而止雖然/312	殺耻也/458	宋公蔡侯衛侯陳	上變古易常/315
死而墜也/246	殺則曷爲不言刺之/154	子鄭伯許男曹伯	喪事無求/44
使人謂獻公曰/407	三諫不從/141	莒子邾婁子頓子	常事不書/75,81,92
使人兄弟相疑/227	三卿也/381	胡子滕子薛伯杞	尙速有悔於子身/413
社者封也/515	三國來滕非禮也/343	伯小邾婁子齊國	喪數略也/176
師者何衆也/83	三軍者何/381	夏于召陵/483	相與踦閭而語/326
肆者何跌也/137	三年待放/281	三月公會鄭伯于垂/67	相與牽師以鞍之戰/326
師在召陵/180	三年不成/443	三月公會齊侯宋公	上雨而不甚也/177
師在召陵也/180	三年矣曷爲謂之未	陳侯衛侯鄭伯許	傷而反/375,403
詐戰不言戰/448	三年/162	男曹伯/200	喪以閏數也/516
詐戰不日/236	三年之內不圖婚/244	三月公會齊侯陳侯	喪人其何稱/463
使諸大夫皆內朝/292	三年之喪/162	鄭伯于稷/69	喪人不佞/463
仕諸晉也/423	三年之恩疾矣/244	三月公會晉侯宋公衛	喪人不佞失守魯國
事祖禰之心盡矣/109	三年春王二月己巳/42	侯鄭伯曹伯莒子邾	之社稷/463
舍中軍/429	三年春王正月/107	婁子薛伯杞伯小邾	傷者曰牛/232
舍中軍者何/429	246,286,330	婁子于溴梁/388	上子之堂/292
使鄫子來朝/198	三年春王正月公如晉/482	三月紀伯姬卒/109	相朝聘之道/109
士之甚勇之甚/486	三年春王正月不雨/177	三月己巳/398	常之母/519

원문자구색인 545

喪之書得之書/495	薛伯穀卒/473	昭公不從其言/463	宋公慈父卒/214
喪娶者公也/281	薛伯寅卒/524	昭公於是噭然而哭/463	宋公子池出奔陳/497
上平日原/423	薛伯定卒/499	昭公曰/463	宋公齊侯衛侯盟于
傷乎矢也/353	薛弑其君比/501	昭公將弑季氏/463	瓦屋/59
生得曰獲/457	設兩觀乘大路/463	昭公在外/479	宋公佐卒于曲棘/464
生母相見/46	設以齊取魯/162	召公主之/52	宋公之弟辰自蕭來奔/503
生者不愧乎其言/193	挈乎祭仲也/87	昭公之母也/46	宋公之弟辰及仲佗
西宮者何小寢也/208	攝主而往/445	昭公之夫人也/526	石彄公子池自陳
西宮災何以書記異也/208	成降于齊師/117	小國稱伯子男/52	入于蕭以叛/498
書其重者也/51,122	聖姜者何/275	蕭同姪子者/326	宋公陳侯衛侯/283
胥命者何相命也/73	成公幼/349	所樂乎爲君者/518	宋公陳侯蔡人衛人
西狩獲麟/531	成公意也/32,36,41,52	少遼緩之則突可故出/87	伐鄭/48
書甚佞也/131	成公將會厲公/355	所聞異辭/37,69,531	宋公鮑卒/328
徐而察之則退飛/202	城壞壓竟/128	蕭叔朝公/139	宋公和卒/46
徐人取舒/177	城武城/393	小惡不書/62	宋公會曹伯衛人邾
徐子章禹奔楚/470	盛伯來奔/263	小惡書/62	婁人伐齊/205
西征則東國怨/181	盛伯者何/263	所以賂齊也/283,522	宋南里者何/454
西周也/455	成夫人與/366	所以生子者也走矣/519	宋督弑其君與夷/69
石尙者何/503	城費/374	慭而再拜/292	宋樂髡帥師伐曹/513
釋宋公/211	成死者而賤生者也/269	小人見人之厄則幸之/312	宋樂世心出奔曹/497
昔者叔仲惠伯之事	成使乎我也/82	小者曰火/377	宋萬弑其君接/125
孰爲之/349	城西郛/393,515	所傳聞異辭/37,69,531	宋師及齊師戰于甗/205
錫者何賜也/104,241	腥曰脤/503	召趙盾而食之/292	宋師大敗/213
石碏立/49	星賈如雨/116	小邾婁子來朝/374,448	宋師伐陳/308
錫之不毛之地/307	成者何盛也/117	小邾婁則曷爲謂之倪/112	宋司城來奔/254
錫之以大禮/463	城諸及防/149	疏則怠/81	宋師圍曹/286
析骸而炊之/312	城諸及運/263	小寢則曷爲謂之西宮/208	宋師敗績/213,284
宣公死/349	成周宣榭災/316	小寢則嫌/104	宋殺其大夫/217
宣公死繆公立/46	成周者何/466	屬負玆舍/96	宋殺其大夫山/350
宣公謂繆公曰/46	成周者何東周也/316	孫氏爲之/407	宋三世無大夫/217,
宣公爲之也/46	城中丘何以書/56	孫猶孫也/102	252,254
宣之六宮/330	城中城/341	孫以王父字爲氏也/348	宋始以不義取之故
宣公之母也/297	城祝丘/76	孫者何/102	謂之郜鼎/71
善救陳/371	盛則曷爲謂之成/117	率師侵鄭/343	宋魚石復入于彭城/360
先君之不爾逐可知矣/46	城平陽/297	宋公及楚人戰于泓/213	宋魚石出奔楚/350
先君之所爲不與臣	成風者何/248	宋公伐邾婁/450	宋衛陳鄭災/449
國而納國乎/46	成風者何/258	宋使公孫壽來納幣/40	宋人伐鄭圍長葛/53
先君之所以不與子國/413	城莒父及霄/503	宋公使向戌來聘/386	宋人伐陳/389
先君之恥/109	卿非禮也/44,302	宋公使華元來聘/339	宋人殺大夫/252
宣宮之榭也/316	稅畝者何/314	宋公釋平執走之衛/211	宋人殺其大夫司馬/254
宣宮則曷爲謂之新宮/330	世室不毁也/265	宋公戌卒/436	宋人弑其君處臼/274
宣榭者何/316	世室屋壞/265	宋公禦說卒/189	宋人圍滕/300
善善及子孫/452	世室屋壞何以書譏/265	宋公與伐而不與戰	宋人圍曹/521
善善也樂終/203	世室猶世室也/265	故言伐/205	宋人應之曰/211
先禰而後祖也/244	世室者何/265	宋公與楚人期/213	宋人以齊人衛人蔡
先王命也/187	世子貴也/183	宋公與楚子期以乘	人陳人伐鄭/92
埧帷哭君成踊/319,349	世子猶世子也/183	車之會/211	宋人齊人楚人盟于
先鄭伯有善于鄫公者/87	所見異辭/37,69,531	宋曰不可/211,213	鹿上/210
先祖爲之己毁之/274	昭公蓋祭而不嘗/463	宋公謂公子目夷曰/211	宋人執滕子嬰齊/206
先通君命也/399	昭公不與/486	宋公入曹/522	宋人執小邾婁子/515

546 춘추공양전(春秋公羊傳)

宋人執之謂之曰/87	帥師侵宋/383	執滅之蓋徐莒脅之/197	叔術曰不可三分之/473
宋人蔡人衛人伐載/62	帥師侵衛/491	執滅之蓋狄滅之/172	叔術曰不可五分之/473
宋子哀來奔/269	帥師墮費/499	執滅之齊滅之/109,203	叔術爲之殺殺顔者/473
宋子哀來奔/269	遂城鄆/252	叔武無罪/227	叔術者/473
宋災故/417	遂城虎牢/366	叔武辭立而他人立/227	執戎之/371,379
宋災故者何/417	首時過則書/55	叔武冤我/227	執弒子般慶父也/159
宋之邑也/464	首時過則何以書/55	執侯侯屈完也/180	執弒之慶父也/162
宋之禍/46	遂與之入而謀曰/175	執城城衛也/172	執弒之其大夫弒之/375
宋蕩伯姬來逆婦/217	遂逆王后于紀/82	執城之城杞也/197	熟曰燔/503
宋蕩伯姬者何/217	雖然君子不可不記也/314	叔孫僑如出奔齊/355	執爲來哉/531
宋向巢帥師伐鄭/527	雖然宮之奇存焉如	叔孫僑如會晉士燮齊	執爲爲來哉/531
宋向巢帥師伐曹/519	之何/175	無咎宋華元衛孫林父	執謂謂州公也/78
宋華臣出奔陳/389	雖然吾亦不可復見	鄭公子鰌邾婁人/350	執隱子也/102
宋華元曷爲與諸侯	吾君矣/292	叔孫僑如會晉士燮齊	叔仲惠伯/348
圍宋彭城/364	雖襲且也長/269	人邾婁人伐邾/339	叔仲惠伯曰/349
宋華元帥師/284	數月然後歸之/125	叔孫得臣殺之/261	執執之楚子執之/210
宋華元亦乘堙而出	誰謂吾弒君者乎/292	叔孫得臣如京師/241	執敗之/323
見之/312	雖爲鄰國夫人/73	叔孫得臣卒/289	叔彭生帥師伐邾婁/269
宋華元自晉歸于宋/350	雖爲天王后/83	叔孫得臣狄于鹹/261	叔還如鄭涖盟/498
宋華元出奔晉/350	雖誘之則曷爲絶之/438	叔孫得臣會ييه宋人	叔還會吳于柤/518
宋華合比出奔衛/431	警者無時/111	陳人衛人鄭人伐沈	叔姬歸于紀/56
宋華亥向寗華定自宋	覍者何/433	沈潰/246	脣亡則齒寒/175
南里出奔楚/455	遂者何生事也/82	叔孫不敢卒/488	順祀也/493
宋華亥向寗華定自陳	洙者何水也/120	叔孫舍如宋/463	苟息可謂不食其言
入于宋南里以畔/454	狩者何田狩也/74	叔孫舍如齊涖盟/432	矣/192,193
宋皇瑗帥師取鄭師	遂者何秦大夫也/263	叔孫舍如晉/457	苟息見曰/175
于雍丘/523	讐在外也/252,254	叔孫舍之/464	苟息對曰/175,193
遂去之故君子以爲	讐在外也/98	叔孫舍至自晉/459	苟息立卓子/193
得君臣之義也/141	讐在外則何以書葬/98	叔孫州仇帥師墮郈/499	苟息死之/193
手劍而叱之/125	豎刁牙爭權不葬/205	叔孫州仇如齊/497	苟息曰/175
遂公意也/223,254	受之云爾者何/315	叔孫州仇仲孫何忌	苟息曰宮之奇/175
修舊不書/148,481	遂次于匡/200	帥師圍邾婁/513	苟息傳焉/193
遂及齊侯宋公盟/134	遂侵衛/491	叔孫州仇仲孫何忌	苟息進曰/175
雖內討亦不與也/304	輸平者何輸平/54	帥師圍郈/497	荀寅與士吉射者/501
數年然後歸之/486	遂何以不稱公子/281	叔孫豹如京師/401	筍將而來也/272
脩大也/481	遂會諸侯圍許/227	叔孫豹如宋/366	順祭仲也/87
遂亂受賂/71	遂會晉人齊人宋公衛	叔孫豹如晉/400	昳晉大夫使奧公盟/253
遂滅厲/428	人侯曹伯邾婁人	叔孫豹卒/428	戍鄭虎牢/379
遂滅偪陽/379	滕人伐秦/345	叔孫豹世子巫如晉/371	習乎邾婁之故其曰/473
遂刎頸而死/292	執君而無稱/463	叔孫豹則曷爲率而	勝乎皇門/307
守文王之法度/257	叔弓帥師疆運田/423	與之俱/371	弒君多矣/69,125,192
雖百世可也/109	叔弓帥師圍費/443	叔孫豹會晉士匄于柯/393	弒君者曷爲或稱名氏/274
遂伐楚次于陘/180	叔弓如宋/438	叔孫豹會晉趙武楚公	是君子之赦止也/451
狩不書此何以書/226	叔弓如晉/433	子圍齊國酌宋向戍	是君子之聽止也/451
帥師滅沈/483	執歸之/488	衛石惡陳公子招蔡	弒君賤者窮諸人/515
帥師伐莒/436	執及之內之微者也/37	公孫歸生鄭軒虎許	弒其君虔于乾谿/443
帥師伐陳/403	叔老如齊/394	人曹人于澶/423	弒其君買/451
帥師城開陽/513	叔老會鄭伯晉荀偃	叔術覺焉曰嘻/473	始能聘也/139
帥師城成郛/386	衛寗殖宋人伐許/388	叔術起而致國于夏父/473	是樂乎已矣/292
帥師圍運/489	執亡之蓋狄滅之/168	叔術曰不可四分之/473	始滅昉於此乎前此矣/39

원문자구색인 547

是文王之所辟風雨者也/236
是不可得則病/87
弑不成/494
是父子兄弟相殺/413
是父之行乎子也/513
始不親迎/40
尸事畢而往/446
是上之行乎下也/513
是吾與爾爲篡也/413
恃外故從外也/90
是月六鷁退飛過宋都/202
是月者何/202
恃有年也/73
始有大夫/258
始有大夫也/258
弑隱公也/48
是以告情于子也/312
是以告之也/312
弑爾君而復國不討賊/292
是以君子加弑焉爾曰/451
是以君子篤於禮而薄於利/307
弑而立者/518
是以亡也/314
是以使寡人得見君之玉面/307
是以使寡人無以立乎天下/307
是以使君王沛焉/307
弑子赤而立宣公/349
是子之儉也/292
是子之易也/292
郚者何/384
是將爲亂乎夫何敢/154
時災者兩觀/481
矢著于莊門/494
始祭仲子也/52
視之則石/202
視之則六/202
始僭諸公/52
是則土齊也/326
弑則何以不書葬/64
弑則何以不日/277
是何之情也/312
寔來者何/78
食正朔也/43
食必坐二子於其側而食之/473
新宮者何/330

新宮災何以書/330
辛未季孫行父卒/371
辛未取郜/62
臣不佞/463
臣不爲也/486
臣非敢哭君師/236
辛巳有事于太廟/297
辛巳葬定姒/505
辛巳取防/62
新使旻我也/246
申生者里克傅之/193
臣弑君子弑父/304
新延廐者何修舊也/148
臣有罪執其君/355
辛酉晉侯黑臀卒于扈/299
臣有鮑廣父/473
臣已告之矣/312
臣子雖欲討之/307
臣子一例也/168
脤者何俎實也/503
新作南門/208
信在大夫也/388
臣之謀何如/175
薪采者也/531
薪采者則微者也/531
臣請歸爾/312
臣請當其臣/127
辛丑葬襄王/257
臣何敢不勉/493
辛亥宿男卒/59
辛亥葬衛穆公/330
臣行之禮也/281
失守魯國之社稷/463
實與而文不與/168,173,197,269,304,479
實以二十五月/162
失之前者/43
失地之君/80,141,208,222
失之後者/43
尋舊盟也/331
甚矣傭雖然/312
十年春公如齊/302
十年春公會晉侯宋公衛侯曹伯莒子邾婁子滕子薛伯杞伯小邾婁子齊世子光會吳于柤/379
十年春王三月及齊平/496
十年春王三月辛卯/259

十年春王二月/62,524
十年春王正月/122,436
十年春王正月庚申/84
十年春王正月公如齊/192
十年春衛侯之弟黑背/343
十有九年春/450
十有九年春王三月/206
十有九年春王正月/134,392
十有四年春/129,197,310,444,503,531
十有四年春王正月/269,346,385
十有四年春正月/92
十有三年春/127,309,345,384,443,501,528
十有三年春王正月/265
十有三年春二月/90
十有三年春狄侵衛/196
十有五年春/129,272,312,386
十有五年春二月/348
十有五年春王正月/445,505
十有五年春二月/94
十有五年春王五月公如齊/200
十有六年春/274,447
十有六年春王正月/130,316,353,388
十有六年春王正月戊申朔/202
十有六年春王正月/95
十有二年春/307,344,440,499
十有二年春王三月/125,383
十有二年春王三月庚子/195
十有二年春王正月/263
十有二年春用田賦/526
十有二年春正月/89
十有二月/89,233,237,272,360,371,373,375,403,464
十有二月甲戌/221
十有二月甲寅/139
十有二月甲寅天王崩/409
十有二月甲子/436
十有二月癸酉朔/455
十有二月癸丑/211

十有二月癸亥/432
十有二月公園成/499
十有二月己未/475
十有二月己巳/246
十有二月己丑/333
十有二月己亥/378
十有二月辛亥朔/473
十有二月乙卯/41
十有二月丁丑/355
十有二月己丑/266
十有二月狄入衛/162
十有二月丁巳/171
十有二月丁巳朔/358
十有二月螟/529
十有一年/64,194,261,498,525
十有一年春王正月/124,304,381,438
十有一年春正月/87
十有一月/96,358,418,511
十有一月庚子/396
十有一月公如楚/409
十有一月公會楚公子嬰齊于蜀/328
十有一月己亥/464
十有一月丙寅朔/499
十有一月辛卯/43
十有一月壬戌/200
十有七年春/131,203,275,357,448
十有七年春王二月庚午/389
十有七年春王正月庚子/317
十有七年春正月丙辰/97
十有八年春王三月/449
十有八年春/319
十有八年春白狄來/390
十有八年春王二月丁丑/277
十有八年春王正月/98,132,205,360
什一者天下之中正也/314,315
什一行而頌聲作矣/315
氏不若人/122

〔아〕

我能敗之/122
我無君也/162
我師敗績/120
牙謂我曰/154
我有往者則書/257
俄而可以爲其有矣/71
俄而牙弑械成/154
哦而曰/494
哦而銀其板/493
我主之也/105,484
我卽死/407
惡其將也/162
樂器藏焉爾/316
惡惡也短/452
惡惡止其身/452
惡有言人之國賢若此者乎/473
惡人之徒在是矣/408
樂正子春之視疾也/451
樂曾淫于宮中/159
惡剽也/404
惡乎歸獄/159
惡乎近近乎圍/90
惡乎近近乎圍也/85
惡乎得國寶而竊之/493
惡乎用之/206,438
惡乎淫/269
惡乎淫淫乎蔡/79
惡乎捷捷乎宋/211
惡乎取之/232
惡乎嫌/89
顏夫人者/473
顏淵死/531
顏淵九公子于宮中/473
鞍之賂也/328
鞍之戰/338
謁曰今若是迮而與季子國/413
哀姜者何/173
哀公之母也/505
哀公亨乎周/109
哀未君也/505
夜中星賁如雨/115
若夫約言爲信/408
若不疾/447

若使他人然/520
若是則陳存悌矣/435
若曰因諸者然/454
若爾之年者/236
籥入叔弓卒/445
弱者吾威之/307
籥者何籥舞也/297
養公者也/473
養公者必以其子入養/473
襄公將復讐乎紀卜之曰/109
煬公之宮也/480
襄公之母也/369
襄公親之/236
兩觀微也/481
讓國也/413,452,473
煬宮者何/480
梁亡/206
梁山崩/333
梁山崩雍河三日不沛/333
梁山者何/333
養牲養二卜/286
陽生謂陳乞曰/518
陽越者/493
陽越下取策/493
陽處父諫曰/250
陽處父言曰/250
陽處父出/250
陽虎拘季孫/493
讓乎我也/114
陽虎者易爲者也/493
陽虎專季氏/493
陽虎從而射之/494
陽虎之從弟也爲右/493
陽虎之出也/493
於其歸焉/486
於其乘焉/102
於其出焉/102
於內大惡諱/62
魚爛而亡也/206
於路寢則不可/104
御廩者何/92
御廩災何以書記災也/92
於文則無罪/297
魚石走之楚/364
魚石之罪奈何/364
於讐將壹譏而已/111
於讐者則易爲將壹譏而已/111

於是皆陳乞之家坐/519
於是遣歸父之家/349
於是歸設守械而守國/211
於是未有說也/404
於是伏甲于宮中/292
於是負孝公之周慤天子/473
於是力士舉巨囊而至于中靁/519
於是使司馬子反乘堙而窺宋城/312
於是使嬰齊後之也/349
於是使勇士某者往殺之/292
於是使專諸刺僚/413
於是使跛者迓跛者/326
於是殺世子申生/193
於是殺之/193
於是釋木/211
於是帥師墮郈/499
於是弑/375
於是謂桓曰/48
於是從其言而飲之/154
於是終以往/175
於是也/486
於是執季孫行父/355
於是廢將/250
於是抗輈經而死/171
於是還師/180
於是會乎桓/128
於是興師而救蔡曰/486
於餘丘者何/105
禦外難以正/171
於外大惡書/62
於越入吳/488,529
於越者/488
於越也/488
於子則無年/297
於鍾巫之祭焉/48
御之於其乘焉/493
於稷者唯具是視/286
抑齊也/392
焉可與遇/111
唱公者何/463
言吉者未可以吉也/162
言不及外也/455
言奔則有外之辭也/37
言叔姬之來/289
言甚易也/353
言我者未絶於我也/302

言我者非獨我也/59
言雩則旱見/76
言自近者始也/351
言將自是弑君也/423
言將自爲君也/443
言戰乃敗矣/85,89
言楚之託乎討招以滅陳也/423
言旱則雩不見/76
捨其上而柴其下/515
女曷爲或稱女/40
與莒爲竟/423
與莒爲竟也/423
與季子同母者四/413
與公盟者衆矣/34
與公有所約然後入/141
如其意也/67
與其子俱來朝也/183
女能固納公乎/407
黎來者何名也/112
與梁買子者/473
如勿與而已矣/35
與閔公博/125
如不從先君之命與/413
與四脡脯/463
與使聽之也/223
與垂棘之白璧/175
與我紀侯之甗/326
與我紀侯之甗請諾/326
與襄公之征齊也/205
如雨者非雨也/116
如雨者何/116
與夷復曰/46
如爾所不知何/440
如丈夫何/494
女在其國稱女/40,82
與諸大夫立於朝/292
餘祭也/413
餘祭也立/413
餘祭也死/413
與左師勃曰/46
與之立于朝/293
與之玉節而走之/519
與桓公爲主序績也/180
與桓爲主也/180
驪姬者國色也/193
驪姬之子也/193
力能救我則於是/493
力能救之/168,198
力能救之而不救也/522

원문자구색인 549

力能救之則救之可也/173	然則曷爲不言惠公之入/193	然後而歸爾/312	者也/102
力能討之/304	然則曷爲不言忽之/94	然後卒之/358	吾大夫之未命者也/60
亦不過此也/213	然則曷爲不于祭焉譏/244	然後誅鄧扈樂而歸獄焉/159	吾道窮矣/531
亦不地也/35	然則曷爲不直誅而酖之/154	然後卽位/479,480	五堵而雉/499
亦有樂乎此也/531	然則曷祭/232	然後處乎臺上/292	吾賴社稷之神靈/211,326
亦以喜書也/73	然則曷稱/40	然後許之/326	吾馬之齒亦已長矣/175
櫟者何鄭之邑/94	然則郊ò用/358	列星不見/116	吳滅州來/443
繹者何祭之明日也/297	然則君將何求/128	靈公望見趙盾/292	吳無君無大夫/413
亦將葬之也/111	然則君請當其君/127	靈公聞之怒/292	吾聞子蓋將不欲立我也/518
逆之者何/102	然則君請處乎此/312	靈公心怍焉欲殺之/292	吾聞子之劒/293
亦知諸侯于其封內三年稱子也/257	然則紀有母乎/40	靈公爲無道/292	吾聞之也/213,312,416
亦知諸侯之有三宮也/208	然則謂盾曰/293	靈公謂盾曰/293	吳伐郯/336
亦知天子之踰年卽位也/257	然則奈何/175	靈公有周狗謂之獒/293	吳伐我/522
易之則其言假之何爲恭也/67	然則內何以不言火/377	靈公逐蹶蹸而立輒/513	吳伐陳/518
力沛若有餘而納之/269	然則善之與曰/154	甯殖病將死謂喜曰/407	吳封之於防/428
逆惠公而入/193	然則執惠公里克也/193	甯殖死/407	吾不立之者/519
緣季子之心而爲之諱/154	然則執城之/173,197	甯氏將納我/407	吾不弒君/292
延及喪人/463	然則執狄之/531	靈王經而殺之/443	吾不忍殺子也/292
緣民臣之心/257	然則執立之/49	靈王爲無道/443	吾不從子之言/211
然殺世子母弟/154	然則是王者與/257	佞人來矣/132	吾使修塗裘/48
蟓生不書/315	然則嬰齊執後/348	嬰齊爲公請/358	吾使子往視之/312
緣恩疾者可也/109	然則爲取可以爲其有乎曰否/71	嬰齊走之晉/358	五石六鷁/202
然而甲起於琴如/494	然則齊紀無說焉/109	令之還師/307	吾雖喪國之餘/213
然而宮中甲鼓而起/293	然則周公爲不之魯/265	令之還師而逆晉寇/307	吾受爾國/413
然而晉人與姜戎要之毆而擊之/236	然則周公之魯乎/265	盈乎諱也/214	吾執與處乎此/312
緣終始之義/257	然則輒之義可以立乎曰可/513	倪者何小邾婁也/112	吾兩君不相好/307
練主用栗/244	然則何言爾/36,52	吾見子之君子也/312	吾與鄭人/55
然則曷用棗栗云乎/141	然則何言爾近正也/85	吾固許之反殺大夫/358	吾與之約以乘車之會/211
然則曷爲不立蹶蹸而立輒/513	然則何以不名/119	吾恐聽失之爲宗廟羞也/355	五亦有中/429
然則曷爲不使中國主之/457	然則何以不名喜之也/162	吾寡君聞君在外/463	癸亦蹐階而從之/293
然則曷爲不於其弒焉貶/297,423	然則何以不言師敗績/353	吾國已有君矣/211	吾亦從子而歸爾/312
然則曷爲不於弒焉貶/171	然則何以不言遂/223	吾軍亦有七日之糧爾/312	吾欲攻郭則虞救之/175
然則曷爲不言公無疾不視朔/274	然則何以不言戰諱獲也/55	吾君已免矣/326	吾欲納公何如/407
然則曷爲不言伐防也/90	然則何以不言旱/76	吾近邑則其言來戰于郞阿何/85	吾欲立舍何如/518
然則曷爲不言三卿/429	緣孝子之心/257	吾今取此/312	吾欲弒之何如/463
然則曷爲不言齊人執單伯及子叔姬內辭也/269	然後哭君/349	五年而再殷祭/244	吾欲與之盟/407
然則曷爲不言晉敗之/323	然後其罪惡甚/423	五年春公觀魚于棠/50	吾又殺爾/413
然則曷爲不言雉門災及兩觀/481	然後爲踐土之會/227	五年春公如齊/289	五月甲申/438
然則曷爲不言剜之立/404	然後祠兵於是/117	五年春公至自晉/371	五月甲午宋災/416
	然後令於乾谿之役/443	五年春城比/516	五月甲子地震/388
	然後受之/473	五年春王正月/112,248,333,429	五月癸丑/223
	然後逆襄公歸/211	五年春王正月辛亥朔/488	五月公及諸侯盟于浩油/483
	然後迎趙盾而入/293	五年春正月甲戌己丑/76	五月公至自伐齊/524
	然後爲踐土之會/227	五年春晉侯殺其世子申生/183	五月公至自齊/302
	然後有善者也/87	吾大夫之命乎天子	五月公會吳伐會/525
	然後有鄭國/87		五月公會晉侯齊侯宋公衛侯曹伯伐鄭/343
			五月戊寅/205

춘추공양전(春秋公羊傳)

五月丙午/97
五月辛卯/513
五月辛酉/378
五月於越敗吳于醉李/503
五月乙巳西宮災/208
五月葬滕成公/426
五月葬鄭簡公/440
五月葬桓王/107
五月鄭伯突出奔蔡/94
吾爲其妻/473
吾爲子口隱矣/48
吾有所爲/519
吾猶取此然後歸爾/312
吾已得子之賊矣/171
吾以不詳道民/307
吾以吾子易公矣/473
吾入子之大門/292
吳入州來/337
吾立乎此攝也/46
吳子光卒/503
吳子使札來聘/413
吾子相之/349
伍子胥復曰/486
伍子胥父誅乎楚/486
吳子謁伐楚/403
吳子謁何以名/403
吳子夷昧卒/445
吾將觀焉/293
吾將老焉/48
吾將殺子君矣/211
吾將爾焉/236
吾將焉致乎魯國/154
吾將以甲午之日/117
吳在是則天下諸侯
　莫敢不至也/528
吳主會也/528
吳主會則曷爲先言
　晉侯/528
吳鄫人云則不辭/371
吾請與子盟/407
吳楚之君不書葬/319
五板而堵/499
吾何以得此于子/293
吳何以不稱子/486
吳何以稱人/371
吳何以稱子/486,528
吾何憯矣哉/463
溫近而踐土遠也/226
溫子奔衛/192
宛者何鄭之微者也/59

綏追逸賊/162
曰公子從吾言而飮此/154
曰寡人無良/307
曰寡人夜者寢而不寐/175
曰寡人卽不起此病/154
曰某月某日/493
曰某月某日朔/43
曰法斷於是新逢丑父/326
曰不可/109
曰不得也/109
曰夫負羈縶/407
曰不書/272
曰不之魯也/265
曰非也/109,257
曰備矣/531
曰比已立矣/443
曰師病矣/117
曰死者不可復生/417
曰生以養周公/265
曰膳宰也/292
曰盾食飽則出/293
曰易子而食之/312
曰佞人來矣/132
曰吾君孰爲介/293
曰吾不得入矣/171
曰吾成敗矣/55
曰有/40,69
曰猶望高子也/162
曰猶嘗乎御廩災/92
曰子大夫也/292
曰子某時所食活我
　于暴桑下者也/293
曰在招丘怵矣/355
曰存陳怵矣/435
曰請作難弑隱公/48
曰請戰/307
曰何如/312
曰患之起/219
王季子者何/302
往盟乎彼也/177
王使召伯來會葬/248
王師淹病矣/307
王使榮叔歸含且賵/248
王使榮叔來錫桓公命/104
王城者何/455
王室亂/455
王痍也/353
王痍者何/353
王人者曰突救衛/114
王人者何微者也/114,187

王者無求曰是子也/257
王者無外/37,82,215,344
王者無敵/323
王者不書葬/257
王子成父殺之/261
王者孰謂/32
王者欲一乎天下/351
王者之後稱公/52
王者則曷爲必以其
　祖配/286
王者必以其祖配/286
王子瑕奔晉/416
王子虎者何/246
王正月也/32
王札子殺召伯毛伯/314
王札子者何/314
往必不可也/175
王姬歸于齊/104
畏莒也/423
外大夫不書葬/484
外大夫不卒/44,246,484
外夫人不書葬/111,
　150,416
外大夫不卒/105
外相如不書/76,371
外逆女不書/40,386
外異不書/198,202,
　246,333,449
外災不書/124,135,
　316,377
外取邑不書/48,55,104,
　150,283,464,522
外治諸京師而免之/353
外乎不書/312
要其人而不要其土/307
要盟可犯/128
堯舜之知君子也/531
僚焉得爲君乎/413
僚者長庶也卽之/413
欲久喪而後不能也/244
辱到敝邑/307
欲立其子/193
欲立之則立/518
欲視之則就而視之/292
欲天下之一乎周也/265
勇士曰嘻/292
勇士入其大門/292
用事乎河也/486
踊于棓而闚客/326
用栗者藏主也/244

王者無求曰是子也/257
用者不宜用也/187,358
用者何/187,358
用者何用者不宜用也/141
用之防也/438
用之社也/206
涌泉也/430
用致夫人/187
虞公見寶許諾/175
虞公不從其言/175
虞公貪而好寶/175
虞公抱寶牽馬而至/175
虞郭見與/175
虞郭之相救/175
憂內也/326,464
雨木氷/353
雨木氷者何/353
于門非禮也/143
虞微國也/175
雨不克葬/297,505
牛死改卜牛/505
于社禮也/143
虞師晉師滅夏陽/175
雨星不及地尺而復/116
虞受賂/175
于外非禮也/104
于何以非禮/104
又雩者非雩也/463
又雩者何/463
盱心先取足焉/473
盱幼而皆愛之/473
虞已滅矣/183
雨而木氷也/353
遇者何不期也/48
又將圖寡人/193
雨蟲于宋/246
雨蟲者何/246
虞主用桑/244
遇之殽矯以鄭伯之
　命而犒師焉/236
右執鸞刀/307
隕霜不殺草/237
隕石記聞/202
隕石于宋五/202
運者何內之邑也/423
熊蹯不熟/292
遠國言江黃/175
遠國之辭也/175
遠國至矣/175
謥君以弒也/403
元年者何/32

원문자구색인 551

元年春王/479
元年春王正月/32,102,159,168
元年春王正月公卽位/241
元年春王正月公卽位/67,281,323,364,423,509
元年春王正月正也/339
願與子慮之/175,348
願與子慮之荀息曰/193
原者何/423
願諸大夫之化我也/519
遠祖者幾世乎九世矣/109
原仲者何/145
願請汶陽之田/128
元咺爭之曰/227
元咺走而出/227
元咺之事君也/230
越者能以其名通也/488
越者何/488
越在岱陰齊/96
爲季子諱殺也/154
爲固可以距之也/513
衛公孟彄/524
衛公孟彄帥師伐曹/499,501
衛公孟彄出奔鄭/503
衛公叔戌來奔/503
爲公子目夷諱也/211
爲公子喜時之後諱也/452
爲公取之也/464
爲其亟伐也/392
爲其與公盟也/34
爲其與袁僑盟也/368
爲其誘封也/438
爲其有逐事書/134
委己者也而柔焉/463
爲其則其稱仲何/348
爲其諱與大夫盟也/119
爲文公諱也/193
謂文王也/32
衛未有罪爾/147
危不得葬也/46,236
圍不言戰/122
衛北宮結率師侵鄭/357
衛師敗績/326
衛殺其大夫孔達/310
衛殺其大夫甯喜/407
爲殺甯喜出奔也/407
衛世叔齊出奔宋/525

衛世子蒯聵出奔宋/503
衛孫良夫率師侵宋/335
衛孫良夫帥師/326
衛孫林父入于戚以叛/404
衛孫林父出奔晉/337
爲宋誅也/364
爲叔武諱也/227
爲叔孫豹率而與之俱也/371
謂叔術也/473
謂荀息曰/193
爲是故伐之也/205
爲是拘昭公於南郢/486
爲弑子赤之賂也/283
爲弑子赤貶/297
爲是興師/486
爲是興師而伐魯/171
爲是出忽而立突/87
爲襄公諱也/104,109,189,211
謂陽虎也/493
衛甯殖與孫林父逐衛侯而立公孫剽/407
衛甯喜弑其君剽/404
衛曰不可得/223
爲王者之後記異也/202,246
爲王者之後記災也/378
衛元咺自晉復歸于衛/227
衛元咺出奔晉/223
爲衛石惡在是也日/408
謂隱公曰/48
爲爾君者/193
爲以邾婁子益來也/522
衛人救陳/308
衛人歸之也/114
衛人及齊人戰/147
衛人來滕/339
衛人伐齊/219
衛人伐晉/241
衛人伐邢/206
衛人立晉/49
衛人侵狄/234
衛人敗績/147
爲人後者/348
圍者柑馬而秣之/312
謂子赤也/277
謂莊公也/79
爲齊誅也/428

爲曹羈諱也/144
謂罪人也/515
爲中國諱也/366,375,376
謂之不能葬也/46
衛之邑也/403
爲之子也/348
謂之刺也/223
爲執宋公貶/220
衛遷于帝丘/233
爲天下記異也/198,333,449
爲親者諱/160
衛何以不稱師/147
爲賢者諱/160
爲兄後也/348
爲兄後則曷爲謂之仲嬰齊/348
爲桓公諱也/150,168,172,197,203
爲桓立也/32
爲獲麟大之也/531
衛侯得反曰/227
衛侯未至/230
衛侯使孫良夫來聘/331
衛侯使甯兪來聘/247
衛侯朔入于衛/114
衛侯朔卒/142
衛侯朔出奔齊/96
衛侯朔何以名/96
衛侯朔何以名絕/114
衛侯惡卒/432
衛侯元卒/511
衛侯入于陳儀/403
衛侯臧卒/347
衛侯鄭歸于衛/230
衛侯鄭卒/300
衛侯之弟縛出奔晉/407
衛侯之罪何/227
衛侯出奔楚/223
衛侯會公于沓/266
衛侯會于沓/266
衛侯燬滅邢/217
衛侯燬卒/217
衛侯燬何以名絕/217
爲諼也/518
爲僖公作主也/244
有姑之辭也/217,233,281
有鸛鵒來巢/463
有君而無臣/213
劉卷者何/484

劉卷卒/484
有麐而角者/531
猶今君之恥也/109
有起于甲中者/293
有年/73
踰年稱公/155
踰年稱公矣/257
有年何以書/73
唯魯侯爾/125
有大夫賢子也/413
有力不足/493
有明天子/109
猶無明天子也/109
有美裘焉/486
猶不能納也/119
猶不得宋國/211
有夫不祥/463
有不腆先君之器/463
有司復曰/213,416
有事于武宮/445
猶三望/232,286
有相滅亡者/197
有西宮則有東宮矣/208
有先君之器/463
有先君之服/463
猶先君之恥也/109
有星孛于東方/529
猶若其不欲服罪然/272
有魚菽之祭/519
猶曰莫若我也/189
猶曰無去是云爾/281
猶曰受之云爾/315
猶曰是人來也/78
猶曰吾美氏/73
猶曰吾季姜/83
猶曰振振然/189
有王者則到/531
有爲無道者/304
猶有不欺人之臣/312
有以告者曰/531
有人荷畚/292
惟一介斷斷焉無他技/263
劉子單子以王猛居于皇/455
有子焉謂之盱/473
有子則廟/155,505
柔者何吾大夫之未命者也/87
劉者何邑也/386
柳者何天子之邑也/283

猶者何通可以已也/233,250,297
惟諓諓善竫言/263
猶朝于廟/250
有珍怪之食/473
猶晉君之母也不可/326
有疾猶可言也/274
有千乘之國/423
有天子存/43,67
有則此何以書賢也/69,125,192
有則何以不稱母/40
猶墮成也/54
唯泰山爾/233
劉夏逆王后于齊/386
劉夏者何/386
由乎曲沃而入也/399
柔會宋公陳侯蔡叔盟于折/87
六年春王正月/184
六年春城郟婁葭/518
六年春王三月/114
六年春王三月壬午/373
六年春王正月/335,431
六年春王正月癸亥/489
六年春葬許僖公/250
六年春正月寔來/78
六年春鄭人來輸平/54
六年春晉趙盾衛孫免侵陳/292
六羽者何舞也/52
六羽之爲僭奈何/52
六月庚辰/366
六月癸卯/314,318
六月癸未/275
六月癸酉/277,326
六月公會紀侯于盛/73
六月公會單子晉侯宋公衛侯鄭伯莒子邾婁子齊世子光/368
六月公會宋公陳侯衛侯鄭伯許男曹伯晉趙盾癸酉同盟于新城/269
六月戊辰/274
六月丙申/488
六月丙寅朔/353
六月宋師伐滕/302
六月叔鞅如京師/455
六月辛未朔/142
六月辛丑朔/272

六月辛丑蒲社災/515
六月雨/177
六月衛侯鄭自楚復歸于衛/223
六月乙酉/357
六月乙丑/111
六月壬戌/62
六月壬子/402
六月葬鄭定公/468
六月葬鄭獻公/495
六月葬陳惠公/484
六月丁巳/423
六月丁巳朔/446
六月丁丑/97
六月齊人取濟西田/283
六月齊侯來獻戎捷/152
六月郳婁人入鄟/449
六鶂退飛記見也/202
聞不書此何以書/156
尹氏立王子朝/458
尹氏召伯毛伯以王子朝奔楚/466
尹氏者何/44
閏月不告月/250
閏月葬齊景公/516
戎曼子之名也/515
戎伐凡伯于楚丘以歸/57
戎將侵曹/141
戎衆以無義/141
隱公曰否/48
隱公之母也/41
隱公獲焉/55
隱於是焉而辭立/32
隱如至自晉/444
隱亦遠矣/69
隱曰吾不反也/48
隱爲桓立/36,52
隱而逃之/154
隱將讓乎桓/64
隱長又賢/32
隱長而卑/32
隱之考也/36
隱何以無正月/64
隱賢而桓賤也/69
乙未楚子昭卒/409
乙巳公逐帥師入杞/220
乙巳公薨于小寢/237
乙酉刺公子偃/355
乙酉公子遂會伊雒戎盟于暴/254

乙酉宋公馮卒/106
乙亥嘗/92
乙亥葬宋文公/330
飮食必祝曰/413
淫于子叔姬/269
飮之無傫氏/154
邑多田少稱邑/67
邑無百雉之城/499
邑不言潰/469
邑不言圍/53,184,214,219,383
邑曰叛/180
可知矣/227
揖而去之/326
邑人名/423
應是而有天災/315
懿公與孝公幼/473
衣服與頃公相似/326
儀父者何/34
義實不爾克也/269
宜爲君也/120
宜有地也/473
衣被曰襚/36
宜交又巢也/463
已可知矣/307
以干天禍/307
以干闔廬/486
爾曷爲哭吾師對曰/236
爾曷知爾出/236
而更宋之所喪/417
以季氏之世世有子/493
以季子爲宜/413
以羋爲竟也/392
以區區之宋/312
以求賂乎魯/171
利國家者/134
以君子之道/531
里克立惠公/193
里克弑二君/193
里克弑卓子/193
里克弑奚齊卓子/193
里克謂荀息曰/193
里克知其不可與謀/193
以近書也/399,467
異其同日而俱災也/449
以其不殺儉仁/413
以其事執也/269
爾旣旣夫二孺子矣/193
以其子爲/473
以已執也/269
以納接菑于邾婁/269

二年春公會戎于潛/38
二年春王二月/105,511
二年春王二月甲子/244
二年春王二月壬子/284
二年春王正月/162,481
二年春王正月戊申/69
二年春王正月城楚丘/172
二年春王正月葬簡王/366
二年春齊侯伐我北鄙/326
二年春晉侯使韓起來聘/425
以當桓公也/180
二大夫歸/326
二大夫出/326
異大乎災也/480
以頓子牂歸/503
以來人未足而盱有餘/473
已練乎以弁冕/281
爾虜焉故/125
以潞子嬰兒歸/314
而立成公黑臀/293
以曼姑之義/513
李梅實/237
夷昧也/413
夷昧立也/413
夷昧也死/413
苞盟者何/177
以髀爲席/463
二名非禮也/489,529
而明日虞從而亡爾/175
而明日取虞爾/175
而舞大夏/463
而無所討也/307
履畝而稅也/314
而未能合于中國/314
而徵至乎此/307
夷伯者曷爲者也/200
以病召季子/154
而不克舍此可乎/494
而不能使衛小衆/96
而不能容其母弟/423
而不相洎/486
而不言高固之來則不可/289
而不言復歸于曹何易也/353
離不言會/71
離不言會也/76
而不飮此則必爲天下戮笑/154

원문자구색인 553

而不辟外難/145	二十有八年春王三月/468	而佚晉寇/307	而後言無苗/116
以師外也/252	二十有八年春王三月甲寅/147	以入是爲罪也/364	以喜書也/73
已巳齊侯元卒/302	以惡衛侯也/405	而者何難也/297	溺者何吾大夫之未命也/107
以俟陳人蔡人/117	以鞍爲几/463	夷者何齊地也/170	匿嫡之名也/430
以俟後聖/531	已約歸至/408	以者何行其意也/92	溺會齊師伐衛/107
爾殺吾兄/413	以襄公之爲於此焉者/109	而葬原仲也/145	因其可襃而襃之/34
以成宋亂/69	而攘夷狄/180	而將致國乎與夷/46	因其力也/62
以乘馬束帛/36	而與弟者/413	爾財復矣/417	因其討乎外而不與也/304
爾弑吾君/413	以逆莊王/307	夷狄相誘/447	人不若名/122
而食魚飧/292	以吾愛與夷/46	夷狄也而疾病中國/180	因不忍見也/145
以沈子嘉歸殺之/483	以吾宗廟之在魯也/463	夷狄也而憂中國/486	引師而去之/269,312
二十年春/208	二曰賓東/75	夷狄之君也/228,390	因宋人蔡人衛人之力也/62
二十年春王二月/135	以王父命辭父命/513	夷狄之也/94,236	因誰之力/62
二十年春王正月/452	以王事辭家事/513	以諸侯之踰年卽位/257	因獄有所歸/159
二十年春王正月辛亥/394	以陒子歸/219	以曹伯陽歸/522	因以納賊/473
二十有九年春/228,469	以遇禮相見/463	以夅妻子益來/520	麟者仁獸也/531
二十有九年春新延廐/148	離于夷狄/314	以朱絲營社/143	引彈而彈之/292
二十有九年春王正月公在楚/412	二月庚子/263	以中國爲彊/375	一君要之也/48
二十有四年春/400	二月癸酉/445	以中國爲義/375	一君出/48
二十有四年春王三月/141	二月癸亥朔/241	以重書也/56	一年不熟/147
二十有四年春王二月丙戌/459	二月公至自伐鄭/330	爾卽死/236	一年不二君/257
二十有四年春王正月/215	二月公侵宋/122	里樀師而行/236	一事而再見者/183
二十有三年春王二月/138,214	二月公侵鄭/489	離至不可得而序/371,379,488	一事而再見者辛名也/281
二十有三年春王二月癸酉朔/398	二月公侵齊/491	以地正國也/501	一相處乎內/52
二十有三年春王正月/457	二月己亥/386	以至乎此/211	日食則曷爲鼓用牲于社/142
二十有五年春/142,402,463	二月伯姬歸于宋/341	以地還之也/122	日食則曷爲或日/43
二十有五年春王正月丙午/217	二月丙午/97	已陳然後襄公鼓之/213	一曰乾豆/75
二十有六年公伐戎/144	二月叔孫得臣如京師/257	以姪娣從/134	一月而再取也/62
二十有六年春王二月辛卯/404	二月辛巳立武宮/335	以蔡侯獻舞歸/122	日有食之/42,97,132,142,144,150,183,195,241,272,302,318,353,358,385,386,394,396,398,400,408,432,446,448,454,455,459,473,488,499,505
二十有六年春王正月/466	二月辛酉/323	以天子三年然後稱王/257	
二十有六年春王正月己未/219	二月辛丑/505	已趨而辟也/292	
二十有二年春/213,455	二月乙未朔/385	以逐荀寅與士吉射/501	
二十有二年春王月/137,397	以爲能變也/263	已丑之日死而得/76	
二十有一年春王三月/454	以爲不臣也/230	以春秋爲春秋/160	
二十有一年春王月/135	以爲社稷宗廟主/46	以取其國而遷鄭焉而野留/87	
二十有一年春王正月公如晉/396	以爲雖遇紀侯之殯/111	以取亡焉/175	
二十有一年春狄侵衛/210	爾爲吾子/46	而致國乎季子/413	日有食之旣/73,297,400
二十有七年春/145,220,407	以爲有人心焉者/244	以親者弒/423	日有食之者/43
二十有七年春公如齊/467	以爲臧孫辰之私行也/147	以侵衛/490	一者之魯/261
二十有八年春/223,409	以爲知權也/87	以許男斯歸/489	一者之齊/261
	已酉及齊國佐盟于袁婁/326	以胡子豹歸/505	一者之晉/261
	以有西宮/208	而忽可故反/87	一災不書/116
	而由乎孟氏/494	以火攻也/80	佚獲也/326
	以邑氏也/386	而桓公不欺/128	臨南駷馬/494
	而以爲齋/473	而桓公不怨/128	臨南曰/493
	人以心焉皆有之/244	而況乎我多有之/263	臨南者/493
	移日然後相去/326	而後言救君也/168	臨南投策而墜之/493
		而後言無麥禾/147	臨大事而不忘大禮/213

臨民之所漱浣也/151	子苟知之/440	子以大國壓之/269	將卑師少稱人/51
壬戌及孫林父盟/375	子歸守國矣/211	子以母貴/32	將卑師衆稱師/51
壬申公孫嬰齊卒于貍軫/358	自閨而出者/292	子以示我/293	將使我棄之/292
	自我私土而出也/344	自者何有力焉者也/227	將殺我于蒲圃/493
壬申公朝于王所/226	自內出者/286	子將不終爲君/41	葬生者之事也/64
壬申公薨于高寢/505	子女子曰/160	自正月不雨/259,265	長庶之號也/314
壬申鄭伯費卒/335	子代從政者/83	自齊歸于衛/524	臧宣叔者相也/349
壬午猶繹/297	刺道用師也/219	自曹入于蕭/498	臧孫辰告糴于齊/147
入國稱夫人/40	子突者何貴也/114	子卒云子卒/154	臧孫辰卒/259
入其闈則無人闈焉者/292	子同生者孰謂/79	子卒者孰謂/277	臧孫許卒/332
立武宮非禮也/335	子路死/531	子之國何如/312	臧孫紇出奔邾婁/399
入門乎巢而卒也/403	子名爲誰/293	子之謀則已行矣/175	葬宋共公/350
入門乎巢而卒者何/403	自郛出奔宋/452	子之乘矣/293	葬宋共姬/416
入郛不書/272	子般卒何以不書葬/155	刺之者何殺之也/223	葬宋元公/466
入郛書乎/272	子般執而鞭之/159	自楚歸于陳/399	葬宋平公/438
入不言伐/272,520	子不得有父也/511	自貶損以行權/87	臧氏之母/473
入不言圍/122	子不復讐非子也/64	自許入于鄭/416	臧氏之母聞有賊/473
入巢之門而卒也/403	子復讐可也/486	作乾谿之臺/443	臧氏之母曰/473
立煬宮/480	字不若子/122	作三軍/381	葬我君隱/277
立煬宮非禮也/480	子不言卽位/168	作三軍何以書譏/381	葬我君宣/323
入曰振旅/117	子不與我國/211	作僖公主者何/244	葬我君昭/480
入于曲沃/399	子北宮子曰/515	作僖公主何以書譏/244	葬我君莊/159
立者不宜立也/335,480	子司馬子曰/150	殘賊而殺之也/319	葬我君桓/98
立子以貴不以長/32	自陝而東者/52	將去而歸爾/312	葬我君僖/241
入子之閨/292	自陝而西者/52	葬景王/455	葬我小君頃熊/297
入者出入惡/94	粢盛委之所藏也/92	莊公歸/125	葬我小君繆姜/378
立者何/335,480	子誠仁人也/292	莊公病將死/154	葬我小君聖姜/275
入者何得而不居也/39	子叔姬卒/26	莊公死慶父謂樂曰/159	葬我小君成風/248
立者何立者不宜立也/49	自是無疾/274	莊公死已葬/87	葬我小君哀姜/173
立適以長不以賢/32	自是始滅也/104	莊公子般弑閔公弑/162	葬我小君定弋/369
入則殺矣/171	自是往弑舍/519	莊公升壇/128	葬我小君齊歸/438
立僖公而城魯/162	自是走之齊/319,349	莊公曰/127	莊王鼓之/307
滕不書/339	自是走之晉/494	莊公曰諾/128	莊王怒曰/312
滕不書此何以書/134	子沈子曰/64,122,480	莊公將會平桓/127	莊王伐鄭/307
仍叔之子者何/76	自十有二月不雨/244	莊公存之時/159	莊王曰/307,312
滕者何諸侯娶一國/134	自我言齊/73	莊公之母也/137	莊王曰嘻/307,312
	自我爲之/211	莊公之夫人也/173	莊王曰諾/312
	自我墮之曰不可/211	莊公馮弑與夷/46	莊王曰何如/312
	子玉得臣也/223	葬匡王/286	莊王圍宋/312
〔자〕	子玉得臣則其稱人何貶/223	將軍子重諫曰/307	莊王親自手旍/307
		葬其可葬/111	莊王許諾/307
子家駒曰/463	子我乃知之矣/440	葬杞悼公/484	葬衛文公/217
子可以不免我死乎/493	子嘻/531	葬杞文公/431	葬衛襄公/432
自柯之盟始焉/128	自外至者/286	葬杞叔姬/150	葬衛定公/348
子曷爲告之/312	刺欲救紀而後不能也/107	葬杞平公/459	將爲之興師而復讐于楚/486
子去我而歸/312	滋欲殺之甚/292	葬杞孝公/399	
子固爲我與之約矣/407	子爲晉國重卿/292	葬杞僖公/523	將由乎齊/171
子公羊子曰/79,289	子有罪執其父/355	葬滕頃公/515	將而不免遏惡也/159,162
自澬水/392	字而笲之/263	葬滕隱公/525	將而誅焉/154
子苟欲納我/407	子以其指/269	葬劉文公/484	將而必誅焉/423

원문자구색인 555

葬人之君/435	在大辰也/448	絕之則爲叔術/473	正月者正卽位也/479
葬者曷爲或日或不日/46	在塗稱婦/40	接菑晉出也/269	丁酉公之喪至自齊/98
鄗者何紀之遺邑也/150	再拜稽首而君之爾/519	鄭公孫舍之帥師入陳/402	丁酉杞伯鬱釐卒/459
葬鄭穆公/286	再拜稽首以衽受/463	鄭公孫舍之帥師侵宋/381	鄭游遨帥師滅許/489
葬鄭襄公/332	再拜顙高子執簞食/463	定公順祀/493	定弋者/369
葬鄭厲公/136	宰士也/36	鄭公子去疾率師伐許/330	鄭人伐衛/41
葬齊頃公/341	在三年之中矣/162	鄭公子歸生弒其君夷/288	鄭人殺良霄/416
葬齊悼公/524	宰上之木拱矣/236	鄭公子喜率師伐許/347	鄭人圍許/341
葬齊襄公/120	宰者何官也/36	鄭公子喜帥師侵宋/353	鄭人入滑/208
將濟于河/408	宰周公者何/189	正棺於兩楹之間/480	鄭人侵宋/130
葬齊惠公/302	在側者曰/440	定君平國/480	鄭人侵蔡/376
葬齊桓公/205	躇階而走/293	鄭棄其師/162	精者曰伐/122
葬齊孝公/220	著有天子也/458	鄭棄其師者何/162	鄭之徼者也/131
葬齊僖公/94	狄救齊/205	鄭良霄出奔許/416	鄭之邑也/366
葬曹共公/258	赤歸于曹郭公/141	定無正月者/479	鄭瞻者何/131
葬曹悼公/468	適得之也/376	丁未及孫良夫盟/331	丁丑作僖公主/244
葬曹文公/310	狄滅溫/192	丁未葬我君成公/360	定何以無正月/479
葬曹成公/392	賊未討/376,450	丁未戰于宋/89	丁亥楚子入陳/304
葬曹莊公/141	賊未討何以書葬/416	丁未蔡侯申卒/317	鄭軒達帥師/528
葬曹靖公/491	賊未討何以書葬/98	鄭伯乞盟/187	鄭軒達帥師伐宋/505
將尊師少稱將/51	狄伐邢/155	鄭伯堅卒/332	鄭忽出奔衛/87
將尊師衆/51	狄圍衛/233	鄭伯髡原如會/375	齊姜與繆姜/366
將從先君之命與/413	狄人不有/314	鄭伯髡原何以名/375	齊姜者何/366
葬郱婁悼公/423	赤者何/515	鄭伯瞼卒/519	除景公之喪/519
戕鄫子于鄫者何/319	覿者何見也/141	鄭伯逃歸不盟/183	齊高無咎出奔莒/358
藏之外府/175	狄者何長狄也/261	鄭伯突卒/135	齊高偃帥師/440
葬秦景公/431	赤者何曹無赤者/141	鄭伯蘭卒/286	齊高止出奔北燕/413
葬晉悼公/388	赤狄侵齊/288	鄭伯伐取之/62	齊高厚帥師伐我北
葬陳靈公/307	賊至湊公寢而弒之/473	鄭伯伐許/332	鄙圍防/389
葬陳成公/369	狄侵我西鄙/252	鄭伯惡高克使之將/162	齊高傒者何/137
葬陳哀公/433	狄侵衛/266	鄭伯寗卒/468	祭公來/82
葬晉襄公/250	狄侵鄭/198	鄭伯寤生卒/87	諸公六諸侯四/52
葬陳莊公/105	狄侵齊/237,247,261	鄭伯曰不可/375	齊公子商人弒其君舍/269
葬晉平公/436	田多邑少稱田/67	鄭伯肉袒/307	諸公者何/52
葬秦惠公/515	前目而後凡也/183	鄭伯以璧假許田/67	祭公者何/82
葬陳桓公/76	展無駭也/39	鄭伯將會諸侯于首/375	齊之弟辰/497
將執公/355,358	戰不言伐/89,122,147,205	鄭伯接卒/234	齊國書帥師伐我/525
葬蔡文公/318	戰不正勝也/219	鄭伯嚚卒/495	齊國夏曷爲與衛石
葬蔡昭公/515	戰于大棘/284	鄭伯會公于斐/266	曼姑帥師圍戚/513
葬蔡平公/454	戰于伯莒/486	鄭伐許/331	齊國夏帥師伐我西鄙/490
璋判白/494	戰于栗/511	鄭師伐宋/366	齊君之母/326
將廢正而立不正/519	戰于泓之陽/213	丁巳葬我君定公/505	齊君之母也/326
葬許悼公/451	鄟者何邾婁之邑也/335	鄭師敗績/511	齊歸者何/438
葬許靈公/405	前此者/326,355,358	定姒何以書葬/505	齊大國也/152
葬許穆公/181	前此者有事矣/111,180	鄭殺其大夫公子喜/393	諸大夫皆哭/463
葬許元公/529	前此則曷爲始乎此	鄭殺其大夫申侯/185	諸大夫皆曰諾/519
宰渠伯糾者何/75	/39,40,52	鄭世子忽復歸于鄭/94	諸大夫皆雜然曰/349
在季氏也/479	絕曷爲絕之/96	定哀多微辭/479	諸大夫皆在朝/519
災及吾身/307	絕其頷/293	正月以存君/102	諸大夫見之/519
在內雖當國不地也/35	絕其脰/125	正月以存君也/412	諸大夫扳隱而立之/32

諸大夫不得已皆逡巡北面/519	齊人鄭人入盛/62	齊侯伐莒/455	諸侯壹聘九女/134
諸大夫死者數人/307	齊人陳人曹人伐宋/129	齊侯伐萊/299	諸侯者何/52
齊大夫也/162,302	齊人執單伯/269	齊侯伐北燕/431	齊侯葬紀伯姬/111
諸大夫有進對曰/175	齊人執衞行人北宮結/490	齊侯伐徐/447	齊侯鄭伯盟于石門/46
齊無君也/119	齊人執子叔姬/269	齊侯伐宋圍緡/214	諸侯祭土/232
齊無仲孫/160	齊人執鄭瞻/131	齊侯伐我北鄙/388	諸侯卒其封內不地/299,375,464
齊無知弒其君諸兒/117	齊人執陳袁濤塗/180	齊侯伐我西鄙/275	諸後之義/168
祭伯者何/37	齊人遷陽/162	齊侯不可使與公盟/253	諸侯之義/173,197,304
齊師大敗/326,338	齊人侵我西鄙/219	齊侯不爲匹夫興師/486	諸侯之義不得專封/168,173
齊師伐衞/309	躋者何升也/244	齊侯不再娶/134	諸侯之義不得專討/304
齊師宋師衞師燕師敗績/90	娣者何弟也/134	齊侯弗及盟/274	齊侯之子也/102
齊師宋師曹師城邢/168	祭仲亡矣/94	齊侯使慶封來聘/407	諸侯之主也/44
齊師宋師曹師次于聶北救邢/168	祭仲亡則亡矣/94	齊侯使高張來唁公/469	諸侯僭于天子/463
齊師遷紀郱鄑郚/104	祭仲不從其言則/87	齊侯使國歸父來聘/236	齊侯處臼卒/516
齊師敗績/205,326,525	祭仲孫者何/159	齊侯使國佐來聘/302	齊侯取運/464
齊殺其大夫高厚/393	祭仲將往省于留/87	齊侯使國佐如師/326	齊侯則其稱人何/111
齊殺其大夫國佐/360	祭仲存則存矣/94	齊侯使其弟年來聘/56	齊侯侵我西鄙遂伐曹入其郛/272
帝牲不吉/286	祭仲之權是也/87	諸侯山川有不在其封內者/232	諸侯何以不序/183,253
帝牲在于滌三月/286	齊地則其言齊人以歸于/171	諸侯相聚/417	諸侯會于澶淵/417
齊小白入于齊/119,193	齊陳乞弒其君舍/518	諸侯說子/48	諸侯會于扈/276
祭叔來聘/138	齊崔氏出奔衞/302	諸侯城緣陵/197	躋僖公/244
齊陽生入于齊/518	齊崔杼帥師/402	諸侯世故國君爲一體也/109	曹羈諫曰/141
諸陽之從者/493	齊崔杼帥師伐莒/400	齊侯小白卒/203	曹羈者何/141
齊奐伐而不與戰/122	齊崔杼弒其君光/402	齊侯昭卒/220	曹羈出奔陳/141
齊亦欲之/59	制春秋之義/531	齊侯宋公陳侯衞侯鄭伯會于鄧/129	曹大夫也/141
齊已言取之矣/302	祭泰山河海/232	齊侯宋人陳人蔡人邾婁人/127	曹無大夫/141
齊已取之矣/302	弟兄三人/261	齊侯遂救許/184	曹無大夫公子手何以書/326
齊人曷爲來歸運讙龜陰田/497	弟兄逑爲君/413	齊侯遂亂/443	曹伯歸自京師/353
齊人皆曰/326	諸侯嫁女于大夫/102	齊侯遂圍許/227	曹伯來朝/396
齊人救邢/159	諸侯曷爲必田狩/75	諸侯戌之/371,379	曹伯廬卒于師/346,452
齊人歸公孫敖之喪/272	諸侯皆有朝宿之邑焉/67	齊侯龔言/399	曹伯露卒/491
齊人歸我濟西田/302	諸侯皆有湯沐之邑焉/59	諸侯時朝乎天子/67	曹伯般卒/185
齊人歸讙及僤/522	諸侯皆在是/388	齊侯陽生卒/524	曹伯負芻卒于師/391
齊人來歸運讙龜陰田/497	諸侯皆從泰山之下/59	齊侯唁公于野井/463	曹伯射姑卒/139
齊人來歸子叔姬/272	齊侯歸/338	齊侯唁公于野井曰/463	曹伯壽卒/310
齊人來媵/343	諸侯歸之/488	齊侯曰此非寡人之力/114	曹伯須卒/449
齊人伐山戎/150	諸侯記卒記葬/43	齊侯曰虀/43	曹伯襄復歸于曹/227
齊人伐衞/147	齊侯怒與之飲酒/102	齊侯瑗卒/393	曹伯陽何以名絶/522
齊人不納/171	諸侯同盟于重丘/402	諸侯越竟觀社非禮也/139	曹伯曰不可/141
齊人殺無知/35	諸侯來曰朝/64,83	諸侯越竟送女非禮也/73	曹伯終生卒/84
齊人徐人伐英氏/203	齊侯祿父卒/92	齊侯衞侯盟于沙澤/490	曹伯之罪何甚惡也/223
齊人弒其君商人/277	諸侯莫人之主有/379	齊侯衞侯鄭伯來戰于郞/85	曹伯何以不名/353
齊人爲是來歸之/497	諸侯盟于葵丘/189	齊侯衞侯次于蓮隊/505	曹伯會晉師于斐林伐鄭/283
齊人曷是于扈/272	諸侯盟于祝阿/392	齊侯衞侯次于垂瑕/501	弔死視疾/338
齊人衞人鄭人盟于惡曹/87	齊侯滅萊/373	諸侯已取之矣/379	曹殺其大夫/144
齊人以歸/170	齊侯無野卒/341		
	齊侯潘卒/269		

원문자구색인 557

趙盾顧曰/293	從主人/423	299,384,475	仲孫遨帥師伐邾婁/394
趙盾驅而出/293	終致國乎與夷/46	邾婁快來奔/467	仲孫遨會莒人盟于向/394
趙盾起將進劍/293	左右撝軍/307	邾婁快者何/467	仲孫貜卒/459
趙盾弒君/292	坐而視之則親親/145	誅不得辟兄/154	仲孫貜會邾婁子盟
趙盾曰/292,293	左執茅旌/307	州不若國/122	于侵祥/438
趙盾曰是何也/292	罪未定則何以得爲	誅顏之時/473	衆雖欲之/49
趙盾曰彼何也/292	伯討/227	主王姬者/104	仲遂者何/297
趙盾曰嘻趣而入/292	罪已定矣/226	主王姬者必爲之改築/104	仲遂卒于垂/297
趙盾已食/293	罪定不定/227	走而之莒/171	衆弒君之辭/277
趙盾已朝而出/292	罪定不定未可知也/227	主人習其讀而問其傳/479	仲氏也/349
趙盾逡巡/292	邾婁大夫也邾婁無	主者曷用/244	仲嬰齊者何/348
趙盾之復國奈何/292	大夫/398	主災者兩觀也/481	仲嬰齊卒/348
趙盾知之/293	朱干玉戚/463	舟中之指可掬矣/307	重吳也/528
趙盾之車右祁彌明者/293	周公拜乎前/265	走之齊/463	衆立之之辭也/49
趙盾就市視之/292	周公用白牲/265	逡巡而退/452	仲子微也/36
曹子可讐/128	周公者何/344	餕饗未就/463	仲子者何/36
曹子手劍而從之/128	周公主之/52	浚之者何深之也/120	衆之所欲立也/49
曹子曰/127,128	周公出奔晉/344	中丘者何/56	重地也/396
曹子進盟/127	周公稱太廟/265	中國不救/314	衆罷而去之/443
曹子請盟/128	周公何以稱太廟于魯/265	中國不絶若線/180	卽位不日/480
曹子摽劍而去之/128	誅君之子不立/438	中國不足歸乎/375	卽位矣而未稱王也/257
操者何鄭之邑也/375	邾婁公子輿/473	中國不存公/470	卽位何以後/479
祖之所逮聞也/531	邾婁大夫也/396	中國亦新夷狄也/457	卽位後也/479
趙穿緣民衆不說/293	邾婁無大夫/396,467	仲幾之罪何/479	梓而去之/312
存公故也/470	邾婁鼻我者何/398	衆莫可使往者/292	鄫季姬卒/202
尊屈完也/180	邾婁庶其以漆閭丘	衆無留之者/293	曾不興師徒以言而
存其心焉爾/297	來奔/396	衆殺戌者也/132	已矣/162
存其心焉爾者何/297	邾婁庶其者/396	仲孫羯帥師侵齊/400	鄫子曷爲使乎季姬
存陳也/435	邾婁女有爲魯夫人者/473	仲孫羯如晉/409	來朝內辭也/198
卒赴而葬不告/59	邾婁人牟人葛人來朝/94	仲孫羯會晉荀盈齊	烝者何冬祭也/81
卒于會故地也/299	邾婁人伐我南鄙/269,386	高止宋華定衛世	鄫子會盟于邾婁/206
卒從正而葬從主人/59	邾婁人秉兵於周日/473	叔陳鄭公孫段曹	至今有紀者/109
卒帖莉以此爲王者	邾婁人言曰/269	人莒人邾婁人滕	知其不可而爲之也/297
之事也/180	邾婁人鄭人伐宋/53	人薛人小邾婁人	至得與晉侯盟反矣/266
卒何以名而葬不名/59	邾婁子䭔卒/389	城杞/412	地物從中國/423
卒何以日而葬不日/59	邾婁子蘧篨卒/265	仲孫蔑如宋/333	至樾遂奔齊/319
螽/76,254,293,527	邾婁子克卒/131	仲孫蔑衛孫林父會	至于孟衢/493
終假之道以取郭/175	邾婁子來奔喪/505	吳于善稻/371	至于貍軫而卒/358
從者東西南北/407	邾婁子來朝/364,409,505	仲孫蔑卒/393	至于秋七月/244,259
從其言則君可以生	邾婁子來會公/503	仲孫蔑會齊高固于	至而君之爾/413
易死/87	邾婁子瑣卒/147	牟婁/314	地從主人/71
宗婦者何/141	邾婁子益來奔/524	仲孫蔑會齊崔杼曹	至之日也/147,272
從祀先公/493	邾婁子益何以名絶/520	人邾婁人杞人/364	止進藥而藥殺/451
從祀者何/493	邾婁子穿卒/482	仲孫蔑會晉欒黶宋	止進藥而藥殺也/450
終叔叔武/227	邾婁子華卒/423	華元鄭甯殖曹人	地震者何動地也/258
終弒之而敗焉/463	邾婁子貜且卒/358	莒人邾婁人滕人	至秋七月/265
終身無已也/413	邾婁之君也/34	薛人圍宋彭城/364	知則知矣雖然/175
終身不入吳國/413	邾婁之大夫也/467	仲孫蔑會晉侯宋公	至河乃復/482
從王正也/76	邾婁之父兄也/473	衛侯邾婁子齊崔	地何以從主人/71
終以乘車之會往/211	邾婁之邑也/80,105,	杼同盟于虛打/360	至乎王堤而死/154

至乎日若時而出/493
至乎地之輿人則不然/71
至黃乃復/297
直來曰來/145
直泉也/430
直泉者何/430
直稱君者甚之也/154
陳乞使人迎陽生于諸其家/519
陳乞曰/518,519
陳公子留出奔鄭/433
陳君則曷爲謂之陳佗絶也/78
晉郤缺帥師/269
晉郤缺帥師救鄭/300
晉郤缺帥師伐蔡/272
晉郤克輿臧孫許同時而聘于齊/326
晉郤克衛孫良夫伐將咎如/331
晉郤克投戟逸巡再拜稽首馬前/326
晉大國也/307
陳大夫也/145
晉欒書率師侵鄭/335
晉欒書帥師伐鄭/341
晉欒書帥師侵蔡/341
晉欒盈復入于晉/399
晉里克弑其君卓子/192
秦無大夫/263,423
晉放其大夫胥甲父于衛/281
秦伯怒曰/236
秦伯稻卒/288
秦伯使遂來聘/263
秦伯罃卒/277
秦伯將襲鄭/236
秦伯卒/347,430,495
晉伐鮮虞/440
晉士匄帥師侵齊至穀/393
晉師大敗/307
晉師滅赤狄潞氏/314
晉師白狄伐秦/297
晉師伐之/314
秦師伐晉/284
晉師伐秦/379
晉史書賊曰/292
晉師宋師衛甯殖侵鄭/366
晉士鞅衛孔圉帥師伐鮮虞/484

秦師敗績/244
晉師敗績/307
晉殺其大夫/358
陳殺其大夫慶虎及慶寅/399
晉殺其大夫里克/193
晉殺其大夫丕鄭父/194
晉殺其大夫胥童/360
陳殺其大夫泄冶/300
晉殺其大夫陽處父/250
晉殺大夫趙同趙括/339
晉先眛以師奔秦/252
晉荀林父帥師/307
晉荀林父帥師伐陳/299
晉荀吳帥師敗狄于大原/423
晉陽之甲/501
晉陽處父帥師伐楚救江/246
陳于大祖/244
晉魏多帥師侵衛/529
晉魏曼多帥師侵衛/520
陳儀者何/403
陳已滅矣/435
晉人及姜戎敗秦于殽/236
晉人納接菑于邾婁弗克納/269
晉人來乞師而不與/355
秦人來歸僖公成風之襚/258
晉人來滕/341
晉人滅赤狄甲氏及留吁/316
秦人白狄伐晉/341
秦人伐晉/246,314
晉人不納/399
陳人殺其公子禦寇/137
陳人殺其大夫公子過/433
陳人殺其大夫士穀及箕鄭父/258
晉人殺其大夫先軫/258
晉人殺欒盈/399
晉人宋人伐鄭/283
晉人宋人衛人曹人同盟于清丘/308
晉人宋人衛人曹人伐鄭/302
晉人圍郊/457
晉人圍頓/369
晉人衛人陳人鄭人

伐宋/275
秦人入滑/236
秦人入鄀/248
晉人齊人宋人衛人鄭人曹人莒人邾婁人滕人薛人杞人小邾婁人/417
晉人秦人圍鄭/230
晉人秦人戰于河曲/263
晉人陳人鄭人伐許/237
晉人執莒子邾婁子以歸/388
晉人執孫隱如以歸/443
晉人執我行人叔孫舍/457
晉人執衛甯喜/405
晉人執衛侯歸之于京師/226
晉人執戎曼子赤歸于楚/515
晉人執鄭伯/341
晉人執邾婁子/392
晉人敗狄于箕/237
秦者夷也/430
盡者何/109
晉者何公子晉也/49
晉趙盾帥師救陳/283
晉趙盾弒其君夷獋/284,292
晉趙鞅歸于晉/501
晉趙鞅帥師/511
晉趙鞅帥師伐鮮虞/518
晉趙鞅帥師伐衛/516
晉趙鞅帥師圍衛/496
晉趙鞅帥師侵鄭/491
晉趙鞅帥師侵齊/524
晉趙鞅取/501
晉趙陽出奔衛/503
晉衆之走者/307
晉之不言出入者踴/193
晉之邑也/399
震之者何/189,200
盡此不勝/312
陳鍼宜咎出奔楚/401
陳佗者何陳君也/78
進退在大夫也/393
晉狐射姑出奔狄/250
晉侯去疾卒/470
陳侯款卒/224
晉侯及秦伯戰于韓獲晉侯/200

晉侯及秦師戰于彭衙/244
晉侯及楚子鄭伯戰于鄢陵/353
陳侯逃歸/375
陳侯柳卒/491
陳侯林卒/104
晉侯聞之曰嘻/338
晉侯伐衛/223,241
晉侯伐鄭/310
晉侯伐秦/247
晉侯使郤錡來乞師/345
晉侯使郤州來聘/344
晉侯使欒黶來乞師/353
晉侯使士匄來聘/360
晉侯使士匄來聘/376
晉侯使士爕來聘/339
晉侯使士鞅來聘/412
晉侯使士彭來乞師/360
晉侯使荀庚來聘/331
晉侯使荀罃來聘/358
晉侯使荀罃來聘/364
晉侯使荀櫟唁公于乾侯/473
陳侯使女叔來聘/142
陳侯使袁僑如會/368
陳侯朔卒/265
陳侯如會/223
陳侯吳歸于陳/443
陳侯午卒/369
陳侯吳卒/483
晉侯衛世子臧伐齊/319
晉侯夷吾卒/215
晉侯夷卒/447
陳侯溺卒/433
晉侯入曹/223
晉侯將侵曹/223
晉侯齊師宋師秦師及楚人戰于城濮/223
晉侯周卒/386
晉侯重耳卒/234
陳侯之弟光/399
陳侯之弟光出奔楚/394
陳侯之弟招/423
晉侯執曹伯/232
晉侯執曹伯歸之于京師/350
陳侯處臼卒/195
晉侯侵曹/223
陳侯鮑卒/76
晉侯讙卒/250

疾始滅也/59
疾始以火攻也/80
疾始取邑也/48
姪者何兄之子也/134
疾重故也/214
執未可言舍之者/355
執未有言釋之者/211
執未有言仁之者/355
執鈇鑕/407
執事以羞/463
執事以羞再拜顙/463
執宋公以伐宋/210,211
執而歸者名/353
執人之罪人/435
執者曷爲或稱行人/269
執者曷爲或稱侯或稱人/180
執齊慶封殺之/428
執曹伯畀宋人/223
執之于天子之側者也/227
執之則其言伐之何大之也/57
執陳公子招/433
執蔡世子有以歸用之/438

〔차〕

此皆大夫也/304,312
此皆滅國也/443
此蓋戰也/144,150
此皆天子之禮也/463
此皆毀廟也/513
此公子翬也/62
此君也已/519
此其目言之何遠也/69
此其復見何/292
此其言潰何郭之/469
此其言伐何/147,205,272,520
此其言伐何辟嫌也/89
此其言舍之何仁之也/355
此其言侯何/117
此其言朔何/213
此其言釋之何/211
此其言遂何/134,230
此其言遂何歸惡乎大夫也/366
此其言逐何/82,383

此其言甚之何/62
此其言蠔生何/315
此其言圍何/214,219,383
此其言圍何疆也/184
此其言圍何疆也/53
此其言仁之何/355
此其言自何畔也/452
此其言戰何敵也/448
此其言戰何從外也/90
此其言即位何/67
此其言即位何其意也/281
此其言次何/168
此其言出何/215,344
此其言致女何/341
此其言敗何伐敗也/120
此其言會何/71
此其言喜有正何/79
此其曰有年何/73
此其爲可以復讐奈何曰/486
此其爲可葬奈何/111
此其爲可亞奈何漸進也/34
此其爲近正奈何/281
此其爲近正奈何/73
此其爲伯討奈何/513
此其爲諼奈何/518
此其以當國之辭言之何/518
此其稱盜以弑何/515
此其稱名氏以殺何/423
此其稱名氏以弑何/443
此其稱名氏以敵楚子何/307
此其稱王后何/82
此其稱子般卒何/154
此其行使乎大夫何/326
此魯公之廟也/265
此魯朝宿之邑也/67
此當時何危爾/46
此大鹵也/423
此大事也/417
此大戰也/223
此大會也/177
此同圍齊也/392
此虜也/125
車馬曰賵/36
此滅同姓/117
此滅也其言入何/39
此滅人之國/203

此未三年/458
此未踰年之君/189
此未踰年之君也/269,438,455
此未有伐者/206
此未有伐曹者/232
此未有伐中國者/133
此未有言伐者/133
此未有言崩者/107
此未適人/189
此未適人何以卒/263
此叛也/501
此伐吳也/428
此伐衛何納朔也/113
此伐鄭也/381
此伐楚也/246
此復讐也/111
此復讐乎大國/120
次不言侯/117
且夫牛馬維婁/463
此不雨之日長而無災/244
此非怒與/109
此非先君之意乎/46
此非弑君而何/292
此非子也/168
此聘也其言盟何/331
此聘也其言伐之何執之也/57
且使子而可逐/46
此殺其大夫/230
此誠爾國也夫/473
此世子也/83
此受命乎君而伐齊/393
車數十乘/493
此弑其君/443
且臣聞之/486
此臣之罪也/355
此言所爲何/417
且如桓立/32
此亦旱也/244
次于乾侯/468
次于楊州/463
次于五氏/495
次于雍渝/399
次于合/364
此諼君以弑也/404
此衛寶也/114
此圍辭也/211
此有罪何閔爾/272
此邑也其言崩何襲

邑也/198
且以蕭同姪子爲質/326
此已取穀矣/219
此一事也/168
此入國矣/73
此災菑也/480
此展無駭也/59
此鄭之微者/131
此齊侯也/150
此仲孫何忌也/489
此之桓國何以致危之也/138
此晉郤缺也/269
此晉先眜也/252
此晉陽處父也/244
此晉魏曼多也/529
此晉趙盾之師也/283
此晉侯也/227
此陳侯之弟招也/423
此執其君/227
此執有罪/180,405
此聽失之大者也/109
此楚先君之意乎/46
此楚公子嬰齊也/328
此楚子也/211,220,304
此逐君側之惡人/501
此取之宋/71
此侵也/376
此偏戰也/85,89,200,252,263,457
此平莒也/288
此何以名/413
此何以書/48,76,145,171,198,202,246,257,258,263,283,312,333,339,341,343,371,377,386,396,398,423,449,464,467,484,522
此何以書過我也/76
此何以書久也/55
此何以書我也/124,135
此何以書譏/40,75,81,92,137,145,149,244,481
此何以書大之也/104
此何以書動我也/272
此何以書新周也/316
此何以書隱之也/111,150,416
此何以書重地也/429
此何以書盡也/150
此何以書幸之也/315

此何以書賢也/141
此何以有君/413
此何以日/62,480
此何以日內辭也/252
此何以日危之也/139,189
此何以日盡也/236
此何以卒/44,246,484
此何以卒錄焉爾/105
此何以地/299,464
此何以地隱之也/375
此何以致久也/200
此奚斯之聲也諾已/171
篡辭也/455
札者何吳季子之名也/413
察之則鸛/202
察之則五/202
僭于公室久矣/463
僭諸公猶可言也/52
僭天子不可言也/52
蔡公孫歸姓/483
蔡公孫辰出奔吳/515
蔡公子履出奔楚/394
蔡非有罪也/486
蔡殺其大夫公子駟/511
蔡殺其大夫公子燮/394
蔡昭公朝乎楚/52
蔡人放其大夫公孫
　獵于吳/513
蔡人殺之/79
蔡人殺陳佗/78
蔡遷于州來/511
蔡請救于吳/486
蔡侯考父卒/59
蔡侯東國卒于楚/457
蔡侯廬歸于蔡/443
蔡侯廬卒/453
蔡侯封人卒/97
蔡侯以吳子及楚人/486
蔡侯鄭伯會于鄧/71
蔡侯獻舞何以名絶/122
處其所而請與也/187
戚者何衛之邑也/511
天戒之故大之也/200
天苟有吳國/413
泉臺者郎臺也/274
千里而襲人/236
天無是月也閏月矣/250
天喪予/531
天王居于狄泉/458
天王崩/44

天王使家父來求車/94
天王使家父來聘/81
天王使毛伯來錫公命/241
天王使石尙來歸賵/503
天王使叔服來會葬/241
天王使仍叔之子來聘/76
天王殺其弟年夫/416
天王狩于河陽/226
天子嫁女乎諸侯/102
賤者窮諸盜/274
賤者窮諸人/274
天子記崩不記葬/43
天子死/473
天子三公者何/52
天子三公稱公/52
天子召而使之也/102
天子曰崩/43
天子有望之事/232
天子有事于泰山/59
天子在是/223
天子在是也/223
天子祭天/232
天子之居/83
天子之居也/83
天子之郊/67
天子之大夫/37,44,57,
　75,76,246,257,302,386,484
天子之士也/503
天子之三公也/82,344
天子之相/52
天子之相也/52
天子之爲政者也/189
天子之邑也/457
天子秩而祭之/232
天子八佾/52
遷者何其意也/168
遷之者何/168
遷之者何不通也/122
遷之者何取之也/104
天祝予/531
天下未有濫也/473
天下未有濫也/473
天下諸侯/197,304
天下諸侯苟有能伐
　楚者/486
天下諸侯有相滅亡
　者/168,173
天下諸侯有相滅亡者/173

天下諸侯宜爲君者/125
天乎無辜/292
賤乎賤者孰謂/515
賤乎賤者也/515
識者何讖積也/132
輒者曷爲者也/513
請皆反其所取侵地/339
請君以兵車之會往/211
請無與乎而與弟/413
請使公子縛約之/407
請三三戰不勝/326
請治其未畢濟而擊之/213
請治其未畢陳而擊之/213
請唯君王之命/307
請以屈產之乘/175
請以示焉/519
請以饗乎從者/463
請再再戰不勝/326
請戰壹戰不勝/326
請終以往/175
請後五廟以存姑姊妹/107
禘嘗不卜/232
禘用致夫人非禮也/187
逮于袁婁而與之盟/326
涕沾袍/531
逮乎火而死/416
楚公子結陳公子佗
　人帥師滅頓/503
楚公子棄疾帥師伐蔡/438
楚公子棄疾弒公子比/443
楚公子棄疾脅比而
　立之/443
楚公子比出奔晉/424
楚公子申帥師伐陳/529
楚公子嬰齊率師伐鄭/335
楚公子嬰齊帥師伐莒/341
楚公子午帥師伐鄭/391
楚公子貞帥師救鄭/371
楚公子貞帥師伐鄭/371
楚公子貞帥師圍陳/375
楚公子貞鄭公孫輒
　帥師伐宋/379
楚屈建帥師滅舒鳩/403
楚屈完來盟于師/180
楚囊瓦出奔鄭/486
楚大夫也/180
楚無大夫/258
楚師滅陳/433
楚師滅蔡/438
楚師伐陳/297

楚師敗績/223,486
楚殺其大夫未成然/440
楚殺其大夫公子申/366
楚殺其大夫公子壬夫/371
楚殺其大夫公子追舒/397
楚殺其大夫公子側/353
楚殺其大夫申侯/429
楚殺其大夫郤宛/467
楚殺其大夫得臣/223
楚殺其大夫宜申/259
初稅畝/314
初稅畝何以書譏/314
楚世子商臣弒其君髠/241
楚爲之伐宋/364
楚薳頗帥師伐吳/431
楚有王者則後服/180
楚夷國也/211
楚已服矣/181
楚已取之矣/364
楚已討之矣/307
楚人果伏兵車/211
楚人救衛/223
楚人及吳戰于長岸/448
楚人滅舒蓼/297
楚人滅舒庸/358
楚人滅弦/183
楚人聞之怒/486
楚人伐徐/200
楚人伐鄭/171,177,258,289
楚人使宜申來獻捷/211
楚人爲無道/486
楚人謂宋人曰/211
楚人圍蔡/484
楚人入鄆/341
楚人濟泓而來/213
楚人知雖殺宋公/211
楚人秦人巴人滅庸/274
楚人執徐子/428
楚人執鄭行人良霄/382
楚人執陳行人于徵
　師殺之/433
楚人侵鄭/176
楚人敗徐于婁林/200
楚子居卒/466
楚子虔誘蔡侯般/438
楚子虔何以名絶/438
楚子卷卒/423
楚子滅蕭/307
楚子滅胡/505
楚子伐圈/261

楚子伐賁渾戎/286
楚子伐徐/440
楚子伐鄭/300,302,350,378
楚子使蒍頗來聘/416
楚子審卒/384
楚子圍鄭/307
楚子誘戎曼子殺之/447
楚子鄭伯伐宋/381
楚子鄭師敗績/353
楚子鄭人侵陳遂侵宋/283
楚子麇卒/518
楚子陳侯隨侯許男圍蔡/509
楚子蔡侯次于屈貉/259
初者何始也/52,314
楚子何以不名/447
椒者何楚大夫也/258
樵之者何/80
楚何以不稱師/353
初獻六羽/52
初獻六羽何以書譏/52
觸石而出/233
崔氏者何/302
秋八月/293
秋晉荀吳帥師伐鮮虞/446
秋去疾自齊入于莒/423
秋莒人伐我東鄙/379
秋季孫宿如衛/374
秋季孫隱如會晉韓起齊國酌宋華亥衛北宮佗鄭軒虎曹人杞人于屈銀/438
秋季孫行父如晉/250
秋公伐邾婁/56,520
秋公孫敖會晉侯于戚/241
秋公如齊/288
秋公子結媵陳人之婦于鄄/134
秋公子遂率師伐邾婁/237
秋公子遂叔孫得臣如齊/277
秋公子友如陳葬原仲/145
秋公至自穀/276
秋公至自伐萊/295
秋公至自伐衛/114
秋公至自齊/141
秋公至自晉/332
秋公至自會/318,358,368,394,529
秋公會劉子晉侯齊

侯宋公衛侯鄭伯曹伯莒子邾婁人滕子薛伯杞伯小邾婁子于平丘/443
秋公會宋人齊人伐徐/144
秋公會衛侯宋皇瑗于運/527
秋公會衛侯于桃丘弗遇/84
秋公會齊侯莒子邾婁子杞伯/466
秋公會晉侯齊侯宋華元邾婁人于沙隨/353
秋九月庚辰/384
秋九月癸巳子野卒/418
秋九月癸酉/516
秋九月大雩/196,376,431
秋九月吳子乘卒/383
秋九月乙丑/284
秋九月葬衛獻公/413
秋九月鄭伯突入于櫟/94
秋九月齊高固來逆子叔姬/289
秋九月齊侯宋公江人黃人盟于貫澤/175
秋九月楚子圍宋/310
秋九月荊敗蔡師于莘/122
秋及江人黃人伐庸/181
秋紀季以酅入于齊/107
秋杞伯來朝/360
秋杞伯姬來/226
秋丹桓宮楹/139
秋郯伯姬來歸/316
秋郯子來朝/448
秋大水/67,116,143,333
秋大雩/371,499
秋大雨雹/228
秋盜殺衛侯之兄輒/452
秋滕子來朝/263
秋劉子單子以王猛入于王城/455
秋武氏子來求賻/44
秋伐邾婁/81
秋夫人姜氏會齊于卞/203
秋師還/117
秋小邾婁子來朝/426
秋宋公伐鄭/523
秋宋公殺其世子痤/405
秋宋公楚子陳侯蔡

侯鄭伯許男曹伯會于霍/210
秋宋大水/124
秋宋樂世心/498
秋宋人衛人入鄭/62
秋宋人圍曹/206
秋宋人齊人邾婁人伐兒/130
秋蒐于紅/433
秋叔孫僑如率師圍棘/330
秋叔孫僑如如齊/344
秋叔孫僑如如齊逆女/347
秋叔孫州仇仲孫何忌帥師圍費/497
秋倪黎來來朝/112
秋曰嘗/81
秋曰蒐/74
秋王師敗績于貿戎/323
秋衛師入盛/51
秋衛殺其大夫元咺/230
秋衛人及狄盟/234
秋有螟/149
秋有螣/133
趣而遇之于門/125
推刃之道也/486
觕者曰侵/122
秋葬杞桓公/373
秋葬薛獻公/473
秋葬蔡惠公/524
秋葬曹武公/444
秋葬曹平公/449
秋葬邾婁莊公/482
秋赤狄侵齊/286
秋鄭殺其大夫公孫黑/425
秋鄭瞻自齊逃來/132
秋高發帥師伐莒/450
秋齊師伐我北鄙/390
秋齊人狄人盟于邢/208
秋齊人侵我西鄙/272
秋齊侯伐我北鄙圍成/388
秋齊侯伐我北鄙洮/399
秋齊侯伐衛遂伐晉/399
秋齊侯宋公江人黃人會于陽穀/177
秋齊侯宋公會于洮/503
秋齊侯衛侯/495
秋齊侯衛侯伐晉/509
秋齊侯衛侯胥盟于鹹/490
秋曹伯來朝/261
秋螽/309,314

秋邾婁人來朝/283
秋仲孫蔑叔孫僑如率師侵宋/335
秋仲孫玃如齊/435
秋欒盈出奔楚/396
秋晉士鞅宋樂祁犁衛北宮喜曹人邾婁人滕人會于扈/467
秋晉人執宋行人樂祁犁/489
秋晉人敗狄于交剛/344
秋晉趙鞅入于晉陽以叛/501
秋晉侯會狄于欑函/304
秋蔡人衛人陳人從王伐鄭/76
秋天王使王季子來聘/302
秋晉公子嬰齊率師伐鄭/336
秋楚公子壬夫帥師侵宋/364
秋楚公子貞帥師伐吳/385
秋楚人滅江/247
秋楚人滅隕/219
秋楚人滅六/249
秋楚人伐吳/481
秋楚人伐陳/214
秋楚人圍江/246
秋楚人圍陳/217
秋楚人圍許/184
秋築臺于秦/152
秋築王姬之館于外/104
秋取根牟/299
秋七月/60,83,91,98,111,127,135,193,195,215,233,307,343,440,469,475,522
秋七月庚午/59
秋七月甲子/202,297
秋七月甲子朔/400
秋七月莒子庚輿來奔/457
秋七月庚寅/518
秋七月癸巳/154,468,480
秋七月季孫隱如叔弓仲孫玃/436
秋七月公至自鄭/95
秋七月公至自伐秦/346
秋七月公至自晉/430
秋七月公至自會/484
秋七月公會齊侯宋公陳世子款鄭世

子華盟于甯母/185
秋七月己未/381
秋七月紀侯來朝/71
秋七月戊戌/136
秋七月戊子/369
秋七月戊辰/170,491
秋七月丙申/137
秋七月丙子/341,513
秋七月上辛大雩/463
秋七月叔弓如宋/416
秋七月辛卯/393
秋七月辛巳/408
秋七月辛酉/525
秋七月辛酉叔老卒/397
秋七月有星孛入于
　北斗/269
秋七月乙酉伯姬卒/189
秋七月壬申妣氏卒/505
秋七月壬午/64
秋七月壬午朔/454
秋七月壬子/488
秋七月壬辰朔/73
秋七月蔡季自陳歸
　于蔡/97
秋七月葬鄭莊公/87
秋七月丁酉/120
秋七月丁亥/89
秋七月齊師曹師伐厲/200
秋七月齊王姬卒/105
秋七月齊人降鄑/150
秋七月齊侯使國佐
　如師/326
秋七月郳犁來戰郿
　子于郿/319
秋七月仲孫蔑會晉荀
　瑩宋華元衛孫林父
　曹人邾婁人于戚/366
秋七月此無事/55
秋七月天王使宰咺來
　歸惠公仲子之賵/36
秋七月天子使召伯
　來錫公命/339
秋七月禘于太廟/187
秋七月楚子蔡侯陳
　侯許男頓子胡子
　沈子淮夷伐吳/428
秋七月荊入蔡/129
秋八月甲戌/511
秋八月甲午/125
秋八月甲寅/515
秋八月庚辰/40,350
秋八月癸未/378

秋八月公及齊侯盟
　于洛姑/159
秋八月公會諸侯
　大夫盟于扈/253
秋八月己巳/402
秋八月己亥/447
秋八月大雩/194,409,459
秋八月戊申天王崩/254
秋八月戊辰/432
秋八月辛卯沙鹿崩/198
秋八月辛未/274
秋八月辛丑公薨/162
秋八月乙未/220
秋八月壬申御廩災/92
秋八月壬午大閱/78
秋八月葬晉頃公/470
秋八月丁未/213
秋八月丁巳/386
秋八月丁亥/205
秋八月諸侯盟于首戴/183
秋八月曹伯襄卒/258
秋荊伐鄭/130,147
秋翬帥師/48
築臺于郎/151
築臺于薛/152
築鹿囿/360
築于外非禮也/104
逐而不納/162
築之譏/274
築之禮也/104
春曰苗/74
春曰祠/81
春者春之始也/32
春秋/350
春秋見者不復見也/513
春秋君弑不言卽位/102
春秋君弑賊不討/64
春秋貴賤不嫌同號/56
春秋錄內而略外/187
春秋伯子男一也/87
春秋伐者爲客/147,205
春秋不待貶絶而罪
　惡見者/423
春秋不書晦也/202
春秋辭繁而不殺者
　正也/213
春秋爲尊者諱/160
春秋爲賢者諱/109,

　203,227,452
春秋有譏父老/83
春秋敵者言戰/150
春秋之始也/39,40
春秋之信史也/440
春秋編年/55
春秋何以始乎隱/531
春秋賢者不名/413
出竟有可以安社稷/134
黜公者非甯氏也/407
黜公者非吾意也/407
出奔言忽爲君之微也/94
黜我者非甯氏與孫氏/408
出曰祠兵/117
出刺陽處父於朝而走/250
趣駕旣駕/494
取闞/475
取潛東田/511
取牟婁/48
取汶陽田/328
取宋師于郚/528
取邑不日/252
取邑不日/62
取邑之辭也/383
娶者大吉也/244
娶在三年之外/244
取鄆/335
聚諸大夫而問焉曰/349
取濟西田/232
取郜婁田/392
聚衆以逐季氏/463
取之曹也/232
取之則易爲不言取
　之/150,366
取之則易爲不言取
　之也/104
取彭城以封魚石/364
娶乎大夫者略之也/247
取後乎莒也/371
雖其意也/223,375
雉門及兩觀災/481
治反衛侯/227
致者不宜致也/187
致者何/187
雉者何/499
齒著乎門闔/125
則可謂信矣/193
則易爲加弑焉爾/443,451
則易爲加之趙盾/292
則易爲獨於此焉/180

則易爲獨於此焉識/111
則易爲獨於娶焉識/244
則易爲末有成/55
則易爲伐衛/223
則易爲不成其子/438
則易不言天子在是/223
則易爲不爲桓公諱/193
則易爲不以討賊之
　辭言/193
則易爲相與往殆乎晉/371
則易爲師帥而往/423
則易爲於其念母而貶/102
則易爲於其封內三
　年稱子/257
則易爲謂之齊仲孫/159
則易爲謂之許田/67
則易爲於會譁/452
則易爲以戊辰之日/479
則易爲以會兩伯之
　辭言之/528
則易爲再言盟/180
則易爲貶夫人/281
則易爲必爲之改築/104
則易爲後言之/481
則客或跛或眇/326
則固將伐之也
則恐衛侯之不得反也/227
則恐諸大夫之不能
　相幼君也/32
則救之可也/168,198
則國宜之季子者也/413
則君三年不呼其門/281
則今日取郭/175
則其言逃歸也/183
則其言戍衛何/32
則其言如京師何/254
則其言爲中國追何/133
則其言以濫來奔何/473
則其言取之曹何/232
則其言獲陳夏齧何
　吳少進也/457
則其曰實與之何/168,
　173,197,304
則其稱紀季姜何自
　我言/83
則其稱人何/49
則其稱人何貶/236
則其稱齊人何/114
則其稱主人何辭窮也/40
則紀侯必誅/109

원문자구색인 563

則冬不裘/81
則無以知其爲一事也/169
則無人門焉者/292
則無人焉/292
則徵者也/493
則未知公子喜時從與/452
則未知其爲魯公子與/473
則未知其爲武公與/473
則未知其爲宣夫人與/366
則未知其愈/451
則未知其在齊與曹與/83
則未知己之有罪焉爾/479
則未知之晉者也/261
則未知齊晉孰有之也/269
則未知桓之將必得立也/32
則扳稷牲而卜之/286
則伐我喪/375
則寶出之內藏/175
則不得與於國政/145
則不若愛女/46
則不若與楚/375
則不若楚/375
則不然也/181
則不祭也/232
則非臣僕庶孼之所敢與也/408
則三年不忍當也/257
則殤公不可得而弒也/69
則先君其逐臣矣/46
則是臣僕庶孼之事也/408
則臣請立之/518
則我宜立者也/413
則若時可矣/486
則襄公得爲若彼乎/109
則與夷不若女/46
則吾舍子矣/326
則衛侯之弟鱄/407
則宜於此焉變矣/244
則宜有君者也/413
則二國往滕之/134
則以其餘爲莫敢不至也/175
則以卑矣/104
則人莫敢過而致難於其君者/69
則因用是往逆矣/82
則專之可也/134
則接菑也四/269
則齊國盡子之有也/326

則齊人曷爲來歸之/114
則齊人曷爲以歸/171
則齊人以歸/171
則諸侯不得專地也/67
則中國曷爲獨言齊宋至爾/175
則晉今日取郭/175
則陳人不欲其反由己者/181
則脫然愈/451
則討之可也/304
則必可以無爲天下戮笑/154
則何譏乎喪娶/244
則何大乎其不伐喪/393
則何以不氏/258
則何以三/52
則何以易/353
則何譏乎取同姓之田久也/232
則赫然死人也/292
則惠公曷爲殺之/193
則狐射姑曷爲出奔/250
則桓公恥之/168
則桓公恥之也/173,197
親納幣非禮也/137
親弒君者趙穿/292
親弒君者趙穿也/292
親親之道也/154,159,162
七年不飮酒/338
七年不飮酒不食肉/338
七年春公伐邾婁/252
七年春郯子來朝/374
七年春夫人姜氏會齊侯于防/115
七年春宋皇瑗帥師侵鄭/520
七年春王三月/56
七年春王正月/336,490
七年春王正月暨齊平/432
七年春衞侯使孫良夫來盟/295
七年春二月己亥焚咸丘/80
七年春齊人伐鄭/185
寢不安與/175
侵而言獲者/376
侵楚/483
稱國以殺者/185,277
稱國以弒何/277

稱某率師/51
稱人亦徵者也/236
稱人而執者/180
稱人則從不疑也/59
稱諸父兄師友/40
稱行人而執者/269
稱侯而執者伯討也/180

〔타〕

託不得已也/117
託始焉爾/39,40
蕩氏之母也/217
殆諸侯也/408
怠則忘/81
討賊之辭也/49
討此賊者/307
通濫也/473
通濫則文何以無邾婁/473
通則爲大譏/111
通乎季子之私行也/145
通乎夫人/87
通乎夫人以與脅公/145
退舍七里/307
退弒奚齊/193
退而殺叔仲惠伯/349
退而致仕/281
妬其言顧曰/125

〔파〕

八年春公至自會/297
八年春宋公衞侯遇于垂/59
八年春王正月/117,187,254,522
八年春王正月公如晉/376
八年春王正月公侵齊/491
八年春王正月己卯烝/81
八年春晉侯使韓穿來言汶陽之田/338
八年春陳侯之弟招/433
八月甲戌/443
八月莒子去疾卒/444
八月庚申/120

八月庚辰/46
八月庚辰朔/505
八月癸巳朔/400
八月癸亥/150,154
八月公至自伐楚/181
八月公會齊侯宋公鄭伯曹伯邾婁人于打/171
八月己酉入邾婁/520
八月大雩/426
八月滕子卒/299
八月戊辰/336
八月丙辰/393
八月叔孫豹帥師救晉/399
八月辛亥/369
八月乙未地震/458
八月乙亥/250
八月乙亥叔痤卒/454
八月壬午/328,405
八月壬辰陳侯躒卒/89
八月葬蔡宣公/59
八月丁卯大事于大廟/244
八月丁丑/141
八月螽/200,375
八月邾婁子來朝/360
八月晉荀吳帥師滅賁渾戎/448
八佾以舞大武/463
敗莒師于犁/171
敗其成也/55
敗者稱師/147,353
孛者何彗星也/269,448,529
偏戰者曰爾/213
貶曷爲貶/220
貶絶然後罪惡見者/423
貶絶以見罪惡也/423
貶必於重者/171
廢其無聲者/297
廢長而立幼如之何/193
抱公以逃/473
蒲社者何/515
蒲社災何以書/515
抱趙盾而乘之/293
豹及諸侯之大夫盟于宋/408
剽之立/404
辟軍之道也/180
彼其曰大有年何/73
辟其號也/319
辟內難也/145
辟伯晉而京師楚也/515

皮不蓋則不出於四方/307
辟王也/113
彼哉彼哉/494
必其時也/43
匹馬隻輪無反者/236
必無紀者/109
必無後乎魯國/154
必使大夫同姓者主之/102
必使諸侯同姓者主之/102
必殺正者/519
必于殽之嶔巖/236
必有三年之委/147
必有後乎魯國/154
必以衆大之辭言之/83
必自此始也/219

〔하〕

夏四月/293
夏莒牟夷以牟婁及防玆來奔/429
夏季孫斯仲孫何忌如晉/489
夏季孫宿如晉/378,431
夏季孫行父如宋致女/341
夏季孫行父如齊/281
夏季孫行父如陳/250
夏季孫行父如晉/344
何故拔劍於君所/293
何故死吾天子/473
夏穀伯綏來朝/80
河曲疏矣/263
夏公及夫人姜氏會齊侯于陽穀/194
夏公及宋公遇于清/48
夏公伐齊納糾/119
夏公孫敖如京/248
夏公孫慈如牟/183
夏公如齊觀社/139
夏公如齊逆女/141
夏公如晉/330
夏公圍成/466
夏公子慶父帥師伐於餘丘/105
夏公至自伐戎/144
夏公至自齊/289
夏公至自晉/396,447
夏公至自會/388

夏公追戎于濟西/133
夏公會吳于鄫/520
夏公會尹子單子侯齊侯宋公衛侯曹伯邾婁人伐鄭/357
夏公會宰周公齊侯宋子衛侯鄭伯許男曹伯于葵丘/189
夏公會齊侯伐萊/295
夏公會齊宋公陳侯鄭侯曹伯伐鄭圍新城/184
夏公會齊侯于頰谷/496
夏公會晉侯衛侯于沙澤/344
夏歸粟于蔡/488
何譏爾/40,44,71,73,76,104,137,139,141,145,151,162,208,274,297,323,381,481,526
何譏爾久不修也/265
何譏爾亟也/81
何譏爾嘗/92
何譏爾喪娶也/244
何譏爾始履畝而稅也/314
何譏爾譏始僭諸公也/52
何譏爾不時也/244
何譏爾逆祀也/244
何譏爾王者無求/94,257
何譏爾遠也/50,75,152
何譏爾有困矣又爲也/360
何譏爾臨國也/152
何譏爾凶年不修/149
何譏爾始履畝而稅/314
夏單伯逆王姬/102
夏單伯會伐宋/129
下大夫也/75
夏大水/91
何大爾/104,333
夏大旱/210
何大乎季子之獲/171
何大乎其弗克納/269
何大乎其平乎己/312
夏滅項/203
下無于伯/109,168,173,197,304
何問吾名/293
夏不萱/81
夏父受而中分之/473
夏父曰/473
夏夫人姜氏如齊/130

夏夫人姜氏如齊師/112
夏父者/473
何不還師濱海而東/180
夏師救齊/205
夏師及齊師圍成/117
夏四月/83,125,254,319,397,444,482,490,498
夏四月甲午地震/513
夏四月甲寅/332
夏四月甲辰朔/432
夏四月庚子叔孫卒/469
夏四月庚辰/483
夏四月癸酉/217
夏四月癸亥/275
夏四月公會宋公衛侯陳侯蔡侯伐鄭/95
夏四月己巳/94,223
夏四月己丑/234
夏四月戊申/495
夏四月丙戌/326,468
夏四月丙申/202
夏四月丙子/98,511
夏四月丙辰/302
夏四月不雨/177
夏四月四卜郊不從/232,374,381
夏四月薛伯卒/151
夏四月宋公王臣卒/252
夏四月叔孫豹會晉荀偃齊人宋人衛北宮結鄭公孫囆曹人莒人邾婁人滕人薛人杞人小邾婁人伐秦/385
夏四月辛卯夜恒星不見/115
夏四月辛卯尹氏卒/44
夏四月辛未滕子卒/353
夏四月辛巳/236
夏四月辛巳郊/509
夏四月辛丑/433
夏四月五卜郊/343
夏四月吳弑其君僚/467
夏四月乙丑天王崩/455
夏四月壬戌/368
夏四月葬宋莊公/107
夏四月葬衛桓公/51
夏四月葬陳宣公/196
夏四月丁未/67,147
夏四月丁巳/241,438,473

夏四月陳火/435
夏四月蔡世子般弑其君固/416
夏四月楚公子比自晉歸于楚/443
夏四月取鄀大鼎于宋/71
夏師次于成/150
河上之山也/333
夏上之邑也/198
何善爾/393
何善爾歸父使于晉/319
何善爾病之也/117
何善爾往黨/266
夏城郎/60
夏成周宣榭災/316
夏城中丘/56
何成乎公之意/32,41
夏小邾婁子來朝/185
夏宋公使公孫壽來納幣/339
夏宋公使華定來聘/440
夏宋公衛侯許男滕子伐鄭/213
夏宋公齊侯遇于梁丘/154
夏宋人伐鄭/524
夏宋人衛人伐鄭/130
夏宋華弱來奔/373
何響爾遠祖也/109
夏叔弓如滕/426
夏叔弓如晉/425
夏叔孫僑如會晉荀秀于穀/333
夏叔孫豹如晉/369
夏叔孫豹會晉趙武楚屈建蔡公孫歸生衛石惡陳孔瑗鄭良霄許人曹人于宋/407
夏叔倪會晉趙鞅宋樂世心衛北宮喜鄭游吉曹人邾婁人滕人薛人小邾婁人于黃父/463
夏叔彭生/261
夏陽者何/175
何言乎姜戎之微先軫也/236
何言乎高固之來/289
何言乎公有疾乃復/458
何言乎公有疾不視朔/274
何言乎公在楚/412
何言乎祠兵爲久也/117

원문자구색인 565

何言乎相命近正也/73	夏五者何/92	何以名字也/34	何以書譏亟也/81
何言乎成周宣榭災/316	夏五鄭伯使其弟語	何以不得爲伯討/181,405	何以書譏不郊而望
何言乎升僭公譏/244	來盟/92	何以不名/208,217,252,	祭也/233
何言乎信在大夫遍刺	夏曰礿/81	263,430	何以書記異也/42,60,82,
天下之大夫也/388	夏衛北宮結來奔/503	何以不名微國也/56	92,116,132,133,149,152,
何言乎王室亂/455	夏衛石買帥師伐曹/389	何以不名衆也/144	176,177,193,200,202,237,
何言乎王正月/32	夏衛石惡出奔晉/409	何以不名賢也/87,107	244,246,258,261,269,333,
何言乎有疾乃復議/297	夏衛孫林父帥師伐齊/393	何以不書/227	353,448,449,463,480,527,
何言乎以漈爲竟/392	夏衛孫林父自晉歸	何以不書葬/41,43,189,	529,531
何言乎以火攻/80	于衛/347	214,319	何以書記災也/53,67,76,
何言乎一月而再取	何危爾/189	何以不書葬隱之也/64	116,124,135,210,316,
甚之也/62	何危爾公一陳佗也/138	何以不氏/59,244	377,481,513
何言乎子同生/79	何危爾我貳也/139	何以不氏貶/39	何以書甚佞也/132
何言乎齊人執之/131	何幼君之有/349	何以不言及敵也/513	何以書我主之也/104
何言乎墮成/54	何礿/457	何以不言及仲子/36	何以書以重書也/302
何言乎喜服楚/180	夏六月甲戌朔/448	何以不言及內辭也/272	何以書葬/107,307,376,450
夏逆婦姜于齊/247	夏六月庚申/394	何以不言師敗績/85	何以書春秋雖無事/55
夏吳伐越/475	夏六月庚寅/220	何以不言師敗績/89,200	何以書親迎禮也/141
夏五月/137	夏六月庚辰/470	何以不言師敗績敵也	何以爲牲/265
夏五月甲午/379	夏六月癸亥/479	/252,263	何以爲盛周公盛/265
夏五月甲辰孟子卒/526	夏六月季姬及鄫子	何以不言逮之也/217	何以謂之未君/257
夏五月莒人入向/39	遇于防/198	何以不言戰/144,150	何以謂之不討賊/292
夏五月庚寅/214,366	夏六月公孫敖會宋公	何以不言朝/228,390	何以謂之天無是月/250
夏五月庚寅/366	侯鄭伯晉士縠盟于	何以不言出/122,252,254	何異爾/449,463,531
夏五月癸未/87	垂斂/244	何以不宜立/32	何異爾大也/333
夏五月癸丑/142	夏六月公子遂如齊/297	何以不日易也/127	何異爾不時也/60,82,
夏五月公四不視朔/274	夏六月公會王人晉人宋人	何以不日遠也/37	237,527
夏五月公自京師/345	齊人陳人蔡人秦人/228	何以不日隱之也/277	何異爾假甚也/60
夏五月公至自楚/412	夏六月公會齊侯宋	何以不日晦日也/202	何以卒許嫁矣/189
夏五月公會鄭伯于	公陳侯鄭伯/145	何以不誅/159,162	何以終乎哀十四年/531
祁黎/64	夏六月己亥/59	何以不地近也/90	何以知夜之中星反也/116
夏五月戊戌/277	夏六月公固卒/350	何以不地在內也/35	何以致伐/114,219,392
夏五月戊寅/124	夏六月宋人曹人邾婁	何以不稱公子/119	何以致伐楚/181
夏五月戊辰/450	人盟于曹南/206	何以不稱公子貶/48,	何以致會不恥也/353
夏五月宋人及楚人平/312	夏六月辛巳/418	62,297	何以後之/348
夏五月辛巳/173	夏六月辛酉/159	何以不稱夫人/36,73,505	何日之有/307
夏五月辛酉/55,135	夏六月衛侯朔入于衛/114	何以不稱使/40,44,82,	何者若楚王之妻媦/71
夏五月辛亥郊/505	夏六月乙卯/307	102,147,162,180,257	夏葬薛襄公/499
夏五月王子虎卒/246	夏六月乙酉/288	何以不稱使奔也/37	夏臧孫許及晉侯盟
夏五月乙未朔/459	夏六月壬寅/89	何以不稱弟/35	于赤棘/323
夏五月乙酉/162	夏六月齊師宋師次	何以不稱弟殺也/154	夏葬鄭僖公/376
夏五月乙亥/269,402	于郎/122	何以不稱弟貶/423	夏葬許昭公/318
夏五月日有食之/200	夏六月齊人滅遂/127	何以不革曰/440	何著乎招之有罪/423
夏五月壬申/310	夏六月邾婁子來朝/335	何以/433,438	夏狄伐鄭/215
夏五月壬午/265,449	夏六月邢遷于陳儀/168	何以書蓋以罕書也/78	夏狄侵晉/187
夏五月壬辰/481	何隱爾其國亡矣/111,	何以書過我也/124	夏狄侵齊/229,258
夏五月葬曹桓公/84	125,150	何以書國寶也/495	夏鄭伯使公子發來聘/371
夏五月鄭伯克段于鄢/35	何隱爾宋災/416	何以書譏/44,50,71,73,	何正爾/213
夏五月丁丑烝/81	何隱爾弑也/64,162,	94,104,139,141,151,	夏鄭人侵許/149
夏五月曹伯來朝/336	277,375	152,162,208,323,360,526	夏齊國夏及高張來奔/518

夏齊國夏帥師伐我西鄙/491	夏取郜/384	許人子者必使子也/413	鼷鼠又食其角/336
夏齊大災/135	何通乎季子之私行/145	許田者何/67	虎牢者何/366
夏齊人伐我北鄙/219	下平日隰/423	許遷于葉/351	虢辭必稱先君以相接/109
夏齊人殲于遂/132	何以以蕭同姪子爲質/326	許遷于容城/484	狐壤之戰/55
夏齊人取讙及闡/522	河海潤于千里/233	許遷于夷/435	呼犨而屬之/293
夏齊侯伐宋/516	夏許男戌卒/528	獻公怒曰/408	胡髠沈子楹滅/457
夏齊侯伐北鄙圍成/386	夏許男新臣卒/180	獻公病將死/193	扈者何晉之邑也/299
夏齊侯衛侯胥命于蒲/73	何賢爾/203	獻公不應/175	呼之不至/292
夏齊侯鄭伯如紀/76	何賢爾宋災伯姬存焉/416	獻公死奚齊立/193	或不言朔/43
夏齊侯陳侯鄭伯遇于垂/109	何賢乎季子/413	獻公愛之甚/193	或不言奉師/51
夏齊侯許男伐北戎/193	何賢乎孔父/69	獻公曰/175,407	或不日或言朔/43
夏曹公孫會/452	何賢乎公子喜時/452	獻公曰諾/175	或不稱名氏/274
夏曹伯來朝/272	何賢乎仇牧/125	獻公謂公子鱄曰/407	或不稱行人/269
夏邾婁鼻我來奔/398	何賢乎紀季服罪也/107	獻公朝諸大夫而問焉/175	或失之前/43
夏仲孫蔑如京師/299	何賢乎穆公/263	獻公楫而進之/175	或失之後/43
夏晉欒施來奔/436	何賢乎叔武讓國也/227	革車八百乘/269	或言及或言暨/34
夏秦伯之弟鍼出奔晉/423	何賢乎叔術/473	革取淸者/326	或言免牛/232
夏秦伐晉/259	何賢乎荀息/192	賢季子則吳何以有君有大夫/413	或言伐/122
夏陳袁頗出奔鄭/525	何賢乎襄公復讐/109	弦高者鄭商也/236	或言復歸/94
夏晉人宋人衛人陳人侵鄭/284	何賢乎祭仲/87	賢公子喜時/452	或言四卜/232
	何賢乎曹羈/141	賢大夫也/473	或言致伐/114
夏晉人執衛行人石買/390	夏翟帥師會齊人鄭人伐宋/62	賢穆公也/263	或言火/377
夏晉韓屈帥師伐鄭/364	何諱乎同姓之滅/522	弦子奔黃/183	或曰賀戎敗之/323
夏晉侯使士魴來聘/383	何喜爾正我也/162	賢者孰謂/473	或曰反矣/236
夏晉侯使士鞅來聘/454	夏郜子來朝/208	賢者子/452,473	或曰弒千乘之主/494
夏晉侯使荀吳來聘/405	咸丘者何/80	嫌與鄭人戰也/89	或曰襄公親之/236
何疾爾惡疾也/452	陷君于大難/463	挾弓而去楚/486	或曰往矣/236
夏蔡殺其大夫公孫歸姓公孫霍/515	含者何口實也/248	魯我使我歸之也/338	或曰用然後郊/358
	闔廬曰/413,486	魯我使我殺之也/120	或曰爲其驕蹇/392
夏蔡昭吳奔鄭/446	盍弒之矣/159	魯我而歸之/272	或曰爲閽/143
河千里而一曲也/263	合食于大祖/244	魯而歸之也/341	或曰自鹿門至于爭門者是也/162
夏天王使宰渠伯糾來聘/75	盍終爲君矣/46,48	魯脅君而亂齊國也/428	
	恒星者何列星也/115	俠辛俠者何/60	或曰自爭門至于吏門者是也/162
夏楚人滅黃/195	項熊者何/297	兄死弟及之辭也/455	或曰脅之/143
夏楚人伐陳/523	寔斯不忍反命于慶父自南涘/171	邢已亡矣/168	或爲主於國/452
夏楚人圍巢/263		荊人來聘/139	或爲主於師/452
夏楚人侵鄭/286	奚謂卓子者/193	刑人非其人也/412	或稱婦或稱夫人/40
夏楚子伐宋/309	行權有道/87	刑人也/412	婚禮不稱主人/82
夏楚子伐吳/400	行誅乎兄/154	刑人則曷爲謂之閽/412	閽弒吳子餘祭/412
夏楚子鄭伯伐宋/360	幸之者何/315	荊者何州名也/122	婚禮不稱主人/40
夏楚子陳侯鄭伯盟于辰陵/304	許嫁矣/263	兄弟皆愛之/413	閽者何門人也/412
	許男錫我卒/317	兄弟辭也/208,217,233,263	忽何以名/87
夏楚子蔡侯陳侯鄭伯許男徐子滕子頓子胡子沈子小邾婁子宋世子佐淮夷會于申/428	許男業卒/249	兄何以不立有疾也/452	華元曰慭矣/312
	許男甯卒于楚/405	荊以稱人/139	華元曰吾聞之/312
	許世子止/451	惠公曰/193	貨財曰賻/36
	許世子止弒其君買/450	惠公者何/36	火至矣請出/416
	許叔入于許/94	惠公之大夫也/193	钁且也六/269
夏築蛇淵囿/501	許夷狄者/258,413	鼷鼠食郊牛/505,509	钁且齊出也/269
	許人臣者必使臣/413	鼷鼠食郊牛角/336	桓公假塗于陳而伐楚/181

원문자구색인 567

桓公救中國/180	桓曰然則奈何/48	會猶最也/34	毀泉臺何以書譏/274
桓公不能救/168,173,197	桓幼而貴/32	會者何期辭也/84	諱亟也/335,384,475
桓公死/205	還自晉/266	晦者何冥也/353	諱同姓之滅也/522
桓公使高子將南陽之甲/162	還自晉至檉/319,349	晦者何宜也/200	諱滅同姓也/117
桓公嘗有繼絕存亡之功/203	還者何善辭也/117,266,319,393	會葬禮也/241	諱伐喪也/366
桓公城之/173,197	患之起必自此始/326	會晉郤缺于承匡/261	諱與大夫盟也/137,244
桓公召而縊殺之/171	桓之盟不日/127,138,139,189	會晉郤克衛孫良夫曹公子手及齊侯戰于鞌/326	諱與讐狩也/111
桓公曰/177	桓之母也/36	晦則何以不言晦/202	諱以凶年造邑也/147
桓公曰諾/128,180	桓何以貴母貴也/32	獲莒挐/171	翬者何公子翬也/48
桓公有憂中國之心/189	會及暨皆與也/34	獲宋華元/284,284	諱娶同姓/526
桓公之信著乎天下/128	會未有言其所爲者/417	獲齊國書/525	諱取同姓之田也/232
桓公之與戎狄驅之爾/150	會不當期將執公/355	獲陳夏齧/457	諱取周田/67
桓公之享國也長/193	會宋公陳侯蔡人衛人伐鄭/48	獲蔡公子燮/376	諱取周田也/67
桓公之會不致/200	晦雖有事不書/202	獲乎莊公/125	翬何以不致/73
桓公震而矜之/189	懷惡而討不義/438	後歸父也/348	虧君之義/486
桓公下與之盟已盟/128	會兩伯之辭也/528	後歸者不得復其田里/443	攜其妻子而與之日/408
桓宮僖宮災/513	會吳于鍾離/350	後此者有事矣/111,180	仡然從乎趙盾而入/293
桓未君也/36	會吳于向/385	後會也/368	僖公之母也
桓未君則曷爲祭仲子/52	會于北杏/127	咺者何名也/36	喜立爲大夫/407
桓未君則諸侯曷爲來賵之/36	會于蕭魚/381	毀廟之主/244	喜服楚也/180
還四年反取虞/175	會于澶淵/417	毀之譏/274	喜曰諾/407
		毀泉臺/274	喜曰無所用盟/407
			喜有正也/79

南基顯 先生 略歷

1929年 忠北 淸原 出生. 號는 元峯. 忠南大學校 農業經營學科를 卒業.
成均館大學校 儒學大學院 總同門會長. 高麗大學校 政策大・經營大學院 修了.
延世大學校 言論弘報・行政大學院 修了. 서울大學校 國際大學院・環境大學院 修了.
成均館 進士會長. 참여연대 熟年會長. 成均館 副館長.
成均館大學校 總同門會 副會長. 成均館儒道會 總本部 首席副會長.
宜寧南氏 大宗會 會長. 韓國氏族聯合會 首席副總裁.
韓國環境常綠樹運動 聯合 總裁. 韓國 NGO指導者 總聯合 中央會 總裁.
道德國家 國民運動聯合 總裁.

解譯書 : '春秋左傳(上・中・下)' '商君書' '春秋穀梁傳'

인지
생략

동양학총서〔58〕
춘추공양전(春秋公羊傳)

초판1쇄 인쇄 2005년 2월 25일
초판1쇄 발행 2005년 3월 3일

해역자 : 남기현
펴낸이 : 이준영

회장・유태전
주간・이덕일 / 편집・강유련 / 교정・김경숙 / 영업기획・한정주
조판・태광문화 / 인쇄・천광인쇄 / 제본・기성제책 / 유통・문화유통북스

펴낸곳・자유문고
서울 영등포구 문래동6가 56-1 미주프라자 B-102호
전화・2637-8988・2676-9759 / FAX・2676-9759
홈페이지 : http://www.jayumungo.com
e-mail : jayumg@hanmail.net
등록・제2-93호(1979. 12. 31)

정가 20,000원
※잘못 만들어진 책은 구입하신 서점에서 바꿔드립니다.
ISBN 89-7030-073-2 04150
ISBN 89-7030-000-7 (세트)